浙 江 考 古

（1979 ~ 2019）

浙江省文物考古研究所　编著

文物出版社

北京·2019

图书在版编目（CIP）数据

浙江考古：1979 – 2019 /浙江省文物考古研究所编著 .
—北京：文物出版社，2019. 10

ISBN 978 – 7 – 5010 – 6253 – 9

Ⅰ . ①浙…　Ⅱ . ①浙…　Ⅲ . ①文物—考古—浙江—
1979 – 2019　Ⅳ . ①K872. 55

中国版本图书馆 CIP 数据核字（2019）第 188301 号

浙江考古（1979~2019）

浙江省文物考古研究所　编著

责任编辑：黄　曲
封面设计：程星涛
责任印制：张　丽

出版发行：文物出版社
社　　址：北京市东直门内北小街 2 号楼
邮　　编：100007
网　　址：http：//www. wenwu. com
邮　　箱：web@ wenwu. com
经　　销：新华书店
印　　刷：北京京都六环印刷厂印刷
开　　本：889mm×1194mm　1/16
印　　张：25.5　插页：2
版　　次：2019 年 10 月第 1 版
印　　次：2019 年 10 月第 1 次印刷
书　　号：ISBN 978 – 7 – 5010 – 6253 – 9
定　　价：400. 00 元

浙江考古四十年

刘 斌

浙江省文物考古研究所从1979年成立至今，已至"不惑"之年。经过几代考古人的共同努力，浙江省的考古事业在专业架构、学术研究、人才队伍、硬件设备等方面已臻成熟。当下，"文旅融合"这一深刻的机构变革，引导着文化事业发展的新方向，浙江考古必将抓住机遇、迎接挑战，走向新的发展阶段。

从1936年吴越史地研究会与西湖博物馆联合发掘古荡遗址算起，浙江省考古工作的开展，已有80多年的历史了。从寻访吴越旧迹，到重现史前文化，浙江境内不断延长的历史脉络，在考古人的手铲下，被梳理得更加清晰。一万年以来，丰富的史前考古学文化构建了浙江地区多元而又相互交融的文化谱系。以吴、越文化为特色的商周考古，在一系列大遗址考古的带动下，不断闪现出新的学术亮点。汉六朝至宋元的历史时期考古，在文献之外，用物质遗存勾勒出一幅生动而独特的历史地理画卷。

近代考古学在中国近百年的发展历程，从最初以地质调查的形式发现星点的人类遗存，到系统认识古代文化遗物，再到构建文化谱系，发展到探索文明进程、独立书写历史的阶段。如今，浙江省文物考古研究所肩负着书写浙江历史、保存文化基因、守护人类遗产的重任，应当立足浙江，放眼全国，以研究浙江大历史为重点，以国家大遗址和重点项目为依托，深化考古研究，加强保护宣传，真正实现弘扬历史、服务当今的目的。

"浙江大历史"主要体现在以下几个方面：

（一）代表浙江万年之源的上山文化。

上山文化是浙江境内目前发现年代最早的史前考古学文化，也是我国东部沿海地区"早期新石器"的典型代表。其年代之久远与稻作、聚落之先进形成鲜明的反差，由此，使得探讨稻作农业起源和新石器时代起源这两大世界性的史前考古热点问题，有了新的契机。对于浙江本土而言，尤其在钱塘江以南的山间盆地，如何梳理上山文化的发展序列及其与跨湖桥文化的谱系关系，仍将是我们今后需要长期投入的学术任务。

（二）代表五千年国家起源的良渚文化。

从1936年良渚镇出土黑陶的零散遗址，到1986年出土大量高等级玉器的反山、瑶山、汇观山等贵族大墓，到2007年以城墙围合起来的3平方千米良渚古城内城，再到2015年古城外围大型水利系统的最终确认，良渚考古八十年，成就了浙江史前考古在文明进程探索中的巨大贡献，良渚古城遗址，实证了华夏大地多元一体的五千年文明积淀。2019年，以良渚古城申遗工作的竣工为起点，对于良渚古城的全方位精细化研究与文明模式的探讨，将为下一阶段的良渚考古带来新的使命。

（三）代表南方青铜时代的越文化。

浙江处于夏商周疆域的边缘地带，是越文化的诞生地。至春秋时，越国成为五霸之一雄踞东南。作为浙江商周时段的大历史，越文化的研究是浙江夏商周考古的重要内容。从土墩墓、印纹陶与原始瓷构筑起独具特色的土著文化面貌以来，浙江的越文化考古开始逐渐转向更具系统性的大遗址考古阶段。湖州毘山遗址是目前所知浙江境内最为重要的夏商时期遗址，曾出土过卜骨、铜建筑构件、玉器和大型建筑基址。绍兴地区越国王侯贵族墓的考古勘查取得重大收获，基本确认了平水盆地为战国时期越国王陵区。在浙江省文物考古研究所的努力下，湖州毘山遗址、绍兴平水越国王陵区考古工作在"十二五"期间被列为国家文物局的重点项目。地处吴、越、楚交界地带的安吉古城，是江南地区东周至汉代的重要城址，而遗址区内分布着的龙山越国贵族墓也是我们研究百越文化的重要契机。在近几年考古工作的基础上，安吉古城遗址在"十三五"期间被列入国家大遗址范畴。尽管进入了有史记载的时期，由于文献史料的匮乏，浙江夏商周考古需要重视史前考古的研究方法，对于文化谱系的梳理，仍应作为探讨社会制度、文化交流等问题的基础工作。

（四）代表历史时期晚段全国文化中心的南宋。

定都临安的南宋，是中国近八百年以来历史与文化发展的源头。墓葬考古与城市考古是宋元明考古的两大重要内容，近年来，在南宋皇陵、墓园、族墓地和临安城、嘉兴子城等项目上，均取得了重要进展。南宋临安城已被列入国家大遗址，而绍兴宋六陵也在"十二五"期间被列入国家文物局的重点项目。由于文献史料提供了全面而丰富的信息，对于这一时期物质文化的研究，与先秦考古在研究方法、研究目的和研究视角上均有较大的区别。例如，对墓园制度与堪舆理念的研究，对"古今重叠型城市"的考古发掘，都是宋元明考古实践中提出的新思考。

（五）代表中国陶瓷工艺史的浙江陶瓷。

所谓"一部陶瓷史，半部在浙江"。作为中国陶瓷重要起源地的浙江，从原始瓷到青瓷，在中国陶瓷史上均占有重要的地位。原始瓷是瓷器的滥觞，湖州老鼠山窑址可早到商代。夏商时期毘山遗址中的大量原始瓷堆积，也是当地存在原始瓷窑址的说明。而以德清为中心的东苕溪流域，更是分布有许多商周时期的原始瓷窑，随着近些年原始瓷窑址的系统考古调查与发掘，为原始瓷的年代序列、中心产地、工艺水准等问题提供了重要材料。慈溪上林湖窑址群，是唐五代越窑青瓷的中心产区，此地窑址分布密集、产品质量上乘、制作工艺高超，堪称越窑系青瓷之典范。宋元时期，青瓷的生产基地转移到丽水市龙泉一带，遂成就了天下名窑。目前，上林湖窑址群与龙泉窑均已列入国家大遗址范畴。

从"大历史"的眼光看浙江，以浙江万年以来最具代表性的历史阶段、最突出的物质文化成就为指引，浙江省的考古事业在工作重点、科研任务、技术投入上均已做出相应调整，以适应新时代文化事业发展的需要。在"大遗址考古"的带动下，推动具有问题意识、展现学术特色的主动性考古发掘与研究项目的开展。将配合基本建设的考古工作纳入相关课题，变被动为主动。加强人员梯队建设，培养中青年业务骨干，在重大田野考古项目、重要研究课题、对外交流等方面，给予年轻人更多锻炼业务素质的机会。最近几年，良渚遗址考古与保护中心、安吉考古保护中心陆续成立，在不久的将来，浙江省考古与文物保护基地也将建成，这将使得浙江考古的硬件条件领先全国。同时，实验室考古与文物保护的协同开展，也使我们对于考古材料的认识进入全息化的时代。

在这个新时代里，考古学的境遇与过去所受的那种"冷落"相比，已是天壤之别。在"让文化遗产活起来"的号召下，考古学开始注重考古与公众的关系。在单纯的科学研究之外，与考古相关的一些方面已形成日益成熟的产业。越来越多的公众，从不同角度、不同媒介接触考古。尽管面对公众的科普与宣传主要由媒体承担，但作为考古人，思考如何发挥考古学的教育功能，如何通过认识我们的历史来更好的指引我们走进未来，也是今天我们所需承担的责任。

目　录

插图目录

瓷窑址考古（唐五代至宋元明）

旧石器时代考古

一 前述

浙江省正式发掘出土第四纪晚更新世遗物始于 1929 年。国立中央研究院地质研究所王恭睦先生在江山龙嘴洞发掘，获取猪、鹿、熊、豪猪、犀牛、象等哺乳动物化石，受到业界关注[①]。20 世纪五六十年代，衢州、建德、杭州留下等地陆续发现一些第四纪动物化石[②]。

1974 年，中国科学院古脊椎动物与古人类研究所和浙江省博物馆组成考察组，在建德市李家镇新桥村乌龟洞上层发现一枚晚期智人的右上犬齿化石，同层出土中国南方大熊猫—剑齿象动物群的 11 种哺乳动物化石。这个含人化石层的时代为晚更新世后一阶段，绝对年代不超过距今 5 万年。乌龟洞下层发现哺乳动物化石 14 种，其中东方剑齿象、纳玛象为晚更新世早期动物，故下层时代属晚更新世早期。考察组还在建德豪猪洞等洞穴及余杭凤凰山发现了一些动物化石，但没有发现同时期的人工遗物[③]。

二 考古调查

20 世纪 80 年代，中国南方旧石器研究出现一个新高潮，旧石器地点在长江下游各个省份均有不同程度的发现。之前，浙江境内多次发现第四纪哺乳动物化石，并在乌龟洞发现晚期智人右上犬齿化石，但未发现出土人类文化遗物的旧石器地点，浙江仍是旧石器时代考古的空白。浙江省的地质条件与周边省份相似，第四纪沉积多有共同之处，安徽、江苏等周边省份的工作成果，为浙江旧石器的考古调查提供了可资借鉴的经验。

进入 21 世纪后，寻找突破口成为浙江旧石器考古研究的关键。浙江旧石器考古专题调查被中国科学院古脊椎动物与古人类研究所张森水先生纳入其研究视野。自 2002 年至 2019 年上半年，在浙江境内进行了一系列旧石器考古专题调查，综合工作方式、学术目的、调查区域、调查对象等，可将调查分为以旷野遗址调查为主和以洞穴遗址调查为主的两个阶段。

（一）旷野遗址调查

自 2002 年开始，中国科学院古脊椎动物与古人类研究所和浙江省文物考古研究所合作，在"中国晚更新世现代人起源与环境因素"研究项目资助下，对苕溪流域进行旧石器考古调查，并涉及钱塘江支流的浦阳江流域。至 2007 年底，共发现 64 处地点，其中 20 多处地点在网纹红土等更新统中发现石

---

① 王恭睦：《浙江江山龙嘴洞之洞穴沉积》，《国立中央研究院地质研究所丛刊》第一号，1931 年。
② 裴文中、邱中郎：《浙江留下洞穴哺乳动物化石》，《古脊椎动物学报》总第 1 卷第 1 期，1957 年。黄正维、孟子江：《浙江哺乳动物新产地》，《古脊椎动物与古人类》总第 8 卷第 1 期，1964 年。
③ 韩德芬、张森水：《建德发现的一枚人的犬齿化石及浙江第四纪哺乳动物新资料》，《古脊椎动物与古人类》总第 16 卷第 3 期，1978 年。张森水：《遗憾与快慰——忆建德人牙发现始末》，《文物之邦显辉煌——考古发掘与文物保护纪实》，浙江人民出版社，2002 年。

制品，其余均为砖瓦厂取土场或开发区地坪场采集到石制品，也有在建设工程遗留的断崖上采集到石制品[①]。

2002 年的调查，集中在浙北西苕溪流域的安吉、长兴两县及湖州、德清两市县，共发现 31 个旧石器地点，其中安吉 13 处、长兴 18 处，采集到 333 件石制品[②]（图 1 - 1）。期间还对安吉上马坎遗址（地点编号 AP003）进行了小规模的试掘。综合石制品出土层位及石制品特点，可以判断古人类在西苕溪流域活动的时间延续很长，从中更新世中期延至晚更新世的某一阶段[③]。"调查所得石制品的工业归属明确，属南方主工业，与安徽和江苏的关系尤为密切，填补了地域缺环，与邻接的皖、苏、赣、闽连成一片，扩大了南方主工业的分布区，向东展宽 1°，对南方主工业的发展和区系类型的研究都会起到良好的作用。"[④] 这次调查成果填补了浙江无旧石器地点的空白，成为浙江旧石器考古工作的转折点。

2004～2007 年，我们将调查范围扩大到苕溪的另一条重要支流东苕溪流域、钱塘江支流的浦阳江流域及分水江上游的天目溪和昌化溪。调查主要在临安（图 1 - 2）、长兴、安吉和浦江进行，共发现 28 处旧石器地点，其中临安 5 处、长兴 15 处、安吉 3 处、湖州 4 处、浦江 1 处[⑤]。此阶段调查，我们确认了旧石器地点在钱塘江流域的分布，对以山岭为主地质环境下的旧石器地点分布有了初步认识，它们与长兴、安吉境内低丘环境下的旧石器地点分布有明显区别。2004 年另一个调查目的地是浙江东部的舟山地区，考察了在舟山金塘海域内打捞的动植物化石，发现若干件标本上有清楚的人工痕迹[⑥]。

（二）洞穴遗址调查

根据地质资料，浙江境内大约有 1000 个以上的洞穴，形成了四大片区，即浙西岩溶洞穴带、浙中盆地红砂岩洞穴带、浙东南火山岩洞穴带和浙江海岸岛屿洞穴带[⑦]。四片区的洞穴成因、大小、海拔等各不相同，其中部分洞穴适合古人类或哺乳动物活动，有些洞穴遭受过不同程度的破坏，洞穴内堆积仍有残存，为我们寻找古人类在洞穴的踪迹提供了基础。

浙西岩溶洞穴呈北东向条带状分布，主要是受展布方向与华夏构造线一致的灰岩岩层所控制，主要分布于钱塘江流域和太湖流域。本区石炭系黄龙灰岩、船山灰岩和二叠系栖霞灰岩、茅口灰岩等，从常山的球川、江山的老虎山开始，经淳安、衢江、建德、桐庐、富阳、杭州的灵山和南高峰等断续分布，主要溶洞约 270 余个。苕溪流域的临安、余杭、湖州、德清、长兴、安吉的洞穴分布不如前者密集。

我们在苕溪流域开展旷野调查的同时，兼顾洞穴的调查，发现并发掘了长兴合溪洞遗址。

在洞穴调查阶段，我们的工作重心转向钱塘江流域。2010 年至 2019 年上半年，调查工作涉及钱塘江流域的桐庐、建德、龙游、开化、衢江、常山、江山、嵊州，另外在椒江流域上游仙居以及舟山、

---

① 徐新民：《浙江旧石器考古综述》，《东南文化》2008 年第 2 期。张智强、徐新民：《浦江县发现的一个旧石器地点》，《东方博物》第四十四辑，浙江大学出版社，2012 年。2007 年在长兴调查发现 4 个旧石器地点。浙江省文物考古研究所资料。
② 张森水、高星、徐新民：《浙江旧石器调查报告》，《人类学学报》总第 22 卷第 2 期，2003 年。徐新民：《长兴发现的旧石器》，《人类学学报》总第 26 卷第 1 期，2007 年。
③ 张森水、徐新民、邱宏亮等：《浙江安吉上马坎遗址石制品研究》，《人类学学报》总第 23 卷第 4 期，2004 年。
④ 张森水、高星、徐新民：《浙江旧石器调查报告》，《人类学学报》总第 22 卷第 2 期，2003 年。
⑤ 徐新民：《临安旧石器调查简报》，《人类学学报》总第 27 卷第 1 期，2008 年。浙江省文物考古研究所调查资料。
⑥ 胡连荣主编：《舟山海底哺乳动物化石与古人类生存环境》，中国文史出版社，2005 年。
⑦ 周宣森：《试论浙江洞穴地域分布规律》，《中国岩溶》第 11 卷第 1 期，1992 年。

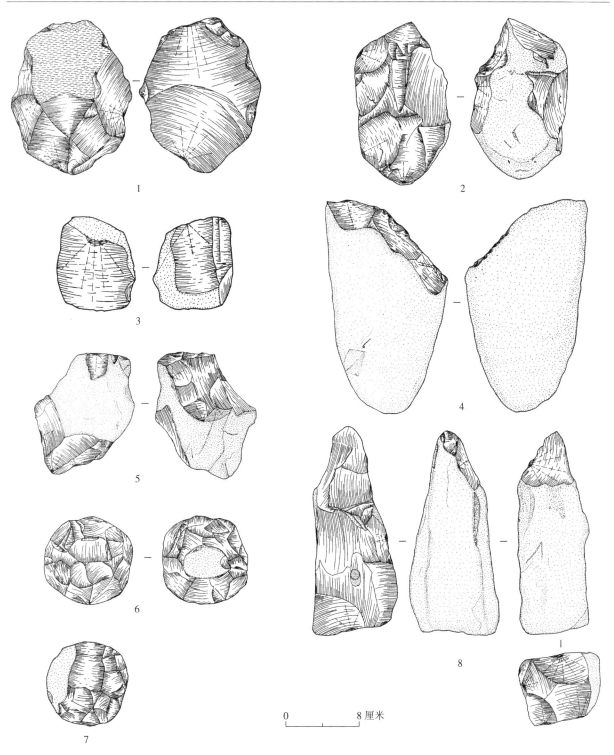

图 1-1 长兴调查采集石制品

1、2. 石核 3. 石片 4. 砍砸器 5. 手镐 6. 石球 7. 球形器 8. 手镐

德清等市县进行了短暂调查，发现多处第四纪哺乳动物化石埋藏地。通过调查，大致掌握了钱塘江中上游地区旧石器地点的分布规律、石制品特征，基本了解调查地区洞穴分布、洞内堆积的概貌。

2010 年，分别在舟山市和桐庐县做了调查。经在舟山本岛和一部分岛屿调查，我们观察到网纹红土零星分布，没有采集到人工痕迹清楚的石制品。部分洞穴受海流、海浪侵蚀冲刷作用形成。在桐庐

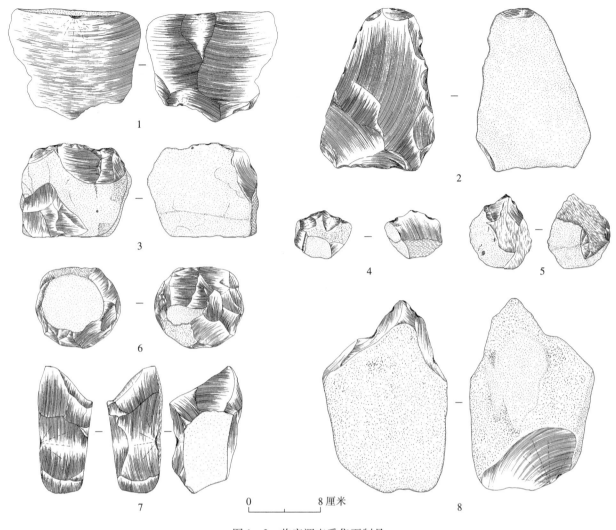

图 1 - 2 　临安调查采集石制品
1. 石片　2、3. 砍砸器　4. 刮削器　5. 尖状器　6. 石球　7. 石核　8. 手镐

的短期调查中，发现了数个出土石制品的地点和 4 个出土动物化石的地点①。

2012~2013 年，在建德、龙游、开化、衢江等地数处洞穴内采集到哺乳动物化石，同时发现一些旷野地点。

2016~2019 年，再次在建德和衢州地区所辖县市进行洞穴调查和试掘。经对部分洞穴进行试掘，在洞内堆积中发现了动物化石，但没有发现石制品。

旧石器专题调查，目前只在苕溪流域和钱塘江流域以及曹娥江流域开展，涉及浙江三分之一的陆域面积，调查区域地貌以山地峡谷为主，低丘及盆地主要分布在浙北地区，洞穴呈带状分布。山地峡谷坡度较陡，不易保留第四纪堆积，低丘、盆地地势平缓，第四纪堆积厚；部分洞穴适宜原始人类和动物栖息活动。依目前调查结果，这个地质特征与旧石器地点的分布相关联，旷野地点主要分布在浙北地区西苕溪流域的安吉、长兴，建德、桐庐、龙游也有分布，但不似前者那样分布密集。以山地为

---

① 　徐新民、赵志楠、陈淑珍：《桐庐县旧石器考古调查简报》，《东方博物》第四十二辑，浙江大学出版社，2012 年。

主的县市只发现哺乳动物化石的洞穴堆积，比如江山、开化、衢江、常山等地，衢江区的衢江两岸虽有网纹红土发育，但未采集到石制品。曹娥江流域的嵊州发现数处旧石器地点，多分布于低丘及盆地。

从调查获得石制品特征观察，苕溪流域与钱塘江流域的石制品总体上趋于一致，同属南方砾石工业。苕溪流域调查发现的石制品具有体型大、制作粗糙的特点，其工业组合体现了南方主工业的主要特征；钱塘江上游的龙游境内及嵊州所发现的石制品，其个体相比苕溪流域的相对较小，两者差异的原因尚需今后更深入工作。

三 考古发掘

调查所获石制品，部分出自于地层，大多数则为脱层标本；动物化石标本，绝大多数属于晚更新世哺乳动物群。这对研究浙江境内旧石器文化面貌、人类行为模式等仍有很大的局限性。2002 年，中国科学院古脊椎动物与古人类研究所和浙江省文物考古研究所在联合调查期间，对安吉县溪龙乡上马坎遗址进行了小规模试掘。此后，在野外调查基础上，配合基本建设，有选择地发掘了一些旷野遗址和洞穴遗址。

（一）旷野遗址的发掘

2002 年调查发现的上马坎遗址，被誉为"浙江旧石器文化遗址考古第一点"。2002 年试掘探方各个地层均发现了石制品，在第 5 层可能存在一个活动面。2004 年 10 月至 2005 年 9 月，对上马坎遗址进行了正式考古发掘，发掘至网纹红土下的砾石层。遗址堆积大致可分为紫红色黏土、网纹红土、砾石层。出土石制品 400 余件，包括石核、石片、刮削器、砍砸器、石球、石锥、手镐等（图 1 - 3），其最早年代可能要溯至早更新世的晚期[①]。可以说，上马坎遗址是个非常有前途的旧石器遗址，"很可能是中国南方最重要的旧石器时代文化遗址之一"[②]。

2005 年 9 月至 2006 年 5 月，以配合杭长高速公路建设为契机，对长兴县泗安镇七里亭遗址进行了配合性考古发掘，发掘面积 600 平方米。七里亭遗址文化层堆积厚达 11.5 米，分上、中、下三大文化层，出土 700 余件石制品（图 1 - 4）。上文化层有石制品 180 件，发现一个加工石器的活动面。采用锤击法生产石片和修理工具，多数石制品较粗大厚重；刮削器全部为片状毛坯，砍砸器和球形器的毛坯以块状为主；采用复向、向背面、向破裂面、交互等加工方式修理刃部；石片石器数量有上升趋势。中文化层为网纹红土层，出土石制品 520 件。石器种类较多，比上文化层增加了尖状器、手镐等；采用锤击法生产石片和修理工具，大部分石制品粗大厚重；石器的毛坯以块状为主；采用复向、向破裂面、向背面、交互等加工方式对毛坯某边缘的一部分进行修理，加工较粗，多单层修疤，刃部较钝。下文化层发现 1 件单台面石核。经古地磁测定，下文化层年代最早达距今 100 万年。七里亭遗址是浙江目前发现最早的人类活动遗址，其石制品组合属于典型的南方主工业，但上文化层的石片石器数量有所上升[③]。

2007 年 5 月至 8 月，配合长兴县合溪水库建设，对长兴小铺镇银锭岗遗址（CP028）进行了配合

---

① 徐新民：《安吉上马坎遗址发掘告一段落》，《浙江文物》2005 年第 6 期，第 28 页。
② 张森水、徐新民、邱宏亮等：《浙江安吉上马坎遗址石制品研究》，《人类学学报》总第 23 卷第 4 期，2004 年。
③ 浙江省文物考古研究所、长兴县文物保护管理所：《七里亭与银锭岗》，科学出版社，2009 年。

图 1 - 3   上马坎遗址及出土石器

1. 遗址剖面全景　2. 发掘探方剖面　3. 石核（浙江第一件出自地层的石制品）　4. 石片　5. 砍砸器　6. 石球

性考古发掘，发掘面积总计 600 平方米。上文化层存在一个石器加工场所，出土石制品 278 件（图 1 -
5），有石核、石片、断块、碎屑、石锤、石砧、刮削器、砍砸器、尖状器等；以锤击法生产石片和修
理工具，出现砸击技术，砸击技术的石制品占到石制品总量的 6.8%。石器以刮削器、砍砸器为主，
采用复向、向背面、向破裂面等加工方式锤击修理成工具。下文化层为网纹红土，出土 6 件石制品，
其组合属于南方主工业。上文化层以燧石为主、锤击和砸击技术共存、片状毛坯占刮削器毛坯的一半
以上等特点，是晚更新世西苕溪流域石制品组合的地方特色，应是南北文化交流的结果①。

---

① 浙江省文物考古研究所、长兴县文物保护管理所：《七里亭与银锭岗》，科学出版社，2009 年。

图 1 - 4   七里亭遗址出土石器
1. 石核   2. 石片   3. 刮削器   4、5. 砍砸器   6. 石制品拼合组

长兴王家山遗址，于 2011 年 3 月发现并发掘。共发现 298 件石制品，其组合属南方主工业，但石制品小型化趋势较为明显（图 1 - 6）。王家山遗址石制品埋藏密集，以石核和石片为主，少见石器，说明这是一处加工石器的临时营地①。

2013 年 11 月至 2014 年 6 月，配合杭长高速公路延伸段建设，先后发掘长兴紫金山遗址、西湖桥遗址和上山岗遗址。紫金山遗址发掘面积 600 平方米，共获得石制品 187 件。石制品岩性单一，燧石占92%。石制品以刮削器、石片、尖状器等小型石制品为主，全部采用锤击法生产石片和修理工具。紫金山遗址是一处以燧石为主的旧石器遗址，以小型石器为主（图 1 - 7）。该遗址光释光测年为距今 15万年左右，对现代人起源研究具有重要意义②。

2017 年 5 月至 6 月，配合杭绍台高速公路建设，对嵊州市兰山庙遗址进行了配合性考古发掘，发掘面积 60 平方米。获石制品 60 余件，多为石核、石片、断块（图 1 - 8），岩性以燧石、石英岩、石英砂岩为主，与典型的南方主工业类型存在差异。该遗址可能非原生堆积，年代距今 10 万 ~ 15.6 万年，处于旧石器时代中期。这也是曹娥江流域首次发现的旧石器地点，为探讨这一地区万年前的人类活动提供了线索③。

（二）洞穴遗址的发掘

银锭岗遗址发掘期间，调查发现长兴合溪洞遗址。该遗址处在煤山盆地北缘，距银锭岗遗址不足

① 胡秋凉、徐新民：《长兴县新发现的一个旧石器地点》，《东方博物》第五十二辑，中国书店，2014 年。徐新民、梅亚龙：《长兴王家山遗址试掘简报》，《浙江省文物考古研究所学刊》第十辑，文物出版社，2015 年。
② 浙江省文物考古研究所发掘资料。
③ 浙江省文物考古研究所发掘资料。

1

2　　　　　　　　　　3　　　　　　　　　　4

5　　　　　　　　　　6　　　　　　　　　　7

图 1-5　银锭岗遗址及出土石器
1. 遗址发掘场景　2. 石片　3. 刮削器　4. 砸击石片　5. 尖状器　6、7. 石制品拼合组

1 千米。2007 年 10 月至 2010 年 1 月，对其进行配合性考古发掘。该遗址残存 5 个出土遗物地点。其中 2 号、5 号地点发现少量晚更新世动物化石，3 号、4 号地点出土晚更新世动物化石和少量石制品。1 号地点是合溪洞遗址主体部分，洞穴残宽约 10 米，残深约 11 米，面积 100 多平方米，堆积厚达 8 米多。第 2～5 层出土有大量的晚更新世动物化石、石制品以及具有人工痕迹的动物碎骨（图 1-9）。第 6 层出土一批石制品。经对部分动物牙齿化石的初步鉴定，主要有兔、竹鼠、仓鼠、田鼠、貉、猪獾、普通水獭、棕熊、最后斑鬣狗、中国犀、华南巨貘、野猪、水鹿、獐、鹿、水牛等，全部为晚更新世

图1－6　王家山遗址及出土石器

1. 遗址全景　2. 石制品出土情况　3. 石核出土　4. 刮削器出土　5. 拼合组 CP055：45、58 之石核出土　6. 拼合组 CP055：45、58 之石片出土

图1－7　紫金山遗址及出土石器

1. 遗址远景　2～4. 刮削器　5. 砍砸器　6～8. 尖状器

图 1-8　兰山庙遗址及出土石器
1. 发掘全景　2～4. 石核　5～7. 石片

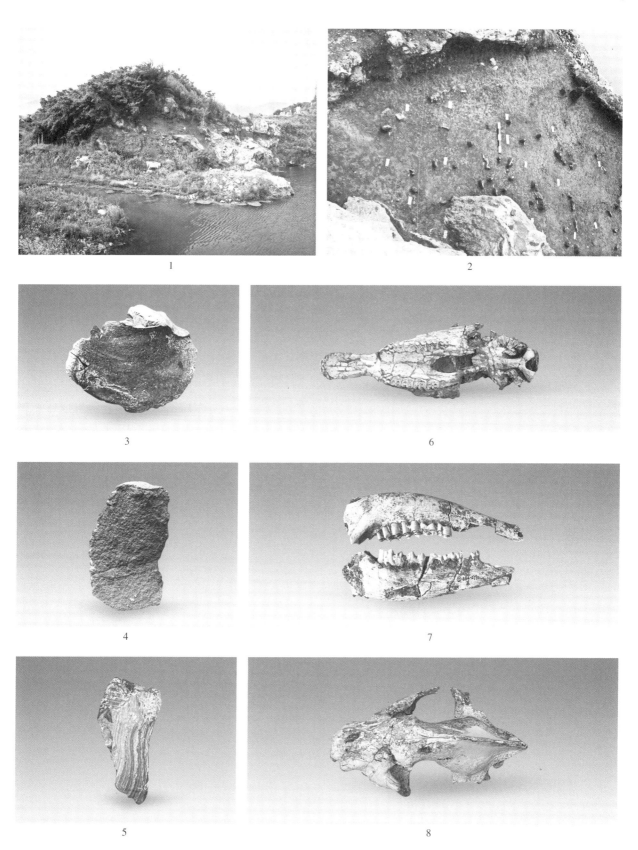

图1-9　合溪洞遗址及出土石器、动物骨骼

1. 1号地点外景　2. 1号地点标本出土情况　3~5. 石片　6. 马下颌骨化石　7. 梅花鹿左下颌　8. 鬣狗头骨化石

的动物种属。石制品包括石核、石片、断块、刮削器、砍砸器、尖状器等；采用锤击法生产石片和修理石器，石器修理较为粗糙。合溪洞遗址是浙江首次发现有人类文化遗物的洞穴遗址，出土大量动物化石、具有人工痕迹的动物碎骨、石制品和用火遗迹，包含丰富的人类活动信息，为研究末次冰期中国华南地区古人类生存行为方式提供了宝贵资料。根据哺乳动物化石特征，合溪洞遗址时代定为晚更新世的后一阶段，属旧石器时代晚期①。

2016 年 5 月至 6 月和 2017 年 11 月至 12 月，对建德莲花镇齐平洞进行了两次试掘。发现中国犀、中型鹿、猪、豪猪、貘、犬科等晚更新世哺乳动物化石，未发现石制品，但发现两件骨制品及人工砍痕化石，可证明齐平洞曾有古人类活动②。

2018 年 3 月，对衢江灰坪乡前叶洞遗址进行了短暂试掘。前叶洞位于灰坪小盆地孤丘上，20 世纪村民炸洞取土，使遗址遭到毁灭性的破坏。此次试掘只出土零星、残碎的动物化石，多数标本有啮齿类动物啃咬痕迹，未发现石器③。

四　小结

（一）年代

浙江目前已知的旧石器地点，主要发现于河流二级阶地。调查采集的脱层标本，不利于年代判断，但对比非脱层标本及发掘所获标本，我们仍可初步判断其年代。依刘东生等对中国南方红土时代的研究④和杨浩等对安徽陈山地点剖面年代学研究⑤，网纹红土属中更新世沉积物，稀网纹紫红土属中更新世晚段至晚更新世早段，而下蜀土则属于晚更新世。由此，我们初步判断出浙江出土石制品地点所属的地质年代，基本建立了浙江旧石器的年代框架。上马坎、七里亭、上山岗遗址较其他已发掘旷野类型遗址年代跨度大，其中七里亭遗址的最早年代达到距今 100 万年，由此可知浙江境内人类活动历史可追溯到早更新世晚段。

（二）文化性质

总体观察，苕溪流域石制品组合，除银锭岗上文化层、紫金山、下齐岭外，当为典型的南方砾石工业。大多数石制品粗大而厚重，岩性多样，用锤击法生产石片和修理工具，石器以砍砸器、手镐、手斧、石球、球形器等重型工具为主，刮削器、尖状器等小型工具不多，石器毛坯以块状者占优。这些特征与邻近的安徽水阳江流域、江苏茅山地区的标本相近，"皖、苏、浙三省邻接的地区可能会因存在相近的石制品组合而被划归南方主工业的同一亚工业区"⑥。但是七里亭上文化层和王家山遗址的石制品小型化趋势明显，可能与环境变化相关联。

紫金山遗址、银锭岗遗址上文化层、下齐岭⑦（图 1 - 10）等三个地点相距 5 千米左右，石制品以

---

① 徐新民、梁奕建：《浙江长兴合溪洞旧石器时代遗址》，《中国文物报》2010 年 3 月 25 日。
② 浙江省文物考古研究所试掘资料。
③ 浙江省文物考古研究所试掘资料。
④ 刘东生等编译：《第四纪环境》，科学出版社，1997 年。
⑤ 杨浩、赵其国、李小平等：《安徽宣城风成沉积——红土系列剖面 ESR 年代学研究》，《土壤学报》第 33 卷第 2 期，1996 年。
　赵其国、杨浩：《中国南方红土与第四纪环境变迁的初步研究》，《第四纪研究》1995 年第 2 期。
⑥ 张森水、徐新民、邱宏亮等：《浙江安吉上马坎遗址石制品研究》，《人类学学报》总第 23 卷第 4 期，2004 年。
⑦ 浙江省文物考古研究所调查资料。

燧石为主要原料，以刮削器、尖状器等小型工具占石器总量的多数，尤其是银锭岗上文化层运用了砸击法生产石片和修理工具，表现出与典型南方砾石工业不同的文化特征，显现了旧石器时代中晚期围绕长兴煤山盆地的文化趋于复杂化，拓展了我们对文化类型的认识。

图 1-10　下齐岭遗址出土石器
1. 石片　2~5. 刮削器　6、7. 尖状器

　　嵊州兰山庙遗址的文化层可能非原生堆积，石制品组合与苕溪流域典型的南方主工业类型存在差异，需要我们持续关注。

　　近年来，我们做了大量的洞穴遗址调查与勘探工作，发现多处动物化石的埋藏地，虽有齐平洞两件骨制品及人工砍痕的发现，可初步判断古人类曾活动于齐平洞，但材料尚显单薄，对人类行为模式、资源利用等研究难以深入，需要持续工作，为相关研究提供丰富的材料。

（执笔：徐新民）

新石器时代考古

综　述

浙江境内的新石器时代考古，发端于 1936 年吴越史地研究会与西湖博物馆在杭州古荡遗址的发掘。1936 年西湖博物馆施昕更在良渚遗址的发掘，揭示出了长江下游史前文化的丰富面貌。

新中国成立后，1956 年和 1958 年，浙江省文物管理委员会对吴兴钱山漾遗址进行了发掘，在该遗址中区分出了包含几何印纹陶和不包含几何印纹陶的上、下两种文化堆积，为认识良渚文化的内涵及从时代上探讨这一地区黑陶与几何印纹陶的关系提供了科学的依据。从而，开始了从特征上对这一文化的内涵进行总结，注意到"他处所未见"的"鱼鳍形鼎足"和"特殊的三角形石刀"等"自己的特点"。钱山漾遗址下层所发现的木桨、竹编、丝麻织品以及水稻等农作物种子，也大大地丰富了这一文化的内容，为新石器时代考古研究开辟了一些新的领域。1957 年，邱城遗址发掘，首次揭示了浙江境内马桥文化、良渚文化和以夹砂粗红陶、泥质红衣陶为代表的邱城下层遗存的三叠层。1959 年，嘉兴马家浜遗址发掘后，邱城下层遗存被命名为"马家浜文化"。1973~1974 年及 1977 年，在钱塘江南岸发掘了余姚河姆渡遗址。河姆渡文化以其久远的年代和特征鲜明的文化面貌，使长江下游地区新石器时代文化的重要性受到举世瞩目，改变了原来以黄河流域为中心的传统史观，对于长江下游新石器时代文化谱系的建立起到了积极的推动作用。

1966 年到 1972 年，全国的考古工作几乎处于停滞的状态。1972 年以后，随着考古工作的恢复，大量新考古材料的发现以及碳十四测定的年代数据的陆续公布，使我国的考古事业走向了一个新的高潮。20 世纪 70 年代末，随着高考的恢复，考古专业的毕业生们纷纷加入到全国各地的考古事业中，专业化的考古队伍迅速壮大起来。随着改革开放的步伐，许多遗址在基建中被发现，新石器时代的考古学文化谱系在 80 年代中期已基本完成，中国考古学迎来了"黄金时代"。

1977 年，可以说是长江下游地区史前考古学的一个新的转变期。首先，夏鼐在《碳 14 测定年代和中国史前考古学》一文中，提出青莲岗文化的江南类型和江北类型是两种不同的文化，建议把江南类型称为"马家浜文化"，包括马家浜和崧泽两个阶段。并依据碳十四数据指出，马家浜文化年代相当于中原的仰韶文化，认为良渚文化是继承马家浜文化发展而来，其年代则相当于黄河流域的河南龙山文化与山东龙山文化，且开始的时间要早一些。

随后，1977 年 10 月在南京召开的"长江下游新石器时代文化学术讨论会"上，一些有代表性的论著，从时间上、地域上和文化发展序列上，给长江下游地区的新石器文化以充分的肯定。苏秉琦在会上第一次提出了考古学文化区系类型的"块块设想"，把长江下游分为微山湖—洪泽湖以西的苏鲁豫皖四省相邻的地区、以南京为中心的宁镇地区和太湖—钱塘江地区，为以后的研究指明了方向。

1979 年，浙江省文物考古所成立（1986 年更名为浙江省文物考古研究所），浙江省的考古事业进入了一个新的时代。以河姆渡、良渚为代表的新石器时代考古，以印纹陶、土墩墓为代表的商周考古，以越窑、龙泉窑为代表的瓷窑址考古，成为浙江考古的重点方向。

回顾四十年来浙江新石器时代考古所走过的历程，可归纳为以下几个方面：

一　新石器时代考古学文化的深入认识

考古学文化的辨认与文化特征的归纳、补充，是新石器时代考古的基本内容，也是一项持久的工作。迄今，浙江省境内命名的新石器时代考古学文化有：上山文化、跨湖桥文化、河姆渡文化、马家浜文化、良渚文化、钱山漾文化和好川文化。此外，重要的史前考古学文化还有崧泽文化。

上山文化得名于金华市浦江县上山遗址。自2000年发现以来，增加有嵊州小黄山，永康庙山、太婆山、湖西，金华山下周，龙游青碓、荷花山，义乌桥头、仙居下汤等遗址，共18处，主要分布于浙中丘陵盆地，距今11000～8600年，是浙江境内目前所知年代最早的新石器时代考古学文化。上山文化以大敞口平底盆、双耳罐等夹炭红衣陶以及各类石片石器、砾石石器等打制石器为其文化面貌的典型特征。遗址中普遍出现了初具规模的定居聚落，并在小黄山、桥头等遗址中发现了聚落的人工环壕。栽培稻遗存的发现，则又赋予上山文化更加重要的意义。通过陶胎掺和料中稻壳小穗轴所体现的非野生特征，上山文化被确认为已出现了处于驯化初级阶段的原始栽培稻，从而成为国际学术界讨论稻作农业起源问题的重要材料。

跨湖桥文化得名于萧山跨湖桥遗址。1990年的发掘使得这一处年代久远、内涵新颖的文化类型为学界所知。通过2001～2002年的再次发掘，以及对同处古湘湖谷地的下孙遗址的发掘，跨湖桥文化的命名被正式提出。文化面貌的先进是跨湖桥文化的突出特征，在距今8000～7000年间，流行釜、豆、罐、钵、甑等实用陶器群，并以红色薄彩与乳白色厚彩的"太阳纹"主题彩纹装饰引人注目。湖相堆积中保存了大量的竹木制品和动植物标本，其中，独木舟的发现表明可能存在有制作、修理独木舟的加工现场。此外，漆器（弓）、"中药罐"、经黏合剂修补的陶器残片、复杂的篾编均为国内首次发现。在跨湖桥和下孙遗址，均分布有一层"潮间带"和"潮上带"相间叠压的海相沉积，这为环境考古提出了一个关于全新世以来杭州湾地区海岸线变迁与人类生存相互关系的新课题。

河姆渡文化得名于余姚河姆渡遗址。1973年，浙江省文物管理委员会与浙江省博物馆对其进行了第一次考古发掘，发现了这种以夹炭黑陶、大量木骨牙制品以及大量木构建筑遗存为特点的文化面貌。1977年，夏鼐正式命名了河姆渡文化，年代为距今7000～5300年。学术界对河姆渡文化是限于河姆渡遗址的第4、3层，还是包括第4层至第1层的全部内容，一直有所争议，但这并不妨碍由河姆渡遗址开始展现的、以宁（波）绍（兴）平原为重心的钱塘江—杭州湾以南地区的史前文化，成为长江下游及东南沿海地区考古学文化的重要组成部分。目前发现的河姆渡文化遗址，主要分布于宁绍地区东部的海积平原和舟山地区，有余姚鲻山、鲞架山、田螺山，奉化名山后，北仑沙溪，慈城慈湖、小东门、傅家山、象山塔山、白泉十字路等遗址。其中，田螺山遗址的发掘为河姆渡文化研究提供了前所未有的视角。2004年至2014年间，田螺山遗址揭露了一处典型的河姆渡文化村落及其外围稻田，出土万余件各种质地的人工制品以及与古人类活动相关的大量动植物遗存。在此基础上，开展了陶器微痕、动植物、古环境、石源分析等门类繁多的国际跨学科合作研究，为探索全球全新世时期人地关系与史前海洋文化起源问题提供了重要契机。

马家浜文化遗存始见于1958年发掘的湖州邱城遗址。1959年嘉兴马家浜遗址的发掘，因发现有面貌独特的文化遗存而命名。马家浜文化是环太湖地区新石器时代晚期重要的考古学文化之一，距今7000～6000年。浙江境内的马家浜文化主要分布于杭嘉湖平原，重要遗址有桐乡罗家角、谭家湾，嘉兴马家浜、吴家浜，湖州邱城、塔地，长兴江家山、狮子山，安吉芝里，德清瓦窑，余杭梅园里、吴家埠、章家墩等。罗家角遗址第4至第1文化层遗存是一个连续发展和渐变的过程，罗家角第4层碳十四测年约距今7000年，与河姆渡第4层大体接近。河姆渡文化和马家浜文化成为目前已知分布于钱塘江以南宁绍地区和环太湖地区新石器时代晚期较早阶段的两支考古学文化。在整个环太湖地区，马家浜文化的内涵较为复杂，总的来说，是以早期流行釜类炊器而晚期为鼎所取代这一文化演变过程为其主要特征的。在其不同的文化发展阶段，各地方类型存在着动态变化。此外，钱塘江南岸的诸暨楼家桥遗址、象山塔山遗址中的马家浜文化因素，反映出马家浜文化的南向渗透。

崧泽文化是继马家浜文化之后，距今6000～5300年间，环太湖地区普遍流行的考古学文化。以上海青浦崧泽遗址中层遗存为代表，粗泥红褐陶的凿形足鼎、分段式黑皮陶高把敛口豆、蛋形杯、花瓣形圈足以及弧边三角形与圆的组合装饰风格，为崧泽文化的典型特征。1996年，浙江省文物考古研究所发掘的嘉兴南河浜遗址，是浙江境内崧泽文化遗存中内涵最为丰富的地点，也是上承马家浜文化、下接良渚文化、贯穿崧泽文化始终、历时两千多年而无间断的遗址，为建立崧泽文化的器物演变序列标尺提供了重要材料。此后，考古所陆续发掘了大量的崧泽文化遗址，如海盐仙坛庙，海宁小兜里、瑞寺桥，湖州毗山、塔地，安吉安乐、芝里，余杭石马兜、官井头，桐庐方家洲，长兴江家山、台基山等，更丰富了浙江境内崧泽文化遗存的面貌。其中，仙坛庙遗址所呈现的聚落形态及其阶段性演变过程最为清晰。方家洲遗址出土了大量与玉石制造有关的遗物与遗迹，存在有大型的玉石加工场所，对复原玉石器制作工艺有重要意义。毗山遗址的崧泽文化遗存以假腹圈足盘、假腹豆、带把盉为典型特征，反映了苕溪流域下游地区崧泽文化晚期与良渚文化早期的衔接。崧泽文化所处时期，跨地域的文化交流日渐频繁，在崧泽文化器物中则表现为来自黄淮地区的凿形足鼎、觚形杯系统和来自长江中游的玉器系统的影响。在频繁的文化交流中，崧泽文化遗存间的共性越来越大，向外的扩张趋势较为明显，刻纹鱼鳍形足鼎、凿形足鼎、带节棱的细高把豆、假圈足的矮宽把豆、花瓣形圈足以及弧边三角形与圆结合的装饰风格，也向着黄淮地区、长江中游以及钱塘江南岸发生了扩散。

良渚文化得名于1936年余杭良渚镇上一系列以黑皮陶为特征的遗址的发现。在随后的八十多年里，考古发现的良渚文化分布范围逐渐扩大，基本覆盖了整个长江下游地区。良渚文化距今5300～4300年，具有相当发达的水稻种植农业，陶、石、玉、骨、漆、木、纺织等多类手工业以及精湛的玉器雕刻工艺水平和高度统一的社会信仰，是中国境内目前所发现的第一个进入早期国家形态的文明社会，是中华五千年文明的实证。浙江境内的良渚考古在进入21世纪之前就已成果斐然，如余杭反山墓地，瑶山、汇观山祭坛墓地，莫角山大型人工土台和塘山土垣等遗址的发掘，都使得浙江北部地区在浙西山地与杭嘉湖平原交接处的"C"形盆地内，呈现出存在着良渚文化高等级中心聚落的可能。随着2006～2007年良渚古城城墙的发现，良渚考古进入了飞跃式发展的十年，良渚古城的都邑性质被确认，"良渚文明"的概念正式提出，引起强烈的国际反响。2015年，被纳入国家文物局"十三五"重大专项的"长江下游区域文明模式研究"课题，以良渚古城考古为立项基点，对良渚古城的考古与研究工作有很大的推动。在以良渚古城为核心的钱塘江以北大约 800 平方千米范围内，偏西部的"C"形盆地区有良渚古城与外围水利系统组成的大型都邑遗址，东部临平地区有茅山、玉架山等二级聚落，北部德清地区有雷甸杨墩等玉器加工作坊。这一大区域内，遗存种类各异的良渚文化遗址，构成了一个社会结构复杂、功能分区明显的统一体。浙江境内其他地区，尤其是嘉兴地区，桐乡、海宁直至嘉兴王店、海盐百步的西南—东北向狭长地带，也是良渚文化遗址集中分布的区域，如桐乡新地里、普安桥、姚家山，海宁荷叶地、徐家庄、郜家岭、达泽庙，海盐龙潭港、周家浜等，不乏高等级墓地与遗迹的发现。在钱塘江上游，桐庐方家洲、小青龙、大麦凸和富阳瓦窑里等遗址的发掘，对探寻良渚早期遗存的分布以及良渚玉石器加工工业的由来等问题，提供了重要线索。由于浙南山区好川文化的提出，钱塘江以南的广大地区成为探索良渚文化去向的重要区域，其中，衢塘山背、缙云陇东等遗址的良渚文化遗存，对于反映当地良渚文化特殊面貌与标记良渚文化南下路径有重要意义。在舟山群岛和宁绍平原的姚江谷地，亦有多处良渚文化遗址的发现，在反映良渚文化人口迁徙与去向的研究中，不容忽视。

钱山漾文化得名于湖州钱山漾遗址。1956 年，浙江省文物管理委员会与浙江省博物馆对其进行第一次考古发掘，随即在 1958 年进行了第二次发掘。长期以来，在学术界以仰韶文化和龙山文化的二分对立观点下，没有能够将以良渚遗址为代表的杭州湾区从龙山文化系统中独立出来。1959 年，夏鼐在长江流域规划办公室文物考古队队长会议上正式提出"良渚文化"的命名。这其中，湖州钱山漾遗址的两次发掘资料起到了重要的促进作用。只是，良渚文化命名后，钱山漾遗址长时期被当作是良渚文化的一处典型遗址。2004～2008 年，钱山漾遗址的第三、四次发掘，为"钱山漾文化"的提出奠定了基础。根据目前的考古发掘与调查，钱山漾文化分布于整个环太湖地区，是整体年代略晚于良渚文化的另一种考古学文化。根据碳十四测年，大约为距今 4400～4200 年。其有别于良渚文化的主要特征为弧背鱼鳍形足鼎、舌形足鼎、鸭嘴状凿形足鼎、细长颈袋足鬶、乳丁足壶、弦断篮纹或绳纹的瓮罐类以及压印、拍印的装饰手段。另外，弓背石锛、三棱形前锋石镞、平面近横向梯形或长三角形的斜刃石刀，都是这一阶段出现的新器形。钱山漾文化与广富林文化，对于理解长江下游地区龙山时代的文化转型以及与中原地区的交流与融合关系有着至关重要的意义。许多问题的深入探讨，还有待今后资料的积累。

好川文化得名于遂昌县好川墓地。1997 年，浙江省文物考古研究所对其进行发掘，获得一批既有良渚文化特征又明显区别于良渚文化的遗存。好川文化分布于闽浙赣三省交界，并以浙南山区的发现最为集中，有建德久山湖、江山山崖尾、温州曹湾山、缙云陇东、仙居下汤、温州屿儿山等。目前，对于好川文化的认识主要基于墓地所反映的文化面貌。其随葬品多见夹砂红褐陶、泥质灰陶与泥质黑皮陶，鼎的数量较少，流行三足盘、圆或三角形镂孔豆、空三足鬶、管流盉、三喙罐、单把杯、印纹陶与硬陶等。随葬石器中多见镞。石钺磨制精细。玉器则多见锥形器。代表着精湛玉工的曲面玉片极具特色，此类玉片多见于漆觚上的镶嵌。好川文化内涵复杂，除良渚文化因素外，大汶口文化、昙石山文化等多种文化因素也在好川文化中有所体现。由此可知，龙山时代末期，在华南地区的文化交流与人口迁徙过程中，好川文化应扮演着相当重要的角色。好川文化的年代，其上限大体相当于良渚文化晚期，下限大约延续到龙山时代晚期。

二 文化谱系的建立与不断深化

考古发现的积累，使得我们对新石器时代考古学文化的认识，总处于动态发展的过程中。而随着这些文化面貌被不断地更新与阐发，对文化间相互关系与谱系序列的理解，也正朝着更加清晰、更加完备的方向推进。

（一）浙江境内早期新石器的发展：从上山到跨湖桥

跨湖桥文化、上山文化的相继发现，使得探讨浙江境内新石器时代早中期考古学文化的发展演变成为可能。上山文化普遍流行平底炊器系统，而年代与之接续的跨湖桥文化则属于圜底炊器系统，因此，上山文化的去向和跨湖桥文化的来源问题，是浙江早期新石器研究中备受关注的课题。2005 年，嵊州小黄山遗址的发掘，发现了具有跨湖桥文化因素的遗存叠压上山文化遗存的现象。在器物群方面，跨湖桥文化中的圈足器、侈口折沿罐、牛鼻耳形以及镂孔、红衣、彩陶等装饰手段，也在上山文化中找到了源头。其后，在龙游青碓、义乌桥头、仙居下汤等遗址中也发现了上山文化与跨湖桥文化的早晚关系，更有力地说明了上山文化与跨湖桥文化的谱系关系。

（二）宁绍平原河姆渡文化的源流问题

自河姆渡文化发现以来，学界在河姆渡遗址第 1、2 层遗存与第 3、4 层遗存的关系问题上，至今仍然聚讼不断。一种意见是将河姆渡遗址极具自身特点的第 3、4 层遗存命名为"河姆渡文化"。而另一种意见是将河姆渡遗址第 4 层至第 1 层视作一个连续发展的过程，统归为河姆渡文化。分歧的关键在于河姆渡遗址第 1、2 层遗存存在明显的马家浜文化与崧泽文化因素，是否表示文化面貌已经转变的这个问题。因此，如何理解这一时期在河姆渡第 3、4 层遗存的分布区域内多文化因素共存的现象，将成为理清河姆渡文化内涵的关键。目前，认为河姆渡文化应涵盖河姆渡遗址第 1 层至第 4 层的认识，将河姆渡文化的下限置于距今 5300 年，是基于河姆渡遗址第 1、2 层遗存中仍然流行着以形态各异的多种釜为炊器的较早期传统。而在距今 5300 年以后，河姆渡文化分布区内，良渚文化因素占据了重要的地位。近年来，随着上山、跨湖桥等新石器时代早中期遗存的发掘和研究，关于河姆渡文化的来源，也逐渐引起重视。在嵊州小黄山遗址距今约 7500 年的晚期遗存中，发现有绳纹釜、双耳罐等与河姆渡文化相似的陶器与跨湖桥文化遗存共时的现象，这对于研究河姆渡文化的发端有重要意义。2013 年，在田螺山遗址西侧不远处的井头山遗址，发现在埋深 7～10 米处有贝丘类堆积。从其现有出土遗物及碳十四测年数据看，有望为河姆渡文化的来源问题提供新的线索。

（三）浙江七千年以来的考古学文化谱系问题

浙江七千年以来的考古学文化谱系，是随着良渚文化、马家浜文化、崧泽文化的相继提出，逐渐建立起来的以"马家浜文化—崧泽文化—良渚文化"这一绵延不断的文化发展过程为主线的谱系序列。随着马家浜文化各地方类型的揭示，学界逐渐认识到，环太湖地区的马家浜文化是多元的，在向崧泽文化的发展过程中，共性逐渐明显。而崧泽文化晚期至良渚文化早期的遗存定性，则是这一谱系中另一个热点话题。由于这一时期，常见崧泽文化与良渚文化因素共存的现象，因此，也被称为"崧泽—良渚的过渡阶段"。尽管学术界对过渡阶段的文化属性认识众说纷纭，但对于崧泽文化与良渚文化一脉相承的谱系关系，则是普遍认可的。

与黄河流域的龙山时代相比，结束于 4300 年前的良渚文化与进入夏纪年的上限年代间尚存缺环，这使得良渚文化的去向问题成为长久以来的研究重点。根据 1999~2000 年上海松江广富林遗址的发掘和 2004~2005 年湖州钱山漾遗址的第三次发掘，在良渚文化之后又接续上了钱山漾文化与广富林文化，由此填补了这一缺环。目前，对于钱山漾文化的认识，也存在不同的声音。近年来，根据良渚古城遗址的发掘，在石前圩、卞家山、文家山、仲家山、城墙及城河、扁担山、姜家山、凤山等遗址中，常见一类以夹砂橙黄陶、侧扁鼎足为特征的遗存与钱山漾文化弧背鱼鳍形鼎足共存的情况。此类遗存被命名为"良渚文化晚期后段遗存"，并被认为是与钱山漾文化共时的一种遗存，且尚未超出良渚文化的范畴。

浙南地区的好川文化，则是良渚文化之去向呈现出的另一种面貌。通过对好川墓地的分期研究，较为普遍的意见是认为好川墓地的相对年代大致可跨良渚文化晚期至好川文化。好川文化对良渚文化有一定程度的继承，但在周邻同时期其他考古学文化的共同作用下，发生了较大的变异。

综上所述，浙江境内距今 7000~4000 年左右的考古学文化谱系为：多类型的马家浜文化—崧泽文化—良渚文化—后良渚阶段文化（"良渚文化晚期后段遗存"、钱山漾文化、广富林文化和好川文化），是一个从分散到趋同、又从统一到分裂的过程。

三　"良渚申遗"与史前大遗址考古

大遗址是指价值突出、规模体量较大、影响深远的遗址，主要包括反映中国古代历史上涉及政治、宗教、军事、科技、工业、农业、建筑、交通、水利等方面重要历史文化信息的大型聚落、城址、宫室、陵寝、墓葬等遗址、遗址群。而史前大遗址的发现与确立，主要依赖于考古工作的积累，是一个从无到有、逐渐完备的实践过程。

良渚遗址从单一的遗址点到遗址群，再到王国都邑的过程，已走过八十多年，不仅仅是遗址范围的扩大、遗址数量的增多，更是遗址性质的转变。从各自分散独立的遗迹现象，到统一的古城整体，颠覆了我们所惯有的对史前聚落的认识。

最近十多年的良渚古城考古工作，变被动为主动，在张忠培先生"三年目标、十年规划、百年谋略"的指导方针下，在达成"申遗"目标的过程中，良渚古城的建制、结构、范围、规模已逐渐摸清，王国都邑的定性逐渐得到国际学术界的认可，良渚文化被推上了文明的新高度。

2007 年，四面围合的古城城墙的发现，为良渚古城遗址的保护与考古工作提出了新的要求。系统、有效的遗址记录体系与大规模的调查勘探，成为良渚考古的重要前提。2008 年，由良渚遗址管理区管理委员会委托，测绘局对以古城为中心的约 8 平方千米范围进行了测绘，获得了这一区域 1∶500 的详细地形图。2010 年 3 月下旬，西安大地测绘公司对古城范围进行了无人机航拍航测，获得了重点区域 10 余平方千米的高清数字正射影像和与之配套的 1∶2000 矢量地图，为良渚遗址地理信息系统的建立，提供了基础资料。2010 年，良渚遗址群测量控制网建立，以便对遗址群以及更大范围进行统一布方编号，覆盖面积约 313 平方千米。至 2014 年，古城核心区 10.8 平方千米范围的勘探完成，获取了良渚古城内外的道路水网体系、功能分区、城墙轮廓等信息。2010 年至 2015 年，确认了以 11 条水坝组成的大型水利系统。而后，围绕水利系统展开的专项调查勘探，又发现多处良渚时期遗址。2017

年，完成低坝库区 2 平方千米范围勘探工作，了解了低坝的南北边界以及库区内古河道的分布情况，未见居住遗址的分布。2015 年至 2017 年，古城以东郊区聚落陆续完成勘探面积约 3.4 平方千米，发现人工营建台地 97 处。此后，还将继续对郊区聚落进行全覆盖式勘探，计划每年勘探 1.5 平方千米的范围，以了解这一区域内台地、河道等遗迹的分布情况，为进一步分析良渚古城的控制范围、城乡结构、人口规模、组织形式、经济生产、统治模式奠定基础。

古城的发掘工作为我们解读古城内涵提供了直接依据。通过这些年的田野实践，古城的考古发掘可总结为针对两类不同性质的遗存进行的发掘工作。一是各类人工营建的台地，包括反山、莫角山、姜家山、池中寺、钟家村、桑树头、毛竹山等，主要通过发掘了解台地上的遗迹分布情况、台地的堆筑过程及台地的功能。如对古城核心区莫角山台地的发掘，就是结合了对台地边缘的解剖、台地上布设纵横长探沟以及对发现的遗迹现象进行全面揭露的方法，揭露遗迹仅至良渚文化层最晚阶段，在保护遗址本体的情况下取得对遗址的认识。另一类是古城内外的古河道，除了沿着城墙的城河之外，在城内共发现古河道 51 条，多数为人工开挖而成，构成纵横交错的水路交通系统。2015 年至 2017 年，为配合良渚古城申遗，对良渚时期的古地貌进行标识和局部恢复，了解河道内堆积以及两岸台地的性状。在对钟家港古河道进行发掘的过程中，采取边发掘、边淘洗、边整理、边展示的方法，通过湿筛法、抽样浮选法等方法，在同样的发掘面积中尽可能地收集各类遗物，包括许多混在泥土中、不易被肉眼所观察的较小动植物遗存、玉料等。

古城外的发掘既是独立的发掘项目，又是与古城考古相配合的重要工作内容，主要分为两大片区。东距良渚古城约 30 千米的临平遗址群目前共发现近 20 处遗址，包括玉架山、茅山、横山、三亩里等遗址，是以玉架山为中心聚落的遗址群，文化内涵与良渚古城基本一致，推测是古城的附属中心。后续将继续以玉架山遗址为中心，同时对临平、崇贤、塘栖一带开展大范围的区域系统调查和资源调查。东北方向距古城 18 千米的德清地区，在雷甸一带分布着至少三处与玉器制作有关的遗址，即杨墩、中初鸣和田板埭遗址。2017 年对杨墩遗址进行了发掘，出土少量带加工痕迹的玉料、玉锥形器、磨石、燧石等。2018 年对中初鸣遗址进行了发掘，出土陶器、石器、玉料、玉器等标本共 1500 余件，其中玉料 1200 余件，玉器半成品、成品、残件约 100 件。其玉器产品种类相对单一，以玉锥形器等小件玉器为主，原料数量丰富，说明这里有着相当大的生产规模。通过成分分析等方式与良渚遗址群、临平遗址群和海宁、嘉兴等地区的良渚文化晚期遗址内出土的同类器形进行比较，进一步讨论良渚文化时期的玉料来源、玉器流通、经济模式，将是今后良渚考古的一个重要学术增长点。

此外，考古工作站的建设是大遗址考古中不可或缺的环节，良渚工作站的建立是良渚考古得以稳步推进的重要保障。1981 年对余杭吴家埠遗址进行大规模发掘后，随即建立了浙江省第一个考古工作站——吴家埠工作站，为良渚一带长期的考古发掘和保护工作创造了良好的条件。2008 年，良渚遗址管理区管理委员会对位于大观山果园上的八角亭（原果园职工住所）进行了改造修缮，作为良渚考古队的驻地，也成为随后挂牌的"良渚遗址考古与保护中心"的办公场所，这使得良渚考古队在 2008 ~ 2018 年的十年间得已扎根古城内，有力地推动了古城遗址本体考古工作的深度开展。如今，设施完备、功能齐全的良渚遗址考古与保护中心已搬迁至古城南缘，与管委会下属的良渚遗址监测中心比邻，成为良渚古城这一史前大遗址考古研究与保护工作的重要核心。

　　回望浙江省文物考古研究所成立的这四十年，新石器时代的考古工作，正从过去对文化面貌与文化谱系的关注，逐渐向精细化考古、跨学科合作投入越来越多的力量。进入新世纪以来，浙江省文物考古研究所与北京大学、中国社会科学院考古研究所及国外多家科研机构建立了长期的合作关系。比如，在河姆渡文化的考古研究工作中，依托河姆渡遗址与田螺山遗址的考古发掘资料，在农学、建筑学、古气候学、地质学、古地理学、动物学、植物学、矿物学等方面开展了长期的合作研究。近年来，围绕良渚古城城墙垫石来源、玉石器岩性鉴定与来源比对、人工堆土的来源、土壤微形态分析、动植物种属鉴定、木材鉴定、作物及家畜驯化等课题，浙江省文物考古研究所于良渚遗址考古与保护中心内配备了遥感、GIS、岩矿、动植物、漆木器等不同领域的科技考古实验室并引进相关专业技术人才，立足良渚，服务全所。目前，已在这些课题上取得了丰硕的成果。科技考古促使我们得以更加立体的了解古代文化遗存，尤其是没有文字的史前。全息式的信息提取将是考古学学科未来新的走向。因此，这就要求我们开阔眼界，深化问题意识，加强方法训练，同时，仍旧不能放松传统考古学对文化、社会的研究与阐释。新石器时代的考古，只有将"传统"与"科技"两手抓，才能真正走出自己的路。

（执笔：刘斌、朱雪菲）

上山文化

20 世纪 90 年代初，江西万年仙人洞和吊桶环①、湖南道县玉蟾岩②相继发掘了距今 10000 年前的新石器时代早期洞穴遗址③，长江中游地区的文明史被追溯至万年以前。在长江下游，虽然也发掘了距今 8000 年的萧山跨湖桥遗址④，但距今万年以前的新石器时代早期遗存始终没有发现⑤。尽管在制订"九五""十五"学科规划时，浙江省文物考古研究所就已将"探索早期新石器文化"列为重要课题，并进行了相关的洞穴调查及考古工作，但取得的成果并不理想⑥。直到 2000 年下半年"浦阳江流域新石器时代遗址的调查和研究"课题的展开，才为探索浙江省新石器时代早期遗址理清头绪，浦江上山遗址的发现便是这一探索过程的起点。经过近二十年持续的考古工作，以上山遗址为代表的上山文化已经发现 18 处遗址，它们普遍分布在浙江中南部低山丘陵之间的河流盆地，其中以金衢盆地最为集中，密集分布的遗址构成了东亚大陆新石器时代早期初具规模的聚落群。

本文旨在梳理上山文化的研究历程，归纳上山文化的主要特征，总结上山文化的学术价值并展望其研究前景，以此庆贺浙江省文物考古研究所成立四十周年。

一 发现

上山遗址位于钱塘江支流——浦阳江上游的浦江县境内。具体位置在浦江黄宅镇渠南、渠北和三友村之间，地理坐标为东经 119°58′16″、北纬 29°27′22″。从地理位置上看，位于浦阳江盆地的中心，地处浦阳江北岸的二级阶地上，浦阳江在遗址以南约 2 千米处自西向东流过，遗址东侧 200 米处有一条浦阳江的支流——蜈蚣溪，自西北向东南流过⑦。

上山遗址发现于 2000 年秋，最开始是在上山遗址以南发现了查塘山背良渚文化墓地，以蒋乐平为领队的考古队继而将目光延伸至以北的"上山"这座土丘之上，并在试掘坑中发现了较多的夹炭红衣陶片，其中复原了 1 件陶盆，当时对遗址年代的判断是距今可达 7000 年之久。尽管探掘面积十分有限，文化面貌非常模糊，但客观的事实是，上山遗址被发现了。

2001 年 2 月至 5 月，上山遗址进行了第一期正式发掘。2002 年 6 月，考古队将四块夹炭陶样品送

---

① 刘诗中：《江西仙人洞和吊桶环发掘获重要进展》，《中国文物报》1996 年 1 月 28 日。北京大学考古文博学院、江西省文物考古研究所：《仙人洞与吊桶环遗址》，文物出版社，2014 年。
② 袁家荣：《湖南道县玉蟾岩 10000 年以前的稻谷和陶器》，《稻作、陶器和都市的起源》，文物出版社，2000 年。
③ 仙人洞遗址于 20 世纪 60 年代初进行过两次试掘。玉蟾岩遗址于 20 世纪 80 年代初发现后经过多次调查。
④ 浙江省文物考古研究所：《萧山跨湖桥新石器文化时代遗址》，《浙江省文物考古研究所学刊》，长征出版社，1997 年。
⑤ 20 世纪 80 年代后期，仙居文管会进行文物普查时，曾在仙居下汤遗址采集到上山文化的陶、石器标本，限于认识，当时将其笼统地视作新石器晚期阶段遗存。参见台州地区文管会、仙居县文化局：《浙江仙居下汤遗址调查简报》，《考古》1987 年第 12 期。
⑥ 王海明：《浙江早期新石器文化遗存的探索与思考》，《浙江省文物考古研究所学刊》第九辑，科学出版社，2009 年。
⑦ 浙江省文物考古研究所、浦江博物馆：《浦江上山》，文物出版社，2016 年。

至北京大学考古文博学院进行碳十四测年。次年1月，经过树轮校正的年代数据显示其年代距今约11400～8600年。为谨慎起见，直到11月考古队才公布上山遗址的发掘成果[①]。

为更好地检验和证实测年数据与地层堆积的可靠，2004年对上山遗址进行了第二期发掘，面积虽然较小，但遗址的年代和文化特征得到了科学的验证。

2005年9月至2006年，上山遗址进行了第三期发掘。这对于全面认识上山遗址的文化面貌、堆积序列、年代关系等至关重要，也为上山文化的命名创造了成熟条件。此外，同期发掘的嵊州小黄山遗址也为明确上山文化内涵及年代提供了重要支持[②]。

2006年11月，"第四届环境考古学大会暨上山遗址学术研讨会"在浦江召开，与会专家高度评价了上山遗址及其发掘成果，上山文化得以正式命名[③]。

2007～2008年，上山遗址进行了第四期发掘。这个阶段主要在遗址北区发掘，发现了上山文化最晚期的遗存线索，也丰富了跨湖桥文化阶段的遗存内涵。至此，上山遗址的发掘工作基本结束[④]。

二　研究进展及现状

关于上山文化的研究，目前取得的成果主要集中在以下几个方面：1）《浦江上山》考古报告的编写出版；2）上山文化遗址群的调查发现及更多上山文化遗址的发掘；3）稻作农业起源相关问题的讨论；4）陶器、石器及其他多学科合作研究的展开；5）文化谱系的建立和完善。按照阶段划分，大致可以分为初步认识阶段（2000～2008年）和认识发展阶段（2009～2019年），其分别具有以下特征：

初步认识阶段：上山、小黄山遗址的发掘及上山文化命名。

认识发展阶段：上山文化遗址群的发现以及更多的上山文化遗址的发掘；稻作农业起源研究的逐步推进；多学科合作研究的深入强化；阶段性成果《浦江上山》考古报告的出版；长江下游新石器时代早期考古学文化谱系的建立和完善，文化之间的比较研究逐渐增多。

三　文化内涵

上山文化器物主要包括陶器、石器，有机质保存不佳，仅发现极少量的骨质遗物。

上山文化的陶器最具特色，可分为夹炭陶、泥质陶和夹细砂陶，其中夹炭陶的数量最多，贯穿始终[⑤]，还有粗泥陶和夹砂陶，中晚期比例增加。制作工艺方面，无论是夹炭还是夹砂，陶器表面大多装饰红陶衣，晚期出现少量的黑褐陶。在施红陶衣之前，普遍还对胎体表面进行预处理，即涂抹一层较细腻的泥浆。陶器成型主要有直接捏塑法、泥片贴筑法和泥条盘筑法，其中最明显、最常见的是泥片贴筑法，带器耳、鋬、圈足的陶器，其附件基本是在胎体制作完成之后接入的。陶器以素面为主，

① 蒋乐平、郑建明等：《浙江浦江县发现距今万年左右的早期新石器时代遗址》，《中国文物报》2003年11月7日第1版。
② 张恒、王海明、杨卫：《浙江嵊州小黄山遗址发现新石器时代早期遗存》，《中国文物报》2005年9月30日第1版。
③ 黄琦、蒋乐平：《上山遗址与上山文化——中国第四届环境考古学大会暨上山遗址学术研讨会上专家谈"上山文化"》，《中国文物报》2006年12月29日第7版。
④ 2016年下半年，为配合上山遗址博物馆建设，对施工范围内需要定桩立柱的局部区域进行了小范围发掘。
⑤ 所谓夹炭陶，其实是在陶胎中有意识地掺和稻谷壳、稻穗末的陶器，至于掺和料是生的还是烧过的稻壳、稻穗，目前还没有确切研究。

但也出现了少量纹饰，主要有绳纹、刻划纹、折线纹、齿状纹、戳点纹、附加堆纹和凹带纹，有的单独表现，有的则以组合的形式表现，中期开始还出现了彩陶（图2-1）。陶器主要类型有盆、罐、钵、盘、杯、壶，以平底盆、平底盘、双耳罐、矮圈足罐、杯、壶形器最为典型（图2-2）。此外，在义乌桥头遗址新发现了卵形釜，仙居下汤遗址发现了筒形器，较为特殊。

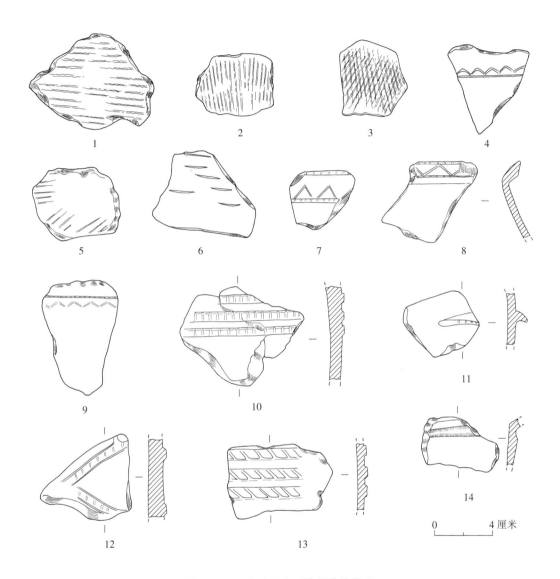

图2-1　上山遗址主要陶器纹饰类型

1. 粗绳纹（H183：10）　2. 细绳纹（H461②：21）　3. 交叉绳纹（H461②：22）　4~6. 刻划纹（H461②：26、T1312⑤：1、T0911⑤：23）　7~9. 折线戳点纹（H461②：24、H421：6、H461②：25）　10. 粗齿状纹（H469：11）　11~12. 细齿状纹（H461②：34、H461②：33）　13. 附加堆纹（H461②：31）　14. 凹带纹（H314：2）

　　上山文化的石器主要分三类：打制石器、磨盘磨棒类石器和磨制石器。原料主要采自遗址附近河滩中的鹅卵石[①]，工艺兼具长江中下游地区更新世晚期和全新世早期的特点。打制石器包括石片石器和砾石石器两大类。石片石器包括石片、石核、石片石器（石片经二次修理之后的石器）以及石核石

---

① 石料涉及11个类别：斑岩、玢岩、凝灰岩、砂岩、霏细岩、硅质岩、燧石、花岗岩、辉绿岩、流纹岩和石英岩。

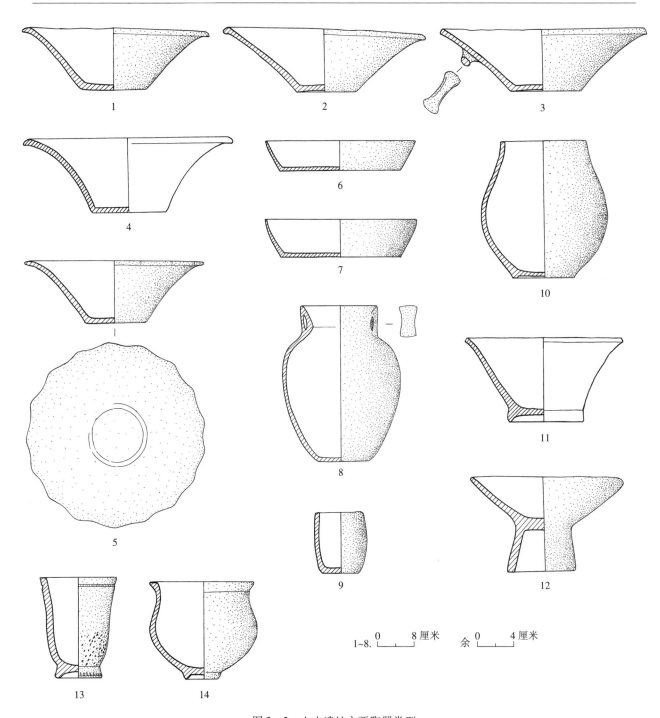

图 2 - 2　上山遗址主要陶器类型

1～5. 平底盆（T0812⑧：1、H121：1、H193：2、H318：6、H168：2）　6、7. 平底盘（H226：18、H226：17）　8. 双耳罐（H226：20）
9、13. 杯（H226：16、H31：1）　10、14. 圈足罐（H388：3、H174：3）　11、12. 圈足盆（H153：6、H193：4）

器等（图 2 - 3、2 - 4）；其制作方法主要是用直接打击法打出石片，然后对石片或石核进行二次加工修理成器；石片石器加工后的刃部比较规整，适宜制成盘状器、边刃器等工具。砾石石器直接由砾石加工而成，主要器形有穿孔石器、砍砸器、尖状器、磨石、石锤等；其制作方法是选择形态各异的砾石，直接在一端或不同边缘打制剥片后成型。磨棒、磨盘数量丰富，两者配合使用，成为上山文化很有特色的石器品种（图 2 - 5）。磨制石器数量不多，主要为石锛、石斧及其残件，另有石凿以及砺石。

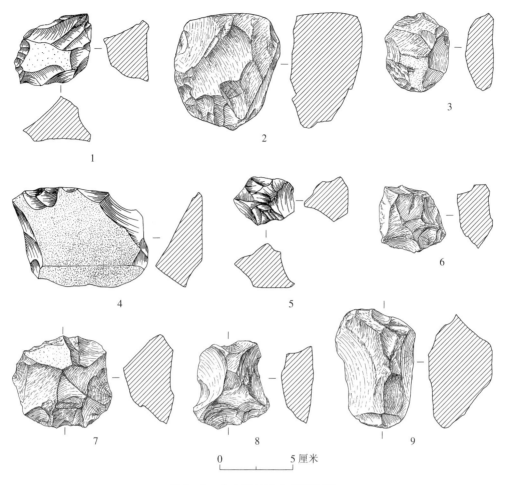

图 2 - 3 　上山遗址出土打制石核

1. T1416⑤：7　2. T1908⑧：12　3. T0611⑤：40　4. T0808⑤：108　5. H221：3　6. H181：4　7. T0809⑤：10　8. T2208⑧：3　9. T0510⑥：2

从目前的发现来看，上山文化遗址群主要分布于金衢盆地内的主要干流衢江、武义江、东阳江两岸。其中，龙游荷花山遗址、青碓遗址、下库遗址和金华山下周遗址、青阳山遗址位于衢江南岸，永康庙山遗址、太婆山遗址、薜山遗址、长田遗址、湖西遗址、长城里遗址和武义大公山遗址位于武义江流域，义乌桥头遗址和东阳老鹰山遗址位于东阳江北岸。最早发现的浦江上山遗址和嵊州小黄山遗址，则分散于金衢盆地周边的小盆地内，分别位于浦阳江流域和曹娥江流域。已发现的 18 处上山文化遗址中有 16 处位于钱塘江流域内，仙居下汤遗址、临海峙山头遗址则位于靠近钱塘江流域的灵江上游（图 2 -6)①。

关于上山文化的分期，主要反映在陶器的形态变化上，初步可分为早、中、晚三期。

早期：包括上山遗址、庙山遗址、大公山遗址、太婆山遗址。夹炭红衣陶占绝对多数，普遍掺杂稻壳，少量粗泥（细砂）。器形以大口盆为主，无器耳或单侧横置桥形大耳，大口盆的唇、沿部特征变化较多，如三角唇、多角沿等，腹壁内收的特征更明显。双耳罐同样为夹炭陶，器身矮胖，环耳突出，位置接近口部。这两种器物是早期最为典型的，其他还有圈足器、杯形器等。早期遗存的测年数据来自上山遗址、庙山遗址等，下限距今约 9500 年，上限超过 10000 年。

---

① 浙江省文物考古研究所：《上山文化：发现与记述》，第 15 页，文物出版社，2016 年。

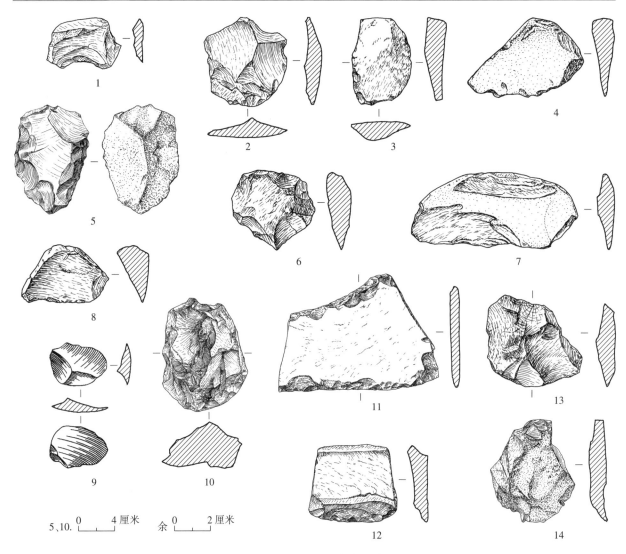

图 2-4　上山遗址出土打制石片石器

1. H319：6　2. T0813⑥：8　3. T1808⑧：6　4. T1321⑤：7　5. H443：1　6. T0712⑥：14　7. T1709⑤：6　8. T0911⑤：11　9. T0909⑧：4
10. T1415⑤：4　11. T3扩⑥：6　12. T0611⑦：1　13. T0611⑦：7　14. T0811⑤：11

中期：遗址数量最多，包括上山遗址、小黄山遗址、荷花山遗址、青碓遗址、山下周遗址、湖西遗址、桥头遗址。夹炭陶比例下降，主要见于大口盆一种器物，陶胎掺杂稻壳的工艺特征弱化，部分夹炭陶更像是黑胎粗泥陶。粗泥红衣陶、夹砂红衣陶占主要地位。大口盆的桥形耳变小，部分器耳竖置或演变为舌形鋬手。罐的种类多样，最具特征的是扁耳、贴耳的壶形双耳罐，置横向贴耳的平底盘也是典型器物。总体的陶色依然是红（黄）色。纹饰延续早期，圈足的镂空除圆形外还出现方形、三角形等形状，见少量绳纹，出现最早的彩陶。中期遗存的测年数据来自上山遗址、荷花山遗址等，下限距今约 8600 年，上限距今约 9200 年。

晚期：遗址数量少，主要有湖西遗址、长城里遗址、桥头遗址、下汤遗址、峙山头遗址。与前期相比，陶色明显变灰暗，灰色和黑色的陶器增加，夹砂陶的比例明显变高，绳纹釜形器少量出现。典型器物有折颈折肩罐、碗形器、竖领直口双耳罐和无横向贴耳、比上期更为低矮的平底盘等。晚期遗存的测年数据来自湖西遗址等，年代确定在距今 8500 年左右。

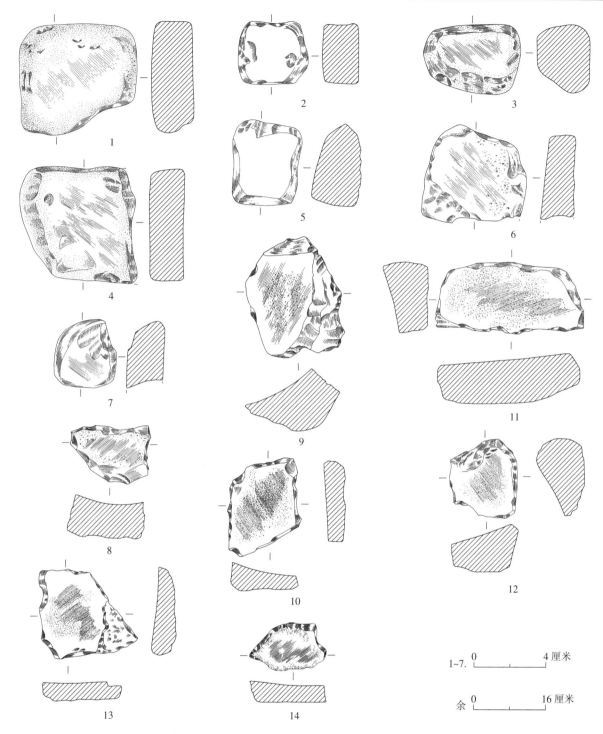

图 2 - 5　上山遗址出土磨石类工具

磨棒类：1. T1417⑤：40　2. T2⑥：16　3. T2⑥：17　4. H206：2　5. T3 东扩⑥：5　6. T0911⑤：13　7. H313：5
磨盘类：8. T1009⑤B：43　9. H271：5　10. T1012⑧：1　11. T0712⑧：2　12. T0712⑧：1　13. H246：2　14. H313：3

关于上山文化的分区和类型，尽管目前公布的资料还不够丰富，但从遗址远近及分布的相关性来看，似乎可见不同类型的大致格局，与前述集中分布于几大流域或可对应。初步可分为以衢江流域为中心的荷花山类型、以武义江流域为中心的湖西类型、以浦阳江流域为中心的上山类型以及灵江流域的下汤类型。

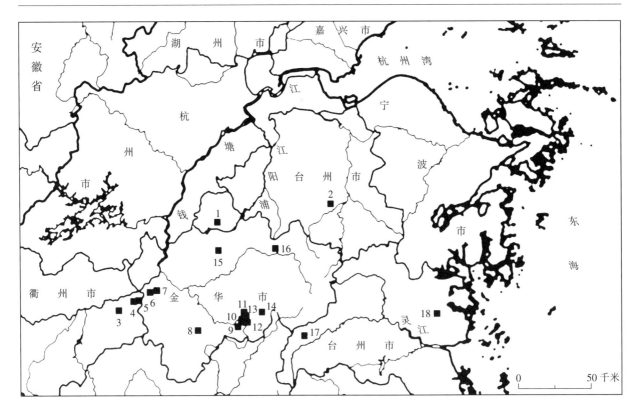

图 2-6　上山文化遗址群分布图

1. 上山遗址　2. 小黄山遗址　3. 青碓遗址　4. 荷花山遗址　5. 下库遗址　6. 青阳山遗址　7. 山下周遗址　8. 大公山遗址　9. 湖西遗址　10. 庙山遗址　11. 蒌山遗址　12. 长城里遗址　13. 长田遗址　14. 太婆山遗址　15. 桥头遗址　16. 老鹰山遗址　17. 下汤遗址　18. 峙山头遗址

四　社会生活与精神信仰

如前所述，上山文化遗址群分布于河谷盆地边缘的山前台地，并深入平原的中央。值得注意的是，在金衢盆地周围的山脉中没有发现同时期的洞穴遗址，也没有发现季节性迁居的遗存现象，这说明上山文化已经告别了山林洞穴的生存模式。

上山文化遗址中普遍出现了初具规模的定居聚落。例如上山遗址晚期出现了有规律的房址，早期也出现了数量较多的柱洞遗迹和带沟槽基础的房址；荷花山遗址也发现有规律的柱洞分布，柱洞所指示的可能是地面式或干栏式建筑。

在上山文化遗址中，陶器的类型和数量非常丰富，这是长期定居所伴生的现象；遗址中发现大量的灰坑等遗迹，也是持续定居生活的直接证据。

在小黄山遗址中，还发现了个别长方形土坑，有成组器物埋藏，当属墓葬。上山遗址中，也发现有埋藏完整陶器的坑状遗迹，但形状不甚规则，难以判定为墓葬，或许属于祭祀类的遗迹①。

上山文化遗址的面积往往达数万平方米。作为原始的聚落遗址，已经出现了一定的村落布局。上山遗址中，房址及埋藏完整陶器的遗迹均发现于南区，北区所发现的灰坑均为垃圾填埋坑。到了上山

---

① 近年来在义乌桥头遗址、仙居下汤遗址还发现了成组的器物堆（坑）的遗迹现象，很可能也和祭祀活动有关。

文化的中晚期，则出现了环壕聚落。经过发掘和调查，发现环壕迹象的有小黄山遗址、湖西遗址和桥头遗址。桥头遗址呈现东、南、北三面为人工环壕而西面为自然河流的聚落结构，环壕深度达3米，截面呈口宽底窄形状，上宽近10米。环壕所包围的中心居址面积约3000平方米。

上述现象反映出上山文化已处在聚落定居阶段，这是人类定居生活出现的最早例证之一。一般认为，稳定的定居生活依赖农业经济的支撑，对新石器时代早期遗址来讲，探讨其中的农业证据是必然的认识路径。遗存资料表明，上山文化已经具备了农业文明的基本特征，稻作文化已经成为上山文化的核心内容①。

五 与其他考古学文化的关系

关于上山文化与其他考古学文化的关系，目前可供横向比较的材料并不充分，不管是从年代上还是文化特征的比较上看，只有长江中游的彭头山文化与上山文化有所关联。彭头山文化可能受到上山文化的若干影响，具体表现在夹炭陶技术和少数器类上，从文化共性的角度看，彭头山文化与上山文化的后继者跨湖桥文化表现出更多的相似性。

从纵向发展的序列上看，在构建长江下游地区自身的考古学文化谱系时，上山文化无疑是最早的源头，随后出现的跨湖桥文化与上山文化具有明确的继承发展关系，再之后出现的河姆渡文化，与跨湖桥文化也具有发展演变上的关系。因此，从总体上说，长江下游地区新石器时代考古学文化存在着上山文化—跨湖桥文化—河姆渡文化（马家浜文化）的演变过程。当然，谱系关系的具体内容会更为复杂，这是受域外文化冲击和交流的结果，后续的变化发展在此不展开论述。

六 研究展望

展望未来，上山文化研究应当在以下几方面实现突破：

第一，年代问题。这里主要涉及对上山文化绝对年代的认识，从实测的大量数据来看，我们确信上山文化的年代上限超过了10000年，下限距今约8500年。如何使测年数据更具有说服力，恐怕还得从新的遗址进行系列样品检测，在标本的选择上也应该尽可能统一。目前来看，湖西遗址测年数据的准确性就非常高，其他遗址也需要建立自身的测年序列。

第二，文化分期和分区的研究。目前上山文化的分期还比较初步，早中晚的阶段性变化虽然非常明显，但还需要整合多个遗址的资料进行综合性分期，建立起更为详细、精准的年代框架。在此基础上还应当探索上山文化的地方类型，荷花山类型、湖西类型、上山类型和下汤类型只是略显粗糙的轮廓，如何认识它们之间的共性与差异，如何厘清不同地区自身的发展规律，都需要整合更多遗址材料做出综合判断。

第三，上山文化聚落结构的研究。目前虽然在上山文化遗址中普遍发现了初具规模的定居形态，但相关的遗迹类型并不丰富和完整。对房屋的结构、环壕的功能、墓葬等其他遗迹都所知甚少，对聚

① 上山文化遗址出土的夹炭陶器中，掺和有大量的稻壳和稻叶。分析表明，这些稻类遗存所反映的生物特征有明显的驯化迹象。稻壳中保留的小穗轴特征、水稻植物硅酸体分析也能证明上山文化已经出现了栽培稻。对石片石器的植硅石和微痕分析表明，水稻的收割工具已经出现，磨盘、磨棒的配套使用可能也经常用于稻谷脱粒。

落内部的空间布局、结构分区也还没弄清楚，这都需要在今后的发掘过程中有意识的探索和关注。

第四，上山文化生业经济的研究。稻作农业虽然已经在上山文化中占据重要地位，但上山文化整体的生业模式还不太清楚。由于动植物类遗存发现极少，上山文化经济生活中狩猎采集所占据的比重也还需新的资料来进行解答。

第五，上山文化手工业考古的研究。主要是对上山文化的陶器和石器进行制作工艺、生产模式、使用功能等问题的研究，为进一步探讨当时的工艺水平、社会分工、组织模式等提供新的认识。

七　总结

上山文化的发现填补了长江下游及东南沿海地区新石器时代早期文化的空白，构建和完善了长江下游地区的史前文化发展序列。经过近二十年的持续探索，已经在钱塘江上游及灵江流域发现 18 处上山文化遗址，作为新石器时代早期独一无二的遗址群，上山文化成为东亚地区迄今发现的遗址数量最多、分布最为集中的新石器时代早期文化，也是迄今发现的最早告别洞穴生活方式的新石器时代考古学文化，定居和初级"村落"第一次出现在以上山文化为代表的长江下游地区[①]。上山文化遗址中普遍发现了已经具备栽培特征的稻作遗存，人们有意识地进行栽培、食用，并在陶器生产中频繁地利用稻壳、稻秆（叶）作为掺和料，稻作生产在上山文化的经济生活中发挥着十分重要的作用。定居和农业相伴而生，相互促进，这一协同发展过程更加树立了钱塘江流域作为稻作农业的独立起源地的领先地位。

（执笔：孙瀚龙、蒋乐平）

---

① 浦江博物馆：《上山文化论集》"序言"，中国文史出版社，2018 年。

跨湖桥文化

20 世纪 70 年代，浙江余姚河姆渡遗址和桐乡罗家角遗址的发掘，使我们对浙江史前史有了全新认识，以河姆渡遗址第四层和罗家角遗址第四层为代表的遗存，经过碳十四测年，都可以早到距今 7000 年[①]。1990、2001、2002 年，浙江省文物考古研究所、萧山博物馆对萧山跨湖桥遗址进行了三次正式发掘，碳十四测年数据表明遗址年代距今 8000 年[②]，以绳纹陶釜、双耳罐、镂孔圈足盘、彩陶为代表的遗存面貌新颖独特，迥异于已发现的河姆渡文化、马家浜文化，这为重新认识长江下游地区的史前文化谱系和发展脉络提供了全新资料[③]。

本文尝试梳理跨湖桥文化的研究历程，归纳跨湖桥文化的主要特征，总结跨湖桥文化的学术价值并展望其研究前景，以此庆贺浙江省文物考古研究所成立四十周年。

一　发现

跨湖桥遗址位于萧山中南部的湘湖之滨，行政区划属萧山区城厢街道湘湖村。富春江、浦阳江合流汇入钱塘江后呈 "U" 形从遗址西北蜿蜒而过，继续向东北注入杭州湾。自 20 世纪 50 年代末，大规模的烧砖取土对遗址造成了毁灭性的破坏（图 2 – 7）。

1990 年 10 月至 12 月，浙江省文物考古研究所对其进行了第一次抢救性发掘。1997 年发表的《萧山跨湖桥新石器时代遗址》肯定了遗址年代，并指出跨湖桥遗存与河姆渡文化、马家浜文化存在较大差别，通过文化因素分析提出其与长江中游皂市下层文化存在联系。在此基础上，方向明进一步提出 "在整个长江流域新石器时代早期文化发展中存在某种共性"[④]；王海明则认为跨湖桥类型遗存是河姆渡文化在宁绍平原西侧的一个地方类型，碳十四测年数据偏老，其相对年代大约处于河姆渡文化晚期阶段[⑤]。

2001 年 5 月至 7 月，浙江省文物考古研究所、萧山博物馆对其进行了第二次抢救性发掘。这次发掘的重要成果是获得了一大批可复原的陶器，遗址的特殊性更为完整地呈现出来，经过北京大学考古文博学院测定的 6 个碳十四数据再次证明遗址的年代距今约 8000 ~ 7000 年。2002 年 3 月召开的 "跨湖

---

① 浙江省文物考古研究所：《河姆渡——新石器时代遗址考古发掘报告》，文物出版社，2003 年。罗家角考古队：《桐乡县罗家角遗址发掘报告》，《浙江省文物考古所学刊》，文物出版社，1981 年。
② 浙江省文物考古研究所：《萧山跨湖桥新石器时代遗址》，《浙江省文物考古研究所学刊》，长征出版社，1997 年。浙江省文物考古研究所、萧山博物馆：《跨湖桥》，文物出版社，2004 年。
③ 蒋乐平：《跨湖桥文化研究》，科学出版社，2014 年。
④ 方向明：《试论跨湖桥遗址》，《东方博物》第二辑，杭州大学出版社，1998 年。
⑤ 王海明：《二论跨湖桥新石器时代文化遗存》，《东方博物》第四辑，浙江大学出版社，1999 年。

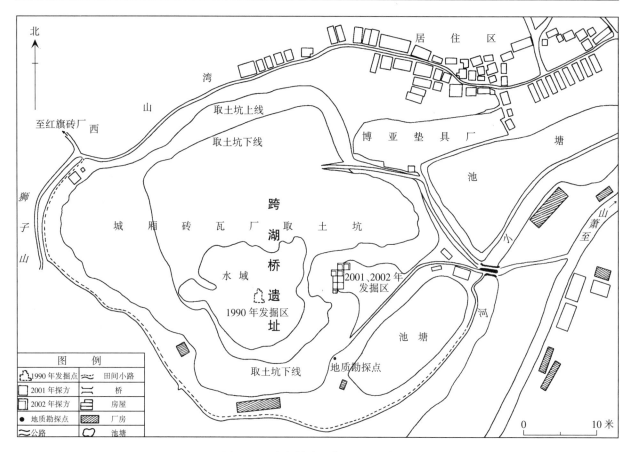

图 2-7　跨湖桥遗址位置图及发掘区

桥遗址学术研讨会"充分肯定了遗址的学术意义，但年代问题仍是与会学者的争议之处①。4 月，跨湖桥遗址被评为 2001 年度"全国十大考古新发现"之一。10～12 月，遗址进行了第三次发掘，并从动植物遗存、陶器、人骨、地质环境等角度进行了多学科研究。2003 年 12 月至 2004 年 1 月，对跨湖桥以北约 1 千米的下孙遗址进行发掘，确定两者属于同一遗址范围②。至此，跨湖桥遗址的发掘工作结束。

　　直到浦江上山遗址"三叠层"的发现和嵊州小黄山遗址"上山阶段"遗存与"跨湖桥阶段"遗存地层叠压关系的确认③，跨湖桥遗址年代的争议才得到真正解决。2008 年后，钱塘江上游发现了更多的新石器时代早期遗址，如永康长城里、湖西、龙游青碓、荷花山，义乌桥头等。在这些遗址中，普遍发现了跨湖桥文化层叠压在上山文化层上，后续的研究更证实了两者之间的承继关系，上山文化的年代距今 10000～8500 年，跨湖桥遗址距今 8000 年当无疑义④。

---

① 许多专家以跨湖桥遗址中发现"早""晚"文化因素并存的现象否认了遗址的年代。对此，严文明先生指出跨湖桥遗址的地层关系明确，属于独立、单一的遗存类型，这种单纯的文化类型无法插入既有的史前文化序列，在认识上不要套老框子，要建立新的学术思路。持相同观点的还有牟永抗、吴汝祚等。参见《跨湖桥遗址学术研讨会纪要》，《中国文物报》2002 年 4 月 5 日。

② 浙江省文物考古研究所、萧山博物馆：《跨湖桥》，文物出版社，2004 年。

③ 张恒、王海明、杨卫：《浙江嵊州小黄山遗址发现新石器时代早期遗存》，《中国文物报》2005 年 9 月 30 日第 1 版。

④ 蒋乐平、盛丹平：《上山遗址与上山文化——兼谈浙江新石器时代考古研究》，《环境考古研究》（第四辑），北京大学出版社，2007 年。蒋乐平：《浙江早期新石器时代文化概略及初步认识》，《中国考古学会第十二次年会论文集》，文物出版社，2010 年；《钱塘江史前文明纲要》，《南方文物》2012 年第 2 期；《钱塘江流域的早期新石器时代及文化谱系研究》，《东南文化》2013 年第 6 期。

至于跨湖桥文化的命名，最初的发掘简报就已经指出其与浙江原有文化体系存在较大差别，文化类型存在特殊性。20世纪末总结浙江省五十年考古工作时也认为："跨湖桥遗址的文化面貌虽然与相邻的河姆渡文化和马家浜文化罗家角类型有一些相似之处，但自身特征明显，不宜划归上述文化序列之中。由于仅此一处，缺乏可比资料，因而暂且以'跨湖桥类型'称之。"①

2002年"跨湖桥遗址学术研讨会"上，与会专家一致认为，跨湖桥遗存的文化面貌十分新颖独特，其器物群基本组合、制陶技术、彩陶风格等，皆不同于浙江境内任何一支已知的考古学文化，又自成一体，但鉴于这类遗存分布范围暂未确定，暂不主张给予其文化命名。2003年下孙遗址的发掘，成为跨湖桥文化命名的重要条件。2004年出版的《跨湖桥》考古报告正式提出"跨湖桥文化"的概念，并在同年召开的"跨湖桥文化学术研讨会暨《跨湖桥》考古报告首发式"上，为考古学界正式接受。当然，跨湖桥文化概念的逐步完善，还得益于上山文化的发现和研究，在此不作赘述。

二 研究进展及现状

从1990年第一次发掘至今，对跨湖桥文化的研究已走过近三十年的历程，归纳起来可大致分为两个阶段：探索期（1990~2004年）和发展期（2005年至今）②。

探索期有几个关键事件：跨湖桥遗址的发掘，跨湖桥文化的命名，《跨湖桥》报告的出版。这几项既反映了认识上从遗址到文化的逐步深入，也解决了年代、性质、定名等关键问题，为后续研究打下了坚实基础。

发展期有几个主要特征：一是多学科研究日益丰富，跨湖桥文化的经济、环境、意识形态以及独木舟等方面内容得到更广泛的关注；二是考古发现逐渐增多，2005年以后，浦江上山、嵊州小黄山、永康湖西、永康长城里、龙游青碓、龙游荷花山、义乌桥头、仙居下汤、临海峙山头等遗址相继发现跨湖桥文化遗存；三是综合性研究专著《跨湖桥文化研究》出版；四是与周边地区同时期文化的比较研究逐渐增多。

三 文化特征

跨湖桥文化的独特性主要体现在陶器、石器、木（竹苇）器、骨（角）器和漆器上，木器中包括独木舟等特殊遗物。

陶器主要为夹砂陶、夹炭陶，另有少量的夹蚌陶。器类有釜、罐、钵、盘、豆、盆，还有器盖、拍、纺（线）轮、支座等器物，以绳纹卵形釜、双耳圜底罐、深腹钵、彩纹镂孔圈足盘、腹部低浅的平底盘为主（图2-8、2-9）。陶器制作一般采用贴筑法和慢轮修整，部分器物使用了分段拼接。装饰手法上主要施陶衣、施彩以及绳纹、米粒纹、刻划纹、篮纹、方格纹、菱格纹、堆纹、镂孔、戳印等（图2-10）。

陶衣主要有红衣、灰衣和黑衣，大多施于罐、钵、盆、豆、圈足盘等器，部分釜、甑类炊器上也

---

① 浙江省文物考古研究所：《浙江省考古五十年主要收获》，《新中国考古五十年》，文物出版社，1999年。
② 蒋乐平划分了三个阶段：初步认识阶段（1990~1999年），认识的展开阶段（2000~2004年），认识的深化阶段（2005年至今）。参见蒋乐平：《跨湖桥文化研究的回顾与进展》，《跨湖桥文化国际学术研讨会论文集》，文物出版社，2012年。

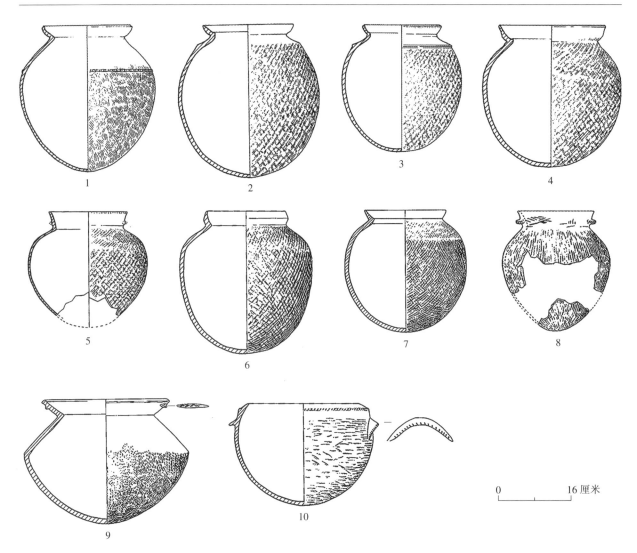

图 2-8　跨湖桥遗址出土陶釜

1～3. A 型釜（T0512⑧A：27、T0512⑤A：28、T0409⑥A：8）　4. C 型釜（T0409⑥A：9）　5、8、9. E 型釜（T0512⑤A：21、T0409⑥A：11、T0511⑧C：3）　6、7. B 型釜（T0411⑧A：38、T0410⑥A：41）　10. H 型釜（T0411⑥A：31）

偶见。彩纹主要施于罐、圈足盘、豆三种器物，分厚彩、薄彩，厚彩为乳白色，均施于器物的外壁；薄彩以红彩为主，均施于豆盘、圈足盘内壁。彩陶纹饰类型包括条带纹、波折（浪）纹、环带纹、垂挂纹、太阳纹、火焰纹、"十"字或叉形纹、点纹等（图 2-11）。

石器主要有锛、斧、凿、镞、锤、磨棒、磨石、璜形饰等，大多经过磨制（图 2-12）。木（竹）器主要有锥、叉、镞、勺、桨、铲、浮标、梯、器柄，较为特殊的是弓和独木舟。骨（角）器主要有耜、镞、镖、锥、针、钉形器、匕、匙、哨、叉、锯齿形器等。

关于跨湖桥文化的年代，目前已经测得的年代数据来自跨湖桥、下孙、上山和荷花山遗址，年代范围集中于 8300BP～7200BP。结合跨湖桥遗址的分期，并比较上山、小黄山、荷花山等遗址的材料，初步将跨湖桥文化分为早、晚两期。早期包括荷花山、青碓、上山、跨湖桥遗址早期，晚期包括小黄山、跨湖桥遗址晚期、下孙遗址。

截至目前，跨湖桥文化遗址已发现 11 处，主要分布于钱塘江流域的大小支流，如曹娥江、浦阳

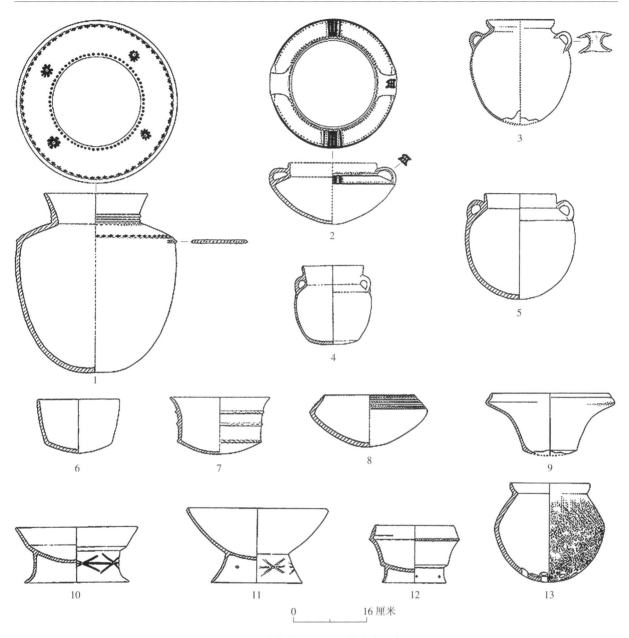

图 2 - 9 跨湖桥遗址出土其他陶器类型

1～5. 罐（T0511⑤A：11、T0410⑤A：24、T0409⑧A：8、T0409⑥A：38） 6～9. 钵（T0411⑧A：12、T0612⑤A：21、T0511⑧A：6、T0512⑤A：25） 10、11. 圈足盘（T0511⑧A：8、T0409⑨A：3） 12. 盆（T0410⑥A：36） 13. 甑（T0411⑨A：49）

江、金华江、衢江等，少数遗址延伸至灵江上游地区（图 2 - 13）。尽管发表的材料还不够充分，但不同遗址间已体现出文化面貌上的若干差异，据此可初步划分出"跨湖桥—下孙"区、"上山—小黄山"区、"荷花山—青碓"区、"下汤—峙山头"区[①]，或可对应于跨湖桥类型、上山类型、荷花山类型和下汤类型。

[①] 浙江省文物考古研究所、临海市文物保护管理所：《浙江临海峙山头遗址调查与试掘简报》，《东南文化》2017 年第 1 期。台州地区文管会、仙居县文化局：《浙江仙居下汤遗址调查简报》，《考古》1987 年第 12 期。2015 年和 2018 年至今，浙江省文物考古研究所对仙居下汤遗址进行了试掘、发掘工作，资料尚未整理。

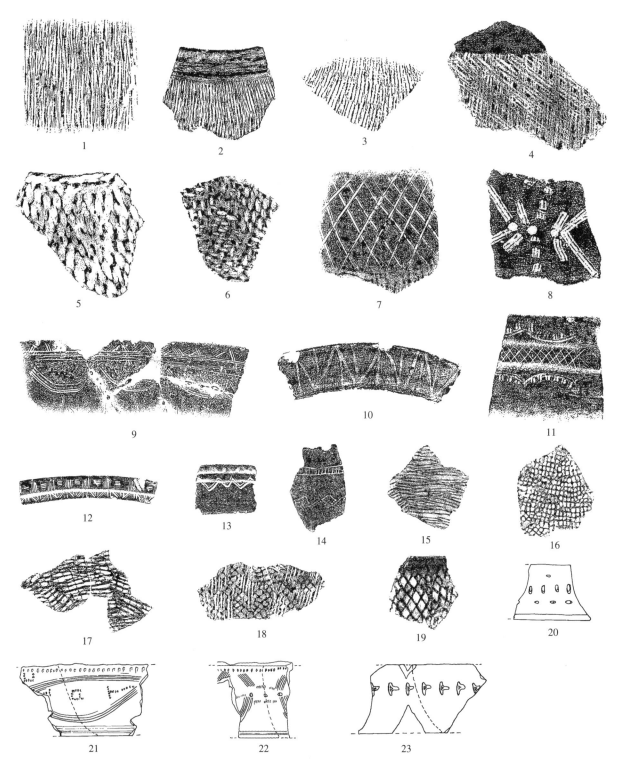

图2－10　跨湖桥遗址出土陶器纹饰

1~4. 绳纹（T0512湖Ⅳ：10、T0511⑤A：62、T0412湖Ⅳ：20、T0512湖Ⅱ：27）　5、6. 米粒纹（T0412湖Ⅰ：18、T0512④：1）
7~14. 刻划纹（T0410⑦A：61、T0512湖Ⅰ：2、T0410湖Ⅲ：62、T0511湖Ⅳ：6、T0512⑤A：10、T0411⑨A：72、T0411⑤A：7、T0409湖
Ⅲ：4）　15. 篮纹（T0512湖Ⅱ：15）　16~18. 方格纹（T0409湖Ⅲ：23、T0412⑦A：29、T0512⑨A：25）　19. 菱格纹（T0409湖Ⅲ：22）
20~23. 镂孔、戳印等纹饰（T0411⑧A：54、T0411⑧A：53、T0410⑧A：17、T0411④：11）

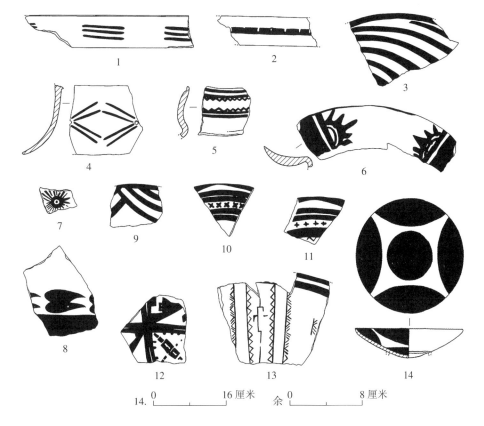

图 2 - 11　跨湖桥遗址出土陶器彩纹类型

1、2. 条带纹（T0410④:47、T0410④:48）　3. 环带纹（T0411⑨A:51）　4. 放射线纹（T0410⑥A:79）　5. 波折纹（T301⑤:29）
6、7. 太阳纹（T202⑥:11、T202②:9）　8. 火焰纹（T0410⑧A:41）　9～11. 垂挂纹及复合纹（T0410 湖Ⅳ:23、T202④:10、
T303⑦:47）　12. "十"字纹（T203⑤:30）　13. 台梯纹（T0411 湖Ⅳ:51）　14. 四角星纹（T0411④:8）

四　社会生活与精神信仰

限于已发表的材料，暂以跨湖桥遗址作为了解当时社会生活与精神信仰的透视点。

跨湖桥遗址发现有房址、墓葬、灰坑、灰沟、柱洞、道路及一些特殊建筑遗迹。

目前发现房屋 3 座，均已残损，以 F4 保存相对完好，从形制上推断，应为木构建筑或木构土墙混合结构。还有建筑 C、建筑 B、建筑 A，可能与特殊的仪式活动有关。墓葬仅发现 1 座（M1），残，墓主为小孩，仰身置于木板上，肋骨以下被扰动，无随葬品。灰坑数量较多，H17 结构考究，坑口架设"井"字形木构边框，坑内储存有丰富的橡子。此外还发现了一处近岸水域的与独木舟有关的加工作坊。

从跨湖桥遗址出土的数量丰富的动植物遗存判断，跨湖桥文化先民的经济生活以渔猎、采集为主导，稻作农业处于初期发展阶段和次要地位。经鉴定，动物遗存包括螃蟹、鱼、龟、扬子鳄、天鹅、鸭、鹿、雕、丹顶鹤、灰鹤、行鸟、海豚、鼠、貉、狗、獾、虎、豹猫、犀、猪、麋鹿、梅花鹿、水牛、苏门羚等共计 32 种。龟、鹿科动物、水牛占有较高比例，应当是渔猎的最主要对象；家猪已经饲养，但其比重从早到晚不断减少，猪作为肉食资源并没有发挥太多作用。

植物遗存主要有蔷薇科的桃、酸梅、杏，壳斗科的麻栎果、栓皮栎、白栎果，漆树科的南酸枣，菱科的菱角，睡莲科的芡实，还有豆科、葫芦科、山茶科、蓼科等植物种子和果实，比例最高的为壳斗科的坚果、

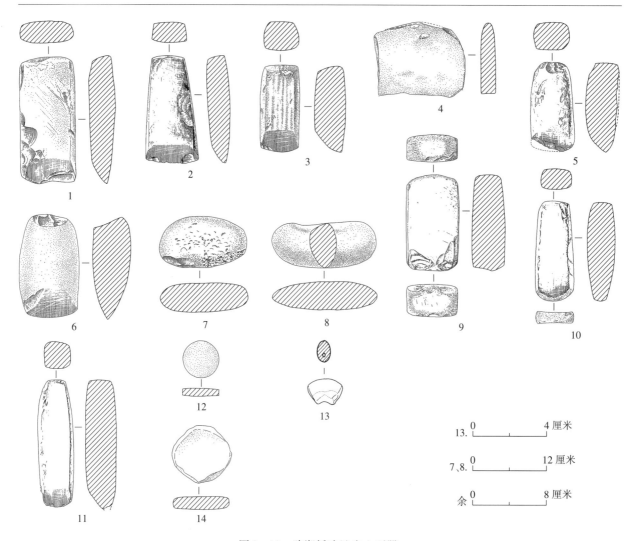

图 2－12　跨湖桥遗址出土石器

1～3. 锛（T0411④：1、T0410⑧A：6、T0411 湖Ⅳ：1）　4. 磨石（T0410④：21）　5、6. 斧（T0410⑧A：133、T0411⑥A：32）
7、8. 卵石器（T0512⑨C：8、T0512⑧A：16）　9、10. 锤（T0613⑤A：2、T0410⑦A：7）　11. 凿（T0511⑦A：1）　12、14. 饼形器
（T0513 湖Ⅲ：12、T0512⑤A：9）　13. 璜形饰（T0512 湖Ⅳ：1）

南酸枣、桃、菱角与芡实，它们应当是最主要的采食对象，同时出现了以食物储存为目的的橡子坑。

　　为了保证更充足的食物资源，跨湖桥先民已开始栽培野生稻。遗址中出土了一定数量的稻谷、稻米和稻壳，从稻米形态、硅酸体和小穗轴特征分析，已经出现了栽培稻的特性。与稻作农业和食用稻米相关的器物，如骨耜、点种棒、磨盘、残留"锅巴"的陶釜也有所发现。

　　精神信仰层面，主要体现在以彩陶为代表的物质遗存上。跨湖桥文化的彩陶纹样中经常出现太阳纹、火焰纹、"十"字纹、放射线等题材，这些纹样应当都是对太阳崇拜写实或抽象的表达。前文提到的建筑 B，共发现 19 层活动面，每个层面上都有一个"火烧面"，这可能也与崇拜、祭祀太阳神的仪式有关。另一类与精神信仰相关的遗存是刻在鹿角器和木锥上的特殊"数符"，有学者将其认作是一种原始的数卦[①]。

　　①　王长丰、张居中、蒋乐平：《浙江跨湖桥遗址所出刻划符号试析》，《东南文化》2008 年第 1 期。

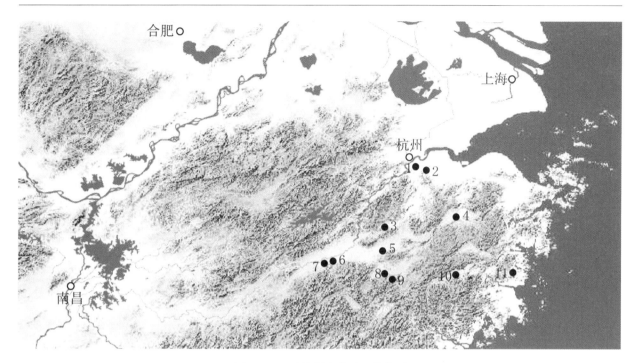

图 2 - 13 跨湖桥文化遗址分布图

1. 萧山跨湖桥遗址   2. 萧山下孙遗址   3. 浦江上山遗址   4. 嵊州小黄山遗址   5. 义乌桥头遗址   6. 龙游荷花山遗址   7. 龙游青碓遗址   8. 永康长城里遗址   9. 永康湖西遗址   10. 仙居下汤遗址   11. 临海峙山头遗址

五 与其他考古学文化的关系

通过对上山文化的深入研究，可以明确上山文化是跨湖桥文化的最直接源头，两者不仅具有高度的区域重合性、普遍存在的地层叠压关系，而且具有清晰的器物演变顺序、文化因素的延承关系以及年代上的接续关系。至于跨湖桥文化的流向，目前认为其为河姆渡文化的来源之一，两者的分布范围有一定重叠交错，绳纹陶釜也体现了文化基因上的传承和延续。

不过，跨湖桥文化在发展过程中与长江中游的彭头山文化、皂市下层文化和淮河流域的贾湖文化二期遗存、顺山集三期文化存在一定联系，具体表现在以下方面：（1）跨湖桥文化是在上山文化基础上接受彭头山文化影响发展而来，又反向促成了彭头山文化向皂市下层文化的转变[1]。（2）贾湖遗址中的高领罐、罐形壶、敛口盆、钵器座、纺轮形陶片等与上山、跨湖桥文化遗存中的同类器存在传播关系，特别是贾湖二期的罐、钵等与跨湖桥文化有近似之处[2]。（3）顺山集文化第三期出现的凹沿绳纹釜与跨湖桥文化陶釜具有相似性，反映了跨湖桥文化北上传播和人群迁徙的事实[3]。

---

[1] 韩建业：《试论跨湖桥文化的来源和对外影响——兼论新石器时代中期长江中下游地区间的文化交流》，《东南文化》2010 年第 6 期。

[2] 蒋乐平：《跨湖桥文化研究》，科学出版社，2014 年。张弛：《论贾湖一期文化遗存》，《文物》2011 年第 3 期。他认为跨湖桥文化的绝对年代比贾湖一期晚而接近贾湖二期，两者都有时代特征明显的折肩壶，在同时期长江中游的皂市下层、城背溪文化中也可见折肩壶。

[3] 朱雪菲：《江苏泗洪顺山集遗址第三期遗存文化性质分析》，《考古》2018 年第 4 期。她认为"顺山集三期类型"相当于跨湖桥文化第二期，其中包含的跨湖桥文化因素由跨湖桥文化第一期发展而来，还包含了上山文化的传统。南京博物院、泗洪县博物馆：《顺山集——泗洪县新石器时代遗址考古发掘报告》，第 299 页，科学出版社，2016 年。报告认为："顺山集第三期遗存可能来源于跨湖桥文化的跨区域迁徙，抑或是受其强烈影响。"

六 展望

展望未来，跨湖桥文化应该着重于以下三方面研究：

首先，文化分期和分区的研究。跨湖桥遗址本身的分期远远不够，如今在钱塘江上游地区发现了更多的跨湖桥文化遗址，只有完成综合性分期研究，建立起更为详细、精准的脉络框架，才能对其盛衰源流做出更充分的解答。在此基础上努力探索跨湖桥文化的地方类型，"跨湖桥—下孙"区、"上山—小黄山"区、"荷花山—青碓"区和"下汤—峙山头"区的划分只是略显轮廓，如何认识不同地区自身的发展规律，都需要整合更多遗址做出综合判断。

其次，跨湖桥文化的源头问题。如前所述，跨湖桥文化直接发源于上山文化，但两者之间发展演变的许多细节值得深究。既然这两种文化的分布区域高度重合，是否意味着两种文化的创造者是同一个群体？再者，它们分化的时间节点从何开始，有没有并存发展过一段时期，最终又是什么原因促成了文化的嬗变和社会的演进？

再次，跨湖桥文化的流向问题。目前来看，跨湖桥文化最直接的指向是河姆渡文化，但除了遗址分布区域和绳纹陶釜的共性之外，它们的差异也非常明显，年代上还存在一定"缺环"，如何串联起两者之间的发展演变还有待于新的资料。与长江中游、淮河流域新石器时代早、中期文化的联系和影响也值得进一步深入研究。

七 总结

跨湖桥文化的发现和研究，是浙江新石器时代中期考古的重要突破，承上启下的历史地位对于认清史前浙江的文化谱系和发展脉络至关重要，与江、淮地区的密切联系显现了8000年前整个东南中国的区域互动和文化共性。三十年来的求索，使我们初步认识了跨湖桥文化的分布范围、文化内涵、生业模式，关于它的年代分期、类型分区、发展演变等问题还需要做进一步的工作。

（执笔：孙瀚龙、蒋乐平）

马家浜文化

马家浜文化是环太湖流域目前已知最早的新石器时代考古学文化，被誉为"江南文化之源"①。自 1953 年杭州老和山遗址首次发现马家浜文化遗存以来，已经过六十余年的持续工作。江浙沪三省试掘与发掘了 50 余处马家浜文化时期的各类遗址，发表了丰富的研究成果，对该文化的分期、年代、文化类型、生业状况等宏观问题有了较系统的研究，但限于材料偏少，相关研究总体上仍显薄弱。马家浜文化遗址在浙江省主要分布在杭嘉湖地区，钱塘江以南的萧山、绍兴地区也有少量发现，现在不完全统计约有 60 余处，经过试掘与发掘的遗址有 30 余处（图 2 - 14）。今年是我们所建所四十周年，也是马家浜遗址发掘六十周年，本文重点回顾浙江马家浜文化遗址的发掘与研究，兼顾江苏、上海的发现，从过去工作中汲取经验与发现问题，以促进马家浜文化的深入研究。

一　发现与研究简史

要总结浙江四十年来马家浜文化的发现与研究，必须要先回顾一下在此之前的研究历程，也需要将其放在整个马家浜文化的研究框架下来考虑。通观马家浜文化遗存发现与研究的总体过程，可以大致划分为三个阶段。

（一）第一阶段

1953 年到 1975 年，学术界对环太湖地区马家浜文化遗存的认识处于探索之中，研究相对较少。随着"青莲岗文化"的提出，环太湖地区马家浜文化遗存一般都被归入到此文化中。同时，部分学者已经认识到太湖地区史前文化有自己的发展进程。浙江吴兴邱城遗址的发掘，最早为环太湖地区新石器时代文化序列的建立提供了相互叠压的地层依据。

20 世纪 50 年代，考古学界对于中国新石器文化的认识从仰韶文化、龙山文化东西并立的"二元说"转化为"黄河流域中心说"，受其影响，一般认为长江流域的新石器文化是受中原地区仰韶文化或龙山文化影响而来，年代相当于仰韶文化晚期、龙山文化或更晚。

马家浜文化遗存的发现始于 1953 年浙江杭州老和山遗址的发掘②。1957 年，浙江省文物管理委员会发掘了吴兴邱城遗址，为本阶段浙江省新石器时代考古的最重要发现之一。1959 年，牟永抗撰写了较详细的报告，将该遗址分为上、中、下三层堆积，并认为下层与青莲岗、花厅、北阴阳营墓葬地层、罗家谷（后改名为罗家角）等遗址相近，中层与钱山漾、良渚和水田畈遗址的下层相似，上层与进

① 王明达：《重读马家浜》，《马家浜文化》，第 8 页，浙江摄影出版社，2004 年。
② 蒋赞初：《杭州老和山遗址 1953 年第一次的发掘》，《考古学报》1958 年第 2 期。牟永抗：《关于良渚、马家浜考古的若干回忆——纪念马家浜文化发现四十周年》，《农业考古》1999 年第 3 期。王永磊：《20 世纪 50 年代马家浜文化遗存的发现》，《中国文物报》2017 年 4 月 28 日第 6 版。

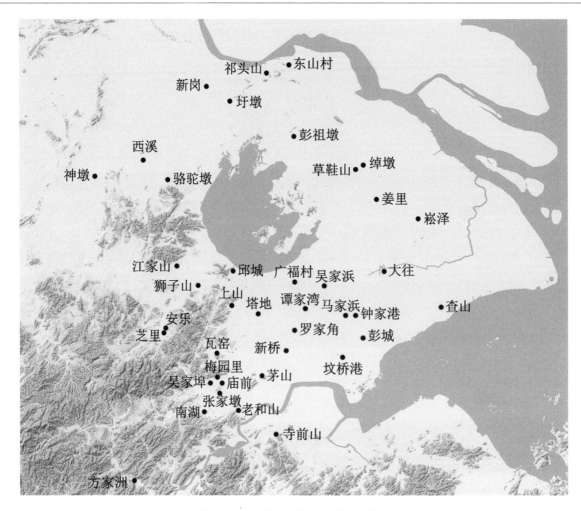

图 2 - 14　马家浜文化主要遗址分布图

贤、双桥—里圩等印纹陶遗址相近，初步建立了太湖流域新石器时代到青铜时代的文化序列，并提出本地文化继承发展的观点。这是一种开拓性的认识，但因种种原因，该报告未能正式发表①，当时仅发表了一篇由梅福根撰写的简讯②。若邱城遗址发掘报告能够顺利发表，可能就会有邱城文化的命名而不是马家浜文化了③。1959 年，嘉兴马家浜遗址发掘，发现了单纯的属于马家浜文化的遗存，有建筑遗迹和墓葬，其中两座墓葬有木质葬具④。

　　1958 年，南京博物院的学者提出了"青莲岗文化"的命名⑤。1961 年，曾昭燏、尹焕章第一次

　　① 浙江省文物管理委员会：《浙江省吴兴县邱城遗址 1957 年发掘报告初稿》，《浙江省文物考古研究所学刊》第七辑，杭州出版社，2005 年。此文后记中，详细介绍了邱城发掘、牟永抗撰写此文和未能发表的一些细节。撰写此文时，青莲岗文化已经提出，因此牟永抗将邱城下层归入到青莲岗文化中，本地文化继承说的提出，是一种文化多元论的初步认识。
　　② 梅福根：《浙江吴兴邱城遗址发掘简介》，《考古》1959 年第 9 期。
　　③ 牟永抗：《关于良渚、马家浜考古的若干回忆——纪念马家浜文化发现四十周年》，《农业考古》1999 年第 3 期。方向明：《毘山遗址与浙江先秦考古》，《毘山遗址考古成果报告会实录》，"浙江考古"微信公众号 2019 年 4 月 28 日。《夏鼐日记》卷七（华东师范大学出版社，2011 年）4 月 12 日记载夏鼐曾阅读牟永抗所写邱城报告（稿本）。
　　④ 浙江省文物管理委员会：《浙江嘉兴马家浜新石器时代遗址的发掘》，《考古》1961 年第 7 期。
　　⑤ 青莲岗文化是 1956 年赵青芳在全国考古工作会上提出的，1958 年正式见于书面文章。南京博物院：《南京市北阴阳营第一、二次的发掘》，《考古学报》1958 年第 1 期。

全面总结了青莲岗文化的特征，将苏北到浙北广大区域内时代较早的遗址均纳入到此文化中①。"青莲岗文化的提出，是对已有的考古学框架和旧的史观的一次有力冲击，为建立新石器时代文化的多元性和独立演化论，迈出了可喜的第一步。然而对青莲岗文化的认识也不能不受到时代局限性的影响，首先在文化特性的识别上，未能摆脱最初按彩陶、黑陶来区分仰韶文化、龙山文化的窠臼，把'磨光石器、夹砂粗红陶'这样笼统的概念作为特征，从而在这一地区形成了一个时、空广泛的大青莲岗文化。"②

1963 年，牟永抗曾撰写《试谈浙江北部新石器时代遗址》，主要依据邱城遗址 1957 年发掘成果将浙江北部新石器时代遗址分为邱城类型和良渚类型，邱城类型归入青莲岗文化，分为马家浜期和邱城期，良渚类型分为崧泽期和良渚期，良渚类型是由本地的邱城类型发展而来，并提出现代行政区域和史前时期古文化分布没有必然联系，应从文化遗物面貌特征来进行分区和分期研究③。此文较邱城报告进一步细化了浙江新石器时代的序列，为以后太湖地区新石器时代文化序列的建立打下了基础。

在青莲岗文化提出后，严文明认识到这一时期太湖地区与苏北地区的文化遗存有一定差别，在 1964 年的"新石器时代考古"讲义中，将苏北和皖北与太湖和杭州湾地区划为两个不同的系统，青莲岗文化限定为青莲岗遗址那类遗存，同时他主要根据邱城遗址的材料，将太湖和杭州湾地区的新石器文化分为以邱城下层为代表的早期文化遗存、以邱城中层墓葬为代表的中期文化遗存和晚期的良渚文化遗存，早、中期相当于后来命名的马家浜文化、崧泽文化④。

20 世纪 50 ~ 60 年代发现与发掘的重要马家浜文化遗址还有浙江桐乡罗家谷⑤、海宁彭城⑥、江苏吴江梅堰⑦、上海青浦崧泽遗址⑧等，但发掘面积均较小，发现的遗物也较少。60 年代中期以后，受"文化大革命"的影响，全国性田野考古工作停止，太湖地区马家浜文化遗址的发掘与研究也因此暂停。

1972 年，全国文物考古工作恢复，江苏吴县草鞋山和常州圩墩遗址先后进行两次发掘，上海青浦崧泽遗址也进行了较大规模的发掘⑨，这三处遗址均发现了类似邱城遗址那种崧泽文化遗存叠压马家浜文化遗存的地层，且发现了较丰富的马家浜文化遗迹与遗物。

---

① 曾昭燏、尹焕章：《古代江苏历史上的两个问题》，原载《江海学刊》1961 年第 12 期。后收入《江苏省出土文物选集》，文物出版社，1963 年。
② 牟永抗：《论良渚——良渚发掘五十周年之回顾》，《牟永抗考古学文集》，第 51 页，科学出版社，2009 年。
③ 牟永抗：《试谈浙江北部新石器时代遗址》（稿本），后该文改写为《马家浜文化和良渚文化——太湖流域原始文化的分期问题》，1977 年提交"长江下游新石器时代考古学术讨论会"，并发表在《文物》1978 年第 4 期；《关于良渚、马家浜考古的若干回忆——纪念马家浜文化发现四十周年》，《农业考古》1999 年第 3 期。
④ 严文明：《中国新石器时代》，文物出版社，2017 年。此书即是 1964 年编的"新石器时代考古"讲义，此前选取"太湖和杭州湾地区的新石器文化"，发表在《史前考古论集》（科学出版社，1998 年）中。严文明能够做出如此准确的判断，应看到过牟永抗所写的邱城遗址 1957 年发掘报告。
⑤ 冯信敫：《浙江崇德罗家谷古遗址调查记》，《考古通讯》1957 年第 4 期。
⑥ 白哲士：《海宁县彭城遗址发现人面纹陶片》，《文物》1960 年第 7 期。
⑦ 江苏省文物工作队：《江苏吴江梅堰新石器时代遗址发掘简报》，《考古》1963 年第 6 期。
⑧ 上海市文物保管委员会：《上海青浦县崧泽遗址的试掘》，《考古学报》1962 年第 2 期。
⑨ 常州市博物馆：《江苏常州圩墩村新石器时代遗址的调查和试掘》，《考古》1974 年第 2 期。吴苏：《圩墩新石器时代遗址发掘简报》，《考古》1978 年第 4 期。南京博物院：《江苏吴县草鞋山遗址》，《文物资料丛刊（3）》，文物出版社，1980 年。黄宣佩、张明华：《青浦县崧泽遗址第二次发掘》，《考古学报》1980 年第 1 期。上海市文物保管委员会：《崧泽——新石器时代遗址发掘报告》，文物出版社，1987 年。

（二）第二阶段

1975 年到 20 世纪末，马家浜文化的命名正式提出并被广泛接受。碳十四测年的应用与河姆渡遗址的发掘等，使学术界普遍认同江南地区文化的久远和发达，区系类型学说促进了环太湖地区新石器时代考古研究，太湖地区马家浜—崧泽—良渚的考古学文化序列建立并得到学术界认可，马家浜文化的分布范围、分期、年代、类型等问题得到初步解决。

1975 年，吴汝祚首先采用了"马家浜文化"的名称，并认为太湖地区的新石器文化序列从早到晚依次是马家浜文化、崧泽中层类型和良渚文化①。

1976 年，"河姆渡遗址第一期发掘工作座谈会"召开，同时公布河姆渡遗址发掘的初步收获。根据碳十四测年，其最早年代大约距今 7000 年，成为当时长江下游和东南沿海时代最早的一个遗址。发掘者和与会代表均认为河姆渡遗址第二层相当于马家浜和邱城遗址的下层，第三、四层文化遗存可命名为"河姆渡文化"，为探讨马家浜一类遗存来源提供了重要资料。河姆渡文化因其年代的久远和丰富的文化内涵，震惊了学术界，使学术界认识到长江流域与黄河流域都是中华民族古老文化的摇篮②。

1977 年 7 月，夏鼐先生提出，"为了避免混淆，'青莲岗文化'这一名词，似可避免不用"，并提出了"马家浜文化"和"大汶口文化"的命名，认为"马家浜文化"包括马家浜、崧泽下层、邱城下层、草鞋山下层、圩墩、河姆渡上层的遗存（包括了马家浜文化和后来命名的崧泽文化遗存）在内，来源于较早的"河姆渡（下层）文化"，北阴阳营下层墓葬似乎代表另一种文化，从而将"马家浜文化"从"青莲岗文化"中分离出来。另外，根据发表的 6 个碳十四测年数据，夏鼐认为马家浜文化年代约为公元前 4750～前 3700 年，相当于中原的仰韶文化③。

1977 年 10 月，在南京召开的"长江下游新石器时代文化学术讨论会"上，与会学者们热烈讨论了鲁南、苏北地区和太湖地区新石器时代文化的内涵、类型、分期、分布及相互关系等问题。对于太湖地区新石器时代文化的性质和序列，除南京博物院的学者坚持"江南青莲岗文化"外④，大部分学者赞同将太湖地区单独作为一区与马家浜—崧泽—良渚的文化序列，牟永抗、魏正瑾、张之恒等同意"马家浜文化"的命名，包括马家浜期和崧泽期两个阶段的遗存⑤。同时，牟、魏两位首次全面总结了马家浜文化的特征，并且推测"马家浜文化可能从罗家角下层这种类型的遗址发展而来，或者说马家浜文化之前，在太湖流域可能还存在一种类似罗家角下层的远古文化遗存"。严文明、吴绵吉提议用"草鞋山文化"的命名代替马家浜文化⑥。在这次会议上，苏秉琦阐释了他初步的区系类型学说，将长江下游地区分为以南京为中心的宁镇地区、江淮地区和太湖—钱塘江地区两大区域，强调首先要弄清

① 吴汝祚：《从钱山漾等原始文化遗址看社会分工和私有制的产生》，《考古》1975 年第 5 期。
② 河姆渡遗址第一次发掘在 1973 年，但是发掘初步收获 1976 年才公布。浙江省文物管理委员会、浙江省博物馆：《河姆渡发现原始社会重要遗址》《河姆渡遗址第一期发掘工作座谈会纪要》，《文物》1976 年第 8 期。
③ 夏鼐：《碳－14 测定年代和中国史前考古学》，《考古》1977 年第 4 期。
④ 南京博物院：《长江下游新石器时代文化若干问题的探析》《青莲岗文化的类型、特征、分期和年代》《太湖地区的原始文化》，《文物集刊（1）》，文物出版社，1980 年。
⑤ 牟永抗、魏正瑾：《马家浜文化和良渚文化——太湖流域原始文化的分期问题》，《文物》1978 年第 4 期。张之恒：《关于我国东部沿海地区新石器时代文化系统的区分》，《文物集刊（1）》，文物出版社，1980 年。
⑥ 严文明：《论青莲岗文化和大汶口文化的关系》，《文物集刊（1）》，文物出版社，1980 年。吴绵吉：《长江南北青莲岗文化的相互关系》，《文物集刊（1）》，文物出版社，1980 年。

各自的发展①。其后，学术界广泛接受了马家浜文化的命名，发掘的遗址若含有同类遗存，则直接归入马家浜文化。

1979年，黄宣佩和汪遵国主张将崧泽期文化遗存从马家浜文化之中划出，单独命名为"崧泽文化"②。此后，将环太湖地区早于良渚文化的遗存划分为马家浜文化和崧泽文化两个阶段的意见，逐渐得到了学术界的认可。

1979年，浙江省文物考古所成立。同年冬天，主动发掘了桐乡罗家角遗址，发掘面积达1338平方米，发现了同属马家浜文化的四个依次叠压的地层。罗家角遗址堆积丰厚、出土遗物众多，第四层堆积的绝对年代也在距今7000年左右。发掘者认为，罗家角遗址的早期（第四、三层）可作为马家浜文化的早期，可以命名为罗家角类型③，这就相当于在杭嘉湖平原为已知的马家浜文化找到了来源。与此同时，牟永抗、刘军等撰文，对河姆渡文化重新界定，增加了河姆渡遗址第二、一层④，从而将河姆渡第三期从马家浜文化中剥离出来。姚仲源根据罗家角遗址的发现，重新讨论了马家浜文化的内涵、与河姆渡文化的关系，认为马家浜文化与河姆渡文化是分布在不同地域的互相影响又有一定区别、大致并行发展的两支文化，这一观点得到了较广泛认同；另外，该文还首先提出马家浜文化可以进一步划分类型的问题⑤。

1981年，苏秉琦正式提出区系类型学说，将长江下游地区重新划分为宁镇地区、太湖地区和宁绍地区三个区域，之后又将太湖地区进一步划分为苏南地区和浙江北部地区两块⑥。20世纪80年代，受区系类型学说影响，江浙沪考古工作者为进一步完善环太湖地区考古学文化的区系类型进行了大量考古发掘。同时，许多学者对马家浜文化的分期、类型等问题进行了研究⑦。

1981年，余杭吴家埠遗址的发掘，首次发现早期炊器为平底釜与晚期炊器除平底釜外多见双目式圆锥形鼎足的遗存，与罗家角类型和草鞋山—圩墩类型有共性也有区别，王明达在此基础上提出了马家浜文化"吴家埠类型"的命名⑧。

---

① 苏秉琦：《略谈我国东南沿海地区的新石器时代考古——在长江下游新石器时代考古学术讨论会上的一次发言提纲》，《文物》1978年第3期。

② 汪遵国：《太湖地区原始文化的分析》；黄宣佩：《关于良渚文化若干问题的认识》，《中国考古学会第一次年会论文集》，文物出版社，1980年。

③ 罗家角考古队：《桐乡县罗家角遗址发掘报告》，《浙江省文物考古所学刊》，文物出版社，1981年。罗家角遗址仅发表了一份中型报告，许多器物未发表。该遗址出土器物，除一部分在桐乡博物馆展出外，大部分在我所库房存放，据笔者所见，有类似吴家埠遗址出土的罐形平底釜。以后当再全面整理一下，这样有助于我们对杭嘉湖地区马家浜文化的更多了解。

④ 牟永抗：《试论河姆渡文化》，《中国考古学会第一次年会论文集》，文物出版社，1980年。河姆渡遗址考古队：《浙江河姆渡遗址第二期发掘的主要收获》，《文物》1980年第5期。刘军：《河姆渡文化的再认识》，《中国考古学会第三次年会论文集》，文物出版社，1984年。

⑤ 姚仲源：《二论马家浜文化》，《中国考古学会第二次年会论文集》，文物出版社，1982年。

⑥ 苏秉琦：《关于考古学文化的区系类型问题》，《文物》1981年第5期；《在中国考古学会第三次年会闭幕式上的讲话》，《苏秉琦考古学论述选集》，文物出版社，1984年；之后在《中国文明起源新探》一书中又有略微不同的表述。

⑦ 陈晶：《常州圩墩新石器时代遗址分期——兼谈马家浜文化的分期》，《江苏省哲学社会科学联合会1981年年会论文选（考古学分册）》，1982年；《马家浜文化两个类型的分析》，《中国考古学会第三次年会论文集》，文物出版社，1984年。殷志强：《略论马家浜文化的几个问题》，《南京博物院集刊》1982年第5期。牟永抗：《浙江新石器时代文化的初步认识》，《中国考古学会第三次年会论文集》，文物出版社，1984年。王仁湘：《崧泽文化初论》，《考古学集刊（4）》，中国社会科学出版社，1984年。陈国庆：《长江下游地区史前文化的炊器研究》，《考古学文化论集（二）》，文物出版社，1989年。

⑧ 浙江省文物考古研究所：《余杭吴家埠新石器时代遗址》，《浙江省文物考古研究所学刊（建所十周年纪念1980—1990）》，科学出版社，1993年。

这一阶段，浙江桐乡新桥（1982）①、余杭荀山（1985）②、嘉兴吴家浜遗址（1986）进行了试掘，嘉善大往（1985）③、海宁坟桥港（1988）④、吴兴邱城（1992）⑤、湖州上山（1998）⑥、余杭梅园里（1992～1993）⑦、余杭庙前（1988～1990、1992～1993、1999～2000）⑧、余杭南庄桥（1999～2000）⑨、安吉安乐（1996）⑩、德清瓦窑（1999～2000）⑪等遗址进行了发掘。邱城遗址新发现了敞口折沿、敞口卷沿、敛口多角腰沿平底釜与圆口或椭圆口单把钵为组合的遗存。庙前遗址则发现了双目式圆锥足鼎、折沿深弧腹鼎或釜、双袋足异形鬶、平底筒形器为组合的遗存，尤其双袋足异形鬶数量众多，具有鲜明特色。瓦窑遗址发现类似庙前遗址的遗存，平底筒形器数量较多，还发现了独特的筒形平底陶器作为葬具的瓮棺葬。江苏发掘的比较重要的遗址有常州圩墩⑫、张家港东山村⑬、苏州草鞋山⑭、吴江广福村⑮、昆山绰墩⑯等遗址，上海青浦崧泽遗址又进行了两次发掘⑰。这些遗址的发掘丰富了马家浜文化的内涵，发现了少量房址和较多墓葬，草鞋山遗址还首次发现了马家浜文化的水稻田。

1999 年，"纪念马家浜遗址考古发掘 40 周年座谈会"在嘉兴召开，与会学者讨论的问题涉及马家浜文化的发现、命名、类型的划分、社会生产、自然环境等问题，促进了马家浜文化的深入研究⑱。这次会议讨论的内容，也是 20 世纪 80 年代以来学术界对马家浜文化研究的主要方向。

（三）第三阶段

2000 年以后，环太湖西部地区以平底釜为主要炊器的骆驼墩文化遗存的发现，刺激了马家浜时期文化研究的热潮，并出现有关文化命名、类型划分等新的分歧。江苏的考古工作者对环太湖西北部地区马家浜时期文化的区系类型进行了更多思考，引起了马家浜文化研究的新动向。同时，太湖东部地区、杭嘉湖地区马家浜文化遗址发掘数量众多，发掘资料大量公布，也为进一步的研究提供了契机。马家浜文化时期的古气候环境、生业经济、社会结构等方面的研究也进一步增多。

2000 年，南京博物院考古研究所确立了"环太湖西北部新石器时代考古学文化研究"的课题，在

---

① 张梅坤：《桐乡新桥遗址试掘报告》，《农业考古》1999 年第 3 期。
② 芮国耀：《余杭县良渚荀山新石器时代遗址》，《中国考古学年鉴 1986》，文物出版社，1988 年。
③ 吴家浜、大往发掘据《马家浜文化纪事》，《马家浜文化》，浙江摄影出版社，2004 年。
④ 潘六坤：《海宁发掘新石器时代遗址》，《中国文物报》1988 年 4 月 22 日第 2 版。
⑤ 芮国耀：《湖州市邱城马家浜文化和马桥文化遗址》，《中国考古学年鉴 1993》，文物出版社，1995 年。
⑥ 田正标：《湖州市上山新石器时代至汉代遗址》，《中国考古学年鉴 1999》，文物出版社，2001 年。
⑦ 浙江省文物考古研究所发掘资料。
⑧ 浙江省文物考古研究所：《庙前》，文物出版社，2005 年。
⑨ 刘斌：《余杭市南庄桥新石器时代至明清遗址》，《中国考古学年鉴 2001》，文物出版社，2002 年。
⑩ 程亦胜：《安吉安乐窑墩遗址发掘新收获》，《中国文物报》1997 年 5 月 11 日第 1 版。
⑪ 王海明：《德清瓦窑遗址——马家浜文化筒形陶器瓮棺葬的发现》，《浙江考古新纪元》，科学出版社，2009 年。
⑫ 常州市博物馆：《常州圩墩新石器时代遗址第三次发掘报告》，《史前研究》1984 年第 2 期；《1985 年江苏常州圩墩遗址的发掘》，《考古学报》2001 年第 1 期。江苏省圩墩遗址考古发掘队：《常州圩墩遗址第五次发掘报告》，《东南文化》1995 年第 4 期。
⑬ 张照根、姚瑶：《张家港东山村遗址发掘的主要收获》，《东南文化》1999 年第 4 期。苏州博物馆、张家港市文物管理委员会：《张家港市东山村遗址发掘简报》，《文物》2000 年第 10 期。
⑭ 谷建祥、邹厚本等：《对草鞋山遗址马家浜文化时期稻作农业的初步认识》，《东南文化》1998 年第 3 期。
⑮ 苏州博物馆、吴江市文物陈列室：《江苏吴江广福村遗址发掘简报》，《文物》2001 年第 3 期。
⑯ 南京博物院、昆山县文化馆：《江苏昆山绰墩遗址的调查与发掘》，《文物》1984 年第 2 期。苏州博物馆、昆山市文物管理所：《江苏昆山市绰墩遗址发掘报告》，《东南文化》2000 年第 1 期；《江苏昆山绰墩遗址第二次发掘报告》，《东南文化》2000 年第 11 期。
⑰ 上海市文物管理委员会：《1987 年上海青浦县崧泽遗址的发掘》，《考古》1992 年第 3 期；《1994～1995 年上海青浦崧泽遗址的发掘》，《上海博物馆集刊》第八期，上海书画出版社，2000 年。
⑱ 《农业考古》1999 年第 3 期刊发的与马家浜文化有关的文章。

太湖西部和北部地区有目的地发掘了江阴祁头山①、无锡彭祖墩②、宜兴骆驼墩③、宜兴西溪④和溧阳神墩⑤等遗址，发现了一批时代与马家浜文化相近、文化面貌又有一定区别的文化遗存。2004 年，张敏首先提出，马家浜文化时期，太湖西部地区存在一个以骆驼墩遗址为代表的平底釜分布中心，太湖东部地区存在一个以草鞋山遗址为代表的圜底釜分布中心；这两个中心互有向心作用，文化交流频繁，相互渗透并相互影响，并最终演进为一统太湖地区的崧泽文化；将这两类遗存分别命名为"骆驼墩类型"和"草鞋山类型"⑥。骆驼墩遗址的发掘者林留根先后提出"骆驼墩文化遗存""骆驼墩文化"的名称来命名这一类遗存，并对这类遗存进行了分期研究⑦。田名利则主张这类遗存仍归入到马家浜文化中，命名为"骆驼墩—吴家埠类型"⑧。

2000 年以后，浙江试掘、发掘的马家浜文化遗址有嘉兴吴家浜（2001～2002）⑨、高墩坟（2001～2002）⑩、马家浜（2009～2011）⑪、钟家港（2011）⑫，湖州塔地（2004～2005）⑬、安吉安乐（2001、2013～2014）⑭、芝里（2005～2006）⑮、长兴江家山（2005～2006）⑯、余杭南庄桥（2000）⑰、南湖

① 陆建芳、张童心、左骏：《祁头山文化遗址、南楼崧泽文化遗址的发掘与思考》，《浙江省文物考古研究所学刊》第八辑，科学出版社，2006 年。祁头山联合考古队：《江苏江阴祁头山遗址 2000 年度发掘简报》，《文物》2006 年第 12 期。南京博物院、无锡市博物馆等：《祁头山》，文物出版社，2007 年。

② 南京博物院、无锡市博物馆等：《江苏无锡锡山彭祖墩遗址发掘报告》，《考古学报》2006 年第 4 期。

③ 林留根：《太湖西部骆驼墩文化遗存的初步认识》，《长江下游地区文明化进程学术研讨会论文集》，上海书画出版社，2004 年。南京博物院考古研究所：《江苏宜兴市骆驼墩新石器时代遗址的发掘》，《考古》2003 年第 7 期。南京博物院、宜兴市文物管理委员会：《江苏宜兴骆驼墩遗址发掘报告》，《东南文化》2009 年第 5 期。

④ 南京博物院、宜兴市文物管理委员会：《宜兴西溪遗址试掘简报》，《东南文化》2002 年第 11 期；《江苏宜兴西溪遗址发掘纪要》，《东南文化》2009 年第 5 期。

⑤ 南京博物院、常州博物馆、溧阳市文化局：《江苏溧阳神墩遗址发掘简报》，《东南文化》2009 年第 5 期。南京博物院、常州博物馆、溧阳市文化广电体育局：《溧阳神墩》，文物出版社，2016 年。

⑥ 张敏：《关于环太湖地区原始文化的思考》，《庆祝张忠培七十岁论文集》，科学出版社，2004 年。南京博物院等："环太湖西北部马家浜时期古文化研讨会"发言摘要》中张敏的发言，《中国文物报》2008 年 2 月 29 日第 7 版。

⑦ 南京博物院考古研究所：《江苏宜兴市骆驼墩新石器时代遗址的发掘》，《考古》2003 年第 7 期。林留根：《太湖西部骆驼墩文化遗存的初步认识》，《长江下游地区文明化进程学术研讨会论文集》，上海书画出版社，2004 年；《骆驼墩文化初论》，《东南文化》2009 年第 5 期。南京博物院、宜兴市文物管理委员会：《江苏宜兴骆驼墩遗址发掘报告》，《东南文化》2009 年第 5 期。

⑧ 田名利：《略论环太湖西部马家浜文化的变迁——兼谈马家浜文化的分期、分区和类型》，《东南文化》2010 年第 6 期。

⑨ 浙江省文物考古研究所、嘉兴市博物馆：《浙江嘉兴吴家浜遗址发掘简报》，《文物》2005 年第 3 期；《嘉兴吴家浜遗址发掘报告》，《浙江省文物考古研究所学刊》第十辑，文物出版社，2015 年。

⑩ 王宁远：《嘉兴市高墩坟新石器时代遗址》，《中国考古学年鉴 2002》，文物出版社，2003 年。

⑪ 芮国耀：《浙江嘉兴马家浜遗址第二次发掘》，《中国考古新发现年度记录 2010》，《中国文化遗产》2011 年增刊。

⑫ 浙江省文物考古研究所发掘资料。

⑬ 塔地考古队：《浙江湖州塔地遗址发掘获丰硕成果》，《中国文物报》2005 年 2 月 9 日第 1 版。蒋卫东：《湖州塔地——太湖西南史前序列较完整的遗址》，《浙江考古新纪元》，科学出版社，2009 年。

⑭ 浙江省文物考古研究所、安吉县博物馆：《安吉安乐遗址第三、四次发掘的阶段性收获》，《浙北崧泽文化考古报告集（1996～2014）》，文物出版社，2014 年。方向明、时萧等：《浙西发现较完整崧泽文化山地类型遗址——浙江安吉县安乐遗址第三、四次发掘的收获》，《中国文物报》2014 年 12 月 5 日第 8 版；《浙江安吉安乐新石器时代遗址第三次发掘收获》，《2014 中国重要考古发现》，文物出版社，2015 年。

⑮ 王宁远、周亚乐、程永军：《安吉芝里遗址——揭示崧泽文化新的地方类型》，《浙江考古新纪元》，科学出版社，2009 年。浙江省文物考古研究所、安吉县博物馆：《安吉芝里遗址的马家浜、崧泽文化遗存》，《浙北崧泽文化考古报告集（1996～2014）》，文物出版社，2014 年。

⑯ 楼航、梁奕建、童善平、华山：《浙江长兴江家山遗址抢救性发掘获重要收获》，《中国文物报》2006 年 4 月 21 日第 1 版。楼航、梁奕建：《长兴江家山遗址发掘的主要收获》，《浙江省文物考古研究所学刊》第八辑，科学出版社，2006 年。浙江省文物考古研究所、长兴县博物馆：《长兴江家山遗址崧泽文化墓地发掘简报》，《浙北崧泽文化考古报告集（1996～2014）》，文物出版社，2014 年。

⑰ 刘斌：《余杭市南庄桥新石器时代至明清遗址》，《中国考古学年鉴 2001》，文物出版社，2002 年。

（2006～2007）①、茅山（2009～2011）②、张家墩（2013～2014）③，绍兴寺前山（2004）④，萧山乌龟山（2000～2001）⑤、石马头（2015～2016），桐乡谭家湾（2015）和南浔树下兜（2016～2017）⑥ 等遗址。除马家浜、寺前山、谭家湾为主动性发掘或试掘外，其余均为配合基本建设的抢救性发掘。这些遗址多表现为不同文化堆积多层次叠压的情况，吴家浜、马家浜、寺前山、谭家湾遗址为比较单纯的马家浜文化堆积。吴家浜遗址发掘面积不大，发现了 3 座房址和 15 座墓葬，比较清楚地揭露了居住区与墓葬区分开的结构。马家浜遗址的第二次发掘，发掘 300 平方米，发现 80 座墓葬，较完整地揭露了一处墓葬区。塔地遗址，发现马家浜文化墓葬 22 座，呈排列有序的四排。安乐、芝里、江家山遗址分布在浙西山地、平原交界的地方，发现较多与骆驼墩文化遗存相同或类似的文化因素，如筒形平底腰沿釜、铲形足鼎、敛口钵形鼎等，为研究马家浜文化区系类型提供了新材料。芝里、江家山遗址发现了围绕马家浜文化晚期聚落的壕沟，很可能是环壕。茅山遗址，发掘总面积达 21000 平方米，除良渚文化和广富林文化的重要发现外，发现属于马家浜文化的房址 3 座、墓葬 4 座、灰坑 160 余个、水井 2 口、路 1 条等，出土大量遗物，是目前马家浜文化遗存最丰富的一处遗址。张家墩遗址，发掘面积达 4000 平方米，以马家浜文化遗存为主，发现有壕沟环绕的聚落，房屋遗迹 10 处、灰坑 20 个、灰沟 3 条，出土遗物众多。茅山、张家墩遗址，是所有马家浜文化遗址中发掘面积最大的两处，为研究杭嘉湖西部边缘马家浜文化的特征、聚落提供了极其丰富的资料。寺前山遗址，首次发现马家浜文化时期的石砌围沟。寺前山、石马头遗址的发现，证明单纯马家浜文化遗存已到钱塘江南岸，也为研究马家浜文化晚期向宁绍平原的渗透提供了中间地带的证据。以上新发现为研究环太湖地区马家浜时期文化的区系类型、聚落形态等提供了丰富的资料。

太湖东部地区发掘的比较重要的马家浜文化遗址有昆山绰墩⑦、青浦崧泽⑧、张家港东山村⑨、常州新岗⑩、苏州草鞋山⑪、昆山姜里⑫等遗址。绰墩、草鞋山、姜里遗址再次发现马家浜文化时期的水

---

① 赵晔：《浙江余杭南湖考古调查发掘获重要成果》，《中国文物报》2007 年 12 月 28 日第 2 版；《余杭南湖的文化底蕴》，《东方博物》第二十五辑，浙江大学出版社，2007 年；《余杭南湖遗址——古河床内丰富的古代文化遗物》，《浙江考古新纪元》，科学出版社，2009 年。

② 丁品、郑云飞等：《浙江余杭茅山遗址》，《中国考古新发现年度记录 2009》，《中国文化遗产》2009 年增刊。浙江省文物考古研究所：《浙江余杭临平茅山遗址》，《中国文物报》2010 年 3 月 12 日第 4 版；《浙江余杭茅山史前聚落遗址第二、三期发掘取得重要收获》，《中国文物报》2011 年 12 月 30 日第 4 版。

③ 赵晔：《浙江良渚张家墩遗址发现马家浜文化临壕村落遗迹》，《中国文物报》2014 年 12 月 5 日第 8 版。

④ 王海明：《绍兴杨汛桥寺前山新石器时代遗址——马家浜文化时期石砌围沟的发现》，《浙江考古新纪元》，科学出版社，2009 年。

⑤ 蒋乐平：《浦阳江流域新石器时代遗址的发现与思考》，《浙江省文物考古研究所学刊》第八辑，科学出版社，2006 年；《萧山区新坝新石器时代及商周时期遗址》，《中国考古学年鉴 2010》，文物出版社，2011 年。

⑥ 谭家湾、石马头、树下兜均为浙江省文物考古研究所发掘资料。

⑦ 苏州博物馆、昆山市文物管理所、昆山市正仪镇政府：《江苏昆山绰墩遗址第一至第五次发掘简报》，《东南文化》2003 年增刊。苏州市考古研究所：《昆山绰墩遗址》，文物出版社，2011 年。

⑧ 崧泽遗址考古队：《上海青浦崧泽遗址考古发掘获重要成果》，《中国文物报》2004 年 6 月 9 日第 1 版。

⑨ 南京博物院、张家港市文广新局、张家港博物馆：《江苏张家港市东山村新石器时代遗址》，《考古》2010 年第 8 期。南京博物院、张家港博物馆：《江苏张家港东山村遗址 M101 发掘报告》，《东南文化》2013 年第 3 期。南京博物院、张家港市文物管理委员会、张家港博物馆：《张家港东山村新石器时代遗址发掘报告》，《考古学报》2015 年第 1 期。南京博物院、张家港市文管办、张家港博物馆：《东山村——新石器时代遗址发掘报告》，文物出版社，2016 年。

⑩ 黄建康等：《常州新岗遗址发掘为太湖流域史前文化研究再添新资料》，《中国文物报》2009 年 11 月 20 日第 4 版。常州博物馆：《常州新岗——新石器时代文化遗址发掘报告》，文物出版社，2012 年。

⑪ 苏州市考古研究所：《苏州草鞋山遗址抢救性考古发掘简报》，《穿越长三角：京沪、沪宁高铁江苏段考古发掘报告》，科学出版社，2013 年。

⑫ 苏州市考古研究所、昆山市文物管理所、昆山市张浦镇文体站：《江苏昆山姜里新石器时代遗址 2011 发掘简报》，《文物》2013 年第 1 期。

稻田，为研究马家浜文化稻作农业提供了丰富材料。

这一阶段，就环太湖西部马家浜时期文化的性质、命名等问题召开了两次专门的研讨会，专家们对太湖西部地区存在一个平底釜文化系统的认识没有多少疑问，但对于文化的命名、性质远未达成共识①。2009 年 12 月，纪念马家浜遗址发现五十周年的"马家浜文化国际学术研讨会"在嘉兴召开，与会学者提交了数十篇论文，内容涉及马家浜时期文化的性质、文化的变迁、稻作经济、墓葬分析、生业经济等方面②。

对于中国史前考古的研究历程，赵辉认为可以大致分为两个阶段：第一阶段是 1921 年到 20 世纪 80 年代中期，主要为围绕年代学为核心的物质文化史研究阶段；第二阶段是 20 世纪 80 年代中期以后，是全面的古代社会复原和研究的阶段，包括年代学研究的延续、聚落考古、中国文明起源研究、自然科学技术在考古学中空前规模的应用等③。可以看出，马家浜文化的研究在进入 21 世纪后，随着新材料的出现，其分期、年代、类型等基础研究仍然是研究中的一个重点，当然，全面的社会研究也在进行之中，但是对于一个总体处于相对平等社会阶段的区域文化研究，受重视的程度远比不上与农业起源或文明起源直接相关的考古学文化。

二　分期与年代

关于马家浜文化的分期，20 世纪八九十年代至 21 世纪初，陈晶、殷志强、牟永抗、陈国庆、方向明、张之恒、李新伟等均做过一些研究④，有二分法、三分法和四分法。最近，结合近些年来新发表的材料，陈杰、田名利、陈明辉等均提出了对马家浜文化分期的看法，倾向于以鼎的出现作为马家浜文化早、晚期划分的标志⑤，数篇博士、硕士论文也涉及马家浜文化或以马家浜文化为题进行研究⑥。骆驼墩文化遗存的分期，以林留根、左骏、赵宾福与郭梦雨的三期分法为代表⑦。限于马家浜文化不同遗址的文化面貌差异较大，材料比较匮乏，已发表的材料比较零碎，各分期方案较少涉及典型

①　南京博物院等：《"环太湖西北部马家浜时期古文化研讨会"发言摘要》，《中国文物报》2008 年 2 月 29 日第 7 版。林留根等：《骆驼墩文化遗存与太湖西部史前文化（上）》，《东南文化》2011 年第 6 期。张忠培：《骆驼墩文化遗存与太湖西部史前文化（下）》，《东南文化》2012 年第 1 期。

②　浙江省文物考古研究所等编：《江南文化之源——纪念马家浜遗址发现五十周年图文集》，中国摄影出版社，2011 年。

③　赵辉：《怎样考察学术史》，《考古学研究（九）——庆祝严文明八十寿辰论文集》，文物出版社，2012 年。

④　陈晶：《常州市圩墩遗址的分期——兼谈马家浜文化的分期》，《江苏省哲学社会科学联合会 1981 年年会论文选（考古学分册）》，1982 年。殷志强：《略论马家浜文化的几个问题》，《南京博物院集刊》1982 年第 5 期。牟永抗：《浙江新石器时代文化的初步认识》，《中国考古学会第三次年会论文集》，文物出版社，1984 年。陈国庆：《长江下游地区史前文化的炊器研究》，《考古学文化论集（二）》，文物出版社，1989 年。方向明：《马家浜—良渚文化若干问题的探讨》，《纪念浙江省文物考古研究所建所二十周年论文集（1979～1999）》，西泠印社，1999 年。张之恒：《长江下游新石器时代文化》，湖北教育出版社，2004 年。中国社会科学院考古研究所：《中国考古学·新石器时代卷》，中国社会科学出版社，2010 年。

⑤　田名利：《略论环太湖西部马家浜文化的变迁——兼谈马家浜文化的分期、分区和类型》，《东南文化》2010 年第 6 期。陈杰：《马家浜时期太湖地区东与西的问题（简稿）》，《中国社会科学院古代文明研究中心通讯》，2011 年总第 21 期。陈明辉：《距今 6000 年前后环太湖流域的文化格局——兼论后冈时代》，《崧泽文化学术研讨会论文集》，文物出版社，2016 年。

⑥　刘祥宇：《马家浜文化研究》，武汉大学硕士研究生学位论文，2012 年。王永磊：《环太湖地区马家浜时期文化研究》，山东大学硕士研究生学位论文，2013 年。郭梦雨：《环杭州湾地区新石器时代考古学文化研究》，吉林大学博士研究生学位论文，2017 年。

⑦　林留根：《骆驼墩文化初论》，《东南文化》2009 年第 5 期。左骏：《"平底"与"圜底"的碰撞——兼论有关太湖西北区马家浜时期釜文化系统的分期》，《江南文化之源——纪念马家浜遗址发现五十周年图文集（上卷）》，中国摄影出版社，2011 年。赵宾福、郭梦雨：《骆驼墩文化简析》，《东南文化》2017 年第 3 期。

陶器演化的排列，从而导致这一研究一直进展不大。

综合以往研究，对比各个遗址陶器的分期，可以将浙江的马家浜文化遗存分为早、晚两大阶段。罗家角、邱城、吴家埠遗址早期遗存作为马家浜文化的早期阶段，而前述三遗址的晚期遗存以及马家浜、吴家浜、新桥、庙前、茅山、张家墩、芝里、寺前山等绝大多数遗址均为马家浜文化的晚期阶段。

马家浜文化的相对年代，比目前确定的主要分布在钱塘江以南地区的跨湖桥文化晚，其后发展为崧泽文化，其最晚段已经孕育出了许多崧泽文化的因素。其绝对年代一般认为约在距今7000～6000年①，根据收集到的34个碳十四测年数据并结合遗址分期分析，用 OxCal v3.10 校正后，其绝对年代大致在5300BC～3800BC（68.2% 置信度）之间，29个数据是马家浜文化晚期数据，主要分布在4400BC～3800BC之间②，代表了马家浜文化晚期的年代。目前，浙江发表的测年数据仅有罗家角遗址第四层灰坑的2个数据和邱城遗址的1个数据③，前者属于马家浜文化最早阶段，树轮校正年代在5300BC～4800BC（68.2% 置信度）之间，另外两个同层位热释光测年的数据也大致在5000BC左右，代表了马家浜文化最早一期的绝对年代；后者树轮校正年代在4850BC～4590BC（68.2% 置信度）之间，可能代表了该遗址早期阶段遗存的绝对年代，即相当于马家浜文化早期晚段的年代。

三　分区与类型

马家浜文化正式命名以后，太湖东北部地区和杭嘉湖地区这个阶段的文化遗存皆被归入到马家浜文化的范畴。2000年以前，环太湖西部地区的考古工作较少，之后随着骆驼墩文化遗存的发现，使学术界认识到太湖东、西部马家浜时期遗存文化面貌差异较大，又因对"文化"或"类型"的标准把握不同，从而产生有关文化性质的新分歧。

对于马家浜文化类型的划分，20世纪八九十年代曾有一段讨论的热潮。姚仲源最先认识到马家浜文化内部可以进一步分区域类型④，牟永抗也有相近观点⑤；陈晶首先将马家浜文化划分为"草鞋山—圩墩类型"与"罗家角类型"，邱城下层归到"草鞋山—圩墩类型"⑥；王明达在陈晶所分类型基础上又提出了"吴家埠类型"，代表杭嘉湖平原西部边缘地带的吴家埠、邱城一类遗存⑦；另外，王仁湘、张照根等也提出了相应的类型划分方案⑧；方向明则在将马家浜文化分为三期的基础上，按期划分了不同的区块类型⑨。2000年后，随着祁头山、彭祖墩、骆驼墩、西溪、神墩等太湖西部和北部地区遗

---

① 中国社会科学院考古研究所：《中国考古学·新石器时代卷》，中国社会科学出版社，2010年。

② 王永磊：《环太湖东部地区马家浜文化的分期和年代》，《东方考古》待刊。

③ 中国社会科学院考古研究所：《中国考古学碳十四年代数据集（1965～1991）》，文物出版社，1991年。

④ 姚仲源：《二论马家浜文化》，《中国考古学会第二次年会论文集》，文物出版社，1982年。

⑤ 牟永抗：《浙江新石器时代文化的初步认识》，《中国考古学会第三次年会论文集》，文物出版社，1984年。

⑥ 陈晶：《马家浜文化两个类型的分析》，《中国考古学会第三次年会论文集》，文物出版社，1984年。

⑦ 浙江省文物考古研究所：《余杭吴家埠新石器时代遗址》，《浙江省文物考古研究所学刊（建所十周年纪念1980—1990）》，科学出版社，1993年。

⑧ 王仁湘：《崧泽文化初论》，《考古学集刊（4）》，中国社会科学出版社，1984年。张照根：《关于马家浜文化的类型问题》，《农业考古》1999年第3期。

⑨ 方向明：《马家浜—良渚文化若干问题的探讨》，《纪念浙江省文物考古研究所建所二十周年论文集（1979～1999）》，西泠印社，1999年。

址的发掘，有一些学者开始提出"祁头山文化"和"骆驼墩文化"等新的文化名称①，但是未能得到学术界的广泛认同。张敏提出将马家浜文化分为东西并列共存的"草鞋山类型"和"骆驼墩类型"②。田名利在认同整个马家浜文化的前提下，将马家浜文化分为早、晚两期，早期分为"骆驼墩—吴家埠类型"和"罗家角早期类型"，晚期分为"西溪—神墩晚期类型""草鞋山—圩墩类型""罗家角晚期类型"和"庙前类型"，在"草鞋山—圩墩类型"分布区内又存在"祁头山—彭祖墩类文化遗存"，"庙前类型"为新提出的区域类型③。久保田慎二根据釜的不同，将马家浜文化分为五个类型，并从陶器和墓葬的地域性上考察了太湖东、西部的不同④。蒋卫东根据陶器的差异，结合玉器种类的不同，将马家浜文化划分为四个不同的区域⑤。陈明辉提出将环太湖地区的"马家浜文化"称为马家浜文化系统或马家浜文化群，将"马家浜文化"进行解构，把马家浜晚期遗存划分为四个文化和五类"遗存"⑥。

从宏观上来看，现在普遍认同的观点是，马家浜时期，太湖东部地区存在一个圜底釜文化系统，太湖西部地区存在一个平底釜文化系统，而太湖北部和南部则是这两个文化系统的接壤地带，表现出不同系统的遗址跳跃式分布和较多平底、圜底陶釜共存于同一遗址的现象，在发展过程中，这两个文化系统之间及与周围的文化均发生过交互作用。由于存在这两个文化系统，因此，也有许多学者从二者之间关系、互动交流、文化形成过程、发展演变的角度进行研究，从而对马家浜时期太湖东、西两区的文化类型有了更深入的认识⑦。

由于马家浜时期环太湖地区文化发展的复杂性和目前发表的材料有限，各家所作类型的划分有很大不同，可谓仁者见仁智者见智。如不考虑骆驼墩文化的命名，单就浙江杭嘉湖地区马家浜文化而言，天目山周边地区与杭嘉湖平原地区自然环境存在较大的差异，可以划分为两大区，山区与平原交界的地方是过渡地带。因为马家浜文化延续时间有1000年以上，根据鼎的有无可以划分为早、晚两大期，因此可以按早、晚两期来划分类型。早期，仅有罗家角、吴家埠、邱城三处遗址，彼此均有较大差异，总体来看，吴家埠、邱城均位于山区与平原过渡地带，以平底釜为主，相似性更大，在没有新材料的

---

① 陆建芳、张童心、左骏：《祁头山文化遗址、南楼崧泽文化遗址的发掘与思考》，《浙江省文物考古研究所学刊》第八辑，科学出版社，2006年。张童心、王斌：《论祁头山文化》，《东南文化》2009年第5期。林留根：《骆驼墩文化初论》，《东南文化》2009年第5期。

② 张敏：《关于环太湖地区原始文化的思考》，《庆祝张忠培七十岁论文集》，科学出版社，2004年。

③ 田名利：《略论环太湖西部马家浜文化的变迁——兼谈马家浜文化的分期、分区和类型》，《东南文化》2010年第6期。

④ 久保田慎二：《马家浜文化的地域性——以墓葬的分析为主》，《江南文化之源——纪念马家浜遗址发现五十周年图文集（上卷）》，中国摄影出版社，2011年。

⑤ 蒋卫东：《问玉凝眸马家浜》，《考古学研究（九）——庆祝严文明八十寿辰论文集》，文物出版社，2012年。

⑥ 陈明辉：《距今6000年前后环太湖流域的文化格局——兼论后冈时代》，《崧泽文化学术研讨会论文集》，文物出版社，2016年。

⑦ 张敏：《关于环太湖地区原始文化的思考》，《庆祝张忠培七十岁论文集》，科学出版社，2004年。田名利：《略论环太湖西部马家浜文化的变迁——兼谈马家浜文化的分期、分区和类型》，《东南文化》2010年第6期。宋建：《从陶釜看马家浜文化时空变迁》，《中国社会科学院古代文明研究中心通讯》2011年总第21期。陈杰：《马家浜时期太湖地区东与西的问题（简稿）》，《中国社会科学院古代文明研究中心通讯》2011年总第21期；《罗家角遗址及相关问题的初步研究》，《江南文化之源——纪念马家浜遗址发现五十周年图文集（上卷）》，中国摄影出版社，2011年。左骏：《"平底"与"圜底"的碰撞——兼论有关太湖西北区马家浜时期釜文化系统的分期》，《江南文化之源——纪念马家浜遗址发现五十周年图文集（上卷）》，中国摄影出版社，2011年。张卉颜：《环太湖地区马家浜文化时期陶釜的研究》，《长江文化论丛》第8辑，南京大学出版社，2012年。

情况下，暂划分为罗家角早期类型和吴家埠—邱城类型（图2－15、2－16），靠近天目山区的吴家埠—邱城类型受到骆驼墩文化遗存的影响更多，杭嘉湖平原的罗家角类型最早阶段受河姆渡文化影响较多，之后也受到较多骆驼墩文化遗存的影响，在发展过程中逐渐形成了自身的特色。晚期，据目前发表的有限材料来看，杭嘉湖平原地区的罗家角晚期、马家浜、吴家浜遗存，山区与平原过渡地带的吴家埠晚期、庙前、瓦窑遗存，天目山区的芝里、江家山遗存，似乎可以构成三个地方类型，暂分别称为罗家角晚期类型、庙前类型和芝里类型（图2－17至图2－19），罗家角晚期类型与庙前类型相近，芝里类型则与骆驼墩晚期类型更近似。此类型的划分，尚待更多的材料来支撑。

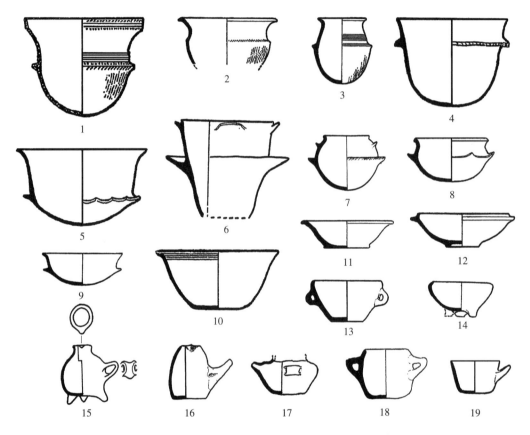

图2－15　罗家角早期类型陶器

1～3. 带脊釜（T117④：15、T114④：50、H5：1）　4、6. 筒形釜（T117④：5、T128③：20）　5. 盆形釜（H45：2）　7、8. 弧腹釜（T119③：8、T125③：10）　9～11. 盆（T132③：5、T114④：48、T129④：13）　12. 盘（T114④：35）　13. 双耳钵（T134④：8）　14. 三足钵（T116④：33）　15. 三足盉（T135③：16）　16、17. 平底盉（T118④：7、H19：1）　18. 罐（H18：1）　19. 角把钵（H11：7）（均罗家角遗址出土）

四　来源与去向

马家浜文化的面貌较为复杂，其产生、发展、演变是一个动态的过程，因此在考察其发展过程时必须要有一个动态的视角。

对于罗家角早期类型的产生，蒋乐平认为其是河姆渡文化与具有北方血统的考古学文化的融合形态，马家浜文化是南北文化交融的次生文化体，南边是以河姆渡文化为代表的土著文化体，北边是以江淮文化体为中介的北方势力；马家浜文化陶器的"非绳纹"特征和筒腹釜、鼎等器物形态，可以通

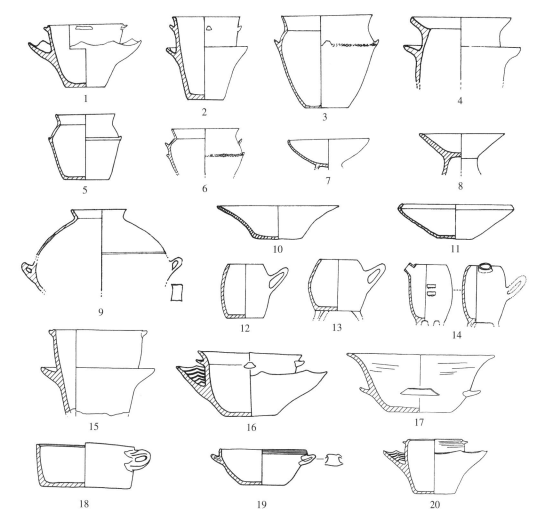

图 2-16　吴家埠—邱城类型陶器

吴家埠：1、2. 筒形釜（T30：16、T30：5）　　3、5、6. 罐形釜（T30：18、H9：3、T35：8）　　4. 束颈釜（T42：11）　　7、8. 豆
　　　　　（T49：26、T49：27）　9. 罐（H6：3）　10. 盘（T30：19）　11. 钵（H6：4）　12. 平底盉（T4：12）　13、14. 三足盉
　　　　　（T43：13、T43：11）
邱　城：15、20. 筒形釜（无单位，G1：1）　16、17. 盆形釜（T402②：3、T403②：1）　18. 环把钵（G1：4）　19. 双耳钵（G1：26）

过江淮文化找到渊源；马家浜文化的主体身份，是东南土著向北开拓的先行者①。刘恒武认为跨湖桥
文化包含着马家浜早期文化和河姆渡早期文化所有的基本因素，马家浜文化与河姆渡文化在纵向关系
上是同根同源的两个文化系统，两文化诸如夹炭绳纹有脊釜一类个别器物形制的类似，应该有横向交
流作用的掺入②。陈杰认为，罗家角遗址的形成是来自太湖西部地区马家浜文化先民的迁徙，同时受
到了河姆渡文化的重要影响；晚期，河姆渡文化因素的影响逐渐弱化，本地特色凸显，同时保持与太
湖西部地区密切的关系和交流③。罗家角遗址第四层，除河姆渡文化因素外，还发现有戳印纹白陶，

---

① 蒋乐平：《河姆渡文化与马家浜文化——浙江史前考古的一个问题》，《考古一生——安志敏纪念文集》，文物出版社，2011
　　年；《史前浙江——一个区域性的文化格局》，《浙江社会科学》2012 年第 2 期。
② 刘恒武：《论宁绍与杭嘉湖地区新石器时代文化起源及其流变》，《宁波大学学报（人文科学版）》2007 年第 20 卷第 3 期。
③ 陈杰：《罗家角遗址及相关问题的初步研究》，《江南文化之源——纪念马家浜遗址发现五十周年图文集（上卷）》，中国摄影
　　出版社，2011 年。

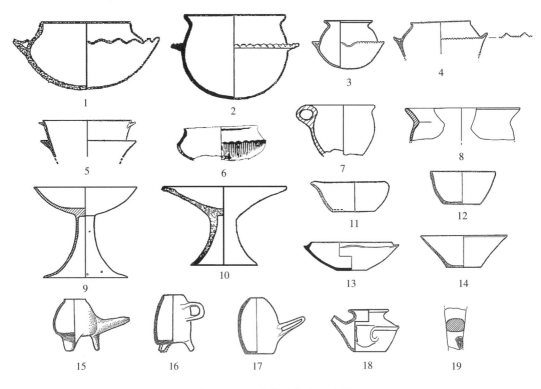

图 2 - 17 罗家角晚期类型陶器

罗家角：1～4. 弧腹釜（T119②：10、T130②：4、H27：2、H2：9） 5. 筒形釜（T117②：20） 11. 匜
（T111②：26） 12、13. 钵（T117②：4、H26：2） 14. 盆（T114②：10） 15、16. 三足盉
（T122②：8、H17：2） 17、18. 平底盉（T107①：2、T107①：2）

马家浜：6. 弧腹釜（T4 上） 7. 单耳釜（T4M14） 10. 豆（T4M1）

吴家浜：8. 釜（T0406④：10） 9. 豆（M5：1） 19. 扁圆锥足（T0406④：4）

说明其与长江中游地区史前文化也有联系。根据罗家角遗址发表的材料，其第四层遗存没有明确的单纯骆驼墩文化遗存因素，杭嘉湖平原地区未发现早于马家浜文化的新石器时代遗存[①]，钱塘江以南地区早于马家浜文化的跨湖桥文化面貌与其差异很大，二者绝对年代也有一定的差距，所以罗家角早期类型来源问题尚未得到很好的解决。

对于吴家埠—邱城类型，现在一般认为吴家埠遗址第四层部分遗存的最早年代很可能早到马家浜文化最早期[②]，其文化面貌与骆驼墩文化遗存更为接近，很可能是骆驼墩的移民，由于太湖西部地区同样缺乏更早的新石器时代遗存，其来源问题更不清楚。但骆驼墩文化遗存平底器为主的特点，应当与宁镇地区丁沙地类遗存有直接关系，间接可以追溯到江淮地区。邱城早期遗存，原先一般认为是马家浜文化发展到近山地区形成的，现在看来应该是骆驼墩文化遗存往东发展过程中，受到罗家角早期类型的影响产生的。

马家浜文化晚期各类型的形成过程，是内部文化因素的成长、不同类型之间的相互作用和外来文化影响的综合作用下形成的，此不赘述。

① 位于余杭大雄山南麓的火叉兜遗址，试掘发现跨湖桥文化的遗存，是目前太湖流域最早的一处新石器时代遗址，其与罗家角遗址文化面貌差异很大。
② 陈杰：《马家浜时期太湖地区东与西的问题（简稿）》，《中国社会科学院古代文明研究中心通讯》2011 年总第 21 期。南京博物院、常州博物馆、溧阳市文化广电体育局：《溧阳神墩》第八章第一节"马家浜文化遗存的认识"，文物出版社，2016 年。

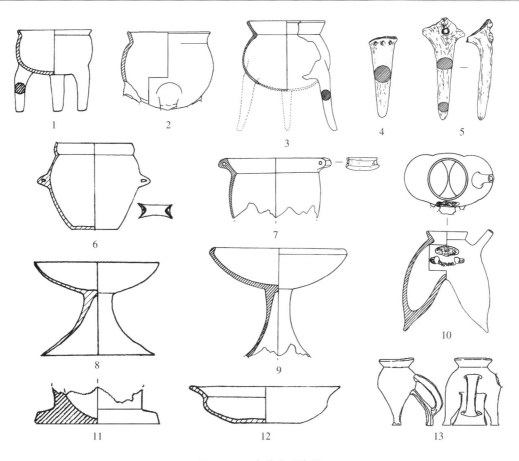

图 2－18　庙前类型陶器

吴家埠：1. 鼎（T48：9）　6. 牛鼻耳罐（T44：2）　8. 豆（T43：5）　12. 盆（T40：13）

庙　前：2、3. 鼎（H15：1、T510⑤：9）　4、5. 圆锥足（T517⑤：10、第一次发掘⑥层）　7. 釜

（T505⑦：5）　9. 豆（T301④：1）　10. 异形鬶（T202⑤：1）　11. 平底筒形釜（T510④：2）

13. 异形鬶（T0808②：3）

对于马家浜文化的流向，一般认为其发展成崧泽文化[1]，笔者认为二者之间存在一个难以明确分开的过渡阶段，更强调了本地因素的传承[2]。张敏认为，马家浜文化与崧泽文化并存了一二百年之后，崧泽文化取代了马家浜文化，而不是马家浜文化发展演进为崧泽文化[3]。陈杰认为，崧泽文化与马家浜文化既有联系，又有明显变化，二者之间并非简单的继承和发展，崧泽文化继承了马家浜文化部分因素，同时受到了皖江流域黄鳝嘴文化和薛家岗文化的重要影响[4]。

五　与周围同时期文化的关系

马家浜文化发展过程中，与周围宁镇地区、江淮东部地区、宁绍地区同时期文化均有较密切的交流。浙江的马家浜文化在其发展过程中，主要与宁绍地区河姆渡文化发生相互作用。

[1]　黄宣佩：《略论崧泽文化的分期》，《中国考古学会第三次年会论文集》，文物出版社，1984 年。王仁湘：《崧泽文化初论》，《考古学集刊（4）》，中国社会科学出版社，1984 年。

[2]　王永磊：《试论马家浜文化到崧泽文化过渡阶段的遗存》，《崧泽文化学术研讨会论文集（2014）》，文物出版社，2016 年。

[3]　张敏：《崧泽文化三题》，《东南文化》2015 年第 1 期；又见《崧泽文化学术研讨会论文集（2014）》，文物出版社，2016 年。

[4]　陈杰：《崧泽文化的形成》，《东南文化》2015 年第 1 期；又见《崧泽文化学术研讨会论文集（2014）》，文物出版社，2016 年。

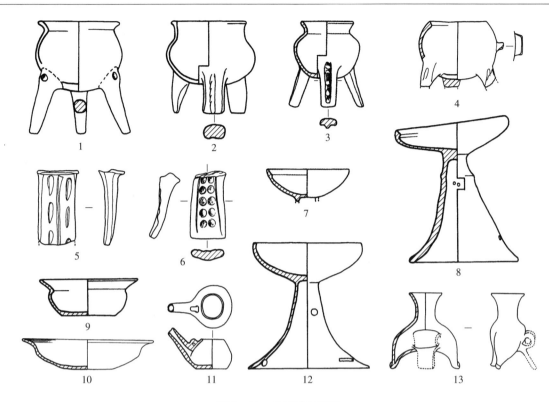

图 2 - 19　芝里类型陶器

1～4. 鼎（M194：4、M90：5、M109：2、M92：1）　5、6. 铲形足（G2①出土）　7、8、12. 豆（M109：1、M90：2、
M194：1）　9、10. 盆（M90：1、G2②）　11. 盉（M83：1）　13. 异形鬶（G2②：4）（均芝里遗址出土）

　　一般认为，河姆渡文化包括河姆渡遗址第一到四层遗存，河姆渡文化与马家浜文化是分布在两个不同地区的两支原始文化，两者关系紧密，相互交往，互有影响①。马家浜文化早期受到河姆渡文化早期的影响较多，表现在罗家角遗址第四层与第三层除腰沿釜外，还出有较多的腹部饰有绳纹的带脊釜，带脊釜的口沿、脊部有与河姆渡文化相同的刻划纹、戳印纹等②。除此之外，张江凯还考虑到环太湖地区可同罗家角第四层相比较的同期遗存有待继续去探寻，将其归为河姆渡文化的一个类型③。

　　河姆渡文化第三期中，马家浜文化因素浓厚，以致河姆渡遗址第一次发掘后，普遍认为马家浜文化是由河姆渡文化二期发展而来④，后来随着罗家角遗址的发掘，认识才有了变化。此期与河姆渡文化早期有传承也有较明显的区别，敞口鼓腹釜与新见的沿面下凹的扁腹釜、多角沿釜成为主流炊器，新出现大量红陶豆、少量弧腹腰沿釜、鼎、异形鬶、折腹盆等与马家浜文化晚期同类器相近。这个阶

① 以下论述暂依河姆渡文化包括河姆渡一到四期的观点。牟永抗：《试论河姆渡文化》，《中国考古学会第一次年会论文集》，文物出版社，1980 年。姚仲源：《二论马家浜文化》，《中国考古学会第二次年会论文集》，文物出版社，1982 年。刘军：《河姆渡文化的再认识》，《中国考古学会第三次年会论文集》，文物出版社，1984 年。吴汝祚：《试论河姆渡文化与马家浜文化的关系》，《南方文物》1996 年第 3 期。浙江省文物考古研究所：《河姆渡——新石器时代遗址考古发掘报告》，文物出版社，2003 年。
② 王海明：《河姆渡文化与马家浜文化关系简论》，《东南文化》1991 年第 6 期。吴汝祚：《试论河姆渡文化与马家浜文化的关系》，《南方文物》1996 年第 3 期。
③ 张江凯、魏峻：《新石器时代考古》，文物出版社，2004 年。
④ 《河姆渡遗址第一期发掘工作座谈会纪要》，《文物》1976 年第 8 期。夏鼐：《碳 - 14 测定年代和中国史前考古学》，《考古》1977 年第 4 期。当时认识的马家浜文化，主要是以邱城、马家浜等遗址为代表的马家浜文化偏晚阶段遗存。

段的遗存在余姚河姆渡[①]、鲻山[②]、鲞架山[③]、田螺山[④]、江北慈城小东门[⑤]、慈湖[⑥]、八字桥[⑦]、奉化名山后[⑧]、象山塔山[⑨]、镇海鱼山[⑩]、定海白泉[⑪]等遗址均有发现。牟永抗、刘军、王海明等将其归为河姆渡文化第三期[⑫]，汪济英、蒋乐平等觉得不能简单地将其归到河姆渡文化[⑬]。虽然有文化命名的差异，但王海明、蒋乐平都认为河姆渡文化第三期时，马家浜文化族体的迁徙，导致河姆渡文化的发展产生了变异，只是前者重河姆渡文化早、晚期的"同"，后者重"异"，认为应称为"塔山类型"来指代这一阶段分布在宁绍地区的遗存，是马家浜文化在距今6000年之际跨过钱塘江与河姆渡文化结合的"边缘"遗存。

浙中地区，与马家浜文化晚期同时的还有诸暨楼家桥[⑭]、浦江上山[⑮]、龙游三酒坛[⑯]三处遗址的相关遗存，因其独特的圆柱足鼎、带隔裆器、陶器上的动物头部堆饰、刻划"龙"纹，且兼具河姆渡文化、马家浜文化的二元因素，楼家桥遗址的发掘者蒋乐平提出了"楼家桥文化类型"的概念，认为其"是一种存在于浙东平原与浙中山地过渡地带、兼容河姆渡文化与浙中山区未知文化（这种未知文化可能与上山文化、跨湖桥文化的传承有直接关系）的一种新的考古学文化类型"。王海明认为楼家桥早期遗存缺乏独特的文化因素，不具备单独命名为新考古学文化或类型的先决条件，所在区域属于河姆渡文化、马家浜文化的边缘与重叠地区[⑰]。

另外，钱塘江上游地区的桐庐方家洲遗址，也出土有外红里黑泥质陶豆、圜底凹沿釜等与马家浜文化晚期、河姆渡文化晚期类似的器物[⑱]，其性质有待进一步分析。

---

① 浙江省文物管理委员会、浙江省博物馆：《河姆渡遗址第一期发掘报告》，《考古学报》1978年第1期。河姆渡遗址考古队：《浙江河姆渡遗址第二期发掘的主要收获》，《文物》1980年第5期。浙江省文物考古研究所：《河姆渡——新石器时代遗址考古发掘报告》，文物出版社，2003年。

② 浙江省文物考古研究所等：《浙江余姚市鲻山遗址发掘简报》，《考古》2001年第10期。

③ 孙国平、黄渭金：《余姚市鲞架山遗址发掘报告》，《史前研究2000》，三秦出版社，2000年。

④ 浙江省文物考古研究所等：《浙江余姚田螺山新石器时代遗址2004年发掘简报》，《文物》2007年第11期。孙国平：《田螺山遗址第一阶段（2004~2008）考古工作概述》，《田螺山遗址自然遗存综合研究》，文物出版社，2011年。孙国平、郑云飞等：《浙江余姚田螺山遗址2012年发掘成果丰硕》，《中国文物报》2013年3月29日第8版。

⑤ 浙江省文物考古研究所：《宁波慈城小东门遗址发掘简报》，《东南文化》2002年第9期。

⑥ 浙江省文物考古研究所、宁波市文物考古研究所：《宁波慈湖遗址发掘简报》，《浙江省文物考古研究所学刊（建所十周年纪念1980—1990）》，科学出版社，1993年。

⑦ 林士民：《浙江宁波市八字桥发现新石器时代遗址》，《考古》1979年第6期。

⑧ 名山后遗址考古队：《奉化名山后遗址第一期发掘的主要收获》，《浙江省文物考古研究所学刊（建所十周年纪念1980—1990）》，科学出版社，1993年。

⑨ 浙江省文物考古研究所、象山县文物管理委员会办公室：《象山县塔山遗址第一、二期发掘》，《浙江省文物考古研究所学刊》，长征出版社，1997年；《象山塔山》，文物出版社，2014年。

⑩ 宁波市文物考古研究所、镇海区文物保护管理所等：《浙江宁波镇海鱼山遗址Ⅰ期发掘简报》，《东南文化》2016年第4期。

⑪ 王和平、陈金生：《舟山群岛发现新石器时代遗址》，《考古》1983年第1期。

⑫ 王海明：《河姆渡文化与马家浜文化关系简论》，《东南文化》1991年第6期。

⑬ 汪济英：《良渚文化的回顾与探讨》，《良渚文化》，1987年。蒋乐平：《塔山下层墓地与塔山文化》，《东南文化》1999年第6期；《河姆渡文化与马家浜文化——浙江史前考古的一个问题》，《考古一生——安志敏纪念文集》，文物出版社，2011年。

⑭ 浙江省文物考古研究所、诸暨博物馆、浦江博物馆：《楼家桥、尖山背、尖山湾》，文物出版社，2010年。

⑮ 浙江省文物考古研究所、浦江博物馆：《浦江上山》，文物出版社，2016年。

⑯ 芮国耀：《龙游三酒坛新石器时代遗址——浙西史前考古的一次有意义发现》，《浙江考古新纪元》，科学出版社，2009年。

⑰ 王海明：《河姆渡遗址与河姆渡文化》，《东南文化》2000年第7期。

⑱ 浙江省文物考古研究所、桐庐县博物馆：《桐庐方家洲新石器时代玉石器制造场遗址发掘的主要收获》，《浙北崧泽文化考古报告集（1996~2014）》，文物出版社，2014年。

六　聚落、房屋建筑与墓葬

浙江马家浜文化时期的聚落，在平原、平原与山地交界的地方均有分布。目前早期遗址数量发现非常少，仅有罗家角、吴家埠、邱城三处[1]，且均沿用到晚期；晚期遗址数量众多，广泛分布在杭嘉湖平原及与天目山区交界的地方。就单个聚落而言，张家墩、芝里、江家山遗址外有环壕围绕，张家墩环壕内侧还有 3 段栅栏遗迹；吴家浜、马家浜遗址可以明显看出居住区与墓葬区分开，墓葬集中分布。聚落面积一般在数千到数万平方米不等，没有明显的分化。茅山、张家墩遗址揭露面积较大，但是由于具有多时期堆积，可能遭到后期较严重的破坏，马家浜时期聚落保存并不是很好；茅山遗址内发现了 2 口比较少见的水井。

马家浜文化可以确定形状的房址发现不多，约有 10 余座，马家浜、吴家浜、吴家埠、茅山、南庄桥、张家墩、瓦窑、邱城发现有房址和柱洞遗迹。确定的建筑形式有地面式建筑和半地穴式建筑两种，很可能也存在干栏式建筑。地面式建筑普遍有硬土面加工成的居住面，如邱城遗址下层的硬土居住面，用砂、小砾石、陶片、灰土、蛤壳、螺壳和骨末等掺和而成，分布面积达 600 平方米以上，柱洞有圆形和方形两种，有的垫有木板或平整石块作为柱础。早期的房址仅在吴家埠遗址有发现，确定的 F1，是一座长方形建筑，南北长约 6 米，东西宽约 4 米，有 20 个柱洞；另外发现 150 余个柱洞，分布十分密集，纵横交错，难以确定单元结构，柱洞形制基本上都是圆形。罗家角遗址第三层还发现 20 余件建筑木构件，有转角柱、带销钉孔的榫、带企口构件、带凸榫柱头、栏杆横梁、锯齿形木板等，加工采取用火烧焦和斧、锛砍劈相结合的方法；锯齿形木板，被认为是干栏式建筑存在的重要证据[2]。晚期房址，面积一般不大，多在 10～30 平方米左右，地面式建筑均为长方形。代表性房址如吴家浜遗址 F3，呈长方形，南北长 4.5 米，东西宽 3.5 米，周围分布 7 个柱洞，东南侧有一段疑似墙基，地面则铺垫有夹杂少量红烧土颗粒的青灰土层，房址偏北处有一长径近 2 米、短径 1.5 米的灶坑。张家墩遗址发现有一座多间的方形大房子，总面积约 150 平方米，朝南，似有檐廊。半地穴式房址仅在茅山遗址中发现，有 2 座，呈"凸"字形，斜坡式门道，外侧有密集的柱洞。

浙江已发掘的马家浜文化墓葬，总量 230 余座，相比江苏要少得多。其中马家浜遗址第一次发掘出土 30 具骨架，第二次发掘清理墓葬 80 座，是已揭露的最大墓地；江家山遗址发掘 46 座墓葬，规模也较大，分布也较为集中；塔地遗址 22 座墓葬，集中分布，呈排列有序的四排。绝大多数都是长方形土坑竖穴墓，葬式以单人俯身直肢葬为主，墓主头向多接近北向，部分墓葬保存有木质葬具；瓦窑遗址发现 4 座用筒形陶器作葬具的瓮棺葬；江家山遗址墓葬葬式多样，墓向朝南为主，较为特殊。墓葬随葬品一般很少或没有，以常见的生产工具、陶器和装饰品随葬，陶器多以豆为主，也有鼎、釜、罐、盆、杯等；装饰品较常见玉玦随葬。

---

①　以下总结内容参见上文注释的各遗址发掘报告、简报等。

②　牟永抗：《河姆渡干栏式建筑的思考和探索——纪念半坡遗址发掘五十周年》，《牟永抗考古学文集》，科学出版社，2009年；原载《史前研究（2006）》，陕西师范大学出版社，2007 年。

七 社会结构

马家浜文化时期处于相对平等的社会阶段，有关该文化社会结构的研究很少。浙江马家浜文化的聚落和墓葬，均未发现明显的分化。过去一般认为马家浜文化处于母系氏族制阶段①。秦岭综合分析了圩墩、马家浜、草鞋山、祁头山、吴家埠、东山村、骆驼墩等遗址的墓葬，认为墓地结构大致分为两种情况，一种是分墓区埋葬的形式，墓区之间略有差异；另一种是同一区域内层层叠压的埋葬形式，公共墓地内没有进一步的规划。她也分析了各墓地的墓葬随葬品情况，发现马家浜文化墓葬中的随葬品与墓主生前活动息息相关，尚未出现专供墓葬使用的身份标志物。她认为这一时期的社群规模较大，社群内一般可以分出次一级的社会单元，社群内部和单元内部都没有明显的物质分化②。

近年来新发现的江苏张家港东山村遗址的 M101，属于马家浜文化最晚阶段，有 33 件套随葬品，其中陶器 11 件套，玉器 21 件，石器 1 件③，是马家浜文化墓葬中随葬品最丰富的一例，随葬品已经具有一定的特殊性，反映了这一时期已存在明显的等级划分和贫富分化，新出现的早期贵族或精英阶层以大量玉器装饰品随葬来显示其非同一般的身份和地位④。其后 M101 所葬区域成为崧泽早期大墓的单独墓地，开启了环太湖地区高等级墓葬具有独立墓地的先河，文明化的进程从此时起开始加速。根据现有材料，东山村遗址是其所在区域马家浜文化晚期的中心，其发展水平明显高于周围地区。马家浜文化晚期，聚落数量明显增多，昭示着社会人口数量的大量增加，人口的增多与社会生产水平提高、社会财富的增加紧密相关，这一时期处于平等社会向分层社会转型的时期。浙江杭嘉湖地区，很可能也存在与东山村规格相当或更高的马家浜文化晚期、崧泽文化时期的聚落⑤。

对于马家浜文化时期的生业经济，一般认为，以罗家角为代表的马家浜文化早期，生业经济以坚果采集和渔猎为主，而以稻类资源的利用（采集野生稻与人工栽培种植驯化稻）为辅；马家浜文化晚期，稻米粒形增大，稻作农业发展与区隔形式的水稻田的出现有关，聚落增多、出现公共墓地及有一定规律的埋葬形式的社会变化与之同步⑥。新近植硅体的研究结果也表明，相比马家浜文化早期，晚期水稻驯化程度加深⑦。

---

① 汪遵国：《太湖地区原始文化的分析》，《中国考古学会第一次年会论文集》，文物出版社，1980 年。南京博物院：《太湖地区的原始文化》，《文物集刊（1）》，文物出版社，1980 年。吴汝祚：《马家浜文化的社会生产问题的探讨》，《农业考古》1999 年第 3 期。

② 秦岭：《长江下游地区的史前聚落演变与早期文明》，《聚落演变与早期文明》，文物出版社，2015 年。

③ 南京博物院、张家港博物馆：《江苏张家港东山村遗址 M101 发掘报告》，《东南文化》2013 年第 3 期。南京博物院、张家港市文管办等：《东山村——新石器时代遗址发掘报告》，文物出版社，2016 年。

④ 陈明辉：《距今 6000 年前后环太湖流域的文化格局——兼论后冈时代》，《崧泽文化学术研讨会论文集（2014）》，文物出版社，2016 年。

⑤ 栾丰实：《试论仰韶时代中期的社会分层》，《东方考古》第 10 集，科学出版社，2013 年。该文认为环太湖地区崧泽文化中晚期，社会分化启动并且呈现加快发展的趋势，从新近公布的东山村 M101 和马家浜文化晚期聚落的剧增来看，这一趋势，早到马家浜文化末期就已经开始了。

⑥ 秦岭、傅稻镰等：《河姆渡遗址的生计模式——兼谈稻作农业研究中的若干问题》，《东方考古》第 3 集，科学出版社，2006 年。

⑦ 马永超、杨晓燕等：《长江下游地区的水稻驯化过程——来自水稻扇型植硅体的证据》，《上山文化论集》，中国文史出版社，2018 年；原载 Quaternary International，2016，426：126～132。

八　问题与展望

以上总结了目前马家浜文化研究的主要方面，可以看出我们在马家浜文化的分期、分区、文化演变、与河姆渡文化关系的讨论上取得了较大成果，但又由于资料较少，对于分期、类型划分、文化命名的争论显得格外多。从浙江的角度来看，还存在以下问题：

1. 有专门课题意识的马家浜文化遗址的调查、发掘与研究，相对很少。虽然包含马家浜文化遗存的茅山、张家墩遗址经过大面积发掘，但对马家浜文化的聚落结构还不是很清楚。有目的地开展马家浜文化宏观聚落的调查、微观聚落的解剖、聚落形态的研究，是我们今后要努力的方向。

2. 从已发掘的马家浜文化遗址的分布来看，主要集中在杭嘉湖平原地区，浙江西北部的遗址比较少，马家浜文化分布地域的界定、天目山周围地区马家浜文化的探索，是以后研究的一个方向。据研究，马家浜文化时期，太湖尚未完全形成[①]，这样的话，太湖东、西两岸的文化交流会方便很多。如何结合环境考古的研究来看太湖东、西两岸的文化关系与性质，是值得进一步思考的。钱塘江上游、浙中地区相当于马家浜文化晚期的遗址发现数量很少，而浙南地区这个阶段的遗址几乎没有发现，遗存的年代、性质如何认识，还有很大发现、研究的空间。浙中地区叠压在跨湖桥文化层之上的是相当于马家浜文化晚期阶段的楼家桥类遗存，相当于马家浜文化早期的遗址在这个区域尚未发现，这种明显缺环产生的原因是什么，也值得我们思考。

3. 从已发掘的马家浜文化遗址的时代来看，绝大多数遗址属于晚期，仅有 3 处遗址明确为早期，对于马家浜文化早期遗址的调查、发掘、研究，也是今后工作的一个方向。由于碳十四测年数据非常少，大量遗址年代的确定是通过类型学比较而来，从而产生较多的争议，所以要解决马家浜文化的分期和年代问题，有目的的系列测年是非常有必要的。

4. 虽然以往发掘了大量马家浜文化遗址，但是大量资料都没有整理，许多遗址仅在《考古学年鉴》或《中国文物报》上有一简短的介绍，更没有一本有关马家浜文化遗址的专门报告。已经发表过报告的遗址如罗家角、吴家埠，其报告过于简略，大量器物没有发表线图和照片，目前很多不同的认识均是由于材料过少引起的。

5. 马家浜文化的来源问题没有解决。罗家角遗址的第一期与跨湖桥文化晚期之间还有年代差，文化面貌更是差异很大，其来源问题的进一步探索尚待杭嘉湖地区比罗家角一期更早的遗存的发现。

6. 由于缺乏主动性的考古发掘，有关马家浜文化的多学科综合研究相对很少。要想全面了解马家浜文化的社会，就需要在主动、细致发掘、解剖一处聚落基础上，进行多学科的综合研究，获得更多的信息。

7. 全新世发展过程中太湖地区的地貌环境、气候、生态均发生过很大变化，环境的变化无疑会对古文化的发展造成很大影响，因此，我们在马家浜文化研究中，也需要加强环境考古、地质考古方面的合作研究。

综上所述，我们既要肯定在马家浜文化研究上的成绩，也要认识到自己的不足，从不足处出发，

---

① 王建、汪永进等：《太湖 16000 年来沉积环境的演变》，《古生物学报》1996 年第 35 卷第 2 期。

加大对马家浜文化的发掘与研究，加强多单位、多学科合作。马家浜文化处于从狩猎采集经济为主到农业经济为主、从平等社会到分层社会转变的一个关键时期，其在环境变化、稻作农业的起源与发展、人类生存方式、社会组织结构的变化、意识形态等方面的研究有广阔的前景。随着今后考古发掘与研究的增多，相信我们会越来越接近马家浜文化社会的真实。

（执笔：王永磊）

河姆渡文化

河姆渡文化是中国南方地区一支重要的新石器时代中晚期考古学文化，距今约 7000～5300 年。以 1973 年发现的河姆渡遗址命名，主要分布于浙江东北部的宁绍地区东部和舟山地区。四十多年来，已在河姆渡、慈湖、名山后、塔山、小东门、鲞架山、鲻山、田螺山、傅家山、鱼山、下王渡等十余个遗址（见表一）进行了考古发掘工作，发现了多个依山傍水、以采集、渔猎、农耕为经济手段的中国南方地区典型史前聚落，以干栏式木构建筑遗迹、稻作农业遗存、夹炭黑陶器、象牙雕刻器、众多骨器、石器和木器以及丰富的动植物遗存为主要文化内涵。

表一　已发掘河姆渡文化遗址一览表

遗址名称	地理位置	发掘时间	发掘面积	堆积年代（距今约）	主要发现
河姆渡	余姚河姆渡	1973、1977	2680 平方米	7000～5300 年	干栏式木构建筑遗迹、稻作遗存、夹炭黑陶
慈湖	宁波慈城镇	1988	近 300 平方米	5800～5300 年	水岸堆筑小路、岸边乱木堆、夹炭红衣黑陶
名山后	奉化南浦乡	1989、1990	600 平方米	6000～5300 年	人工堆筑土台、墓葬
塔山	象山丹城镇	1990、1992、2007	1500 平方米	6000～5300 年	上、下层墓地
小东门	宁波慈城镇	1992	300 平方米	5500～5300 年	坡相堆积、瓮棺葬
鲞架山	余姚河姆渡	1994	550 平方米	6000～5300 年	坡相堆积、成片瓮棺葬葬地、木栅栏、小水坑式河埠头
鲻山	余姚丈亭镇	1996	306 平方米	6800～5300 年	多层次干栏式木构建筑、打制石器加工点、夹炭陶
傅家山	宁波慈城镇	2004	2000 多平方米	7000～6000 年	排桩型干栏式木构建筑
田螺山	余姚三七市	2004、2006、2007、2008、2009～2014	1600 平方米	7000～5500 年	多层次干栏式木构建筑、布局清晰的村落局部、稻作遗存、村落外围古水田、打制石制品、二次葬、丰富动植物遗存
鱼山	宁波镇海区	2013～2015	3000 平方米	5800～5300 年	村落外围古水田、灰坑
下王渡	宁波奉化区	2017、2018	3000 平方米	5800～5300 年	干栏式木构建筑、小片墓地、灰坑

一　河姆渡文化的发现与研究

河姆渡文化自 1973 年发现至今，其认识和研究过程已近半个世纪，从研究的内容、手段、成果等方面加以回顾和总结，可以区分为三个发展阶段。

（一）第一阶段（1973～1988 年）

这是河姆渡遗址发现、发掘、文化命名与初步研究的阶段。当时对于河姆渡遗址文化内涵的认识，也是经历了一些曲折的过程，直到 20 世纪 80 年代中后期，浙江史前考古的重心转移到杭嘉湖地区之后，河姆渡文化的研究才暂时平静下来。

20 世纪五六十年代，在杭嘉湖地区相继发掘老和山、马家浜、钱山漾、邱城、水田畈等[①]一系列史前文化遗址之后，浙江境内杭州湾以北地区史前文化面貌逐渐显露，马家浜文化和良渚文化遗存已受到考古界关注和初步认识，而杭州湾和钱塘江以南的浙江广大地区却一直是史前考古的空白区域。在当时的专家们看来，地处东海之滨的宁绍地区，除了低山丘陵之外，大多是地势低洼、海相沉积淤泥深厚的地理环境，应不会有数千年前的古人在此生活过。因此，后来在浙江余姚河姆渡遗址的发现，在这样特别的学术背景和历史时机下，引发了学术界和全社会空前的震惊和反响。

1973 年初夏，在余姚一个偏远小村所在的姚江边上，意外地发现了埋藏地下三四米深处的木头、石块、陶片、骨头等各类遗物，这成为宁绍地区史前考古的突破口。河姆渡遗址内涵丰富、保存良好的文化遗存得益于沿海地区低海拔的地下水埋藏环境，夹炭黑陶、稻作遗存、干栏式建筑、象牙雕刻制品等各类考古发现大大突破了人们对中国南方地区远古历史的传统认识。

宁绍地区东西长 100 多千米，总面积约 7000 平方千米，主要位于北纬 30°线和东经 121°线两侧；空间位置上，东临东海，并处于全国大陆海岸线中段，北隔杭州湾与杭嘉湖平原相望。地形总体不规整甚至破碎，除了不少低矮的孤丘分散坐落外，主要是被一些低山余脉和入海溪流斜向分隔成多块小面积平原，如姚江平原、宁波三江平原、萧绍平原、三北平原等（合称宁绍平原）。其中姚江平原是一片东西长约 50、南北宽 10 千米左右的滨海沉积平原，其形成过程相对比较年轻，主体堆积在一万年以内，而姚江由西向东弯曲流过更是晚近的事件，大致在距今 5000 年以内。在它的南、北两侧，布列着两条近东西向伸展的山丘，南列属四明山北麓余脉，高度较大，多为海拔 200～500 米的低山丘陵；北列是较矮小、低缓的余慈山地，海拔多在 100 米上下。

河姆渡遗址就坐落在四明山脉北麓低山丘陵和姚江河谷平原南缘的过渡地带（图 2 - 20），地势南高北低。村东南有芝岭溪，源于四明山区，自南向北注入姚江，姚江自西向东流过遗址南部；遗址东面约 2 千米沿姚江边分布一大片低山丘陵。遗址区及北侧平原地势低平，地表平均海拔约 2.3 米。遗址西部紧临江边有一座海拔仅 9 米左右的小石山，河姆渡人即依山聚居于小

图 2 - 20 河姆渡遗址景观

山坡之东、北面。古村落地势由西向东略呈缓坡状。遗址分布范围约 40000 平方米，文化堆积保存良好。

1. 遗址初现以及对于遗存年代的初步判断

新中国成立后至河姆渡遗址发现之前的二十多年间，宁绍地区几乎完全是史前考古的空白区域。

---

① 浙江省文物管理委员会：《浙江配合基本建设初期的文物工作》，《文物参考资料》1953 年第 7 期；《吴兴钱山漾遗址第一、二次发掘报告》，《考古学报》1960 年第 2 期；《杭州水田畈遗址发掘报告》，《考古学报》1962 年第 2 期。蒋赞初：《杭州老和山遗址 1953 年第一次的发掘》，《考古学报》1958 年第 2 期。梅福根：《浙江吴兴邱城遗址发掘简介》，《考古》1959 年第 9 期。姚仲源、梅福根：《浙江嘉兴马家浜新石器时代遗址的发掘》，《考古》1961 年第 7 期。

所以，1973 年 6 月，在姚江边的一项农田水利工程中出土一些奇怪的遗物时，现场干活的群众非常惊讶，最先到达现场看到它们的几位专家第一印象也是深感意外和不可思议，而且因为其中的一些动植物遗存在刚出土时居然还那么"新鲜"，以致当时有人认为它们是时代比较"晚近"的东西。即使把刚出土的一些典型遗物带到北京的专家们面前，也一时难以判断①。

遗址发现之后，当时还几乎没有开展过重大考古项目的浙江省，各方面都对此空前重视，在国家文物局的特别支持下，由浙江省文物管理委员会和浙江省博物馆组织了 1973 年下半年 600 多平方米的第一次考古发掘。这次发掘出土了丰富的干栏式建筑和木构水井、储藏坑等丰富的村落生活遗迹，以及夹炭黑陶器、骨器、木器、石器等各类文物 1600 多件，还有稻谷壳、炭化稻米、其他植物种子、各种动物骨头等大量动植物遗存。

通过试掘和第一次发掘，专家们对遗物的年代渐渐有了比较和判断。首先，根据上部地层中出土的以红褐色陶胎为主要特征的陶片和下部地层出土的大量黑灰色陶片的鲜明区别，分出了该遗址形成大概具有早、晚两大阶段。其次，根据黑灰色陶片的出土深度和形态特征，如厚度、胎质、工艺、火候、装饰纹样等，并与杭嘉湖地区邱城、马家浜遗址出土的红褐色陶片比较，明显感觉到河姆渡陶片的一些原始性，所以很快就认识到，河姆渡遗址下部地层出土的遗物一定是代表了当时浙江境内已发现的最早的新石器时代文化遗存。而上部地层中的红褐色陶片及其面貌特征则更像是杭嘉湖平原上已经发现和认识的马家浜文化、崧泽文化的因素②。

在第一次发掘中，进一步划分出了依次叠压的四个文化堆积层，并揭露出不少以各种木构件为面貌特征的后来命名为"干栏式建筑"的古代房屋遗迹，也获取了非常丰富的陶器、石器、骨器、木器等遗物和无数的动植物遗存。第 3、4 层出土的夹炭黑陶釜、双耳罐等特征鲜明的器物，是一批在全国其他同时期的古文化遗址中前所未见的新"东西"③。面貌独特和异常丰富的出土遗存很快引起了国内考古界和国家文物局的高度重视。

2. "河姆渡文化"的命名与谱系归属

1976 年在杭州召开"河姆渡遗址第一期发掘工作座谈会"，与会专家就河姆渡遗址的性质、年代、学术价值、与周边其他文化的相互关系等重要问题进行了讨论、分析和判断，多数专家认为该遗址第 3、4 层遗存具有突出的特性和内涵，支持命名为河姆渡文化④。夏鼐随后在 1977 年发表的《碳 - 14 测定年代和中国史前考古学》一文中，正式把河姆渡遗址的第 3、4 层文化遗存命名为"河姆渡文化"。由此还得出一个关于浙江北部地区新石器时代文化序列的阶段性认识，即河姆渡文化之后是马家浜文化、崧泽文化、良渚文化⑤。

---

① 《浙江余姚河姆渡发现六千年前新石器时代遗址》，《文物特刊（15）》，1976 年 6 月 15 日。浙江省文管会、浙江省博物馆：《河姆渡发现原始社会重要遗址》，《文物》1976 年第 8 期。刘军：《河姆渡文化的回顾与前瞻》，《河姆渡文化新论——海峡两岸河姆渡文化学术研讨会论文集》，海洋出版社，2002 年。

② 浙江省文物考古研究所：《河姆渡——新石器时代遗址考古发掘报告》，文物出版社，2003 年。

③ 浙江省文物管理委员会、浙江省博物馆：《河姆渡遗址第一期发掘报告》，《考古学报》1978 年第 1 期。

④ 《河姆渡遗址第一期发掘工作座谈会纪要》，《文物》1976 年第 8 期。

⑤ 夏鼐：《碳 - 14 测定年代和中国史前考古学》，《考古》1977 年第 4 期。钱江初等：《碳十四年代测定报告（四）——河姆渡遗址年代的测定与讨论》，《文物》1979 年第 12 期。河姆渡遗址考古队：《浙江河姆渡遗址第二期发掘的主要收获》，《文物》1980 年第 5 期。

3. 第二次发掘与研究的深化

为更加清楚地了解河姆渡文化的各方面内涵，科学全面地解决更多的相关学术问题，国家文物局大力支持了河姆渡遗址 1977 年下半年的第二次大规模发掘。发掘面积 2000 平方米，发现大片干栏式木构建筑遗迹（图 2-21），墓葬 27 座，灰坑 28 个，出土陶器、石器、玉器、骨器、木器、编织物等各类遗物 4700 多件，陶片 20 多万片，还发现大面积的稻谷壳堆积层以及极其丰富的动植物遗存（含芦苇编织物和绳索等）。同时，为了可靠把握河姆渡遗址的形成年代，发掘中从不同地层选取了较多的有机质样品，由中国社会科学院考古研究所实验室和北京大学考古实验室用碳十四方法分别做了年代测定，共测出 27 个年代数据，显示河姆渡遗址形成于距今 7000～5300 年之间。其中，第 4 层（第一期）样品年代在距今 7000～6500 年之间，第 3 层（第二期）样品年代在距今 6500～6000 年之间，第 2 层（第三期）样品年代在距今 6000～5500 年之间，第 1 层（第四期）样品年代在距今 5500～5300 年之间。

图 2-21　河姆渡遗址干栏式建筑遗迹

通过此次较大规模发掘，更加确认了第 1 层至第 4 层的地层叠压关系以及它们所代表的文化内涵上的异同，并初步提出河姆渡文化"四期说"，也揭示出了更加开阔的以干栏式木构建筑为特征的村落遗迹，并出土了更加丰富的其他遗迹和大量遗物，为开展全面的科学研究提供了新颖独特和极其丰富的考古材料，也使河姆渡文化引起了国内外学术界的高度关注，不仅成为浙江地区史前考古的重大突破，也被公认为中国长江流域乃至整个南方地区新石器时代考古学文化的重要代表。河姆渡遗址也成为中国（稻作）农业起源和发展问题研究的突破性发现和关键性材料，建筑遗迹也被公认为干栏式木构建筑的最早源头①。

当时的一个主要分歧是，第 1、2 层的晚期遗存是否与第 3、4 层的早期遗存一起同属于河姆渡文化。《考古学报》1978 年第 1 期中发表的《河姆渡遗址第一期发掘报告》中关于河姆渡遗址 4 个文化层的文化属性问题，先还是倾向于河姆渡文化应仅限于以第 3、4 层遗存为代表，第 1、2 层遗存的时代与内涵相当于太湖流域的崧泽文化类型和马家浜文化类型。原因有，第一，第 2 层中有比较多的马家浜文化因素的存在，如红褐色夹砂陶质、外红里黑陶胎的细高把豆、牛鼻形器耳、凿形足和柱状足的陶鼎、实足陶盉等；第二，第 1 层的文化遗存比较单薄，其中也有一些明显的崧泽文化因素，如泥质灰陶镂空圈足盘和豆、灰陶小口罐、粗条纹鱼鳍形足鼎等；第三，经过碳十四年代测定，4 个文化层的年代总跨度近 2000 年。一个考古学文化延续 2000 年的时间过于长久。所以，关于河姆渡文化是否包含河姆渡遗址第 1 层至第 4 层所有遗存的争论②，因为各位专家从对不同遗存的关注点出发，未能做文化因素的定量分析，没有更丰富确凿的新出土遗存，至今也未能取得非常一致的认识。

4. 专题调查与河姆渡文化分布范围的初步确定

为从宏观上把握河姆渡文化的空间分布状况，1979 年下半年在宁绍地区东部和舟山部分地区进行了以野外地面踏勘、局部剖面观察、零散遗物采集为主要方法的传统考古调查，发现了童家岙、鲻山、下庄、八字桥、董家跳等数十处河姆渡文化遗址，基本明确宁绍地区东部，即余姚、慈溪、鄞州、镇海、奉化、象山、上虞等地，为河姆渡文化主要分布区，往北以杭州湾为界，往东可包括舟山群岛的大部分区域，往南的延伸范围当时难以确定，大致为宁波三江平原的南界，往西可到绍兴东部的曹娥江以东的上虞部分区域和余姚西部地区③。

5. 材料整理和初步研究成果的发表

1978 年至 1980 年，在河姆渡遗址发掘场地附近工作站集中进行了两次发掘材料的较系统整理，并发表了《浙江河姆渡遗址第二期发掘的主要收获》④ 一文，作为对河姆渡遗址较完整的初步认识。同时，负责河姆渡遗址发掘的几位主要专家，也作为刚刚从浙江省博物馆分离出来而独立组建的浙江首家考古研究单位——浙江省文物考古所的几位专家发表了多篇直接论述河姆渡文化的历史性文章，如牟永抗的《试论河姆渡文化》，对河姆渡文化的年代、分布地域、内涵特征、文化分期、族属，以及与周边史前文化的关系等基本问题作了原创性表述，为众多相关的后续研究打下了基础⑤。

6. 杭州湾两岸史前文化对应关系基本确立

1979 年至 1980 年，桐乡罗家角遗址的发掘，马家浜文化早期阶段特征的明确，碳十四年代测定数据出来以后，多数学者开始认为，以杭嘉湖平原为主要分布区的马家浜文化并非来源于河姆渡文化，两者是距今 6000 年前、在杭州湾两岸平行发展的两支史前文化，具有各自独立的发展序列。由此留下的一个疑问是，河姆渡遗址上部地层所代表的文化阶段是归属于河姆渡文化晚期呢，还是演变或转型

① 河姆渡遗址考古队：《浙江河姆渡遗址第二期发掘的主要收获》，《文物》1980 年第 5 期。
② 浙江省博物馆：《三十年来浙江文物考古工作》，《文物考古工作三十年》，文物出版社，1978 年。
③ 刘军：《河姆渡文化遗址调查概况》，《浙江省文物考古所专辑》1980 年第 1 期。
④ 河姆渡遗址考古队：《浙江河姆渡遗址第二期发掘的主要收获》，《文物》1980 年第 5 期。
⑤ 牟永抗：《试论河姆渡文化》，《中国考古学会第一次年会论文集》，文物出版社，1979 年。

为马家浜晚期文化和崧泽文化①。这个问题，因局限于野外新材料的发现，有关认识进展缓慢。

7. 河姆渡文化分期再讨论

自河姆渡遗址第一期发掘之后，关于河姆渡文化的分期问题就一直存在着争论，主要有两期说、四期说、五期说和四期八段说等几种。

直接负责河姆渡两期发掘的主要专家所持的基本观点是：河姆渡遗址的四个文化层基本反映了河姆渡文化的连续发展过程和一脉相承的联系，可以作为河姆渡文化整体发展阶段上的四期②。尤其是从主流炊器一直是陶釜来看，更是如此。尽管带三足的陶鼎在第2层开始出现，但首先从其形态和数量而言，可以肯定是马家浜文化传播和影响下的产物；同时，第2层、第1层的陶釜依然是主流的炊器，不仅种类多、变化快、制作熟练，如敞口釜、盘口釜、多角沿釜、直口饰附加堆纹釜均造型规整、装饰精细，数量上也没有出现明显的劣势。这些均表明河姆渡文化的核心因素（传统）在进入距今6000年以后的时期还是在比较稳定地延续着。

无论如何，遗址内涵或文化的分期研究在当时对把握河姆渡文化的演变过程很有必要，但也只能作为深化后续研究的一个基础手段，而更应该在分期的基础上寻找分期或文化演变背后的环境和社会原因。要做到这点，传统的考古学手段已难以取得突破，更为要紧的是如何在原有材料的基础上，充分拓展现代科技手段的应用方向和切入点，进行多学科的观察、分析、统计、鉴定、检测等，在定性的基础上进行定量研究，以达到数据化的科学结论。

8. 率先开展系统的多学科研究

由于河姆渡遗址出土遗存的独特、丰富和良好的保存状况，发掘期间和之后，吸引了农学、建筑学、古气候学、地质学、古地理学、动物学、植物学、矿物学等国内众多学科和专业的专家参与到发掘和后续研究中，包括现场观摩、指导、处理、取样、鉴定、综合分析等，取得了国内新石器时代考古的空前突破。很快，国内外的专家们就河姆渡遗址出土的各类材料，发表了最新的研究成果，如游修龄的《对河姆渡遗址第四文化层出土稻谷与骨耜的几点看法》和《从河姆渡遗址出土稻谷试论我国栽培稻的起源、分化和传播》、浙江省博物馆自然组专家完成的《河姆渡遗址动植物遗存的鉴定研究》、杨鸿勋的《河姆渡遗址早期木构工艺考察》、严文明的《中国稻作农业的起源》、吴维棠的《七千年来姚江平原的演变》、郎鸿儒的《浙江余姚河姆渡新石器时代遗址与全新世海面的变化》，还有身处大洋彼岸的著名华裔考古学家张光直的《中国东南海岸的"富裕的食物采集文化"》等，对河姆渡遗址的动植物遗存，特别是其中的稻作遗存、干栏式木构建筑遗存以及所反映的古地理古环境古气候等内容进行了科学的鉴定、分析和论证③。这些在

① 罗家角考古队：《桐乡县罗家角遗址发掘报告》，《浙江省文物考古所学刊》，文物出版社，1980年。姚仲源：《二论马家浜文化》，《中国考古学会第二次年会论文集》，文物出版社，1981年。
② 刘军：《河姆渡文化的再认识》；牟永抗：《浙江新石器时代文化的初步认识》，《中国考古学会第三次年会论文集》，文物出版社，1981年。
③ 游修龄：《对河姆渡遗址第四文化层出土稻谷和骨耜的几点看法》，《文物》1976年第8期；《从河姆渡遗址出土稻谷试论我国栽培稻的起源、分化和传播》，《作物学报》1979年第3期；《太湖地区稻作起源及其传播和发展问题》，《中国农史》1986年第1期。浙江省博物馆自然组：《河姆渡遗址动植物遗存的鉴定研究》，《考古学报》1978年第1期。杨鸿勋：《河姆渡遗址早期木构工艺考察》，《建筑考古学论文集》，文物出版社，1987年。李家治、陈显求、邓泽群、谷祖俊：《河姆渡遗址陶器的研究》，《硅酸盐学报》第7卷第2期，1979年5月。严文明：《中国稻作农业的起源（一）》，《农业考古》1982年第1期；《中国稻作农业的起源（续）》，《农业考古》1982年第2期。吴维棠：《七千年来姚江平原的演变》，《地理学报》1983年第3卷第3期。郎鸿儒：《浙江余姚河姆渡新石器时代遗址与全新世海面的变化》，《浙江地质》1987年第1期。张光直：《中国东南海岸的"富裕的食物采集文化"》，《上海博物馆集刊》第4辑，1987年。

较短时间内完成或发表的成果，不仅是当时整个中国史前考古学科中的学术亮点，也在今后很长一段时间里在考古多学科研究领域处于领先地位，并产生了广泛和深远的影响。

9. 遗址学术价值、历史地位认定和文化内涵概括

河姆渡遗址保存之良好，文化内涵之丰富，在中国新石器时代遗址中迄今还是首屈一指的。它的发现给长江流域乃至中国南方地区新石器时代考古起了很大的推动作用，为多学科研究提供了非常难得的实物资料。在它发现和发掘后不久，很快被命名为河姆渡文化，并与半坡遗址一起成为中国南、北方新石器时代文化较早阶段的重要代表，改变了延续数千年的以黄河中心论为标志的中国传统史观，让学术界认识到长江流域与黄河流域一样也是中华远古文化的发祥地。

经过第一阶段的初步研究，概括出了以河姆渡遗址为核心的河姆渡文化具有如下主要内涵：

（1）陶器及碎片是最主要的文化遗存，其中以夹炭黑陶和夹砂陶为基本陶系，烧成温度800℃左右；陶器外表多施纹饰，常见纹饰有拍印绳纹、刻划弦纹、戳印曲折纹、附加堆纹等，多见于器物的颈腹部、肩部和口沿等部位；陶器器壁厚薄不匀，大多为手制；陶器中圜底器、平底器多见，圈足器、三足器少见；常见器形有釜、罐、盆、盘、钵、豆、盉和釜支脚等。

（2）以骨角牙器、木器、编织物和动物骨骼碎块、微小的植物种子果核为主的有机质遗存，特别是反映稻作农业发展水平的遗存都非常丰富。

（3）干栏（底层架空）式木构建筑遗迹数量多、保存好、布局比较清楚，木构件榫卯加工和木构营建技术先进。

（4）带有较高艺术性和思想性的各类遗物数量之多在同时期的考古学文化中也非常突出。

（5）从早到晚的主要文化内涵有着紧密传承关系，河姆渡遗址四个文化层代表着一个独立的考古学文化——"河姆渡文化"。

（6）河姆渡文化各期典型陶器（图2－22）和其他遗存的特征归纳如下：

第一期遗存丰富多彩，以骨、角、牙器为大宗，木器、石器占有一定数量，陶器数量多，特征明显。骨器，是数量最大的一类器物，制作简单、粗糙，大多数保留原骨料的表面或骨片的劈裂面，仅在刃部或尖端加工磨制；器形以骨镞、骨（角）锥、骨耜较为常见，骨耜典型，少量带有用藤条捆绑的木柄，骨针、管形针、骨匕等数量也不少。石器总量较少，制作技术较原始，打制为主，磨制较少，斧、锛多保留打制成型时的粗糙表面，仅刃部磨光，极少通体磨制石器，钻孔技术不成熟；器形以斧、锛和磨石为主，另有一些石凿、石楔。还有不少用萤石类假玉原料制作的玦、璜、管、珠等早期玉器类装饰品。木器，多为织机上的零部件或器柄、尖头木棒等，还有少量木耜；木蝶形器仅见于河姆渡遗址，用途很可能是祭祀仪式、巫术活动中的一种道具。陶器以夹炭黑陶为主，夹砂黑陶占少数；制法以手制泥条盘筑法为主，也有个别的捏塑成型或用泥片敷贴成型，胎壁厚薄不匀，烧成温度不高，800℃左右，吸水性强；器表多有装饰，其手法多采用刻划、拍印和戳印，常见绳纹、弦纹、贝齿纹、谷粒纹等，釜腹多拍印绳纹，釜的肩部及罐、盆、盘、钵、盉、豆、器座等器的口沿多有装饰花纹，少数动植物纹图像多刻于盛储器的腹部，偶见彩陶；器类简单，造型厚重，主要器物有各类陶釜、釜支脚、罐、盆、盘、钵、盉、豆、器座、纺轮等（图2－23至图2－25）。

出土以干栏式木构建筑为特征的聚落遗迹。密集成排木桩、散乱梁、柱和一些横向的木板构成干

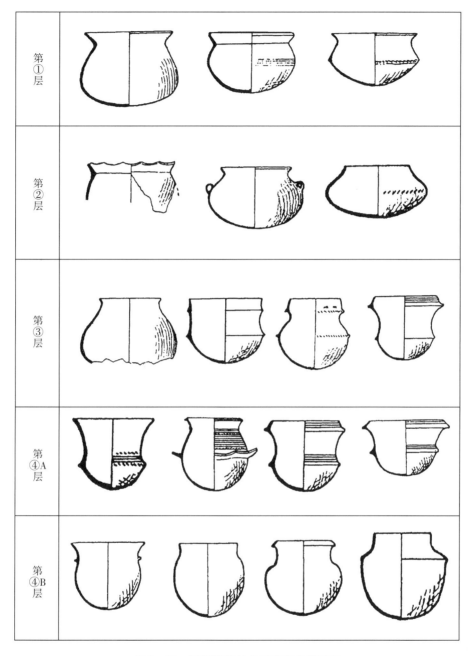

图 2－22　河姆渡遗址典型陶釜分期图表
（引自牟永抗《再论河姆渡文化》）

栏式长排房屋的基础。很多建筑构件上发现不少加工熟练、结构科学的榫卯类型。通过各种遗迹、遗物总体分析，可以认定第一期的干栏式房屋应是长条形干栏式长屋。还有家畜（禽）圈栏和少数圆形、椭圆形灰坑。

　　第二期遗存直接叠压在第一期遗存（即第4层）之上。石、骨、木、陶器数量明显减少，其种类及制作方法与第一期遗存基本相同（图2－26、2－27）。夹砂陶有所增长，陶色由深灰黑色逐渐变浅，质地比较硬；陶器多为手制，泥条盘筑成型，烧成温度比前期略高；纹饰由繁盛走向衰退，趋于简单，装饰手法、部位及其纹样仍沿袭前期。新出现一批饰花边的大敞口圜底釜。此阶段木构建筑的房基遗迹中有一些柱杭，有的底部垫有木板，个体细小者，多无垫板。

图 2 - 23　河姆渡文化第一期陶器

1. 敛口釜（河 T26④：34）　　2. 敛口釜（河 T211④A：158）　　3. 敛口釜（田 T103⑦：23）　　4. 敛口釜（田 T103⑧：39）　　5. 龟形刻纹盉（田 T103⑧：25）　　6. 小口盉（田 T204⑧：61）

图 2 - 24　河姆渡文化第一期陶器

1. 敞口釜（河 T30④：75）　　2. 敞口釜（鲻 T9⑨：25）　　3. 敞口釜（田 T103⑧：18）　　4. 器座（河 T215④B：92）　　5. 双耳罐（河 T242④A：253）　　6. 双耳罐（河 T242④B：373）

图 2－25　河姆渡文化第一期陶器

1. 单耳敛口钵（河 T232④B：136）　2. 刻稻穗纹钵（河 T221④B：232）　3. 猪纹方钵（河 T243④A：235）　4. 刻纹盆（河 T29④：46）
5. 敛口盆（河 T243④A：254）　6. 刻纹敛口盆（河 T221④B：132）

图 2－26　河姆渡文化第二期陶器

1. 敛口釜（田 M14：1）　2. 敞口筒腹釜（田 DK1⑤：1）　3. 直口釜（田 T003⑤：48）　4. 直口釜（田 T203⑤：25）　5. 直口筒腹
釜（河 T226③A：16）　6. 单耳小釜（田 T303⑥：1）

图 2 - 27　河姆渡文化第二期陶器

1. 甑（河 T31③：8）　2. 大圈足豆（河 T243③B：197）　3. 灶（河 T243③B：49）　4. 敛口盆（田 T103⑦：6）　5. 盘（田 T103⑤：82）
6. 双耳罐（河 T35③：27）

　　13 座墓葬零散分布在居住区内的房屋周围，人骨架保存较好，均为单人侧身屈肢葬，多头东脚西，应有墓坑，绝大多数没有随葬品。

　　第三期遗存，石、骨、木、陶器数量比第二期遗存（即第 3 层）更少。石质生产工具多修长，棱角分明，多通体精磨，部分穿孔采用管钻技术；主要器形与第 3 层相似，新出现双孔石刀、圆饼形石纺轮。玦、璜、管、珠仍是该层的主要装饰品。骨、木器锐减。陶器，以夹砂灰褐陶为主，夹砂红陶次之，泥质红陶、泥质灰陶、夹炭灰陶还有一定比例；大部分器物仍采用手制方法，少数器物可见慢轮修整痕迹；纹饰总体趋简，仅见刻划弦纹和拍印绳纹，戳印贝齿纹基本消失，附加堆纹和镂孔成为主要纹饰；器类齐全，圈足器增多，三足器出现（图 2 - 28 至图 2 - 30）。

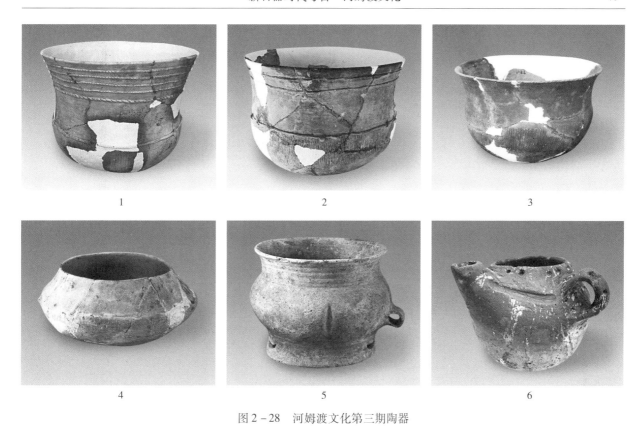

图 2 - 28　河姆渡文化第三期陶器

1. 敞口釜（田 H4∶2）　　2. 敞口釜（田 T303④∶7）　　3. 敞口釜（田 T306④∶6）　　4. 敛口釜（河 T213②∶4）　　5. 单耳簋（塔 M29∶3）
6. 小盉（田 M13∶1）

图 2 - 29　河姆渡文化第三期陶器

1. 鼎（塔 M29∶1）　　2. 鼎（河 H17∶1）　　3. 罐形鼎（河 T231②B∶22）　　4. 异形鬶（名 T1514⑩∶1）　　5. 垂囊盉（鲻 H17∶3）
6. 垂囊盉（河 H21∶3）

图 2 - 30　河姆渡文化第三期陶器

1. 豆（田 T306④：4）　2. 豆（塔 M17：1）　3. 豆（塔 M29：6）　4. 小口罐（塔 M24：3）　5. 双耳深腹罐（田 M2：1）

　　房屋遗迹仅发现零星分散的无规律的柱洞。还发现一口水井遗迹，位于第一次发掘区内东北角，由一个边长约 2 米的木结构筑成方形水坑，在该坑外围还有一个不规则的圆形水坑，在水坑外围呈放射状分布有细小的原木构件残段和一些芦席残片，似井亭结构的残留。

墓葬3座，不见墓坑，人骨架保存较好，头东脚西，侧身葬，没有随葬品。

第四期遗存很少，木器消失，只有石器和陶器。石器器形制作规整精细，棱角清晰，大多通体磨光，刃部锋利，钻孔较多，钻孔方法沿用管钻法或琢孔法；主要器类仍是斧、锛、凿。装饰品多用萤石或叶蜡石做原料，仍沿袭早期的玦、璜、管、珠等器形。陶器，以夹砂红陶为大宗，夹砂灰陶和泥质红陶次之，夹炭陶还有一定的数量；火候较高，质地坚硬，陶胎较薄；制法仍以手制为主，小部分器物口沿已采用慢轮修整，个别器物开始采用轮制技术，器物较规范定型；装饰花纹继续沿袭前几个文化层的刻划纹、拍印纹和附加堆纹，釜腹仍拍印绳纹，偶见压印篮纹，鼎足正面纹样丰富，豆把盛行镂孔，装饰部位由过去口沿及肩部转向足部；器类齐全，三足器比前期更多（图2－31、2－32）。

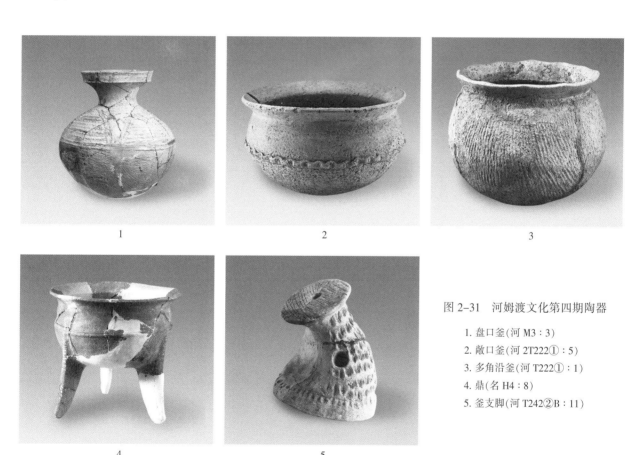

图2-31　河姆渡文化第四期陶器

1. 盘口釜(河 M3：3)
2. 敞口釜(河 2T222①：5)
3. 多角沿釜(河 T222①：1)
4. 鼎(名 H4：8)
5. 釜支脚(河 T242②B：11)

墓葬11座，大多不见墓坑，人骨保存很差，仰身直肢葬，均有数量不多的随葬品，等级差别甚小。

10. 河姆渡文化区古气候、古环境复原

经过对河姆渡遗址大量动植物遗存的综合研究，明确河姆渡文化分布区曾经有过比现在更加宜人的生存环境，当时属于要比现在更加温暖湿润的亚热带季风气候区。而从更早的1万多年前开始，地球上的气候又一次步入逐渐转暖的周期，随之而来的现象是降水增加，海平面迅速上升，动植物生长

图 2 - 32　河姆渡文化第四期陶器

1. 罐（名 M4：1）　　2. 罐（河 T225①：5）　　3. 罐（河 M9：1）　　4. 豆（河 M2：3）　　5. 豆（河 M6：3）　　6. 圈足盘（塔 M5：1）

进入全新世最好的时期，但新石器时代早期在东南沿海地区的人类活动遗存很可能在水进人退的情况下逐渐埋没于浅海沉积层下。习惯于逐水而居的早期先民一直随着海平面的波动而在近海岸的环境良好区域继续着自己的生活。这些区域通常处于山地边缘的盆地、平原和低丘坡地等山前地带，比较适合人类由采集狩猎经济转向农耕经济。

河姆渡遗址西南面小山丘海拔 6.5 米。堆积整体厚度平均以 4 米计，其第 4 文化层底界也就是生土面海拔经推算在 -1.5 米～ -2 米之间。而在滨海地区适合人们居住生活的最低海拔要高于海平面 2 米，因此，河姆渡人开始活动时期的海平面应低于今日海平面至少 4 米。当时河姆渡遗址周围的自然环境应是处于平原、湖沼和丘陵山地交接地带。河姆渡遗址第 4 层之下的生土层，经鉴定是青灰色海相亚黏土，据沉积微体古生物（硅藻化石等）鉴定，应属入海河口潟湖相沉积；由下至上由微咸水沼泽相过渡到淡水陆相的沉积黏土组成。先民在当时的条件下，已能高度利用自然资源，并对环境加以改造。裸顶鲷、鲸、鲨等海生鱼类遗骨和生活于滨海河口地带的鲻鱼遗骨，反映遗址应离海岸不会太远。现在的姚江紧贴着遗址的南侧自西向东流过，但根据地质资料，5000 多年前姚江在余姚西部自南向北直接注入杭州湾。

据对动植物遗存的综合分析，7000 年前的河姆渡人生活时期，村落南面是层峦叠嶂的四明山地，山上有茂盛的原始森林，常绿落叶阔叶林布满其间。村与山之间只有沼泽和山麓溪滩相间，姚江尚未流经那里，村子是与南边的渡头山、元宝山连在一起的，离最近的山头仅 100 多米。源于山里的芝岭溪水流从四明山北麓向遗址湍急流经村旁并向北注入湖泊，这为河姆渡先民提供了充足的水源。距今

5000 多年前，姚江改道流经遗址西南时，村落东、西、北三面是大片的湖泊沼泽。河姆渡时期村落离海岸较近，坐落于滨海山麓坡地与滩涂交接地带。这种山地、森林、丘陵、平原、湖泊、沼泽与海洋相间的特殊多样性地理环境，加上当时气候湿热，造就了聚落周围动植物资源非常丰富的自然环境。

（二）第二阶段（1988～2004 年）

经过 20 世纪 80 年代中叶的相对平静期之后，以 1988 年 9 月开始的宁波慈湖遗址的抢救性发掘为标志，进入了河姆渡文化的遗址数量积累和研究深化的阶段。

20 世纪 80 年代末至 90 年代，宁绍地区进入改革开放以来基本建设的第一个高潮期，由此也带来了野外考古发现和研究的发展机遇。期间，慈湖（1988 年）[①]、奉化名山后（1989、1990 年）[②]、象山塔山（1990、1992 年）[③]、慈城小东门（1992 年）[④]、余姚鲞架山（1994 年）[⑤]、余姚鲻山（1996 年）[⑥]等遗址（图 2-33）的小规模发掘与河姆渡遗址出土遗存的后续多学科研究，对于河姆渡文化的年代、文化面貌、内涵、分期、分布范围、扩散传播方向、与周边史前文化的关系、经济手段（生业模式）和聚落环境的演变等问题的认识持续取得了一定的进展。特别是围绕各类稻作遗存，农学、遗传学、分子生物学等学科手段也逐渐应用到稻作研究上，其中植硅体分析、双峰乳突形态观察、同功酶和 DNA 分析等科技手段用于稻谷种属鉴别和分类学研究[⑦]。有关河姆渡文化稻作农业遗存研究的重要文章，也大多发表于这一时期。早已开始关注长江流域稻作农业遗存考古发现的北京大学严文明教授在得知河姆渡遗址出土稻谷中甄别出了一些野生稻颗粒后表示，这一发现是对中国稻作农业长江中下游起源说的一个有力支持[⑧]。总体而言，20 世纪 90 年代的这些研究在国内外的全球稻作起源与发展过程的研究领域也是非常有影响和领先的。这一阶段河姆渡文化各类学术成果数量最多，如陈桥驿的《越族的发展与流散》[⑨]、林士民的《从宁绍地区的遗址看河姆渡文化的发展》[⑩]、王海明的《河姆渡文化与马家浜文化关系简论》与《河姆渡遗址与河姆渡文化》[⑪]、牟永抗的《钱塘江以南古文化及相关问题》[⑫]、蒋乐平的《浙江史前文化演进的形态与轨迹》[⑬]、刘军的《河姆渡陶器研究》[⑭]、汤

---

① 浙江省文物考古研究所、宁波市文物考古研究所：《宁波慈湖遗址发掘简报》，《浙江省文物考古研究所学刊（建所十周年纪念 1980—1990）》，科学出版社，1993 年。

② 名山后遗址考古队：《奉化名山后遗址第一期发掘的主要收获》，《浙江省文物考古研究所学刊（建所十周年纪念 1980—1990）》，科学出版社，1993 年。

③ 浙江省文物考古研究所、象山县文物管理委员会办公室：《象山县塔山遗址第一、二期发掘》，《浙江省文物考古研究所学刊》，长征出版社，1997 年。

④ 浙江省文物考古研究所：《宁波慈城小东门遗址发掘简报》，《东南文化》2002 年第 9 期。

⑤ 孙国平、黄渭金：《余姚市鲞架山遗址发掘报告》，《史前研究》2000 年辑刊，三秦出版社，2000 年。

⑥ 浙江省文物考古研究所、厦门大学历史系：《浙江余姚市鲻山遗址发掘简报》，《考古》2001 年第 10 期。

⑦ 游修龄、郑云飞：《河姆渡稻谷研究进展及展望》，《农业考古》1995 年第 1 期。

⑧ 严文明：《河姆渡野生稻发现的意义》，《河姆渡文化研究》，杭州大学出版社，1998 年。

⑨ 陈桥驿：《越族的发展与流散》，《东南文化》1989 年第 6 期。

⑩ 林士民：《从宁绍地区的遗址看河姆渡文化的发展》，《浙东文化论丛》，中央编译出版社，1995 年。

⑪ 王海明：《河姆渡文化与马家浜文化关系简论》，《东南文化》1991 年第 6 期；《河姆渡遗址与河姆渡文化》，《东南文化》2000 年第 7 期。

⑫ 牟永抗：《钱塘江以南的古文化及其相关问题》，《福建文博》1990 年增刊。

⑬ 蒋乐平：《浙江史前文化演进的形态与轨迹》，《南方文物》1996 年第 4 期；《塔山下层墓地与塔山文化》，《东南文化》1996 年第 6 期。

⑭ 刘军：《河姆渡陶器研究》，《东方博物》1997 年第 1 期。

圣祥等的《河姆渡炭化稻中普通野生稻的发现》[①] 和张文绪等的《水稻品种和河姆渡出土稻谷外稃乳突的扫描电镜观察》[②] 等，此外还有关于河姆渡文化综合研究的两本专著——即林华东的《河姆渡文化初探》[③]、陈忠来的《河姆渡文化探源》[④] 的出版，使河姆渡文化的整体研究形成热烈兴盛的局面，足见这一史前考古学文化在国内外所产生的影响之大。1994 年，"纪念河姆渡遗址发现 20 周年学术研讨会"召开，专家们关于河姆渡文化的最新研究成果体现在后来出版的会议论文集《河姆渡文化研究》[⑤] 中，由此进一步推动了中国考古界开展多学科研究。特别是中国新石器时代的动植物考古学研究广泛开展，利用河姆渡遗址出土的动植物遗存进行研究，在内容广度和深度上获得了前所未有的发展。

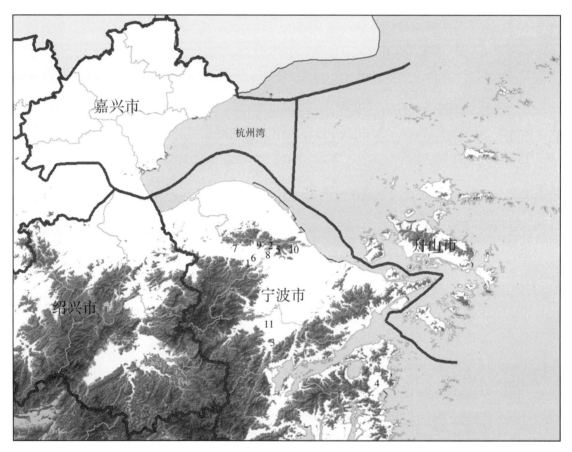

图 2 - 33　已发掘河姆渡文化遗址地理位置

1. 河姆渡　2. 慈湖　3. 名山后　4. 塔山　5. 小东门　6. 鲞架山　7. 鲻山　8. 傅家山　9. 田螺山　10. 鱼山　11. 下王渡

1990 年和 2001 年，萧山跨湖桥遗址两次发掘以后，由于其测年数据早于 7000 年，加上其中一些遗物，特别是陶器、骨器、石器的形态特征也与河姆渡遗址的同类遗物有一些相似，如两者均有

① 汤圣祥等：《河姆渡炭化稻中普通野生稻的发现》，《中国栽培稻起源与演化研究专集》，中国农业大学出版社，1996 年。
② 张文绪等：《水稻品种和河姆渡出土稻谷外稃乳突的扫描电镜观察》，《河姆渡文化研究》，杭州大学出版社，1998 年。
③ 林华东：《河姆渡文化初探》，浙江人民出版社，1993 年。
④ 陈忠来：《河姆渡文化探源》，团结出版社，1993 年。
⑤ 浙江省文物局、浙江省文物考古研究所、河姆渡遗址博物馆：《河姆渡文化研究》，杭州大学出版社，1998 年。

绳纹圜底陶釜、骨耜、骨镞、骨匕和石斧、石锛等，还有两者的空间距离也较近，仅 100 千米左右，所以一些专家认为跨湖桥文化遗存应至少是河姆渡文化的一个来源。另一些学者则持相反意见，认为跨湖桥文化遗存与河姆渡文化遗存之间的相似性是次要的，河姆渡文化的直接来源不会是跨湖桥文化[①]。

1998 年，对河姆渡倾注了很大热情的河姆渡遗址博物馆首任馆长邵九华出版了《河姆渡——中华远古文化之光》[②]，对推动河姆渡文化的研究、保护和宣传发挥了独特的作用。

1999 年 10 月，"海峡两岸河姆渡文化学术研讨会"在宁波召开，会后出版了《河姆渡文化新论》[③]，学者们大多继续围绕河姆渡文化研究的核心问题，如河姆渡文化的来源问题、文化分期问题、分布范围问题、稻作农业发展水平问题、生业模式结构与演变过程问题、聚落形态与环境演变问题、衰落与扩散传播的过程、方向和机理问题等进行讨论、研究，但受新发现材料和研究手段的局限，未能取得更多突破性的研究进展。所以说，20 世纪 90 年代至 21 世纪初的河姆渡文化研究状况整体上还处在一个全面的数量积累阶段。

2000 年，河姆渡遗址被评为 20 世纪中国"十大考古发现"，被公认为中国新石器时代考古的一个重要里程碑；2001 年，被评为"中国 20 世纪百项考古大发现"。

2002 年，浙江省博物馆周新华以河姆渡遗址稻作遗存为主要视角出版了《稻米部族——河姆渡遗址考古大发现》（浙江文艺出版社）一书。

2003 年，经过多年的资料整理以及多位学者的长期努力，《河姆渡——新石器时代遗址考古发掘报告》终于出版，为河姆渡遗址和河姆渡文化的研究提供了一份最完整的基础资料。这也可谓是河姆渡文化研究第二阶段的最好结尾和明显标志。

（三）第三阶段（2004～2019 年）

以余姚田螺山遗址（图 2-34）的发现和发掘为标志与核心，是河姆渡文化研究全面、深入、科学、开放的创新发展阶段[④]。同时，宁波市文物考古研究所也在宁波范围内独立进行了几个河姆渡文化遗址的抢救性发掘，如 2004 年的江北区傅家山遗址，2014、2015 年的镇海区鱼山遗址，2017、2018 年的奉化区下王渡遗址和 2018、2019 年奉化区何家遗址的发掘[⑤]。

进入新世纪以后，全社会经济实力的快速增强，科技水平的相应提高，为考古工作条件的改善提供了根本保障。浙江省文物考古研究所也改进考古工作的传统方式，在继续做好大量抢救性发掘工作

---

① 浙江省文物考古研究所、萧山博物馆、跨湖桥遗址博物馆：《跨湖桥》，文物出版社，2004 年。黄渭金、张殿发、杨晓平：《河姆渡遗址与跨湖桥遗址的比较研究》，《东方博物》2008 年第 2 期。黄渭金：《简论河姆渡遗址与跨湖桥遗址的关系》，《跨湖桥文化论集》，人民出版社，2009 年。孙国平：《全新世早期环境下的河姆渡文化与跨湖桥文化关系》，《中国考古学会第十三次年会论文集》，文物出版社，2011 年。
② 邵九华：《河姆渡——中华远古文化之光》，中国大百科全书出版社，1998 年。
③ 宁波大学王慕民、管敏义编：《河姆渡文化新论——海峡两岸河姆渡文化学术研讨会论文集》，海洋出版社，2002 年。
④ 浙江省文物考古研究所、余姚市文物保护管理所、河姆渡遗址博物馆：《浙江余姚田螺山新石器时代遗址 2004 年发掘简报》，《文物》2007 年第 11 期。孙国平、郑云飞、黄渭金、沃浩伟：《浙江余姚田螺山遗址 2012 年发掘成果丰硕》，《中国文物报》2013 年 3 月 29 日。
⑤ 宁波市文物考古研究所：《傅家山——新石器时代遗址发掘报告》，科学出版社，2013 年。宁波市文物考古研究所、镇海区文物保护管理所、吉林大学文化遗产保护研究中心：《浙江宁波镇海鱼山遗址 I 期发掘简报》，《东南文化》2016 年第 4 期。宁波市文物考古研究所、国家水下文化遗存保护宁波基地：《宁波考古六十年》，故宫出版社，2017 年。

图 2 - 34　田螺山遗址景观

的同时，开始带着明确的学术目的和课题意识，寻找和利用几个特殊的对象，适度开展了一些重要的主动性发掘，并在发掘中积极尝试和创新了一些野外考古的操作方法、手段；同时，秉着合作、交流、开放、包容的理念努力开展全方位的多学科研究和中外合作考古。作为这一阶段河姆渡文化研究进程中的核心工作——田螺山遗址考古就是在这一背景下开展的，具体工作也可分如下两个方面：

1. 田螺山遗址持续十年的发掘（2004～2014 年）

2001 年，在离河姆渡遗址不远的一家小工厂的一次打井过程中，偶然发现了与河姆渡遗址各方面都非常相似的田螺山遗址。这为河姆渡文化考古研究和保护、利用的深入开展提供了又一宝贵的历史机遇。

田螺山遗址位于浙江省余姚市三七市镇相岙村村口，西南距河姆渡遗址 7 千米。遗址地处四明山脉北部的一块几乎四面环山（海拔 300 米以下的丘陵）的小盆地中部，并围绕着海拔仅 5 米的一个小山包——田螺山。周围现代水稻田海拔 2.3 米左右；经钻探，现地面 3 米多以下是古浅海湾、滨海潟湖相沉积。文化层分布范围南北长 220、东西宽 160 米左右，总面积 30000 多平方米，保存非常完整。

2004 年至 2014 年，田螺山遗址共开展五次考古发掘，揭露总面积 1800 平方米（聚落内 1200 平方米，聚落外围古稻田 600 平方米），出土典型的河姆渡文化古村落遗迹（多层次的干栏式木构建筑、木构寨墙、独木桥、二次葬、食物储藏坑、废弃物坑和堆、古水田等具有有机联系的一系列聚落遗迹）和 10000 多件各类（陶、石、玉、木、骨、角、牙、其他植物制品等）生产、生活遗物，以及与古人类活动相关的大量动植物遗存。此项工作是在河姆渡遗址发掘整整三十年之后的历史背景下，新世纪里在姚江流域开展的第一项河姆渡文化考古工作，也是浙江考古史上连续投入时间最长、参与研究的相关学科专家最多的一个考古项目。

2004 年上半年，田螺山遗址开展首次考古发掘，在田螺山西南坡下揭开 300 平方米。发掘表明，该遗址是姚江流域继河姆渡遗址和鲻山遗址之后发现的又一典型的河姆渡文化早期聚落遗址。稍后，为长期现场保存田螺山遗址出土的干栏式木构建筑遗迹，余姚市人民政府和市文化局决定在发掘区上方建设保护棚。2006 年 9 月，保护棚顺利完工（图 2 - 35），为后续发掘、保护和展示、开放的同步进行创造了重要条件。

2005 年 8 月，北京大学考古文博学院与浙江省文物考古研究所签订在田螺山遗址合作开展多学科研究的协议。之后，北京大学考古文博学院向国家教育部申请并获准、启动"河姆渡文化田螺山遗址

图 2 - 35　田螺山遗址保护棚内发掘区全景

自然遗存综合研究"课题。

2006 年 9 月至 2014 年 12 月，田螺山遗址又持续进行多次发掘。自发掘一开始就遵循着四个方面的学术目的：1）开展聚落布局与干栏式木构建筑发展过程研究；2）开展稻作农业发展状况研究；3）开展生业模式结构和演变过程研究；4）开展聚落与环境的互动关系研究。按照这些目的，采取了符合基本考古操作规程又结合遗址的特殊保存状况的野外操作方式，即采取如下三个原则：发掘与保护相结合，整体与微观相结合，定性与定量相结合。

首先，根据课题的设计方案和学术目标，秉持考古研究和文物保护并重的精神，在发掘有序开展的同时，努力以全局眼光揭露和保护聚落遗迹，兼顾遗迹现场保护和展示的需要，在这一遗址的考古工作中实现了发掘、研究、保护、展示与开放等环节兼顾、共赢的创造性局面。同时，鉴于田螺山遗址文化遗存的特殊性和丰富性，发掘中逐层往下谨慎推进，不仅进行科学设计按探方、地层单元提取 10% 土样，并把所有探方内的文化层、遗迹等遗存单元的土壤全部保留并加以不同规格的筛子淘洗、提取较完整的遗物，从而获取了上万件各类生产工具、生活用具和不计其数的动植物遗存。此方法虽然需要付出巨大的劳动，但可为开展后续的各方面定量研究打下必要的基础，后来大量的统计数据和分析结果证明野外考古发掘中采取从实际出发的操作方法的特殊重要性。

其次，为更加全面、准确地了解田螺山古村落的聚落布局形态，揭示干栏式建筑遗迹单元的完整性，探索遗址外围稻作农耕遗迹状况并争取为河姆渡文化稻作农业发展阶段进行确切定位，在遗址外围地区，以环境调查、大范围粗疏钻探、小范围密集钻探、探沟试掘、小面积探掘、较大面积发掘等多步骤有序推进和实验室分析相结合的手段，进行古水稻田遗存的探寻。通过古水田土壤微小植物元素，如植硅石、小穗轴、杂草种子和碎谷壳等的定性定量分析，并结合地层层位和大范围钻探手段，更可靠地做出了遗址外围存在古水稻田的判断（图 2 - 36）。特别是在古水田的层位、年代、遗存内涵、遗迹面貌，以及与地下古村落布局的有机联系等方面获得突破性进展：1）发现了与遗址早晚文化

图 2 - 36　田螺山遗址西侧河姆渡文化稻田发掘状况

层明确对应的两个深度、两个时期的古水田；下层古水田应是目前中国史前遗址中发现的年代最早、并且可以与村落布局直接对应起来的一处水稻田；2）发现一段类似田埂的田间小路，可谓史前水田考古中最清楚的一种遗迹，并与聚落内的对外通道大致对应；3）发现古水田的兴废与古环境和古村落的兴衰密切联系。

2. 田螺山遗址发掘材料的整理和多学科研究（2005～2019 年）

在田螺山发掘的间隙，一直穿插进行各类发掘材料的整理和多学科研究工作（图 2 - 37 至图 2 - 39）。由于发掘者坚守发掘是为了最终研究的理念，首先必须保障发掘材料获取的科学性和完整性，其次，发掘材料必须经过多学科的研究才能体现它的最终价值。因此，田螺山遗址的发掘过程经历了最繁杂的过程，也获取了最丰富和接近完整的材料，联络了中外（日本、英国、美国、澳大利亚等）多学科研究专家参与后续研究中，并完成和公布了与之相应的大量研究成果。其中，自 2015 年起至今，与日本金泽大学中村慎一教授组织的众多研究机构在田螺山遗址开展了内容广泛的"稻作与中国文明：稻作综合文明学新构筑"课题合作研究，并已顺利取得可喜进展。

下面按遗存主要种类概述材料整理和多学科研究的多项内容：

首先是对出土陶片的分类、拼对、修复、统计、观察，以及对陶片上的残留物、陶胎微痕等附属遗存进行取样和开展脂肪酸、同位素、微痕种类等多学科研究。

其次是对出土植物遗存的整理和研究（图 2 - 40），主要进行植物遗存分类、种类鉴定、形态测量、同位素研究、淀粉粒研究，重点进行了

图 2 - 37　田螺山遗址出土独木舟模型器（T207⑧：92）

图 2-38　田螺山遗址出土骨笄（T306⑥：4 等）

图 2-39　田螺山遗址出土器物

1. 刻纹陶盉（T103⑧：25）　2. 鸟形木器（T304⑧：96）　3. 双鸟木雕器（双鸟木质羽冠，T303⑦：39）　4. 象纹雕刻木板（T301⑧：3）

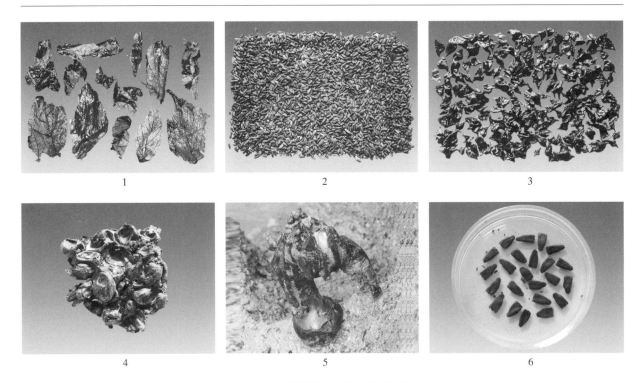

图 2 - 40　田螺山遗址出土植物遗存
1. 树叶　2. 炭化米粒　3. 菱角　4. 豆类植物遗存　5. 茶树根　6. 葫芦籽

出土木材树种鉴定、水稻遗存中的小穗轴和植硅石等形态研究、测年研究等。

再次是对出土人骨以外的动物遗存的整理和研究（图 2 - 41、2 - 42），这方面最基础、最庞杂的工作是从大量的文化层泥土中通过淘洗手段分拣出所有肉眼可辨的动物遗骸，再进行形态分类、种属鉴定、同位素分析等。

还有对出土人骨进行体质人类学研究和同位素、DNA 等科技手段的检测、分析。

另外，还开展了出土石器原料产地、早期玉器材质的矿物学研究、潮湿环境下的土遗址保护和木构遗迹现场保护研究、加速器测年新方法研究、全新世古地理环境演化研究等方面的一系列科技考古工作。

经过最近十多年考古人员和中外多学科研究专家的持续努力，已在河姆渡文化聚落形态、干栏式建筑营建技术、内涵分期与文化发展过程、经济形态（生业模式）演变、稻作农业发展水平、河姆渡文化来源以及河姆渡文化发展、衰落与扩散传播的过程、方向和机理问题等研究方向获得明确进展。已发表的专题研究文章和论著，达数十篇（部），如 Fuller Dorain 等学者发表于《Science》2009年第 3 期上的《The Domestication Process and Domestication Rate in Rice：Spikelet Bases from the Lower Yangtze》，Zheng Yunfei 等发表于《Journal of Archaeological Science》2009 年第 5 期上的《Rice fields and modes of rice cultivation between 5000 and 2500 BC in east China》和 Yang Hong 等发表于《Geology》2015 年第 7 期上的《Hydrological changes facilitated early rice farming in the lower Yangtze River Valley in China：A molecular isotope analysis》，以及北京大学中国考古学研究中心、浙江省文物考古研究所合作编写的《田螺山遗址自然遗存综合研究》①、河姆渡遗址博物馆编的《河姆渡文化国际学术论

---

① 北京大学中国考古学研究中心、浙江省文物考古研究所：《田螺山遗址自然遗存综合研究》，文物出版社，2011 年。

1

3

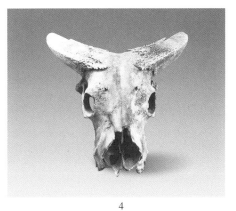

4

2

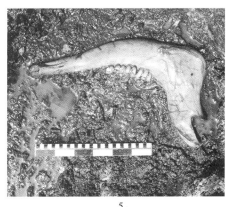

5

图 2-41　田螺山遗址出土动物遗存
1. 龟甲　2. 鹿角　3. 鹿头骨　4. 圣水牛头骨　5. 圣水牛下颌骨出土状况

坛论文集》① 等。

田螺山遗址十多年的考古工作，为河姆渡文化的全方位深入研究获得了如下一些新的认识：

（1）通过 1800 平方米的发掘，比较清楚地揭露了田螺山古村落的局部面貌、环境状况和村落建筑布局，以及古稻田局部、多处储藏坑、多种性质的灰坑、水井、墓葬、独木桥、生活废弃物堆等遗迹。它们与更外面的古稻田、环绕村落的古溪河、小山丘一起构成了中国东南沿海地区新石器时代中期阶

①　河姆渡遗址博物馆：《河姆渡文化国际学术论坛论文集》，中国时代经济出版社，2013年。

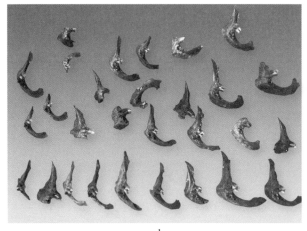

1　　　　　　　　　　　　　　　　　　　2

3　　　　　　　　　　　4　　　　　　　　　　5

图 2 - 42　田螺山遗址出土动物遗存
1. 鲤鱼咽齿　2. 鲨鱼牙钻刻具　3. 鱼鳞出土情形　4. 禽类骨骸　5. 狗粪石

段的一个典型氏族村落的清晰形态。发掘表明，田螺山遗址是迄今为止发现的河姆渡文化中地面环境条件最好、地下遗存比较完整的一处依山傍水式的古村落遗址，在空间位置上与河姆渡遗址遥相呼应，并具有与河姆渡遗址相近的聚落规模和年代跨度，是继河姆渡、鲻山遗址之后，河姆渡文化早期聚落遗址的又一重要发现。该遗址的发掘，进一步探明了河姆渡文化早期遗址在姚江流域分布的基本规律——山麓环丘湿地（沼泽）型遗址（村落），以及河姆渡文化遗址的典型聚落形态，即：地处浙东沿海山麓坡地或平地，多以地理小单元中的小型或孤立山丘为依托，并临近河湖沼泽，村落地势低洼，规模多在 3 万~5 万平方米，始终以干栏式木构建筑为主要房屋类型，村落中已出现日常居住建筑和礼仪性建筑的功能性分化，村落周围有的以木构栅栏或水道围护，村落外围直接开辟大小不一的水稻田，外出交通方式以借助于舟楫的水路交通为主。

（2）出土多层次的以一系列柱坑为主要形式的干栏式建筑遗迹，清楚反映出以挖坑、垫板、立柱为特征的建筑基础营建技术的阶段性特征和发展水平，即：干栏式建筑早期以密集排桩作为承重和围护手段，中期演进为以挖坑、直接立柱（以方体木柱为主）为营建技术的初期柱网式承重手段，晚期演进为主要以挖坑、先垫一层或多层木板再立柱的营建技术的稳定柱网式承重手段。并据此可确认：中国南方史前木构建筑中围护与承重功能分离，并以挖坑、垫板、立柱为主要方式的建筑技术，其起始年代至少在河姆渡文化第二期，即距今 6500 年前后。建筑单元形态从早期的长排房到晚期出现小型化和多样化的趋势。建筑组合上也从早期的单一型到出现日常居住房屋与礼仪性中心大房子功能分化组合的趋势。

（3）遗址独特和完整的地层关系清楚表明，一方面，河姆渡文化从早到晚具有相对平稳和持续的发展过程，未见明显的缺环，同属一个考古学文化的整体，一以贯之的陶釜是代表该文化的稳定核心；另一方面，河姆渡文化在沿海地区生存和发展过程的特殊性，可以为解释河姆渡文化早晚期遗存面貌的较大差异找到重要依据，进而平息关于河姆渡遗址早晚期遗存的文化属性之争；并在更大的时空环境下很好地反映出全新世早中期（距今 15000～5000 年）中国东南沿海地区自然环境演变、海平面波动与古人类文化发展之间的互动关系。

（4）田螺山聚落遗址外围河姆渡文化早、晚期水田的发现和确认，是中国史前稻作农业研究领域的重要进展，为稻作农业起源和发展过程研究提供了十分丰富和扎实的材料。根据稻谷形态、小穗轴形态所反映的落粒性以及水稻植硅体边缘纹样等研究手段，河姆渡文化时期的稻作农业正处于驯化的关键阶段或中间阶段，稻米形态总体上仍保留较瘦长的特征；根据田螺山遗址古稻田发掘结果来看，当时河姆渡古村落的稻田耕种以利用天然的、低洼的水岸湿地略加开垦、整理和围护为主，田块较大而平整；稻谷亩产量通常在 150 斤左右。

（5）经济形态（生业模式）总体上处在采集、渔猎和农业三者并驾齐驱的状态，稻作农业的重要性虽处于上升趋势中，但仍未达到稳定居于优势产业的水平，且明显受制于环境的波动而呈现兴衰不定的状态。另外，水稻以外的作物种植，如菱角、芡实的生长可能已出现一定的人工干预，家畜饲养也处于较弱的阶段。

（6）从河姆渡、田螺山以及最近发掘的下王渡等具有较丰富的晚期陶器遗存的遗址情况来看，以各类型陶釜作为主流炊器的传统一直保存较好，干栏式建筑风格也非常稳定，因此，以这些遗址不同阶段遗存为代表的文化类型，均明确属于统一的河姆渡文化。其延续时间接近 2000 年的超长稳定性，主要是因为其所处的小地理环境的偏远性和相对独立性，东边为大海，南边为连绵的山地丘陵，西边为曹娥江，北边为杭州湾。

（7）经过持续的考古调查[①]、发掘和最新研究，共发现 50 多处河姆渡文化遗址，更加明确河姆渡文化的分布范围为：以余姚东部的姚江谷地为核心区域，往东可达舟山群岛，往南至少可达到台州沿海地区（2010 年发掘的路桥灵山遗址出土部分具有河姆渡文化晚期特征的遗物）[②]，西面大体以上虞市境内南北向的曹娥江为界，向西辐射影响可达浦阳江、富春江流域[③]，往北以钱塘江—杭州湾为界，与杭嘉湖地区的马家浜文化隔江对峙，总分布面积 1 万多平方千米。

总之，田螺山遗址的发掘和研究，为全面提升河姆渡文化学术水平和社会影响，探索全球全新世时期动态的人地关系以及西太平洋地区史前海洋文化起源、传播和扩散等重大学术问题提供了难得的历史机遇。

3. 其他遗址的考古发掘与研究进展

2005～2006 年，绍兴南部嵊州小黄山遗址发掘之后，发掘领队王海明在其晚期遗存（距今约 8000～7000 年，约当跨湖桥文化时期或稍晚）中发现绳纹圜底陶釜、双耳陶罐等部分与河姆渡遗址同类器形

---

① 浙江省文物考古研究所 2018～2019 年"河姆渡文化核心区区域调查"项目初步资料。
② 浙江省文物考古研究所 2009～2012 年台州路桥灵山遗址发掘资料。
③ 浙江省文物考古研究所、诸暨博物馆、浦江博物馆：《楼家桥、尖塘山背、尖山湾》，文物出版社，2010 年。

比较接近的器物，由此认为，上山文化晚期或其后的跨湖桥文化阶段遗存很有可能是河姆渡文化的一个重要来源①。几乎同时，蒋乐平通过浦江上山遗址的几次发掘，认为在此遗址中发现了河姆渡文化地层（上层）、跨湖桥文化地层（中层）和上山文化地层（下层）的直接叠压关系（"三叠层"），然而他也有所保留地指出，上层遗存的河姆渡文化特征并不典型，典型河姆渡文化分布没有真正进入浙江中部的丘陵、河谷地带；将河姆渡文化视作上山文化—跨湖桥文化继承者的判断，可留待新发现的检验②。因此，到这个时候，可以说仍然没有从根本上解决河姆渡文化的来源问题，而笔者个人一直更倾向于要从河姆渡文化所在的浙江东部沿海地区来探寻其由来，甚至在上山遗址发现之前就曾做出相关分析和预测③。

　　最近发现和勘探确认的井头山遗址④，位于田螺山遗址西边很近的古山麓坡地，十分靠近古海岸线，文化堆积处于现地表下 8 米左右，文化遗物夹杂在密度很大的人工废弃的海生贝壳中（图 2 - 43）。从一些夹杂陶片的面貌特征和多个碳十四测年数据来看，该遗址所代表的文化类型应与河姆渡文化的来源有很大的关系。

图 2 - 43　井头山遗址出土早于河姆渡文化的遗物

　　宁波市文物考古研究所配合地方基本建设，主持了几个河姆渡文化遗址的抢救性发掘，为河姆渡文化的研究增添了一些不可多得的新材料。2004 年发掘的傅家山遗址，也属于仅有的经过正式发掘的 4 处早期河姆渡文化遗址之一，出土了保存不错的干栏式木构建筑遗迹和丰富遗物。而最近两年发掘的奉化下王渡遗址⑤，出土了由木构建筑居住区与小片墓地及周围稻作农耕生产区等聚落要素有机构成的一个河姆渡文化晚期至良渚文化时期小型村落；更加特别的是这一遗址所处的环境是宁波三江平原的较中心区域。此类河姆渡文化晚期遗址的聚落环境模式（类型）是河姆渡文化考古发掘中首次获得确认，对研究河姆渡文化晚期的社会进程、文化变迁、传播扩散，以及与自然环境的关系等重要学术问题具有珍贵价值。

　　另外，从一开始就投入河姆渡文化考古发掘和研究的牟永抗，在 2006 年仍在深入思考河姆渡文化的一些问题，发表了《再论河姆渡文化》一文，文中重点阐述了典型器物——陶釜的工艺、形态分期

①　张恒、王海明、杨卫：《浙江嵊州小黄山遗址发现新石器时代早期遗存》，《中国文物报》2005 年 9 月 30 日。王海明：《浙江早期新石器时代文化遗存的探索与思考》，《宁波文物考古研究文集》，科学出版社，2008 年。

②　蒋乐平：《浦阳江流域新石器时代遗址的发现与思考》，《浙江省文物考古研究所学刊》第八辑，科学出版社，2006 年；《浙江浦江县上山新石器时代遗址》，《中国社会科学院古代文明研究中心通讯》2004 年第 7 期；《钱塘江流域的早期新石器时代及文化的谱系研究》，《东南文化》2013 年第 6 期。蒋乐平、盛丹平：《浙江浦江上山遗址进行第三次考古发掘》，《中国文物报》2006 年 2 月 10 日。浙江省文物考古研究所、浦江博物馆：《浦江上山》，文物出版社，2016 年。

③　孙国平：《宁绍地区史前文化遗址地理环境特征及相关问题探索》，《东南文化》2002 年第 3 期。

④　浙江省文物考古研究所近年在田螺山遗址附近的勘探调查资料。

⑤　宁波市文物考古研究所近三年在宁波奉化下王渡遗址的发掘资料。

等问题，对陶釜的发展演变规律的把握具有很大的指导意义；同期发表的《河姆渡干栏式建筑的探索与思考》一文，对他当年在河姆渡遗址干栏式建筑遗迹的发掘经历、感想和认识过程作了回忆和新的总结。同年，作为当年河姆渡遗址发掘主要负责人之一的刘军出版了全面和概述性总结河姆渡文化的专著《河姆渡文化》。稍后两年，笔者，作为投身河姆渡文化研究的晚辈应约完成并出版了一本尝试以专业性和通俗性相结合的方式介绍河姆渡文化的小书——《远古江南——河姆渡遗址》。2014 年，河姆渡遗址博物馆黄渭金出版了《东方曙光：宁波史前文明》，首次把河姆渡文化放到整个宁波地区史前文化系统中来考察，特别关注了河姆渡文化后续发展的问题。这些成果也为继续推进河姆渡文化的全面深入研究产生了很大影响①。

二　研究现状与面临的问题

河姆渡文化的研究经过上述三个发展阶段之后，已成为中国新石器时代考古学文化中研究内容最丰富、多学科研究成果覆盖面最广的一支，特别是在动植物考古、环境考古领域，河姆渡文化依然是最重要的一个研究对象，但仍然存在如下显见的问题：

（1）"河姆渡文化"内涵本身发现得还不太完整，如分布范围不太明确，二、三期文化遗存的衔接不太紧密，三、四期遗存相对单薄。

（2）河姆渡文化遗址的聚落布局形态不够清楚，尚未发现一处具有完整聚落要素的村落居址。即使已连续开展十多年考古发掘和研究的田螺山遗址，在聚落总体布局上还远不够清晰，1000 多平方米的已揭露面积对于 30000 多平方米的整个村落而言还是太小，特别是与古村落相对应的正规氏族墓地尚未发现。

（3）干栏式木构建筑的形式、单元、规模、技术的阶段性特征还存在不少疑问，最晚期阶段的建筑形式更是缺乏清晰的材料。

（4）河姆渡文化的衰落原因和转型、扩散、迁徙去向和过程也不是很清楚。

（5）对河姆渡文化社会形态的探讨还非常肤浅、薄弱。

（6）对河姆渡文化经济结构（生业模式）的研究，还远未取得定量化、系统化的数据和结论。

（7）对河姆渡先民的群体和个体的行为特征和社会组织关系的演进过程的认识还很粗疏。

三　研究前景和方向

河姆渡文化中已经过正式考古发掘的遗址至今虽然才 10 余处，但因其得天独厚的保存状况，河姆渡文化的研究就先天地承担起了全面、准确、清晰地复原中国东南沿海地区的很长一段社会历史面貌的重任，甚至是一种责无旁贷的学术义务。因此，如今审慎地回顾和总结已有的四十多年的研究成果，明确已取得的进展和收获，找出以往工作的欠缺和问题，应是我们从今往后的必经台阶。

---

① 牟永抗：《再论河姆渡文化》，《二十一世纪的中国考古学——庆祝佟柱臣先生八十五华诞学术文集》，文物出版社，2006 年；《河姆渡干栏式建筑的思考与探索》，《史前研究》，陕西师范大学出版社，2007 年。刘军：《河姆渡文化》，文物出版社，2006 年。孙国平：《远古江南——河姆渡遗址》，天津古籍出版社，2008 年。黄渭金：《东方曙光：宁波史前文明》，宁波出版社，2014 年。

为此，首先必须在野外发现上继续寻找具有突破性学术价值的典型遗址，特别是具有保存良好的晚期遗存的遗址。其次，在考古工作薄弱区域，如舟山群岛、象山半岛、甬台交界地带，重点开展有针对性的野外考古调查，比较扎实地探明河姆渡文化的东、南域分布状况，并选取重点遗址进行揭露，才能有助于河姆渡文化分布范围以及扩散、传播方向等重要问题的真正突破。再次，继续切实整理和充分利用好田螺山遗址的现有材料，并尽可能多地开展多学科、跨学科研究，特别是应以更加开放、包容的理念开展国内和国际合作交流。另外，更加重要的措施是，尽快改进专业人才队伍结构，补充新生研究力量。最后，要处理好研究与遗址文物保护、展示利用的关系，才能为河姆渡文化的研究可持续发展提供良好的外部环境和基础保障。

根据研究对象大小，河姆渡文化研究中的问题大体可分成两大类或两个层次。

宏观的研究方向与问题：

1. 聚落形态——这一问题的研究必将一直是以复原古代社会为己任的考古学，特别是史前考古学不可回避的任务。河姆渡文化的 10 多处遗址中，由于多方面工作条件的局限，对于单个聚落进行较大面积揭露的项目至今尚无，田螺山遗址也只揭开了整个村落中心偏西北的一部分，仅占整个村落的二十分之一左右，所以要清楚地了解整个村落的结构布局，还需要找寻更好的机会。另外，从现实的可能出发，若采取发掘、局部试掘与仔细钻探和分析相结合的方式，就有可能会更快捷地获取单个聚落形态的相关材料。

2. 经济结构——寻找和利用文化堆积早晚叠压比较完整而又保存优良的聚落遗址进行科学揭露，完整收集各类出土遗存，全面分类、鉴定、统计各类遗存，最后方能得出接近客观的数据，才能最终把握稻作农业、采集、渔猎三者的关系及其演化过程。目前，田螺山遗址的发掘材料正在朝这一目标继续努力，但任务还很繁重。

3. 发展进程——河姆渡文化的分期虽一直是很多人关注的问题，"四期"说也得到越来越多专家的肯定，但早晚阶段文化遗存分属两个考古学文化的意见也一直有专家坚持。所以，对各期文化内涵的总结仍需重视，最好形成文化因素的量化数据，并能做出各期内涵变化的环境和社会背景的科学分析。

4. 人地关系——河姆渡文化的地域分布为何局限于宁绍地区东部和舟山群岛，它的出现和衰落、转型和扩散传播的方式与原因，需要更多地利用地质学、古地理学、古气候学等学科的科技手段综合分析考古的材料、遗址古环境的材料，才能逐步得出这些问题的科学结论。

5. 埋藏机理——河姆渡文化的各遗址保存状况相对于全国其他地区的同时期新石器时代遗址而言，是非常好的，但各遗址的具体情况又有很大差别。若能利用土壤学、水文学、地球化学等学科的知识对河姆渡文化遗址进行具体分析，定会非常有利于河姆渡文化本身的研究。

6. 文化渊源——以 2013 年发现于田螺山遗址西侧不远处的井头山遗址为契机，创造工作条件，做好该遗址的野外发掘、研究和保护工作，根据钻探调查的文化遗存发现情况（埋深 7～10 米的贝丘文化堆积）和已有出土遗物及其碳十四数据，河姆渡文化的来源问题有望很快取得突破。

近期，在河姆渡文化微观的研究方向与亟须关注的具体问题如下：

1. 干栏式建筑的使用周期和复原研究。

2. 稻谷遗存的种类与驯化程度的进一步研究。

3. 茶文化起源的相关研究。

4. 石器、玉器的原料种类、产地、加工和利用方式的研究。

5. 骨器的种类、加工、微痕与使用方式研究。

6. 地层的形成与变化机理研究。

7. 出土人骨 DNA 研究。

8. 动物骨骸的系统分类、鉴定研究。

9. 树种分类和木材利用方式与古环境的关系研究。

10. 原始艺术品的综合研究等方面的问题。

以上都是河姆渡文化中重要而又尚未深入思考的问题。

（执笔：孙国平）

崧泽文化

一　前言

崧泽文化上承马家浜文化，下启良渚文化，是环太湖地区史前文化演进中极为关键的一环。早在1957年，浙江省文物管理委员会在湖州邱城遗址发掘，第一次发现了上层（印纹陶时期）、中层（崧泽、良渚文化）、下层（马家浜文化）的三叠层[1]。1960、1961、1974～1976年，上海市文物保管委员会发掘了青浦崧泽遗址，于中层清理了100座新石器时代墓葬[2]，是崧泽文化阶段遗存最为丰富的遗址。对于这一类文化遗存属性的认识，经历了较长的过程。起初，以崧泽中层为代表的文化遗存被当作青莲岗文化江南类型的晚段[3]。1977年，夏鼐提出青莲岗文化的江南类型和江北类型是两种不同的文化，建议把江南类型称为"马家浜文化"，包括马家浜和崧泽两个阶段[4]。1977年在南京召开的"长江下游新石器时代文化学术讨论会"上，牟永抗提出，良渚文化、崧泽中层墓地遗存、马家浜文化是太湖流域新石器时代文化的三个发展阶段，得到与会学者的认同[5]。1979年，汪遵国在"中国考古学会第一次年会"上正式提出了"崧泽文化"的命名，被学界广泛接受[6]。

二　发现概述

就浙江省而言，崧泽文化遗址的发现可以分为以下两大阶段：

（一）20世纪50～80年代

新中国成立后，为配合基本建设，1957年发掘了湖州邱城遗址，三叠层的发现，为浙江地区史前文化序列的建立奠定了基石。1955年还调查了嘉兴双桥遗址[7]。由于众所周知的原因，20世纪60年代初至70年代初，工作处于全面停滞状态。1973年工作逐渐恢复正常，浙北地区先后发掘了嘉兴双桥（1973）[8]、余杭吴家埠（1981）[9]、嘉兴雀幕桥（1983）[10]、嘉善大往（1986、

---

[1] 浙江省文物管理委员会：《浙江省吴兴县邱城遗址1957年发掘报告初稿》，《浙江省文物考古研究所学刊》第七辑，杭州出版社，2005年。

[2] 上海市文物保管委员会：《崧泽——新石器时代遗址发掘报告》，文物出版社，1987年。

[3] 吴山菁：《略论青莲岗文化》，《文物》1973年第6期。

[4] 夏鼐：《碳－14测定年代和中国史前考古学》，《考古》1977年第4期。

[5] 牟永抗、魏正瑾：《马家浜文化和良渚文化——太湖流域原始文化的分期问题》，《文物集刊（1）》，文物出版社，1980年。

[6] 汪遵国：《太湖地区原始文化的分析》，《中国考古学会第一次年会论文集》，文物出版社，1980年。

[7] 党华：《浙江嘉兴双桥发现的新石器时代遗址》，《考古通讯》1955年第5期。

[8] 浙江省文物考古研究所：《嘉兴双桥遗址发掘简报》，《浙江省文物考古研究所学刊（建所十周年纪念1980—1990）》，科学出版社，1993年。

[9] 浙江省文物考古研究所：《余杭吴家埠新石器时代遗址》，《浙江省文物考古研究所学刊（建所十周年纪念1980—1990）》，科学出版社，1993年。

[10] 陆耀华：《浙江嘉兴市雀墓桥遗址试掘简报》，《考古》1986年第9期。

1991）①、余杭庙前（1988、1990、1992、1993、1999、2001）②、嘉兴大坟（1989）③ 等遗址。钱塘江以南地区，1973 年发掘了河姆渡遗址④，遗址的最上层有一定的崧泽文化因素。但总体来说，这一时期的遗址发掘数量比较少，处于资料的缓慢积累阶段。

同一时期，江苏、上海发掘的崧泽文化遗址则数量不少，比较重要的遗址有常州圩墩⑤、武进乌墩⑥、张家港徐家湾⑦、吴县草鞋山⑧、吴县张陵山⑨、苏州越城⑩、吴江龙南⑪和上海松江汤庙村⑫、青浦福泉山⑬、青浦金山坟⑭等遗址。

（二）20 世纪 90 年代至今

这一阶段，由于社会发展和经济基础设施建设加快，一大批崧泽文化遗址涌现。浙北地区先后发掘了海宁达泽庙（1990）⑮、桐乡普安桥（1994）⑯、海盐王坟（1994）⑰、海盐窑墩（1996）⑱、嘉兴南河浜（1996）⑲、桐乡金家浜（1996）⑳、安吉安乐（1996）㉑、嘉兴凤桥高墩（1999）㉒、嘉兴高墩坟（2001）㉓、海盐仙坛庙（2002）㉔、海宁杨家角（2002）㉕、海宁东八角漾（2004）㉖、余杭后头山（2004）㉗、湖州

---

① 杨楠：《嘉善大往遗址》，《中国考古学年鉴 1987》，文物出版社，1988 年。
② 浙江省文物考古研究所：《庙前》，文物出版社，2005 年。
③ 陆耀华：《浙江嘉兴大坟遗址的清理》，《文物》1991 年第 7 期。
④ 浙江省文物考古研究所：《河姆渡》，文物出版社，2003 年。
⑤ 常州市博物馆：《1985 年江苏常州圩墩遗址的发掘》，《考古学报》2001 年第 1 期。
⑥ 乌墩考古队：《武进乌墩遗址发掘报告》，《通今达古之路——宁沪高速公路（江苏段）考古发掘报告文集》，《东南文化》1994 年增刊。
⑦ 苏州博物馆、张家港市文物管理委员会：《江苏张家港徐家湾新石器时代遗址》，《考古学报》1995 年第 3 期。
⑧ 南京博物院：《江苏吴县草鞋山遗址》，《文物资料丛刊（3）》，文物出版社，1980 年。
⑨ 南京博物院：《江苏吴县张陵山遗址发掘简报》，《文物资料丛刊（6）》，文物出版社，1982 年。
⑩ 南京博物院：《江苏越城遗址的发掘》，《考古》1982 年第 5 期。
⑪ 苏州博物馆、吴江县文物管理委员会：《江苏吴江龙南新石器时代村落遗址第一、二次发掘简报》，《文物》1990 年第 7 期。
⑫ 上海市文物保管委员会：《上海松江县汤庙村遗址》，《考古》1985 年第 7 期。
⑬ 黄宣佩主编：《福泉山——新石器时代遗址发掘报告》，文物出版社，2000 年。
⑭ 上海市文物保管委员会：《上海青浦县金山坟遗址试掘》，《考古》1989 年第 7 期。
⑮ 浙江省文物考古研究所、海宁市博物馆：《海宁达泽庙遗址的发掘》，《浙江省文物考古研究所学刊》，长征出版社，1997 年。
⑯ 北京大学考古学系、浙江省文物考古研究所、日本上智大学联合考古队：《浙江桐乡普安桥遗址发掘简报》，《文物》1998 年第 4 期。
⑰ 浙江省文物考古研究所、海盐县博物馆：《海盐王坟遗址发掘简报》，《崧泽·良渚文化在嘉兴》，浙江摄影出版社，2005 年。
⑱ 孙国平：《海盐窑墩遗址》，《崧泽·良渚文化在嘉兴》，浙江摄影出版社，2005 年。
⑲ 浙江省文物考古研究所：《南河浜》，文物出版社，2005 年。
⑳ 周伟民：《桐乡金家浜遗址发掘简报》，《崧泽·良渚文化在嘉兴》，浙江摄影出版社，2005 年。
㉑ 浙江省文物考古研究所、安吉县博物馆：《安吉安乐第一次发掘简报》《安吉安乐第二次发掘简报》《安吉安乐第三、四次发掘阶段性简报》，《浙北崧泽文化考古报告集（1996～2014）》，文物出版社，2014 年。
㉒ 浙江省文物考古研究所、嘉兴市博物馆：《嘉兴凤桥高墩遗址的发掘》，《崧泽·良渚文化在嘉兴》，浙江摄影出版社，2005 年。
㉓ 王宁远：《嘉兴市高墩坟新石器时代遗址》，《中国考古学年鉴 2002》，文物出版社，2003 年。
㉔ 浙江省文物考古研究所、海盐县博物馆：《海盐仙坛庙遗址的早中期遗存》，《浙北崧泽文化考古报告集（1996～2014）》，文物出版社，2014 年。
㉕ 浙江省文物考古研究所：《海宁杨家角遗址发掘情况简介》，《崧泽·良渚文化在嘉兴》，浙江摄影出版社，2005 年。
㉖ 浙江省文物考古研究所、海宁市博物馆：《海宁东八角漾遗址发掘报告》，《崧泽·良渚文化在嘉兴》，浙江摄影出版社，2005 年。
㉗ 浙江省文物考古研究所、浙江杭州市余杭区文管会：《浙江余杭星桥后头山良渚文化墓地发掘简报》，《南方文物》2008 年第 3 期。

昆山（2004）①、湖州塔地（2004）②、安吉芝里（2005）③、海宁九虎庙（2005、2008）④、长兴江家山（2005）⑤、良渚石马兜（2004、2007）⑥、湖州章家埭（2007）⑦、海盐西长浜（2008）⑧、余杭茅山（2009）⑨、长兴红卫桥（2009）⑩、海宁小兜里（2010）⑪、海宁瑞寺桥（2010）⑫、桐庐方家洲（2010）⑬、海宁皇坟头（2011）⑭、余杭官井头（2013）⑮、余杭张家墩（2013）、海宁酒地上（2013）⑯等遗址。

　　钱塘江以南地区发掘的崧泽文化时期遗址主要有奉化名山后⑰、慈湖⑱、象山塔山（1990、1993、2007）⑲、宁波慈城小东门⑳、鳌架山㉑、舟山孙家山㉒等。近几年，宁波市文物考古研究所还发掘了宁波镇海乌龟山和奉化下王渡、何家、上王等遗址㉓。

　　江苏、上海这一阶段发掘的重要遗址有常州新岗㉔、张家港东山村㉕、江阴南楼㉖、昆山绰墩㉗、

① 浙江省文物考古研究所、湖州市博物馆：《昆山》，文物出版社，2006 年。
② 蒋卫东：《湖州塔地——太湖西南史前序列较完整的遗址》，《浙江考古新纪元》，科学出版社，2009 年。
③ 浙江省文物考古研究所、安吉县博物馆：《安吉芝里遗址的马家浜、崧泽文化遗存》，《浙北崧泽文化考古报告集（1996～2014）》，文物出版社，2014 年。
④ 浙江省文物考古研究所、海宁市博物馆：《海宁九虎庙遗址的崧泽文化遗存》，《浙北崧泽文化考古报告集（1996～2014）》，文物出版社，2014 年。
⑤ 浙江省文物考古研究所、长兴县博物馆：《长兴江家山遗址崧泽文化时期的墓地》，《浙北崧泽文化考古报告集（1996～2014）》，文物出版社，2014 年。
⑥ 浙江省文物考古研究所：《良渚石马兜遗址发掘简报》，《浙北崧泽文化考古报告集（1996～2014）》，文物出版社，2014 年。
⑦ 浙江省文物考古研究所、湖州市文物保护管理所：《湖州章家埭遗址发掘简报》，《浙北崧泽文化考古报告集（1996～2014）》，文物出版社，2014 年。
⑧ 芮国耀：《海盐县西长浜新石器时代及马桥文化遗址》，《中国考古学年鉴 2009》，文物出版社，2010 年。
⑨ 丁品等：《浙江余杭茅山史前聚落遗址第二、三期发掘取得重要收获》，《中国文物报》2011 年 12 月 30 日。
⑩ 浙江省文物考古研究所、长兴县博物馆：《长兴红卫桥遗址发掘简报》，《浙北崧泽文化考古报告集（1996～2014）》，文物出版社，2014 年。
⑪ 浙江省文物考古研究所、海宁市博物馆：《海宁小兜里遗址第一～三期发掘的崧泽文化遗存》《海宁小兜里遗址第四期（东区）发掘的主要收获》，《浙北崧泽文化考古报告集（1996～2014）》，文物出版社，2014 年；《小兜里》，文物出版社，2015 年。
⑫ 浙江省文物考古研究所、海宁市博物馆：《海宁瑞寺桥遗址考古发掘简报》，《浙北崧泽文化考古报告集（1996～2014）》，文物出版社，2014 年。
⑬ 浙江省文物考古研究所、桐庐县博物馆：《桐庐方家洲新石器时代玉石器制造场遗址发掘的主要收获》，《浙北崧泽文化考古报告集（1996～2014）》，文物出版社，2014 年。
⑭ 浙江省文物考古研究所、海宁市博物馆：《海宁皇坟头遗址的崧泽文化遗存》，《浙北崧泽文化考古报告集（1996～2014）》，文物出版社，2014 年。
⑮ 浙江省文物考古研究所：《良渚官井头遗址崧泽文化遗存》，《浙北崧泽文化考古报告集（1996～2014）》，文物出版社，2014 年。
⑯ 浙江省文物考古研究所、海宁市博物馆：《海宁酒地上遗址 2013 年度发掘的崧泽文化遗存》，《浙北崧泽文化考古报告集（1996～2014）》，文物出版社，2014 年。
⑰ 名山后遗址考古队：《奉化名山后遗址第一次发掘的主要收获》，《浙江省文物考古研究所学刊》，科学出版社，1993 年。
⑱ 浙江省文物考古研究所、宁波市文物考古研究所：《宁波慈湖遗址发掘简报》，《浙江省文物考古研究所学刊》，科学出版社，1993 年。
⑲ 浙江省文物考古研究所、象山县文物管理委员会：《象山塔山》，文物出版社，2014 年。
⑳ 浙江省文物考古研究所：《宁波慈城小东门遗址发掘简报》，《东南文化》2002 年第 9 期
㉑ 姚小强、黄渭金：《浙江余姚市鳌架山新石器时代遗址调查》，《考古》1997 年第 1 期。
㉒ 王和平、陈金生：《舟山群岛发现新石器时代遗址》，《考古》1983 年第 1 期。
㉓ 宁波市文物考古研究所发掘资料。
㉔ 常州博物馆：《常州新岗——新石器时代文化遗址发掘报告》，文物出版社，2012 年。
㉕ 南京博物院、张家港市文管办、张家港博物馆：《东山村——新石器时代遗址发掘报告》，文物出版社，2016 年。
㉖ 江苏江阴南楼遗址联合考古队：《江苏江阴南楼新石器时代遗址发掘简报》，《文物》2007 年第 7 期。
㉗ 苏州市考古研究所：《昆山绰墩遗址》，文物出版社，2011 年。

昆山赵陵山①、吴江同里②、苏州澄湖③、宜兴下湾、上海广富林④等。

一大批崧泽文化遗址的发掘，大大丰富了崧泽文化的内容，拓展了我们对崧泽文化认识的广度和深度，同时也弥补了地区之间考古发现的不平衡性，为崧泽文化区系类型、社会发展进程等方面的研究提供了全新的材料。

南河浜遗址是继崧泽遗址之后发现遗迹最为丰富的一处崧泽文化遗址，文化堆积丰厚，在近 1000 平方米的发掘区中，清理了崧泽文化墓葬 92 座，灰坑 23 个，房屋遗迹 7 处，首次揭露了崧泽文化"祭坛"。南河浜遗址贯穿崧泽文化的始终，遗迹和遗物均呈现出发展的延续性和不间断性，树立了崧泽文化分期的标尺，也为崧泽文化类型的划分提供了重要基础。

普安桥遗址由我所与北京大学、日本上智大学联合发掘，在田野考古上取得了重大突破，是崧泽—良渚文化考古的一座里程碑。第一次在野外完整地揭露了土台的营建过程，尤其是对营建—使用—扩建—废弃的过程取得了重大突破。在单元遗迹方面如"活动面"的确认和解释、墓葬封土和棺椁结构的揭示、土台与房子的关系、土台的拓展及其与墓葬的关系、土台之间的关系等均提升到了前所未有的认识高度⑤。之后发掘的海盐仙坛庙（图 2 - 44）和海宁小兜里、酒地上、皇坟头等遗址均表明了这种聚落模式和演变过程在这一时期这一地区的普遍存在，它们为解析史前社会组织结构提供了科学样本。

余杭石马兜遗址 2004 年、2007 年两次发掘共清理灰坑 24 个，崧泽文化墓葬 83 座，良渚文化墓葬 1 座，另发现崧泽时期可能与石器加工有关的作坊遗迹 1 处。石马兜遗址是目前良渚遗址群中发现的唯一一处完整贯穿崧泽文化各个阶段的遗址，填补了这一地区史前文化链条上的缺环，为探讨良渚文化在这一地区的缘起提供了又一条重要的线索。而良渚遗址群南部大雄山麓发现的官井头遗址，崧泽文化晚期至良渚早期不曾间断，特别是早期贵族墓葬的发现，改变了以往对于良渚遗址群早期阶段基本格局的认识。加之吴家埠、庙前、后头山、茅山、玉架山等遗址，它们共同构成了良渚遗址群崛起的文化源头和历史基础。

浙西北湖州地区地理环境特殊，西枕天目山，东部面向广袤的嘉兴平原，处于浙西丘陵向东部平原的过渡地带，同时也是浙北通往宁镇地区和皖南的重要通道。这一地区考古工作起步虽较早，但自 1957 年邱城遗址发掘后，一直少有工作。1996 年以来，安乐、芝里、昆山、塔地、江家山（图 2 - 45）等一批遗址的发掘，为崧泽文化研究积累了重要资料。首先，丰富了崧泽文化的内涵，且这一地区的文化遗存具有显著的地区特色，确立了一个新的崧泽文化类型。其次，这些遗址的发掘表明，崧泽文化时期，这一地区聚落和人口比较繁盛，而进入良渚文化时期，聚落则寥寥无几，这为我们动态地考察这一地区的社会变迁及宏观地考察与周边地区的社会关系提供了不可多得的样本。

---

① 南京博物院：《赵陵山——1990～1995 年度发掘报告》，文物出版社，2012 年。
② 苏州博物馆等：《江苏吴江同里遗址发掘报告》，《苏州文物考古新发现——苏州考古发掘报告专辑（2001～2006）》，古吴轩出版社，2007 年。
③ 苏州博物馆等：《苏州澄湖遗址发掘报告》，《苏州文物考古新发现——苏州考古发掘报告专辑（2001～2006）》，古吴轩出版社，2007 年。
④ 广富林考古队：《2010 年广富林遗址发掘再获丰硕成果》，《中国文物报》2011 年 5 月 6 日第 4 版。
⑤ 浙江省文物考古研究所：《浙江省文物考古研究所学刊》第八辑（纪念良渚遗址发现七十周年学术研讨会文集）"序"，科学出版社，2006 年。

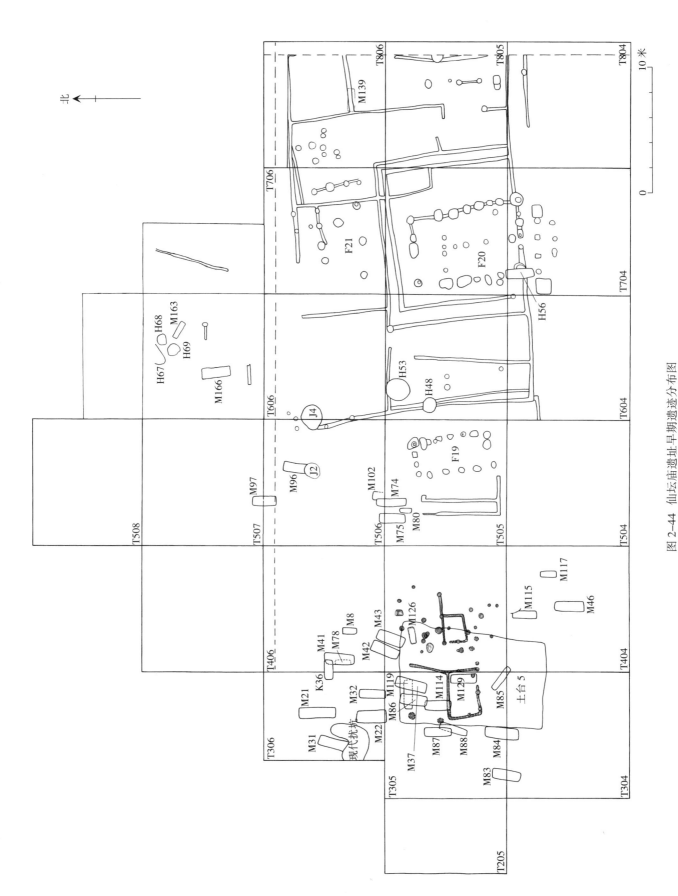

图 2-44　仙坛庙遗址早期遗迹分布图

（涂灰部分为⑩层下遗迹；土台 5 及东部建筑 F19~F21 及沟槽为⑧层下开口，打破⑩层；其余墓葬皆⑥、⑦层下开口）

图 2 - 45   长兴江家山遗址崧泽文化墓地一角

张家港东山村遗址是崧泽文化近二十年来最为重要的发现,贵族墓葬、居址与小型墓葬分区布局,揭示了高等级聚落的模式结构,特别是高等级墓葬的发现,不但表明长江下游地区社会分化的时间早,而且也显示了崧泽文化发展进程中各地区之间巨大的不平衡性,为研究长江下游地区的史前文化交流和探讨良渚文明的历史源头提供了新资料。

宜兴下湾遗址发现了多座崧泽文化晚期的"土墩墓",即人工堆筑土墩,于土墩上四周埋设墓葬,因而形成了西周时期土墩墓的形式。尽管文化面貌与浙西的崧泽文化昆山类型基本一致,但墓葬这一独特的处理形式是崧泽文化的首次发现,为讨论崧泽文化晚末期的社会组织结构甚至家庭人口规模都提供了宝贵的资料。

三 研究与认识

四十年来,学者们对崧泽文化进行了一系列探索性研究,大概可以归纳为以下几个方面:

(一) 文化特征

崧泽文化早期陶器群以三足器、平底器为主;圈足器其次,主要为豆;圜底器很少,主要为釜。陶器组合比较简单,主要有鼎、釜、豆、罐、壶,辅以少量盆、钵、匜、盉、澄滤器等(图 2 - 46)。鼎多为垂腹釜形鼎或圆腹鼎,各地鼎足形态有所差别;豆常见敛口折腹和敞口折腹的喇叭形高把豆和亚腰形高把豆，豆把上流行以弦纹带分层，层内空白处施纵向划线和镂孔；罐多圆腹和折腹，平底；壶有长颈圆腹、折腹和折肩折腹等几种形态，均平底；盆，一般平底，以敞口曲腹为典型特征；盉，小口，弧肩，折腹，带把，下安三足。

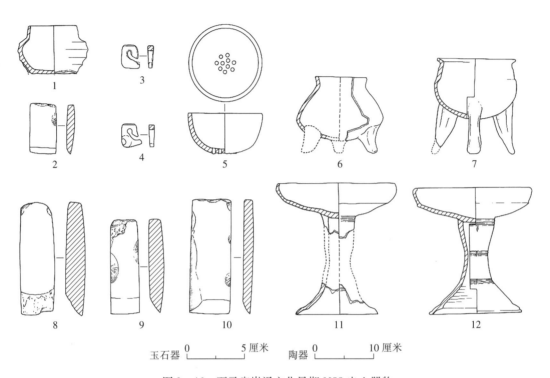

图 2 - 46　石马兜崧泽文化早期 M55 出土器物
1. 陶罐　2、8～10. 石锛　3、4. 玉玦　5. 陶甑　6、7. 陶鼎　11、12. 陶豆

　　崧泽文化晚期是文化的大发展时期，陶器数量大增，器类推陈出新，器形也富于变化，呈现一派繁荣的景象（图 2 - 47）。鼎、豆、罐、壶依然是此期主要的器类成员，但各类陶器的数量远远超过早期，且器类有了细致的分化，如盆形鼎的出现打破了崧泽文化早期釜形鼎独当一面的单一化格局，矮宽把豆在豆类中的比例较早期大大提高。杯大量涌现，成为主要器类成员之一。陶系也发生了明显的变化，泥质灰陶的比重大大增加，而红陶的比例明显下降，泥质灰陶绝大部分为饮食器、盛储器，这部分陶器常见黑陶衣，鼎、甑等炊器及罐等少数盛储器为粗泥或夹砂红褐陶。

　　鼎仍以釜形鼎为主流，鼎身向圆球形腹发展；鼎足以铲形为主，余杭地区、嘉兴地区釜形鼎绝大多数为鱼鳍形足，而环太湖的其他地区普遍见有铲形足鼎。盆形鼎，在崧泽文化晚期占有很大的比例，鼎足有铲形、凿形、鱼鳍形，因地区而异，各有侧重，鼎腹上部常见弦纹或在腹、底交接处黏附一周附加堆纹。豆有高把豆、矮宽把豆两种，流行三段式喇叭形豆把，且豆把上普遍施弦纹、镂孔、刻划纹等装饰，以圆与弧边三角组合图案的镂孔为鲜明的时代特征。折腹与圈足是此期壶、罐最为显著的风格。盆仍以侈口曲腹平底盆最为常见。杯形式繁多，主要有觚形杯、深腹蛋形杯等几种形式。

　　崧泽文化末期，陶器群再次发生了显著的变化（图 2 - 48）。釜形鼎主要有圆腹、筒形腹和半圆状的锅底形腹，盆形鼎腹较浅，流行在釜形鼎、盆形鼎的腹部黏附一周泥条。鼎足，太湖腹

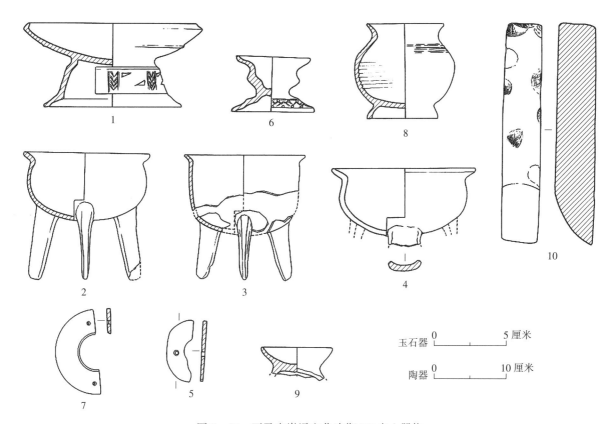

图 2 - 47　石马兜崧泽文化晚期 M7 出土器物
1、6. 陶豆　2～4. 陶鼎　5、7. 玉璜　8. 陶罐　9. 陶鼎盖（残）　10. 石锛

地盛行凿形足和铲形足，而余杭地区仍以鱼鳍形足为主，少见凿形足。豆以细高把凸棱豆最具代表性。另一种代表性器物是圈足盘，可能是由早期的矮宽把豆演化而来，其主要特征是假腹，矮圈足，圈足上继续盛行施三角形与圆形组合图案的镂孔。蛋形杯、筒形杯依然流行，常见花瓣足。大口尊的出现与流行是此期又一个重要特点，其典型特征是直口、深腹、圜底或尖底，口沿下施数周凹弦纹，弦纹下拍印斜向的篮纹。另外，此期陶器的质地也发生了明显的变化，余杭地区崧泽文化末期的炊器普遍开始流行夹砂质，太湖流域其他地区的遗址中也常见夹砂陶，但墓葬中的炊器仍为粗泥陶。

（二）文化分期与区系类型

牟永抗在《马家浜文化和良渚文化——太湖流域原始文化的分期问题》①一文中，提出良渚、崧泽、马家浜为环太湖流域新石器文化的三个发展阶段，并对三个阶段的文化内涵、发展关系作了初步总结和探究。

黄宣佩较早讨论了崧泽文化的分期②，之后王仁湘系统地讨论了崧泽文化的分期、特征、年代、文化关系等问题③。赵辉以崧泽墓地为麻雀进行解剖，梳理了其陶器群的演变，很大程度上也代表了

① 牟永抗、魏正瑾：《马家浜文化和良渚文化——太湖流域原始文化的分期问题》，《文物集刊（1）》，文物出版社，1980 年。
② 黄宣佩：《略论崧泽文化的分期》，《中国考古学会第三次年会论文集》，文物出版社，1981 年。
③ 王仁湘：《崧泽文化初论——兼论长江三角洲地区新石器文化相关问题》，《考古学集刊（4）》，中国社会科学出版社，1984 年。

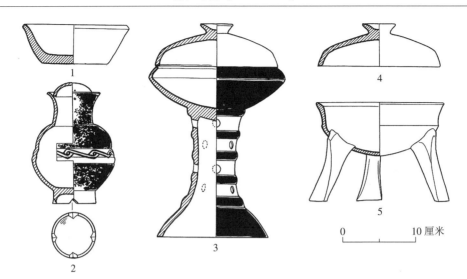

图 2-48 仙坛庙崧泽文化末期 M5 出土陶器
1. 盆 2. 壶 3. 豆 4. 器盖 5. 鼎

崧泽文化陶器的演变①。

随着崧泽文化材料的积累，学者们对崧泽文化的分期、类型及文化谱系开始了新的探索和更为细致的梳理。方向明将崧泽文化分为四个区块：Ⅰ区，以崧泽中层、福泉山崧泽文化墓葬、草鞋山第六层、张陵山下层墓为代表的区块类型；Ⅱ区，以吴家埠为代表的区块类型；Ⅲ区，以龙南一、三期为代表的区块类型；Ⅳ区，以徐家湾、钱底巷为代表的太湖北部近长江的区块类型，并指出崧泽文化与良渚文化存在着密切的关系②。后修订为"苏南沪沿江平原类型""浙北平原类型""浙北山地类型"三个类型。他通过对鼎、豆、壶、杯等典型陶器的梳理并结合若干典型遗址的地层关系和测年数据，将崧泽文化分为四期，绝对年代跨度大致在公元前 3800 年至公元前 3100 年③。

刘斌以南河浜遗址资料为基础，结合其他遗址的崧泽文化遗存进行综合分析，将崧泽文化分为早、晚两期五段，总结了各阶段的文化内涵和器物特征，讨论了崧泽文化的绝对年代，将其断定在距今 6000～5100 年。他将崧泽文化晚期分为太湖以北的长江沿岸地区、太湖东南岸地区、杭州余杭地区，并对崧泽文化与良渚文化的分界提出了自己的看法④。

鉴于刘斌分期方案中崧泽文化晚期五段考古学文化面貌的变化并结合这一时期聚落与社会的变化，仲召兵主张将这一段独立出来，从而将崧泽文化分为早期、晚期、末期三个阶段，并对各阶段的文化因素进行了分析和总结⑤（图 2-49）。

---

① 赵辉：《崧泽墓地随葬陶器的编年研究》，《东南文化》2000 年第 3 期。
② 方向明：《马家浜—良渚文化若干问题的探讨》，《纪念浙江省文物考古研究所建所二十周年论文集（1979～1999）》，西泠印社，1999 年。
③ 方向明：《崧泽文化再探索》，《东方博物》第五辑，浙江大学出版社，2000 年。
④ 刘斌：《崧泽文化的分期及与良渚文化的关系》，《庆祝张忠培先生七十岁论文集》，科学出版社，2004 年。
⑤ 仲召兵：《长江下游地区崧泽文化圈的形成》，《东方考古》第 11 辑，科学出版社，2014 年；《环太湖地区崧泽文化末期考古学文化面貌及聚落的变迁——兼谈崧泽文化与良渚文化的分界》，《东南文化》2013 年第 3 期。

　　崧泽文化发展为良渚文化是大家的共识，大家也都认识到以浅腹盆形鼎、凸棱高把豆、假腹圈足豆、花瓣足杯与壶为代表的阶段是崧泽文化与良渚文化的分水岭，但各地文化嬗变的进程有缓急，物质文化面貌的表现形式也不一样，对于这些文化遗存的文化归属往往陷入两难。所以，有学者权宜地将这一阶段称为"崧泽文化与良渚文化的过渡阶段"①。丁品认为"良渚遗址群"区与太湖以东苏南区在崧泽文化向良渚文化转变过程中存在不同的方式②。

　　关于崧泽文化的来源，传统观点一般认为是由马家浜文化发展而来，但也有不同的意见。张照根、陈杰都认为崧泽文化的形成，除了原有的来自马家浜文化的传统外，更多的是来自皖江流域甚至长江中游的文化影响③。

　　（三）文化交流与文化关系

　　从河姆渡文化发现以来，钱塘江两岸的史前文化关系一直是学者们不可回避的问题。刘军等在1994年召开的"河姆渡文化国际研讨会"上，明确提出"河姆渡的第三、第四期文化含有明显的马家浜文化和崧泽文化的因素"④。鉴于钱塘江以南地区与太湖地区史前文化的深度融合，蒋乐平提出了"塔山文化"的概念⑤。丁品比较了崧泽文化时期钱塘江两岸文化遗存的关系，认为钱塘江南岸自马家浜文化以来越来越强烈地受到了太湖地区古文化的影响，但从陶系、陶器群及墓葬特征等方面看，文化面貌与崧泽文化有明显差异，这种差异构成了两支原始文化间的主流⑥。

　　尽管表述不同，但大家对钱塘江两岸史前文化的发展方向与发展趋势都持一致意见，可以说崧泽文化时期钱塘江南岸越来越"崧泽化"。从考古学文化面貌的变化及聚落数量的增加，都可以看出太湖地区人口向钱塘江南岸的迁徙。近两年宁波地区发掘的奉化下王渡、何家、上王等遗址都是很好的注解，这些遗址集中出现于崧泽文化晚末期，这与崧泽文化晚期特别是末期聚落的裂变和人口的迁徙直接相关。到了良渚文化时期，钱塘江南岸则完全"良渚化"了，浦江查塘山背⑦、桐庐小青龙⑧、富阳瓦窑里都表现出典型的良渚文化特征。

　　崧泽文化与太湖周边其他地区文化的关系有不少学者专文论述⑨。通过与太湖周边地区诸考古学文化的比较，可以发现崧泽文化不断向外运动的过程，同时太湖地区也受到了周边地区的影响。到了崧泽文化晚期，在长江下游地区形成了以太湖地区为核心，南括宁绍平原、北跨淮河、西抵鄂东的文化

---

①　宋建：《关于崧泽文化至良渚文化过渡阶段的几个问题》，《考古》2000年第11期。

②　丁品：《试论崧泽文化向良渚文化的转变》，《良渚文化研究——纪念良渚文化发现六十周年国际学术讨论会文集》，科学出版社，1999年。

③　张照根：《太湖流域史前文化的发展序列》，《苏州博物馆建馆四十周年纪念文集》，《东南文化》2000年增刊。陈杰：《崧泽文化的形成》，《崧泽文化学术研讨会论文集》，文物出版社，2016年。

④　刘军等：《宁绍地区新石器时代文化若干问题》，《河姆渡文化研究》，杭州大学出版社，1998年。

⑤　蒋乐平：《塔山下层墓葬与塔山文化》，《东南文化》1999年第6期。

⑥　丁品：《钱塘江两岸新石器时代晚期文化关系初论》，《纪念浙江省文物考古研究所建所二十周年论文集（1979～1999）》，西泠印社，1999年。

⑦　浙江省文物考古研究所、诸暨博物馆、浦江博物馆：《楼家桥、查塘山背、尖山湾》，文物出版社，2010年。

⑧　浙江省文物考古研究所、桐庐博物馆：《小青龙》，文物出版社，2017年。

⑨　郝明华：《苏皖江北地区的崧泽文化因素》，《东南文化》2001年第5期。张敏：《环太湖地区原始文化的思考》，《庆祝张忠培先生七十岁论文集》，科学出版社，2004年。栾丰实：《崧泽文化向北方地区的扩散》，《崧泽文化学术研讨会论文集》，文物出版社，2016年。

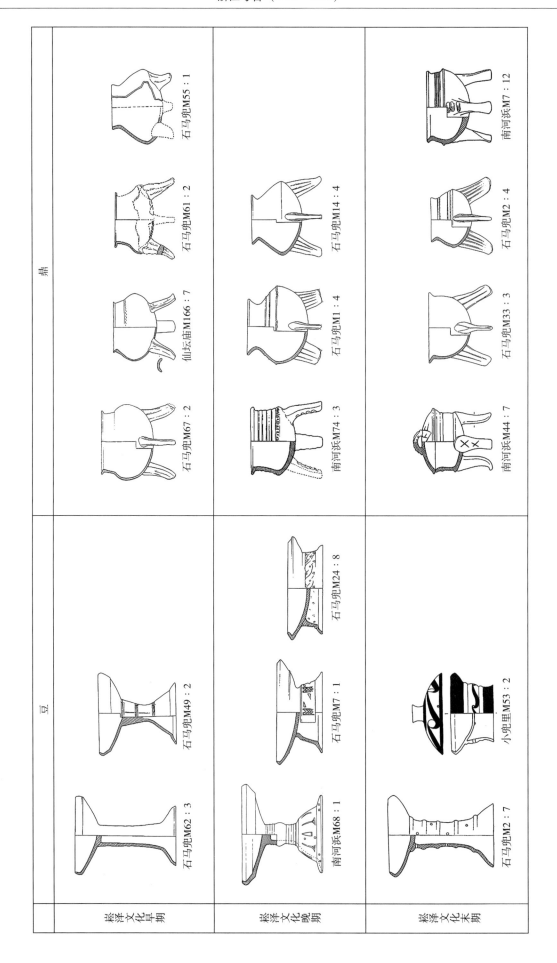

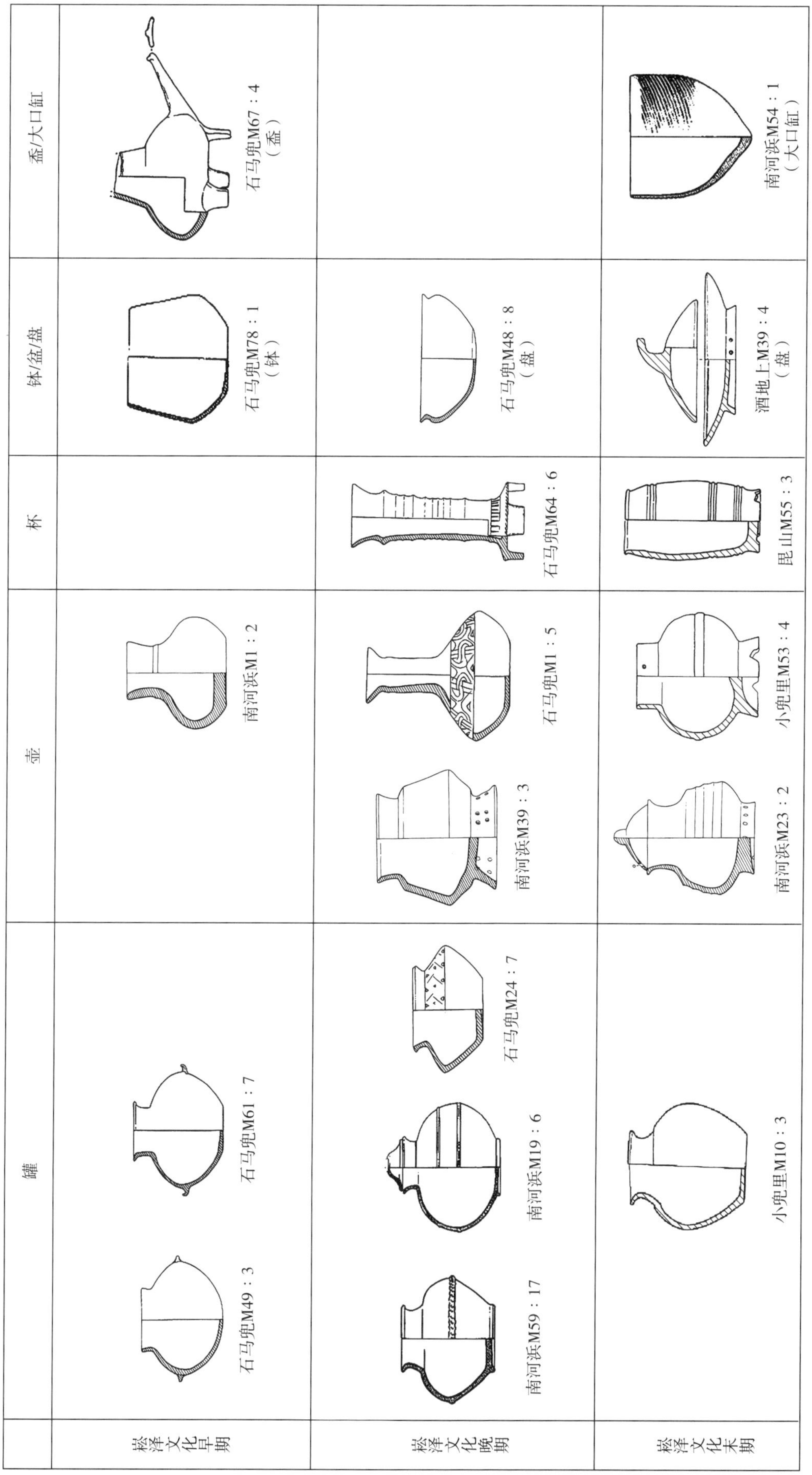

	罐	壶	杯	钵/盆/盘	盉/大口缸
崧泽文化早期	石马兜M49：3　　石马兜M61：7	南河浜M1：2		石马兜M78：1（钵）	石马兜M67：4（盉）
崧泽文化晚期	南河浜M59：17　南河浜M19：6　石马兜M24：7	南河浜M39：3　石马兜M1：5	石马兜M64：6	石马兜M48：8（盘）	
崧泽文化末期	小兜里M10：3	南河浜M23：2　小兜里M53：4	昆山M55：3	酒地上M39：4（盘）	南河浜M54：1（大口缸）

图2-49　浙北崧泽文化陶器分期图

丛体，这一文化丛体以崧泽文化为普遍特征，可称之为"崧泽文化圈"或"崧泽文化群"①。正如刘斌所述，崧泽文化时代是一个文化融合的时代，是一个开放的、交流的、和平共处的时代，也同样是一个个性张扬的时代②。仲召兵对崧泽文化圈形成的原因及其意义进行了初步的探讨③。

（四）聚落与社会

20世纪90年代以来，聚落考古学的理念与方法在全国推行开来，它的直接使命就是复原和重建古代社会。所以，当普安桥、仙坛庙这样的聚落形成过程和聚落模式被揭示以后，讨论当时的社会组织、社会结构等社会关系问题也就水到渠成。首先，聚落数量从崧泽早期到末期持续增加，各个阶段都存在明显的人口裂变和迁徙的浪潮。其次，从墓地规模与结构上看，崧泽早期、晚期流行大片的公共墓地，墓葬数量动辄数百，墓地内分组，墓组之间看不出明显的社会分化；崧泽末期，墓葬与房址常共处于人工堆筑的土台之上，各组墓葬数量一般不超过10座，且有规律地分布在房屋的东、西两侧，这时，墓组之间拥有的财富和社会地位出现了分化。仙坛庙遗址为浙北地区已发掘的崧泽—良渚聚落遗址中聚落结构形态及其阶段性演变过程最清晰完整的一处，它存在四级结构形式，即单个土台、土台组、成排土台、整个聚落。一个土台与一个核心家庭对应。在聚落内部是按照严格的血缘关系组织的，它的发展分化也基于聚落内部扩大家庭或小家族之间的力量对比来体现④。秦岭对环太湖地区史前社会结构进行了纵向考察，认为环太湖地区的社会结构在崧泽—良渚之际发生了较大的变革，"相当于崧泽时期公共墓地内的一个墓群规模的基层单元分裂出来，成为日常生活的最基本的单位……社会分化主要体现在社群之间而不是社群内部"⑤。崧泽文化时期，特别是晚期以降，由于环境的好转、人口的增加，为了发展农业和寻求生存空间，人口大规模向浙北平原迁徙集聚，为了适应沼泽地区的地理环境，人们堆土筑台，萦水环绕，于土台上营建生死世界，鳞次栉比的台型聚落成为崧泽文化晚末期浙北平原上随处可见的人文景观。

崧泽文化末期，另一个重要的社会结构变化是，男性在社会中逐渐占据了主导地位，具体表现为男性墓葬中基本都有一件石钺，自此，男性墓葬中随葬石钺固定化、程式化，以上变化都对后续良渚文化产生了重大影响。

（五）地理与环境

太湖地区是地理环境变化极度敏感的区域，把史前遗址与史前文化的发展放在古代环境变迁中去认识是史前考古研究的一条重要道路。古地理与古环境是这条道路上并驾齐驱的两个轮子。孢粉分析是复原古代环境的重要手段之一，早在1974年崧泽遗址第二次发掘时，就结合环境学科，通过孢粉的采集和分析，了解当时的植物资源和气候环境⑥。之后，吴江龙南⑦、昆山绰墩、嘉兴南河浜等许多遗址都进行了孢粉分析。综合各家的认识，崧泽文化早期，气候温暖湿润，水域面积比较大。崧泽文化晚期（距今约5500年），长江中下游地区经历了降温事件，气候转向干凉，湖泊、沼泽面积减少，陆

① 仲召兵：《长江下游地区崧泽文化圈的形成》，《东方考古》第11辑，科学出版社，2014年。
② 刘斌：《崧泽文化的分期及相关问题》，《崧泽之美——浙江崧泽文化考古特展》，浙江摄影出版社，2014年。
③ 仲召兵：《崧泽文化圈形成的原因及其意义》，《崧泽文化学术研讨会论文集》，文物出版社，2016年。
④ 王宁远：《崧泽文化早晚期聚落内部结构的演变——以仙坛庙遗址为例》，《崧泽之美——浙江崧泽文化考古特展》，浙江摄影出版社，2014年。
⑤ 秦岭：《环太湖地区史前社会结构的演变》，北京大学博士研究生学位论文，2003年。
⑥ 王开发等：《崧泽遗址的孢粉分析研究》，《考古学报》1980年第1期。
⑦ 萧家仪：《江苏吴江龙南遗址孢粉组合及其环境考古意义》，《环境考古研究》（第一辑），科学出版社，1991年。

地面积扩大。不少学者通过对古地理的复原和重建，探讨长江下游地区新石器时代聚落和文化的形成与变迁①。对崧泽文化时期的稻作遗存和稻作农业也进行了初步探索②。

（六）手工业技术

崧泽文化时期，制陶业、玉石器加工业、制漆业都较之前有了很大的进步，为良渚文化发达的手工业奠定了基础。

陶器群面貌由红转灰，泥质陶的比例增加，器形也更加规整，结合陶器上的工艺痕迹，可知崧泽文化时期已经开始出现了轮制技术和密闭窑室的制陶技术。

崧泽文化玉器无论从数量还是工艺上，都表现出了典型的过渡性特征。在材质上逐步确立了以透闪石玉为主体的地位，器类主要有璜、镯、管、不规则几何形坠饰，早期有较多的玦，形制多样，璜主要为条形和桥形。晚期，玦数量减少，以璜为主类，流行半璧形璜，新出现环璧、隧孔珠、龙形玉雕，少数遗址出现玉钺。从功能上看，崧泽玉器从早期简单的装饰品（图2-50）发展到了晚期表明身份和地位的玉礼器。从工艺上看，崧泽晚期玉器以片状为总体特征，说明切割技术有了巨大进步。桐庐方家洲遗址是长江流域发现的第一处大型的专业性玉石生产制造场遗址，清晰地揭示了崧泽文化时期玉玦、玉管、玉璜、石锛等器的操作链，

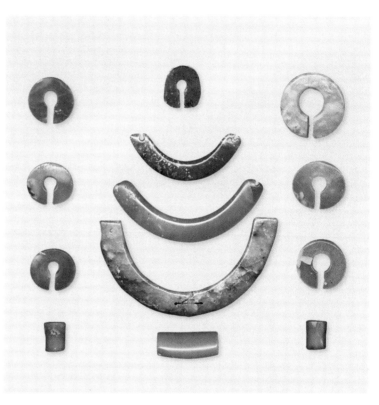

图2-50　仙坛庙崧泽文化早期玉器

以琢打为主的石英材质玉器和这一阶段共存的以解玉砂为介质切割修治的透闪石软玉材质玉器形成了鲜明的反差，方家洲遗址的新发现无疑为早期玉器工艺和玉石分野研究提供了第一手资料③。刘斌、方向明对崧泽文化玉器的特征与演变做过精当的总结，并从玉器种类、功能、工艺、纹饰等方面阐述了崧泽玉器对良渚玉器的关系与影响。两人均指出崧泽龙首纹与良渚神人兽面纹之间存在密切的联系，方向明还指出崧泽晚期陶器上流行的圆和弧边三角组合纹样被嫁接引用到了良渚兽面大眼上，

①　蔡保全：《杭州湾两岸新石器时代文化与环境》，《厦门大学学报（哲学社会科学版）》2001年第3期。王张华、陈杰：《全新世海侵对长江口沿海平原新石器遗址分布的影响》，《第四纪研究》2004年第5期。高蒙河：《长江下游考古时代的环境研究》，复旦大学出版社，2005年。

②　郑云飞等：《太湖地区部分新石器时代遗址水稻硅酸体形状特征初探》，《中国水稻科学》1999年第1期。萧家仪：《江苏张家港东山村遗址古稻作与古环境》，《环境考古研究》（第二辑），科学出版社，2001年。

③　浙江省文物考古研究所、桐庐博物馆：《桐庐方家洲新石器时代玉石器制造场遗址发掘的主要收获》，《浙北崧泽文化考古报告集（1996~2014）》，文物出版社，2014年。

小型环璧是良渚文化玉璧的前身，并探讨了崧泽玉器与宁镇、古芜湖地区玉器之间的亲缘关系①。王宁远考察了嘉兴地区崧泽玉器的演变②。也有学者专门就崧泽文化的玉璜、玉雕龙进行了探讨③。

相对于陶器、玉器，崧泽文化的石器研究相对较少。石器种类主要有锛、凿、钺，晚末期出现犁和耘田器。从工艺方面看，崧泽先民对石器材质与功能的配伍关系的认识有了进步，片切割、线切割的运用更加熟练，到了晚期，器形变得更薄。刘斌认为石锛、石凿的早晚期也有明显的发展，特征主要表现在锛和凿的侧立面变化。在早期，锛和凿的上端一般较薄，下端略厚；晚期恰恰相反，一般上厚下薄④。钺早期近长梯形，晚期向矮宽发展，长宽比例在缩小。很多学者对石犁的功能进行了研究，有"石犁说"⑤"石耜说"⑥"锄具说"⑦"铲、刀说"⑧，观点不一，目前还没有达成共识。

关于制漆技术，崧泽晚末期的一些陶器上常见红底黑彩构图，说明至迟到崧泽文化时期，先民已经熟练地掌握了制漆髹漆技术，而且分为红漆、黑漆、黄漆等，但漆器的成分与加工方法尚不得而知。

图2-51　崧泽文化人首壶
（嘉兴博物馆藏）

（七）崧泽社会的若干特质

崧泽时期留下了大量的各种形式的美术作品，出现了一批造型各异、充满了想象力和创造力的陶器（图2-51、2-52）。陶器装饰手法多样，特别是晚期流行的圆和弧边三角组合的镂孔，似乎在表达一种旋动不息的观念，其间也流露出自由奔放。不规则几何形片状玉饰，虽是因材制宜，但与自由的社会风气也不无关系。赵辉认为，崧泽最大量的图像资料在陶器上，陶器纹饰以及象形表达的是日常的普通事物，在对具象事物如实摹写的同时，不失幽默诙谐，形成了特征鲜明的"崧泽风格"。"崧泽风格"反映了崧泽社会基层生活受约束程度不大，至少在意识形态方面是如此。但由于缺乏崇拜对象的具体形象，我们只能推测崧泽的信仰是更贴近自然崇拜的原始宗教阶段。"崧泽风格"，则是这种宗教意识形态下的社会日常生活的写照⑨。刘斌也指出，崧泽文化所处的时代是中国史前时期一个充满活力的阶段，从许多器物造型与装饰的特征中，我们可以感受到那种自然流畅与自由的个性，这在一定程度上体现了当时社会系统

① 刘斌：《崧泽文化与良渚文化玉器的比较研究》，《海峡两岸古玉学会议论文专辑（Ⅰ）》，台湾大学理学院地质科学系，2001年。方向明：《崧泽文化的玉器》，《崧泽之美——浙江崧泽文化考古特展》，浙江摄影出版社，2014年。
② 王宁远：《嘉兴地区崧泽玉器的分期观察》，《玉魂国魄——中国古代玉器与传统文化学术讨论会论文集（五）》，浙江古籍出版社，2012年。
③ 杨晶：《长江下游三角洲地区史前玉璜研究》，《考古与文物》2004年第5期。朱乃诚：《崧泽文化半璧形玉璜研究》；邓淑萍：《探索崧泽——良渚系"龙首饰"》，《崧泽文化学术研讨会论文集》，文物出版社，2016年。
④ 浙江省文物考古研究所：《南河浜》，文物出版社，2005年。
⑤ 牟永抗、宋兆麟：《江浙的石犁和破土器——试论我国犁耕的起源》，《农业考古》1981年第2期。
⑥ 季曙行：《"石犁"辨析》，《农业考古》1987年第2期。
⑦ 方向明：《长江下游新石器时代晚期的石犁及其相关问题》，《岭南考古研究13》，中国评论学术出版社，2013年。
⑧ 刘莉等：《新石器时代长江下游出土的三角形石器是石犁吗？——昆山遗址出土三角形石器微痕分析》，《东南文化》2013年第2期。孙瀚龙：《"石犁"的实验考古研究与微痕分析》，《崧泽文化学术研讨会论文集》，文物出版社，2016年。
⑨ 赵辉：《从"崧泽风格"到"良渚模式"》，《权力与信仰》，文物出版社，2015年。

的自由开放①。

多样性与不平衡性是崧泽文化社会的另一个重要特点。学者们基于文化转变提出的崧泽文化向良渚文化转变的两种不同模式，基于考古学文化面貌提出的崧泽文化诸类型，都体现了崧泽文化的多元性、多样性。这种多样性也体现在聚落形态的不同，浙北嘉兴地区崧泽末期墓葬多分布在居址两侧，而宜兴下湾遗址则采取了"土墩墓"的形式。崧泽文化内部各区域的社会进程存在明显的不平衡性，崧泽文化早期张家港东山村贵族大墓体现的社会进程要远远领先于其他地区，在崧泽文化向良渚文化转变的过程中，各地也步调不一。

图 2 - 52　江家山崧泽文化墓葬 M225 陶壶

总之，从种种现象，我们可以捕捉到崧泽社会自由、开放、多样与不平衡的特质。

四　问题与展望

2014 年 10 月 9 日至 13 日，为了向学界汇报和展示崧泽文化的考古成果，推动和深化崧泽文化研究，由浙江省文物考古研究所组织，在杭州召开了"崧泽文化学术研讨会"，编写出版了《浙北崧泽文化考古报告集》，并与良渚博物院合办了"崧泽之美——浙江崧泽文化考古特展"，并出版《崧泽之美》展览图录和《崧泽文化学术研讨会论文集》。这次会议是自崧泽文化命名以来，首次以崧泽文化为专题的大型学术会议，对深化和推动崧泽文化的研究产生了重要的历史影响。回顾四十年来的考古工作，我们对崧泽文化认识的广度和深度都有了较大的拓展和提升，但也还有许多方面需要今后去突破。

（1）崧泽文化的大发展、大繁荣应该是以适宜的农业基础为支撑的。目前，我们对崧泽时期的农业还了解太少，对动物资源的利用情况更加少，今后应该加强这方面的研究。据报道，目前已在江苏澄湖遗址②和上海广富林遗址发现了崧泽文化时期的水田，浙江也有条件在水田方面取得突破。

（2）对于手工业，我们目前的认识主要还局限在技术层面，更为重要的应是社会层面，包括手工业产品生产的分工及流通的网络和机制。崧泽文化与良渚文化有着基本相同的分布区，资源的地区不平衡性问题同样存在，特别是玉石器资源的流通问题，崧泽文化各地区的玉石器资源流通是什么机制？这一机制与良渚文化有什么异同？是什么原因促成了这种异同？这是探讨环太湖地区社会演进不可回避的问题。

（3）良渚文化所取得的文明成就代表中华早期文明的高度，良渚何以良渚？从历史主义的角度看，我们需要在更长程的背景中去寻求答案。良渚文明的形成，不仅仅是对崧泽文化物质与技术的继承和发展，它的社会特质、运行机制有着"基因"的规定性，这种"基因"应该到崧泽文化及同时期的周边文化中去寻找，这也是目前"考古中国——长江下游区域文明模式研究——从崧泽到良渚"项目的目标之一。

（执笔：仲召兵）

①　刘斌：《崧泽文化的分期与良渚文化的关系》，《庆祝张忠培先生七十岁论文集》，科学出版社，2004 年。
②　丁金龙、张铁军：《澄湖遗址发现崧泽文化水稻田》，《中国文化遗产》2004 年第 1 期。

良渚文化和良渚文明

一　概况

从 1936 年至今，良渚文化的发现和研究历史已走过 80 余年。良渚文化是中国新石器时代晚期的一支重要考古学文化，距今 5300～4300 年。其核心分布区为面积约 3.65 万平方千米的环太湖地区，向北可扩展至江淮地区、宁镇地区，向南可达金衢盆地、宁绍地区，目前已发现良渚文化遗址 1000 余处（图 2-53）。浙北地区良渚文化遗址分布相当密集，自 1979 年浙江省文物考古所建所以来，良渚文化的考古发掘和研究就成为我所的工作重点，取得了相当丰硕的成果。基于良渚古城遗址和良渚玉器的研究成果，良渚文明和早期国家的研究日益成为国内外学术界的重要关注点。本文拟从发现与研究、年代与分期、分布与分区、生计与经济、聚落与社会、墓地与葬俗、艺术与宗教、文明与国家等方面重点对我所在良渚文化发现和研究中取得的成果进行综述，以供学术界参考和指正。

二　发现与研究

刘斌将良渚文化的发现与研究历史大体分为发现与命名（1936～1972 年）、区系的建立及社会认知与文明起源的研究（1972～2006 年）、良渚古城与五千年王国的研究（2006 年至今）三个阶段①。本文按照这一阶段划分方案来论述良渚文化考古的历程。

（一）第一阶段（1936～1972 年）

1936～1937 年，浙江省西湖博物馆的施昕更在良渚进行了调查和三次试掘，确认了 12 个遗址点，并很快在 1938 年出版了报告②，这是长江流域史前考古工作的重大突破。新中国成立后，陆续发掘了老和山（1953）、双桥（1953）、仙蠡墩（1954）③、朱村兜（1955）、邱城（1957～1958）、水田畈（1959）等遗址（按：浙江的考古资料在文章第四节中有系统介绍，在此不重复注释），以上遗址除了仙蠡墩外均属浙江省。根据这些发现，夏鼐于 1959 年提出了"良渚文化"的命名，并成为学术界的共识。1959 年之后，良渚文化的遗址在江浙沪为中心的长江下游普遍发现，并对部分遗址进行了发掘，如浙江发掘了苏家村（1963）等遗址，上海发掘了马桥（1960、1966）④、广富林（1961）⑤，江苏发

---

①　刘斌：《神巫的世界——良渚文化综论》，浙江摄影出版社，2007 年；《良渚考古八十年》序一，文物出版社，2016 年。

②　施昕更：《良渚——杭县第二区黑陶遗址发掘报告》，浙江省教育厅出版，1938 年。稍晚，何天行也在良渚做过调查，发表《杭县良渚镇之石器与黑陶》，上海吴越史地研究会，1937 年。

③　朱江等：《江苏无锡仙蠡墩发现古遗址及汉墓》，《文物参考资料》1955 年第 1 期。江苏省文管会：《江苏无锡仙蠡墩新石器遗址清理简报》，《文物参考资料》1955 年第 8 期。

④　上海市文物保管委员会：《上海马桥遗址第一二次发掘》，《考古学报》1978 年第 1 期。

⑤　上海市文物保管委员会：《上海市松江县广富村新石器时代遗址试探》，《考古》1962 年第 9 期。

图 2-53　环太湖地区良渚文化遗址分布图

掘了梅堰 (1959)[①]、越城 (1960)[②]，丰富了我们对良渚文化内涵的认识。

（二）第二阶段（1972~2006 年）

可以 1986 年为界分为前后两个小的阶段。1973 年草鞋山 M198 中玉琮、璧、钺与良渚文化陶器共存，从而首次确认了良渚文化玉礼器的存在[③]。随后江苏省和上海市先后发掘了张陵山 (1977)[④]、寺墩 (1978、1979、1982)[⑤]、福泉山 (1982~1983)[⑥] 等随葬大量玉礼器的良渚文化大墓，开启了长江下游文明化研究的新篇章。良渚文化的内涵也越来越丰富。1977 年到 1986 年，"良渚文化的研究在近十年中，取得了突破性的发展，把良渚文化社会性质的探讨，提高到了讨论其是否进入文明时代的高度，认识这

① 江苏省文物工作队：《江苏吴江梅堰新石器时代遗址》，《考古》1963 年第 6 期。
② 南京博物院：《江苏越城遗址的发掘》，《考古》1982 年第 5 期。
③ 南京博物院：《江苏吴县草鞋山遗址》，《文物资料丛刊（3）》，文物出版社，1980 年。
④ 吴山：《江苏吴县张陵山遗址发掘简报》，《文物资料丛刊（6）》，文物出版社，1982 年。
⑤ 南京博物院：《江苏武进寺墩遗址的试掘》，《考古》1981 年第 3 期；《1982 年江苏常州寺墩遗址的发掘》，《考古》1984 年第 2 期。陈丽华：《江苏武进寺墩遗址的新石器时代遗物》，《文物》1984 年第 2 期。
⑥ 孙维昌、郑余星：《青浦县福泉山遗址试掘简报》，《上海文物通讯》1981 年第 3 期。上海市文物保管委员会：《上海福泉山良渚文化墓葬》，《文物》1984 年第 2 期；《福泉山》，文物出版社，2000 年。

一文明的发生和模式，以及在中华民族共同体中的贡献，成为良渚文化当前探索的焦点。"①

　　1979 年浙江省文物考古所正式成立，浙北地区的史前遗址尤其是良渚文化遗址的考古发掘成了本所考古工作的重要内容。1978 年至 1986 年，本所陆续发掘了浙北 7 处遗址、80 余座良渚文化墓葬，包括 1981 年对吴家埠遗址进行的大规模发掘，随即建立了浙江省第一个考古工作站——吴家埠工作站，为良渚一带长期的考古发掘和保护工作创造了良好的条件。1986 年以来，反山（1996）、瑶山（1987、1996～1998）、莫角山（1987、1992～1993）、汇观山（1991）、塘山（1996）等重要遗址的发掘，使人们认识到良渚遗址是良渚文化最重要的中心聚落。1986 年，王明达首次提出了"良渚遗址群"的概念，指出在三四十平方千米范围内已发现四五十处遗址②。反山发掘之后，浙江省文物考古研究所投入了更多的考古力量，持续进行了考古工作，遗址数量增加到 55 处，良渚遗址的面积为 33.8 平方千米。1998～1999 年和 2002 年分两次进行了拉网式的详细调查，共确认遗址 135 处，良渚遗址的范围也由此扩大到 42 平方千米③。学术界普遍认识到，这一时期良渚遗址已经处于甚至迈入文明的门槛④。这一阶段杭州地区、嘉兴地区、湖州地区等发掘了大量良渚文化遗址，金衢地区和宁绍地区也发掘了若干良渚文化遗址，使良渚文化的分布范围大为扩展（具体可参看本文"分布与分区"一节）。

　　（三）第三阶段（2006 年至今）

　　2006～2007 年发现确认了围绕莫角山遗址的四面城墙，面积达 300 万平方米，开启了都邑考古的新阶段。2009 年，浙江省文物考古研究所与良渚遗址管理区管理委员会共同组建了良渚遗址考古与保护中心，为考古工作的开展创造了良好的条件。2010 年以来，通过对城内外 10.8 平方千米的勘探，摸清了良渚古城遗址城址区城墙、台地、河道的边界和演变过程，通过勘探和数字高程模型分析，发现城墙外还存在一圈面积达 6.3 平方千米的外城。2009～2015 年，陆续调查确认岗公岭、鲤鱼山等 10 条水坝遗址，年代多集中于距今 5100～4900 年，它们和塘山遗址一起构成了中国最早的水利系统。这一发现也使良渚遗址的范围扩大到 100 平方千米，同时我们开始以良渚古城为核心来整体看待良渚遗址和良渚遗址群（图 2-54）。这一阶段杭州地区、嘉兴地区、湖州地区等也发掘了大量良渚文化遗址，不少遗址如茅山和玉架山等经过了大面积揭露，取得了非常突出的成果。

三　年代与分期

　　良渚文化是环太湖地区第一支被发现和命名的考古学文化。随着 1959 年马家浜遗址的发掘和随后对其文化内涵的了解⑤，20 世纪 70 年代中后期提出了马家浜文化的命名⑥。与此大致同时或稍晚，根据在邱城、崧泽、圩墩、双桥、越城、梅堰等遗址发现的早于良渚文化的遗存及相关地层叠压关系，确立了马家浜、崧泽到良渚的发展序列。"良渚阶段是由崧泽阶段发展而来，崧泽阶段又是从马家浜阶

　　① 牟永抗、刘斌：《论良渚》，1986 年油印本；后收入《牟永抗考古学文集》，科学出版社，2009 年。
　　② 王明达：《"良渚"遗址群概述》，《良渚文化》1987 年 12 月。
　　③ 浙江省文物考古研究所：《良渚遗址群》，文物出版社，2005 年。
　　④ 《考古》编辑部：《中国文明起源研讨会纪要》，《考古》1992 年第 6 期。石兴邦：《良渚文化研究的过去、现状和展望——纪念良渚文化发现六十周年国际学术讨论会小结》，《良渚文化研究》，科学出版社，1999 年。
　　⑤ 姚仲源、梅福根：《浙江嘉兴马家浜新石器时代遗址的发掘》，《考古》1961 年第 7 期。
　　⑥ 吴汝祚：《从钱山漾等原始文化看社会分工和私有制的产生》，《考古》1975 年第 5 期。夏鼐：《碳-14 测定年代和中国史前考古学》，《考古》1977 年第 4 期。

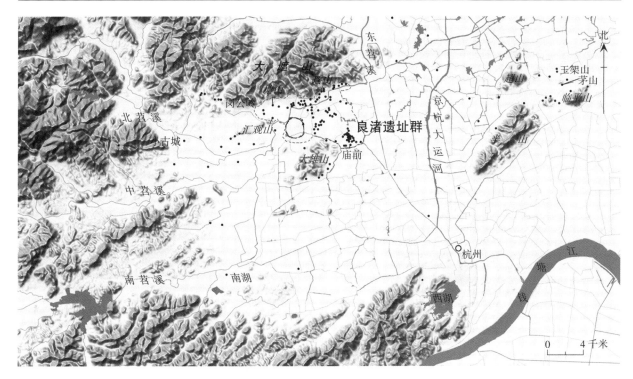

图 2 - 54　良渚古城遗址所在的 "C" 形盆地良渚文化遗址分布图

段发展而来，即是说，这三个阶段是一个先后相承、连续发展的运动过程。"① 1980 年，崧泽文化正式命名并得到较为广泛的认可②。根据广富林 1999～2000 年的发掘③和钱山漾 2004～2005 年第三次发掘的成果④，又分别确立了广富林文化⑤和钱山漾文化⑥的命名。结合碳十四数据，形成了环太湖地区马家浜文化（7000BP～6000BP）—崧泽文化（6000BP～5300BP）—良渚文化（5300BP～4300BP）—钱山漾文化（4300BP～4100BP）—广富林文化（4100BP～3800BP）的文化发展序列。

良渚文化的分期研究始于 20 世纪 70 年代末至 80 年代初，其时考古资料仍较不足，尤其缺乏可供分期的层位关系，分期研究还比较初步。江苏考古工作者对良渚文化的分期有大体比较接近的观点，

---

① 牟永抗、魏正瑾：《马家浜文化和良渚文化——太湖流域原始文化的分期问题》，《文物》1978 年第 4 期。吴汝祚在 1975 年发表的文章里也提到环太湖地区马家浜文化、崧泽中层类型文化、良渚文化三个阶段前后相继，参见吴汝祚：《从钱山漾等原始文化看社会分工和私有制的产生》，《考古》1975 年第 5 期。

② 汪遵国：《太湖地区原始文化的分析》，《中国考古学会第一次年会论文集》，文物出版社，1980 年。黄宣佩：《关于良渚文化若干问题的认识》，《中国考古学会第一次年会论文集》，文物出版社，1980 年；《略论崧泽文化的分期》，《中国考古学会第三次年会论文集》，文物出版社，1981 年。王仁湘：《崧泽文化初论》，《考古学集刊（4）》，中国社会科学出版社，1984 年。

③ 上海博物馆考古研究部：《上海松江区广富林遗址 1999～2000 年发掘简报》，《考古》2002 年第 10 期；《上海松江区广富林遗址 2001～2005 年发掘简报》，《考古》2008 年第 8 期。

④ 丁品等：《湖州钱山漾遗址第三次发掘取得重要收获》，《中国文物报》2005 年 8 月 5 日。丁品：《浙江湖州钱山漾遗址第三次发掘带来的新思考》，《南方文物》2006 年第 4 期。

⑤ 上海博物馆考古研究部：《上海松江区广富林遗址 1999～2000 年发掘简报》，《考古》2002 年第 10 期。广富林考古队：《广富林遗存的发现与思考》，《中国文物报》2000 年 9 月 13 日第 3 版。宋建：《王油坊类型与广富林遗存》，《华夏文明的形成与发展》，大象出版社，2003 年；《从广富林遗存看环太湖地区早期文明的衰变》，《长江下游地区文明化进程学术研讨会论文集》，上海书画出版社，2004 年；《环太湖地区新石器时代末期考古学研究的新进展》，《南方文物》2006 年第 4 期。

⑥ 丁品：《钱山漾遗址第三次发掘与"钱山漾类型文化遗存"》，《浙江省文物考古研究所学刊》第八辑，科学出版社，2006 年；《浙江湖州钱山漾遗址第三次发掘带来的新思考》，《南方文物》2006 年第 4 期。张忠培：《解惑与求真》，《南方文物》2006 年第 4 期。

最开始将良渚文化遗存划分为较早的青莲岗文化张陵山类型和较晚的良渚类型①。蒋赞初则初步分为以钱山漾、水田畈为代表的早期和以良渚、雀幕桥为代表的晚期②。汪遵国和黄宣佩均将张陵山、钱山漾和水田畈等视作早期遗存，把良渚、广富林、雀幕桥视为晚期遗存③，或称之为较早的张陵山类型和较晚的雀幕桥类型④。张之恒将良渚文化划分为早、中、晚三期⑤。对良渚文化绝对年代的认识以牟永抗、魏正瑾的文章最具代表性，文章根据当时已有的 7 个良渚文化测年数据，认为良渚文化的绝对年代是 3300BC～2300BC，其中钱山漾遗址有四个测年数据，取平均值为 3000BC，以 3300BC 为上限，下限以雀幕桥和亭林的两个数据确定为 2300BC；同时还指出马家浜期绝对年代为 4700BC～4000BC，崧泽期为 4000BC～3300BC⑥。

　　1978 年至 1986 年，本所陆续发掘了浙北 7 处遗址、80 余座良渚文化墓葬，其中平邱墩等部分墓葬之间还存在少量叠压打破关系，为良渚文化的分期提供了比较丰富的资料。芮国耀对这批遗存进行了系统整理和分期研究，首先将这批墓葬分为三期四段⑦，其中吴家埠二层的 9 座墓葬被排在这一分期方案的最早期⑧。1996 年，芮国耀在浙北小墓分期的基础上，结合江浙沪地区已调查发掘的百余处遗址的资料，考察了良渚文化典型陶器器形的演变和陶器组合的变化，归纳了鼎、双鼻壶、豆、簋、宽把杯、圈足罐、尊等器形的演变，选取 38 个典型单位，结合共存关系，划分为十组，并根据十组之间组合的差异，归纳为六期，由此形成了六期十段的划分，总体年代相当于大汶口文化和龙山文化⑨，第一期以吴家埠、庙前为代表，年代为距今 5300～5100 年，第三期以反山、瑶山为代表，年代为距今 4900～4500 年，第六期年代为距今 4000 年。这是当时最细的分期方案。值得注意的是，一期一段、二段以及二期一段现在也被不少学者归入崧泽晚期或崧泽—良渚过渡段。20 世纪 90 年代关于良渚文化的分期讨论极为热烈，成为当时重要的学术议题，分期方案还有陈国庆的三期说⑩、杨晶的四期说⑪、黄宣佩的五期说⑫、宋建的四期六段说⑬、栾丰实的四期五段说⑭、中村慎一的六期说⑮、朔知的三期七段说⑯、李新伟的

①　南京博物院：《长江下游新石器时代文化若干问题的探析》，《文物》1978 年第 4 期。
②　蒋赞初：《对于长江下游新石器时代文化几个问题的再认识》，《文物集刊（1）》，文物出版社，1980 年。
③　汪遵国：《太湖地区原始文化的分期》；黄宣佩：《关于良渚文化若干问题的认识》，《中国考古学会第一次年会论文集》，文物出版社，1980 年。
④　南京博物院：《太湖地区的原始文化》，《文物集刊（1）》，文物出版社，1980 年。
⑤　张之恒：《略论良渚文化的分期》，《良渚文化·余杭文史资料第三辑》，1987 年。
⑥　牟永抗、魏正瑾：《马家浜文化和良渚文化——太湖流域原始文化的分期问题》，《文物》1978 年第 4 期。
⑦　浙江省文物考古研究所：《浙江北部地区良渚文化墓葬的发掘（1978～1986）》，《浙江省文物考古研究所学刊（建所十周年纪念 1980—1990）》，科学出版社，1993 年。
⑧　浙江省文物考古研究所：《浙江北部地区良渚文化墓葬的发掘（1978～1986）》《余杭吴家埠新石器时代遗址》，《浙江省文物考古研究所学刊（建所十周年纪念 1980—1990）》，科学出版社，1993 年。
⑨　芮国耀：《良渚文化时空论》，《文明的曙光——良渚文化》，浙江人民出版社，1996 年。
⑩　陈国庆：《良渚文化分期及相关问题》，《东南文化》1989 年第 6 期。
⑪　杨晶：《论良渚文化分期》，《东南文化》1991 年第 6 期。
⑫　黄宣佩：《论良渚文化的分期》，《上海博物馆集刊》第六期，上海古籍出版社，1992 年。
⑬　宋建：《论良渚文明的兴衰过程》，《良渚文化研究——纪念良渚文化发现六十周年国际学术讨论会文集》，科学出版社，1999 年。
⑭　栾丰实：《良渚文化的分期和年代》，《中原文物》1992 年第 3 期。
⑮　中村慎一：《中国新石器时代的玉琮》，《东京大学文学部考古学研究室研究纪要》8，转引自宋建：《论良渚文明的兴衰过程》，《良渚文化研究——纪念良渚文化发现六十周年国际学术讨论会文集》，科学出版社，1999 年。
⑯　吴卫红：《良渚文化的初步分析》，北京大学硕士研究生毕业论文，1993 年。朔知：《良渚文化的初步分析》，《考古学报》2000 年第 4 期。

五期说①等。尽管分期分段略有差异，但总体上各家对良渚文化主要器形的演变规律已形成比较一致的认识（图 2 - 55）。

2000 年前后，我所发掘或披露的几处重要良渚文化墓地或生活遗存的材料，为我们探讨良渚文化的分期尤其是墓葬的分期提供了丰富的资料。2001～2002 年发掘新地里遗址，揭露面积 2960 平方米，清理良渚文化墓葬 140 座，墓葬之间存在复杂的叠压打破关系，为良渚文化的分期创造了极好的条件，报告将这批墓葬分为两期六段，各期段之间"联系相当紧密，具有明显的延续性"②。小兜里发掘 3300 平方米，清理崧泽晚期至良渚时期的墓葬 55 座、土台 7 处，报告将墓葬分为四期，分别对应崧泽晚期及良渚早期、中期、晚期③。庙前和官井头遗址尤其是墓地的发掘和整理，为研究良渚遗址群内从崧泽晚期到良渚早期的转变提供了丰富的资料。庙前 1988～2000 年共经历六次发掘，清理良渚文化时期墓葬 68 座，第一二次发掘的 32 座墓葬尤为重要，报告将之视为良渚文化早期的代表性遗存，并细分为三期四段④。官井头于 2014 年清理了崧泽晚期至良渚早期墓葬 106座，主体属崧泽晚期至良渚早期⑤。文家山墓地于 2000～2001 年清理了 18 座墓葬，报告分为两期四段，一期、二期前段和二期后段分别对应新地里的早期二段、晚期四五段和晚期六段。卞家山于2002～2005 年进行了一次试掘和三次发掘，清理良渚文化墓葬 66 座以及灰沟、码头等遗迹，层位丰富，报告将墓葬分为两期四段，其中卞家山的一期、二期和三期分别对应新地里的早期二段、晚期四段和晚期五六段。赵晔根据庙前、瑶山、文家山等遗址的资料，将良渚遗址群的墓葬分为三期五段⑥。

陶器的分析结合玉器形态的演变也为良渚文化的分期尤其是瑶山、反山一类的贵族墓地的分期提供了便利。刘斌较早对玉琮的型式演变进行了研究，指出玉琮的发展可分为三式：Ⅰ 式为圆琮，Ⅱ 式玉琮已出现四角，但折角大于 90°，Ⅲ 式玉琮为折角略等于 90°的方琮，并认为最早的玉琮源于刻画神灵的穿孔玉柱⑦。方向明归纳了冠状器、三叉形器及龙首纹、兽面纹眼部纹饰、琮节面神人兽面纹的演变规律，认为瑶山墓地起始年代早于反山墓地，结束年代也早于反山，二者有一段时间共存；瑶山墓葬大体可排列出 M9 最早，M11 其次，M10 再次，M12、M2、M7 再次，M1、M4 最晚；反山墓地M12、M17 最早，M22、M15 其次，M16 再次，M20、M23 再次，M14、M18 最晚，反山大体相当于芮国耀六期方案中的第三期，即公元前 4900～前 4500 年⑧。随后方向明在对反山、瑶山年代的再讨论中，归纳了豆、假腹圈足盘、过滤器的演变规律，指出瑶山、反山大体相当于良渚早期偏晚阶段至中期，

---

① 李新伟：《良渚文化的分期研究》，《考古学集刊（12）》，中国大百科全书出版社，1999 年。

② 浙江省文物考古研究所：《新地里》，文物出版社，2006 年。

③ 浙江省文物考古研究所：《小兜里》，文物出版社，2015 年。

④ 浙江省文物考古研究所：《庙前》，文物出版社，2005 年。值得注意的是，庙前第一二次发掘的 32 座墓葬中，一、二期墓葬主体的文化归属存在争议，报告发掘者将其归入良渚文化早期，而按照仲召兵、赵晔的认识，则归入崧泽末期或崧泽—良渚过渡阶段。

⑤ 浙江省文物考古研究所：《良渚官井头遗址崧泽文化遗存》，《浙北崧泽文化考古报告集（1996～2014）》，文物出版社，2014年。赵晔：《大雄山丘陵——一个曾被忽视的文化片区》，《崧泽文化学术研讨会论文集》，文物出版社，2016 年。

⑥ 赵晔：《良渚遗址群时空观察》，《浙江省文物考古研究所学刊》第八辑，科学出版社，2006 年。

⑦ 刘斌：《良渚文化玉琮初探》，《文物》1990 年第 2 期。

⑧ 方向明：《反山、瑶山墓地：年代学研究》，《东南文化》1999 年第 6 期。

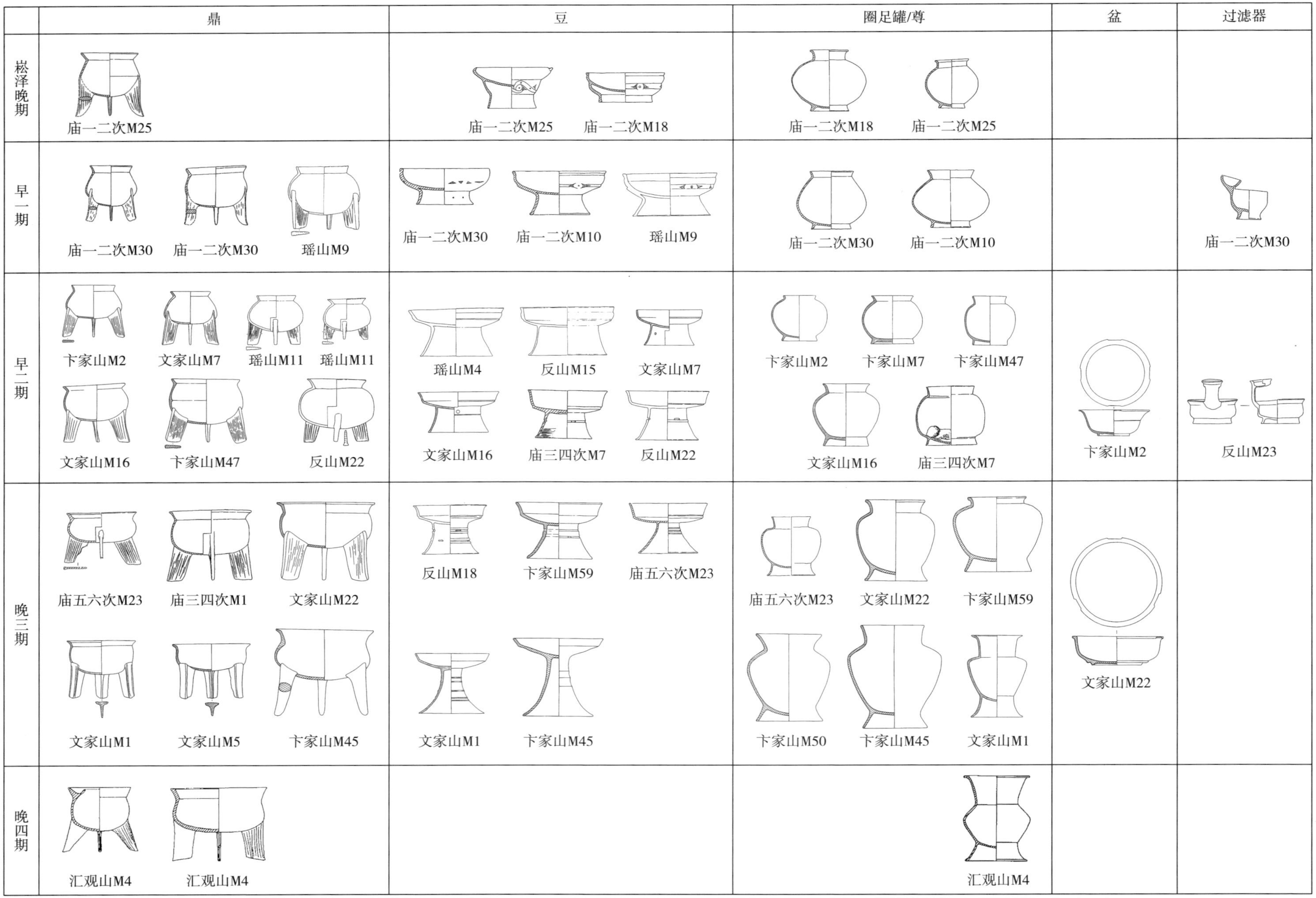

图2-55 良渚遗址群良渚文化的分期图

分期	鼎	豆	圈足罐尊	盆	过滤器
崧泽晚期	庙一二次M25	庙一二次M18、庙一二次M25	庙一二次M18、庙一二次M25		
早一期	瑶山M9、庙一二次M30	瑶山M9、庙一二次M10、庙一二次M30	庙一二次M10、庙一二次M30		庙一二次M30
早二期	瑶山M11、瑶山M11、文家山M7、卞家山M47、卞家山M2、文家山M16	文家山M7、反山M22、反山M15、庙三四次M7、瑶山M4、文家山M16	卞家山M47、卞家山M7、庙三四次M7、卞家山M2、文家山M16	卞家山M2	反山M23
晚三期	反山M22、文家山M22、庙三四次M1、卞家山M45、文家山M5、文家山M1、庙五六次M23	庙五六次M23、卞家山M59、反山M18、卞家山M45、文家山M1	卞家山M59、文家山M1、文家山M22、卞家山M45、庙五六次M23、卞家山M50	文家山M22	
晚四期	汇观山M4、汇观山M4		汇观山M4		

对瑶山、反山各墓的年代认识也有了调整，总共划分为三个阶段，其中瑶山 M9 最早，瑶山其余墓葬及反山 M12、M15、M16 其次，反山其余墓葬年代最晚①。蒋卫东归纳了玉琮、璧、钺、冠状器、锥形器、三叉形器的演变规律，最终将良渚文化玉器系统分为早期（包括早晚两段）、中期（包括早晚两段）、晚期（包括早晚两段），其中瑶山 M1、M4、M5、M14 属早期晚段，瑶山其余墓葬及反山 M12、M15、M16、M17、M18 属中期早段，反山 M14、M20、M22、M23 属中期晚段②。秦岭也对瑶山、反山的刻纹玉器风格进行了系统分析，指出瑶山 M1、M4、M5、M14 年代最早，其次是瑶山 M11、M9、M10，再次是瑶山 M12、M2、M7 及反山 M16、M15，反山 M12、M17、M18、M22 再次，反山 M20、M14、M23 最晚③。赵晔分析了官井头新出的良渚文化早期镂空兽面牌饰（M21：6）、龙首纹梳背（M64：4）、双兽首玉璜（M65：10）、镯式琮（M92：1～3）与瑶山、反山等相关器物的关系，丰富了良渚文化玉器的形制，尤其是镂空兽面牌饰和镯式琮的发现为探讨兽面纹的产生及追溯良渚遗址群玉琮的发展序列提供了新的资料④。

在 20 世纪 90 年代分期讨论的基础上，随着崧泽晚期至良渚早期阶段考古学资料的丰富，学术界对崧泽文化向良渚文化的过渡及二者的分界进行了有益的讨论。宋建在姚家圈 1989 年发掘资料的基础上，结合越城、汤庙村、福泉山、双桥、龙南和草鞋山等遗址相关资料，将一批具有浓厚崧泽文化风格但开始向良渚早期转变的一批遗存归纳为崧泽—良渚文化过渡段⑤。仲召兵将崧泽晚期遗存分为崧泽晚期和崧泽末期，崧泽末期约相当于崧泽—良渚过渡段，并通过分析陶器组合与形态、玉器种类与组合以及社会分化的变化，指出"罗墩和赵陵山的早期墓葬、张陵山上层墓葬、福泉山黄土层 9 座墓葬为代表的这一阶段遗存可以作为良渚文化开始的标识，也即崧泽文化与良渚文化的分界"⑥。赵晔也对官井头的发掘材料进行了初步研究，将官井头墓地分为崧泽晚期、崧泽—良渚过渡阶段和良渚早期三大阶段，三个阶段联系紧密，"向我们揭示了崧泽文化向良渚文化转变的完整过程"；同时指出，官井头良渚早期贵族墓葬的发现也有助于我们认识良渚遗址群崛起的本地背景⑦。

钱山漾文化的确认和"良渚文化晚期后段"的提出使良渚文化下限问题的讨论也较之前更为深入。2004～2005 年钱山漾遗址第三次发掘和钱山漾文化的确认，使环太湖地区的史前文化序列更为完善⑧。2000 年前后，良渚遗址群也陆续在石前圩、卞家山、文家山、天打网、凤山等遗址发现一类以侧扁鼎足为特色的遗存。赵晔系统论述了良渚遗址群内出土的良渚晚期后段遗存，指出这类遗存有别于广富林文化，仍是良渚文化的一部分，年代上相当于福泉山第五期，建议命名为"卞家山类型"⑨。随后他在《良渚遗址群》报告结语中再次进行了阐述，提出"良渚末期遗存"的命名，并进一步指出

---

① 方向明：《反山、瑶山年代问题的再讨论》，《东方博物》第二十七辑，浙江大学出版社，2008 年。

② 蒋卫东：《神圣与精致》，浙江摄影出版社，2007 年；《玉器的故事》，杭州出版社，2013 年。

③ 秦岭：《环太湖地区史前社会结构的探索》，北京大学博士研究生毕业论文，2003 年；《良渚玉器纹饰的比较研究——从刻纹玉器看良渚社会的关系网络》，《浙江省文物考古研究所学刊》第八辑，科学出版社，2006 年。

④ 赵晔：《良渚玉器纹饰新证》，《玉魂国魄——中国古代玉器与传统文化学术讨论会文集（六）》，浙江古籍出版社，2014 年。

⑤ 宋建：《关于崧泽文化至良渚文化过渡阶段的几个问题》，《考古》2000 年第 11 期。

⑥ 仲召兵：《环太湖地区崧泽文化末期考古学文化面貌及聚落的变迁——兼谈崧泽文化与良渚文化的分界》，《东南文化》2013 年第 3 期。

⑦ 赵晔：《大雄山丘陵——一个曾被忽视的文化片区》，《崧泽文化学术研讨会论文集（2014）》，文物出版社，2016 年。

⑧ 丁品、郑云飞、程厚敏、潘林荣、郭勇：《浙江湖州钱山漾遗址进行第三次发掘》，《中国文物报》2006 年 4 月 21 日。

⑨ 赵晔：《卞家山遗址良渚晚期遗存的观察与思考》，《史前研究 2004》，三秦出版社，2005 年。

"遗址群内良渚社会的繁荣贯穿了良渚文化的各个时段的始终"，"不能排除莫角山遗址在良渚文化各个时段都发挥着作用"[1]。陈明辉、刘斌系统梳理茅草山、文家山、仲家山、古城城墙及城河、扁担山、姜家山等遗址出土的良渚最晚阶段的遗存，并通过与钱山漾文化、广富林文化、好川文化的对比，认为其年代与钱山漾文化和好川晚期接近，而早于广富林文化，并将之命名为"良渚文化晚期后段遗存"[2]。

绝对年代的讨论也在深化。2000 年前后，学术界对良渚文化上限在距今 5200 年或 5300 年的认识较为一致[3]，但对于下限则形成几种不同的观点：距今 4000 年前后[4]、距今 4100 年前后[5]、距今 4300 年前后[6]、距今 4600 年前后[7]。蒋卫东仔细梳理了良渚文化的 52 个测年数据尤其是 22 个碳十四测年数据，并将之"落实到良渚文化的分期成果中去进行交叉分析和取舍"，指出与良渚文化上限相关的有 3 个数据，可定为距今 5200 年前后，与良渚文化下限相关的数据有 4 个，分别位于距今 4500、4300 和 4000 年三个区间，在此基础上又通过与大汶口、石家河文化的交叉比对，认为良渚文化与大汶口中晚期年代相当这一观点可从，同时根据石家河文化的 4 个测年数据和广富林文化的 2 个测年数据，综合得出良渚文化下限年代约当距今 4300～4200 年[8]。随着"中华文明探源课题"的开展，课题组提出良渚文化的上限是公元前 3300 年，而良渚文化的下限和大汶口文化与龙山文化的界限均为公元前 2300 年，这一认识也成为当前的主流观点。

小兜里[9]和良渚遗址群相继披露了更多的测年数据，为这一问题的探讨提供了新的资料，尤其是良渚遗址已公布的碳十四测年数据达到 250 余个。通过初步梳理，将良渚遗址群的年代分为五个阶段：第一阶段（早期早段）为公元前 3300～前 3100 年，代表性遗址有官井头、吴家埠和庙前，以莫角山为中心的古城布局尚未形成；第二阶段（早期晚段）为公元前 3100～前 2850 年，莫角山和水利系统完成营建，高等级贵族墓地进一步发展；第三阶段（晚期早段）为公元前 2850～前 2300 年，外城完成营建，城墙至少在此阶段已营建使用；第四阶段（晚期晚段）为公元前 2600～前 2300 年，以

① 赵晔：《良渚遗址群时空观察》，《浙江省文物考古研究所学刊》第八辑，科学出版社，2006 年。
② 陈明辉、刘斌：《关于"良渚文化晚期后段"的考古学思考》，《禹会村遗址研究——禹会村遗址与淮河流域文明研讨会论文集》，科学出版社，2014 年。
③ 吴卫红：《良渚文化的初步分析》，北京大学硕士研究生毕业论文，1993 年；正式发表于《考古学报》2000 年第 4 期。张忠培：《良渚文化的年代和其所处的社会阶段》，《文物》1995 年第 5 期。芮国耀：《良渚文化时空论》，《文明的曙光——良渚文化》，浙江人民出版社，1996 年。丁品：《试论崧泽文化向良渚文化的转变》，《良渚文化研究——纪念良渚文化发现六十周年国际学术讨论会文集》，科学出版社，1999 年。浙江省文物考古研究所：《良渚遗址群》，文物出版社，2005 年。
④ 芮国耀：《良渚文化时空论》，《文明的曙光——良渚文化》，浙江人民出版社，1996 年。宋建：《论良渚文明的兴衰过程》，《良渚文化研究——纪念良渚文化发现六十周年国际学术讨论会文集》，科学出版社，1999 年。王明达：《良渚文化的去向——当前良渚文化研究的一点思考》，《长江下游地区文明化进程学术研讨会论文集》，上海书画出版社，2004 年版。浙江省文物考古研究所：《良渚遗址群》，文物出版社，2005 年。
⑤ 朔知：《良渚文化的初步分析》，《考古学报》2000 年第 4 期。
⑥ 黄宣佩：《关于良渚文化绝对年代的探讨》，《文明的曙光——良渚文化》，浙江人民出版社，1996 年。牟永抗、刘斌：《论良渚》，1986 年油印本；后收入《牟永抗考古学文集》，科学出版社，2009 年。刘斌：《良渚文化后续的若干问题》，《良渚文化探秘》，人民出版社，2006 年。杨晶：《关于良渚文化晚期较晚阶段的遗存》，《浙江省文物考古研究所学刊》第八辑，科学出版社，2006 年。丁品：《良渚文化向马桥文化演化过程中若干问题的思考》，《东方博物》第六辑，浙江大学出版社，2002 年；又见于《浙江省文物考古研究所学刊》第九辑，科学出版社，2009 年。
⑦ 栾丰实：《良渚文化的分期和年代》，《中原文物》1992 年第 3 期；《再论良渚文化的年代》，《浙江学刊》2003 年增刊《良渚文化论集》。张忠培：《良渚文化的年代和其所处的社会阶段》，《文物》1995 年第 5 期。
⑧ 蒋卫东：《良渚文化下限年代的探讨》，《良渚文化探秘》，人民出版社，2006 年。
⑨ 浙江省文物考古研究所、海宁市博物馆：《小兜里》，文物出版社，2015 年。

莫角山为中心、以古城墙为界的基本布局继续沿用；第五阶段（钱山漾时期）为公元前2300～前2000年，此阶段遗存在钟家港古河道及古城墙葡萄畈段均有发现①（图2-56）。

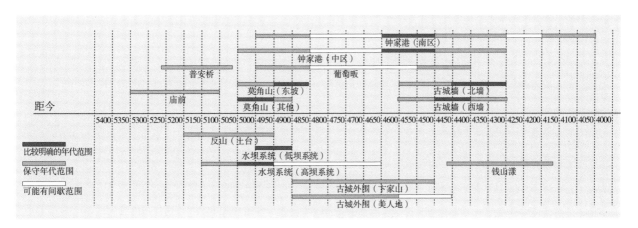

图2-56　良渚遗址主要地点年代跨度示意

四　分布与分区

关于良渚文化类型划分或分区的研究与良渚文化分期研究相始终。1980年前后，江苏的考古工作者曾提出初步的类型划分，如张陵山类型和雀幕桥类型②，或张陵山类型和良渚类型③，不过这一时期类型的划分更多考虑年代和文化属性的差异，而不是区域差异。

钱塘江以南良渚文化遗存的发现，使浙江的考古工作者认识到区域差异的存在，并进行了类型划分的尝试。1984年，牟永抗根据余姚前溪湖等遗址的发现，指出宁绍地区存在相当于良渚文化的第五期文化，认为不属于河姆渡文化但还不宜归入良渚文化④。慈湖遗址发掘后认识到，慈湖良渚时期遗存可能反映了宁绍地区的良渚文化与太湖周围地区的良渚文化存在地域差异，这种差异，可视为钱塘江南、北两种类型⑤。奉化名山后发掘后，刘军、王海明提出了"良渚文化名山后类型"的命名⑥。丁品则认为河姆渡后续遗存与环太湖良渚文化在多个方面存在较大差异，不宜归入良渚文化，而应命名为河姆渡文化名山后类型，如果今后资料增加，可直接命名为名山后文化，是良渚文化的一支进入宁绍地区、与当地土著文化河姆渡第四期文化融合后产生的新的文化⑦。蒋乐平也主张对宁绍地区的良渚时期遗存进行独立命名⑧。

---

① 浙江省文物考古研究所：《卞家山》，文物出版社，2014年。秦岭：《良渚遗址（古城）的形成——年代学初步研究》，《良渚古城综合研究报告》，文物出版社，2019年。

② 南京博物院：《太湖地区的原始文化》，《文物集刊（1）》，文物出版社，1980年。

③ 南京博物院：《长江下游新石器时代文化若干问题的探析》，《文物》1978年第4期。

④ 牟永抗：《浙江新石器时代文化的初步认识》，《中国考古学会第三次年会论文集》，文物出版社，1984年。

⑤ 浙江省文物考古研究所、宁波市文物考古研究所：《宁波慈湖遗址发掘简报》，《浙江省文物考古研究所学刊》第三辑，科学出版社，1993年。

⑥ 刘军、王海明：《宁绍平原良渚文化初探》，《东南文化》1993年第1期。

⑦ 丁品：《钱塘江两岸新石器时代晚期文化关系初论》，《纪念浙江省文物考古研究所建所二十周年论文集（1979～1999）》，西泠印社，1999年。

⑧ 蒋乐平：《良渚文化与宁绍地区的史前考古学》，《良渚文化研究》，科学出版社，1999年。

　　仲召兵根据査塘山背和小青龙等遗址发掘资料，提出査塘山背类型、小青龙类型和名山后类型，形成钱塘江以南三类型的划分方案，其中査塘山背类型和名山后类型器类组合及器形与太湖地区良渚文化更接近，但也随葬具有地方传统的绳纹釜；小青龙墓葬中双鼻壶流行，其他器形少见，可能与嘉兴沪南地区关系最密切①。

　　从 20 世纪 80 年代开始，本所开始将浙江的良渚文化分布区划分为三大区域，即杭嘉湖地区、宁绍地区、金衢地区②。但杭嘉湖地区及环太湖地区内部也有着比较明显的区域差异，需要进一步细分。

　　丁品分析了余杭境内的"良渚遗址群"地区和太湖以东的苏南地区良渚早期的文化面貌的差异，提出了良渚类型和苏南类型，苏南类型包括苏南、上海和嘉兴地区，并指出，良渚类型可能促进了苏南地区从崧泽文化向良渚文化的转变③。在《庙前》报告中，丁品进一步将嘉兴地区从苏南沪西中分离出来，指出苏南沪西、嘉兴地区、良渚遗址群地区三地"良渚文化早期文化面貌呈现出明显的区别"④。紧接着，提出四大聚落群的划分，即太湖以南杭州余杭区的良渚—瓶窑聚落群（良渚遗址群，包括德清东南部）、太湖东南的浙北嘉兴聚落群、太湖以东的苏南—沪西聚落群和太湖西北长江以南的江阴—武进聚落群，每个聚落群都有数量较多、集中分布的遗址和较大规模或较高规格的墓地，基本上已建立各自的纵向发展序列⑤。芮国耀也指出，太湖流域地区，良渚遗址群可以划分一个区，另外可分出太湖以南区（即嘉兴）、太湖以东区（苏州及上海西部）和太湖以西区（以寺墩为中心）⑥。

　　蒋卫东将良渚文化分为七个区域类型，即太湖以南以余杭良渚遗址群为中心的杭州地区、太湖东北以草鞋山—赵陵山—张陵山—福泉山一线为核心的苏南沪西地区、太湖东南包括桐乡海宁海盐在内的嘉兴沪南地区、太湖以北以寺墩为中心的常州无锡地区、宁镇地区和江淮地区⑦，随后又新增加太湖西部的湖州—宜兴地区，从而形成八个区域类型的划分方案⑧。王宁远将太湖周边的遗址划分为五个区块：太湖以南的良渚—瓶窑区（良渚遗址群）及临平区、太湖东南的嘉兴地区、太湖东部的苏南—沪西地区、太湖西北长江以南的江阴—武进地区和太湖西岸的湖州—宜兴地区⑨。江浙考古学者之外，也有学者探讨了良渚文化的分区问题，如栾丰实将良渚文化划分为六区：太湖以东地区、杭嘉湖平原地区、太湖以北地区、宁绍平原地区、江淮地区、宁镇地区⑩。

------

① 浙江省文物考古研究所、桐庐博物馆：《小青龙》，文物出版社，2017 年。
② 牟永抗将浙江新石器时代的文化区分为四大块，其中包含良渚文化的有杭嘉湖、宁绍、金衢地区，参见牟永抗：《浙江新石器时代文化的初步认识》，《中国考古学会第三次年会论文集》，文物出版社，1984 年。也可参考王海明：《浙江史前考古学文化之环境观》，《良渚文化探秘》，人民出版社，2006 年。
③ 丁品：《试论崧泽文化向良渚文化的转变》，《东方博物》第六辑，浙江大学出版社，2002 年 9 月。又见浙江省文物考古研究所：《良渚文化研究——纪念良渚文化发现六十周年国际学术讨论会文集》，科学出版社，1999 年。
④ 浙江省文物考古研究所：《庙前》，文物出版社，2005 年。
⑤ 丁品：《良渚文化聚落群初论》，《史前研究 2004》，三秦出版社，2005 年。
⑥ 芮国耀：《探索文明之路——浙江近二十年的良渚文化研究》，《纪念浙江省文物考古研究所建所二十周年论文集（1979～1999）》，西泠印社，1999 年。
⑦ 蒋卫东：《良渚文化高土台及其相关问题的思考与探讨》，《纪念浙江省文物考古研究所建所二十周年论文集（1979～1999）》，西泠印社，1999 年。
⑧ 浙江省文物考古研究所、海盐县仙坛庙：《海盐周家浜遗址发掘概况》，《崧泽·良渚文化在嘉兴》，浙江摄影出版社，2005 年。浙江省文物考古研究所、桐乡市文物管理委员会：《新地里》，文物出版社，2006 年。
⑨ 王宁远：《从村居到王城》，杭州出版社，2013 年。
⑩ 栾丰实：《良渚文化的分期与分区》，《东方文明之光》，海南国际新闻出版中心，1996 年。

综上，可将良渚文化分为核心区和外围区，核心区又可分太湖西南（以良渚遗址群和临平遗址群为中心）、太湖东南（以嘉兴地区为中心）、太湖东部（以苏南、沪西为中心）、太湖北部（以江阴、武进为中心）和太湖西部（以湖州、宜兴为中心）五个小区，外围区可分为宁绍地区、金衢地区、宁镇地区和江淮地区四个小区。

根据最近的三普调查资料，浙江境内发现的良渚文化遗址已达 750 余处，经过发掘和试掘的遗址达 180 余处。

（一）杭嘉湖地区

可细分为太湖西南（杭州地区）、太湖东南（嘉兴地区）、太湖西部（湖州地区）三个小区，目前已发现遗址 700 余处，经过发掘和试掘的遗址 170 余处，是良渚文化分布的核心区。

1. 太湖西南（杭州地区）

共发现遗址 350 余处，经过发掘或试掘的遗址达 110 余处。尤其是良渚古城遗址 100 平方千米范围内，已发现遗址 300 余处，此区正在逐渐进行全覆盖式勘探，根据已勘探范围推测整个良渚古城遗址区应有超过 600 处遗址。良渚遗址群经过发掘和试掘的遗址就达 100 处左右，包括城内的反山（1986、2002、2017，660 平方米，墓 11）[1]（按：部分近年发掘的遗址为浙江省文物考古研究所发掘资料，限于篇幅，不一一备注）、莫角山（1987、1992～1993、2011～2018）[2]、钟家村（1937、1988、1996、2014～2015）、野猫山（1999、2009）、西头山（1999、2019）、毛竹山（1998、2018）、四面城墙（2006～2007、2015、2018）[3]、火溪塘城门（2008）、陆城门（2019）、姜家山（2013、2015～2017）[4]、池中寺（2017）、钟家港（2014～2018）、皇坟山（2016、2019）、桑树头（2016、2018）、龙顶（2016）、毛坞垄（2016）、罗家山（2018）、矩形山（2018～2019）、凤山东（2018）、张家山（2019）、洪家山（2019）、张墩山（2019）、大地（2019）、公家山（2019），外城的扁担山（1999、2012～2013）[5]、卞家山（2002～2005、2017）[6]、文家山（2000～2001）[7]、仲家山（2001）[8]、美人地（2010～2011）、里山（2012）[9]、迎乡塘（2015～2017）、羊山（2017）；水利系统的塘山（1996～1997、2002、2008、2010）、蜜蜂弄（2000）、狮子山（2015）、老虎岭（2015）、鲤鱼

---

① 浙江省文物考古研究所：《浙江余杭反山良渚墓地发掘简报》，《文物》1988 年第 1 期；《反山》，文物出版社，2005 年。

② 杨楠、赵晔：《余杭莫角山清理大型建筑基址》，《中国文物报》1993 年 10 月 10 日。浙江省文物考古研究所：《余杭莫角山 1992～1993 年的发掘》，《文物》2001 年第 12 期；《良渚遗址群》，文物出版社，2005 年。

③ 浙江省文物考古研究所：《杭州市余杭区良渚古城遗址 2006～2007 年的发掘》，《考古》2008 年第 7 期；《良渚古城综合研究报告》，文物出版社，2019 年。

④ 浙江省文物考古研究所：《良渚古城综合研究报告》，文物出版社，2019 年。

⑤ 浙江省文物考古研究所：《良渚遗址群》，文物出版社，2005 年。

⑥ 赵晔：《余杭卞家山遗址发现良渚时期"木构码头"等遗存》，《中国文物报》2003 年 9 月 27 日；《余杭市卞家山良渚文化遗址》，《中国考古学年鉴 2004》，文物出版社，2005 年；《良渚遗址群卞家山 2002～2005 年发掘》，《浙江考古新纪元》，科学出版社，2009 年；《浙江余杭卞家山遗址》，《2003 中国重要考古发现》，文物出版社，2004 年。浙江省文物考古研究所：《卞家山》，文物出版社，2014 年。

⑦ 赵晔：《余杭文家山发现良渚文化显贵墓葬》，《中国文物报》2001 年 9 月 28 日；《余杭市文家山良渚文化遗址》，《中国考古学年鉴 2001》，文物出版社，2002 年；《良渚遗址群文家山 2000～2001 年发掘》，《浙江考古新纪元》，科学出版社，2009 年。浙江省文物考古研究所：《文家山》，文物出版社，2011 年。

⑧ 浙江省文物考古研究所：《文家山》，文物出版社，2011 年。

⑨ 浙江省文物考古研究所：《良渚古城综合研究报告》，文物出版社，2019 年。

山（2015）①；城外东部的横圩里（1937、2005）、长坟（1955）、苏家村（1963、1998）、瑶山（1987、1996～1998、2007，墓13）②、庙前（1988～1990、1992～1993、1999～2000）③、卢村（1988、1990）④、姚家墩（1988、1998～1999、2002）⑤、钵衣山（1989、2000）⑥、上口山（1991）⑦、金鸡山（1991）、马家坟（1992）⑧、梅园里（1992～1993）、茅庵里（1937、1992）⑨、严家桥（1996、2000）、石前圩（1998～2000）、黄路头（1998、2016～2018）⑩、金霸坟（1999）⑪、天打网（2001）、后杨村（2006）⑫、百亩山（2008～2009）、梅家里（2009）、金花池（2009）、小山桥（2010）、响山（2012）、杜城山（2014）、石前圩东（2018）；城外西北部的吴家埠（1981）⑬、汇观山（1991、1999）⑭、棋盘山（2014）；大雄山麓的官井头（2013，6600平方米，墓51）⑮、石马兜（2004～2005、2007～2008）⑯、张家墩（2007、2013～2014）。良渚遗址群内还有不少仅经过试掘的遗址⑰，包括棋盘坟（1936～1937）、

① 王明达、方向明、徐新民、方中华：《塘山遗址发现良渚文化制玉作坊》，《中国文物报》2002年9月20日。方向明：《良渚塘山（金村段）2002年度的发掘》，《浙江考古新纪元》，科学出版社，2009年。王宁远：《寻找消失的文明——水利系统发现记》，《浙江文史资料》2017年第3期；《寻找消失的文明——良渚水坝发现记》，《杭州文博·良渚古城遗址申遗特辑》第21辑，浙江古籍出版社，2018年。浙江省文物考古研究所：《良渚古城综合研究报告》，文物出版社，2019年。

② 浙江省文物考古研究所：《余杭瑶山良渚文化祭坛遗址发掘简报》，《文物》1988年第1期；《余杭瑶山遗址1996～1998年发掘的主要收获》，《文物》2001年第12期；《瑶山》，文物出版社，2003年。余杭县文物管理委员会办公室：《浙江省余杭县安溪瑶山12号墓考古简报》，《东南文化》1988年第5期。

③ 浙江省文物考古研究所：《余杭良渚庙前遗址发掘的主要收获》，《浙江省文物考古研究所学刊》第二辑，科学出版社，1993年。方向明：《良渚庙前良渚文化遗址》，《中国考古学年鉴2000》，文物出版社，2002年；《余杭市庙前良渚文化遗址》，《中国考古学年鉴2001》，文物出版社，2002年；《良渚遗址群庙前第五、六次的发掘》，《浙江考古新纪元》，科学出版社，2009年。浙江省文物考古研究所：《浙江良渚庙前遗址第五、六次发掘简报》，《文物》2001年第12期；《庙前》，文物出版社，2006年。

④ 刘斌：《余杭卢村遗址的发掘及其聚落考察》，《浙江省文物考古研究所学刊》第三辑，长征出版社，1997年。

⑤ 芮国耀、楼航：《杭州市良渚姚家墩良渚文化和战国时期遗址》，《中国考古学年鉴2003》，文物出版社，2004年。浙江省文物考古研究所：《良渚遗址群》，文物出版社，2005年。芮国耀：《良渚遗址群姚家墩2002年度发掘的主要收获》，《浙江考古新纪元》，科学出版社，2009年。

⑥ 芮国耀：《余杭县钵衣山良渚文化遗址》，《中国考古学年鉴1989》，文物出版社，1990年。浙江省文物考古研究所：《浙江余杭钵衣山遗址发掘简报》，《文物》2002年第10期。丁品：《良渚遗址群钵衣山2000年度发掘》，《浙江考古新纪元》，科学出版社，2009年。

⑦ 杨楠：《余杭上口山新石器时代及汉宋遗址》，《中国考古学年鉴1992》，文物出版社，1994年。浙江省文物考古研究所：《浙江余杭上口山遗址发掘简报》，《文物》2002年第10期。

⑧ 浙江省文物考古研究所：《马家坟遗址的发掘》，《庙前》，文物出版社，2006年。

⑨ 浙江省文物考古研究所：《茅庵里遗址的发掘》，《庙前》，文物出版社，2006年。

⑩ 试掘资料见浙江省文物考古研究所：《良渚遗址群》，文物出版社，2005年。

⑪ 浙江省文物考古研究所：《金霸坟遗址的发掘》，《庙前》，文物出版社，2006年。

⑫ 王宁远：《良渚遗址群后杨村遗址》，《浙江考古新纪元》，科学出版社，2009年。

⑬ 浙江省文物考古研究所：《余杭吴家埠新石器时代遗址》，《浙江省文物考古研究所学刊》第二辑，科学出版社，1993年。

⑭ 浙江省文物考古研究所、余杭市文物管理委员会：《浙江余杭汇观山良渚文化祭坛与墓地发掘简报》，《文物》1997年第7期；《浙江余杭汇观山良渚文化祭坛与墓地发掘报告》，《浙江省文物考古研究所学刊》，长征出版社，1997年。

⑮ 赵晔：《官井头——大雄山丘陵史前文化的一个窗口》，《东方博物》第四十八辑，浙江大学出版社，2013年；《浙江良渚官井头遗址》，《2013中国重要考古发现》，文物出版社，2014年；《大雄山丘陵——一个曾被忽视的文化片区》，《崧泽文化学术研讨会论文集（2014）》，文物出版社，2016年；《追寻良渚文明的源头——大雄山丘陵及官井头遗址揭秘》，《大众考古》2015年第7期。浙江省文物考古研究所：《良渚官井头遗址崧泽文化遗存》，《浙北崧泽文化考古报告集（1996～2014）》，文物出版社，2014年。

⑯ 刘斌、仲召兵、王宁远：《良渚遗址群石马兜2004～2007年发掘》，《浙江考古新纪元》，科学出版社，2009年。浙江省文物考古研究所：《良渚石马兜遗址发掘简报》，《浙北崧泽文化考古报告集（1996～2014）》，文物出版社，2014年。

⑰ 试掘资料未注明出处者均出自浙江省文物考古研究所：《良渚遗址群》，文物出版社，2005年。

长命桥（1937）、古京坟（1937）①、河口埭（1984）、水口头（1984）、莫家里（1984）、唐家头（1984）②、荀山东坡（1937、1985）③、花园里（1992、1994）、馒头山（1998）、凤凰山脚（1998）、朱村坟（1998）、沈家村（1998）、庙家山（1998）、高北山（1998～1999）、葛家村（1999）、王家庄（1999）、马金口（1999）、小马山（1999）、南边坟（1999）、金地（1999）、阿太坟（1999）、姚坟（1999）、巫山（1999）、棋盘坟（1999）、杜山（2000 年）、官庄（2000、2002）、新高田（2002）、王家圩（2009）、池塘下（2014）。

临平遗址群发现遗址约 20 处，经过发掘的遗址有三亩里（2004）④、后头山（2004）⑤、横山（1993）⑥、玉架山（2008～2018）、茅山（2009～2011）。

良渚遗址群和临平遗址群之间零星分布有 10 余处遗址，经过发掘的遗址有水田畈（1959）⑦、八卦墩（2014）⑧。良渚遗址群以西以南的仓前闲林发现 20 余处遗址，经过发掘的遗址有老和山（1953）⑨、小古城（2004）、南湖（2006～2007）⑩、吉如（2013）⑪、喻家陡门（2018）。

2. 太湖东南（嘉兴地区）

共发现良渚时期遗址 260 余处，其中海宁发现良渚时期遗址近 100 处⑫，桐乡发现 70 余处，海盐发现 40 余处，平湖发现 20 余处，嘉兴市区发现 30 余处，嘉善仅发现 2 处。经过发掘和试掘的遗址 50 余处，包括海宁千金角（1978）、徐步桥（1978）、盛家埭（1978）⑬、三官墩（1986）⑭、坟桥港（1988）、郒家岭（1988）⑮、荷叶地（1988）⑯、达泽庙（1990、2016～2018）⑰、大坟墩（1993）⑱、

① 施昕更：《良渚——杭县第二区黑陶遗址发掘报告》，浙江省教育厅出版，1938 年。
② 河口埭、水口头、莫家里、唐家头参见王明达：《良渚遗址群田野考古概述》，《余杭市政协文史资料》第十辑，《文明的曙光——良渚文化》，浙江人民出版社，1996 年。
③ 浙江省文物考古研究所：《荀山东坡遗址的试掘》，《庙前》，文物出版社，2006 年。
④ 丁品：《余杭星桥三亩里和后头山遗址》，《浙江考古新纪元》，科学出版社，2009 年。浙江省文物考古研究所、杭州余杭区中国江南水乡博物馆：《余杭三亩里遗址发掘简报》，《浙江省文物考古研究所学刊》第十辑，科学出版社，2015 年。
⑤ 丁品、林金木：《杭州余杭新桥后头山遗址发掘一处良渚文化墓地》，《中国文物报》2005 年 3 月 11 日。浙江省文物考古研究所、杭州市余杭区文管会：《浙江余杭星桥后头山良渚文化墓地发掘简报》，《南方文物》2008 年第 3 期。丁品：《余杭星桥三亩里和后头山遗址》，《浙江考古新纪元》，科学出版社，2009 年。
⑥ 浙江省余杭县文管会：《浙江余杭横山良渚文化墓葬清理简报》，《东方文明之光》，海南国际新闻出版中心，1996 年。
⑦ 浙江省文管会：《杭州水田畈遗址发掘报告》，《考古学报》1960 年第 2 期。
⑧ 杭州市文物考古研究所发掘资料。
⑨ 蒋赞初：《杭州老和山遗址 1953 年第一次发掘》，《考古学报》1958 年第 2 期。
⑩ 赵晔：《浙江余杭南湖考古调查发掘获重要成果》，《中国文物报》2007 年 12 月 28 日；《余杭南湖的文化底蕴》，《东方博物》第二十五辑，浙江大学出版社，2007 年；《余杭南湖遗址》，《浙江考古新纪元》，科学出版社，2009 年。
⑪ 杭州市文物考古研究所发掘资料。
⑫ 浙江省文物考古研究所、海宁市博物馆：《小兜里》，文物出版社，2015 年。赵晔：《海宁考古回眸》，《海宁文博》总第七十一期，2018 年 12 月。
⑬ 浙江省文物考古研究所：《浙江北部地区良渚文化墓葬的发掘（1978～1986）》，《浙江省文物考古研究所学刊（建所十周年纪念 1980—1990）》，科学出版社，1993 年。
⑭ 杨楠：《海宁三官墩新石器时代遗址》，《中国考古学年鉴 1987》，文物出版社，1988 年。
⑮ 浙江省文物考古研究所、海宁市博物馆：《海宁郒家岭良渚文化墓地发掘报告》，《东南文化》2002 年第 3 期。
⑯ 刘斌：《海宁荷叶地良渚文化遗址》，《中国考古学年鉴 1988》，文物出版社，1989 年；《海宁荷叶地遗址》，《崧泽·良渚文化在嘉兴》，浙江摄影出版社，2005 年。
⑰ 浙江省文物考古研究所、海宁市博物馆：《海宁达泽庙遗址的发掘》，《浙江省文物考古研究所学刊》，长征出版社，1997 年。
⑱ 浙江省文物考古研究所、海宁市博物馆：《海宁大坟墩遗址发掘简报》，《崧泽·良渚文化在嘉兴》，浙江摄影出版社，2005 年；《浙江省海宁市大坟墩遗址的发掘》，《浙江省文物考古研究所学刊》第七辑，杭州出版社，2005 年。

佘墩庙（1995）①、金石墩（2002）②、杨家角（2002～2003）③、东八角漾（2004）④、徐家桥（2005）、九虎庙（2005、2008）⑤、莲花（2006）⑥、徐家庄（2007）⑦、小兜里（2009～2011）⑧、瑞寺桥（2010～2011）⑨、皇坟头（2011～2014）⑩、酒地上（2013～2014）⑪、姚家浜（2014）⑫、伊家桥（2017），桐乡普安桥（1995～1998）⑬、章家浜（1995～1996）、徐家浜（1995～1996）⑭、叭喇浜（1996）⑮、金家浜（1996）⑯、新地里（2001～2002）⑰、姚家山（2004～2005）⑱、董家桥（2003、2011）⑲、大园里（2018），海盐高地（1982）⑳、王坟（1994）㉑、窑墩（1996）㉒、龙潭港（1997）㉓、

---

① 浙江省文物考古研究所、海宁市博物馆：《海宁佘墩庙遗址》，《崧泽·良渚文化在嘉兴》，浙江摄影出版社，2005年。

② 海宁市博物馆：《海宁金石墩遗址发掘报告》，《东南文化》2003年第5期。

③ 楼航：《海宁市杨家角新石器时代遗址》，《中国考古学年鉴2004》，文物出版社，2005年；《海宁杨家角新石器时代遗址》，《浙江考古新纪元》，科学出版社，2009年。浙江省文物考古研究所：《海宁杨家角遗址发掘情况简介》，《崧泽·良渚文化在嘉兴》，浙江摄影出版社，2005年。浙江省文物考古研究所、海宁市博物馆：《浙江海宁市杨家角遗址的发掘》，《浙江省文物考古研究所学刊》第十辑，科学出版社，2015年。

④ 浙江省文物考古研究所、海宁市博物馆：《海宁东八角漾遗址发掘报告》，《崧泽·良渚文化在嘉兴》，浙江摄影出版社，2005年。

⑤ 浙江省文物考古研究所、海宁市博物馆：《海宁九虎庙遗址考古发掘简报》，《浙北崧泽文化考古报告集（1996～2014）》，文物出版社，2014年

⑥ 海宁市博物馆：《浙江海宁莲花遗址发掘报告》，《东南文化》2007年第2期。

⑦ 浙江省文物考古研究所、海宁市文物保护管理所：《浙江海宁徐家庄遗址良渚文化墓葬发掘简报》，《东南文化》2013年第3期。

⑧ 浙江省文物考古研究所、海宁市博物馆：《2009年海宁小兜里遗址良渚墓葬的发掘》，《南方文物》2010年第2期；《海宁小兜里遗址第一至三期发掘的崧泽文化遗存》，《浙北崧泽文化考古报告集（1996～2014）》，文物出版社，2014年；《小兜里》，文物出版社，2015年。

⑨ 浙江省文物考古研究所、海宁市博物馆：《海宁瑞寺桥遗址考古发掘简报》，《浙北崧泽文化考古报告集（1996～2014）》，文物出版社，2014年

⑩ 浙江省文物考古研究所、海宁市博物馆：《海宁皇坟头遗址的崧泽文化遗存》，《浙北崧泽文化考古报告集（1996～2014）》，文物出版社，2014年。

⑪ 浙江省文物考古研究所、海宁市博物馆：《海宁酒地上遗址2013年度发掘的崧泽文化遗存》，《浙北崧泽文化考古报告集（1996～2014）》，文物出版社，2014年。

⑫ 浙江省文物考古研究所、海宁市博物馆：《浙江海宁姚家浜遗址2014年发掘简报》，《东南文化》2017年第3期。

⑬ 北京大学考古学系、浙江省文物考古研究所、日本上智大学联合考古队：《浙江桐乡普安桥遗址发掘简报》，《文物》1988年第4期。方向明：《桐乡普安桥良渚文化遗址》，《中国考古学年鉴1996》，文物出版社，1998年；《桐乡市普安桥新石器时代遗址》，《中国考古学年鉴1999》，文物出版社，2001年。普安桥中日联合考古队：《桐乡普安桥遗址早期墓葬及崧泽风格玉器》，《浙北崧泽文化考古报告集（1996～2014）》，文物出版社，2014年。

⑭ 浙江省文物考古研究所：《桐乡章家浜、徐家浜良渚文化墓葬发掘》，《沪杭甬高速公路考古报告》，文物出版社，2002年。

⑮ 王海明：《桐乡叭喇浜良渚文化遗址》，《中国考古学年鉴1997》，文物出版社，1999年。浙江省文物考古研究所：《桐乡叭喇浜遗址发掘》，《沪杭甬高速公路考古报告》，文物出版社，2002年。

⑯ 桐乡市博物馆：《桐乡金家浜遗址发掘简报》，《崧泽·良渚文化在嘉兴》，浙江摄影出版社，2005年。

⑰ 蒋卫东：《浙江桐乡新地里遗址考古发掘》，《2001年中国重要考古发现》，文物出版社，2002年；《桐乡新地里考古》，《浙江考古新纪元》，科学出版社，2009年。蒋卫东、丁品、周伟民、朱宏中：《桐乡市新地里新石器时代遗址》，《中国考古学年鉴2002》，文物出版社，2003年。浙江省文物考古研究所、桐乡市文物管理委员会：《桐乡新地里遗址考古发掘概况》，《崧泽·良渚文化在嘉兴》，浙江摄影出版社，2005年；《浙江桐乡新地里遗址发掘简报》，《文物》2005年第11期；《新地里》，文物出版社，2006年。

⑱ 王宁远、周伟民、朱宏中：《浙江桐乡姚家山发现良渚文化高等级贵族墓葬》，《中国文物报》2005年3月25日；《桐乡姚家山发现良渚文化高等级贵族墓葬》，《崧泽·良渚文化在嘉兴》，浙江摄影出版社，2005年；《浙江桐乡姚家山良渚文化贵族墓葬》，《2005年中国重要考古发现》，文物出版社，2006年。

⑲ 田正标：《桐乡市董家桥良渚文化及春秋战国时期遗址》，《中国考古学年鉴2004》，文物出版社，2005年。浙江省文物考古研究所、桐乡市博物馆：《桐乡董家桥遗址2011年度发掘简报》，《浙江省文物考古研究所学刊》第十辑，科学出版社，2015年。

⑳ 沈咏嘉、李林：《海盐县石泉高地遗址的初步调查》，《浙江省文物考古研究所学刊》，长征出版社，1997年。

㉑ 浙江省文物考古研究所、海盐县博物馆：《海盐王坟遗址发掘简报》，《崧泽·良渚文化在嘉兴》，浙江摄影出版社，2005年。

㉒ 孙国平：《海盐窑墩遗址》，《崧泽·良渚文化在嘉兴》，浙江摄影出版社，2005年。

㉓ 孙国平、李林、沈明生：《海盐发现新型良渚文化墓地》，《中国文物报》1998年6月14日。孙国平、李林：《海盐县龙潭港良渚文化墓地》，《中国考古学年鉴1998》，文物出版社，2000年。浙江省文物考古研究所、海盐博物馆：《浙江海盐县龙潭港良渚文化墓地》，《考古》2001年第10期。

周家浜（1999）①、仙坛庙（2002～2004）②、西长浜（2008）③，平湖平邱墩（1980～1981）④、戴墓墩（2001）⑤、庄桥坟（2003～2004）⑥、图泽（2004～2005）⑦，嘉兴双桥（1953、1973）⑧、雀幕桥（1972、1983、1983～1984、1995、2000）⑨、大坟（1989）⑩、南河浜（1996）⑪、高墩（1999）⑫、石圹头（2000）⑬、高墩坟（2001～2002）⑭、倭坟墩（1999）⑮、姚家村（2008～2009）⑯，嘉善大往（1986、1991、2014）⑰ 等。

3. 太湖西部（湖州地区）

共发现良渚时期遗址90余处，其中湖州发现50余处，德清发现30余处，长兴和安吉各发现数处。经过发掘的遗址10余处，包括湖州邱城（1957～1958）⑱、花城（1975～1976）⑲、昆山（1956、

① 蒋卫东、刘斌：《海盐县周家浜良渚文化遗址》，《中国考古学年鉴2000》，文物出版社，2002年。浙江省文物考古研究所、海盐县博物馆：《海盐周家浜遗址发掘概况》，《崧泽·良渚文化在嘉兴》，浙江摄影出版社，2005年。

② 王宁远、李林：《海盐县仙坛庙新石器时代遗址》，《中国考古学年鉴2004》，文物出版社，2005年；《浙江海盐仙坛庙遗址》，《2003中国重要考古发现》，文物出版社，2004年；王宁远、蒋卫东、李林、沈明生：《浙江海盐仙坛庙发现崧泽文化早期到良渚文化晚期遗存》，《中国文物报》2004年2月4日。浙江省文物考古研究所、海盐县博物馆：《海盐仙坛庙遗址的发掘》，《崧泽·良渚文化在嘉兴》，浙江摄影出版社，2005年。

③ 芮国耀：《海盐西长浜遗址的发掘》，《浙江考古新纪元》，科学出版社，2009年。

④ 浙江省文物考古研究所：《浙江北部地区良渚文化墓葬的发掘（1978～1986）》，《浙江省文物考古研究所学刊（建所十周年纪念1980—1990）》，科学出版社，1993年。

⑤ 平湖市博物馆：《平湖戴墓墩遗址良渚墓葬发掘简报》，《崧泽·良渚文化在嘉兴》，浙江摄影出版社，2005年。

⑥ 徐新民：《浙江平湖庄桥坟良渚文化墓地》，《2004中国重要考古发现》，文物出版社，2005年；《浙江平湖庄桥坟遗址再度发掘》，《中国文物报》2006年12月24日；《平湖庄桥坟》，《浙江考古新纪元》，科学出版社，2009年。浙江省文物考古研究所、平湖市博物馆：《平湖庄桥坟遗址发掘的主要收获》，《崧泽·良渚文化在嘉兴》，浙江摄影出版社，2005年；《浙江平湖市庄桥坟良渚文化遗址及墓地》，《考古》2005年第7期。

⑦ 芮国耀、杨根文：《平湖图泽良渚文化墓地》，《崧泽·良渚文化在嘉兴》，浙江摄影出版社，2005年。陆敏仙、田敏：《平湖图泽遗址考古发掘有重要收获》，《浙江文物》2006年第2期。芮国耀：《平湖图泽良渚文化墓地》，《浙江考古新纪元》，科学出版社，2009年。

⑧ 党华：《嘉兴双桥遗址》，《考古通讯》1955年第5期。浙江省文物考古研究所：《嘉兴双桥遗址发掘简报》，《浙江省文物考古研究所学刊》第二辑，科学出版社，1993年。

⑨ 浙江省嘉兴县博物、展览馆：《浙江嘉兴雀幕桥发现一批黑陶》，《考古》1974年第3期。陆耀华：《嘉兴雀幕桥遗址试掘简报》，《考古》1986年第9期。浙江省文物考古研究所：《浙江北部地区良渚文化墓葬的发掘（1978～1986）》，《浙江省文物考古研究所学刊》第二辑，科学出版社，1993年。孟正兴、廖本春：《嘉兴雀幕桥遗址第五次发掘》，《崧泽·良渚文化在嘉兴》，浙江摄影出版社，2005年。

⑩ 陆耀华：《嘉兴大坟遗址的清理》，《文物》1991年第7期。

⑪ 浙江省文物考古研究所：《嘉兴南河浜遗址》，《崧泽·良渚文化在嘉兴》，浙江摄影出版社，2005年。浙江省文物考古研究所：《南河浜》，文物出版社，2005年。

⑫ 浙江省文物考古研究所、嘉兴市博物馆：《嘉兴凤桥高墩遗址的发掘》，《崧泽·良渚文化在嘉兴》，浙江摄影出版社，2005年。

⑬ 刘斌：《嘉兴市石圹头新石器时代及西周遗址》，《中国考古学年鉴2001》，文物出版社，2002年。

⑭ 王宁远：《嘉兴市高墩坟新石器时代遗址》，《中国考古学年鉴2002》，文物出版社，2003年

⑮ 廖本春、孟正兴：《嘉兴倭坟墩遗址发掘获成果》，《崧泽·良渚文化在嘉兴》，浙江摄影出版社，2005年。

⑯ 芮国耀、马竹山：《浙江嘉兴姚家村》，《马桥文化探微》，上海书画出版社，2018年。芮国耀：《嘉兴姚家村遗址的发掘》，《浙江考古新纪元》，科学出版社，2009年。浙江省文物考古研究所、嘉兴博物馆：《嘉兴姚家村遗址发掘简报》，《浙江省文物考古研究所学刊》第十辑，文物出版社，2014年。

⑰ 王明达：《嘉善大往遗址》，《崧泽·良渚文化在嘉兴》，浙江摄影出版社，2005年。

⑱ 梅福根：《浙江吴兴邱城遗址发掘简介》，《考古》1959年第9期。浙江省文物管理委员会：《浙江省吴兴县邱城1957年发掘报告初稿》，《浙江省文物考古研究所学刊》第七辑，杭州出版社，2005年。

⑲ 隋全田：《湖州花城发现的良渚文化木构窖藏》，《浙江省文物考古所学刊》第一辑，文物出版社，1981年。

2000、2004～2005、2014～2018）①、塔地（2004）②、庙头角（2014）、树下兜（2016）③，德清辉山（1986）④、杨墩（2017）、保安桥（2018）、王家里（2018）、小桥头（2018）⑤，安吉芝里（2005～2006）⑥、安乐（1996、2001、2013～2014）⑦，长兴江家山（2005～2006）⑧ 等。

（二）金衢盆地

金衢盆地西部分布有山崖尾等属好川文化的遗址，东部有查塘山背、小青龙等良渚文化遗址，可见该区域是好川文化和良渚文化分布的边缘区和交汇区。金衢盆地及周边已发现良渚时期遗址 20 余处，包括萧山蜀山、乌龟山⑨，桐庐大麦凸、王同山—门前山、石家前山，诸暨楼家桥，浦江查塘山背，建德久山湖、洋池岗、六山岩、青龙头，淳安五龙岛⑩等。已发掘的遗址近 10 处，包括桐庐小青龙（2011～2012）、大麦凸（1993、2013）⑪、萧山茅草山（2001）⑫、金山（1999）⑬，诸暨楼家桥（1999～2000）⑭，浦江查塘山背（2000～2001）⑮，龙游三酒坛（2004）⑯，建德久山湖⑰，缙云陇东（2018） 等。

（三）宁绍地区

宁绍地区发现良渚时期遗址 30 余处，已发掘的遗址有 10 余处，清理墓葬 10 余座。宁波慈湖

① 方向明、闵泉、陈兴吾：《浙江湖州市毘山遗址发掘取得重要收获》，《中国文物报》2004 年 7 月 28 日。浙江省文物考古研究所、湖州市博物馆：《浙江省湖州市毘山遗址的新石器时代墓葬》，《南方文物》2006 年第 2 期；《毘山》，文物出版社，2006 年。方向明：《湖州毘山遗址 2004 年度的发掘》，《浙江考古新纪元》，科学出版社，2009 年。

② 蒋卫东：《湖州塔地马家浜文化至马桥文化遗址》，《中国考古学年鉴 2005》，文物出版社，2006 年；《浙江湖州塔地新石器时代遗址》，《2004 中国重要考古发现》，文物出版社，2005 年；《湖州塔地》，《浙江考古新纪元》，科学出版社，2009 年。塔地考古队：《浙江湖州塔地遗址发掘获丰硕成果》，《中国文物报》2005 年 2 月 9 日。浙江省文物考古研究所、湖州市文物保护管理所：《湖州塔地遗址的崧泽文化遗存》，《浙北崧泽文化考古报告集（1996～2014）》，文物出版社，2014 年。

③ 孙瀚龙：《浙江湖州树下兜遗址》，《马桥文化探微》，上海书画出版社，2018 年。

④ 浙江省文物考古研究所：《浙江北部地区良渚文化墓葬的发掘（1978～1986）》，《浙江省文物考古研究所学刊（建所十周年纪念（1980—1990）》，科学出版社，1993 年。

⑤ 方向明：《浙江德清发现良渚文化玉器加工作坊遗址群》，《中国文物报》2019 年 2 月 22 日第 5 版。

⑥ 程永军：《芝里遗址考古发掘成果丰硕》，《浙江文物》2005 年第 5 期。王宁远、周亚乐、程永军：《安吉芝里遗址》，《浙江考古新纪元》，科学出版社，2009 年。浙江省文物考古研究所、安吉县博物馆：《安吉芝里遗址的马家浜、崧泽文化遗存》，《浙北崧泽文化考古报告集（1996～2014）》，文物出版社，2014 年。

⑦ 安乐遗址进行过三次发掘，仅第二次发掘时清理两座早期墓葬。浙江省文物考古研究所、安吉县博物馆：《安吉安乐遗址第二次发掘简报》，《浙北崧泽文化考古报告集（1996～2014）》，文物出版社，2014 年。

⑧ 楼航、梁奕建、华山、童善平：《浙江长兴江家山遗址抢救性发掘获重要收获》，《中国文物报》2006 年 4 月 21 日。楼航：《江家山新石器时代遗址》，《浙江考古新纪元》，科学出版社，2009 年。浙江省文物考古研究所、长兴县博物馆：《长兴江家山遗址崧泽文化墓地发掘简报》，《浙北崧泽文化考古报告集（1996～2014）》，文物出版社，2014 年。

⑨ 施家农主编：《发现萧山》，西泠印社出版社，2014 年。

⑩ 鲍绪先：《新安江流域发现良渚文化玉器》，《东南文化》1993 年第 1 期。

⑪ 浙江省文物考古研究所、桐庐博物馆：《小青龙》，文物出版社，2017 年。

⑫ 郑建明：《杭州市茅草山新石器时代遗址》，《中国考古学年鉴 2002》，文物出版社，2003 年。浙江省文物考古研究所、萧山区文物管理委员会：《杭州市萧山区茅草山遗址发掘报告》，《东南文化》2003 年第 9 期。

⑬ 浙江省文物考古研究所、杭州市萧山区博物馆：《杭州市萧山区金山遗址和田螺山石室墓的发掘》，《浙江省文物考古研究所学刊》第十辑，文物出版社，2014 年。

⑭ 蒋乐平：《诸暨楼家桥新石器时代遗址》，《浙江考古新纪元》，科学出版社，2009 年。浙江省文物考古研究所、诸暨博物馆、浦江博物馆：《楼家桥、查塘山背、尖山湾》，文物出版社，2010 年。

⑮ 芮顺淦、蒋乐平、郑建明、孟国平：《良渚文化考古又有新发现》，《中国文物报》2001 年 8 月 5 日。蒋乐平：《浦江查塘山背新石器时代遗址》，《浙江考古新纪元》，科学出版社，2009 年。浙江省文物考古研究所、诸暨博物馆、浦江博物馆：《楼家桥、查塘山背、尖山湾》，文物出版社，2010 年。

⑯ 芮国耀：《龙游三酒坛新石器时代遗址》，《浙江考古新纪元》，科学出版社，2009 年。

⑰ 张玉兰：《浙江省建德市久山湖新石器时代遗址的发掘》，《考古》2006 年第 5 期。

（1986、1988）①、奉化名山后（1989）②、象山塔山（1990、1993、2007）③、宁波小东门（1992）④、北仑沙溪（1987、1994、1997）⑤、余姚鲻山（1996）⑥ 以及近年来宁波市文物考古研究所陆续发掘的大榭⑦、鱼山、乌龟山、下王渡等遗址，均包含有良渚时期遗存。

五　生计与经济

环太湖地区是以稻作农业为主体的生业经济模式，稻谷遗存早在 20 世纪五六十年代就已经有所发现，如水田畈、澄湖等遗址，特别是近年来茅山大型水稻田与良渚古城内炭化稻谷堆积的发现，为我们理解良渚文化时期稻作农业的发展水平提供了非常好的资料。在稻作驯化研究、稻作农具的辨识、稻田管理的研究、稻作亩产量推算、稻米来源研究等方面均取得了较大的成就。

长江下游地区是稻作驯化研究的重点区域。驯化水稻的历史至少从上山文化时期就已经开始⑧，跨湖桥文化驯化特征已较明显⑨，河姆渡文化和马家浜文化尤其是马家浜晚期逐渐驯化成熟⑩，经崧泽文化发展而来的良渚文化时期，稻作农业已经相当成熟。

良渚时期的农业工具一般认为包括石犁、"破土器"、石镰、石刀、"耘田器"等（图 2 - 57）。牟永抗和宋兆麟通过形态分析并参考民族学资料，对石犁和破土器做了复原研究，认为石犁已经有配套的犁床、犁辕甚至犁箭，指出二者均源自石耜，"破土器"则是一种开犁沟的工具，说明长江下游地区最迟在距今 5000 年前就已经出现了犁耕农业⑪。这一观点得到了学术界的普遍认同⑫。蒋卫东以新地里出土分体石犁为基础，对良渚文化出土的石犁进行了分型分式研究，讨论了石犁的组装问题，认为当时的石犁还只能浅耕，起到除草松土的作用，指出当时采用横纵反复耕作的交耕法，在此基础上进一步推测良渚文化时期已经出现单位面积较大、形制较规整的水田⑬。方向明也对石犁进行了深入的研究，同时思考了陈星灿等学者对于石犁定性的质疑，指出"如果直接称为犁尚有异议的话，称

① 浙江省文物考古研究所、宁波市文物考古研究所：《宁波慈湖遗址发掘简报》，《浙江省文物考古研究所学刊》第三辑，科学出版社，1993 年。

② 名山后遗址考古队：《奉化名山后遗址第一次发掘的主要收获》，《浙江省文物考古研究所学刊》第三辑，科学出版社，1993 年。

③ 浙江省文物考古研究所等：《象山县塔山遗址第一、二期发掘》，《浙江省文物考古研究所学刊》，长征出版社，1997 年。蒋乐平：《象山塔山新石器时代遗址》，《浙江考古新纪元》，科学出版社，2009 年。

④ 浙江省文物考古研究所：《宁波慈城小东门遗址发掘简报》，《东南文化》2002 年第 9 期。

⑤ 浙江省文物考古研究所、宁波市北仑区博物馆：《北仑沙溪新石器时代遗址发掘简报》，《南方文物》2005 年第 1 期。

⑥ 浙江省文物考古研究所、厦门大学历史系：《浙江余姚市鲻山遗址发掘简报》，《考古》2001 年第 10 期。

⑦ 雷少、梅术文：《宁波首次发掘海岛史前文化遗存——大榭遗址 I 期考古发掘的主要收获》，《中国文物报》2016 年 12 月 30 日。

⑧ 郑云飞、蒋乐平：《上山遗址的古稻遗存及其在稻作起源研究上的意义》，《考古》2007 年第 9 期。

⑨ 浙江省文物考古研究所：《跨湖桥》，文物出版社，2004 年。

⑩ 傅稻镰、秦岭、赵志军、郑云飞等：《田螺山遗址的植物考古分析——野生植物资源采集与水稻栽培、驯化的形态学观察》，《田螺山遗址自然遗存综合研究》，文物出版社，2011 年。郑云飞、蒋乐平、Gary W. Grawford：《稻谷遗存落粒性变化与长江下游水稻起源与驯化》，《南方文物》2016 年第 3 期。马永超：《长江下游地区的水稻驯化过程——水稻扇形植硅体的证据》，山东大学硕士研究生学位论文，2016 年。高玉：《环太湖地区新石器时代植物遗存与生业经济形态研究》，北京大学硕士研究生学位论文，2012 年。

⑪ 牟永抗、宋兆麟：《江浙的石犁和破土器——试论我国犁耕的起源》，《农业考古》1981 年第 2 期。

⑫ 吴汝祚：《太湖文化区的史前农业》，《农业考古》1987 年第 2 期。程世华：《良渚文化的原始农业及其意义》，《中国农史》1990 年第 2 期。游修龄：《良渚文化与稻的生产》，《文明的曙光——良渚文化》，浙江人民出版社，1996 年。

⑬ 蒋卫东：《新地里遗址出土的良渚文化分体石犁的初步研究》，《史前研究 2004》，三秦出版社，2005 年。

图 2-57　庄桥坟遗址出土石犁

之为犁形器、原始犁当无大碍"，并认为可能是一种踏犁[1]，后来又指出石犁的作用可能与青铜耨刀类似，可用于水田作业中的薅草、薅秧，并结合茅山大面积水稻田的发现，指出石犁完全可以用于翻土和整治，可称为原始犁耕[2]。"耘田器"最初的名称见于钱山漾第一、二次发掘简报[3]，但对于"耘田器"的命名和功能，学术界有过不少讨论和反思，提出过石耜冠、菱角形石器[4]、双翼形石器（推割器）[5] 等命名。牟永抗对良渚时期是否存在中耕除草提出怀疑，推测"耘田器"是镶嵌在木耜前端的石耜冠[6]。游修龄推测良渚时期应是采取直播而非插秧、撒播而非点播的耕作方式，以这种方式种植的水稻植株间距不规则，无法使用"耘田器"，故而认为良渚时期不存在"耘田器"一类的中耕工具[7]。蒋卫东指出这类石刀可能与制革有关[8]。基于昆山墓葬出土的 31 件该类石刀，方向明系统梳理了"耘田器"从最初的石刀门类中分离出来单独命名、随后又回归到石刀门类的历程，指出从"此类石器与石镰共出看，不应该与季节性的农业收割有关"，而认为"更可能是用于动物肉食类的加工，也包括皮革"，或与加工竹编或苇编有关[9]。

临平遗址群中茅山遗址良渚文化水稻田的发现为我们了解当时村落的农业生产状况提供了重要资料。茅山遗址是一处典型的坡地形遗址，揭露出居住区、墓葬区和稻田区，其中稻田区位于山麓南侧的低地，共揭露出良渚中期、良渚晚期和广富林时期三个阶段的水稻田遗迹。良渚文化中期的稻田规模并不大，呈面积不大的条块状，每个稻田面积从 1~2 平方米到 30~40 平方米不等，田块之间为生土田埂，并分布有小河沟；发展到良渚文化晚期，则形成面积达 83 亩、55000 平方米的超大稻田区，经发掘发现 5 条南北向的红烧土田埂和 2 条东西向的河沟，这些田埂长 17~19 米，将整个稻田区区分为许多面积约 1000~2000 平方米的大田块（图 2-58）；广富林时期农耕层发现沟渠、牛脚印和零星人脚印。郑云飞等根据稻田土壤中炭屑及多年生和水生、湿生植物为主的植物构成，多年生杂草要明显

①　浙江省文物考古研究所、湖州市博物馆：《昆山》，文物出版社，2006 年。
②　方向明：《长江下游新石器时代晚期的石犁及其相关问题》，《岭南考古研究 13》，中国评论学术出版社，2013 年。质疑石犁的文章可见刘莉、陈星灿等：《新石器时代长江下游地区的三角形石器是石犁吗？——昆山遗址出土三角形石器微痕分析》，《东南文化》2013 年第 2 期。孙瀚龙：《"石犁"的实验考古研究与微痕分析》，《崧泽文化学术研讨会论文集（2014）》，文物出版社，2016 年。
③　浙江省文物管理委员会：《吴兴钱山漾遗址第一、二次发掘报告》，《考古学报》1960 年第 2 期。
④　杨美莉：《良渚文化石质工具之研究——三角形石质工具的形制、性质之分析》，《农业考古》1999 年第 3 期。
⑤　任式楠：《关于良渚文化双翼形石器的讨论》，《任式楠文集》，世纪出版集团、上海辞书出版社，2005 年。
⑥　牟永抗：《浙江新石器时代文化的初步认识》，《中国考古学会第三次年会论文集》，文物出版社，1984 年。
⑦　游修龄：《良渚文化与稻的生产》，《文明的曙光——良渚文化》，浙江人民出版社，1996 年；《良渚文化时期的农业》，《良渚文化研究》，科学出版社，1999 年。
⑧　蒋卫东：《也说"耘田器"》，《农业考古》1999 年第 1 期。
⑨　浙江省文物考古研究所、湖州市博物馆：《昆山》，文物出版社，2006 年。

图 2-58　茅山遗址良渚文化晚期稻田及相关遗迹

多于一年生杂草，说明当时翻耕仅为浅层表土，未采取深耕技术，当时主要的耕作方式是火耕水耨[1]。"良渚文化时期，以火耕水耨技术为代表的原始稻作生产已经相当成熟，生产规模大，产量高，稻米成为先民食物的重要来源。"[2] 通过对茅山良渚晚期耕作土及上下地层的土壤微形态分析，可知当时集约化耕作受益于成功的水资源管理，并可观察到土壤翻耕、以人和动物粪便施肥和用火的证据[3]。

有学者根据宋代和清代的稻作亩产量，上推良渚时期的稻作亩产量不会超过100千克[4]。游修龄根据历史文献记载和民族学资料，推测良渚时期谷物的产量大约为谷物播种量的15倍[5]，不过，由于良渚时期每亩稻田的播种量不明，无法据此推算亩产量。田螺山和茅山水稻田的发现为我们探讨稻作农业的发展提供了绝好的材料。郑云飞根据田螺山揭露的稻田的植硅石含量分析，推算出田螺山的河姆渡文化早期稻田亩产量为55千克，河姆渡文化晚期稻田亩产量为63千克[6]，而茅山遗址良渚晚期和广富林时期的稻田水稻植硅体的密度平均高达44000粒/克，通过植硅体和稻谷重量的关系，推算当时的亩产量为141千克，反映了稻作农业相对于河姆渡文化时期已有长足的进步[7]。

良渚古城莫角山宫殿区及其周边多处炭化稻谷堆积的发现为我们认识当时稻作农业的发达程度提供了直接的证据。2010～2012年莫角山东坡的发掘中，在莫角山土台的边坡以东清理了一个编号为H11的大型灰坑，坑内填土可分三层，其中第一层和第三层均为灰黑色土，浮选出大量炭化稻谷遗存。经分析，该灰坑中共填埋约12240千克稻谷，很可能是粮仓失火后倾倒烧毁稻谷、灰烬等废弃物的场所。2013年，莫角山西南坡的发掘过程中也发现过数量可观的炭化稻谷堆积。在莫角山宫殿区及宫殿区北部的沈家村台地的钻探中也曾发现多处蕴含丰富炭化稻谷堆积的区域。2017年对莫角山宫殿区以南的池中寺进行了大范围勘探和揭露，发现两大片炭化稻谷堆积，面积分别达6700平方米和5150平方米，测算出炭化稻谷总量近20万千克，充分说明城内稻谷储藏量相当丰富，间接反映出以良渚国王为代表的王国统治阶层拥有巨大的财富[8]。2010年以来，在美人地、莫角山等遗址进行发掘的同时，我们在古城遗址内外做过专门的良渚文化稻田的钻探和调查，但并未发现明确的水稻田的迹象。这说明居住在城内及外城的人很可能是不生产水稻的，这些水稻应是由古城郊区的居民以及良渚遗址群以外的居民提供的，可能已经产生了类似贡赋的制度[9]。

除了稻谷，卞家山、美人地和钟家港等遗址淘洗出大量植物种子，如橡子、桃、杏、梅、南酸枣、柿子、葡萄等木本植物的种子，以及瓠瓜、甜瓜、菱角、芡实。出土稻谷分别占卞家山和美人地出土植物遗存总数的32.7%和82.17%，稻谷形体上与现代栽培稻种的粳亚种类似，其次比较多的是南酸

---

① 郑云飞、陈旭高、丁品：《浙江余杭茅山遗址古稻田耕作遗迹研究》，《第四纪研究》第34卷第1期，2014年1月。

② 郑云飞：《良渚文化时期的社会生业形态与稻作农业》，《南方文物》2018年第1期。

③ 庄奕杰、丁品、Charles French著，宿凯、靳桂云译，庄奕杰校：《中国长江下游茅山遗址新石器时代晚期水稻耕作的水资源管理及农业集约化》，《东方考古》第12集，科学出版社，2015年。

④ 程世华：《良渚文化的原始农业及其意义》，《中国农史》1990年第2期。

⑤ 游修龄：《良渚文化与稻的生产》，《文明的曙光——良渚文化》，浙江人民出版社，1996年。

⑥ Zheng Yunfei, Sun Guoping, Qin Ling et al. Rice fields and modes of rice cultivation between 5000 and 2500BC in East China. *Journal of Archaeological Science*, 2009, 36（12）: 2609 – 2616.

⑦ 郑云飞、陈旭高、丁品：《浙江余杭茅山遗址古稻田耕作遗迹研究》，《第四纪研究》第34卷第1期，2014年1月。

⑧ 浙江省文物考古研究所：《良渚古城综合研究报告》，文物出版社，2019年。

⑨ 刘斌、王宁远、陈明辉：《良渚古城——新发现和新探索》，《权力与信仰》，文物出版社，2015年。赵辉：《良渚的国家形态》，《中国文化遗产》2017年第3期。

枣、甜瓜、芡实和橡子，分别占卞家山出土植物种子的 21.2%、13.4%、11.3% 和 6%。郑云飞认为，良渚时期长江下游传统植物性食物结构已经初步形成，当时不仅栽培稻米、瓠瓜和甜瓜，甚至可能开始栽培桃、梅、杏、葡萄、豆类和菱角①，"瓜、果、蔬菜俱全，基本形成了长江中下游地区的传统稻作农耕文化体系的生业特色"②。

良渚文化时期的动物考古起步较晚，目前浙江省境内开展过系统动物考古且正式发表资料的仅卞家山、美人地两处，钟家港近年的发掘资料正在整理，以上三处年代均主要集中于良渚晚期，桐乡董家桥遗址文化面貌主要为崧泽晚期，也做过系统的动物考古工作，可作参考。卞家山出土了 2058 件动物骨骼遗存，可鉴定动物骨骼 1640 件，其中猪骨达 1526 件，占 93%，狗占 0.4%，鹿科、水牛分别占 5.1% 和 0.1%，另有约 1% 的鸟类、爬行动物和数量较多的软体动物③。美人地动物骨骼合计 200 件，其中哺乳动物类共 198 件，另有淡水龟、鸭科各 1 件；哺乳动物中，可鉴定科属的约 167 件，猪骨最多，共 154 件，鹿科其次，共 12 件，牛科动物至少 1 件；根据统计，猪骨占所有动物骨骼的 77%，鹿科占 6%④，由于有 20 件左右哺乳类动物骨骼未判断科属，其中应有不少猪骨，因此，猪骨所占比例应高于 77%。董家桥出土崧泽晚期至良渚早期动物骨骼 169 件，猪骨占 33.7%，鹿类占 33.7%，牛科占 2.4%，狗骨骼占 0.6%，另有獐、羊和少量食肉类动物等，根据部分猪骨的年龄结构和牙齿测量数据推测主要为家猪⑤，猪骨所占比例远远低于良渚古城遗址城址区。

良渚古城遗址城址区中出土的动物骨骼中，猪骨占绝大多数，可达 90% 左右。张颖根据卞家山动物骨骼的研究指出，"良渚文化时期，家猪饲养技术已经出现，并得到一定程度的发展，因而家猪占据了哺乳动物的绝大多数，成为人们的主要肉食来源之一。"⑥ 宋姝从年龄、性别的量化及人工饲养所引起的病理现象的综合分析出发，也认为良渚古城遗址（包括美人地、卞家山、钟家港）中出土的猪骨应主要为家猪，是当时人的主要肉食来源，并推测猪骨测量数据偏大的原因可能是当时采取放养的方式⑦。

我们还对美人地遗址和卞家山遗址出土的人骨、猪骨和狗骨进行了碳氮同位素分析，发现狗骨与人骨的碳氮同位素值非常接近，应是与人类一同进食的家犬。猪骨的碳氮同位素检测结果则更具多样性，既有与人骨一样较高的氮同位素个体，也有与中小型鹿一样较低的氮同位素个体⑧，具体原因还有待进一步探索。

---

① 郑云飞：《植物种子和果实遗存的分析》《植物种实遗存所反映的先民食物结构》，《卞家山》，文物出版社，2014 年。郑云飞、陈旭高、赵晔、王宁远、刘斌：《卞家山和美人地遗址的植物遗存分析报告》，《良渚古城综合研究报告》，文物出版社，2016 年。

② 郑云飞：《良渚文化时期的社会生业形态与稻作农业》，《南方文物》2018 年第 1 期。

③ 张颖：《卞家山遗址动物骨骼的鉴定与研究》《软体动物的鉴定和研究》，《卞家山》，文物出版社，2014 年。

④ 松井章、菊地大树、松崎哲也、江田真毅、丸山真史、刘斌、王宁远：《良渚遗址群美人地遗址出土动物遗存（初报）》，《中国新石器时代における家畜・家禽の起源と、東アジアへの擴散の動物考古的研究》，2016 年。后收入浙江省文物考古研究所：《良渚古城综合研究报告》，文物出版社，2019 年。

⑤ 王华、游晓蕾、田正标、胡继根：《浙江桐乡董家桥遗址动物遗存初步分析》，《浙江省文物考古研究所学刊》第十辑，科学出版社，2015 年。

⑥ 张颖：《卞家山遗址动物骨骼的鉴定与研究》，《卞家山》，文物出版社，2014 年。

⑦ 宋姝：《良渚文化遗址出土动物遗存的阶段性研究总结》，《良渚古城综合研究报告》，文物出版社，2019 年；《良渚文化时期的动物资源利用和家畜饲养》，待刊。

⑧ 米田穰：《长江中下游新石器时代人类与动物骨骼的碳氮同位素分析》，《中国新石器时代における家畜・家禽の起源と、東アジアへの擴散の動物考古的研究》，2016 年。

发达的农业和家畜饲养为良渚古城和良渚文明的出现奠定了坚实的基础，并由此出现从农业中脱离出来的专业手工业者，从事玉石器、漆木器、陶器、纺织等制作，社会分工达到很高的程度，且部分高端手工业为贵族所垄断成为"官营"手工业，如玉器制造业等。蒋卫东根据新地里方圆数十千米无岩石山的特征及丁沙地、塘山制玉作坊的发现，指出玉器、玉料存在远距离交流、交换和交易的现象，尤其是绿松石可能来自黄河流域，从这一方面来看，良渚玉器具有世俗性的一面[1]。手工业作坊遗址的考古是近年来浙江省良渚文化考古的重要亮点之一。在良渚古城钟家港河道内发现大量与制作玉器、石器、骨角器、漆木器相关的遗物，发掘者推测钟家港河道两岸尤其是东侧的台地上分布着大量手工业作坊区；在钟家港南段河东岸的钟家村台地上发现大片的红烧土堆积，台地边缘堆积中出土较多黑石英石片、玉料、玉钻芯、石钻芯等遗物，钟家村台地上应分布有集中的玉石制作作坊区，反映出城内手工业经济相当繁荣[2]。近年来，在德清确认了包括杨墩、保安桥、王家里、小桥头等多处遗址点组成的中初鸣制玉作坊遗址群，面积达 100 万平方米，是专业制作管珠和锥形器等小件玉器的作坊遗址（图 2-59），"生产规模大，是迄今为止长江下游地区良渚文化时期发现的规模最大的玉器加工作坊遗址群，对这一时期生产经济模式的研究，以及玉料来源、产品流通的人群和社会研究具有极为重要的意义。"[3]

图 2-59 中初鸣制玉作坊遗址群出土玉器

（成品、半成品、残件）

---

① 蒋卫东：《神圣与世俗——关于良渚文化玉器功能的若干思考》，《浙江省文物考古研究所学刊》第六辑，科学出版社，2004年。浙江省文物考古研究所、桐乡市文物管理委员会：《新地里》，文物出版社，2006 年。
② 浙江省文物考古研究所：《良渚古城综合研究报告》，文物出版社，2019 年。
③ 方向明：《浙江德清发现良渚文化玉器加工作坊遗址群》，《中国文物报》2019 年 2 月 22 日第 5 版。

六 聚落与社会

墓葬和居址均为聚落考古的主要内容，一直以来环太湖地区良渚文化墓葬资料丰富而居址材料较少，因此以往良渚文化的聚落考古主要集中于墓地和墓葬的研究，1996 年以来普安桥等遗址的发掘，发现了较为丰富的居址材料，丰富了聚落考古的内容。本文将在下一节对墓葬材料进行专门介绍，此节主要介绍整体聚落的分布及聚落中居址的考古发现及其所反映的社会组织。

良渚遗址群的提出和持续性的考古工作是 20 世纪 80 年代以来至 2006 年浙江地区聚落考古的重要内容。20 世纪 80 年代以来，以吴家埠、反山、瑶山、莫角山等遗址的发现和发掘为契机，在良渚瓶窑一带展开了持续性调查，提出良渚遗址群的概念[①]，王明达还提出要从木材、石材、玉材三种重要资源的获取考虑良渚遗址群的选址问题[②]。芮国耀提出将良渚遗址群分为以莫角山为中心的区域、围绕荀山的区域、东苕溪以北沿山地带三个聚落密集区[③]。1981 年，1984 年，1998～1999 年和 2002 年对遗址群总共进行了四次大规模调查，确认遗址 135 处，据此划定了 42 平方千米的遗址群面积，并出版了调查报告《良渚遗址群》。报告对 135 处遗址点进行逐一介绍，并将良渚遗址群内的遗址类型分为礼制性工程、祭坛、墓地、居址、作坊、土垣六大类；遗址等级分为以莫角山为代表的第一等级，以姚家墩为代表的第二等级，以庙前为代表的第三等级；同时也把遗址群分为三个遗址密集区，其中遗址群西南部莫角山区有 50 多处遗址，遗址群北部大遮山山前地带有 30 多处遗址，遗址群东南部以荀山为中心约有 20 处遗址[④]。

2006～2007 年良渚古城发现之后，良渚遗址群的考古工作从遗址群考古转入都邑考古的新阶段。自 2007 年以来[⑤]，以良渚古城为核心开展了持续的考古发掘、调查和勘探工作，关于良渚古城聚落格局的认识已经以多篇论文的形式刊布[⑥]，近年正式以研究报告的形式出版[⑦]。现择要叙述如下：古城遗

[①] 王明达：《"良渚"遗址群概述》，《良渚文化（余杭文史资料第三辑）》，1987 年；《良渚遗址群田野考古概述》，《文明的曙光——良渚文化》，浙江人民出版社，1996 年。费国平：《浙江余杭良渚文化遗址群考察报告》，《东南文化》1995 年第 2 期。

[②] 王明达：《良渚遗址群再认识》，《浙江省文物考古研究所学刊》第八辑，科学出版社，2006 年；《论良渚遗址群》，《浙江省文物考古研究所学刊》第九辑，科学出版社，2009 年。

[③] 芮国耀：《失落的文明——论良渚遗址群》，《良渚文化研究》，科学出版社，1999 年；《良渚遗址群聚落考古研究问题的思考》，《长江下游地区文明化进程学术研讨会》，上海书画出版社，2004 年。

[④] 赵晔：《余杭良渚遗址群调查简报》，《文物》2002 年第 10 期；《良渚遗址群的时空观察》，《浙江省文物考古研究所学刊》第八辑，科学出版社，2006 年。浙江省文物考古研究所：《良渚遗址群》，文物出版社，2005 年。

[⑤] 浙江省文物考古研究所：《良渚古城遗址 2006～2007 年的发掘》，《考古》2008 年第 7 期。刘斌：《良渚古城》，《浙江考古新纪元》，科学出版社，2009 年；《良渚古城的发现与初步认识》，《新果集》，科学出版社，2009 年，又见《浙江省文物考古研究所学刊》第九辑，科学出版社，2009 年；《寻找消失的王国——良渚遗址的考古历程（良渚古城发现记）》，《庆祝张忠培先生八十华诞文集》，科学出版社，2014 年

[⑥] 刘斌、王宁远：《良渚古城外围结构的探索》，《中国考古学年会第十四次年会论文集》，文物出版社，2012 年；《良渚遗址的考古新发现》，《中国社会科学院古代文明研究中心通讯》第 22 期，2012 年 1 月；《2006～2013 年良渚古城考古的主要收获》，《东南文化》2014 年第 2 期。刘斌、王宁远、陈明辉等：《良渚古城——新发现和探索》，《权力与信仰》，文物出版社，2015 年。刘斌、王宁远、陈明辉：《良渚古城的规划与建筑方式》，《"城市与文明"学术研讨会论文集》，上海古籍出版社，2016 年；Liu, B., N. Wang & M. Chen. 2016. A realm of gods and kings: the recent discovery of Liangzhu city and the rise of civilisation in south China. *Asian Archaeology* 4：13－31. 良渚古城考古队：《良渚古城城内考古发掘及城外勘探取得重要收获》，《中国文物报》2016 年 12 月 16 日第 8 版。刘斌、王宁远、陈明辉、朱叶菲：《良渚：神王之国》，《中国文化遗产》2017 年第 3 期。刘斌、陈明辉、闫凯凯、王永磊、朱雪菲、朱叶菲：《良渚古城考古的实践、收获与思考》，《杭州文博——良渚古城遗址申遗特辑》第 21 辑，浙江古籍出版社，2018 年。刘斌：《寻找消失的王国——良渚遗址的考古历程（良渚古城发现记）》，《庆祝张忠培先生八十华诞文集》，科学出版社，2014 年。

[⑦] 浙江省文物考古研究所：《良渚古城综合研究报告》，文物出版社，2019 年。

址主要由城址区、水利系统、郊区聚落三部分组成，占地面积达 100 平方千米，规模极为宏大。城址区及水利系统均为人工堆筑而成，土石方总量达 1005 万立方米，工程浩大，无疑是一个经历几十年甚至上百年建设过程的庞大系统工程。城址区占地 6.3 平方千米，由宫殿区、内城和外城三部分组成。莫角山宫殿区位于古城的正中心，是距今 5000 年前后人工营建的长方形土台，东西长 630、南北宽450 米，相对高 9～15 米，面积近 30 万平方米，堆筑土方量达 228 万立方米，其上分布有三座宫殿台基、35 座房基和 1 处大型沙土广场，推测是国王及高等级贵族的居所（图 2 - 60）。在莫角山以南分布有皇坟山台地，是一处面积稍小的宫殿区。皇坟山以西的池中寺新发现包含近 40 万斤的炭化稻谷堆积，显示出城内稻谷储藏量之巨。宫殿区以西分布着反山、姜家山等王陵和贵族墓地，年代约距今5000 年前后。宫殿区以东的钟家港河道内出土大量玉器、石器、漆木器的半成品和废料，说明河道两侧可能存在各类手工业作坊。内城城墙略呈圆角长方形，南北长约 1910、东西宽约 1770 米，总面积近300 万平方米，共发现 8 座水城门，四面城墙各 2 座，另在南城墙中部发现陆城门 1 处。除南城墙无外城河外，其余三面城墙均有内外城河，城内河道纵横，构成发达的水路交通体系与临水而居的居住模式。内城城墙以外，分布着扁担山—和尚地、里山—郑村—高村、卞家山及东杨家村、西杨家村等长条形高地，均为人工堆筑而成，构成古城的外城，合围面积达 6.3 平方千米（图 2 - 61）。其中卞家山发掘出墓地、居住区、大型灰沟、木构码头、河埠头等遗迹。根据城址区居住台地的面积及仙坛庙、新地里的人口推算结果，推测城址区（外城以内）人口大约为 15200～22900 人。古城西北部的水利

图 2 - 60　良渚古城莫角山宫殿区遗迹分布图

图 2 - 61　良渚古城城址区 DEM

系统由 11 条水坝组成（图 2 - 62），主要修筑于两山之间的谷口位置，并确认溢洪道 2 处，这个系统可形成 13 余平方千米的库区和 4600 余万立方米的库容量，可能兼有防洪、调水、运输、灌溉等诸方面的用途。城址区东部和北部分布有大量的郊区聚落，占地 30 多平方千米，由数百处台地遗址组成，其中已经发掘的庙前聚落组被视作典型的小型村落遗址，以姚家墩为中心的聚落被视为中型聚落遗址。刘斌根据对卢村的发掘、姚家墩的试掘情况，及以姚家墩为中心的共 7 处遗址的调查，指出姚家墩聚落组与莫角山聚落组正处于南北同一轴线上，位置相当重要[1]。方向明甚至指出良渚古城的布局模式可能是姚家墩遗址的扩大版[2]。位于城址区外围的瑶山、汇观山应是与观象测年有关的天文台[3]，废弃后成为王陵及贵族墓地。

中村慎一曾根据玉琮的出土情况，将良渚文化遗址分为八个遗址群，即良渚遗址群、桐乡—海宁遗址群、临平遗址群、德清遗址群、海盐—平湖遗址群、吴县—昆山遗址群、青浦遗址群和常州遗址群[4]。王明达曾将余杭境内的古文化遗址分布划分为莫角山中心区、荀山聚落区、小古城聚落区、南

①　刘斌：《余杭卢村遗址的发掘及其聚落考察》，《浙江省文物考古研究所学刊》第三辑，长征出版社，1997 年。
②　方向明：《良渚聚落模式的探索——以浙北地区为例》，《中国聚落考古的理论与实践（第一辑）——纪念新砦遗址发掘 30 周年学术研讨会论文集》，科学出版社，2010 年。
③　刘斌：《良渚文化的祭坛与观象测年》，《浙江省文物考古研究所学刊》第八辑，科学出版社，2006 年。
④　中村慎一：《良渚文化的遗址群》，《古代文明》（第 2 卷），文物出版社，2003 年。

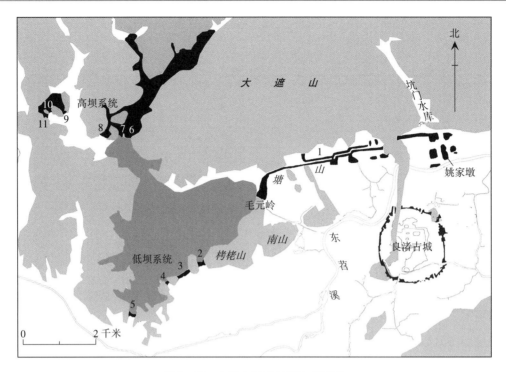

图 2 - 62　良渚古城及外围水利系统

1. 塘山　2. 狮子山　3. 鲤鱼山　4. 官山　5. 梧桐弄　6. 岗公岭　7. 老虎岭　8. 周家畈　9. 秋坞　10. 石坞　11. 蜜蜂弄

湖聚落区、横山聚落区、塘栖聚落区六大区块①。其中临平遗址群（大致等同于横山聚落区）位于良渚遗址群以东，是规模和级别略低于良渚遗址群的次中心遗址群②。由于临平遗址群良渚文化遗存的陶器组合、丧葬习俗、用玉制度与良渚遗址群非常接近，也可视为良渚古城的远郊腹地③。茅山发掘揭露出一处典型的依山傍水的良渚文化坡地形聚落，包括大面积的良渚晚期稻田区、墓葬区及居住区等多个功能分区结构④，墓葬区包括良渚文化墓葬 204 座，"其中 30 多座等级较高的墓葬埋设在聚落中部地势较高的专营墓地上"，这一区域曾出土过 1 件玉琮，显示出该墓地具有一定的等级⑤。玉架山遗址面积达 15 万平方米，由 6 个环壕共同组成一个完整的聚落（图 2 - 63），清理墓葬 560 余座，并发掘出以 M200、M214 为代表的十余座高等级贵族墓葬⑥。

　　海宁及其附近区域考古调查较为详尽，共发现百余处遗址，以南北向的平阳堰港为间隔分为东、西两大区块，东部包括黄湾、袁花、马桥、硖石，西部包括许村、长安、周王庙、盐官、斜桥⑦。

① 王明达：《浙江余杭境内古文化遗址分布的初步认识》，《江南水乡文化》，中国艺术出版社，2007 年。
② 赵晔：《临平茅山的先民足迹》，《东方博物》第四十三辑，2012 年第 2 期；《浙江余杭临平遗址群的考察》，《东南文化》2012 年第 3 期。
③ 刘斌、王宁远、陈明辉、朱叶菲：《良渚：神王之国》，《中国文化遗产》2017 年第 3 期。刘斌、陈明辉、闫凯凯、王永磊、朱雪菲、朱叶菲：《良渚古城考古的实践、收获与思考》，《杭州文博——良渚古城遗址申遗特辑》第 21 辑，浙江古籍出版社，2018 年。
④ 丁品、郑云飞：《浙江余杭临平茅山遗址》，《中国文物报》2010 年 3 月 12 日。
⑤ 赵晔：《临平茅山的先民足迹》，《东方博物》第四十三辑，2012 年第 2 期。
⑥ 楼航等：《浙江余杭玉架山遗址——发现由六个相邻的环壕组成的良渚文化完整聚落》，《中国文物报》2012 年 2 月 24 日。
⑦ 浙江省文物考古研究所、海宁市博物馆：《小兜里》，文物出版社，2015 年。赵晔：《海宁考古回眸》，《海宁文博》总七十一期，2008 年 10 月。

《新地里》报告中将嘉兴—沪南地区划分为七处良渚文化遗址分布较密集的地块：桐乡东南—海宁西北地块、海宁—海盐交界地块、嘉兴东北地块、嘉兴东南地块、平湖西南—海盐东北地块、上海金山地块、桐乡西南地块①。其中桐乡东南—海宁西北地块等级较高，不少遗址出土过玉琮、玉钺、玉璧等玉礼器，其中姚家山、荷叶地等级较高。方向明分析了玉器在不同遗址群的分布情况，指出良渚文化各集群之间存在着以良渚遗址群为中心的多层次、由里及外的关系网，形成了以玉为纽带、以玉明贵贱的凝聚性聚落布局②。

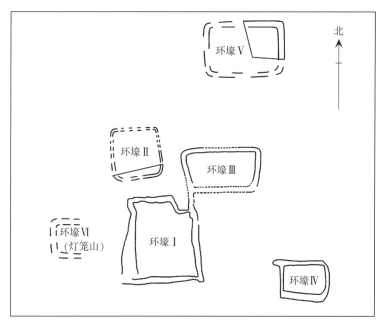

图 2 - 63　玉架山环壕聚落布局图
（各环壕相对位置示意图）

　　根据以上学者的相关研究，实际上可将良渚文化聚落考古划分为遗址区（参考本文第四节，可分9 个区）、遗址群（包括良渚遗址群、临平遗址群、桐乡东南—海宁西北遗址群等）、遗址组（如良渚古城城址区组、姚家墩组、庙前组）、单个遗址四个层级。

　　对各个聚落群发展演变的历时性研究也取得了重要突破。赵晔根据庙前、瑶山、文家山等遗址的资料，将良渚遗址群的墓葬分为三期五段，指出"良渚遗址群内良渚社会的繁荣贯穿了良渚文化各个时段的始终"③。最新的基于绝对年代的良渚遗址群（古城）的历时性研究我们在前文也已经介绍过。丁品将良渚文化整体的聚落与社会发展阶段，划分为三个阶段：第一阶段约距今 5300 ~ 5000 年，为文化转变和聚落发展期，以吴家埠第二层及墓地、庙前一期墓葬、龙南一二期、福泉山一期墓葬为代表；第二阶段约距今 5000 ~ 4600 年，为王权和古国特征最明显的鼎盛期，以瑶山、反山、汇观山、庙前二期墓葬、赵陵山 M77、福泉山二三期墓葬、高城墩等为代表；第三阶段约距今 4600 ~ 4300 年，为王权、古国衰微，小国林立或部族割据的时期，以反山 M21、汇观山 M4、庙前三期墓葬、横山 M1 和M2、寺墩 M3、福泉山四五期墓葬等为代表④。

　　良渚遗址群的崛起原因及其与西苕溪地区甚至凌家滩文化的关系已有不少学者关注。现在已知的良渚遗址群范围内马家浜文化和崧泽文化遗址均不超过 10 处，而到了良渚文化时期暴增至 300 多处。刘斌很早就注意到，崧泽文化晚期突然出现以大量凿形足鼎等为代表的来自长江中游和淮河流域的因素⑤，而到了良渚时期又变回以鱼鳍形足鼎为主流，这是对崧泽早期的一种回归，良渚人统一信仰的

①　浙江省文物考古研究所、桐乡市文物管理委员会：《新地里》，文物出版社，2006 年。
②　方向明：《良渚玉文明》，《玉魂国魄——中国古代玉器与传统文化学术讨论会文集（七）》，浙江古籍出版社，2016 年。
③　赵晔：《良渚遗址群时空观察》，《浙江省文物考古研究所学刊》第八辑，科学出版社，2006 年。
④　丁品：《良渚文化聚落群初论》，《史前研究 2004》，三秦出版社，2005 年。
⑤　浙江省文物考古研究所：《南河浜》，文物出版社，2005 年。

神灵形象的产生、玉礼器系统的创建、王权体系和创世纪的领袖人物可能就是在驱逐外来因素的基础上形成的，并最终选择了良渚遗址群作为都城的选址①。王宁远从聚落变迁的角度指出，崧泽时期西苕溪地区遗址和墓葬较多，而到了良渚时期遗址和墓葬极少，人口有从西苕溪向良渚所在的"C"形盆地迁移的过程②。方向明从锯齿璜及出廓璜、环璧、玉版、玉鹰及八角星纹指出凌家滩玉文化向东影响的迹象，并指出"从瑶山、反山高等级显贵墓葬为代表的良渚文化早期玉器中，我们看到了凌家滩玉文化的影子"③。陈明辉从环太湖地区史前时期墓葬头向的研究指出，太湖南部地区从崧泽晚期开始即受到来自凌家滩文化的极大影响，良渚遗址群的崛起有强烈的西苕溪乃至巢湖流域的背景④。

良渚文化聚落等级的划分是良渚文化聚落考古的另一个重点。刘斌将良渚文化墓地分为三个等级，聚落也分为对应的三个等级，第一等级是莫角山一类的良渚都城性遗址，第二等级是卢村、姚家墩等所代表的中等级聚落，第三等级是龙南、庙前一类的一般村落⑤。《良渚遗址群》报告的等级划分与此近似。王宁远根据遗址的规模、结构和性质，将良渚文化聚落分为三个等级：一级聚落都、二级聚落邑、三级基层聚落，形成金字塔型的聚落等级模式，遗址的不同分区可能对应不同的政治实体⑥。陈明辉提出良渚时期环太湖地区形成了都（仅良渚古城）、城（如福泉山）、镇（如玉架山）、村（如庙前）四级聚落结构⑦。

良渚遗址群在良渚文化中的地位问题是学术界比较关注的问题。有学者认为它是整个良渚文化的中心聚落，也有学者认为它是良渚文化各个中心聚落中的一个。如赵晔指出，以莫角山为中心的聚落群，代表了良渚文化的最高水平，是良渚方国的统治中心，可称为都城和王城，赵陵山、福泉山、寺墩是次中心聚落群，荷叶地和大坟墩是一般聚落群⑧。蒋卫东对良渚文化的高土台进行了初步探讨，划分为高土台建筑基址（以莫角山、姚家墩和寺墩为代表）和与显贵者墓葬共存的高土台两大类，并按良渚早期、中期和晚期三大阶段重点论述了典型的与显贵者墓葬共存的高土台案例，他将良渚文化分布区划分为七个区域类型（后来又扩充为八个），并指出良渚文化的每一个区域类型，可能代表着组成方国联盟的邦国，每个邦国都有类似莫角山、寺墩的拥有大型建筑基址和最高等级显贵者墓葬的都邑性遗址⑨。

普安桥、仙坛庙、新地里、小兜里等遗址的发掘是基层聚落考古的典范。普安桥通过发掘清理了十几座良渚文化房址和数十座墓葬，弥补了良渚文化房屋建筑资料的缺乏，明确了土台的营建过程和营建模式，尤其是对营建—使用—扩建—废弃的过程取得了重大突破，在判断土台与房子的共时性、

① 刘斌、王宁远、陈明辉：《良渚古城的规划与建筑方式》，《"城市与文明"学术研讨会论文集》，上海古籍出版社，2016年。
② 王宁远：《从村居到王城》，杭州出版社，2013年。
③ 方向明：《凌家滩玉文化的东渐与良渚文化早期玉器》，《玉魂国魄——中国古代玉器与传统文化学术讨论会文集（五）》，浙江古籍出版社，2012年。
④ 陈明辉：《环太湖地区史前时期头向传统的区域差异及演变——兼谈良渚古城崛起的背景》，《博物院》2019年第2期。
⑤ 刘斌：《良渚文化聚落研究的线索与问题》，《良渚文化研究》，科学出版社，1999年。
⑥ 王宁远：《从村居到王城》，杭州出版社，2013年。
⑦ 陈明辉：《苏美尔地区与环太湖地区的社会复杂化之路——兼谈苏美尔文明与良渚文明的初步对比》，《南方文物》2018年第1期。
⑧ 赵晔：《良渚文化祭坛、墓地及其反映的社会形态初探》，《良渚文化研究》，科学出版社，1999年。
⑨ 蒋卫东：《良渚文化高土台及其相关问题的思考与探讨》，《纪念浙江省文物考古研究所建所二十周年论文集》，西泠印社，1999年。

土台的拓展及其和墓葬的关系、土台之间的关系等方面均取得了前所未有的成绩①。普安桥遗址主体是崧泽晚期到良渚早期，通过地层学和类型学，可分为三个阶段，即 F5 土台阶段、F3 土台阶段和"M4"阶段，每个阶段均包含数座房基土台及相关墓葬②（图 2-64）。

王宁远关于聚落分级和基础研究最为翔实，形成了专门的著作③，尤其是仙坛庙的聚落考古及相关研究是普安桥之外的又一经典。通过大规模发掘，在仙坛庙遗址揭露出崧泽末期到良渚早期的房屋土台及与房屋密切联系的墓葬（图 2-65），主要可分为崧泽末期和良渚早期两大阶段，甚至可根据类型学大致推测各个阶段墓葬埋设的先后次序；聚落内部可分为单个土台、土台组、成排土台、整个聚落四个层次，可能分别对应核心家庭、扩大家庭、大家族、氏族，单个核心家庭人口约 4~5 人，整个聚落人口约为 40~60 人；总体上，聚落以血缘关系为纽带，不同的家庭存在一定的贫富分化。在仙坛庙等遗址认识的基础上，回顾并梳理了达泽庙、荷叶地、大坟墩、东八角漾、杨家角、大坟、周家浜、戴墓墩、庄桥坟等遗址早先认为是祭坛、土台墓地或未定性的土台遗迹，认为很大可能均是与仙坛庙土台一类的房屋遗迹，很具启发性④。姚家墩和近年来发掘的三亩里、图泽、西长浜、小兜里、酒地上、皇坟头等遗址也有类似房屋土台的发现。小兜里遗址的发掘情况与仙坛庙颇为类似，其年代包括崧泽晚期、良渚早期至良渚晚期；通过发掘，揭示了作为居住用的土台（至少六七个）及周边墓葬、灰坑、窖穴、水井的关系，"土台的拓展和营建较为频繁"；根据陶器的细微差别推测了墓葬的埋设次序；推测这类土台所代表的为家庭，而若干土台的家庭集合构成家族，不同家庭单元之间也存在一定的社会分化⑤。

七 墓地与葬俗

良渚文化墓葬发现数量多、序列全、等级多，是研究良渚文化年代分期、等级划分和社会分化的重要资料。据不完全统计，浙江境内已发掘良渚文化墓葬 2300 多座，其中杭州地区 1200 余座、嘉兴地区 1000 余座、湖州地区 50 余座、金衢地区 90 余座、宁绍地区 10 余座。多处遗址比较集中的清理了大批墓葬，如玉架山已清理墓葬 560 余座，茅山清理墓葬 204 座，庄桥坟清理墓葬 271 座，新地里清理墓葬 140 座。

早在 1957~1958 年邱城遗址发掘时即清理了一批崧泽晚期的墓葬，并首次剥剔出新石器时代的墓坑，以牟永抗为首的考古前辈将"认土、找（墓）边、摸（陶）片、剥（居住）面"作为工作守则，

① 芮国耀：《双桥河普安桥：嘉兴地区良渚文化考古随感》，《史前研究 2004》，三秦出版社，2005 年。曹锦炎：《十年磨一剑——世纪之交的浙江史前考古》，《浙江省文物考古研究所学刊》第八辑，科学出版社，2006 年。
② 秦岭：《环太湖地区史前社会结构的探索》，北京大学博士研究生学位论文，2003 年。普安桥中日联合考古队：《桐乡普安桥遗址早期墓葬及崧泽风格玉器》，《浙北崧泽文化考古报告集（1996~2014）》，文物出版社，2014 年。
③ 王宁远：《海盐仙坛庙遗址中期聚落》，《浙江省文物考古研究所学刊》第八辑，科学出版社，2006 年；《遥远的村居——良渚文化的聚落和居住形态》，浙江摄影出版社，2007 年；《嘉兴地区良渚时期台墩遗址性状的再认识》，《浙江省文物考古研究所学刊》第九辑，科学出版社，2009 年；《从村居到王城》，杭州出版社，2013 年。
④ 王宁远：《遥远的村居——良渚文化的聚落和居住形态》，浙江摄影出版社，2007 年；《嘉兴地区良渚时期台墩遗址性状的再认识》，《浙江省文物考古研究所学刊》第九辑，科学出版社，2009 年。
⑤ 浙江省文物考古研究所、海宁市博物馆：《小兜里》，文物出版社，2015 年。

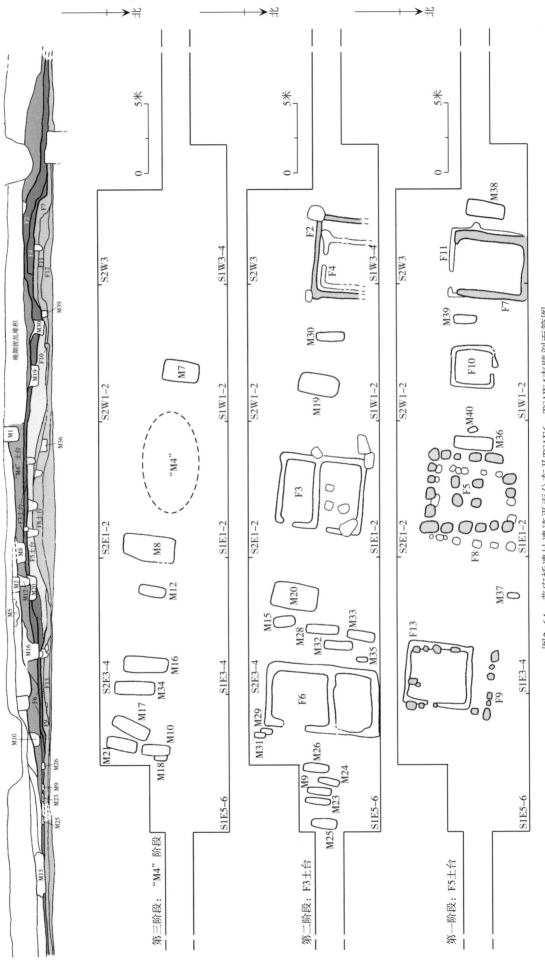

图2-64 普安桥遗址遗迹平面分布及TS1E6—TS1W4南壁剖面简图

第三阶段："M4"阶段

第二阶段：F3土台

第一阶段：F5土台

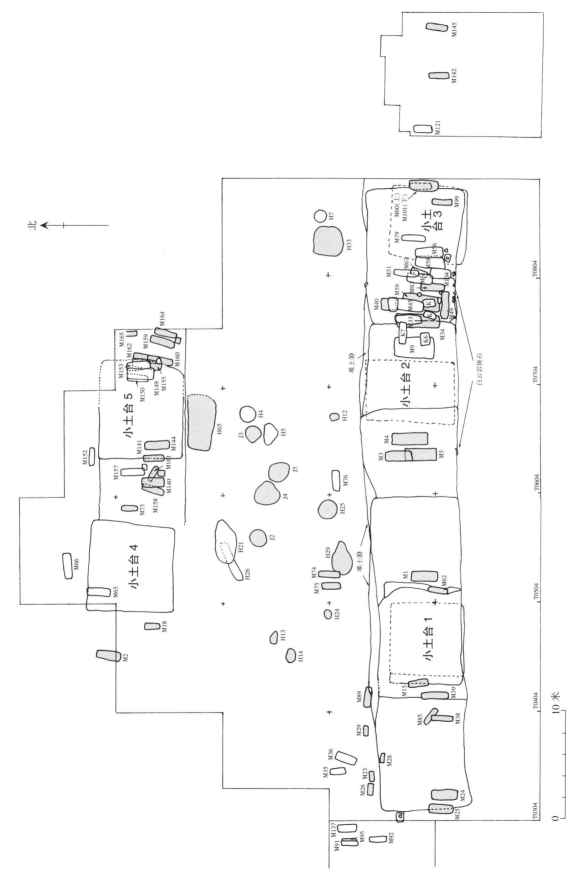

图 2-65 仙坛庙中期遗迹平面图

为今后浙江地区史前时期墓葬的发掘积累了宝贵的经验，奠定了坚实的基础①。1978年春我省发掘了海宁千金角、徐步桥和盛家埭三处遗址，清理良渚文化墓葬26座；1980～1981年对平邱墩进行了较大规模的发掘，这是建所后第一次较大规模的发掘；1983～1984年雀幕桥清理发掘良渚文化墓葬5座；1986年德清辉山发掘了2座带木质葬具的良渚文化墓葬，以上六处遗址集结出版了简报。1986年反山、1987年瑶山和1991年汇观山三处高等级贵族墓地的发掘，震惊了考古学界。反山、瑶山的发掘显示大墓棺椁存在的迹象，1988年海宁荷叶地部分墓葬剥剔出清晰的棺椁痕迹，汇观山M4清理出明显的棺椁形态。1995～1998年普安桥的发掘，首次辨别出封土、封土塌陷和棺椁的形态等墓葬内涵。2009～2011年小兜里墓葬发掘时，关注了墓坑内堆积的细微层次及其形成过程、随葬品的位置及其埋藏过程、墓主骨骸的位移等细节内涵，最终复原了墓葬的棺椁形态及随葬品的空间位置（图2-66）。

良渚文化墓葬基本上都是竖穴土坑墓，墓坑一般为南北向略偏西，墓主一般头朝南略偏东。以单人一次葬为主，多为仰身直肢。根据墓葬等级不同，有不使用葬具、使用单棺和使用一棺一椁三种类型。

不过，除主流的墓葬朝南头向之外，还存在少量北向墓葬和少量东西向墓。如庄桥坟"大部分墓葬的墓向为南北向，发现22座东西向墓……是在土台扩展过程中安葬，随葬品只有一两件或没有……东西向墓葬的死者身份或地位有别于其他的墓葬，这似乎暗示着某种意义"，可能是祭祀活动的一种反映②。陈明辉对环太湖地区史前时期的墓葬头向进行了研究，指出良渚遗址群中官井头、黄路头、姜家山、卞家山、文家山存在男女异向（男性头朝南、女性头朝北）的现象，与瑶山、反山、庙前男女同朝南的现象形成明显的差异，可能代表了两种不同的人群，"良渚古城区的崛起是瑶山、反山所代表的统治阶层整合了两大头向传统所代表的人群的基础上实现的"，另外金衢地区和宁绍地区以及江淮地区墓葬头向自马家浜时期以来一直以东向为主，显示出与环太湖地区不一样的地域特色③。

芮国耀对墓葬随葬陶器的情况进行了分析，发现随葬的陶器组合与生活用的陶器组合并不一致，随葬陶器器形较小，制作也粗劣，具有明器化的现象，不过平湖图泽部分墓葬也随葬实用陶鼎，较为特殊④。

墓葬的分期研究和社会等级的划分是良渚文化墓葬研究的两大重点。其中分期研究在前文已经论述，在此主要介绍墓葬等级研究。吴汝祚、牟永抗根据墓葬埋设的位置（土筑高台或平地）、玉礼器的数量和质量，将良渚文化墓葬划分为四个等级：第一等级以反山M12为代表，第二等级以福泉山M9为代表，第三等级以荷叶地M8为代表，第四等级为不使用玉器的墓葬，并指出，以后资料积累多了，有增加等级的可能性⑤。刘斌将良渚文化墓葬分为三个等级，第一等级以反山、瑶山、汇观山、

① 梅福根：《浙江吴兴邱城遗址发掘简介》，《考古》1959年第9期。浙江省文物管理委员会：《浙江省吴兴县邱城1957年发掘报告初稿》，《浙江省文物考古研究所学刊》第七辑，杭州出版社，2005年。牟永抗：《浙江省良渚文化考古研究的回顾与思考》，《良渚文化论坛》，中国文化艺术出版社，2003年。

② 徐新民：《平湖庄桥坟》，《浙江考古新纪元》，科学出版社，2009年。

③ 陈明辉：《环太湖地区史前时期头向传统的区域差异及演变——兼谈良渚古城崛起的背景》，《博物院》2019年第2期。

④ 芮国耀：《良渚文化陶器内涵及其礼器化现象的探讨》，《浙江省文物考古研究所学刊》第八辑，科学出版社，2006年。

⑤ 吴汝祚、牟永抗：《玉器时代说》，《东方文明之光》，海南国际新闻出版中心，1996年。

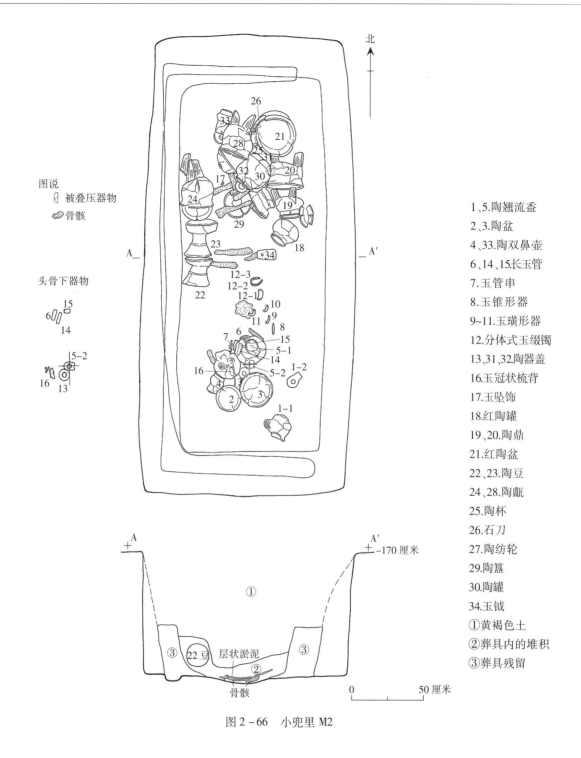

图说
▨ 被叠压器物
◌ 骨骸

头骨下器物

1、5.陶翘流盉
2、3.陶盆
4、33.陶双鼻壶
6、14、15.长玉管
7.玉管串
8.玉锥形器
9~11.玉璜形器
12.分体式玉缀镯
13、31、32.陶器盖
16.玉冠状梳背
17.玉坠饰
18.红陶罐
19、20.陶鼎
21.红陶盆
22、23.陶豆
24、28.陶甗
25.陶杯
26.石刀
27.陶纺轮
29.陶篓
30.陶罐
34.玉钺
①黄褐色土
②葬具内的堆积
③葬具残留

图 2 - 66　小兜里 M2

寺墩、福泉山为代表，第二等级以荷叶地、佘墩庙、普安桥、亭林、赵陵山为代表，第三等级以平邱墩、千金角、徐步桥、庙前等为代表[1]。后来，他又进一步在原来的第三等级以下增加了以福泉山、赵陵山墓地中无任何随葬品的墓葬为代表的第四等级墓葬[2]。蒋卫东认为可划分三个等级，第一等级

① 刘斌：《良渚治玉的社会性问题初探》，《东南文化》1993 年第 1 期；《良渚文化聚落研究的线索与问题》，《良渚文化研究》，科学出版社，1999 年。
② 刘斌：《良渚文化玉器发现与研究的历程及相关问题的思考》，《长江下游地区文明化进程学术研讨会》，上海书画出版社，2004 年。

以反山、瑶山、福泉山、寺墩和荷叶地等出土成组玉礼器的墓葬为代表，墓主是高级神职人员、军事首领和部族的民事决策者，第二等级以梅园里一类葬玉比例较高但不出玉琮玉钺的墓葬为代表，第三等级以庙前、徐步桥、平邱墩等随葬品以陶器石器为主、偶见小件玉器的墓葬为代表①。后来，蒋卫东进一步根据用玉的等级，将良渚墓葬分为五个档次：第一档次，琮璧钺俱全；第二档次，有琮璧钺但不齐全；第三档次，无琮璧钺但有体量较大的玉器；第四档次，无体量较大玉器但有小件玉器；第五档次，无玉器②。《反山》发掘报告根据已发掘的数十处良渚文化高台墓地资料，将这些墓地划分为五个级差：第一等级为反山、瑶山、汇观山、寺墩，第二等级为福泉山、赵陵山、高城墩等，第三等级为荷叶地、亭林、新地里、文家山等，第四等级为达泽庙、大坟墩等，第五等级为平邱墩、徐步桥等③。

　　瑶山、反山的墓主人亦是学术界讨论的重要议题。反山发掘者最初提出反山是部落显贵者们的墓地④。发掘简报进一步指出反山是人工堆筑的专用墓地，墓主人拥有神权、财富和军事统帅权，是一批部族的显贵，已成为凌驾于部族一般成员之上的特殊阶层，墓主可能是身兼酋长、巫师的人物⑤。瑶山发掘简报推测墓主人就是巫觋，是神的代言人和祭坛的主事者⑥。《反山》则指出，反山早期的9座墓葬是以血缘纽带为核心组成的宗族墓地，"他们生前有密切的宗亲关系，又并非出自同一宗族，他们来自多个强盛的宗族，共同构成了以M12墓主人为中心的'反山贵族集团'"，并认为反山M12墓主和寺墩M3分别是良渚中期和晚期的王⑦。

　　瑶山、反山发掘后，墓葬成排分布的现象引起大家的重视，尤其是瑶山墓地，男性位于南排，女性位于北排（图2-67）。方向明关注到，崧泽晚期到良渚早期阶段，出现了随葬斧钺的墓葬和随葬璜、纺轮的墓葬各自成排的现象，包括毘山、庙前第一二次发掘、瑶山均可见⑧，由此可知三处墓地之间存在紧密的联系，并根据瑶山的情况，指出南列男性显贵集团占据了聚落的中心地位，形成以男性血缘为纽带的社会⑨。

　　在姚家山、庄桥坟还发现可能与墓祭有关的遗存。姚家山发现墓葬7座和21个长方形坑，长方形坑形制特殊，推测为祭祀坑。庄桥坟发掘清理了三座土台，土台不断扩展最终形成大范围的平地，在土台扩展过程中埋设了5个狗和1个猪的埋葬坑，同时安排了一些东西向的墓葬，这批墓葬大部分无随葬品。同时，还清理了12座殉葬狗的墓葬。徐新民收集了大范围的相关资料，对这种埋葬坑及殉狗的习俗进行了相关研究，认为可能是当时祭祀活动的反映⑩。在龙潭港、小兜里等遗址发现在墓坑外

①　蒋卫东：《良渚玉器的原料和制琢》，《良渚文化研究》，科学出版社，1999年。
②　蒋卫东：《神圣与世俗——关于良渚文化玉器功能的若干思考》，《浙江省文物考古研究所学刊》第六辑，科学出版社，2004年。
③　浙江省文物考古研究所：《反山》，文物出版社，2005年。
④　浙江省文物考古研究所：《浙江余杭反山发现良渚文化重要墓地》，《文物》1986年第10期。
⑤　王明达：《反山良渚文化墓地初论》，提交"纪念良渚遗址发现五十周年学术讨论会"论文，1986年油印本；后刊于《文物》1989年第12期。浙江省文物考古研究所反山考古队：《浙江余杭反山良渚墓地发掘简报》，《文物》1988年第1期。
⑥　浙江省文物考古研究所：《余杭瑶山良渚文化祭坛遗址发掘简报》，《文物》1988年第1期。
⑦　浙江省文物考古研究所：《反山》，文物出版社，2005年。
⑧　方向明：《良渚玉文明》，《玉魂国魄——中国古代玉器与传统文化学术讨论会文集（七）》，浙江古籍出版社，2016年。
⑨　方向明：《分化中的凝聚——环太湖流域新石器时代晚期聚落形态和结构的变迁》，《"城市与文明"学术研讨会论文集》，上海古籍出版社，2016年。
⑩　徐新民：《平湖庄桥坟遗址动物祭祀的初步认识》，《浙江省文物考古研究所学刊》第八辑，科学出版社，2006年。

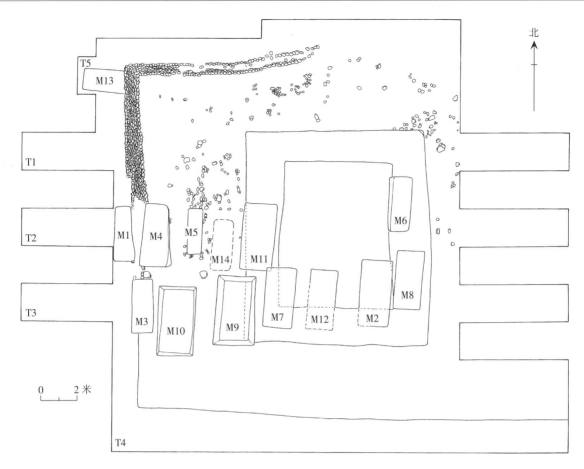

图 2 - 67　瑶山祭坛及墓地平面图

单独挖一小坑放置陶缸的现象，引起大家的关注。孙国平对良渚文化陶缸进行了全面深入的探讨，指出陶缸具有象征较高社会地位的礼仪功能[①]。

八　艺术与宗教

良渚文化创造了丰富的艺术形式，其中最突出的是玉器艺术，另有陶器、漆器艺术。玉器上琢刻的纹饰、黑皮陶上的刻纹以及部分玉璧玉琮上的鸟立高台图符，是我们探索良渚时期艺术及宗教的重要资料。

王明达最早提出琢玉是一种尖端而神秘的技术，掌握这一技术的人分化出去后成为统治者的来源之一[②]。刘斌和蒋卫东也认为玉器从找矿、开采到加工制琢都需要专门的知识和高超的技艺，治玉的玉工可能就是墓主人也即贵族自身，他们通过对治玉过程的垄断、对成组玉礼器的垄断和对神形象的垄断，完成对神权的垄断[③]。方向明指出，良渚玉文明是以精神领域的认同为基础，上层阶级掌握了

---

① 孙国平：《良渚文化陶缸观察与分析》，《纪念浙江省文物考古研究所建所二十周年论文集（1979～1999）》，西泠印社，1999 年。

② 《考古》编辑部：《中国文明起源研讨会纪要》，《考古》1992 年第 6 期。

③ 刘斌：《良渚治玉的社会性问题初探》，《东南文化》1993 年第 1 期。蒋卫东：《良渚玉器的原料和制琢》，《良渚文化研究》，科学出版社，1999 年。

玉器的来源、生产和分配，琢玉工艺本质上是高端控制下的神秘工艺[1]。因此，玉器制作不仅仅是一种工艺，更是研究良渚社会实现神权统治的最重要的手段。关于琢玉工艺方面的研究，本所的考古前辈进行过深入研讨，取得了许多前沿性的学术成果。

1988年发表的反山发掘简报，就对出土玉器的加工工艺进行了初步研究，指出玉器上可观察到呈弧形的线切割和呈线形的锯切割两种加工痕迹，带孔的可分辨出管钻和实心钻两种钻孔方式，在刻纹技法方面，存在阴纹线刻、减地法浅浮雕、半圆雕甚至通体透雕等多种技法，有的花纹中仅一毫米的宽度内竟刻上四五根细线，神工鬼斧，堪称微雕[2]（图2-68至图2-70）。牟永抗对汪遵国提出的良渚时期存在铊切割的观点[3]提出质疑，认为良渚时期主要的切割工艺是锯切割和线切割，刻玉的工具应是玛瑙、燧石、石英等硬度较高的石材，无论是玉料剖割还是琢刻纹饰均未发现使用铊具的迹象，该文首次对线切割工艺进行了系统的解释，并指出管钻作为当时最先进的技术，所使用的器具以竹管可能性最大[4]。蒋卫东提出良渚方国中心址的选择可能与本地存在丰富的玉矿有关，他认为良渚人采取线切割工艺的主要原因是软玉硬度高、韧性大，同时也是为了节省玉料[5]。2003年，牟永抗对史前琢玉工艺如线切割、片切割、管钻、桯钻再次做了全面的阐述，提出片切割的三种模式以及原生型、再生型和前期遗留型三种琢玉工艺痕迹[6]。近年来，方向明对琢玉工艺进行了系统讨论，内容涉及玉料来源、线切割、片切割、双面管钻、掏膛、减地浅浮雕、阴线刻[7]。

图2-68　反山琮王 M12∶98 侧面

图2-69　反山钺王 M12∶100

---

① 方向明：《控制中的高端手工业——良渚文化琢玉工艺》，《权力与信仰》，文物出版社，2015年；《琮·璧——良渚玉文明因子的接力与传承》，《大众考古》2015年第8期。
② 浙江省文物考古研究所反山考古队：《浙江余杭反山良渚墓地发掘简报》，《文物》1988年第1期。
③ 汪遵国：《论良渚文化玉器》，《文明的曙光——良渚文化》，浙江人民出版社，1996年。
④ 牟永抗：《良渚玉器三题》，《文物》1989年第5期；《良渚文化玉器》序言，文物出版社、两木出版社，1989年。
⑤ 蒋卫东：《良渚玉器的原料和制琢》，《良渚文化研究》，科学出版社，1999年。
⑥ 牟永抗：《关于史前琢玉工艺考古学研究的一些看法》，《史前琢玉工艺技术》，台湾博物馆，2003年。
⑦ 方向明：《史前琢玉的切割工艺》，《南方文物》2013年第4期；《控制中的高端手工业——良渚文化琢玉工艺》，《权力与信仰》，文物出版社，2015年；《良渚文化玉器用料探秘》，《大众考古》2015年第3期；《良渚文化玉器的琢制工艺》，《大众考古》2015年第4期。

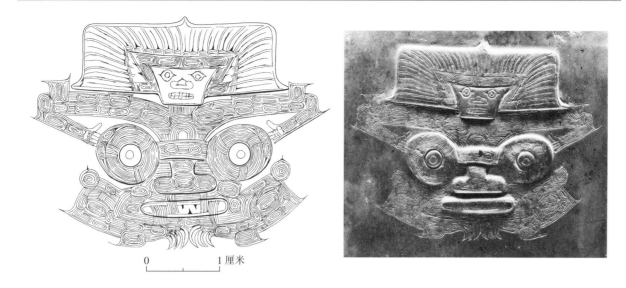

0 1厘米

图 2-70 反山 M12:98 玉琮上的神徽图案

玉器种类的划分，可基于研究目的和分类标准的不同而有多种方式。如牟永抗将良渚文化玉器划分为单体件和复合件两类，复合件又可分为组装件、穿缀件和镶嵌件①。刘斌将玉器分为功能性法器、功能与身份标志的装束品、一般装饰品及礼仪性用具等几类②。方向明最初倾向于按类别对良渚文化玉器进行划分，包括琮、璧、钺、璜、冠状器（后来又叫冠状梳背）、三叉形器、锥形器、镯形器、柱形器、管珠等③，最近又分为葬具上的礼仪用玉、反映神权的琮和衍生的琮式玉器、反映王权的玉钺和其他权杖、发展为财富观念的璧、礼仪服饰用玉、礼仪工具用玉六大类④。

反山、瑶山遗址发掘后，学者们对琮、璧、钺等重要玉礼器以及神人兽面纹的意涵展开了非常热烈的讨论。王明达指出玉璧是财富的象征，玉钺则是作为权力象征的权杖，而神徽是良渚人尊奉崇拜的对象，神徽被少数人独占，可能与商周饕餮纹一脉相承、息息相通⑤。牟永抗、刘斌指出琮的原型应为图腾柱，是神权的象征，同时也认为玉钺和玉璧分别是王权及军权和财富的象征⑥，并多次强调良渚文化大墓墓主集神权、军权和财权于一身⑦。吴汝祚、牟永抗进一步指出，琮是巫术活动中巫师的重要用器，是贯通天地的神器，良渚社会的一个重要特征是玉、巫、神一体⑧。赵晔对良渚玉琮进行了系统研究，划分为 A 型（即镯式琮）、B 型（弧边方柱体）和 C 型（直边方柱体），三者出现的年代前后相继，同时分析了玉琮在墓葬中的位置，指出 A 型琮多位于右手臂部位，B 型琮常见于墓主手

① 牟永抗：《良渚文化玉器》前言，文物出版社、两木出版社，1989 年。
② 刘斌：《良渚文化玉器发现与研究的历程及相关问题的思考》，《长江下游地区文明化进程学术研讨会》，上海书画出版社，2004 年。
③ 方向明：《良渚文化用玉种类的考古学认识》，《东方博物》第十五辑，2005 年第 2 期。
④ 方向明、夏勇、陈明辉：《良渚玉器导读》，《良渚玉器》，科学出版社，2018 年。
⑤ 王明达：《反山墓地初论》，1986 年油印本；后刊于《文物》1989 年第 12 期。
⑥ 牟永抗、刘斌：《论良渚》，1986 年油印本；后收入《牟永抗考古学文集》，科学出版社，2009 年。
⑦ 牟永抗：《良渚文化玉器》序言，文物出版社、两木出版社，1989 年；《良渚玉器上神崇拜的探索》，《庆祝苏秉琦考古五十五年论文集》，文物出版社，1989 年；《浙江省新近十年的考古工作》，《文物考古工作十年（1979~1989）》，文物出版社，1990 年。
⑧ 吴汝祚、牟永抗：《玉器时代说》，《东方文明之光》，海南国际新闻出版中心，1996 年。

臂部位和腰腹部位，这两型应源于玉镯，C 型琮多位于墓主体外或棺外，具体含义不详①。方向明对镯式琮进行了研究，指出琮起源于镯，镯在崧泽时期一般出于较高等级的墓葬，这也是以琮来承载以八角星纹为代表的意识形态的社会背景，并归纳了玉琮及玉琮所承载的神人兽面纹的演化序列，良渚文化之后的玉琮尽管保留了外方内圆的形体，但作为琮的内涵的神人兽面纹已经被歪曲改造或消失不见②。他认为，玉琮本身是具有复杂几何元素和结构的综合体，上下射面、四角节面和四方直槽是反映天地宇宙观的微缩实体，"琮的拥有，被视为神权的掌握，与主宰良渚玉器的神像自始至终的只有琮，琮几乎是神像的贯彻者，神像则是琮的执行者"③。

反山的发掘首次发现了似人似兽的神人与兽面集于一体的形象，简报中指出这种神人兽面复合像应是良渚人崇拜的神徽，兽面纹两侧的鸟纹可谓神鸟，"这种以转角为中轴线向两侧展开的简化'神徽'，是良渚玉琮纹饰的基本特征"④。牟永抗认为，原始宗教一般是平等的多神崇拜，可分为自然物崇拜、图腾崇拜和祖先崇拜三种或三个阶段，人形神的出现是原始宗教长期发展的结果，应与祖先意识的产生及部族首领的地位日趋重要有关，良渚的神人兽面纹即是人性化的神崇拜的反映，除了神人兽面，龙、蛙、蝉、鸟等动物纹样都代表被神化的动物，其中，最突出的是兽面，墓主人可能就是类似萨满、巫师，"凭借超越一切的神的力量来建立和加强世俗间的权势和威严"，指出当时并未出现一神教，但在崇拜的各种神灵中，已经产生了分化⑤。王明达认为神徽的形态是鸟身人面，代表良渚部族的族神，是良渚人尊奉崇拜的对象，对神徽的占有又表明少数人具有区别于一般部族成员的显贵者身份，并指出良渚文化玉器中只有玉琮上全部琢刻神徽，是巫师通天的重器⑥。牟永抗对良渚神徽所代表的神灵进行了具体分析，他认为弓形盖、介形冠代表天，良渚的神人兽面纹实际上是人形太阳神的描画，代表着太阳神崇拜的高级阶段，在良渚文化时期太阳神取得了主神或者主神之一的地位，标志着文明曙光时代的到来⑦。牟永抗再对良渚玉琮的诸多特征进行了解析，认为良渚玉琮形体的形成与太阳崇拜息息相关，值得一提的是，他在此文中指出玉璧也应是一种事神致福的礼器，是与玉琮既有联系又有区别的两种事神之物⑧。赵晔认为良渚神徽反映的是人驾驭兽，是代表图腾崇拜的兽面纹和代表世俗权力或统治者形象的神人纹的结合，反映了良渚文化的宗教是政教合一⑨，并认为良渚人奉行一神崇拜，神人兽面纹饰当是原始宗教的核心，同时大墓厚葬也是祖先崇拜的反映，祭神和祖先葬仪是两种重要的祭祀仪式⑩。刘斌、王炜林指出，距今 5000 年前后，中国进入琮的时代，"信仰的形式从原来的抽象化形体概念，逐渐发展出了比较具象的偶像概念；从原来的自然与动物的崇拜，逐

① 赵晔：《良渚玉琮新探》，《纪念浙江省文物考古研究所建所二十周年论文集（1979～1999）》，西泠印社，1999 年；《良渚玉琮再探》，《玉魂国魄——中国古代玉器与传统文化学术讨论会文集（五）》，浙江古籍出版社，2012 年。
② 方向明：《试论镯式琮》，《浙江省文物考古研究所学刊》第六辑，科学出版社，2004 年。
③ 方向明：《良渚文化琮——神权中的天地宇宙观》，待刊。
④ 浙江省文物考古研究所反山考古队：《浙江余杭反山良渚墓地发掘简报》，《文物》1988 年第 1 期。
⑤ 牟永抗：《良渚玉器上神崇拜的探索》，《庆祝苏秉琦考古五十五年论文集》，文物出版社，1989 年。
⑥ 王明达：《良渚玉器若干问题的探讨》，《中国考古学年会第七次年会论文集》，文物出版社，1992 年。
⑦ 牟永抗：《东方史前时期太阳崇拜的考古学观察》，《故宫学术季刊》第 12 卷第 4 期。
⑧ 牟永抗：《关于璧琮功能的考古学观察》，《东方博物》第四辑，浙江大学出版社，1999 年。
⑨ 赵晔：《良渚玉琮新探》，《纪念浙江省文物考古研究所建所二十周年论文集（1979～1999）》，西泠印社，1999 年。
⑩ 赵晔：《良渚文化祭坛、墓地及其反映的社会形态初探》，《良渚文化研究》，科学出版社，1999 年。

渐走向人性化或人格化的神的崇拜"[1]，并指出，神徽在整个环太湖甚至更广大的地区表现出极其统一规范的模式，良渚人对这一神灵的崇拜几乎达到了一神崇拜的程度，是超氏族的图腾神[2]。后来赵辉也对良渚社会的一神教特征进行了详细探讨[3]。

蒋乐平梳理了河姆渡文化和良渚文化的鸟图像资料，指出良渚的神徽是人面鸟身的鸟神，神徽及鸟图像是河姆渡文化鸟崇拜的北向影响的产物，是生殖神崇拜和创世神崇拜的反映[4]。王宁远认为良渚神徽是原始宗教发展到一定阶段与当时尖端艺术制作水平相结合的产物，并注意到神徽浮雕部分和线刻部分有明显的主次之分；鸟、重圈纹及神兽的双目可能与日月崇拜有关，而弓形符号代表对超自然的天的崇拜，以上两种崇拜也是良渚早期原始信仰的主要内容，但到了良渚中期，祖先（氏族英雄崇拜）产生并逐步提高到与天合一的地位，产生人形天神[5]。方向明较早就开始对良渚文化的玉器纹饰进行研究，对神人兽面纹、兽面纹、鸟纹、龙首纹等纹饰进行细致的解析，他认为作为地纹的卷云状弧线带小尖喙的纹饰是一种变体鸟纹，"神人兽面纹的图案组合具有举足轻重的地位，单一的鸟形象常对神人兽面纹图案加以辅佐，变体鸟纹作为陪衬地纹起了烘托和渲染的作用"，认同牟永抗的观点，良渚玉器上的神兽有可能象征太阳神[6]。此后，他再对良渚玉器所见的龙首纹、神人兽面纹、鸟形象、螺旋及尖喙等图案进行了深入的解构和剖析，相关论点已形成《中国玉器通史·新石器时代（南方）》《神人兽面的真像》两部专著[7]。《神人兽面的真像》一书对兽面像的表现形式、兽面像与龙首纹及弧边三角组合图案等的关系、神人形象的表现形式、鸟形象及神人兽面像与器物的关系进行了全面的阐述。

蒋卫东分析了玉璧的早晚演变过程、质料工艺和随葬情况后，对玉璧作为财富象征的观点提出疑问，而认同玉璧是与原始宗教密切相关的礼器，制作精致的玉璧是良渚时期祭天的礼器，而制作粗糙的玉璧则充当玉帛牺牲或者作为敛尸之用，在良渚文化中的地位有不断提高的过程，玉璧和少量玉琮上刻画的鸟立高台图案，也是祭天的产物[8]。刘斌很早开始关注玉器纹样与玉礼器形态的关系，指出琮、冠状器是直接表现神灵形象的玉礼器，其中冠状器和玉钺钺瑁造型均是神像造型的模仿，在玉钺前端安装代表神冠的钺瑁，说明了君权神授和王命在天的君权体系和概念的产生[9]。他将冠状器视为非常重要的功能与身份标志的装束品，对冠状器进行了形态排比，指出巫师和首领将代表神冠的冠状器戴在头上，实际上是良渚文化神权统治的一种表现[10]。赵晔研究了官井头、瑶山、反山、吴家埠、后头山出土的璜与圆牌组配，指出拥有这类组配的墓主均是各自墓地中规格较高的，并据此指出官井

① 刘斌、王炜林：《从玉器的角度观察文化与历史的嬗变》，《浙江省文物考古研究所学刊》第六辑，杭州出版社，2004 年。
② 刘斌：《神巫的世界》，浙江摄影出版社，2007 年；杭州出版社，2013 年。
③ 赵辉：《从"崧泽风格"到"良渚模式"》，《权力与信仰》，文物出版社，2015 年；《良渚的国家形态》，《中国文化遗产》2017 年第 3 期。
④ 蒋乐平：《浙江史前鸟像图符的寓义及流变》，《浙江省文物考古研究所学刊》，长征出版社，1997 年。
⑤ 王宁远：《试论良渚神徽起源及意义》，《浙江省文物考古研究所学刊》，长征出版社，1997 年。
⑥ 方向明：《良渚文化玉器纹饰研究》，《良渚文化研究》，科学出版社，1999 年。
⑦ 方向明：《良渚玉器的图像和刻纹——龙首纹和神人兽面像》，《浙江省文物考古研究所学刊》第九辑，科学出版社，2009 年；《中国玉器通史·新石器时代（南方）》，海天出版社，2014 年；《神人兽面的真像》，杭州出版社，2013 年。
⑧ 蒋卫东：《试论良渚文化玉璧》，《浙江省文物考古研究所学刊》，长征出版社，1997 年。
⑨ 刘斌：《试论良渚玉器纹样与玉礼器形态的关系》，（台北）《故宫文物月刊》第 171 期。刘斌、王炜林：《从玉器的角度观察文化与历史的嬗变》，《浙江省文物考古研究所学刊》第六辑，杭州出版社，2004 年。
⑩ 刘斌：《良渚文化的冠状饰与耘田器》，《文物》1997 年第 7 期。

头遗址的发掘为良渚遗址群的崛起找到了源头①。

龙首纹、鸟纹的认定和研究是神人兽面纹之外的研究重点。龙首纹玉器的认定始于瑶山简报，随后，刘斌对龙首纹玉器进行了专门的收集和论述，指出龙首纹与兽面纹是两种不同的纹饰，具有明显的种属差异②。方向明认为龙首纹与神人兽面纹之间有着密切的联系，龙首纹应是兽面纹的前身③。刘斌认为鸟是以神人兽面纹为主体的神灵崇拜的媒介，鸟纹包括刻画于神徽左右的鸟纹图案、圆雕玉鸟与三叉形器、祭台与鸟杆三种，刻画于神徽左右的鸟纹应是良渚神灵所乘之鸟，巫师以圆雕玉鸟和三叉形器作为装饰以充当神灵的扮演者。良渚文化玉器上所见的台形符号是对祭祀场所的临摹④，祭台与鸟杆中似人似鸟的形象应为巫师的形象，整体反映的是祭祀场景和巫师的形象，进而指出神徽在良渚早期盛行，而到了晚期开始出现台形、杆状物和鸟的组合图符，反映出一种观念的转变与社会的变革⑤。良渚文化晚期玉璧和玉琮上的台形和鸟杆图案，与好川文化及属大汶口文化的凌阳河遗址的台形玉片，反映出"这一时期在中国的东南部已经形成了一个地域广阔的文化信仰圈和交流圈"⑥。方向明也对大汶口、良渚晚期和好川的图符进行了深入考察，说明三地在新石器时代晚期存在密切的交流和融会⑦。

良渚文化晚期开始出现精美的刻纹黑皮陶，这类刻纹陶器是通过对表皮打磨渗浆并以渗碳的方式烧成，刻纹的内容主要有兽面纹、鳄鱼纹、变体鸟纹、变体龙纹、龟纹等。方向明对良渚文化刻纹陶器的纹样进行研究，指出其中最丰富的是鸟蛇样组合图案⑧，后来，又将之释读为鸟形及其由鸟简化的螺旋线加小尖喙结构⑨。芮国耀指出，刻有这类图案的陶器是良渚文化礼器的重要组成部分，是身份、等级的标志物⑩。

良渚文明尚未破译文字，但已发现大量的刻画符号。由良渚博物院编著的《良渚文化刻画符号》一书，共收入"带有刻画符号的器物共计554件，其中陶器536件、石器11件、玉器7件"⑪，累计有刻画符号632个。其中部分陶器或石器上刻画有多个联系的图符，已显示出这些刻符有作为文字使用的可能性，如苏州澄湖遗址出土的刻有5个符号的贯耳壶（编号为J127∶1），余杭南湖遗址采集的刻画有一组连续图画的圈足罐，庄桥坟两件刻有多个连续图符的石钺（T101②∶10、H41∶1）等（图2-71）。一些玉璧和玉琮上也发现鸟立高台等图符。牟永抗分析了南湖圈足罐、澄湖贯耳壶等陶器上的图形符号以及玉器上的刻符，指出"良渚文化中出现的符号，已经具有文字的性质应是没有问题

① 赵晔：《璜与圆牌：特定历史条件下的玉器组配》，《玉魂国魄——中国古代玉器与传统文化学术讨论会文集（七）》，浙江古籍出版社，2016年。
② 刘斌：《良渚文化的龙首纹玉器》，《出土玉器鉴定与研究》，紫禁城出版社，2001年。
③ 方向明：《良渚文化玉器纹饰研究》，《良渚文化研究》，科学出版社，1999年；《良渚文化玉器的龙首纹与神人兽面纹之兽面纹》，《东南考古研究》第三辑，厦门大学出版社，2003年。
④ 刘斌：《大汶口文化陶尊上的符号及与良渚文化的关系》，《青果集》，知识出版社，1993年。
⑤ 刘斌：《良渚文化的鸟与神》，《纪念浙江省文物考古研究所建所二十周年论文集（1979~1999）》，西泠印社，1999年。
⑥ 刘斌：《良渚文化后续的若干问题》，《良渚文化探秘》，人民出版社，2006年。
⑦ 方向明：《大汶口、良渚晚期和好川——从图符考察观念形态的交流和融会》，《中国考古学会第十四次年会论文集》，文物出版社，2012年。
⑧ 方向明：《良渚文化"鸟蛇样组合图案"试析》，《东南文化》1992年第2期。
⑨ 方向明：《良渚玉器的种类及其纹饰》，《文明的曙光——良渚文化文物精品集》，中国社会科学出版社，2005年。
⑩ 芮国耀：《良渚文化陶器内涵及其礼器化现象探讨》，《浙江省文物考古研究所学刊》第八辑，科学出版社，2006年。
⑪ 良渚博物院：《良渚文化刻画符号》，上海人民出版社，2015年。

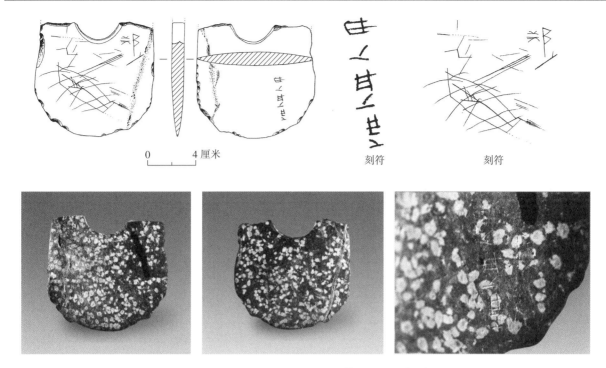

图 2 - 71　庄桥坟石钺（西 T101②：10）及其刻符

的……这些符号所记录的语言单位，很可能是一句话或一段话中的大意的语段文字"，可称为原始文字①。曹锦炎、方向明对浙江地区史前刻画符号进行了研究，进一步讨论了良渚刻画符号的原始文字性质②。刘斌等注意到鸟立高台图符（图 2 - 72）与古埃及文明中的国王名字颇为近似，古埃及早王朝和古王国时期的王名一般由鸟形（或鸟兽形）外加台形组成，鸟形表示荷鲁斯神，而台形表示宫殿，台形内部则刻有国王的名字，如古埃及早王朝时期第一王朝杰特的名字③。

九　文明与国家

牟永抗很早就指出，"良渚文化丝麻制品的出现和相当进步的竹编工艺，再加上大量精美玉器，特别是大型玉琮玉璧的制作，更说明了当时的江南地区已成为我国新石器时代中比较先进的地区之一。在良渚文化原始文明的发展高潮中，我们似乎听见了私有制走近的脚步声。"④ "它是我国新石器时代末期一支发展程度较高的原始文化。"⑤

随着草鞋山、赵陵山、寺墩、福泉山尤其是反山的发掘，学术界开始探讨良渚文化的社会进程问题。牟永抗、刘斌比较早认识到，"良渚文化时已经产生了相当数量的社会财富，并集中到少数人手中，个人财产正在迅速增加；原始宗教相当发达，构成了上层建筑的一个重要方面，产生了以

①　牟永抗：《良渚文化的原始文字》，《文明的曙光——良渚文化》，浙江人民出版社，1996 年。
②　曹锦炎、方向明：《浙江地区史前刻画符号概述》，《中国考古学会第十一次年会论文集》，文物出版社，2010 年。
③　刘斌、王宁远、陈明辉：《良渚古城——新发现与探索》，《权力与信仰》，文物出版社，2015 年。刘斌、王宁远、陈明辉、朱叶菲：《良渚：神王之国》，《中国文化遗产》2017 年第 3 期。
④　牟永抗、魏正瑾：《马家浜文化和良渚文化——太湖流域原始文化的分期问题》，《文物》1978 年第 4 期。
⑤　浙江省博物馆：《三十年来浙江文物考古工作》，《文物考古工作三十年（1949～1979）》，文物出版社，1979 年。

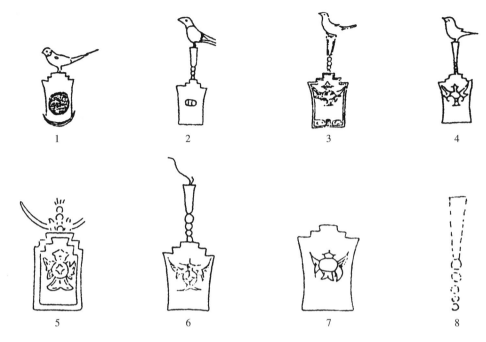

图 2 - 72　良渚文化部分玉璧、琮上的鸟立高台类图符

1. 佛利尔一号玉璧　2. 佛利尔二号玉璧　3. 佛利尔三号玉璧　4. 北京首都博物馆玉琮　5. 吉斯拉玉琮
6. 台北故宫博物院玉璧　7. 安溪玉璧　8. 台北故宫博物院玉琮

玉琮、玉钺为首的代表神权与军权的礼器系统；兽面神像所表现的容貌，已成为良渚文化圈内共同的崇拜神像，是融合艺术与宗教一体的良渚原始宗教和礼仪制度的代表和象征；巫觋与行政首领是良渚统治者的双重身份；精致的艺术品玉器的大量出现并用作与物质生活无关的礼仪活动，标志着专业工匠和宗教职务人员等组成的知识阶层的产生；能埋入高台墓地的只是少数的显贵者，高高在上的大墓和星布于居住址内的小墓，反映出人们社会关系的分裂。"良渚时期的社会形态具有"以兽面神像的形象的宗教崇拜和琮钺为代表的礼器系统所反映的原始宗教和政权形式，以及土筑高台墓地，棺、椁礼器所代表的显贵者阶层，作为进入文明的许多特征，并成为汇入华夏文明的重要组成部分。"①

　　随后，牟永抗进一步指出，反山、瑶山一类埋葬在高台土冢或祭坛的人，生前当是集神权、财权和军权于一身的显贵阶层，以玉的神化为特征的玉器时代，正是中华文明曙光出现的时代②。1990 年开始，牟永抗开始提出并思考玉器时代，指出玉器时代是中华文明起源阶段的重要议题，发展阶段大致与酋邦和古国相当③。其中，相关论述以牟永抗与吴汝祚的两篇文章论述最为全面。1996 年两人发表的文章指出，玉器时代介于原始氏族社会和夏商周青铜器时代，玉器时代出现了成组玉礼器、巫神一体、文字、城市、棺椁葬具和人殉并产生冶铜业，成组玉礼器尤为重要，玉器时代出现的是"以全

① 牟永抗、刘斌：《论良渚》，1986 年油印本；后收入《牟永抗考古学文集》，科学出版社，2009 年。
② 牟永抗：《浙江省新近十年的考古工作》，《文物考古工作十年（1979～1989）》，文物出版社，1990 年。
③ 牟永抗：《试谈玉器时代中华文明起源的探索》，《中国文物报》1990 年 11 月 1 日；《水稻、蚕丝和玉器：中华文明起源的若干问题》，《考古》1993 年第 6 期；《良渚玉器和中华文明起源研究》，《史学》1994 年第 8 期，后收入《牟永抗考古学文集》，科学出版社，2009 年。

新的面貌超越于民族社会之上，属更高层次的社会"①。1997 年，进一步指出玉器时代是中华文明（半月形地带）起源时期的主要特征，在东亚地区青铜文化还没有发达起来的时候，已经在几个地点大体同时形成了以玉礼器为代表的古代文明——早期国家，以良渚文化为代表的玉器时代，归纳为如下六大特征：出现成组的玉礼器、出现社会分化、出现文字、开始出现冶铜业、出现棺椁制度、出现巫觋②。随后又先后撰写多篇文章深入讨论了这一议题③。

良渚古城及水利系统的发现和持续性的考古工作，推动了学术界关于良渚文明和早期国家的讨论。刘斌等从世界早期文明的发生及中国文明化历程基础上，论述了良渚文明在城市规划与建设、土筑工程、水利、玉器、刻符、稻作、手工业、聚落分化等方面所取得的成就，指出良渚已进入成熟文明和早期国家阶段④。方向明指出瑶山、反山是基于血缘关系的王族成员，良渚文化是以血缘家族、血缘贵族形式为主体的贵族政治，良渚古城自始至终是良渚文化的中心聚落群，率先进入都邑化的文明时代，良渚社会基于统一信仰，以掌握特别资源为手段，内部实行阶级分层，并通过由近及远的方式对外部的资源进行控制⑤。赵晔从稻作、水利、土筑、都城、玉器、宗教六个方面总结了良渚文明的要素，认为良渚是史前时期最早出现国家形态的考古学文化，良渚文化初创了王国社会的政治模式⑥。

此外，陈明辉等系统比较了良渚文明与古埃及文明⑦以及良渚文明与苏美尔文明⑧，开辟了文明对比研究的新视野（图 2-73）。

在对良渚文化的内部材料不断丰富和深入研究的同时，在良渚文化对同时期文化的影响以及良渚文化因素对中华文明形成的影响的研究方面也都取得了许多进展。良渚文化对同时期苏北的大汶口文化和广东的石峡文化，以及对更晚的龙山时代以至商代的玉器玉文化都产生了很大的影响⑨。良渚文明是中华文明的一个重要源头，是中华文明多元一体中的重要一元。

一〇　结语

20 世纪 90 年代以来，越来越多从事良渚文化研究的考古工作者指出，良渚文化已进入文明时代⑩。随着良渚古城及外围水利系统的发现和日益丰富的考古成果，这一认识已成为国内考古学界的

---

① 吴汝祚、牟永抗：《玉器时代说》，《东方文明之光》，海南国际新闻出版中心，1996 年。
② 牟永抗、吴汝祚：《试论玉器时代》，《考古学文化论集》，文物出版社，1997 年。
③ 牟永抗：《再论玉器时代》，《牟永抗考古学文集》，科学出版社，2009 年；《中国历史上的玉器时代》，《明报月刊》1997 年 4 月；《关于〈试论玉器时代〉一文的若干说明——答谢仲礼、张明华诸同志》，《中国文物报》1999 年 12 月 29 日、2000 年 1 月 5 日；《玉器时代续议》，《海峡两岸古玉学会议论文专辑Ⅰ》，2001 年。
④ 刘斌、王宁远、陈明辉、朱叶菲：《良渚：神王之国》，《中国文化遗产》2017 年第 3 期。
⑤ 方向明：《环太湖流域新石器时代晚期区域政体模式的探讨》，《东方博物》第五十六辑，中国书店，2015 年。还可参考方向明：《控制中的高端手工业——良渚文化琢玉工艺》，《权力与信仰》，文物出版社，2015 年。
⑥ 赵晔：《良渚：中国早期文明的典范》，《南方文物》2018 年第 1 期。
⑦ 陈明辉、刘斌、王宁远：《良渚文明与古埃及文明的比较研究》，《玉魂国魄——中国古代玉器与传统文化学术讨论会文集（七）》，浙江古籍出版社，2016 年。
⑧ 陈明辉：《苏美尔地区与环太湖地区的社会复杂化之路——兼谈苏美尔文明与良渚文明的初步对比》，《南方文物》2018 年第 1 期。
⑨ 芮国耀、沈岳明：《良渚文化与商文化关系三例》，《考古》1992 年第 11 期。刘斌：《神巫的世界》，浙江摄影出版社，2007 年。方向明：《琮·璧——良渚玉文明因子的接力与传承》，《大众考古》2015 年第 8 期。
⑩ 《考古》编辑部：《中国文明起源研讨会纪要》，《考古》1992 年第 6 期。张忠培：《良渚文化的年代和其所处的社会阶段》，《文物》1995 年第 5 期；《简论良渚文化的几个问题》，《文明的曙光——良渚文化》，浙江人民出版社，1996 年。宋建：《论良渚文明的兴衰过程》；赵辉：《良渚文化的若干特殊性——论一处中国史前文明的衰落原因》；芮国耀：《失落的文明——论良渚遗址群》，《良渚文化研究》，科学出版社，1999 年。

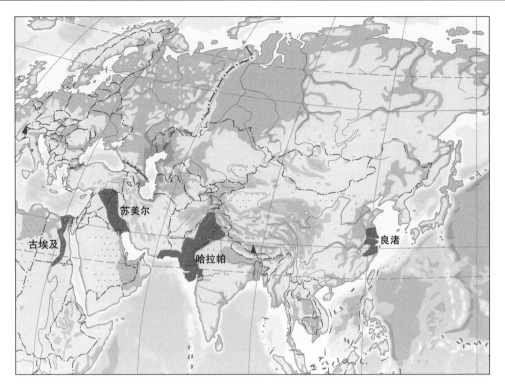

图 2-73　旧大陆四处古文明分布示意图

主流认识，并开始得到国际考古学界的关注。如张忠培指出"从目前的考古发现和研究来看，如果我们要谈中华五千年文明，只有良渚文化的良渚遗址能拿得出来"①，而这一时期是神权和军权并重的神王之国的国家形态②。严文明在 2016 年"良渚文化发现八十周年学术研讨会"上讲到："假若良渚是一个国都的话，那些（指福泉山、寺墩等）就是各个州郡所在地，这就是一个很像样的广域王权国家了。"③李伯谦认为良渚文化已正式进入王国阶段，是中国王国阶段的开端④。赵辉也对良渚的国家形态进行了全面的论述⑤。随着几次国际会议的召开，良渚古城也越来越得到国际考古学家的关注，伦福儒最近与刘斌撰文指出良渚古城已展现出强大的社会组织能力，良渚文化的复杂程度超过英国的巨石阵、希腊的克罗斯等早期文明，已超出酋邦的范畴，是东亚最早的国家社会⑥。

总体而言，良渚文明得到国内学术界普遍的认可要迟至 2007 年之后，相对于国外同时期的几个著名的文明——古埃及文明、哈拉帕文明、苏美尔文明而言，要晚近百年甚至数百年。良渚文化和良渚文明的内涵和细节仍有待今后持续的考古工作来揭示。近十年来，良渚文化尤其是良渚古城遗址的考古研究日益走向科学化和国际化。2006～2007 年良渚古城以及 2009～2015 年良渚古城外围水利系统的确认，使

① 张忠培：《张忠培在〈良渚文化刻画符号〉出版座谈会上的发言》，《中国文物报》2015 年 9 月 25 日第 7 版。
② 张忠培：《在中华玉文化中心第五届年会上的讲话》，《玉魂国魄——中国古代玉器与传统文化学术讨论会文集（七）》，浙江古籍出版社，2016 年。
③ 严文明：《华夏文明五千年，伟哉良渚——严文明先生总结讲话》，《中国文物报》2016 年 12 月 2 日第 5 版。
④ 李伯谦：《中国古代文明化历程的启示》，《人民日报》2015 年 3 月 6 日第 7 版。
⑤ 赵辉：《良渚的国家形态》，《中国文化遗产》2017 年第 3 期。
⑥ Colin Renfrew, Bin Liu：The emergence of complex society in China：the case of Liangzhu, Antiquity 92 364（2018）：975-990. 科林·伦福儒、刘斌著，陈明辉、朱叶菲、宋姝、姬翔、连蕙茹译：《中国复杂社会的出现：以良渚为例》，《南方文物》2018 年第 1 期。

良渚古城遗址的规模位于同时期世界前列，是不亚于世界同时期其他文明的都邑性遗址。2007 年之后，良渚古城考古开始进行系统的、持续的考古工作，每年的考古工作持续 300 天以上，考古工作人员也从原先的几人发展到如今的二十余人，包括 10 余名研究人员和 10 余名专业技工。良渚古城的研究方向除传统考古外，还包括了数字考古、动物考古、植物考古、地质考古、环境考古、文物保护等，同时还招聘勘探队伍，不间断地对遗址范围进行全覆盖式勘探和系统调查①。良渚古城遗址已于 2019 年 7 月 6 日正式公布为世界文化遗产，这也是良渚文化和良渚古城考古的重要成果之一。

我们期待将来有更多的学者参与到良渚文明的研究中来，同时也期待良渚文明走出中国，为世界和公众所熟知。

（执笔：陈明辉）

---

① 刘斌、王宁远、陈明辉；《从考古遗址到世界文化遗存：良渚古城的价值认定与保护利用》，《东南文化》2019 年第 1 期。

好川文化

关于浙南地区史前文化的探索，1956 年，温州瑞安山前山遗址的试掘，开启了浙西南考古工作的先河。夏鼐在《浙江新石器时代文物图录》"序"中指出："浙江南部的新石器文化是另一种文化，可用瑞安山前山遗址为代表。这里以石箭头为最多，陶器以篮纹为主。"[1] 夏鼐以敏锐的学术眼光认识到浙江南部新石器文化不同于浙江北部的良渚文化，是另一种文化，并总结了其最主要的文化特征——石箭头和篮纹陶器，但没有直接命名其为山前山文化。

1977 年冬、1979 年夏，牟永抗等在浙、闽、赣三省接壤的江山南区，对古遗址、古墓葬进行了调查，并在山崖尾遗址进行了试掘，在 T2H1 发现鬶、豆、杯、罐、鱼鳍形鼎足等器物（图 2－74）。牟永抗提出："山崖尾灰坑所见的鬶（简报称为红陶盉）和吴兴钱山漾下层的鬶有些相似，鱼鳍形鼎足虽是良渚文化的特征之一，但是豆、杯、罐的作风和良渚文化有一定的差别。"[2] 对浙西南地区新石器文化内涵面貌特征有了进一步的认识与把握，第一次明确将浙西南出土的鬶、豆、杯、罐、鱼鳍形鼎足与良渚文化作对比研究并指出其异同，大大丰富、深化、提升了对夏先生所言"另一种文化"的认识。

图 2－74　江山山崖尾遗址 T2H1 出土陶器
1. 鬶　2. 罐　3. 杯　4. 豆

1997 年，好川墓地发现发掘极为丰富的考古资料，极具特色的文化面貌，地域特征鲜明的文化内涵，为"另一种文化"的正式命名提供了条件和契机。《好川墓地》[3] 发掘报告系统、全面地公布了好川墓地 80 座墓葬的全部资料，在对全部考古资料进行分析梳理的基础上提出了"好川文化"的命名，并就相关问题进行了必要讨论。新材料的发表，引起了学界的关注与讨论，关注重点除了好川墓地文化属性外，更多的是其年代问题。

2002、2004 年，温州曹湾山好川文化聚落遗址（原名老鼠山遗址）和遂昌岭头岗东北坡好川文化平民墓区先后发掘，充实了好川文化的考古材料，大大丰富了好川文化的内涵[4]。

① 浙江省文物管理委员会、浙江博物馆：《浙江新石器时代文物图录》，浙江人民出版社，1958 年。
② 牟永抗：《浙江新石器时代文化的初步认识》，《牟永抗考古学文集》，科学出版社，2009 年。
③ 浙江省文物考古研究所、遂冒县文物管理委员会：《好川墓地》，文物出版社，2001 年。
④ 谢文君、王海明、扬卫：《浙江遂昌好川墓地发现平民墓地》，《中国文物报》2005 年 1 月 7 日。浙江省文物考古研究所：《遂昌好川墓地第二次发掘》《温州老鼠山遗址》，《浙江考古新纪元》，科学出版社，2009 年。

2017～2018年，对江山山崖尾遗址进行了发掘，清理好川文化墓葬59座、灰坑45个，同时获取了大量测年标本，为确定好川文化的年代提供了更为直接的证据。

2018年，在缙云陇东、仙居下汤、温州屿儿山等遗址均发现了好川文化的遗存（图2-75），对于重新认识好川文化的分布范围、聚落形态有着重要意义。在山崖尾遗址、陇东遗址提取了大量的植物遗存，其中绝大部分为水稻，还有粟、黍等旱地作物遗存，填补了本地区好川文化时期生业经济研究上的空白。

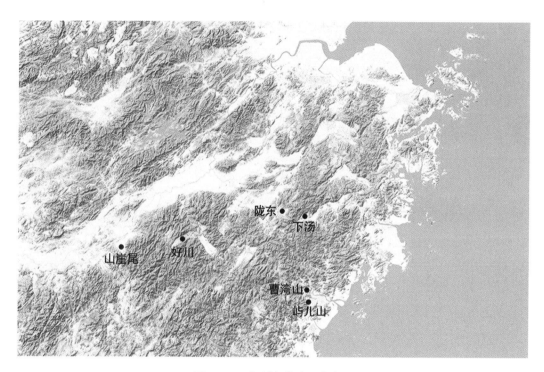

图2-75　好川文化遗址分布图

一　好川墓地

（一）概况

好川墓地位于浙江省遂昌县三仁畲族自治乡好川村岭头岗。属山间低谷丘陵地貌，位于松阴溪上游，属瓯江水系。岭头岗相对高度31米，顶部起伏平缓，地面开阔，面积约5000平方米。1997年春，好川村改茶园为水田作业时发现墓葬，随即对其进行抢救性考古发掘，共清理墓葬80座。

墓地坐落于岭头岗岗顶，发现时已遭施工破坏。残存的80座墓葬位于岗顶中部长约60、宽约30米范围内，顺着山脊西北至东南走向分布。顶部稍低的阶地没有发现墓葬。墓葬排列多数整齐有序，并以大墓中心布局。规格最高的M60独处一隅，四周空旷。墓向以120°左右的东南向为主，墓坑与岗顶岩脉走向大致垂直，现存的80座墓葬的坑口在推土施工过程中均遭受不同程度的破坏，墓坑均挖凿于砂红壤和风化的表层基岩，以长方形竖穴岩坑为墓坑的基本形制。多数墓坑长宽比例接近，有的呈方形。

（二）文化内涵与特征

墓葬按墓坑规模分五个等级。

甲等：有 M60、M4、M8、M12 等 4 座。墓坑长 4、宽 3 米左右，面积 12 平方米左右。墓葬位置均在墓地的中轴线附近。

乙等：有 M10、M53、M2、M71 等 8 座。墓坑长 3.2、宽 2.5 米左右，面积 8 平方米左右。墓葬位置相对居中。

丙等：有 M3、M7、M5、M11 等 16 座。墓坑面积 6 平方米左右。墓葬分布分散。

丁等：有 M54、M61、M34、M41 等 41 座，墓葬数量最多，构成墓地的主体。墓坑面积 4 平方米左右，稍大者面积达 5 平方米。分散布列。

戊等：有 M68、M45、M43、M23 等 8 座。墓坑面积 2 平方米左右。除 M23、M24 两座形制比较特殊的墓葬位居中心外，其余 6 座墓葬均分布在墓地的边缘。

墓葬等级透露出的信息耐人寻味：

1. 墓葬数量。甲等大型墓葬数量和戊等小型墓葬数量均较少，而中型墓葬数量 65 座，占统计总数 77 座的 84% 强。数量形态呈两头小中间大的橄榄形。仔细分析中型墓葬数量形态，中型偏下（丁等）墓葬数量大大多于中型偏上（乙等），而居中的丙等墓葬数量 16 座，占统计总数的 20% 强。

2. 墓坑规模。不同等级墓坑规模相差悬殊。甲等墓葬墓坑面积 12 平方米，是戊等墓葬墓坑面积的 6 倍。不同等级间面积的递减也挺有意味，乙等墓葬面积 8 平方米，比甲等墓葬小 4 平方米，是甲等墓葬面积的 2/3，乙等到戊等依次递减 2 平方米。中型丙等墓葬面积是甲等的一半，是戊等的 3 倍。

在 63 座墓葬墓坑中央发现长方形木质葬具痕。葬具与墓坑的平面关系呈现两种相反的情况：墓坑宽大而葬具范围很小、葬具外的空间较大的，多为早期墓葬，以 M8 最为典型；墓坑较大且葬具范围也大、葬具外空间狭小的，年代较前种情况要晚，以 M60 为代表。从一部分墓葬葬具角落的器物保存较完整、葬具中间的器物破碎严重，较高大的器物压扁破碎严重而较小的陶杯等出土时器形多完好的现象推断，葬具应有盖板且下葬后葬具内空间保持相当长一段时间。从 M60、M4 等墓坑底部四角或中间有垫石等发现看，部分墓葬的底部原有搁置棺椁的枕木。

酸性红壤的埋藏环境，难以保存木质葬具和骨骸等有机质，仅 M36、M74 两座墓葬发现有骨骸，保存情况也十分不理想。从残存骨骸散乱、错位和缺失等情况推测，为二次葬。

80 座墓葬共出土陶器、玉器、石器、漆器四类随葬品 1028 件（组），包括陶器 762 件、石器 142 件、玉器 98 件、漆器 26 件。陶器、玉器是基本的随葬品组合，组合随葬的共 56 座。

随葬品组合早中晚变化明显。早期，玉器少见，仅见锥形器，无玉钺发现；簋、圈足盘、钵、壶、杯、釜（鼎）是常见陶器，形体矮小；漆器上饰片均石质。中晚期，玉钺（石钺）与陶鼎（三足盘）、鬶、盉、三喙罐、杯、豆成为主要随葬品，豆品种多，形态丰富多样，极具特色；漆器上饰片多软玉质；曲折纹、条纹、叶脉纹等印纹陶器也是中晚期墓葬常见的随葬品。

陶器是最主要的随葬品，80 座墓葬中有 79 座墓随葬陶器，共 762 件。鼎、鬶、三足盘、罐、豆、杯、钵、盉为基本器形，釜、簋、尊、圈足盘、壶等数量较少，数量很少甚至仅 1 件的器形有双鼻壶、宽把杯、熏、单把大盘、大口尊、双唇罐等。

陶豆434件，占陶器总数的57%，是好川墓地出现频率最高、数量最多、形式变化最丰富复杂的陶器。垂棱、镂孔既是陶豆的造型特点，也是其最主要的装饰风格和手法，这构成好川墓地最突出的文化特征。刻划、施彩也是常见的两种装饰手法。大中型墓葬陶器多制作考究，部分陶豆豆盘很浅，垂棱很长，盘沿内侧有朱红彩，可能已非普通的日用陶器，而是用于祭祀的"陶礼器"。长长的垂棱除有装饰作用外，还可掩饰极浅的豆盘，应具有特定的使用功能。

陶鬶46件，每墓仅1件，且小型墓葬基本不见。形制变化轨迹清晰，脉络明确。

印纹陶罐19件，均为夹砂陶，大体可分青灰色硬陶和黄褐色软陶两类。拍印纹样有条纹、曲折纹、叶脉纹等。条纹、曲折纹、叶脉纹应该是后期广泛流行于中国南方地区的几何印纹陶的滥觞。

三喙罐12件，泥质灰陶、黑皮陶均有发现。形制与泥质陶圈足罐相近，唯肩部均有三个鸟喙状装饰。

38座墓中随葬石器，共142件。种类不多，仅有镞、锛、钺、刀、玦五类。其中又以镞为大宗，达95件，占石器总数的2/3。另有锛34件、钺11件、三孔石刀1件。石料以青灰色泥岩为主，少量绛色泥岩。石器绝大多数磨制，石钺磨制较精，部分经抛光处理，钻孔以管钻法为主，也有相当数量的桯钻。

特别值得重视的是，在扰土中发现一件刻纹石钺，应是被破坏墓葬的随葬品。青灰色泥岩石质，窄长形微束腰，弧刃有崩缺，孔双面管钻。长14.1、刃宽7.8厘米。石钺两面均有阴线细刻纹。正面画面主体为"天狗"图案，天狗伸颈昂首张嘴站立，前脚并拢，后脚残缺。牟永抗认为，按照图形的方位与山东日照两城镇征集的那件刻纹锛形器一样，再一次证明在良渚之后曾出现一种刃缘向上奉执、不再具有实用功能的礼器——平首圭[①]。

有56座墓随葬玉器，共98件，加上原镶嵌在觚、柄形器等器物上的玉（石）片（组）21件，共计119件。器类有锥形器、钺、锛、管、珠、刀、玦、玦、钩形器等。锥形器数量最多，共57件，大多出于墓主头部上方；形制主要分截面方形和圆形两种，少量为多边形和不规则形，尾榫部均无小孔。钺8件，除M29：32玉料为玛瑙质外，余均属透闪石玉；造型有"风"字形、长方形、方形等多种。玉钺、玉锥形器组合随葬的只有7座墓葬。玉器质料以透闪石玉为主，还有少量的玛瑙、水晶、石英、滑石、绿松石等。玉色鸡骨白居多，部分灰白杂青斑、青黄斑。玉器除钺外，体量均很小。玉工精湛，开材切割工艺独到，钻孔技术娴熟，抛光良好，玉材利用率极高，不同造型的曲面玉片是好川墓地精湛玉工技艺的集中体现。

值得注意的还有以下5件玉器。

M30：3，玉方管。玉色鸡骨白。方体四面有减地浅浮雕弧线似日、月形图案，构图以角线为对称轴。

M51：1，玉刀。玉色鸡骨白。长条形，平刃，器表残留片锯切割痕。长11.4厘米。

M2：1，玉钩形器。玉色鸡骨白。形制特殊，器首有一上翘的尖弯钩，无明显的刃部。长5厘米。

M51：10，玉琮形管。鸡骨白软玉。形制不甚规整，方体圆孔，四角各镌刻两道凹槽，基本具玉琮

---

① 牟永抗：《读玉偶悟——形态与内涵发展演变的一些思考》，《浙江省文物考古研究所学刊》第六辑（第二届中国古代玉器与传统文化学术研讨会专辑），第42页，杭州出版社，2004年。

的外形。对钻孔，外口不甚圆正。长 2.6 厘米。

M58：12，玉锛。软玉，鸡骨白色。形体较小。抛光良好，表面有片锯切割痕。长 3 厘米。

好川墓地有 23 座墓葬随葬一种非常特殊的器物，共发现 26 件，出土时常见红色漆痕，器表大部分镶嵌或黏附有各种不同形态的几何形石片和曲面玉片。从较完整清晰的几件漆痕看，器形主要有亚腰形和柄形两种，比照余杭下家山遗址出土的髹朱漆瓠，亚腰形漆器应该是漆瓠的残痕。桐庐小青龙遗址也有类似的漆瓠（痕）出土，未见镶嵌的石片。

M39：2，漆瓠痕，长 26、宽 6～10 厘米，10 片叶蜡石饰片分两圈黏附于漆痕上。M19：4，漆瓠痕，12 片石饰片分三圈黏附于漆器表面。M8：2，漆瓠红色漆痕范围清晰明确，平面呈亚腰形，红色漆痕范围内不同形状的叶蜡石饰片原呈箍状分布，共三圈，每圈 6 片。

除漆瓠外，好川墓地发现镶嵌玉饰片的器物还有 14 件。出土位置大多数在墓主的头部右上方，与玉锥形器出土位置相近。数量不等的玉饰片集中出土，并具有一定的立体组合形态，主要呈圆棍状。出土时玉饰片正面朝上、背面朝上、侧立等情形都有发现。漆痕保存较好，范围清晰明确，玉饰片分布有序，与原漆器的实际形状相差不大。漆器的玉饰片数量从 2 片至 30 片不等。玉饰片形态丰富，大小规格多种多样，均黏附或镶嵌于圆形有机质主体上。玉片绝大多数为曲面造型，圆形、椭圆形、方形、菱形、圆角长方形等几何形曲面玉片常见，玉片之间凹凸拼接。特殊形态的玉片有三台阶状（祭坛状）、简体抽象鸟形、圆箍形等，用绿松石小珠作装饰的仅发现 1 件。玉饰片质地绝大多数为闪石玉。圆形玉饰片直径 0.8～4.5 厘米，三角形小玉片长仅 0.8 厘米。

M1：1，出土时见少量红色漆痕，11 片不同几何形状的曲面玉片呈棍状分布，原应是镶嵌或黏附于圆形有机质物体上，长 12、直径 3 厘米。两端用玉片凹凸拼接构成玉箍，中间的 3 片玉片螺旋状包裹棍体表面，极具匠心。牟永抗认为这类"S"形螺旋状向上旋转的镶嵌玉片，与瑶山 M11 和春秋战国时期环镯上绞丝纹样的构思设计理念一脉相通，还可认作在玉琮竖槽的无阻拦通道与四角阶级状通道之外又一条人神交往的途径，玉琮上竖槽两侧及四角所表现的直线条，在旋转的动态过程中就会很自然地改变成"S"形的螺旋状[1]。

M60：2，红色漆痕保存不好。22 片不同形状平面、曲面玉片集中出土于 15 厘米×10 厘米范围内，其中三台阶状玉片 2 片，冠状饰形玉片 1 片，梯形 1 片，侧体鸟形 1 片，底端是 9 片三角形玉片。

M62：4，红色漆痕范围比较清晰明确。12 片曲面玉片和 1 件玉箍呈棍状分布，长 15 厘米以上。其中 4 片三台阶状褐黄色滑石片合围成箍，箍直径 3.1 厘米。最大的三台阶状片高达 8.4 厘米，曲面玉片最薄处仅 0.1 厘米。玉饰片玉工精湛，线切开材工艺水平极高，集中体现了好川先民高超的玉作工艺技术水平。部分曲面玉片背面残留密集的弧形线切割痕，保留粗糙的面，便于粘贴或镶嵌。正面均经抛光处理，光洁如鉴。王海明认为这类中间内凹的弧曲面，很可能不同于双手左右来回拉拽模式的另外一种线切割方式——弓锯切割[2]。

① 牟永抗：《光的旋转——良渚玉器工与艺的展续研究》，《良渚玉工》，香港中文大学中国文化研究所、中国考古艺术研究中心，2015 年。

② 王海明：《好川文化玉器制作工艺初探》，《良渚玉工》，第 211 页，香港中文大学中国文化研究所、中国考古艺术研究中心，2015 年。

关于好川墓地漆觚，方向明认为除了漆觚外，还可能有与漆觚配套使用的棍状物，如 M8：2、M47：13等。也有一些棍状物单独出土，尤其是底端套接玉箍的棍状物，而出土在漆觚附近的那些锥形器，极有可能也起到了棍状物的作用。棍状物和漆觚是一组彼此配套的器件，其功能与使用方式与商周时期的铜觚与"棒状器"类似①。

（三）墓葬的分期与年代

好川墓地共发现26座墓葬、2个灰坑等28个遗迹单位具有明确的叠压打破关系，有的还是多座墓葬连续打破。依据可靠的层位关系并通过对墓葬随葬品的类型学排比研究，将好川墓地80座墓葬分为五期七段，这是连续发展的同一文化。

好川墓地酸性土壤，有机质遗存很难保存，没有发现可供碳十四测年的可靠标本。这对好川文化绝对年代的判断无疑是个缺憾。

M8 在好川墓地第一期墓葬中具有典型性。M8 与良渚文化具有较多的可比性，鼎、簋、豆、壶、圈足盘的陶器组合与良渚文化晚期墓葬随葬陶器组合相同；鼎、簋、圈足盘等陶器的形态特征与桐乡叭喇浜②遗址出土的良渚文化晚期同类陶器十分近似；M8：12 双鼻壶与雀幕桥 M4：5 双鼻壶③造型基本相同，好川墓地 I 式陶鬶造型风格与雀幕桥遗址发现的陶鬶接近。由此推定好川墓地年代的上限约当良渚文化晚期后段。

M13 打破 H3。H3 出土遗物有夹砂红陶、泥质灰陶和着黑陶三类。着黑陶与第五期墓葬中常见的 HⅣ式豆共存，着黑陶多见于拍印条纹较浅的陶片上，"之"字形曲折纹上着黑的不多。着黑陶呈色个体差异明显，部分黑色较浅泛褐红，水洗易剥脱褪色，特征与江山肩头弄一期着黑陶相似。H3 的年代大体与江山肩头弄一期遗存相近或略晚。M13 随葬陶器形制及窄刃石钺、双翼石镞等都表明该墓是好川墓地年代最晚的一座墓葬。好川墓地第五期墓葬 M28 两件曲折纹圜底罐中腹以下曲折纹拍印后重新刮去的做法与肩头弄一期陶器条纹拍印后又抹去的技法是一致的。这为我们确定好川墓地的年代下限提供了可靠的地层学依据。因此推测好川墓地的年代下限可能晚于肩头弄一期，大体与肩头弄二期相当。

综上，好川墓地的相对年代大体在良渚文化晚期至夏末商初，绝对年代约为距今 4300～3700 年，前后延续 600 年左右。

（四）好川文化的命名

好川墓地文化面貌新颖、独特，文化内涵丰富多彩，文化因素多元特点明显。具有自身特征的陶器群自然成为我们识别考古学文化的最重要依据。根据陶器形制、数量、延续时间及是否形成发展序列等情况，可将好川墓地的陶器分成三组（图 2 - 76）。

A 组：鱼鳍形足鼎、双鼻壶、宽把杯、三鼻簋、尊等。

B 组：釜、三足盘、鬶、盉、三喙罐、豆、杯等。

① 方向明：《好川和良渚文化的漆觚、棍状物及玉锥形器》，《华夏文明》2018 年第 3 期。
② 浙江省文物考古研究所：《浙江桐乡叭喇浜遗址发掘》，《沪杭甬高速公路考古报告集》，文物出版社，2002 年。
③ 浙江省文物考古研究所：《浙江北部地区良渚文化墓葬的发掘（1978～1986）》，《浙江省文物考古研究所学刊（建所十周年纪念 1980—1990）》，科学出版社，1993 年。

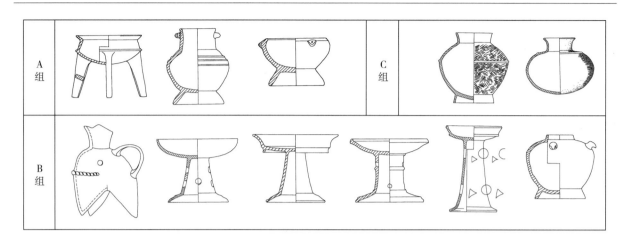

图 2-76　好川墓地三组器物

C 组：条纹圜底罐（釜）、圈足罐，曲折纹圈足罐、圜底罐等。

A 组陶器多发现于墓地第一、二期墓葬，属良渚文化器物或直接受良渚文化影响出现的器物。C 组中条纹、曲折纹印纹陶器多见于第三、四、五期墓葬，应是受昙石山文化传播影响的结果。B 组陶器数量多，发展序列明确，演变轨迹清晰，阶段性特征明确，是好川墓地具有鲜明自身特征的典型陶器，是好川墓地文化的主体（图 2-77）。报告将好川墓地类型文化遗存命名为好川文化，并把浙西南仙霞岭山地界定为好川文化的分布范围。

《好川墓地》就好川文化与良渚文化、花厅墓地类型遗存、昙石山文化、石峡文化、樊城堆文化、山背文化和广丰社山头遗址等进行了广泛讨论和对比，并与本地区后续的江山肩头弄类型马桥文化作对比研究。肩头弄类型马桥文化遗存与好川文化分布的空间范围可能重叠，年代上可能略有交错，但两者文化面貌、内涵特征上的显著差异充分表明好川文化与肩头弄类型马桥文化有着不同的文化传统，二者也不是同一文化系统的不同文化发展阶段。

二　好川墓地平民墓区

2004 年，我们对遂昌境内好川文化遗址进行了专题调查，在数十平方千米范围内的平缓山岗上无一发现，没有取得预期的学术成果。受 2002 年曹湾山遗址山岗顶部、山坡均发现文化堆积的启发，对岭头岗相连的岗地、坡地重新调查、勘探，结果在岭头岗的东北坡发现好川墓地的平民墓区。

平民墓区与 1997 年发掘的位于岭头岗顶部的墓葬高程上有 5 米左右的落差，平面上也有 20~30 米宽的空间间隔。在岭头岗东北坡 300 平方米的发掘范围内，清理好川文化小型墓葬 20 座。墓向东南。墓坑小，随葬品少。共出土随葬品 60 件，大部分墓葬仅一两件陶器，其中 3 座墓葬没有随葬品。随葬陶器主要有豆、壶、杯、钵、罐等，器形很小，制作粗糙。未发现玉器。显然，1997 年发掘的墓葬主人地位要显贵得多，居高、居中分布，墓坑宽大方正，随葬品玉器、石器、漆器、陶器组合齐全，数量丰富，玉器、陶器制作精美。

这 20 座墓葬与 1997 年发掘的 80 座墓葬形制相同，墓向一致，随葬器物种类、形制雷同，年代约当好川墓地的中晚期，是好川墓地的有机组成部分。

三 温州曹湾山遗址

曹湾山遗址位于温州市鹿城区上戍乡渡头村,地处瓯江下游,为孤丘型聚落遗址,岗顶海拔61米,戍浦江蜿蜒弯曲环曹湾山向东约500米汇入瓯江,周围高山连绵。遗址依山傍水,以山顶岗地为聚落中心,山腰、山坡均有遗存分布,面积近万平方米。2002年11月至2003年4月发掘,发掘面积635平方米,发现一处好川文化聚落,揭露连片成排石础建筑遗迹,清理墓葬35座,获得玉器、石器、陶器等类遗物1000多件。

曹湾山遗址堆积丰厚,分三层,第2、3层为新石器时代末期堆积,内涵丰富,出土遗物以陶器、石器为主。第3层陶系有夹砂陶、泥质灰陶、硬陶、印纹硬陶等,夹砂陶、泥质陶的数量大致和硬陶、印纹硬陶相当。夹砂陶釜、鼎常见,多有绳纹装饰;硬陶以瓿为主;印纹硬陶基本为拍印条纹的着黑陶,普遍呈赭红色,多有褪色和剥脱,器形以罐居多;泥质陶器形有盆、罐、豆等。第2层与第3层的最大区别是夹砂陶和泥质陶的数量明显减少,条纹着黑陶占绝大多数,着黑陶黑色比较纯正,少见褪色和剥脱者,并出现少量原始瓷,拍印纹样见有少量云雷纹。石器中绝大部分是镞和锛,形态丰富多样。条纹着黑陶、小型石锛、扁铤石镞构成曹湾山遗址最具特色的文化面貌。

平缓的岗顶是该聚落的中心,西南为居住区,东南为墓葬区。西南部成排的石础建筑遗迹叠压在第2层下,石础呈东南—西北向排列。石础挖坑营建,底部有基石,周边有夹石。

35座墓葬均开口于第2层下,部分墓葬被建筑遗迹叠压打破。墓葬间叠压打破关系情况显示,墓葬布局似遵循自早至晚由内向外埋葬的规则,即早的在岗顶中心,逐渐往外向东南呈扇形布列。从墓葬分布的趋势和密度推测,该墓地的墓葬数量当在50座以上。墓葬均为长方形竖穴土坑墓,墓坑长2.5、宽0.6米左右。墓坑底部普遍存在一层青灰色淤泥,由此迹象推测当时应有木质葬具。墓葬东西向,根据随葬品位置推测头西脚东。共出土随葬品103件,其中陶器74件、石器20件、玉器9件(组)。基本组合为陶釜、鼎、甗、壶、豆、罐、圈足盘和石锛、玉锥形器,部分墓葬还有陶盉、陶纺轮等。M23还出土一件象征权力地位的镶嵌玉片的柄形器。

与地处瓯江源头的好川墓地相比,尽管墓葬形制、随葬品组合存在一定的区别,但文化面貌、内涵特征基本相同,如鼎、豆、盉、壶、罐等陶器的形制、纹饰基本一致,玉锥形器尤其是镶嵌玉片的柄形器的质地、制作工艺及形制完全一致。

好川墓地位于瓯江的源头仙霞岭北麓的松阴溪流域,曹湾山遗址则位于瓯江下游戍浦江和瓯江的交汇处。墓地规模、墓坑大小、随葬品数量、组合等均表明好川墓地的等级要高于曹湾山,这显然是两个不同等级的聚落。曹湾山聚落居住区和墓葬区的揭示,为好川文化的聚落布局、社会结构等问题的深入研究提供了极好的个案资料。曹湾山遗址的发掘,使我们对好川文化面貌、内涵特征、分布范围及年代有更为清晰的认知,好川文化是一支以瓯江流域为主要分布区的新石器时代晚期文化。

四 关于好川墓地性质和年代的不同认识

(一)关于好川墓地的文化性质

好川墓地、曹湾山遗址的发掘,好川文化丰富的文化内涵,多元的文化因素,使其成为研究浙、闽、赣三省交会的武夷山地区新石器时代考古学文化的切入点与钥匙。

2002 年上海"长江下游地区文明化进程学术研讨会"上，王海明认为把好川墓地类型文化遗存命名为好川文化是正确的，对好川文化的年代判断是可行的，肩头弄类型文化和好川文化是完全不同的两支文化，在文化分布范围上可能有重叠，在年代上好川文化晚期和肩头弄类型遗存可能有交叉，但在文明化进程中，好川文化逐渐衰落，而肩头弄文化日益强盛，并向北传播扩散，成为马桥文化的重要组成部分[1]。

牟永抗很早就关注钱塘江以南地区新石器时代的考古学文化面貌[2]，就好川墓地的发现，他指出，这一地块还存在着一些未被我们认识的后续性文化或类型。好川墓地正是其中的一支文化或类型，圆底扁腹釜，断面方正扁侧足的鼎，宽扁形高足的三足盘，盘体带垂棱的高把豆，带嘴的圈足盉，夹砂圈足或圜底的印纹罐和长条形袋足鬶，这几种陶器可认作这支文化的典型器。好川文化的年代似乎不应该放在良渚文化的晚期或以后，暂时假设它与良渚文化是大体同时并存的两支文化。还提示可能在良渚、好川和名山后类型之间，还存在着以典型鱼鳍形足的鼎、夹砂圈足条纹罐和长条形袋足鬶为代表的第三支并存的史前文化，夹砂罐和袋足鬶可能是后两者共见的特征[3]。

在《好川墓地》书评中，赵辉指出："太湖流域、赣江流域和闽江流域尽管相距不远，但在很长时间以来，由于缺少可以直接进行比较的材料，学术界对各地的考古学文化的研究基本上是各自为政，若谈联系，主要是靠碳十四年代。然而，这些年代数据的可靠性总是不能令人完全放心的。好川文化的发现弥补了这个缺憾。由于好川文化兼有三者的特征，可以作为中介，将这几个地方的考古学文化有机地串联起来。这样，既可以为一个地方文化的研究提供一个更大的和联系着的背景环境，又可以把整个东南地区的古代文化综合考虑，探讨一些更宏观的问题。因此，好川文化的发现，绝非仅仅是填补了一个地区的空白，而是牵一发，动了全身。进而，随着近些年长江下游及江淮之间考古学文化研究的深入，良渚文化与海岱文化区的相对年代、文化关系等问题日益清晰起来，则又可以把整个东南地区的文化同黄河流域联系起来，做更大范围的考察。""《好川墓地》在对遗物进行细密和富有逻辑性的类型学分析之后，将整个墓地划分为七个年代组，再根据各组之间的疏密不同，将第三、四组和第五、六组适当归纳，成为五期。考古资料的年代是探讨一切问题的起点。在这个基础上，作者通过将好川墓地遗存同周围文化进行广泛对比，恰当地总结概括出好川墓地遗存的文化面貌特征，并提出好川文化的命名。由于研究方法得当，证据充分，这一文化命名的提出是很有说服力的。"[4]

也有学者认为"好川文化"只是良渚文化的一个地方变体，是良渚文化向外传播的产物。

王明达在《良渚文化的去向——当前良渚文化研究的一点思考》中将好川墓地看作研究良渚文化去向的重要遗址，认为良渚文化晚期阶段，良渚文化的族群因外族入侵、洪水泛滥等原因向外迁徙，并提出"钱塘江上游的淳安、建德等地发现的良渚文化玉琮、有段石锛和典型的良渚文化陶器等，就是良渚文化族群向浙西南迁徙的踪迹，也许是良渚与好川之间的中途'停靠站'之一"。并且认为良

① 王海明：《好川文化的几个问题》，《长江下游地区文明化进程学术研讨会论文集》，上海书画出版社，2004 年。

② 牟永抗：《钱塘江以南古文化及其相关问题》，《福建文博》1990 年增刊（闽台古文化论文集）。

③ 牟永抗：《长江下游地区文明起源考古学研究的回顾与思考》，《长江下游地区文明化进程学术研讨会论文集》，上海书画出版社，2004 年。

④ 赵辉：《读〈好川墓地〉》，《考古》2002 年第 11 期。

渚先民到达好川后，仅固守了一段时间原有的文化面貌，从好川墓地第二期起福建昙石山文化的拍印条格纹、曲折纹、条纹、叶脉纹的印纹陶开始大量出现，成为好川墓地的重要组成部分，因此不宜再将好川墓地简单地归入到良渚文化中，从而提出了"好川类型"的概念①。

宋建在《环太湖地区新石器时代末期考古学研究的新进展》中总结了好川墓地的典型器物群由中粗颈鬶和细颈鬶、垂棱和镂孔豆、管流盉等组成，这些器物曾在环太湖地区的多个地点发现，提出了"好川墓地前后五期是一个连续发展的过程，具有同一文化属性，为良渚文化的地方性变体"的观点②。

许永杰在《距今五千年前后文化迁徙现象初探》一文中指出好川墓地为探索良渚文化南下增添了新的资料，认为鬶、三喙罐是随良渚文化一同南下的大汶口文化的器物。陶鬶出现在良渚文化的分布范围有一个特点，就是良渚文化的核心区不见或少见，高规格的墓葬中不见或少见，而只见或多见于外围地区和规格不高的墓葬，这表明南下的大汶口文化到达长江下游地区后，并未融入良渚文化的主流社群。他认为南下的良渚文化在抵达仙霞岭后分为两支，一支继续沿江向西南，进入湘江流域；一支则向南，进入武夷山区的山涧谷地③。

方向明通过对大汶口文化晚期、良渚文化晚期和好川文化出土的相关图符考察，认为凌阳河等出土"日鸟"形图符是大汶口文化的代表性图符，良渚文化椭圆形豆盘内面常见的"鸟日鸟"形图符是良渚文化的独特图符，而好川文化的台形玉片则是与良渚文化冠状器对应的独特形制图符，三个文化之间存在着密切的交往和联系④。

（二）关于好川文化的年代

好川文化的分期与年代问题自好川墓地发现以来就一直是学界所关注的热点。好川文化已发掘的好川墓地、曹湾山遗址均未能获取可供碳十四测年的标本，因而没有一个经科学测定的年代数据为依靠。这一先天不足给好川文化年代讨论带来不少困惑。尽管山崖尾遗址获得了大量的测年标本，但这些标本多来自灰坑，不能为墓葬的年代提供直接的材料。

对好川墓地绝对年代讨论的依据和理由已在《好川墓地》报告中做了比较充分的说明和交代。好川墓地第一期墓葬中 M8 出土器物与桐乡叭喇浜、嘉兴雀幕桥等遗址出土器物相似，判定好川墓地的上限为良渚文化晚期后段；第五期墓葬 M28 中的曲折纹圜底罐与江山肩头弄一期陶器装饰手法相似，M13 又打破江山肩头弄一期遗存 H3，因此好川墓地的下限应不早于江山肩头弄一期，即夏末商初。报告以雀幕桥遗址出土木板的碳十四数据作为好川墓地上限绝对年代的参考值，并考虑文化因素、传播、扩散的时间因素后认为，好川墓地的绝对年代约为距今 4300 ~ 3700 年，前后长达600 年左右。

曹湾山遗址好川文化墓葬，开口层位清楚。墓葬均开口在第 2 层下，打破第 3 层。墓葬又被同样

① 王明达：《良渚文化的去向——当前良渚文化研究的一点思考》，《长江下游地区文明化进程学术研讨会论文集》，上海书画出版社，2004 年。
② 宋建：《环太湖地区新石器时代末期考古学研究的新进展》，《中国文物报》2006 年 7 月 21 日。
③ 许永杰：《距今五千年前后文化迁徙现象初探》，《考古学报》2010 年第 2 期。
④ 方向明：《大汶口、良渚晚期和好川——从图符考察观念形态的交流和融会》，《中国考古学会第十四次年会论文集》，文物出版社，2012 年。

开口在第 2 层下的建筑基址石础遗迹叠压打破。为保护这一有明确文化层的史前文化聚落遗址，只作局部发掘。从墓葬出土的随葬品组合及陶器形制看，曹湾山好川文化墓葬的年代约当好川墓地的中晚期。

曹湾山好川文化墓葬早于第 2 层，晚于第 3 层。这一大的层位关系无疑为我们确定好川文化上下限的年代提供了很大的帮助。在曹湾山遗址第 3 层，条纹着黑陶数量很多，经初步观察，没有发现好川墓地 M2 填土中出土的那种胎质细腻、器表没有着黑的拍印细条纹的青灰色硬陶片。飞云江上游的泰顺狮子岗遗址发现的圜底内凹条纹罐，胎质细腻，浅灰色，表面也没有着黑色。这一现象透露出没有着黑的青灰色细条纹硬陶的出现可能比着黑陶要早，拍印规则清晰的细条纹早于拍印较浅的宽条纹。拍印浅宽条纹与上着黑剂好像有某种内在的联系。曹湾山第 3 层不见原始瓷和云雷纹，而第 2 层有所发现，表明原始瓷和云雷纹这两种文化因素的出现晚于曹湾山好川文化墓葬。从而可以将曹湾山好川文化墓葬的下限确定在原始瓷和云雷纹出现之前。

赵辉赞成报告中有关好川文化同良渚文化相对年代关系的判断，即好川墓地的上限约当良渚文化的晚期后段，它的大部分时段，晚出了已知的良渚文化。但不同意报告中对好川文化绝对年代的推定。报告中将好川墓地遗存的上限推定在距今 4300 年，根据的是嘉兴雀幕桥良渚文化晚期遗址的碳十四测年数据。"而根据新沂花厅遗址的发掘情况看，良渚文化的下限最晚不过大汶口文化晚期，马桥文化则相当于岳石文化，这中间隔着整个龙山时代约 500 年的时间，从良渚文化和山东地区史前文化的相对关系上看，前者的年代要早得多。相对年代和绝对年代之间就发生了矛盾，因此好川墓地的下限是否能如报告所推断的晚到了夏末商初，也就有了继续探讨的余地。"[1]

孙国平认为好川墓地第二期 M32 的鬶与雀幕桥遗址出土鬶相似，根据雀幕桥的碳十四数据（BC 2380±145 年）加上第一期遗存应该具有的年代跨度，认为好川墓地的年代上限在距今 4500 年。第五期 M58 的长颈鬶与上海金山亭林墓地出土鬶比较，认为好川墓地主体结束的时间与良渚文化在太湖地区的下限不会相距很远，距今 4000 年左右。以好川墓地为代表的好川文化遗存应是属于武夷山—仙霞岭周围地区与山东龙山文化平行存在的一支史前文化[2]。

翟杨也将好川墓地分为五期七段，并将其合并为三大阶段：第一阶段以钵、簋、豆为基本组合，豆多为短柄；第二阶段以鬶、豆为基本组合，鬶为短颈、腹腔较大，豆多为长柄，三喙罐、盉开始出现；第三阶段以鬶、豆为主，鬶为长颈、腹腔较小或已消失，豆多为短柄，三喙罐、盉数量增加。并对各遗址的鬶进行了分期，认为好川墓地第一期相当于良渚文化晚期第一段、大汶口文化中期后段，第五期相当于良渚文化晚期第五段、山东龙山文化第一期前段[3]。认为墓地使用时间跨度为分期的第一段至第四段，墓地共埋葬了五代人。根据当时 30～40 岁的社会平均人口寿命和 15～25 岁的平均生育年龄，推算好川墓地五代人的延续时间在 90～140 年之间[4]。

丁品将好川墓地分为两期，早期为报告所分第一期至第三期前段，其相对年代为良渚文化晚期至

① 赵辉：《读〈好川墓地〉》，《考古》2002 年第 11 期。
② 孙国平：《好川·良渚·花厅》，《浙江省文物考古研究所学刊》第八辑，科学出版社，2006 年。
③ 翟杨：《良渚文化晚期遗存的重新认识》，《东方考古》第 3 辑，科学出版社，2006 年。
④ 翟杨：《好川墓地社会结构分析》，《上海博物馆集刊》，2008 年。

末期；晚期为报告所分第三期后段至第五期，该阶段墓葬已不见良渚文化因素，垂棱豆开始下垂明显变长，袋足鬹颈部开始变细变长、袋足逐渐变瘦，夹砂或泥质青灰印纹陶罐数量开始增多，好川文化的因素得到强化，其相对年代相当于钱山漾文化，绝对年代为距今 4400～4200 年[1]。

陈明辉、刘斌认为从鬹等器形来看，好川文化较早阶段遗存的年代上限要早于良渚文化晚期后段，相当于良渚文化晚期前段。良渚文化晚期后段中也出土方形玉锥形器、细颈捏口鬹，说明好川文化较晚阶段的遗存与良渚文化晚期后段年代相当。但二者交流并不密切，应是来源各异、并行发展的两类遗存[2]。

二十年来，好川文化的命名、分期和年代等问题的讨论，取得了一定的成果。好川文化的独立命名是考古学者的基本共识。好川文化年代上限分歧不大，距今 4300 年这一绝对年代也为大家所认可。对好川文化下限和积年的讨论最为激烈，研究视角、研究方法等的不同，得出的认识、观点、结论就会聚讼不休。尽管目前还没有一种认识为大家所接受，但对好川墓地前后延续 600 年的判断普遍持否定的态度，但都没有令人信服的考古学材料和证据。看来，取得一致意见尚需时日。对与周边地区同时期新石器时代文化的关系讨论不多，没有引起考古界的足够关注，而对于好川文化聚落、谱系、社会状况等的研究才刚刚起步。

（执笔：王海明、朱叶菲）

①　丁品：《距今 4400～4000 年环太湖地区和周边地区古文化及相关问题》，《禹会村遗址研究——禹会村遗址与淮河流域文明研讨会论文集》，科学出版社，2014 年。

②　陈明辉、刘斌：《关于"良渚文化晚期后段"的考古学思考》，《禹会村遗址研究——禹会村遗址与淮河流域文明研讨会论文集》，科学出版社，2014 年。他们所界定的"良渚文化晚期后段"遗存是指以良渚古城茅草山、文家山、葡萄畈等遗址为代表，以侧扁足鼎、圈足盘、豆、杯、缸等为基本组合，其相对年代与钱山漾文化相当，早于广富林文化，绝对年代为距今 4300～4100 年。

钱山漾文化

　　2014年11月16日，"环太湖地区新石器时代晚期文化暨钱山漾遗址学术研讨会"在浙江湖州召开（图2-78）。包括来自故宫博物院、北京大学等单位的国内二十余位知名考古专家比较一致认为，从出土器物组合、特征及分布范围看，湖州钱山漾遗址第三、四次发掘的"钱山漾一期文化遗存"作为一个环太湖地区新石器时代晚期相对独立的发展阶段已经比较清晰，文化面貌独特，并有充分的考古地层学证据，因而支持将"钱山漾一期文化遗存"正式命名为"钱山漾文化"[①]。

图2-78　"环太湖地区新石器时代晚期文化暨钱山漾遗址
学术研讨会"会议现场

图2-79　钱山漾遗址（南—北）

　　钱山漾文化是根据浙江省湖州市钱山漾遗址考古发现而命名的（图2-79），是环太湖地区的一支新石器时代晚期考古学文化，绝对年代约在距今4400～4200年。它和该地区稍早发现并命名的"广富林文化"先后存续，可基本填补环太湖地区原有考古学文化序列中从良渚文化到马桥文化之间的缺环。

　　钱山漾文化是一支崭新的考古学文化，但遗址的发现和发掘却有着悠久的历史。钱山漾文化的发现到最后的文化命名经过了一个漫长而曲折的过程。以时间为轴，大致可以将这个过程分三个阶段：

　　（一）第一个阶段（1934～1955年）

　　一位先行者揭开了钱山漾的序幕，开始了其孤独却执着的探索与研究[②]。

　　1934年夏，湖州大旱。当时还在沪江大学（今上海理工大学）读书的湖州当地潞村人慎微之先生（图2-80）在干涸的湖底采集到了大量石器，从而发现该遗址。

　　① 《环太湖地区新石器时代晚期文化暨钱山漾遗址学术研讨会在湖州召开》，《中国文物报》2014年11月19日。
　　② 慎微之先生的生平事迹摘自闵泉：《穿西服、打赤脚、拎竹篮的"石头博士"——纪念钱山漾遗址发现者慎微之先生》，《浙江文物》2006年第5期。

此后两年，慎先生继续在钱山漾附近采集石器，并对采集到的石器进行分类研究。1936 年 5 月，他在《吴越文化论丛》①发表了重要论文《湖州钱山漾石器之发现与中国文化之起源》，认为：钱山漾是一处大面积的古人类遗址，"若大规模发掘定能获得大量石器以及化石，可使吾人了解原始南方人之生活习惯及生产方法等"，从而"不但对于整个人类学有空前贡献，即对于以前文化来自西北说，亦不攻自破矣"。

图 2 - 80 　慎微之先生

20 世纪 30 年代上中旬，正值以时任南京古物保管所所长卫聚贤为首的江南史学界探讨长江三角洲地区的吴越古文化在中华文明发展历程中的地位问题，慎微之先生的论文对当时的"吴越史地大讨论"起到了积极作用。

1940 年，慎先生赴美国留学，获得哲学博士学位。归国后，曾先后在沪江大学、之江大学任教。新中国成立后，慎先生被下放到湖州一所中学教书，后被文化部门借去负责吴兴县内的田野调查，发现古文化遗址 217 处，并做了详尽的文字记录。

慎先生对钱山漾遗址及出土石器的思考没有停止。他在 1955 年冬的工作笔记中写道："钱山漾新石器时代文化是人类文化整体的一部（分），人类文化是劳动人民积累经验创造的，文物是人类共同的文化遗产。"并认定"钱山漾古文化有些特殊，可说是（有）独特的文化史地位和文化贡献。"

可以说，慎微之先生是长江下游新石器文化探索研究的开拓者之一。

（二）第二个阶段（1956~2004 年）

总体而言，这是一个被忽视和误会的历史阶段。

1956 年春，原浙江省文物管理委员会牟永抗、梅福根等与浙江省博物馆共同组织力量对钱山漾遗址作了第一次发掘。1958 年 2~3 月，又进行了第二次发掘。两次合计发掘面积 731.5 平方米②。

钱山漾遗址第一、二次发掘取得了重要收获，除获得了大量以陶、石器为代表的文化遗物外，还出土了丰富的有机质文物和植物种子遗存。前者包括木器、竹编、草编和丝麻织品。丝织品种类有绢片、丝带和丝线等，大多已炭化，其中一小块保存较好的残绢片经鉴定为家蚕丝织物。植物种子遗存包括花生、芝麻、蚕豆、稻谷、菱、甜瓜子、毛桃核及酸枣等。

在 1960 年发表的《吴兴钱山漾遗址第一、二次发掘报告》中，将"能够反映遗址的文化特征"的堆积主要分为上、下两层。其中上层属于印纹陶文化时期，下层属于新石器时代。关于下层堆积的性质，"没有疑问，这是龙山文化向东南沿海地区发展的有力证据"③。

这个认识无疑是受到了当时学术背景的影响。良渚遗址自 1936 年发现始，因为其显著的黑陶特征而一直被纳入大的龙山文化系统中。20 世纪 50 年代初，梁思永在其《龙山文化——中国文明的史前期之一》④一文中，已经认识到不同地区之间文化面貌上存在着显著的地域差异，将龙山文化分为山东沿海

———————————

① 吴越史地研究会编：《吴越文化论丛》，上海文艺出版社，1990 年影印版。

② 浙江省文物管理委员会：《吴兴钱山漾遗址第一、二次发掘报告》，《考古学报》1960 年第 2 期。

③ 浙江省文物管理委员会：《吴兴钱山漾遗址第一、二次发掘报告》，《考古学报》1960 年第 2 期。

④ 梁思永：《龙山文化——中国文明的史前期之一》，《考古学报》第七册，1954 年。

区、豫北区和杭州湾区。但仍然没有能够将以良渚遗址为代表的杭州湾区从龙山文化系统中独立出来。

1959 年，著名考古学家夏鼐在"长江流域规划办公室文物考古队队长会议"上正式提出"良渚文化"命名。这其中，湖州钱山漾遗址的两次发掘资料应该起到了重要的促进作用。良渚文化最具代表性的陶器——鱼鳍形足鼎的名称最早就是用来描述钱山漾遗址出土的这一类弧背鱼鳍形的鼎足（图 2 - 81）。而良渚文化外侧逐渐加厚向"T"字足演变的扁足实际上从形态上看更接近鸡翅形（图 2 - 82）。

图 2 - 81　钱山漾文化的弧背鱼鳍形足鼎

图 2 - 82　良渚文化的鱼鳍形足鼎（茅山 M20：12）

良渚文化命名后，钱山漾遗址就理所当然被当作是良渚文化的一处典型遗址。20 世纪七八十年代及以后，随着环太湖地区良渚文化遗址的发掘资料日渐丰富，研究者们开始研究良渚文化的分期和年代。但也许是资料年代久远，也许是分期研究多以墓葬材料居多，钱山漾遗址下层堆积的资料逐渐被冷落，而钱山漾遗址下层遗物表现出来的、不同于典型良渚文化的独特文化面貌也被忽视。

也有一些学者在良渚文化分期或年代研究中采用了钱山漾遗址的资料，但终究有些费力和勉强[1]。钱山漾遗址下层有四个碳十四测年数据（均树轮校正后），其中，稻谷和木杵的年代分别为距今5260 ± 135 年和距今 5255 ± 130 年，千蔀和竹绳的年代分别为距今 4710 ± 140 年和距今 4580 ± 135 年。有研究者将钱山漾的这些测年数据和分期资料结合起来，将钱山漾下层放在其良渚文化总五期分期中的第二期，绝对年代推断为距今 4900 ~ 4700 年[2]。这样多年来，除了那片著名的用家蚕丝编织的残绢片外，"钱山漾遗址或钱山漾下层堆积，是一处中期偏早的典型良渚文化遗址"这样一个模糊却刻板的印象深深烙在了人们的脑海里。

20 世纪 80 年代以来，江浙沪地区的考古工作者在野外考古发掘中也碰到过一些与钱山漾下层相同或相近的遗存或堆积。但因种种原因，大多先入为主地将这一类遗存归入到良渚文化范畴中，而与重新认识的机会擦肩而过。

如 1985 年发掘的浙江绍兴马鞍仙人山遗址[3]，被视为良渚文化早期的下层堆积现在看来应该就是属于

①　陈国庆：《良渚文化分期及相关问题》，《东南文化》1989 年第 6 期。
②　黄宣佩：《论良渚文化分期》，《上海博物馆集刊》1992 年第 00 期。
③　王明达：《绍兴县仙人山新石器时代遗址》，《中国考古学年鉴 1986》，文物出版社，1988 年。

图 2 – 83　仙人山下层出土的弧背鱼鳍形鼎足

图 2 – 84　仙人山下层出土的素面侧扁鼎足

钱山漾文化时期（图 2 – 83 至图 2 – 85）。江苏吴江龙南遗址曾经在 1987 ~ 1989 年（第一、二次发掘）[①]、

---

①　钱公麟等：《江苏吴江龙南新石器时代村落遗址第一、二次发掘简报》，《文物》1990 年第 7 期。

1991 年和 1997 年（第三、四次发掘）① 进行过四次小规模发掘。其中，发掘者在第三、四次发掘简报的结语中认为："可以把（第一、二次发掘的）第三期中的 88H1 和 88L1 以及河道内的土层遗物挑出，单独再划分出一期，而这一期正好与第三、四次发掘出土的良渚文化遗物相一致。"并指出了这个阶段遗存从陶器反映的文化面貌上的特征及与典型良渚文化的某些区别。只不过，发掘者最后还是把这一类遗存定性为"时代较晚的良渚文化遗存"。而实际上，从出土的大量弧背鱼鳍形鼎足、鸭嘴状凿形足和侧扁足等看，龙南遗址这个阶段的遗存无疑就是属于钱山漾文化时期。

图 2 - 85　仙人山下层出土的鸭嘴状凿形鼎足

1997 年发掘、2001 年发掘报告出版的浙江遂昌好川墓地② 曾经"犹如一道闪电划破夜空"③。好川墓地的发现，其独特而又与良渚文化有千丝万缕关系的文化面貌也曾给研究者们留下很多遐想和思考。这些遐想与思考，也为环太湖地区新的考古学文化的发现默默地打下了思想上的准备④。

世纪之交的 1999~2000 年，上海松江广富林遗址拉开了大规模、持续发掘的序幕，并在遗址中发现一种具有崭新而独特文化面貌的遗存，其年代要晚于良渚文化、又早于马桥文化。发掘者暂时将它命名为"广富林遗存"⑤。

① 苏州博物馆、吴江市文物管理委员会：《吴江梅堰龙南新石器时代村落遗址第三、四次发掘简报》，《东南文化》1999 年第 3 期。
② 浙江省文物考古研究所、遂昌县文物管理委员会：《好川墓地》，文物出版社，2001 年。
③ 李伯谦：《好川墓地》序三，文物出版社，2001 年。
④ 丁品：《良渚文化向马桥文化演化过程中若干问题的思考》，《东方博物》第六辑，浙江大学出版社，2002 年。
⑤ 广富林考古队：《广富林遗存的发现与思考》，《中国文物报》2000 年 9 月 13 日。上海博物馆考古部：《上海松江区广富林遗址 1999~2000 年发掘简报》，《考古》2002 年第 10 期。

在广富林遗址 2001 ~ 2005 年的发掘中，另外又发现了年代要晚于良渚文化、但又早于"广富林遗存"的一类新遗存（也即是钱山漾文化遗存），堆积包括有地层（第 7 ~ 9 层）和灰坑（H128）、水井（J14）等遗迹①。只是，由于广富林遗址发现的这一类遗存中也共出有较多良渚文化晚期遗物，发掘者因而将它归为良渚文化末期。

在浙江，新世纪以来，开始陆续在一些遗址中发现一类以侧扁足鼎最为流行、同时伴出有数量不等的弧背鱼鳍形足鼎的文化遗存。侧扁鼎足以素面为主，有的侧面也有数道刻划纹。如浙江杭州萧山区茅草山遗址的晚期遗存（2000 年下半年发掘）②、杭州余杭区瓶窑文家山遗址第 2 层（2000 年 11 月至 2001 年 5 月发掘）③、仲家山遗址第 2 层（2000 年 9 ~ 11 月发掘）④ 和杭州余杭区三亩里遗址晚期遗存（2004 年 2 ~ 6 月发掘）⑤ 等。萧山茅草山遗址的发掘者推测遗址相对年代为"晚期（遗存）则要较良渚文化晚期更晚，应介于良渚文化与江浙历史时期文化之间"。文家山遗址的第 2 层覆盖在一处良渚文化时期墓地之上，共出土 183 件侧扁足，占所有鼎足的 8 成，有少量鱼鳍形、"T"字形和大的弧背鱼鳍形足等，其他器形有矮圈足盘、细把豆等。三亩里遗址晚期遗存以数量绝对占优的侧扁足最富特征，两侧面素面居多，也有部分装饰有 1 ~ 3 道的竖向刻划纹，另外还有少量的弧背鱼鳍形鼎足和个别早期残留的良渚晚期"T"字形足。

在环太湖地区，这类侧扁足从良渚文化晚期开始出现，多发现于遗址生活废弃堆积中（如庙前⑥、新地里⑦、横圩里⑧、卞家山⑨），墓葬中仅少量可见（如桐乡新地里 M122∶3），并与"T"字形足鼎、圆锥足鼎、细高柄豆、实足盉、袋足鬶、橙黄陶锥刺纹罐等良渚文化晚期典型陶器共存。发展到更晚阶段，这类侧扁足鼎逐渐取代了传统的良渚鱼鳍形足鼎和"T"字形足鼎，并开始出现少量弧背鱼鳍形足鼎。同时，良渚文化晚期的一些典型器物也逐渐消失。

不过，在钱山漾文化和良渚古城发现之前，"以侧扁足鼎为代表的这类遗存"，除引起发掘者的重视和难免的疑惑外，似乎并没有引起研究者的广泛关注。

（三）第三个阶段（2005 年至今）

钱山漾的真面目逐渐被揭开并清晰起来。

因申嘉湖高速公路要从钱山漾遗址南部穿过，2005 年 3 ~ 6 月，浙江省文物考古研究所和湖州市博物馆联合对遗址进行了第三次发掘⑩（图 2 - 86）。为尽可能取得完整资料，2008 年 3 ~ 5 月，又在第三次发掘区南部进行了第四次发掘。合计发掘面积 1772 平方米。

钱山漾遗址第三次发掘的文化堆积由早到晚可以分为三期，即属于新石器时代晚期的第一、二期

① 周丽娟：《广富林遗址良渚文化墓葬与水井的发掘》，《东南文化》2003 年第 11 期。
② 浙江省文物考古研究所等：《杭州市萧山区茅草山遗址发掘报告》，《东南文化》2003 年第 9 期。
③ 浙江省文物考古研究所：《文家山》，文物出版社，2011 年。
④ 浙江省文物考古研究所：《文家山》，文物出版社，2011 年。
⑤ 浙江省文物考古研究所等：《杭州余杭三亩里遗址发掘简报》，《浙江省文物考古研究所学刊》第十辑，文物出版社，2015 年。
⑥ 浙江省文物考古研究所：《庙前》，文物出版社，2005 年。
⑦ 浙江省文物考古研究所：《新地里》，文物出版社，2006 年。
⑧ 浙江省文物考古研究所发掘资料。
⑨ 浙江省文物考古研究所发掘资料。
⑩ 丁品、郑云飞等：《浙江湖州钱山漾遗址进行第三次发掘》，《中国文物报》2005 年 8 月 5 日。

图2-86　钱山漾遗址第三次发掘（东南—西北）

文化遗存和属于青铜时代的第三期文化遗存。其中，第二期文化遗存属于"广富林遗存"，第三期文化遗存属于马桥文化都比较清晰。而以弧背鱼鳍形足鼎为代表的第一期文化遗存，发掘者认为，文化面貌上与良渚文化截然不同，是一种崭新的文化遗存。而且，经比较发现，一直被视为典型良渚文化的、20世纪50年代第一二次发掘的钱山漾下层堆积实际上并不是良渚文化，而与第三次发掘的钱山漾第一期文化遗存文化面貌完全一致。

此时，上海广富林遗址也正在进行大规模的发掘，也陆续发现有与钱山漾第一期文化遗存相同或相近的堆积和出土遗物。浙沪考古工作者对当时各自发掘的资料采取了开放的态度，相互考察发掘工地，观摩出土遗物，并就相关问题进行了热烈的讨论和交流。

当时正值新遗存发现之初，浙沪考古工作者对这一类遗存的认识还存在比较大的分歧。上海方面，倾向于把这一类遗存归为良渚文化晚期较晚阶段的遗存或看作是良渚文化的延续或后续①。而浙江方面，则从一开始就将钱山漾一期文化遗存与典型良渚文化明确区别开来，但对钱山漾第一、二期文化遗存的关系及应该如何给予文化命名等问题则还处于思考或迟疑期②。

在这样的背景下，2006年6月15~16日，"环太湖地区新石器时代末期文化暨广富林遗存学术研讨会"在上海松江召开。张忠培在最后的总结发言中，除正式提出可以将"广富林遗存"直接称之为"广富林文化"外，还高瞻远瞩地指出，"把这类遗存（指钱山漾一期文化遗存）视为良渚文化中的一个较晚的阶段，似乎难以成立。""即使将一段遗存（指钱山漾一期文化遗存）看成良渚文化后续阶段，也当将它归入另一种文化……如果可以命名为一个某某文化，我认为可以命名为'钱山漾文化'。"③

---

① 周丽娟：《广富林遗址良渚文化墓葬与水井的发掘》，《东南文化》2003年第11期；《广富林遗址良渚文化末期遗存》，《浙江省文物考古研究所学刊》第八辑，科学出版社，2006年。上海博物馆考古研究部：《上海松江区广富林遗址2001~2005年发掘简报》，《考古》2008年第8期。

② 丁品：《钱山漾遗址第三次发掘与"钱山漾类型文化"遗存》，《浙江省文物考古研究所学刊》第八辑，科学出版社，2006年；《浙江湖州钱山漾遗址第三次发掘带来的新思考》，《南方文物》2006年第4期。

③ 张忠培：《解惑与求真——在"环太湖地区新石器时代末期文化暨广富林遗存学术研讨会"的讲话》，《南方文物》2006年第4期。

在 2009～2014 年上海松江广富林遗址发掘中，继续发现有以"大鱼鳍形鼎足为代表的文化遗存"，重要遗迹有 F5、TJ40、TJ43、H1430、H1603、H2368 等（图 2-87），并多次发现该类遗存与良渚文化和广富林文化之间的地层叠压关系①。

2010 年，《浙江湖州钱山漾遗址第三次发掘简报》② 发表，在简报结语中，发掘者对钱山漾一期文化遗存的文化面貌、地层关系、文化因素构成、年代及与二期文化遗存（广富林文化）的关系等进行了总结或讨论，并第一次提出和赞同将"钱山漾一期文化遗存"正式命名为"钱山漾文化"。

这个阶段，与钱山漾一期文化遗存或钱山漾文化相关的发掘报告或研究文章较少。

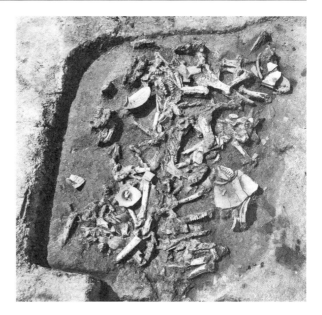

图 2-87 广富林遗址 TJ40（钱山漾文化）

蒋乐平在 2010 年出版的诸暨尖山湾遗址发掘报告的结语中，认为尖山湾早期遗存"属于一种后良渚阶段的新石器时代末期文化"③，并与钱山漾一期和二期文化遗存、广富林文化和好川墓地作了器物比较，但最后对于尖山湾早期遗存的性质似乎并未明确。

丁品在 2014 发表的《距今 4400～4000 年环太湖和周边地区古文化及相关问题》④ 一文中，简析了钱山漾、广富林、尖山湾、好川墓地和禹会村等 5 处典型遗址，对其年代性质提出了自己的看法，初步考察了北方龙山文化对东南地区的辐射轨迹，并阐述这个时期环太湖地区古文化发展及文明化进程中出现的新特点。

2014 年 10 月，钱山漾遗址第三、四次发掘报告出版，对于钱山漾一期文化遗存即钱山漾文化有了更详细和深入的阐述和讨论⑤。

2014 年 11 月 16 日，在湖州召开的"环太湖地区新石器时代晚期文化暨钱山漾遗址学术研讨会"上，"钱山漾文化"的正式命名得到大多数与会专家的认可⑥。

钱山漾文化命名后，也相继有一些研究文章发表。

上海大学文学院曹峻在其《钱山漾文化因素初析》一文中，将钱山漾文化的因素构成分为继承传统的 A 组、本地新创的 B 组和主要来自北方龙山文化的外来文化 C 组，并对各组的器物作了仔细的统计⑦。

针对钱山漾文化中出现的大量外来文化因素的源头问题，丁品对钱山漾一期文化遗存与禹会村类

---

① 上海博物馆：《广富林：考古发掘与学术研究论集》，上海古籍出版社，2014 年。
② 浙江省文物考古研究所等：《浙江湖州钱山漾遗址第三次发掘简报》，《文物》2010 年第 7 期。
③ 浙江省文物考古研究所、诸暨博物馆、浦江博物馆：《楼家桥、盘塘山背、尖山湾》，文物出版社，2010 年。
④ 丁品：《距今 4400～4000 年环太湖和周边地区古文化及相关问题》，《禹会村遗址研究——禹会村遗址与淮河流域文明研讨会论文集》，科学出版社，2014 年。
⑤ 浙江省文物考古研究所、湖州市博物馆：《钱山漾——第三、四次发掘报告》，文物出版社，2014 年。
⑥ 宋建：《"钱山漾文化"的提出与思考》，《中国文物报》2015 年 2 月 13 日。
⑦ 曹峻：《钱山漾文化因素初析》，《东南文化》2015 年第 5 期。

型龙山文化器物作了全面比较，提出：钱山漾文化中大量出现的原来笼统称之为"来自北方龙山早中期文化因素"实际上主体就是禹会村类型龙山文化。也就是说，禹会村类型龙山文化就是钱山漾文化中外来文化因素的主要源头①。

与此同时，良渚遗址群及周边地区因较集中的考古发掘，又在许多遗址或遗址点陆续发现了"以素面侧扁足鼎为代表的一类遗存"，如葡萄畈②、美人地、里山、莫角山、扁担山、江家山等③。

由于这一类遗存关乎良渚古城的废弃年代，又与钱山漾文化年代相近而联系紧密，所以对它的年代和性质的讨论也逐渐受到越来越多研究者的关注。这个议题变得有点刻不容缓起来。

赵晔在《良渚遗址群的时空观察》④ 一文中认为："（良渚）遗址群在良渚晚期后段，素面侧扁足鼎、圆形和三角形镂孔豆可能唱起了主角，它们与宽翼扁铤的石镞和凸榫无穿孔的方锥形玉器共存，加上少量大鱼鳍形足鼎、绳纹或篮纹印纹软陶罐等，构成了具有鲜明特色的器物组群。""目前不妨暂时将这一部分称为良渚末期遗存。"此后，在文家山遗址考古发掘报告中，他也对这种侧扁鼎足作了讨论，认为这种侧扁足鼎"在整个良渚遗址群，也是一种主流的陶鼎"，"应是源自良渚遗址群"⑤。

陈明辉、刘斌在《关于"良渚文化晚期后段"的考古学思考》⑥ 一文中把这类遗存归为"良渚文化晚期后段"，并对它进行了全面细致地考察和阐述。同时，作者也认为：良渚晚期后段遗存在文化面貌上虽然与良渚文化有明确的继承关系可循，但"很多良渚文化的核心器形均消失或罕见……这些差异……很可能是经过了一次较大的社会变革"。关于其相对年代，"应与钱山漾文化相当。……其下限要早于广富林文化"。

丁品在余杭三亩里遗址发掘简报的结语中则认为："将钱山漾文化与余杭三亩里、文家山、葡萄畈和诸暨尖山湾、萧山茅草山等太湖核心地区以南的太湖南部地区文化遗存比较，文化面貌上既有许多相同或相似之处，反映出一种时代共性，同时，也存在着显著的差异。""这种文化面貌的相似性和差异性，笔者更愿意从一支考古学文化的形成与发展过程中的多样性和复杂性角度去考虑。就目前资料和研究阶段而言，我们认为可以暂时将年代相当、文化面貌上存在共性的环太湖核心地区及南部地区这个阶段遗存都称之为钱山漾文化。"⑦

显然，目前关于这类遗存的性质还存在不同的意见。需要今后更细致与科学的研究，也希望今后会发现内涵单纯而又丰富的此阶段遗址。

钱山漾文化正式命名以来，浙江各地又陆续新发现和发掘了一些钱山漾文化时期的遗址。

2016 年 3~5 月，对钱山漾遗址又进行了一次小规模的试掘（第五次发掘），了解了钱山漾遗址北

---

① 丁品：《从钱山漾文化和禹会村类型的关系看——龙山前期环太湖地区和皖北淮河中游地区文化的互动》（待刊），2017 年 11 月召开的"龙山时代的中原——以墓葬为视角"会议 PPT。

② 浙江省文物考古研究所：《杭州市余杭区良渚古城遗址 2006~2007 年的发掘》，《考古》2008 年第 7 期。

③ 浙江省文物考古研究所发掘资料。

④ 赵晔：《良渚遗址群的时空观察》，《浙江省文物考古研究所学刊》第八辑，科学出版社，2006 年；《卞家山遗址良渚晚期遗存的观察与思考》，《史前研究》，三秦出版社，2005 年。

⑤ 浙江省文物考古研究所：《文家山》，文物出版社，2011 年。

⑥ 陈明辉、刘斌：《关于"良渚文化晚期后段"的考古学思考》，《禹会村遗址研究——禹会村遗址与淮河流域文明研讨会论文集》，科学出版社，2014 年。

⑦ 浙江省文物考古研究所、余杭区中国江南水乡博物馆：《浙江余杭三亩里遗址发掘简报》，《浙江省文物考古研究所学刊》第十辑，文物出版社，2015 年。

部区域的地层堆积情况和保存状况，也为今后钱山漾遗址的保护利用提供了准确可靠的证据。

2016 年 5～12 月，对桐庐城堂岗遗址进行了调查和试掘。发现钱山漾文化时期灰坑 11 个（其中解剖清理 5 个）、柱坑 3 个、柱洞 4 个，出土陶、石器等文物 300 余件。城堂岗遗址的地理位置、特殊的聚落模式和出土的陶、石器等遗物丰富了钱山漾文化内涵，为钱山漾文化的综合研究提供了珍贵的材料①。

2016 年 4 月至 2017 年 12 月，宁波市文物考古研究所联合了国内多家科研机构对宁波大榭遗址实施了总面积 7000 平方米的 Ⅰ、Ⅱ 期考古发掘②。大榭遗址的史前时期堆积分为二期：一期文化遗存大致相当于良渚文化晚期，二期文化遗存相当于钱山漾文化时期。其中最重要的发现就是在二期文化遗存中发现了史前盐业遗存。发现的盐业遗迹有盐灶、灰坑和制盐陶器废弃堆积，并可将盐灶分为早、中、晚三段。大榭遗址发现的钱山漾文化时期海盐业遗存是我国沿海地区制造海盐的最早证据，意义非常大。

2018 年 10～11 月，在对慈溪市掌起镇东埠头村的茂山附近进行考古钻探和小探沟试掘中（3 平方米），意外发现了钱山漾文化时期的堆积和遗物③。茂山遗址的新石器时代文化层堆积主要有三层即第 3～5 层。其中第 3、4 层为上文化层，从出土的大量弧背鱼鳍形鼎足、鸭嘴状凿形鼎足、豆、袋足鬶等遗物判断，应为典型的钱山漾文化时期。第 5 层为下文化层，其陶器面貌上的一个显著变化就是素面侧扁鼎足的流行，偶见有"T"字形足，但形态与良渚文化晚末期"T"字形鼎足有区别。初步判断茂山下文化层年代、性质与余杭三亩里晚期遗存相同或相近。茂山遗址上、下文化层的发现为探讨"以侧扁鼎足为代表的一类遗存"与流行弧背鱼鳍形鼎足的钱山漾文化之间的关系提供了珍贵和难得的资料。

宁绍平原除绍兴仙人山、诸暨尖山湾、宁波大榭、慈溪茂山等遗址外，另外在慈溪胡家山④、镇海鱼山⑤、奉化下王渡⑥等遗址都发现有弧背鱼鳍形鼎足。宁绍地区的钱山漾文化时期遗址需要引起我们更多的关注。

钱山漾文化还是一支年轻的考古学文化。目前来讲，资料尚不丰富，我们对它的了解恐怕也远远不够全面。今后，还需针对该类遗址作基础的调查工作，积累考古资料，同时希冀发现、发掘这个时期的中心聚落遗址。

（执笔：丁品）

---

① 丁品、陈淑真：《城堂岗遗址是桐庐首次发现的钱山漾文化遗址》，"浙江文物网" 2016 年 12 月 22 日。
② 雷少、梅术：《浙江宁波大榭遗址》，《大众考古》2018 年第 2 期。
③ 浙江省文物考古研究所发掘资料。
④ 浙江省文物考古研究所调查资料。
⑤ 宁波市文物考古研究所雷少告知。
⑥ 宁波市文物考古研究所发掘资料。

广富林文化

一　广富林遗址与广富林文化

广富林遗址于 1959 年文物普查时被发现，1961 年进行过小规模发掘，清理了两座良渚文化时期墓葬①。1999 年，上海博物馆考古部开始对广富林遗址进行有计划的勘探、调查和小规模发掘。2000 年，又进行了一次发掘。在 1999～2000 年的发掘中，发现了一类新的新石器时代晚期遗存，发掘者将它暂时命名为"广富林遗存"②。

最初被定义的广富林遗存典型陶器有垂腹三角形侧扁足鼎、浅盘细高柄豆、直领瓮、带流鬶、侈沿深腹盆、筒形杯等。由于文化面貌上与分布在豫东和鲁西南地区的王油坊类型龙山文化有密切的联系，再加上 1992 年在里下河地区发现的文化面貌相似的南荡文化遗存③，广富林遗存被倾向地认为是一支王油坊类型向南方迁徙形成的移民文化。广富林遗存的年代与南荡文化遗存大致相当，约在 2200BC～2000BC 之间④。

2001～2005 年，上海博物馆考古部继续对广富林遗址进行发掘，广富林遗存的资料日渐丰富⑤。同时，在江苏宜兴骆驼墩和昆山绰墩等遗址也发现了同类遗存，特别是在 2005 年浙江湖州钱山漾遗址第三次发掘中发现了内涵丰富的广富林遗存，并且在属于广富林遗存阶段的钱山漾二期文化遗存之下，另外辨认出一类新的新石器时代晚期考古学文化遗存——钱山漾一期文化遗存⑥。

鉴于江浙沪三地考古的新发现，2006 年 6 月 15～16 日，"环太湖地区新石器时代末期文化暨广富林遗存学术研讨会"在上海松江区召开。多数与会专家认为可以将"广富林遗存"命名为"广富林文化"⑦。

广富林文化是环太湖地区新石器时代末期的一支考古学文化，相对年代要晚于 2014 年命名的钱山漾文化。钱山漾文化和广富林文化先后存续，基本填补了环太湖地区原有考古学文化序列中从良渚文化到马桥文化之间的缺环。

---

① 上海市文物保管委员会：《上海市松江广富林新石器时代遗址试掘》，《考古》1962 年第 9 期。
② 广富林考古队：《广富林遗存的发现与思考》，《中国文物报》2000 年 9 月 13 日第 3 版。上海博物馆考古部：《上海松江区广富林遗址 1999～2000 年发掘简报》，《考古》2002 年第 10 期。
③ 南京博物院考古研究所等：《江苏兴化戴家舍南荡遗址》，《文物》1995 年第 4 期。
④ 广富林考古队：《广富林遗存的发现与思考》，《中国文物报》2000 年 9 月 13 日第 3 版。上海博物馆考古部：《上海松江区广富林遗址 1999～2000 年发掘简报》，《考古》2002 年第 10 期。
⑤ 上海博物馆考古部：《上海松江区广富林遗址 2001～2005 年发掘简报》，《考古》2008 年第 8 期。
⑥ 浙江省文物考古研究所、湖州市博物馆：《浙江湖州钱山漾遗址第三次发掘简报》，《文物》2010 年第 7 期。
⑦ 张忠培：《解惑与求真——在"环太湖地区新石器时代末期文化暨广富林遗存学术研讨会"的讲话》，《南方文物》2006 年第 4 期。陈杰：《环太湖地区新石器时代末期文化暨广富林遗存学术研讨会会议纪要》，《中国文物报》2006 年 7 月 14 日。

广富林文化命名后，从 2008～2011 年，广富林遗址继续大规模的发掘工作。其中 2008 年的发掘首次发现了广富林文化房址、墓葬和水稻田等遗迹[①]。2009 年的发掘又发现了"以鱼鳍鼎足为代表的文化遗存"（即钱山漾一期文化遗存），并发现其与广富林文化之间的直接叠压关系；同时发现清理了大量的广富林文化时期的灰坑、水井和灰沟等遗迹[②]（图 2－88）。2010 年的发掘又发现 1 座广富林文化时期墓葬，另外比较重要的是在　个灰坑中首次发现了 1 件玉琮[③]（图 2－89）。2011 年的发掘发现有房址、灰坑等遗迹，并在广富林文化地层中出土了多件玉、石琮[④]。

图 2－88　2009 年广富林遗址发掘场景

2012 年至 2014 年，由上海博物馆主持，联合国内多家高等院校和考古单位共同组成的考古队对广富林遗址又进行了连续大规模的考古发掘，取得了重要收获[⑤]（图 2－90）。

二　浙江地区的广富林文化遗址

作为一支崭新的考古学文化，浙江地区发现或经发掘的广富林文化时期遗址数量还不多，参与过这个时期遗址发掘的人员也少，因而获得的关注自然也少一些。还有少量遗址因发掘时间较

图 2－89　广富林文化玉琮（2010SGH1569：1）

---

① 广富林考古队：《2008 年度上海松江广富林遗址发掘取得重大成果》，《中国文物报》2009 年 1 月 2 日。上海博物馆考古部：《上海松江区广富林遗址 2008 年发掘简报》，《广富林：考古发掘与学术研究论文集》，上海古籍出版社，2014 年。
② 广富林考古队：《2009 年广富林遗址发掘又获重要成果》，《中国文物报》2010 年 4 月 16 日第 4 版。
③ 广富林考古队：《2010 年广富林遗址发掘再获丰硕成果》，《中国文物报》2011 年 5 月 6 日第 4 版。
④ 上海博物馆考古部：《2011 年广富林遗址发掘又获丰硕成果》，《中国考古学年鉴 2011》，文物出版社，2012 年。
⑤ 广富林考古队：《2012 年上海广富林遗址考古获重要成果》，《中国文物报》2013 年 6 月 21 日。

图 2 - 90　2014 年广富林遗址发掘场景

早而没有引起发掘者的关注。

　　1985 年嘉善大往遗址曾经小范围的考古发掘，发掘面积 140 平方米①。根据出土遗物，当时发掘者认为遗址的文化堆积由早到晚依次为马家浜文化、崧泽文化和商周时期等三个阶段。广富林文化发现后，经再次观察当年出土的陶片，发现确实有以足尖有捏捺、足跟内壁有凹窝的素面侧扁鼎足为代表的广富林文化时期遗物。

　　1992 年 10 月，宁波市江北区慈城小东门遗址进行发掘，面积 200 平方米②。发掘者将遗址的文化堆积分为四期，其中第三期文化遗存以垂腹侧扁足鼎、泥质红陶凹底罐为代表。在 2002 年发表的遗址发掘简报中，发掘者认为"这类鼎与良渚文化晚期的侧扁足鼎亦有明显不同。类似器形见于上海的'广富林类型'"。这是浙江地区最早辨识出的广富林文化遗存或遗址。

　　2005 年 3～6 月，湖州钱山漾遗址进行了第三次发掘。2008 年 3～5 月，又在第三次发掘区南部进行了补充的第四次发掘。钱山漾遗址第三次发掘的文化堆积分为三期③，其中一期文化遗存也就是后来被命名的钱山漾文化，二期文化遗存即当时的广富林遗存，三期文化遗存即马桥文化。钱山漾遗址第三次发掘，一期文化遗存的发现和提供的广富林遗存的地层叠压关系新证据，促进了 2006 年上海松江"广富林会议"的召开④。

①　王明达：《嘉善县大往新石器时代遗址》，《中国考古学年鉴 1986》，文物出版社，1988 年。
②　浙江省文物考古研究所：《宁波慈城小东门遗址发掘简报》，《东南文化》2002 年第 9 期。
③　浙江省文物考古研究所等：《浙江湖州钱山漾遗址第三次发掘简报》，《文物》2010 年第 7 期。
④　浙江省文物考古研究所、湖州市博物馆：《浙江湖州钱山漾遗址第三次发掘简报》，《文物》2010 年第 7 期。

　　钱山漾遗址第三、四次发掘发现的广富林时期遗迹有居住遗迹 2 处、墓葬 1 座和灰坑 14 个等，出土了一批陶、石、玉、骨器。M1 为长方形竖穴土坑墓，骨架已朽，随葬品有鼎、罐和钵等陶器 3 件，墓向 275 度（图 2 - 91、2 - 92）。居住遗迹 F3 为一栋八室、建筑面积达 290 平方米的复杂地面建筑，是这个时期高水平建筑营造的代表（图 2 - 93）。钱山漾遗址也是目前为止浙江地区发现的广富林文化遗物最丰富的遗址①。

图 2 - 91　钱山漾二期文化遗存
（广富林文化）M1（西—东）

图 2 - 92　钱山漾二期文化遗存
（广富林文化）M1 随葬品

图 2 - 93　钱山漾二期文化遗存（广富林文化）居住遗迹 F3（南—北）

---

①　浙江省文物考古研究所、湖州市博物馆：《钱山漾——第三、四次发掘报告》，文物出版社，2014 年。

图 2 - 94　茅山广富林文化时期农耕层
表面上的牛脚印（西南—东北）

2009～2011 年，杭州余杭区茅山遗址进行了连续的大规模发掘。茅山遗址的文化堆积从早到晚依次为马家浜文化、崧泽文化、良渚文化和广富林文化。其中广富林文化时期的地层堆积仅局部分布，另发现有 10 余个灰坑。比较重要的是在遗址南部低洼地区发现了广富林文化时期的农耕遗迹——稻田，并在稻田上发现多组踩踏而过留下的牛脚印①（图 2 - 94）。

还有是在 2004 年 3 月至 2005 年 1 月发掘的湖州市毘山遗址一条"高祭台类型"（即马桥文化时期）河沟（G1）内的堆积中，发现较多以足尖捏捺的侧扁鼎足和炬形细高柄豆为代表的广富林文化时期遗物，但在发掘区范围内没有发现堆积②。2017 年在毘山遗址的麻雀田地点发掘中，在堆积下部发现一条广富林文化时期灰沟（G4），出土物有侧扁足鼎、罐等③。

2019 年 3～5 月，在对湖州吴兴区织里镇旧馆村朱家潭遗址的小范围试掘中，也发现了比较单纯的广富林文化时期堆积，出土遗物中可辨陶器器形有侧扁足鼎、有领罐、喇叭状圈足豆等④。

三　广富林文化的研究现状

广富林遗存发现以后，上海的考古工作者马上对其进行了介绍和研究。

宋建的《王油坊类型与广富林遗存》⑤，从王油坊类型论及南荡文化遗存和广富林遗存，重点对广富林遗存的谱系作了考察；《从广富林遗存看环太湖地区早期文明的衰变》⑥ 则以考古学文化的演变、更替为基础，重点探讨了环太湖地区文明化进程最后阶段的嬗变。

翟杨的《广富林遗址广富林文化的分期和年代》⑦，主要根据广富林遗址 2001～2005 年的发掘资料将广富林文化分为早、晚两段，并认为广富林文化绝对年代应在公元前 2200～前 2000 年之间或稍后。

陈杰的《广富林文化初论》⑧ 主要从文化因素分析的角度考察了广富林文化的基本特征和谱系，并讨论了广富林文化的分布范围和年代等。在论到谱系时，作者认为"广富林文化的来源主体是以王油坊类型为主导的中原龙山文化，本地传统文化和浙南闽北以印纹陶为代表的文化因素在其发展中也

① 丁品、郑云飞等：《浙江余杭茅山史前聚落遗址第二、三期发掘取得重要收获》，《中国文物报》2011 年 12 月 30 日。
② 浙江省文物考古研究所、湖州市博物馆：《毘山》，文物出版社，2006 年。
③ 浙江省文物考古研究所发掘资料。
④ 浙江省文物考古研究所发掘资料。
⑤ 宋建：《王油坊类型与广富林遗存》，《广富林：考古发掘与学术研究论集》，上海古籍出版社，2014 年。
⑥ 宋建：《从广富林遗存看环太湖地区早期文明的衰变》，《广富林：考古发掘与学术研究论集》，上海古籍出版社，2014 年。
⑦ 翟扬：《广富林遗存广富林文化的分期和年代》，《广富林：考古发掘与学术研究论集》，上海古籍出版社，2014 年。
⑧ 陈杰：《广富林文化初论》，《广富林：考古发掘与学术研究论集》，上海古籍出版社，2014 年。

起了重要的作用，但是，这种影响力相对较弱。"可以认为广富林文化是以王油坊类型为代表的中原龙山文化对环太湖地区原有土著文化的一种"文化置换"的结果。

需要说明的是，以上论文都是2006年之前完成的，反映了广富林文化发现初期作为遗址发掘者的认识。值得注意的是，这个阶段钱山漾遗址第三次发掘虽已开始，但对钱山漾一期文化遗存的认识还存在较大分歧，这从很大程度上左右或至少影响了对广富林文化谱系的考察。

由于广富林遗址的发掘资料还没有全部或完整发表，所以，还无法全面总结广富林文化的文化面貌或进行细致的分期工作。目前关于广富林文化的讨论焦点集中在谱系上。

丁品在钱山漾遗址第三、四次发掘报告的结语中，在考察了钱山漾二期文化遗存（即广富林文化）的文化因素构成后，认为"总体而言，我们认为钱山漾二期文化遗存中既有明显与钱山漾一期文化遗存（即钱山漾文化）一脉相承的本地文化因素，也有强烈的外来文化因素，真实生动地反映了这个时期外来文化强势参与环太湖地区文化重建的过程"，"钱山漾二期文化遗存（即广富林文化）不是一种突然形成的移民文化，它应是本地文化和外来文化逐渐融汇的结果"[1]。

在另一篇论文中，丁品进一步认为："就目前资料看，龙山文化时期，环太湖及周边地区至少先后两次受到来自北方的大规模的文化辐射：前一次是距今约4400年开始，在环太湖地区形成了钱山漾文化；后一次约在距今4200年以后，分别在淮河下游和环太湖地区形成了南荡文化遗存和广富林文化。"[2]

曹峻则将广富林文化因素构成分为代表不同来源的五个组别，并对每组的来源及数量作了比较考察，认为"广富林文化是太湖地区在主要继承本地文化因素的基础上、融合少部分外来文化因素的一支新的考古学文化"[3]。

栾丰实也认为，龙山文化的南下并未同化太湖地区，而是作为催化剂使当地的文化呈现新的面貌[4]。

关于广富林文化的年代，总体观点比较接近，但又略有差异，关键还需要今后更多的测年数据和更仔细的器物类型学研究。另外，尽管经过2006年广富林和2014年钱山漾等两次会议的论证，钱山漾文化和广富林文化作为环太湖地区前后发展又独立的新石器时代晚、末期考古学文化已得到绝大多数学者的赞成，但还是有研究者持不同意见，在相关文章中，或将钱山漾文化归入到广富林文化的前段，或将钱山漾文化归入到良渚文化末期中。这一点希望引起研究者的注意，以免混淆。

（执笔：丁品）

---

① 浙江省文物考古研究所、湖州市博物馆：《钱山漾——第三、四次发掘报告》，文物出版社，2014年。
② 丁品：《距今4400~4000年环太湖和周边地区古文化及相关问题》，《禹会村遗址研究——禹会村遗址与淮河流域文明研讨会论文集》，科学出版社，2014年。
③ 曹峻：《广富林文化的本土与外来文化因素》，《东方考古》2015年00期。
④ 栾丰实：《试论广富林文化》，《徐苹芳先生纪念文集》，上海古籍出版社，2012年。

长江下游新石器时代的制玉工艺和遗存

一 新石器时代早期的制玉工艺

长江下游新石器时代的最早玉器，可以追溯到距今 8000 年前后的跨湖桥文化。萧山跨湖桥遗址出土了璜形饰三件（图 2 - 95）[1]，其中 T202② :6、T0512 湖Ⅳ:1 均为短弯状，两端对钻孔，杨建芳称之为"石曲管"[2]；T302② :1，两端钻牛鼻孔，端面残损，似为环镯改制，但若是环镯，意义就不一样了。T302② :1、T202② :6 为绢云母质，T0512 湖Ⅳ:1 为萤石质[3]。

距今 7500 年前后的马家浜文化、河姆渡文化时期，环玦、管珠开始大量出现，玉材主要是质地较软的叶蜡石、萤石和质地坚硬的石英、玛瑙，玉器的形体呈浑圆的粒块状。余姚河姆渡遗址第一期文化遗存中，出土了玦、璜形坠、管珠等共 64 件[4]，一些玦的豁口未完全切断，一些管珠钻孔未透。邓聪观察河姆渡 T1④ :86、77YMT234④B :301 玦口未完全切断的玦，认为可能是特意的设计，是玦饰作为耳饰但已不具有耳饰的功能、转化为坠饰的一种表现[5]。余姚田螺山遗址，西南距离河姆渡 7 千米，在 H9 中清理了 41 件萤石和燧石制品，萤石制品有打制的管珠粗坯和半成品、环玦粗坯和半成品，燧石制品可以手持作为钻具[6]。在田螺山和同样相距不远的宁波慈湖遗址河姆渡文化晚期堆积中，还出土了骨质和木质的组合钻具，这类镶嵌钻头的组合钻具使用时可以组装简单的旋转机械，钻进的深度大大超过单一的手持钻具（图 2 - 96）[7]。

关于玦饰的起源，邓聪认为河姆渡出土的玦、单孔璜形坠、管珠均是东北兴隆洼文化所共有的玉器饰物，玦口也以线切割为特色，河姆渡玦饰的出现，很可能是东北玉器影响下的一种具体表现[8]。这一阶段玦的工艺，牟永抗有详细的观察和研究[9]。另外，玦的取形和钻大孔，孙国平提出是实心钻定圆心沿圆周旋钻切割，称"旋钻"或"点切割"[10]。

---

① 浙江省文物考古研究所：《萧山跨湖桥新石器时代文化遗址》，《浙江省文物考古研究所学刊》，第 18 页，长征出版社，1997 年。浙江省文物考古研究所、萧山博物馆：《跨湖桥》，第 169 页，文物出版社，2004 年。

② 杨建芳：《长江流域玉文化》，第 16 页，湖北教育出版社，2006 年。

③ 类似形制也见于张家港东山村崧泽文化时期 M101 出土的"弧形管"，参见南京博物院、张家港市文管办、张家港博物馆：《东山村——新石器时代遗址发掘报告》，第 77 页，文物出版社，2016 年。

④ 浙江省文物考古研究所：《河姆渡——新石器时代遗址考古发掘报告》，第 78～80 页，文物出版社，2003 年。

⑤ 邓聪：《东亚玦饰的起源与扩散》，《东方考古》第 1 集，第 24 页，科学出版社，2004 年。

⑥ 浙江省文物考古研究所、余姚市文物保护管理所、河姆渡遗址博物馆：《浙江余姚田螺山新石器时代遗址 2004 年发掘简报》，《文物》2007 年第 11 期。

⑦ 浙江省文物考古研究所、宁波市文物考古研究所：《宁波慈湖遗址发掘简报》，《浙江省文物考古研究所学刊（建所十周年纪念 1980—1990）》，第 109 页，科学出版社，1993 年。

⑧ 邓聪：《东亚玦饰四题》，《文物》2000 年第 2 期。

⑨ 牟永抗：《长江中、下游的史前玉玦》，《牟永抗考古学文集》，科学出版社，2009 年。

⑩ 孙国平：《河姆渡·马家浜文化玉玦考察》，《浙江省文物考古研究所学刊》第六辑，第 90 页，杭州出版社，2004 年。

图 2 - 95　萧山跨湖桥出土的三件璜形器

　　　　1　　　　　　　2　　　　　　　3

图 2 - 96　余姚田螺山遗址和宁波慈湖遗址出土的钻头
1. 田螺山 T306⑥：16　2. 田螺山 T106⑥：44　3. 慈湖 T304（上）：4

二　崧泽文化时期的制玉工艺

　　在透闪石软玉没有完全占据主要地位之前，石英、玛瑙材质的玉器沿用了很长时间。濒临富春江主要支流——分水江畔的桐庐方家洲遗址，是一处大型的玉石器加工场，时代约相当于马家浜文化晚期至崧泽文化时期。生产的石器主要是锛，其次有刀、钺、矛等，有一系列从原料选取到打制成坯、磨制为成品的完整操作链。生产的玉器有环玦、管珠和少量的璜，材质为石英，均打制成坯，然后磨制成型。其中，环玦多选用白色石英，粗坯利用琢打修治目的石英片而成，外径多在 3～8 厘米，成型后粗磨再管钻，均单向管钻后敲打钻芯成孔，孔周往往留有锋利的茬口（图 2 - 97）。管珠多选用绿色石英，先打制成柱状的粗坯，然后磨制成圆柱体，最后桯钻孔，由于打制时不能完全控制外形的规整，所以半成品和成品往往歪扭弧凸，与良渚文化玉管利用片切割成坯、外形规整完全有别。条形璜的兴盛主要在崧泽文化和北阴阳营—凌家滩文化时期，之前关于这一时期石英、玛瑙类璜体的成型颇多讨论，方家洲遗址出土了明确打制的璜粗坯和半成品，琢打技术非常娴熟（图 2 - 98）①。

　　数量丰富、性质各异的研磨器是方家洲制玉遗存的又一重要发现，这类石器先后有"砺石钻""砥石""环砥石""辘轳""辘轳承轴器"和

图 2 - 97　桐庐方家洲南区采集的环玦标本

---

① 浙江省文物考古研究所、桐庐县博物馆：《桐庐方家洲新石器时代玉石器制造场遗址发掘的主要收获》，《浙北崧泽文化考古报告集（1996～2014）》，文物出版社，2014 年。

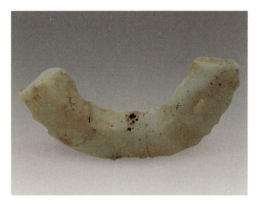

图2-98 桐庐方家洲出土的琢打成坯璜

"辘轳轴承器"等多个命名，邓聪依珠海宝镜湾、澳门黑沙的命名，认为后者是管钻机械中用于承接转盘的轴承器①。在长江下游地区，浙江桐乡罗家角、余杭獐山南庄桥和安徽巢湖凌家滩②曾有零星发现，它们的时代早于良渚文化，与石英、玛瑙类环玦的使用时间吻合，两者之间存在着密切的联系。

初步统计，方家洲遗址出土研磨器总数近50件，是新石器时代继河北易县北福地之后出土此类器物数量最多的遗址。澳门黑沙出土的"辘轳轴承器"，器形硕大、圆整，为轴承无疑。方家洲出土的研磨器与之明显不同，材料上多采用条状的细砂岩河砾石，形制种类丰富，长短粗细不一，有一端乳凸和两端乳凸。两端有乳凸，短的如TN2W1②S11：3067，长仅3厘米，外径1.5～1.7厘米，较长的也仅8厘米，显然无法担负轴承的功能。乳凸的形式也多样，有尖锥形，也有乳凸的磨面略内凹者，一些没有乳凸的仅是顶端部位留有摩擦痕迹。依肉眼观察，乳凸部位旋转摩擦的圆心几乎不在条形河砾石的中轴上，两端乳凸的旋转摩擦圆心也不在同一中轴线上。考虑到环玦单向管钻琢打后茬口锋利，必须研磨修治，故将其定名为"研磨器"，与"环砥石"差不多（图2-99）③。

图2-99 桐庐方家洲出土的
研磨器（TN2W1②S11：3067）

距今5300年前后，随着透闪石软玉地位的逐渐确立，石英、玛瑙材质的玉器渐渐消失。东北亚地区红山文化迎来了玉文化的高潮，红山文化以斜口筒形器、勾云形器、龙、璧环以及龟、鸟为主要玉器组合，也是东亚地区第一支以玉来表现宇宙观、宗教信仰的玉文明。与此同时，长江下游地区凌家滩文化、崧泽文化的玉文化也开始蓬勃兴旺，拉开了玉器时代的序幕，玉龙还是这一时期南北玉文化交流融汇的代表。玉器也开始从原先简单的装饰品，走向表明身份与职能的玉礼器，在玉材辨识、琢玉技术等方面都达到了相当高的水平，成为高度发达的良渚玉器的前奏。由于透闪石软玉材料的稀缺以及特有的矿物致密结构，切割剖料时完全采用解玉砂作为介质，比起打制成坯而言，大大减少了产品的损耗，但极度耗工费时。线切割技术日趋成熟，这一时期的玉器以片状为主，除了不规则几何形的坠饰，片状璜成为最具代表性的玉器。在安徽巢湖凌家滩高等级墓葬中，还随葬有玉料，一些还带有切割痕迹，凌家滩98M20出土玉钻芯111件，最小的外径仅0.2厘米，最大的

① 邓聪：《澳门黑沙玉石作坊》，澳门特别行政区民政总署文化康体部制作，2013年；《东亚史前辘轳轴承石器类型及源流》，《澳门黑沙史前轮轴机械国际会议论文集》，澳门特别行政区民政总署文化康体部，2014年。

② 朔知：《凌家滩玉玦环研究——兼论"石钻"功能与辘轳轴承的演化》，《澳门黑沙史前轮轴机械国际会议论文集》，澳门特别行政区民政总署文化康体部，2014年。

③ 方向明：《轴承还是研孔——澳门黑沙和桐庐方家洲发现的启示》，《南方文物》2013年第4期。

1.5 厘米，这些玉芯与同墓出土玉器的孔没有一件能吻合，说明墓主不仅是这些玉钻芯的拥有者，而且很可能也是这些玉钻芯的制作者①。

三　良渚文化时期的琢玉工艺

距今 5300～4300 年的良渚文化是一支以玉文化为主体的史前文明，以琮、璧、钺为代表的成组玉礼器，不仅是墓主身份、地位和等级的体现，也是聚落等级和规模的反映。良渚文化琢玉工艺达到了前所未有的顶峰，线切割、片切割、管钻、桯钻（实心钻）、线锼、管钻和桯钻的掏膛、打洼、减地、减地浅浮雕、1 毫米内阴线刻划互不重叠的 3～5 根线条的阴线微雕、打磨抛光等技艺娴熟，包括成坯后的设计打样，一应俱全。反山、瑶山发掘后，除了琮、璧、环镯等少数器种，牟永抗还把良渚玉器按照复合形式区分为组装件、穿缀件和镶嵌件三大类②。

因江苏丹徒磨盘墩遗址的发掘，张敏较早关注良渚琢玉工艺。1982 年磨盘墩遗址第一次发掘清理了约相当于崧泽文化晚期至良渚文化早期的制玉遗存，第 5、4 层出土了 10 件玉料，"有的保留石皮，色为黄、绿、棕、褐相间。面上有的留有切割的抛物线状痕迹，有的留有垂直切割的痕迹"③。1984 年张敏发表《治玉说》，"没见到同心圆弧线"，"平行直线截割痕迹，是用竹片加水蘸砂来回拉动截割的"，管钻方式"将开了槽的竹管安放在圆心上，管子的上端可能用木板或石块加一定的压力"，燧石细石器"除了其中一部分作为钻孔工具外，有些则很有可能作为镂刻工具"④。

1986～1987 年反山、瑶山发掘后，牟永抗开始对良渚制玉工艺进行系统研究。1989 年牟永抗发表《良渚玉器三题》，把切割痕迹分为硬性片状物切割和柔性线状切割两种，其中线切割的另外一种形式是钻孔后再穿线切割，即"线锼"。通过对吴家埠采集的残玉琮分析，管钻的钻具壁厚度可达 0.6 厘米，推测竹管的可能性最大，"当时最先进的技术是管钻法，它是借助旋转的机械带动介质进行加工，在原理上和轮制陶器的'陶车'是一致的，似可认作砣具的先声"，还认为当时可能已有两极钻具⑤。2003 年牟永抗发表《关于史前琢玉工艺考古学研究的一些看法》，又把片切割分为三种不同的运作模式：以片锯体的长边为刃来切割体形较大的玉料，作往返运动；片锯体可能是较薄较窄的长条形，仍然以长边为刃缘，由于被切割的玉件的面积较狭较窄，呈现出多角度的切入，保留在切割面上的痕迹往往是弧曲不一致的短弧线；以长条形薄体片锯的短边为刃缘，以斜向或垂直的角度切入玉料，在切割较厚的玉料时，可以获得较深的切割效果。在把工艺痕迹分解为原生型、再生型和前期遗留型三大类后，再次对切割类砣具的存在予以否定，强调砣具切割的圆弧为等径圆，而线切割表现为近似平行的抛物线形同心圆，砣具在前进时的方向与柔性线切割相反，表现为作用力的方向性指向圆弧的离心特征，遗留在被加工物料上的痕迹，必定呈现凹弧形，而柔性线切割的作用力则指向圆弧的中心，表现为向心性特征，所留痕迹呈现为凸弧形。并指出"工艺技术是考古学对任何一项古代物质文化进行

---

① 朔知：《凌家滩玉器综论》，《玉魂国魄——凌家滩文化玉器精品展》，浙江古籍出版社，2011 年。
② 牟永抗：《浙江省新近十年的考古工作》，《文物考古工作十年（1979～1989）》，第 118 页，文物出版社，1990 年。
③ 南京博物院、丹徒县文教局：《江苏丹徒磨盘墩遗址发掘报告》，《史前研究》1985 年第 2 期。
④ 张敏：《治玉说》，《南京博物院集刊（7）》，1984 年；后收入《张敏文集》（考古卷·上），文物出版社，2013 年。
⑤ 牟永抗：《良渚玉器三题》，《文物》1989 年第 5 期。

研究的重要组成部分"①。

（一）制玉遗存

这一时期制玉遗存的发现，除了之前江苏丹徒磨盘墩遗址，还有江苏句容丁沙地、浙江余杭良渚古城北塘山金村段、良渚古城内钟家港，新近浙江德清中初鸣发现和确认了较大规模的良渚文化晚期制玉作坊遗址群。

丁沙地遗址地处宁镇地区和太湖流域的交界，有着依山傍水的独特地理环境。遗址出土了玉料、半成品、钻芯等制玉边角料、切割和雕刻工具、打磨砺石等，从钻芯台面上的痕迹还观察到管钻工具内的支撑管有实心和空心两种。丁沙地是良渚文化晚期制玉遗存的首次重要发现②。

塘山金村段位于良渚古城北部，在良渚古城外围水利系统塘山水坝群的东端。1996年在确认遗址性状的试掘中意外发现了制玉遗存，获得了460余件玉石制品，以及可能与制玉有关的石砌遗迹三处（图2-100）③。石质制玉工具有砺（磨）石、切磋用石、雕刻用石。体型较大的砺（磨）石表面经反复磨砺，多见凹弧状的磨面；体型较小的砺（磨）石形态各异，有棒形、条形、球形等，石英砂砾的粗细度也有很大的不同。切磋用石多为泥岩，有片形、条形或不规则形，器形扁薄或细长，很多以石镞改制而成，磨磋面特别光滑，是切割或抛光时反复磨蹭的结果（图2-101）。雕刻用石为石质坚硬的黑石英岩，利用打制石片断口光滑锋利的边缘作为刃部，可以很轻松地在玉器上刻划纹样。玉质遗物100余件，有留有切割

图2-100　良渚塘山金村段 T11 发现的可能与制玉有关的石砌遗迹

图2-101　良渚塘山金村段出土的切磋用石

① 牟永抗：《关于史前琢玉工艺考古学研究的一些看法》，《史前琢玉工艺技术》，台湾博物馆，2003 年。

② 南京博物院：《江苏句容丁沙地遗址试掘钻探简报》，《东南文化》1990 年第 1、2 期合刊。南京博物院考古研究所：《江苏句容丁沙地遗址第二次发掘简报》，《文物》2001 年第 5 期。

③ 方向明：《良渚塘山（金村段）2002 年度的发掘——良渚晚期制玉遗存的发现》，《浙江考古新纪元》，科学出版社，2009 年。

痕迹的大小不同的玉料，以及琮、璧、钺、环镯等残件。玉色以青灰色多见，部分玉料受沁严重，玉质粗松，呈灰白色或鸡骨白色。不少玉料未切割的一面可见原生的玉皮，磨圆度一般，是山溪河谷中未经长距离搬运的河料（图2-102）。玉料上的切割痕迹多为片切割，可以切割长柱体的粗坯，以便加工为锥形器、管。残件玉器均有再次切割利用的痕迹。塘山金村段是一处良渚文化晚期以制作锥形器、管等普通玉器为主，间或对残件玉器改制再加工的制玉作坊遗迹（图2-103）。

图2-102　良渚塘山金村段出土的
带原生玉皮的玉料

图2-103　良渚塘山金村段出土的残玉件和部分玉料

中初鸣，位于良渚古城东北18千米的德清县雷甸镇。民国《德清县新志》就有当地出土玉料的记载。20世纪90年代，当地开挖鱼塘出土了大量玉料，并不时有盗掘现象，引起文物部门的高度关注，推测这一区域可能存在面积较大的制玉作坊遗址。2017年至今，结合"考古中国"课题，对这一区域进行了大规模的系统调查和勘探，已经在南北、东西各约1千米的范围内，发现和确认了木鱼桥、小桥头、保安桥、王家里等8处遗址点，是一处良渚文化时期的大规模制玉作坊遗址群，统称为中初鸣制玉作坊遗址群，总面积达100万平方米，遗址群相对年代集中在良渚文化晚期阶段。2018年对保安桥遗址进行了整体揭露，发掘面积近1100平方米，揭示了保存较为完整的作坊遗址。遗址的主体是一座东西至少23.5、南北20米的人工营建土台，土台顶部发现墓葬4座，灰坑1个，与建筑有关的红烧土堆积1处，土台外围分别为斜坡状和沟状的废弃堆积，沟状堆积的北侧还清理水井2座（图2-104）。保安桥作为单个的作坊遗址，规模并不大，说明当时可能是小家庭式作坊模式。

保安桥遗址废弃堆积中出土了大量与制玉有关的边角玉料、玉器半成品、残件，以及作为工具的砺石、磨石、钻具和刻划工具等，再次明确了燧石岩的用于雕刻和剖料切割线的刻划工具是良渚琢玉的必备工具（图2-105）。据初步统计，玉料多达1600件，玉器半成品、成品、残件200件，砺石、磨石等工具50余件。通过对出土玉料进行的初步鉴定和统计，玉料的材质有透闪石—阳起石、蛇纹石、

图 2 – 104　德清中初鸣良渚文化制玉作坊遗址群保安桥遗址

叶蜡石、滑石等，蛇纹石玉占大多数，蛇纹石玉硬度仅 2.5～3.5，低于闪玉。之前对良渚古城文家山出土玉器的鉴定，确认夹黄斑玉器多为蛇纹石玉。有证据表明良渚文化中晚期阶段，这类材质的玉器在良渚古城及周边地区占很大比例。保安桥遗址出土的部分玉料，表面有比较强的反光，有些还有自然擦痕，肯定是受到构造应力的作用，山料特征明显，说明良渚晚期玉的使用和获取方式发生了重大变化，是良渚晚期社会发生嬗变的特征之一，也为正在进行的寻找玉矿的课题提供了新启示（图 2 – 106）。保安桥遗址出土的半成品以锥形器为主，数量庞大，种类单一，今后将通过无损微量元素和同位素的测试比对，确定产品的最终流向。中初鸣制玉作坊遗址群是良渚文化田野考古的新内容，也是良渚古城外围考古工作的又一重要收获，反映了远距离大规模专业生产的模式，体现了良渚古城和良渚文明的高度发达[①]。

（二）琢玉工艺

近年，随着良渚文化制玉遗存的发现和观察的深入，对于线切割和片切割、线镂、管钻、打洼和减地、掏膛、镶嵌和粘贴、微雕等琢玉工艺又有了进一步的认识。

[①] 方向明：《浙江德清发现良渚文化玉器加工作坊遗址群系迄今为止长江下游良渚文化时期发现的规模最大的玉器加工作坊遗址群》，《中国文物报》2019 年 2 月 22 日。朱叶菲：《2018 中国十大考古新发现入围项目：德清中初鸣良渚文化制玉作坊遗址群（完整版）》，"浙江考古"公共号，2019 年 4 月 2 日。

图 2 - 105　德清中初鸣保安桥遗址淘洗出的玉料和燧石岩切割工具、玉髓钻头等

1. 线切割和片切割

线切割用于大平面玉器的开料。与早于良渚文化的红山文化、晚于良渚文化的齐家文化截然不同的是，良渚文化大体量的剖料切割基本使用柔性的线切割技术，不见切割面齐整的片切割。因片切割的进深有限，片切割主要使用在切割深度较浅的锥形器、管等粗坯的成型以及扁榫的制作等，柔性片切割由于把持线绳的不稳定性，难免会造成器物切割表面大幅度的波浪状起伏，给后期平整打磨附带了更多的工作量。两种切割方式对象的不同，应该与当时工具的材料有关，良渚文化缺少合适的用于大进深的切割工具。良渚塘山金村段 T1③：118 是一件带玉皮的被多道片切割截取过的玉料（图 2 - 107），切割进深基本在 1 厘米左右，其中的一侧有一道切割痕迹，其切割豁口面的开口，明显不呈直线而略有弧度，说明在切割过程中，切割工具具有一定的柔性，如果切割工具是柔性的短刃工具，那么切割豁口面就可以形成弧弯的效果。片切割深度有限，切割豁口开口部位有弧度，切割工具极有可能是具有柔性的竹木片锯。

良渚文化时期片切割工艺的特征，与龙山时代至二里头文化时期制玉的大平面剖料摒弃线切割、全面使用片切割技术完全不同。虽然，在良渚琢玉大平面的剖料上，片切割技术的使用受到了限制，但是

图 2 - 106　德清中初鸣保安桥遗址出土带加工痕迹的玉料

图 2 - 107　良渚塘山金村段 T1③：118 玉料的切割痕

浅进深的片切割却得心应手，除了管珠、锥形器等的制坯成型，还广泛应用于扁榫的制作。

2. 线锼技术

良渚文化之后用于大平面开料的线切割技术被迅速淘汰，线锼技术几乎成为线切割的代名词。

线锼技术是将穿孔和线切割两者组合起来的琢玉工艺，超越了以剖料、切割豁口的单纯线切割技术，线锼也是一种特殊的镂空技艺，突破了管钻成圆的限制。红山文化箍形器的线锼技艺结合了箍形器本身斜口、外壁内弧的特征，娴熟的线切割技术可使得箍形器的壁体厚度大体若一。如果说箍形器内壁掏空的线锼是针对立体形玉器的话，那么红山文化勾云形器的线锼则是在平面上进行不同层次纹样的呈现，丰富了硬性短刃工具来回切割打洼起棱的表达效果，线锼在表现平面圆弧线上具有操纵自如的优势，是圆弧造型玉器和玉器圆弧纹样表达上的革命。良渚玉器中利用线锼技术截取圆芯的标本甚少，仅见于极少量的环镯和圈足。线锼技术同样在凌家滩文化玉器上大行其道，玉人、玉鹰的外廓，双连环璧的成型，均采用线锼。在潜山薛家岗和武穴鼓山的璜形玉器上，外廓纹样的线锼技艺也如出一辙，是皖江流域这一时期琢玉工艺的主要特征。

在平面上使用不同层次表现纹样的线锼，目前仅见于良渚早期高等级墓葬的高级透雕玉器上，如透雕璜和璜形器、透雕冠状器等。一些复杂外形的玉器，当然也采用线切割成型，如三叉形器的外轮廓。玉璜在良渚文化早期就基本退出了良渚玉器的舞台，璜的半圆内凹部位除了用管钻法之外，也多用线锼。冠状器两侧特意的内凹、冠状器顶部的"介"字形冠外形以及玉钺两侧的内凹成型，在截取平面粗坯时用的也应该是线切割或线锼技法。玉带钩最早出现在良渚文化，用于带钩内体的线锼技法，与红山文化箍形器的线锼并无二致，这类如带钩、环镯的立面线锼穿孔，工艺难度实际上要大于平面的线锼。如：反山 M14：135 三叉形器，背面凸块的成型采用了片切割、推蹭打洼、线切割等多道工序；反山 M20：143 玉钺瑁的顶端面留下的线切割痕迹，说明这类复杂外廓的玉器均采用线锼技术（图 2 – 108）。

好川文化主要分布于浙西瓯江流域，主体年代与良渚文化晚期相当或稍晚。好川文化玉器具有明显的良渚风格，亚腰形嵌玉瓠形器和镶嵌"介"字形冠玉片的柄形器是好川文化代表性玉器。好川 M1：1 是由 11 片不同几何形状的曲面玉片镶嵌的柄形器，包裹镶嵌后的柄形器外径约 3 厘米，其中 1 片玉片呈扭曲面的"S"形，以线锼技法制成，足见琢玉掌控时的娴熟，为我们理解曲面玉器的成型提供了很好的启发[①]。

山东龙山文化西朱封透雕冠饰、湖南澧县孙家岗透雕龙凤玉佩、湖北石家河肖家屋脊 W71：5 透雕片饰，以及新近石家河谭家岭瓮棺葬出土的透雕玉器等均是线锼技法的高级作品[②]。

3. 管钻技术

管钻技术尚有一定的争议，玉石器管钻技术的出现似乎要早于制陶快轮的兴起。这一时期的管钻技术，有以下值得注意：

1）不存在双向同时管钻的可能[③]。出土的不少双向管钻玉石芯，往往两端的旋转中轴明显不在一条直线上，这与被加工玉石件固定不动，两侧管钻具同时施力旋转后截取的钻芯完全不符。如良渚古城西南文家山遗址采：3 石钻芯（图 2 – 109）[④]。

2）不存在管钻钻具不动，被加工玉件旋转运作的可能。这一点非常重要，是管钻旋转有别于"陶车"旋转的关键所在。良渚石钺管钻孔，往往可以观察到管钻的向下旋转和施压方向与钺本体并不垂直，如果钻具不动，钺本体固定在高速旋转的转盘上，那么钻具旋转轴心与加工对象和转盘势必垂直。同样，在一些尚保留台痕的玉璧管钻孔上，也可以发现歪斜的情况，说明管钻时，钻具不一定与加工对象垂直，如反山 M20：193 玉璧，尤为明显（图 2 – 110）。不少琮的管钻小眼也多有钻具歪斜的特征，如反山 M20：123 琮，重圈小眼的外圈明显不圆整，其上下半圆为分别钻取（图 2 – 111）。

① 浙江省文物考古研究所、遂昌县文物管理委员会：《好川墓地》，文物出版社，2001 年。
② 湖北省文物考古研究所：《三苗与南土——湖北省文物考古研究所"十二五"期间重要考古收获》，《江汉考古》编辑部出版发行。
③ 赵晔认为双面管钻的使用更为普遍。参见赵晔：《良渚文化管钻工艺探析》，《良渚玉工》，第 191 页，香港中文大学中国考古艺术研究中心，2015 年。
④ 浙江省文物考古研究所：《文家山》，第 107、108 页，文物出版社，2011 年。

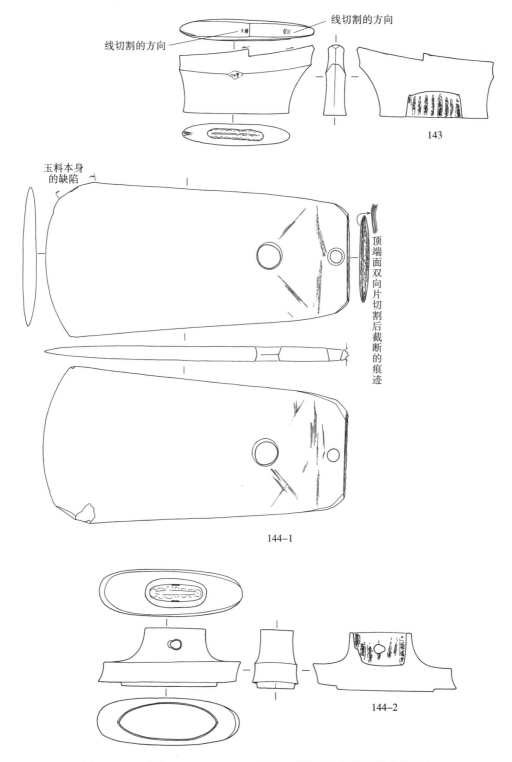

图 2-108 反山 M20∶143、144 玉钺杖玉瑁端面上的线切割成型痕迹

3）钻具外径大小悬殊。良渚神像的眼圈往往为管钻旋成，外径仅 2～3 毫米。2004 年湖州昆山遗址发掘，偶然发现 M18∶3 玉管钻孔内壁明显的台痕，实际上就是小口径管钻而成，内径 2 毫米[1]。

---

① 浙江省文物考古研究所、湖州市博物馆：《昆山》，第 42 页，文物出版社，2006 年。

图 2 – 109　良渚古城西南
文家山采:3 石钻芯

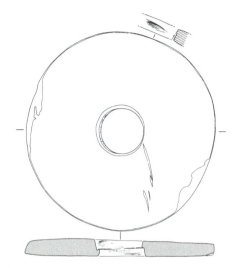

图 2 – 110　反山 M20：193 玉璧歪斜的管钻孔壁

2009 ~ 2010 年海宁小兜里遗址发掘发现相当数量玉管的孔内壁留有管钻台痕，说明不是个例（图2 – 112）[1]。2016 年在良渚古城内钟家港河道清理发掘时，出土了大量外径仅 2 毫米左右的小玉钻芯[2]，可见小口径管钻并非孤例[3]，这类管钻具，可能是鸟类的肢骨。

4）钻芯一端面往往留有同心圆的旋痕，玉石钻芯皆然。如文家山 T0202②：4 石钺钻芯。迄今最大管钻芯是反山 M20：5 玉璧形器，外径 10.5 ~ 10.6 厘米，一端面也留有同心圆旋痕。说明管钻钻具的内芯是一个实

图 2 – 111　反山 M20：123 玉琮管钻小眼

体，当钻具刃部消耗到要抵触到管钻内芯或中轴时，被加工对象的钻芯上就会留下同心圆的旋痕（图 2 – 113）。陕西商洛东龙山龙山时代至二里头时期的石璧钻芯一端面也留有同心圆旋痕，可见管钻工艺上的一脉相承[4]。

　　这一时期的复合钻具尚未发现，仅发现需要组装的实心钻头，考虑到上述因素，推测这一时期的复合钻具形式应该与安阳殷墟复原的陀螺钻相似，钻头可以实心和管互换[5]。龙山时代至商代的有领环璧（"T"字形环璧）的制作，才是将加工对象固定在旋转的轮盘上，工具不动而加工对象旋转。

①　浙江省文物考古研究所、海宁市博物馆：《小兜里》，文物出版社，2015 年。
②　浙江省文物考古研究所：《良渚古城城内考古发掘及城外勘探取得重要收获》，《中国文物报》2016 年 12 月 16 日第 8 版。
③　据称凌家滩玉人背后小隧孔内尚留有管钻的玉芯，直径仅 0.15 毫米，"管钻直径加上水和琢玉砂应该是 0.17 毫米"。参见张敬国、杨竹英、陈启贤：《凌家滩出土玉器微痕迹的显微观察与研究》，《史前琢玉工艺技术》，第 54 页，台湾博物馆，2003 年。
④　陕西省考古研究院、商洛市博物馆：《商洛东龙山》，科学出版社，2011 年。
⑤　何毓灵、李志鹏：《殷墟出土之钻陀及相关问题》，《南方文物》2017 年第 4 期。

图 2 - 112　海宁小兜里 M6∶16
玉珠孔壁的管钻台痕

图 2 - 113　反山 M20∶5 玉璧
一端面上的同心圆旋痕

4. 打洼和减地

利用片状工具带动解玉砂来回推蹭，或借助片状带刃工具进行来回切割，使得被加工部位呈凹洼状，俗称"打洼"。打洼工艺以红山文化勾云形器的"瓦沟纹"最具代表，成为以后滥觞于石家河文化玉器中减地阳文的雏形。打洼还广泛运用在红山文化环璧的穿孔工艺中。红山文化环璧不同于同时期和后续长江下游的环璧，前者外形多呈圆角方形，穿孔有不少为孔缘渐薄的方形，这类方形孔不是管钻成型，不排除是线锼或琢制后再打磨减薄，都应该运用了来回推蹭的打洼工艺。《牛河梁》对打洼工艺表述为，"有可能是对向琢制或手持砺石推磨减薄，最后至贯穿呈锼孔形状。"[①] 与红山文化玉器关系甚为密切的凌家滩文化，也用了打洼技术，如凌家滩 87M∶40 人头冠形饰的穿孔[②]。

良渚玉器中，打洼被精心运用在神像的重圈大眼上，无论是神像还是琮节面的大眼，重圈内均打洼，周缘起棱明显（图 2 - 114）。打洼形成的凹洼增加了展示面积，增加了光的折射，夸大了晕眩感。这一工艺效果与红山文化勾云形器同曲同工。

由于短刃（尖刃）切割技术的发达以及阴线刻技术的娴熟，良渚琢玉的浅浮雕减地工艺得到长足的发展。良渚神像浅浮雕的减地，是先利用切割工具进行切划，然后来回推蹭打磨，实际上与打洼是异曲同工。反山 M12∶98 大玉琮神像"介"字形冠帽顶部可以清晰地辨认出刻划减地的痕迹，大琮

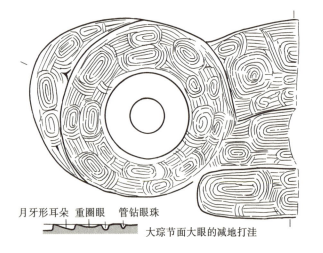

月牙形耳朵　重圈眼　管钻眼珠
大琮节面大眼的减地打洼

图 2 - 114　反山 M12∶98 大玉琮节面兽面大眼的减地打洼

① 辽宁省文物考古研究所：《牛河梁——红山文化遗址发掘报告（1983～2003）》，第 539 页，文物出版社，2012 年。
② 安徽省文物考古研究所：《凌家滩——田野考古发掘报告之一》，第 56 页，文物出版社，2006 年。

节面浅浮雕的鸟形象，"喙囊"下部的内凹，也是通过多次切刻后再打磨（图2-115）。

5. 内凹加工工艺

除了打洼减地，不少良渚玉器外壁有内凹现象，分为平面内凹和立体外壁内凹两种。平面内凹如玉钺两侧、冠状器两侧，立体外壁内凹有镦、端饰、筒形环镯、柱形器、管等。平面内凹可以通过线锼截取或切磨而成，筒形环镯、柱形器等外壁的内凹就耗时费工了，以管钻方法套取的坯体绝不会形成外壁内凹的特征。

切割，可能是其中的手段。瑶山 M2：15 端饰、M2：16 柱形器外壁均内凹，均残留有一道和多道的片切割痕迹，M2：16 片切割较深，切割面上清晰残留有多道平行的解玉砂痕迹，如果 M2：16 柱形器存在曾计划一分为二的可能，那 M2：15 端饰就不合情理了，何况外壁内凹工艺之后，再分割的话其外形不符合统制，所以，这些片切割痕迹的残留极有可能是内凹加工工艺的痕迹（图2-116）。

图2-115　反山 M12：98 大玉琮神像"介"字形冠帽和节面鸟形象的切刻痕迹

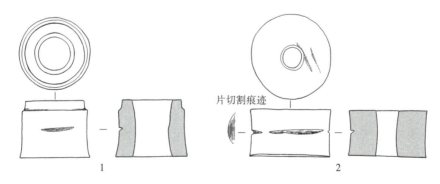

图2-116　瑶山玉器外壁内凹工艺残留
1. M2：15 玉端饰　2. M2：16 玉柱形器

6. 掏膛

良渚玉器的掏膛分为实心钻和管钻两种，有单一的一个掏膛，也有成组成排的掏膛，后者可以形成长条形和（长）方形的卯孔。管钻掏膛仅限于一次性的圆形卯孔，卯孔底部有些尚残留有管钻之后的钻芯打断残痕。长条形和（长）方形的卯孔均为实心钻掏膛，与管钻掏膛不同的是，实心钻进深后，底部仅留下锥尖底，无须像管钻掏膛那样最后还要打断钻芯。从已知的反山、瑶山实心钻掏膛实例

图 2 - 117　瑶山玉器的掏膛
1. M11：72 玉手柄　2. M7：33 玉钺瑁

来看，多次实心钻掏膛过程中，每组钻具的外径基本相若。如瑶山 M11：72 手柄，卯孔呈椭圆形，以上排 4 组、下排 3 组实心钻掏膛而成，钻具外径约 0.4 厘米；又如瑶山 M7：33 玉钺瑁，卯孔上下两排各 3 组，钻具外径也在 0.4 厘米左右（图 2 - 117）。牟永抗曾提到上海福泉山 M60：38 锥形器上减地浅浮雕双目纹，很可能是运用了密集布列的实心桯钻进行减地的产物。如果有条件对减地部位作显微观察，或许会有意外的收获[1]，"将未透卯眼所体现的掏空作业，认作我国砣具出现以前玉雕工艺史上一大创造"[2]。

管钻的钻进深度在高琮上得到了充分的体现，实心钻的钻进深度也不可小觑。反山 M17：9 是迄今为止最长的良渚玉管，与三叉形器的中叉配伍，其一端的钻进深度达 11 厘米，单一的手持锥尖形钻具难以得到如此深的进深，当然应是使用了钻杆钻具组装的工具。

7. 镶嵌和粘贴工艺

良渚镶嵌玉器，种类非常丰富，除了镶嵌组装件以及杯、觚等容器外，还有象征太阳崇拜或重圈大眼（"太阳眼"）的圆形器。良渚"镶嵌件是指大量细小的无孔玉粒及某些捉手、圈足之类的玉件，它们往往与髹漆综合地装饰在有机质的器具上，既可称为漆器，也可认作镶嵌的玉器，开后世青铜器镶嵌的先河；它们的发现，大大提前了我国镶嵌工艺的历史。"[3] 从字面上读识，"镶"和"嵌"都差不多，镶是包裹、包容，嵌更是镶的动词。玉粒，是良渚玉器中数量最为丰富的镶嵌件，无论是长条形，还是较短的米粒形，正面均弧凸，打磨光亮，背面多留有粗糙的切割面或摩擦痕，以便粘贴或"镶嵌"，但如果是"镶嵌"的话，那么玉粒的弧凸面就不会全部呈现在器物的表面，只会形成类似古埃及石刻艺术的"凹雕"效果。所以，如反山 M12：1 嵌玉漆壶，那些镶嵌在壶体上象征神像大眼的圆形玉件、螺旋围绕着的小圆形玉件，应该是粘贴凸显在木胎漆器的表面，其视觉效果与玉器刻纹相比，更具层次感（图 2 - 118）[4]。

这样的粘贴模式也可以参考玉缝缀件的形式，缝缀的载体一定是软性的，这些玉件缝缀后势必会完全凸显在软性载体面上。如瑶山 M11：81 一组 69 件、M11：82 一组 6 件的瓣形饰，长 1.6～2.5、厚 0.5～0.8 厘米（图 2 - 119）。

① 牟永抗：《南方地区古玉考古学研究进展与成果之我见》，《牟永抗考古学文集》，第 656 页，科学出版社，2009 年。
② 牟永抗：《玉器时代续议》，《海峡两岸古玉学会议论文专辑Ⅰ》，台湾大学理学院地质科学系，2001 年。
③ 牟永抗：《浙江省新近十年的考古工作》，《文物考古工作十年（1979～1989）》，文物出版社，1990 年。
④ 胡继高先生认为该漆杯的胎骨雕琢呈浅浮雕的图样，再上漆、嵌玉。良渚古城卞家山遗址出土有实体的起棱脊纹样的木胎漆觚，桐庐小青龙遗址也出土有起棱脊纹样的木胎漆觚痕，胎骨浅浮雕由此可证。参见浙江省文物考古研究所：《卞家山》，文物出版社，2014 年。浙江省文物考古研究所、桐庐县博物馆：《浙江桐庐小青龙新石器时代遗址发掘简报》，《文物》2013 年第 11 期。

图 2 - 118　反山 M12：1 嵌玉漆杯的局部

图 2 - 119　瑶山 M11：82 作为缝缀件的玉瓣形饰

　　如此，"镶嵌"多为"粘贴"。良渚"镶嵌"玉器的种类和形式颇为复杂。青浦福泉山就有复杂多样的镶嵌小玉片在墓内集中出土，以 M40 数量最多也最集中，"镶嵌小玉片在墓内散见于人骨架周围，与琮上的兽面纹对比，Ⅰ型圆片似眼，Ⅱ型椭圆形长条似横鼻，Ⅲ～Ⅴ型似额，Ⅵ型曲尺形似眼睑的两角，因此可能是从镶嵌于有机物神像图案上掉落下来的。"[1] 海盐龙潭港 M12：31 共 100 小片"构成某种图案"[2]，可能与福泉山 M40 差不多。

　　除了粘贴，镶嵌件与载体表面齐平，通过粘贴固定，类似后世的"填嵌"也有发现，这类镶嵌件表面不弧凸，如少数多孔玉钺的填补，嘉兴盛家墩遗址征集的镶嵌叶蜡石圆形片的骨梳[3]。

　　镶嵌（粘贴）玉件的形式，还见于与良渚文化晚期关系密切的好川文化中。好川文化漆器主要分为两种：一种是亚腰形觚，这类器物最早发现于瑶山和反山，实体漆觚后来在良渚古城下家山遗址出土，在桐庐小青龙遗址又得到了验证；另一种是柄形器（棍状物）。好川 M60：2 漆觚的台形曲面玉片

①　上海市文物管理委员会：《福泉山——新石器时代遗址发掘报告》，第 95～96 页，文物出版社，2000 年。
②　浙江省文物考古研究所、海盐县博物馆：《浙江海盐县龙潭港良渚文化墓地》，《考古》2001 年第 10 期。
③　蒋卫东：《良渚复合件玉器的复合工艺及其相关问题》，《良渚玉工》，第 151 页，香港中文大学中国考古艺术研究中心，2015 年。

（图2-120），两侧各雕琢"介"字形冠外廓，曲面玉片最薄处仅0.1毫米，如果作为镶嵌的话，就有点"螺钿"工艺了，两侧的精雕细琢就会淹没在外壁中而失去了表达意义。报告用"大部分漆痕上粘附有各种形态的石片或曲面玉片"[1]，非常妥切。

图2-120 好川M60:2台形玉片

图2-121 吴家埠采集的留有打样线的琮坯

当然，不管是镶嵌还是粘贴，这类特别的器件融合了玉件、漆和木的载体，在图像上突破了原先平面阴线刻划和打洼减地的方式，以不同材质、玉件的颜色（本色应该是绿色）、漆的红色以及高低错落的层次来展现神像，拓展了良渚玉器、玉文明的内涵。

8. 微雕工艺

良渚琢玉工艺的极致是减地浅浮雕和阴线微雕刻，而制玉工艺的集大成者是良渚玉器的重器和代表——琮。琮的制作，要经历获取原料、切割成坯、打样切割成方柱体的粗坯、管钻射孔并修治管钻壁、把外壁加工为弧凸面、切割射口、切割节和弦纹、切割直槽、减地浅浮雕鼻端、小口径管钻和阴线刻划眼睛等细部纹样，以及打磨抛光等多道复杂的程序。在良渚古城西部的瓶窑吴家埠遗址，曾采集有素面半成品琮，整器呈四面稍外弧的方柱体，高7、四边长8.2～8.4厘米，射孔规整，已经完成修治打磨，两端面留有阴线刻划的框线和两圈圆弧线，是琮制作时的打样线。内圈圆弧线是双向管钻射孔的定位线，外圈圆弧线是切割射口的打样线，框线则是取琮外形的打样线（图2-121）[2]。

反山M23:126琮是一件未完成的作品，是琮制作成型步骤的难得标本，高4.4～4.5、孔径4.3厘米。射口四角留有片切割痕迹，均与实际切割有一定的距离，除了切割成型射口外，不排除所留痕迹也为打稿的切割线。一节，神人，弦纹部位未刻划横线，鼻部仅以凸块表示，边缘留有明显的切刻减地痕迹。未钻眼睛。孔内壁保留有双面管钻台痕，且留有竖向的修磨痕迹（图2-122）。

琮也是当时具有精确测量的证据之一。江苏武进寺墩M3出土了32件复式节高琮，最多的十五节，器形最高的33.5厘米，各琮节高的误差基本在0.1毫米左右[3]，极其精准，可见当时已经完全具备了精细测量的几何工具和大家认可的原始度量衡。

制玉是新石器时代晚期新兴的重要手工业。作为稀有的控制性资源，玉的独特矿物学属性被赋予了特定的观念意识形态。从识玉、采玉到一系列复杂操作链的琢玉工序，制玉消耗大量的社会生产力。不同品质玉料的获取[4]，不同器种和刻纹需要的不同层次的琢玉工艺，产品的流通、支配甚至

① 浙江省文物考古研究所、遂昌县文物管理委员会：《好川墓地》，第91页，文物出版社，2001年。
② 王明达：《介绍一件良渚文化玉琮半成品——兼谈琮的制作工艺》，《史前琢玉工艺技术》，第88页，台湾博物馆，2003年。
③ 南京博物院：《1982年江苏常州武进寺墩遗址的发掘》表一，《考古》1984年第2期。
④ 关于中国古玉地质考古学研究，参见闻广：《中国古玉地质考古学研究的续进展》，（台北）《故宫学术季刊》1993年第11卷第1期。

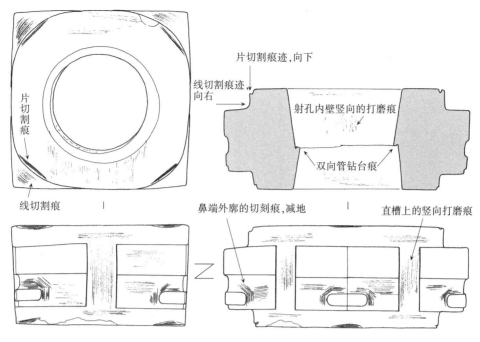

图 2 - 122　反山 M23：126 玉琮

贸易①，以及用玉的习俗和制度等，都需要严密有序的社会组织来运作、支持。在良渚文明中，成组玉礼器成了维系良渚社会政权的主要手段和纽带，是良渚文明的重要因素。

（执笔：方向明）

---

① 关于这一区域基于玉料流通的矿物学检测，参见干福熹等：《浙江余杭良渚遗址群出土玉器的无损分析研究》，《中国科学：技术科学》2011 年第 41 卷第 1 期。秦岭、崔剑锋、杨颖亮：《小兜里遗址出土玉器的初步科学分析》，《小兜里》，文物出版社，2015 年。

夏商周考古

概　述

　　迈入文明门槛、进入王国阶段的良渚文明消失后，经过新石器时代末期钱山漾文化、广富林文化的沉淀，历史进入相当于中原地区的夏商周时期，此时是越文化的起源、发展、成熟、繁荣、鼎盛时期，也是越国立国、发展、壮大、争霸时期。

　　浙江地处中国东南沿海，长江下游南侧，为越国故地。越国是浙江有文献记载历史的开端，在春秋战国历史上占有重要地位，复原越国历史是浙江夏商周时期考古的主要任务。文献关于越国的历史，只在《今本竹书纪年》《逸周书》《左传》《战国策》《国语》《史记·越王勾践世家》《水经注》等史籍中有少量记载，复原越国历史必须借助文献之外的其他资料，其中最主要的是田野考古材料，因此，越文化考古一直是浙江夏商周时期考古的首要任务。

　　从浙江夏商周时期考古的发展历程来看，考古工作可分为四个阶段：

　　（一）第一阶段：20世纪50～70年代，是浙江夏商周时期考古的起步阶段。

　　1957年6月，新安江水库考古工作队对杭州市淳安县进贤高祭台遗址的第一次发掘是浙江夏商周时期考古的发端[①]，同年11月又对该遗址进行了第二次发掘[②]。

　　1956年、1958年，浙江省文物管理委员会对湖州市八里店潞村钱山漾遗址进行两次发掘，第一次划分出包含印纹陶和不包含印纹陶地层的叠压关系，引起学界的关注[③]。1957年冬到1958年春，浙江省文物管理委员会对湖州市吴兴邱城遗址进行第一次发掘，发现印纹陶（上层马桥文化）、黑陶（中层良渚文化）和红陶（下层马家浜文化）的三叠层[④]。1978年，牟永抗按照"区系类型"理论对浙江地区的印纹陶进行研究[⑤]，就印纹陶的特征、分布、分期及印纹陶与原始瓷的关系进行了探讨，认为印纹陶主要分布在太湖平原、钱塘江干流及瓯江流域，其重要特征为高铝低铁岩性胎泥和千度以上高温烧结，陶胎硬度较高；泥条盘筑成型；装饰花纹以拍印几何纹为主。文化面貌上可分为杭嘉湖平原、宁绍平原、金衢丘陵地区和瓯江水系四个文化区域。将浙江印纹陶分为五期，分别相当于新石器时代末期、商代、西周、春秋、战国。认为印纹陶与原始瓷关系密切，原始瓷是从印纹陶中派生出来的，印纹陶是由陶到瓷的中介物。这是对浙江地区印纹陶遗存的首次综合研究。

---

① 新安江水库考古工作队：《浙江省淳安进贤高祭台遗址第一次发掘报告》，《浙江省文物考古研究所学刊》第七辑，杭州出版社，2005年。

② 新安江水库考古工作队：《浙江省淳安进贤高祭台遗址第二次发掘总结》，《浙江省文物考古研究所学刊》第七辑，杭州出版社，2005年。

③ 浙江省文物管理委员会：《吴兴钱山漾遗址第一、二次发掘报告》，《考古学报》1960年第2期。

④ 梅福根：《浙江吴兴邱城遗址发掘简介》，《考古》1959年第9期。浙江省文物管理委员会：《浙江省吴兴县邱城遗址1957年发掘报告初稿》，《浙江省文物考古研究所学刊》第七辑，杭州出版社，2005年。

⑤ 牟永抗：《浙江的印纹陶——试论印纹陶的特征及与瓷器的关系》，《文物集刊（3）》，文物出版社，1981年；《三十年来的浙江文物考古工作》，《文物考古工作三十年（1949—1979）》，文物出版社，1981年。

此阶段也开始了对土墩墓的探索。1963 年，吴兴县文管会对苍山顶部石室土墩墓的发掘是土墩墓考古的开端①。1977 年冬、1979 年夏，江山南区古遗址、古墓葬调查发掘是浙江土墩墓考古的重要工作②。

（二）第二阶段：20 世纪 80～90 年代，是浙江夏商周时期考古年代框架搭建阶段。

这一时期工作重点是以土墩墓发掘研究作为突破口，开展了一系列的考古工作，如长兴便山（1982）③、石狮（1989）④，海宁峡山（1984）⑤，黄岩小人尖（1990）⑥，慈溪彭东、东安（1984）⑦，德清洛舍独仓山与南王山（1999 年 10 月至 2000 年 1 月）⑧、上虞凤凰山（1984）⑨、羊山（1991）⑩、牛头山（1992）⑪ 等土墩遗存的发掘。

对土墩遗存进行整理研究，建立土墩墓年代标尺是此阶段的主要任务。牟永抗对江山南区的古遗址古墓葬资料进行整理，创造性的使用了器物组的概念，对土墩墓的分期进行了开拓性的探索，初步建立夏至西周的土墩墓年代框架⑫。

随着资料的积累，牟永抗继续对浙江的印纹陶遗存进行研究。1984 年，他把浙江境内包含几何形印纹陶的古代遗存暂称为高祭台类型，认为它是与古代越族有关的青铜时代的文化遗存⑬。随后在《高祭台类型初析》一文中对该类型的分布、文化内涵、印纹硬陶的起源及形制、纹饰的发展演变进行了初步分析。按原始瓷的胎釉特征，把原始瓷分为前后相继的甲、乙、丙三种，并对高祭台类型的来源及与周边文化的关系进行了探讨⑭。随着浙江土墩遗存发掘资料的增多，在 1990 年发表的《浙江省新近十年的考古工作》中又把浙江境内土墩遗存中的印纹陶按底腹成型工艺分为三个大的阶段：第一阶段为器底和器腹一次混合盘筑成型，可细分为深凹底、浅凹底、圜底三小段；第二阶段为器壁盘筑在平底之上，底腹交接处呈折角，可分捏边底、削边底、抹边底三个小段；第三阶段为器底镶嵌在器壁之内，底径小或平

① 吴兴县文管会：《浙江吴兴苍山古战堡试掘》，《考古》1966 年第 5 期。
② 浙江省文物考古所、江山县文管会：《江山县南区古遗址、古墓葬调查试掘》，《浙江省文物考古所学刊》，文物出版社，1981 年。
③ 浙江省文物考古研究所：《浙江长兴县便山土墩墓发掘报告》，《浙江省文物考古研究所学刊（建所十周年纪念 1980—1990）》，科学出版社，1993 年。
④ 浙江省文物考古研究所：《浙江长兴县石狮土墩墓发掘简报》，《浙江省文物考古研究所学刊（建所十周年纪念 1980—1990）》，科学出版社，1993 年。
⑤ 浙江省文物考古研究所资料。
⑥ 浙江省文物考古研究所、黄岩市博物馆：《黄岩小人尖西周土墩墓》，《浙江省文物考古研究所学刊（建所十周年纪念 1980—1990）》，科学出版社，1993 年。
⑦ 浙江省文物考古研究所：《慈溪市彭东、东安的土墩墓与土墩石室墓》，《浙江省文物考古研究所学刊（建所十周年纪念 1980—1990）》，科学出版社，1993 年。
⑧ 浙江省文物考古研究所、德清县博物馆：《独仓山与南王山》，科学出版社，2007 年。田正标、陈元甫、孙荣华：《德清独仓山与南王山的土墩墓》，《浙江考古新纪元》，科学出版社，2009 年。
⑨ 浙江省文物考古研究所：《浙江上虞凤凰山古墓葬发掘报告》，《浙江省文物考古研究所学刊（建所十周年纪念 1980—1990）》，科学出版社，1993 年。
⑩ 浙江省文物考古研究所：《上虞羊山古墓葬发掘》，《沪杭甬高速公路考古报告》，文物出版社，2002 年。
⑪ 浙江省文物考古研究所：《上虞牛头山古墓葬发掘》，《沪杭甬高速公路考古报告》，文物出版社，2002 年。
⑫ 浙江省文物考古所、江山县文管会：《江山县南区古遗址、古墓葬调查试掘》，《浙江省文物考古所学刊》，文物出版社，1981 年。
⑬ 牟永抗：《浙江新石器时代文化的初步认识》，《中国考古学会第三次年会论文集》，文物出版社，1984 年；后收入《牟永抗考古学文集》，科学出版社，2009 年。
⑭ 牟永抗：《高祭台类型初析》，《浙江省文物考古研究所学刊（建所十周年纪念 1980—1990）》，科学出版社，1993 年；后收入《牟永抗考古学文集》，科学出版社，2009 年。

底稍内凹。并对各阶段的纹饰进行了总结。按胎釉特征，进一步把原始瓷分为甲、乙、丙、丁四种[1]。这些成果为土墩墓分期断代研究打下了基础。

此后，杨楠对江南土墩遗存进行了综合研究，就江南土墩遗存的分布及特征、分区与分期、发展阶段及年代、区域特征及成因、源流及文化属性等进行了综合研究[2]。陈元甫通过对浙江土墩遗存的整理研究，把浙江土墩墓分为九期，分别相当于夏至商代早期、商代中晚期、西周早期、西周中期、西周晚期至春秋初期、春秋早期、春秋中期、春秋晚期、春秋末期至战国初期，并对各期的文化内涵及特征进行了归纳总结，基本建立了夏商至春秋时期浙江土墩墓的年代系列[3]。

1993年，对瑞安岱石山三十几座石棚遗存的全面发掘，基本建立了石棚墓葬的年代框架。石棚墓出土随葬品与当地居址出土遗物相同，随葬器表着黑的硬陶及一定数量的青铜兵器和工具是其地方特色，结合石棚墓与土墩墓的区别，预示着该区域存在一个地方文化类型[4]。

此阶段，越国贵族墓和越国王陵考古也取得重要成果。绍兴306号墓是越国贵族墓葬考古的开始，出土的青铜器、玉器引起学界的关注[5]。20世纪90年代末期印山大墓的发掘是越国王陵考古的新突破，揭开了越国王陵的神秘面纱[6]。

此外，我们也开始了夏商周时期聚落遗址的考古工作，但是有针对性的考古工作很少。其中最重要的是1991年绍兴陶里壶瓶山遗址的发掘。该遗址堆积以商周时期遗存为主要内涵，延续时间长，初步建立商周至战国时期聚落遗址的年代系列[7]。

（三）第三阶段：21世纪初（2009年之前），是浙江夏商周时期考古工作的转型阶段。

此时期我们带着课题意识，在原始瓷窑址、越国贵族墓及城址考古方面进行新探索，成绩显著；同时在聚落考古、土墩墓考古方面也有重要新收获。

火烧山窑址的发掘，建立了西周末至春秋时期窑址年代序列[8]。亭子桥窑址的发掘，为我们找到了战国时期越国贵族墓葬出土原始瓷礼器的产地[9]。东阳前山D2M1石砌甬道与浅土坑木椁墓室相结合的墓葬形制，是我省土墩墓发掘的首次发现，是土墩石室墓向土坑墓过渡的重要墓例，对研究越国墓葬形制演变具有重要价值，出土的大量玉石器为研究越国玉器文化面貌及制玉工艺技术提供了重要资料[10]。

---

① 牟永抗：《浙江省新近十年的考古工作》，《文物考古工作十年（1979—1989）》，文物出版社，1990年。

② 杨楠：《江南土墩遗存研究》，民族出版社，1998年。

③ 陈元甫：《论浙江地区土墩墓分期》，《纪念浙江省文物考古研究所建所二十周年论文集（1979~1999）》，西泠印社，1999年。

④ 浙江省文物考古研究所：《瑞安岱石山"石棚"和大石盖墓发掘报告》，《浙江省文物考古研究所学刊》，长征出版社，1997年。浙江省文物考古研究所、温州市文物保护考古所、瑞安市文物馆：《浙南石棚墓调查发掘报告》，文物出版社，2014年。

⑤ 浙江省文物管理委员会等：《绍兴306号战国墓发掘简报》，《考古》1984年第1期。

⑥ 浙江省文物考古研究所、绍兴县文物保护管理所：《印山越王陵》，文物出版社，2002年。

⑦ 浙江省文物考古研究所、绍兴县文物保护管理所：《绍兴陶里壶瓶山遗址发掘简报》，《浙江省文物考古研究所学刊》，长征出版社，1997年。

⑧ 浙江省文物考古研究所、故宫博物院、德清县博物馆：《德清火烧山——原始瓷窑址发掘报告》，文物出版社，2008年。

⑨ 浙江省文物考古研究所、德清县博物馆：《浙江德清亭子桥战国窑址发掘简报》，《文物》2009年第12期。陈元甫、郑建明、周建忠、费盛成：《德清亭子桥战国窑址发掘的主要收获》，《东方博物》第三十四辑，浙江大学出版社，2010年。浙江省文物考古研究所、德清县博物馆：《德清亭子桥——战国原始瓷窑址发掘报告》，文物出版社，2011年。陈元甫：《浙江德清发现战国时期的"越国"官窑》，《中国文物报》2008年4月16日。

⑩ 浙江省文物考古研究所、东阳市博物馆：《浙江东阳前山越国贵族墓》，《文物》2008年第7期；后收入《浙江越墓》，科学出版社，2009年。陈元甫：《东阳前山越国贵族墓》，《浙江考古新纪元》，科学出版社，2009年。

长兴鼻子山越国贵族墓葬的发掘及器物陪葬坑的发现是越国贵族墓葬考古的重要突破①。同时，我们还在安吉古城开展了考古调查和试掘②。

聚落考古工作收获颇丰。

玉环三合潭遗址主要为春秋战国时期遗存，是浙江东南地区夏商周时期聚落考古研究的珍贵资料，为研究浙江地区史前文化的开拓、发展，并向青铜文化演变的过程和越文化的地域特征提供了新视角③。象山塔山遗址出土丰富的马桥文化遗存，其共性与特色共存，为马桥文化分区与类型的研究提供重要资料。

绍兴袍谷遗址的第三次发掘，"王"字青铜矛和铁镰是本次发掘的重要发现；泥质陶璧、甗形鼎和原始瓷甬钟残片的出土，对研究遗址的性质具有重要意义；出土的板瓦、筒瓦等建筑构件对研究战国时期越国的建筑结构具有重要价值；泥质灰陶和泥质灰陶黑衣陶的大量出土，为研究楚越关系及文化交流互动提供了重要资料④。

湖州塔地遗址包含马家浜文化、崧泽文化、良渚文化、马桥文化遗存，是太湖西南地区新石器时代晚期至青铜时代早期古文化发展系列保存较为完整的少数遗址之一，丰富的马桥文化时期遗存为苕溪流域马桥文化的研究及文化发展演变提供了丰富的资料⑤。

湖州毘山遗址曾经采集到绳纹鬲、青铜铙、鬲鼎残片、青铜锛、卜骨等，是太湖西南地区一处重要的商周时期大型遗址。2004年的发掘，发现马桥文化时期的灰沟、房址、人工营建的土台、建筑遗迹、灰坑等大量遗迹，时代相当于商代晚期到西周早期。毘山遗址马桥文化遗存丰富单纯、遗迹多样，对研究马桥文化分期、聚落形态结构、南北文化交流具有重要价值⑥。

湖州钱山漾遗址的第三、四次发掘，揭示了钱山漾文化、广富林文化、马桥文化的三叠层，在地层上明确了三者的相对年代关系，弥补了良渚文化到马桥文化之间的缺环，完善了太湖流域古文化的发展序列，为重新审视太湖流域古文化的发展轨迹及文明化进程提供了珍贵的资料和全新的研究方向，对研究新石器时代末期到夏商时期文化的演进具有十分重大的意义⑦。

安吉大树墩遗址为一处台形遗址，堆积年代主要为商至春秋时期，它的发现与发掘丰富了我省商周时期聚落遗址的发掘材料，一定程度上弥补我省商周时期遗址发掘材料的不足，对于全面探索浙江地区商周时期的文化面貌具有重要价值⑧。

---

① 浙江省文物考古研究所、长兴县博物馆：《浙江长兴鼻子山越国贵族墓》，《文物》2007年第7期。陈元甫：《东阳鼻子山越国贵族墓》，《浙江考古新纪元》，科学出版社，2009年。浙江省文物考古研究所、东阳市博物馆：《浙江长兴鼻子山越国贵族墓》，《浙江越墓》，科学出版社，2009年。

② 浙江省文物考古研究所资料。

③ 孙国平：《玉环三合潭遗址——春秋战国时期木构建筑遗迹的揭露》，《浙江考古新纪元》，科学出版社，2009年。

④ 陈元甫：《绍兴市袍谷战国遗址》，《中国考古学年鉴2004》，文物出版社，2005年；《绍兴袍谷战国聚落遗址的发掘》，《浙江考古新纪元》，科学出版社，2009年。

⑤ 蒋卫东：《湖州塔地——太湖西南史前序列较为完整的遗址》，《浙江考古新纪元》，科学出版社，2009年；《浙江湖州塔地新石器时代遗址》，《2004年中国重要考古发现》，文物出版社，2005年。

⑥ 浙江省文物考古研究所、湖州市博物馆：《毘山》，文物出版社，2006年。方向明：《湖州毘山遗址2004年的发掘》，《浙江考古新纪元》，科学出版社，2009年。

⑦ 丁品：《浙江湖州钱山漾遗址第三、四次发掘》，《浙江考古新纪元》，科学出版社，2009年。浙江省文物考古研究所、湖州市博物馆：《钱山漾——第三、四次发掘报告》，文物出版社，2014年。

⑧ 陈元甫：《安吉大树墩商周时期遗址》，《浙江考古新纪元》，科学出版社，2009年。

土墩墓考古获得大量新收获。

温州瓯海杨府山西周土墩墓出土大量的青铜礼乐器、兵器和玉器，该墓是继黄岩小人尖土墩墓之后又一座出土青铜器的土墩墓，出土的青铜器和玉器对进一步探索商周时期浙南地区土墩墓的葬制葬俗、研究越地青铜器的组合及铸造工艺、越地与中原地区的文化交流互动均具有十分重要的价值①。东阳巍山、歌山土墩墓迁葬、祭祀坑的发现和确认是土墩墓考古的重要突破，为研究周代土墩墓的葬制葬俗提供了不可多得的资料②。长兴溪窑岗岭、炮台山土墩遗存墓葬形制多样，一座石室土墩的同一层面的同一条直线建有二三座石室的现象是浙江省历年来土墩墓发掘中的首次发现，对于研究本区域商周土墩墓的墓葬形态及同一墩内各墓葬的营建及探讨墓葬间的关系都弥足珍贵③。

（四）第四阶段：2009 年至今，为浙江夏商周时期考古全面发展阶段。

新近十年来，在国家文物局、浙江省文物局的支持下，浙江的夏商周时期考古工作改变了过去主要以墓葬考古特别是土墩墓作为突破口的情况，迈入以大遗址考古工作和聚落考古理念为指导，注重考古工作的区域性、系统性、长期性的全面发展时期。这一时期，以课题为导向，同时开展墓葬、城址、原始瓷窑址等考古工作，制定了安吉古城、绍兴越国王陵及贵族墓、湖州毘山遗址、小古城、瓷之源等工作规划，在开展长期、系统的考古工作同时也展开了相关研究，在越国王陵及贵族墓、城址考古、瓷之源等考古工作方面都取得了重大的收获。

土墩墓抢救性考古工作也成果丰硕。

2009 年，湖州市杨家埠 4 座西周瓮棺葬是首次发现，为研究浙江地区先秦时期葬俗提供了新资料。安吉上马山 D90M1 为一座大型西周土墩墓，出土大量精美的原始瓷器，在封土墩的外围发现 7 组单独放置的器物组，其中除一组器物年代与主墓一致外，其余 6 组器物组均晚于墓葬本体，可能与后期对中心主墓的祭祀活动有关。小紫山商代早期（甚至更早）竖穴岩坑和商代中晚期土墩墓④以及长兴县南符小山 D2M3 商代晚期土墩墓⑤是目前南方地区发掘的年代最早的土墩墓，该发现为探索土墩墓起源、演变提供宝贵材料。嵊州三江街道缸窑村外山头土墩石室墓是目前浙江地区发掘的最南边的土墩墓石室墓，对研究该类墓葬的分布具有重要意义。衢州龙游寺底袁出土的商代晚期墓葬对研究商代浙江的区域文化研究是不可多得的资料⑥。杭州市文物考古研究所主持发掘的萧山柴岭山土墩墓墓葬类型丰富、年代跨度大，对于探讨南方地区丧葬习俗及土墩墓的内涵、形制特征、演变系列等具有重要价值⑦。

制盐手工业考古也有新突破。宁波市文物考古研究所发现和发掘的大榭商周制盐遗址群，是浙江商周时期制盐手工业遗存的首次发现，对研究越地的区域经济、制盐手工业技术等具有重要意义⑧。

---

① 浙江省文物考古研究所、温州市文物保护考古所、瓯海区博物馆：《浙江瓯海杨府山西周土墩墓发掘简报》，《文物》2007 年第 11 期。陈元甫：《温州瓯海杨府山西周土墩墓》，《浙江考古新纪元》，科学出版社，2009 年。
② 沈岳明、陈荣军：《浙江东阳抢救性发掘周代土墩墓》，《中国文物报》2005 年 11 月 25 日。沈岳明：《东阳巍山、歌山周代土墩墓》，《浙江考古新纪元》，科学出版社，2009 年。
③ 浙江省文物考古研究所资料。
④ 浙江省文物考古研究所资料。
⑤ 孟国平、胡秋凉：《浙江长兴南符小山土墩墓》，《马桥文化探微》，上海书画出版社，2018 年。
⑥ 浙江省文物考古研究所资料。
⑦ 杭州市文物考古研究所、萧山博物馆：《萧山柴岭山土墩墓》，文物出版社，2013 年。
⑧ 宁波市文物考古研究所调查资料。

　　综上，浙江夏商周时期考古经过 20 世纪 50 年代至 70 年代的起步，1979 年浙江省文物考古所成立后，经历了年代框架搭建、转型，目前正处于全面发展阶段。四十年来，主要围绕越文化起源的探索、土墩墓与石室土墩墓、越国考古及原始瓷窑址等展开工作，取得显著成果。过去的四十年，成绩是显著的，不足也是明显的，回顾过去，是为更好的谋划未来，今后，我们要继续秉承大遗址考古和聚落考古的理念，发扬长处，弥补不足，突出特色，定位准确，在实际工作中注重多学科合作和科技考古手段的运用，以课题为导向，规划布局，谋划浙江夏商周时期考古新篇章。

　　首先是田野考古工作重点：

　　1. 继续越文化起源的探索

　　重点抓住毘山、下菰城、小古城三个中心聚落遗址开展工作，搞清夏至西周时期东苕溪流域的文化面貌，建立夏至西周时期考古学文化的编年和谱系。搞清早期越文化面貌，探索越国立国的历史文化背景。

　　2. 继续做好安吉古城大遗址考古

　　搞清安吉古城的年代、布局、功能区的划分及其性质等，摸清安吉地区以古城为中心面向太湖的"U"字形区域的聚落布局和文化面貌，建立该区域夏商至秦汉时期的文化谱系。探索此区域在越文化起源、早期越国文化中的地位和作用，同时，研究其与太湖西岸宁镇地区吴文化的交流互动。

　　3. 继续绍兴地区越国王陵及贵族墓葬的考古工作

　　以"十二五"期间绍兴越国王陵与贵族墓葬调查勘探成果为依托，在平水盆地越国王陵区选择部分越国高等级贵族墓葬及周边聚落遗址进行考古发掘，逐步搞清战国时期越国王陵的布局、陵园制度、葬制葬俗等方面的文化内涵。

　　由墓葬的调查研究转向聚落遗址调查。在绍兴地区开展针对都城和居住聚落遗址、手工业遗址、水利设施等的专题调查，对保存较好的聚落遗址进行发掘，建立越国文化的年代标尺。

　　4. 继续"瓷之源"考古工作

　　夯实、完善东苕溪流域原始瓷窑址的考古，适时开展萧山进化窑址群和绍兴东部、上虞西部窑址群的考古，争取弥补浙江西周时期原始瓷窑址的缺环，完善浙江原始瓷窑址的编年。同时要开展原始瓷窑业考古、窑址周边聚落遗址调查。做好浙江原始瓷、印纹硬陶科技考古工作，加强浙江先秦原始瓷、印纹陶的成分分析，做好数据库的建设。

　　5. 重新开展金衢盆地考古，布局浙西南地区先秦考古工作

　　以衢江庙山尖西周大型土墩墓发掘为契机，开展金衢地区土墩墓、聚落遗址、相关手工业遗存的调查、勘探、发掘，搞清金衢地区先秦文化遗存的分布和文化面貌，建立金衢地区先秦时期考古学文化谱系，谋求该地区夏商西周时期考古研究的新局面。探讨闽浙赣屯溪地区先秦考古学文化的互动交流。

　　其次是研究工作：

　　1. 考古资料的整理及报告的出版。重点是安吉上马山古墓群、安吉古城考古发掘及周边调查、长兴土墩墓发掘、绍兴越王陵及贵族墓葬调查勘探等田野考古报告的编撰。同时，有计划地对绍兴坡塘 306 号墓、海宁硖山土墩墓及江山南区古遗址古墓葬等资料的整理出版，以供学界研究。

2. 在浙江地区范围内，建立各文化区域内的考古学文化的年代框架和谱系，研究金衢地区、浙南地区与浙东北地区先秦考古学文化的关系，探索浙江地区先秦文化多元一体的进程，也就是探索越国的形成过程。

3. 在南中国的范围内，谋划"先秦时期的南中国"跨省课题，研究先秦时期，在以印纹陶、原始瓷为特色的南中国时空框架下，研究吴越及百越文化的形成及从百越文化的多元走向秦汉文化一统的过程。

4. 聚落与社会、环境的研究。围绕聚落、墓地，探讨聚落布局结构、社会组织关系、聚落布局与环境的关系。加强环境考古和动植物考古研究。

5. 在考古资料的基础上，探索原始瓷工艺技术及生产流程、窑址与自然环境、窑址与周边城址和聚落遗址的关系，研究原始瓷工业在越国的起源及发展壮大中的地位和作用。在类型学研究、工艺技术、成分分析的基础上，结合历史背景，开展原始瓷的起源、发展和流通等方面的研究。同时，还要注意印纹陶起源的研究。

（执笔：黄昊德）

越文化起源探索

越文化起源探索是浙江先秦考古的重点课题。据文献，周成王时越开始向周王朝进贡，《逸周书》《古本竹书纪年》中均有记载，说明越立国于西周，此前的夏商时期为越文化肇始期。浙东北地区的马桥文化和金衢地区的"肩头弄文化"是此时期的两支重要考古学文化，是越文化之源的重要研究对象。据现有考古资料来看，夏至西周时期，浙东北地区和金衢地区的先秦考古学文化有共性也有个性，其中个性是主要的，两个区域分属不同的文化系统，即分属马桥文化和"肩头弄文化"。

一 马桥文化和"后马桥文化"

马桥文化在中国南方地区先秦考古学文化研究中有着重要的学术地位，长期以来被视为环太湖地区、钱塘江流域以及浙东地区夏商时期考古学文化最为重要的代表，以致南方地区先秦时期考古学文化研究也大量依赖于马桥文化的研究成果，作为对比分析的关键证据。

马桥文化因上海市闵行区马桥遗址而命名，过往有过"后良渚文化"[①] "马桥—肩头弄文化"[②] "高祭台类型"[③] 等名称。该文化发现于20世纪前半叶，至1977年"江南地区印纹陶问题学术讨论会"上，学者正式提出"马桥文化"的命名，专指以马桥遗址第四层为代表的一种以印纹陶为主的青铜时代文化[④]。

马桥文化的主要分布区域是环太湖地区和杭州湾以南的浙东北地区[⑤]。对马桥文化内涵认识的不同，也影响着对其分布区域的理解。有学者认为马桥文化主要包括马桥类型与肩头弄类型[⑥]，如此浙闽交界地区亦属于马桥文化的分布范围。但有学者明确反对将闽浙地区的肩头弄文化遗存归入马桥文化的范围[⑦]，宋建认为马桥文化主要可分为马桥类型与塔山类型两类[⑧]。

关于马桥文化的文化面貌，马桥遗址第一、二次发掘已经将其与湖熟文化相区别，并认识到这是一支与偃师二里头文化、郑州二里岗商代遗存有着一定关联的考古学文化[⑨]。20世纪90年代以来以马桥遗址为主的考古发掘，进一步了解了马桥文化的文化内涵，认识到马桥文化只是延续了一部分良渚

---

① 苏秉琦：《太湖流域考古问题——1984年11月17日在太湖流域古动物古人类文化学术座谈会上的讲话》，《东南文化》1987年第1期。
② 陆健芳：《初论马桥—肩头弄文化》，《东南文化》1990年第1~2期。
③ 牟永抗：《高祭台类型初析》，《浙江省文物考古研究所学刊》，科学出版社，1993年。
④ 蒋赞初：《关于长江下游地区的几何印纹陶问题》，《文物集刊（3）》，文物出版社，1981年。
⑤ 上海市文物管理委员会：《马桥：1993~1997年发掘报告》，第384页，上海书画出版社，2002年。
⑥ 陆健芳：《初论马桥—肩头弄文化》，《东南文化》1990年第1~2期。
⑦ 宋建：《马桥文化的分区和类型》，《东南文化》1999年第6期。焦天龙：《论马桥文化的起源》，《南方文物》2010年第1期。
⑧ 宋建：《马桥文化的分区和类型》，《东南文化》1999年第6期。
⑨ 上海市文物保管委员会：《上海马桥遗址第一、二次发掘》，《考古学报》1978年第1期。

文化的因素，却融入了大量非当地传统的新文化因素，其中最多的当属于浙南、闽北地区"肩头弄文化"的影响，其含量比率甚至超过了良渚文化因素，另外还有二里头文化、早商文化、岳石文化和湖熟文化早期因素等的影响，而马桥文化在融合了多种来源的文化因素之后，形成了有别于其他的自身特色①。近年来，随着晚于良渚文化而早于马桥文化的广富林文化遗存的发现，对于马桥文化中重要文化因素来源的分析有了深入探讨的可能，从年代与地域分布的关联程度，以及器物形态上的继承关系考察，广富林文化都可能对马桥文化的产生有着关键的影响②。对于马桥文化的去向，宋建根据常熟钱底巷、苏州郭新河、上海亭林、寺前、萧山蜀山等遗址出土的晚于马桥文化的遗存，提出了"后马桥文化"遗存的概念，认为这一批遗存主要继承了马桥文化成熟期以来的特有文化因素，原有的良渚文化、肩头弄文化、二里头文化、早商文化、岳石文化等因素已经基本消失，同时融合了殷墟晚期文化、周文化的因素，而马桥文化中少见的湖熟文化因素也得以加强，形成了新的文化面貌，"后马桥文化"的分布与马桥文化分布基本一致，推测年代在殷墟文化晚期和西周早期，既公元前第二千纪末、第一千纪初③。但需要注意，"后马桥文化"并非是考古学文化的正式定名，目前"后马桥文化"的典型遗址考古工作较少，对其内涵认识也存在不足，因此，"后马桥文化"的提出，仅是在目前已有资料的基础上，暂时概括的一支考古学文化名称。

马桥文化的分期研究较少，主要是马桥遗址发掘报告的三期说，造成这一结果的原因也主要是因为多数经历考古发掘的马桥文化遗址地层堆积简单，缺乏足够的叠压打破关系，故而难以进行详细的年代学研究。绝对年代方面，一般以马桥遗址考古成果为基础，根据碳十四测年和文化因素分析，推测马桥文化的年代范围大致在距今 3900~3200 年，而马桥文化早期即以马桥遗址前期第 1、2 段为代表，相当于二里头文化的二期至四期，中期即以马桥遗址后期第 3、4 段为代表，相当于商代前期，晚期资料相对贫乏，以亭林、查山等遗址出土的遗存为代表，年代相当于殷墟文化早期，其后与"后马桥文化"相衔接④。但从近几年的考古成果来看，对于马桥文化与"后马桥文化"的年代认识应存在修订的必要，其原因主要是碳十四测年技术与方法的进步以及广富林文化、马桥文化、"后马桥文化"等新资料的不断涌现，比如，目前二里头文化的起始年代被认为不超过公元前 1750 年⑤，如此，长期以来以二里头文化出土器物作为对比资料的马桥文化早期遗存，其年代不可避免的需要重新拟定。

回顾马桥文化的研究史，尽管浙江地区在历年的考古调查与发掘中，发现了数量颇为丰富的马桥文化、"后马桥文化"遗址⑥，但多数遗址堆积较薄，遗物数量有限，因此对于马桥文化的研究一直也

---

① 黄宣佩、孙维昌：《马桥类型文化分析》，《江苏省哲学社会科学联合会 1981 年年会论文选（考古学分册）》，1981 年。宋建：《"马桥文化"试析》，《江苏省哲学社会科学联合会 1981 年年会论文选（考古学分册）》，1981 年；《马桥文化探源》，《东南文化》1988 年第 1 期。李伯谦：《马桥文化的源流》，《中国原始文化论集》，文物出版社，1989 年。上海市文物管理委员会：《上海市闵行区马桥遗址 1993~1995 年发掘报告》，《考古学报》1997 年第 2 期；《马桥：1993~1997 年发掘报告》，上海书画出版社，2002 年。

② 曹峻：《马桥文化再认识》，《考古》2010 年第 11 期。

③ 宋建：《马桥文化的去向》，《中国考古学会第九次年会论文集》，文物出版社，1997 年。

④ 上海市文物管理委员会：《马桥：1993~1997 年发掘报告》，上海书画出版社，2002 年。

⑤ 仇士华等：《关于二里头文化的年代问题》，《二里头遗址与二里头文化研究——中国·二里头遗址与二里头文化国际学术研讨会论文集》，科学出版社，2006 年。张雪莲等：《新砦—二里头—二里冈文化考古年代序列的建立与完善》，《考古》2007 年第 8 期。

⑥ 陈杰主编：《马桥文化探微——发现与研究文集》，上海书店出版社，2018 年。

是相对薄弱的环节。进入 21 世纪以来，以湖州毘山遗址、钱山漾遗址、余杭小古城遗址以及"瓷之源"课题等考古工作的开展，马桥文化、"后马桥文化"的研究进入了全新的发展阶段，主要表现在将研究内容由以谱系研究为主转向以聚落考古为主的新阶段。

钱山漾遗址马桥文化地层堆积和遗迹均较丰富，出土器物数量多，特别是修复器较多，是目前浙江范围内马桥文化遗址中遗迹和出土遗物最为丰富的遗址之一，对于研究湖州地区马桥文化时期的聚落发展水平，深入探讨环太湖地区马桥文化的聚落形态、年代分期，都是很重要很珍贵的资料①。

毘山遗址是浙江地区唯一一处出土商代卜骨（图 3 - 1）的大型遗址，遗址堆积丰厚，遗物数量庞大，且多次出土高等级商代遗物。自 1957 年发现以来，先后经历十次考古调查与发掘工作，2004 年已经发现了体量较大的商代建筑基址与灰沟②。2014 年以来至今，经国家文物局批准实施《湖州毘山遗址考古工作规划》，大遗址考古工作持续展开，先后发现了疑似城墙的护岸遗迹（图 3 - 2）、大型红烧土基础建筑、超大型建筑基础遗存（图 3 - 3）等③，为全面了解毘山遗址聚落结构与聚落性质提供了关键线索，也为了解马桥文化、"后马桥文化"的社会面貌与发展阶段提供了重要的实证。

图 3 - 1　毘山遗址采集的商代卜骨

图 3 - 2　2014 年毘山北部铁店河南岸发现的护岸遗迹

---

① 浙江省文物管理委员会：《吴兴钱山漾遗址第一、二次发掘报告》，《考古学报》1960 年第 2 期。汪济英、牟永抗：《关于吴兴钱山漾遗址的发掘》，《考古》1980 年第 4 期。浙江省文物考古研究所、湖州市博物馆：《钱山漾——第三、四次发掘报告》，文物出版社，2014 年。

② 浙江省文物考古研究所、湖州市博物馆：《毘山》，文物出版社，2006 年。

③ 浙江省文物考古研究所、湖州市文物管理所 2014～2019 年发掘资料，现藏浙江省文物考古研究所。

图 3 - 3　2018 年昆山南部麻雀田西部发掘的沟槽遗迹（大型建筑基础）

　　小古城遗址是东苕溪延伸区域、北苕溪沿线的小型城址类遗址，也是一处马桥文化、"后马桥文化"堆积丰厚的典型遗址（图 3 - 4、3 - 5）。2015 年底持续开展大遗址考古工作以来，明确了城墙年代与结构信息①，成为东南地区马桥文化、"后马桥文化"中建筑、使用、废弃年代最明确的城址，也为苕溪流域区域文明模式的探索拓展了研究空间，加强了对该时段文明模式研究重要性的认识。

　　另外值得关注的是，钱山漾、昆山、小古城等遗址出土了种类丰富、早晚关系清晰的大量遗物（图 3 - 6 至图 3 - 8），并且遗存的文化面貌相较于过去认识的"马桥类型"与"塔山类型"遗存又有着较为明显的差异，同时，这些遗址地层堆积丰厚，便于提供充足的碳十四测年序列样品，有助于加快马桥文化、"后马桥文化"编年谱系与年代学的研究，也为探索马桥文化、"后马桥文化"在沿海与内陆地区之间的发展模式的异同提供重要的实物资料。

　　"瓷之源"课题中调查与发掘的下菰城遗址（图 3 - 9）、龙山片区窑址群、青山片区窑址群等，也在马桥文化、"后马桥文化"研究中是"具有重大学术意义并引领研究进程"的重要成果之一②。其中，下菰城遗址城址保存基本完好，两重城墙结构复杂，外城面积达 68 万平方米，内城面积约 18 万平方米③，很可能是南方地区面积最大的商代城址。龙山片区的瓢山窑址，碳十四测年结果，Ⅱ区下文化层 3 个数据普遍在 BC1500 年左右，郑建明等推测产品年代应进入夏纪年④，虽然该结论目前仍有讨论的余地，但夏商之际出现的原始瓷产业也必然为"瓷之源"研究的突破提供关键的考古线索。龙山窑址群、青山窑址群，窑址数量众多，分布密集，是国内已发现的规模最大的商代原始瓷器窑址群，

①　浙江省文物考古研究所 2015～2018 年发掘资料，现藏浙江省文物考古研究所。
②　宋健：《序》，陈杰主编《马桥文化探微——发现与研究文集》，上海书店出版社，2018 年。
③　郑建明：《夏商原始瓷略论稿》，文物出版社，2015 年。
④　浙江省文物考古研究所、湖州市博物馆、德清县博物馆：《东苕溪流域夏商时期原始瓷窑址》，文物出版社，2015 年。

图 3 - 4　小古城遗址航拍影像图

图 3 - 5　小古城遗址 TG2（北城墙）西壁剖面图

其中青山片区的南山窑址，窑炉遗迹完整、产品堆积丰厚、地层关系清晰、产品种类丰富、原始瓷胎釉成熟，其对于探索中国瓷器的起源、解决南北方原始瓷产地、建立商代原始瓷编年、探索江南商代考古学文化等方面具有重要意义[1]。小紫山土墩墓的发掘也是"瓷之源"课题的重要收获之一[2]，证实了

---

① 浙江省文物考古研究所、湖州市博物馆、德清县博物馆：《东苕溪流域夏商时期原始瓷窑址》，文物出版社，2015 年。陈杰主
　　编：《马桥文化探微——发现与研究文集》，上海书店出版社，2018 年。
② 郑建明：《夏商原始瓷略论稿》，文物出版社，2015 年。

图 3 - 6　印纹硬陶罐
（H89：30，钱山漾遗址出土）

图 3 - 7　原始瓷球腹罐
（1983 年余杭径山小古城遗址采集）

图 3 - 8　几何印纹陶单把匜
（1980 年余杭径山小古城遗址采集）

图 3 - 9　下菰城遗址远景

马桥文化、"后马桥文化"中已经产生了土墩墓的丧葬形式，结合萧山柴岭山商代土墩墓[①]、龙游寺底袁 M18[②]、肩头弄期第三和第四单元遗存[③]等，逐步将发源于浙南、闽北地区的土墩墓传播途径与发展序列勾勒清晰，也为探索两周时期吴越土墩墓的葬俗起源、墓葬制度发展等课题提供了重要的考古资料。

　　上述几项考古工作成果，主要以大型聚落、城址、专业化手工业生产区等聚落形态重新塑造了东南地区文明发展的新模式，构建了以东苕溪流域为中心的马桥文化、"后马桥文化"政治、经济、文化中心的全新格局，展现了良渚文化消亡之后区域文明的再次崛起，并且由于其文明模式与良渚文明差异显著，也为中国文明化进程的复杂性研究提供了重要的考古资料。

　　东苕溪流域的考古成果（图 3 - 10、3 - 11），改变了以往马桥文化、"后马桥文化"基础资料薄弱的困境，为文化谱系研究、聚落考古研究、"瓷之源"研究、文明模式复杂化研究等重要课题的开展创造了全新的历史契机。

二　"肩头弄文化"

　　"肩头弄文化"是指存在于浙西南和闽北地区、时代范围以夏代为主的一支考古学文化。其文化

---

　　① 杭州市文物考古研究所、萧山博物馆：《萧山柴岭山土墩墓》，文物出版社，2013 年。
　　② 浙江省文物考古研究所、龙游县博物馆 2014 年发掘资料，现藏浙江省文物考古研究所。
　　③ 牟永抗、毛兆廷：《江山县南区古遗址、墓葬调查试掘》，《浙江省文物考古所学刊》，文物出版社，1981 年。

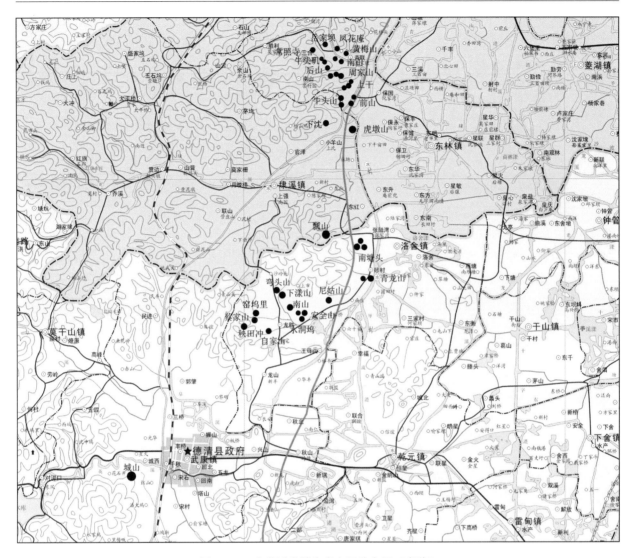

图 3 – 10　东苕溪流域先秦窑址分布图（商代）

特征非常突出，具有强烈的地方性与时代性，但囿于缺乏足够的考古工作，资料较少，目前对于该文化的界定与认识仍处于讨论阶段。因此，对于该文化的定名也一直存在争议，前后出现过"肩头弄期"、"高祭台类型"的早期文化、"马桥—肩头弄文化的肩头弄类型""马岭类型""葫芦山文化"等。关于"肩头弄文化"遗存的分布范围，一般认为主要分布于浙西南地区，北邻宁绍平原，南抵闽北地区，东到大海，西界不明，典型遗址包括淳安高祭台遗址①、江山肩头弄遗址②、光泽马岭遗址③、光泽汉坪山遗址④、邵武斗米山遗址⑤、邵武肖家坊遗址⑥、武夷山葫芦山窑址群⑦、浦城管九村土墩

①　浙江省文物管理委员会、浙江省博物馆：《浙江新石器时代文物图录》，浙江人民出版社，1958 年。
②　牟永抗、毛兆廷：《江山县南区古遗址、墓葬调查试掘》，《浙江省文物考古所学刊》，文物出版社，1981 年。
③　福建省博物馆、光泽县文化局、文化馆：《福建省光泽县古遗址古墓葬的调查和清理》，《考古》1985 年第 12 期。
④　黄富莲：《光泽县汉坪山古墓清理简报》，《福建文博》1990 年第 2 期。
⑤　福建省博物馆：《邵武斗米山遗址发掘简报》，《福建文博》2001 年第 2 期。
⑥　福建博物院、南平市博物馆、邵武市博物馆：《邵武肖家坊青铜时代墓葬发掘报告》，《福建文博》2004 年第 3 期。
⑦　杨琮、陈子文：《葫芦山古陶窑窑址发掘的初步认识》，《福建文博》1993 年第 1、2 期。

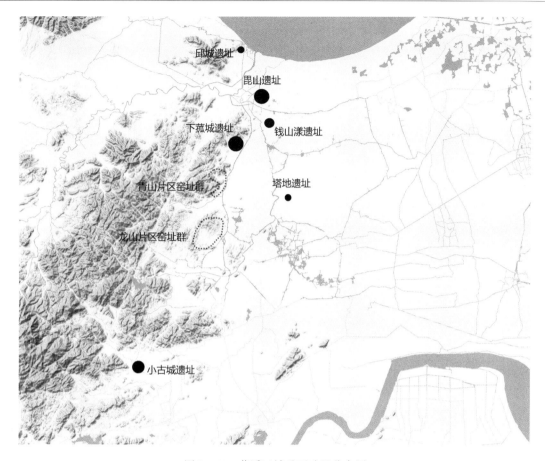

图 3 – 11　苕溪区域重要遗址分布图

墓一期遗存①、浦城猫耳弄山窑址群②等，而包含该类型遗物的遗址还有江山大桶后山、林场、基山等 20 余处，松阳后刘、茵岗山，衢州茶叶山，龙游东华山，金华龙口，兰溪老虎头，瑞安下山根、高岙，崇安崇溪东岸与梅溪交汇一带，建瓯上伦山、倒头岗、外堆仔、外坑山、鱼林山等③。关于"肩头弄文化"的年代范围，大多认为绝对年代在商代以前的夏时期，不排除进入商代的可能④，持葫芦山文化意见的学者根据碳十四数据的测年结果推定其主体年代当在距今 4000～3500 年之间⑤，两者观点也基本一致。

　　"肩头弄期"概念的最早提出，来源于 1977 年至 1979 年浙江省文物考古所与江山市文管会对江山南区古遗址群的调查与试掘⑥。当时，由于地理环境、水土流失等原因，调查与试掘所得的地层关系十分有限，牟永抗等巧妙地将所得的、集中出土的遗物共归纳为 30 组，并根据浙南、闽北地区的考古经验考察，认为这些集中出土的遗物应为土墩墓或灰坑中出土的共时遗存，当代表了江山地区从新石

---

①　福建博物院、福建闽越王城博物馆：《福建浦城县管九村土墩墓群》，《考古》2007 年第 7 期；《福建浦城管九村土墩墓》图录，福建博物馆印，2006 年。

②　郑辉、陈明忠、陈寅龙：《浦城县猫耳弄山商周窑址》，《中国考古学年鉴 2006》，文物出版社，2007 年。

③　杨楠：《江南土墩遗存研究》，民族出版社，1998 年。

④　陆健芳：《初论马桥—肩头弄文化》，《东南文化》1990 年第 1～2 期。

⑤　焦天龙：《论马桥文化的起源》，《南方文物》2010 年第 1 期。

⑥　陆健芳：《初论马桥—肩头弄文化》，《东南文化》1990 年第 1～2 期。

器时代末期至春秋时期四个阶段六个单元的遗存。其中，在江山南区第一、二、三单元的遗存中包含有大量特征鲜明的着黑陶器，又称泥釉黑陶（图 3 – 12、3 – 13），研究者遂将江山南区以着黑陶器群为特征的第一、二、三单元合称为"肩头弄期"，推测绝对年代当在商代或更早。该报告中，"肩头弄期"并非考古学文化的概念，只是在实物材料与地层证据相对匮乏的条件下，为建立区域编年谱系而临时提出的一个期别概念，但是，由于其内涵包含着黑陶器群这一特殊的器物群组合关系，这在当时尚属于新认识的古代遗物群，而同文中提出的"营盘山期""地山岗期""石门大山期"三个期别概念，又基本可逐一归入东南地区已知的土墩遗存的编年序列之内，因此"肩头弄期"的提出，实际上已经为一种新的考古学文化的归纳做出了尝试性的总结，正如作者指出的"从文化面貌看，着黑陶器具有相当浓郁的地方（土著）特征……它的分布范围似乎以仙霞山两侧的浙南、闽北为主，向北可能延伸到新安江沿岸。很可能这一带存在着具有自己特色的原始文化类型"[1]。1993 年，牟永抗在《高祭台类型初析》一文中，将"肩头弄期"归入"高祭台类型"的早期文化[2]，这是继 1984 年牟永抗将浙江

图 3 – 12　江山"肩头弄期"第一、三单元出土着黑陶器
1. 江肩（二）2：8　2. 江肩（二）2：6　3. 江肩（二）1：1　4. 江肩（四）2：3

① 牟永抗、毛兆廷：《江山县南区古遗址、墓葬调查试掘》，《浙江省文物考古所学刊》，第 75 页，文物出版社，1981 年。
② 牟永抗：《高祭台类型初析》，《浙江省文物考古研究所学刊（建所十周年纪念 1980—1990）》，科学出版社，1993 年。

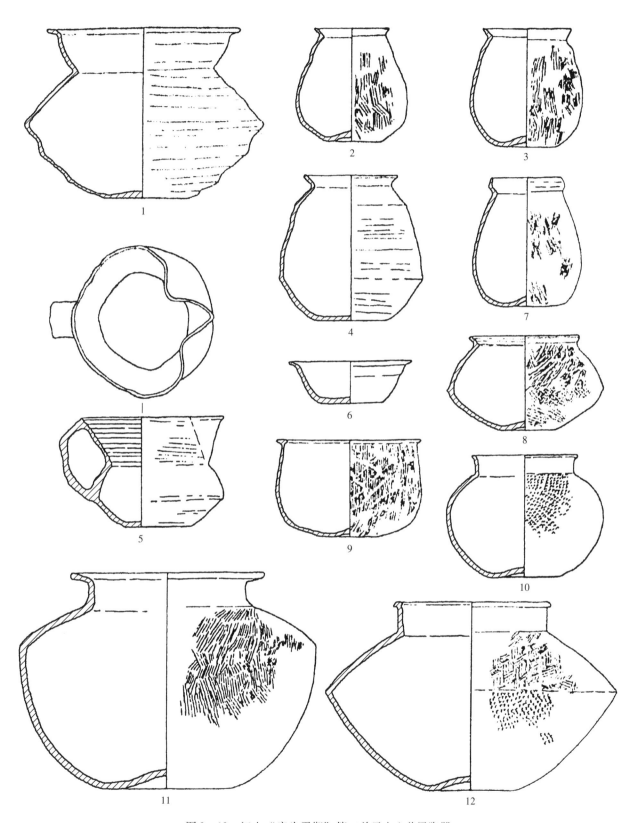

图 3－13　江山"肩头弄期"第二单元出土着黑陶器

1. 高领罐　2～4. 深腹罐　5. 匜形罐　6. 平底碗　7、10. 圆腹罐　8、11、12. 折肩罐　9. 钵形罐

地区发现的几何印纹陶遗存统一称之为"高祭台类型"①以来，重新对浙江青铜时代遗存的一次梳理，但"高祭台类型"概念的时间跨度过长、空间范围过大，早晚时代与不同地域的遗存面貌差距太大，难以视为同一个考古学文化去界定，牟永抗在该文中亦指出"高祭台的称谓也只能是暂时的代称，随着发掘和研究的深入，今后可以重新定名"，因此后来的研究者也极少采纳该文化定名。闽北地区同时期主要的考古学文化被称之为"马岭类型"，其因1983年福建省光泽县马岭遗址发现的两座墓葬而得名②，简报中考古工作者已经指出马岭墓葬出土遗物与"肩头弄期"第三单元陶器群面貌"几近雷同"，因此亦将两座墓葬年代定于商代，并且，主持该调查、并提出"马岭类型"定名的林忠干，亦在后续文章中指出早于马岭两墓的同一文化类型遗存，如崇安梅溪M1、M3、M4等，遗存特征亦见于"肩头弄期"第二单元，"马岭类型"与"肩头弄类型"是较为相同的，其年代范围当在夏代至商代早中期③。由此可见，闽北、浙南地区该时段考古学文化之间的关系是极为密切的，因此，林公务几乎在同一时期明确地指出"马岭类型与肩头弄期应当是同一文化的两种不同名称"④。

"肩头弄期"概念提出以后，有学者提出了"肩头弄类型"的概念，将其视为马桥文化的一个地方类型⑤，但长期以来主导马桥文化研究的宋建认为，由于浙闽地区肩头弄期遗存发现的不完整性，其与周边地区文化异同程度尚未能明确，还不能将浙闽地区作为马桥文化的一个类型⑥。2010年，焦天龙重新梳理马岭墓葬、1990年武夷山市葫芦山窑址群、1995年邵武市斗米山遗址、2005年蒲城县猫耳弄山窑址、管九土墩墓等遗址出土遗物，提出"肩头弄期"的遗存是与马桥文化平行发展的一支独立的考古学文化，可以称之为"葫芦山文化"，二者之间仅是文化交流而已⑦。可惜的是，限于遗物数量相对丰富的葫芦山窑址、猫耳弄山窑址、管九土墩墓等资料报告一直未能面世，对于葫芦山文化的定名仍未受到广泛的接纳。

肩头弄文化在文化内涵方面鲜有深入的研究，早期讨论由于其与马桥文化之间存在着颇多相似的文化因素，也多被认为是马桥文化的主要来源之一，因此出现过"马桥—肩头弄文化"的定名。关于"肩头弄期"的来源，杨楠认为在浙南闽北地区新石器时代末期的考古学文化中可以看到一些器物相似的情况，但毕竟二者之间差异太大，故仍有疑问存在⑧。对于"肩头弄期"的去向，除了马桥文化中可以找到一部分相似器物外，一般认为闽北地区商时期的白主段类型遗存是其主要发展的新文化类型⑨，而闽南地区的浮滨文化中，有部分器物特征与"肩头弄期"的同类器颇为相似，二者亦可能存在源流关系⑩。2014年罗汝鹏在其博士论文中，根据已公布的陶器群研究分析，将原有"肩头弄期"第一、二、三单元的划分合并为"斗米山中层类型"（相当于肩头弄期第一、二单元）和"马岭类型"

---

① 牟永抗：《浙江新石器时代文化的初步认识》，《中国考古学会第三次年会论文集》，文物出版社，1984年。
② 牟永抗：《高祭台类型初析》，《浙江省文物考古研究所学刊》，科学出版社，1993年。
③ 林忠干：《闽北先秦古文化发展的初步线索》，《福建文博》1990年第2期。
④ 林公务：《光泽古墓葬出土陶器的类型学考察》，《福建文博》1990年第2期。
⑤ 陆健芳：《初论马桥—肩头弄文化》，《东南文化》1990年第1～2期。杨楠：《江南土墩遗存研究》，民族出版社，1998年。
⑥ 宋建：《马桥文化的分区和类型》，《东南文化》1999年第6期。
⑦ 焦天龙：《论马桥文化的起源》，《南方文物》2010年第1期。
⑧ 杨楠：《江南土墩遗存研究》，民族出版社，1998年。
⑨ 林公务：《福建光泽先秦陶器群的研究——兼论"白主段类型"》，《东南考古研究》第三辑，厦门大学出版社，2003年。
⑩ 魏峻：《粤东闽南地区先秦考古学文化的分期与谱系》，《考古学研究（九）》，文物出版社，2012年。

（相当于肩头弄期第三单元），认为"从发展的角度看，斗米山中层类型陶器群当早于马岭类型陶器群"，但是由于缺乏地层叠压的直接证据以及考虑到区域环境可能导致的发展不平衡性，两个类型在发展过程中是否存在共存阶段仍需要进一步的发现加以深入研究，但对比闽北、浙南地区龙山时代晚期的陶器群，它们已经孕育了斗米山中层类型器物群的基本特征，只是后者在硬陶技术、着黑层技术等新兴工艺技术的支持下，发展成为了特征突出的新文化面貌，造成了肩头弄文化在继承"好川文化—牛鼻山文化晚期"遗存的基础上迅速发展起来；而同样是这种技术因素的突破性发展，不仅直接导致了本地白主段文化的诞生，还影响了马桥文化、万年文化、闽东下湾类型、闽南浮滨文化等周边文化的发展①。

总体而言，"肩头弄文化"作为一支独立的考古学文化存在是合理和必要的，作为东南地区新石器时代到青铜时代文化发展过渡阶段的一个重要组成，肩头弄文化中如制陶工艺、丧葬习俗等文化因素，对于东南地区、南方沿海地区先秦文化的发展有着极为重要的影响，加快明确肩头弄文化的定名与文化内涵的辨析，应当是未来深入研究南方先秦文化的一个重要突破口。

（执笔：罗汝鹏）

---

① 罗汝鹏：《公元前 20 至前 9 世纪中国东南地区考古学文化研究——以闽浙赣交界地区为中心》，北京大学博士研究生学位论文，2014 年。

土墩墓考古

土墩墓是先秦时期江南地区广泛流行的一种特殊墓葬形式，其外观表现为地表以上明显隆起的馒首形土墩，土墩平面较规整，大多呈圆形或椭圆形，部分有石室的土墩顶部相对较平坦，少数规模较大的土墩略呈覆斗状。墓葬的主要特点是平地起封，不挖墓穴，平地以上直接营建墓葬再封土成墩，与《周易·系辞下》"不封不树"的中原地区墓葬传统截然不同。

土墩墓主要分布在今江苏南部、浙江大部及皖南部分地区，江西东北部及福建西北部局部地区也有少量发现，以苏南宁镇地区和环太湖地区分布最为密集。土墩大多分布在海拔 200 多米以下的山脊分水线及低山丘陵岗地上，水网平原地区也有少量分布。20 世纪 70 年代，江苏省考古工作者通过对句容浮山果园、高淳顾陇、永宁等地土墩墓的发掘，初步了解了土墩墓这一特殊遗存的文化内涵和基本特点，进而明确提出了"土墩墓"的概念[①]。根据目前掌握的资料，土墩墓涵盖的历史，最早可达夏商之际，最晚可至战国早期，其时空框架与文献记载中的吴、越基本吻合。

石室土墩遗存是土墩墓中一种特殊的墓葬形式，墩内墓葬系平地向上用块石构建长条形墓室。石室土墩多见于山脊分水线上，以串珠状分布居多。20 世纪 50 年代，江苏吴县五峰山"烽燧墩"的发掘，揭开了石室土墩遗存发掘和研究的序幕[②]。对于这类遗存的性质，一时有"烽燧墩""古战堡""藏兵洞"等多种说法，如今随着考古资料的积累和研究的深入，墓葬之说已在学界取得一致公认。此类遗存仍属于土墩墓范畴，只是选用了块石作为构建墓室的材料。

一　发现

浙江省是土墩墓分布最为密集的省份之一，土墩墓几乎遍布浙江全省。分布相对集中的区域包括：太湖南岸的杭嘉湖地区、浙东钱塘江以南的宁绍地区、浙中及浙西南金衢地区等，温州、台州、舟山及丽水地区发现较少。石室土墩遗存多见于杭嘉湖及宁绍地区，东阳、义乌、舟山也有部分发现。

20 世纪 60 年代，是浙江省土墩墓发掘的起步阶段。在探索石室土墩遗存性质的大潮中，1963 年，吴兴县文管会对湖州以东 7 千米、苍山顶部的一座石室土墩进行清理，发现春秋时期的石室一座，出土遗物 11 件，对用块石垒砌的长条形石室结构有了初步认识，发掘报告未对遗存性质进行探讨，但报告的标题称之为"古战堡"[③]。1975 年，位于浙江西北部的安吉县长抗坞也清理了一座春秋时期的石

---

① 南京博物院：《江苏句容浮山果园西周墓》，《考古》1977 年第 5 期；《江苏句容浮山果园土墩墓第二次发掘报告》《江苏高淳县顾陇、永宁土墩墓发掘简报》，《文物资料丛刊（6）》，文物出版社，1982 年。镇江博物馆：《江苏句容浮山果园土墩墓》，《考古》1979 年第 2 期。

② 朱江：《吴县五峰山烽燧墩情况简报》，《考古通讯》1955 年第 4 期。

③ 吴兴县文管会：《浙江吴兴苍山古战堡试掘》，《考古》1966 年第 5 期。

室，其结构与苍山"古战堡"相同，但报告的结尾认为它属于一座墓葬①。

1979 年，浙江省文物考古所成立，各项考古工作逐渐走上正轨，全省系统的土墩墓考古工作也大体始于这一时间节点。

1977、1979 年，浙江省文物考古所和江山县文管会在江山县南区肩头弄、地山岗等地点进行调查和试掘，清理或采集了有共存关系的器物 30 组，基本判断属于各自独立的 30 个墓葬。这些墓葬或为成组集中摆放的器物，或为裸露于地表的成组可复原器，但普遍未发现挖坑的现象，器物均分布在岗地之上，有的尚有纯净土覆盖，符合平地向上堆土掩埋的土墩墓特征②。

1976 年，德清县新联公社皇坟堆一座土墩中出土 27 件原始瓷器，包括筒形罐、尊、卣、鼎、簋等，判断为一座春秋时期土墩墓的随葬品③。

1979 年，浙江省文物考古所和淳安县文管会在淳安左口小塘坞清理 5 座墓葬，其中石床墓 4 座，墓葬时代为西周晚期至春秋中期④。

20 世纪 80 年代，浙江省文物考古研究所将土墩墓考古作为越文化考古工作的重点，有针对性地主动开展了一系列有一定规模的发掘，尤其注重对同一地点整批土墩墓的发掘和消化，对土墩墓及石室土墩遗存墓葬性质的认定具有决定性意义。

根据遥感影像及调查资料，在长兴便山总长不足 5 千米的三条山脊线上共有土墩 117 座。1982 年，浙江省文物考古所选择了其中一整条山脊的 29 座土墩及另两条山脊的 8 座土墩集中进行了清理，其中石室土墩 34 座，平地覆土掩埋的土墩 3 座，墓葬时代为西周中晚期至春秋晚期，个别墓葬时代或已进入战国。通过此次发掘，明确了石室土墩遗存具有全封闭的石室结构，出土遗物与土墩墓一致，应为古代墓葬，可以视为土墩墓的一种类型⑤。

1984 年，浙江省文物考古所在慈溪彭东、东安等地清理土墩 11 座，其中石室土墩 9 座，平地覆土掩埋的土墩 2 座，清理墩内墓葬 17 座，墓葬时代为西周早期至战国早期。有 4 座石室建于人工挖成的浅坑内，这一现象未见于其他发掘资料。除长条形石室外，还发现了"凸"字形及刀把形，石室的外围发现了多重围护加固土墩及石室的石护坎⑥。

1984 年，浙江省文物考古所在海宁市夹山同一条山脊上清理土墩 17 座，其中石室土墩 7 座，平地覆土掩埋的土墩 10 座，墩内共发现墓葬 29 座，墓葬时代为商代晚期至春秋晚期⑦。

以上三批资料分属于杭嘉湖和宁绍两个地区，且均为调查基础上的主动性考古工作，共同特点是石室土墩和平地掩埋的土墩错杂分布在同一区域甚至同一条山脊上，为同属于先秦时期不同类型的土墩墓遗存，各地点均存在一墩多墓的现象。

同一时期全省抢救性清理工作还有：

① 安吉县文化馆：《浙江安吉发掘一座石构建筑》，《考古》1979 年第 2 期。
② 牟永抗、毛兆廷：《江山县南区古遗址、墓葬调查试掘》，《浙江省文物考古所学刊》，文物出版社，1981 年。
③ 浙江省文物考古所 姚仲源：《浙江德清出土的原始青瓷器》，《文物》1982 年第 4 期。
④ 浙江省文物考古所：《浙江淳安左口土墩墓》，《文物》1987 年第 5 期。
⑤ 浙江省文物考古研究所：《浙江长兴县便山土墩墓发掘报告》，《浙江省文物考古研究所学刊》，科学出版社，1993 年。
⑥ 浙江省文物考古研究所：《慈溪市彭东、东安的土墩墓与土墩石室墓》，《浙江省文物考古研究所学刊》，科学出版社，1993 年。
⑦ 浙江省文物考古研究所：《海宁县夹山商周土墩石室结构遗存》，《中国考古学年鉴1985》，文物出版社，1986 年。

1981 年，金华地区文管会在义乌平畴发掘一座土墩墓，为长方形竖穴岩坑墓，墓坑长 6.6、宽 2.77、深 0.6 米，墓底发现牙齿和肢骨，出土随葬器物 114 件，均为原始瓷器，墓葬时代为西周晚期①。

1983 年，金华和衢州两地区文管会在衢州西山大墩顶清理一座土墩墓，为大型竖穴烧土浅坑墓，墓底自下向上依次铺垫卵石、木炭和石片棺床，出土随葬器物 118 件，除原始瓷和印纹硬陶器外，还发现土墩墓中极少见的玉玦 22 件、骨管饰 14 件、泥珠 65 件，墓葬时代为西周早中期②。

20 世纪 80 年代，磐安县文管会文物普查时在东阳县六石镇六石村清理一座土墩墓，为残深 0.12 米的浅土坑墓，墓底用灰和木炭铺垫，出土原始瓷器 13 件，陶网坠 550 件，墓葬时代为西周晚期③。

1987 年，德清县博物馆在三合乡塔山之巅清理一座石室土墩墓，出土器物 34 件，均为原始瓷器，器物种类丰富，包括鼎、尊、提梁卣、深腹筒形罐等，墓葬时代为春秋早中期④。

1989 年，为配合宣（城）—杭（州）铁路建设工程，浙江省文物考古研究所在长兴县太傅乡石狮村的三条土岗上清理土墩 5 座，发现土墩墓 30 座，未见石室墓，墓葬时代为西周早期至春秋中期。其中 D4 发现了土墩底部垫高迹象，土墩封土中发现了葬具朽烂后的坍塌迹象⑤。

1989 年，湖州博物馆在湖州堂子山清理土墩 5 座，发现了叠压关系明确的石室墓与平地掩埋土墩墓同处一墩（D211），还在同一土墩内发现了两座石室（D202）。除一座西周早期的土墩墓外，其余各墓时代为西周末至战国⑥。

20 世纪 90 年代起，随着全国各项基本建设的推进，尤其是公路、铁路等大型项目及开发区建设等，浙江省先秦土墩墓考古工作以配合基本建设的抢救性发掘为主，较为重要的项目有：

1990 年，浙江省文物考古研究所在黄岩小人尖清理一座已局部遭破坏的平地覆土掩埋的土墩墓，出土原始瓷器，青铜尊及剑、戈、矛等兵器，玉环、玉玦等文物 78 件，墓葬时代为西周早中期⑦。

1992 年，配合杭甬（杭州—宁波）高速公路建设，浙江省文物考古研究所在余姚老虎山发掘一座大型土墩，清理西周早期至春秋中期土墩墓 14 座，在一座石床墓和一座浅土坑墓内发现杂乱的人骨遗骸⑧。

1992 年，上虞县文管所在上虞白马湖低矮的山脊上清理石室土墩 40 座，每墩均发现石室一座，部分石室被破坏或扰乱，出土印纹硬陶和原始瓷器共 170 件，墓葬时代为春秋早期至春秋晚期⑨。

1999 年，为配合杭宁（杭州—南京）高速公路建设，浙江省文物考古研究所和德清县博物馆在德清县洛舍镇独仓山和南王山清理土墩 11 座，其中 10 座位于独仓山同一条山脊上，包括 6 座石室土墩和 4 座

---

①　金华地区文管会：《浙江义乌县平畴西周墓——兼论原始青瓷器的制作工艺》，《考古》1985 年第 7 期。
②　金华地区文管会：《浙江衢州西山西周土墩墓》，《考古》1984 年第 7 期。
③　浙江省磐安县文管会：《浙江东阳六石西周土墩墓》，《考古》1986 年第 9 期。
④　朱建明：《浙江德清三合塔山土墩墓》，《东南文化》2003 年第 3 期。
⑤　浙江省文物考古研究所：《浙江长兴县石狮土墩墓发掘简报》，《浙江省文物考古研究所学刊》，科学出版社，1993 年。
⑥　湖州市文物保护管理所：《浙江湖州堂子山土墩墓发掘报告》，《东方博物》第十一辑，浙江大学出版社，2004 年。
⑦　浙江省文物考古研究所、黄岩市博物馆：《黄岩小人尖西周时期土墩墓》，《浙江省文物考古研究所学刊》，科学出版社，1993 年。
⑧　浙江省文物考古研究所：《余姚老虎山一号墩发掘》，《沪杭甬高速公路考古报告》，文物出版社，2002 年。
⑨　王晓红：《上虞白马湖畔石室土墩墓发掘简报》，《东方博物》第二十九辑，浙江大学出版社，2008 年。

平地覆土掩埋的土墩，墓葬时代为商末周初至春秋晚期。多座墓葬的底部发现了用小石块、砂石、来自窑址中的陶片铺垫的现象，在6座土墩的边缘封土下发现了可能为祭祀遗留的完整器或复原器①。

2000年，浙江省文物考古研究所和萧山博物馆在萧山长山同一条山脊上发掘土墩15座，其中石室土墩12座，平地覆土掩埋的土墩3座，墓葬底部多见用砂石铺垫的现象，墓葬时代为西周中期至春秋晚期②。

2003年，为配合诸永（诸暨—永嘉）高速公路建设，浙江省文物考古研究所和东阳市博物馆在东阳市六石镇前山发掘2座土墩，其中D1M1为一座大型石室墓，墓室早已洞开。D2M1由石室结构甬道及墓道、熟土堆筑的大型浅土坑构成，墓坑两侧有低矮的熟土二层台，坑底全部用卵石铺垫。从封土中朽烂的木椁痕迹判断，原长条形木椁的横截面为三角形，与印山越王陵的结构相似。该墓出土近3000件玉石器，除个别为容器外，基本均为装饰品，有玉、玛瑙、水晶、萤石、绿松石等不同质地，但无陶瓷器及青铜器随葬，墓葬时代为春秋晚期③。

2003年，浙江省文物考古研究所和义乌市博物馆在义乌市江东街道观音堂村低矮的山脊上发掘土墩4座，均为石室土墩墓，墓葬时代均为春秋晚期④。

2003年，浙江省文物考古研究所和温州市文物保护考古所在瓯海杨府山清理了一座遭平整破坏的土墩墓，属平地覆土掩埋类型，出土器物83件，包括青铜鼎、簋、铙等礼乐器各1件，青铜剑、戈、矛、镞等兵器58件，镯、玦等玉饰器22件，墓葬时代为西周早期⑤。

2005年，因当地开山取矿，浙江省文物考古研究所在上虞凤凰山发掘一座土墩，发现一座规模较大的竖穴岩坑墓，墓坑长13.9~14、宽3.9~4、深0.6米，该墓已遭盗扰，墓底及盗洞填土内出土器物86件，墓葬时代为西周晚期⑥。

2005年，浙江省文物考古研究所和东阳市博物馆在东阳巍山、歌山之间的草甘山、麻车塘山等小山顶部、山脊线上清理土墩5座，其中两座位于山顶的土墩各发现一座随葬品达100多件的土墩墓，墓底均有三具或三具以上杂乱的人骨架，显然属于多人二次葬。位于山脊下坡处的两座土墩内均发现长方形浅坑，坑底用卵石或红烧土铺垫，坑内发现有明显火烧迹象的多具人骨架，骨架亦较为散乱，属二次埋葬，未发现随葬品，可能与祭祀有关⑦。

2006年，为配合长兴合溪水库建设工程，浙江省文物考古研究所和长兴县博物馆在即将淹没的库区内，在百亩坎、窑缸岭、西山头、炮台山等地点先后发掘土墩33座，清理土墩墓63座，包括石床、石框、石室及简单平地掩埋的土墩墓等多个类型，墓葬时代为商代晚期至春秋。较为重要的是，本次发掘发现了同一土墩内两座甚至三座石室处于同一层面、同一条直线上的特殊布局形态⑧。

① 浙江省文物考古研究所、德清县博物馆：《独仓山与南王山——土墩墓发掘报告》，科学出版社，2007年。
② 浙江省文物考古研究所资料。
③ 浙江省文物考古研究所：《浙江越墓》，科学出版社，2009年。
④ 浙江省文物考古研究所资料。
⑤ 浙江省文物考古研究所、温州市文物保护考古所、瓯海区文博馆：《浙江瓯海杨府山西周土墩墓发掘简报》，《文物》2007年第11期。
⑥ 浙江省文物考古研究所、浙江省上虞市博物馆：《浙江上虞驿亭凤凰山西周土墩墓》，《南方文物》2005年第4期。
⑦ 浙江省文物考古研究所资料。
⑧ 浙江省文物考古研究所资料。

2009 年，为配合 318 国道建设工程，浙江省文物考古研究所对长兴县李家巷镇长岭山上的 5 座土墩进行抢救性发掘，清理墓葬 7 座，包括 4 座石室墓和处于同一土墩内的 3 座土墩墓①。

2010 年，为配合长兴经济开发区建设，浙江省文物考古研究所在雉城镇南符小山发掘土墩 7 座，清理土墩墓 10 座②。

2010 年，浙江省文物考古研究所在德清武康小紫山清理土墩 14 座，发现墓葬 50 多座，包括简单平地掩埋的土墩墓、石床墓、土坑或岩坑墓、石室墓等，墓葬时代为商代早期至战国早期。小紫山土墩墓延续时间长，土坑或岩坑墓贯穿始终，在浙江的土墩墓发掘中是较为少见的③。

2011 年，浙江省文物考古研究所和嵊州市文物管理处在嵊州市缸窑村外山头清理了一座春秋晚期的石室土墩墓④。

2011～2012 年，杭州市文物考古研究所在萧山柴岭山发掘土墩 37 座，清理墓葬 59 座，墓葬时代为商代中晚期至战国初期。其中平地掩埋的无室土墩墓 38 座，木室墓 1 座，其余为石室墓。石室墓的形制有长条形、刀把形、"中"字形、亚腰形等。D30M1 系一座规模巨大的"人"字坡顶木室墓，墓室长 20.69、宽 4 米，墓室底部铺垫石床和白膏泥，墓室外斜撑木坡面上统一覆盖一层树皮。根据墓内残存的原始瓷器判断，墓葬时代为西周中期。柴岭山土墩墓是近年来最重要的土墩墓资料，土墩数量多，墓葬类型丰富，时代跨度大，尤其是大型"人"字坡木室墓的发现，为绍兴印山越王陵的墓室结构找到了原型⑤。

2018 年，浙江省文物考古研究所在衢州市衢江区云溪乡庙山尖清理了一座遭严重盗扰的大型土墩墓，为熟土堆筑的"甲"字形浅土坑木室墓，墓底用大量卵石平铺。墓室可分为前、后室，总长 14.3 米，宽度分别为 4.9 米和 6.2 米，为"人"字坡木结构，木结构外铺木炭。墓葬虽遭受严重盗扰，仍出土青铜剑、戈、镞等兵器、青铜构件以及玦、管、璧、珠等玉饰器，墓葬时代为西周早中期。该墓是继印山越王陵、萧山柴岭山 D30M1 之后发现的又一座时代较早的"人"字坡木室墓，对区域土墩墓考古研究具有非常重要的意义⑥。

此外，十多年来，浙江省文物考古研究所在安吉上马山墓群、长兴碧岩寺附近古墓群发掘中也清理了一定数量的先秦土墩墓，极大地丰富了土墩墓发掘的资料，为系统研究打下了较好的基础。

二　分期和分区的研究

在考古发掘的基础上，建立古代遗存的分期和分区序列是考古学研究的基础。正因如此，几乎每一篇有分量的考古报告都会对自己所掌握的考古资料进行分期研究。

1979 年，牟永抗通过对江山县南区调查所取得的 30 组器物进行类型学排比，将这些器物组分为前后大体衔接的六个单元，由此拉开了浙江省土墩墓分期研究的序幕。其中第一至第三单元被认为均

---

① 浙江省文物考古研究所资料。
② 浙江省文物考古研究所资料。
③ 浙江省文物考古研究所资料。
④ 浙江省文物考古研究所资料。
⑤ 杭州市文物考古研究所、萧山博物馆：《萧山柴岭山土墩墓》，文物出版社，2013 年。
⑥ 浙江省文物考古研究所资料。

早于商代，第四至第六单元分属商代至西周中晚期①。

陈元甫通过对 20 世纪八九十年代几批重要考古资料的综合研究，包括江山肩头弄、地山岗等地点、长兴便山和石狮、慈溪彭东和东安、海宁夹山等，在若干组具备叠压打破关系墓葬基础上，对演变序列相对清晰的典型器物，如印纹硬陶瓮、坛、罐、瓿和原始瓷豆、碗等进行类型学排比，将浙江省土墩墓和石室土墩遗存分为九期，其中第一期相当于夏至商代早期，第九期为春秋末期至战国初期，进而总结了各期器物组合和形态、制作工艺及纹饰装饰等方面的变化，文章的结尾还对土墩墓和石室土墩墓之间的关系进行了概述，成为浙江省土墩墓考古的重要研究成果和参考学习资料②（图 3 - 14）。

杨楠编著的《江南土墩遗存研究》一书，是他在浙江省土墩墓考古发掘实践的基础上，通过大量的资料搜集和长时间的实地调查，对江南地区土墩遗存系统研究的成果，尤其在土墩墓的分期和分区研究方面，该书具有广泛的指导意义。通过各地区土墩遗存分布及形态的比较研究，尤其是器物组合、器形及装饰方面的特征差异，陶器群及青铜器的文化因素分析等，将广布于江南地区的土墩遗存划分为宁镇地区、太湖—杭州湾区和黄山—天台山以南区，后两个区涵盖了浙江北部杭嘉湖地区、浙东宁绍、舟山地区以及浙南和浙西南的温台丽和金衢地区。通过对各区内土墩遗存的分期研究，将整个江南地区的土墩遗存分为四阶段八期，其中黄山—天台山以南区的土墩墓初始于夏商之际，结束于春秋后期，而太湖—杭州湾区的土墩墓则出现在商代后期，结束于战国前期。通过各区域土墩遗存的综合比较研究，杨楠认为，"黄山—天台山以南地区是土墩墓的发生地，黄山—天台山以南区与太湖—杭州湾区文化关系密切，可称之为亲缘关系，而宁镇地区的土墩遗存则是当地土著文化因素与南来的土墩墓文化因素融合的形态，它与另两个区域的土墩遗存显然是非亲缘关系。"③

三 土墩墓形制结构

墓葬的形制结构是古代墓葬研究极为重要的部分，它反映了某一时期墓葬的埋葬制度和埋葬习俗等多个方面，是当时人们的意识形态在墓葬中的物化反映。纵观浙江省四十年来先秦土墩墓的发掘资料，浙江地区先秦土墩墓大体包含平地掩埋的无石室土墩墓、石室土墩墓、木室土墩墓三个主要类型，土墩中挖掘土坑或岩坑的墓葬极少，仅在上虞凤凰山、德清小紫山及金衢地区有少量发现。

（一）无石室土墩墓

平地堆土掩埋的"无石室土墩墓"是分布范围最广、延续时间最长的土墩墓类型，广泛分布在浙江省有土墩遗存分布的各个区域，多见于低山丘陵岗地及丘陵与平原过渡地带的高地上，也有的分布在低山山脊上，或大量成片集中分布，或与石室土墩混杂一处。分布较集中的区域有浙西南金衢地区、太湖南岸杭嘉湖地区、钱塘江以南宁绍地区等，其中衢州地区江山市和衢江区云溪乡为单纯的无石室土墩集中分布区，而杭嘉湖和宁绍地区土墩墓多与石室土墩混杂在一个区域内。从存续的时段看，该类型土墩墓贯穿了整个土墩墓的发展始终，即从夏商直至战国早期。

① 牟永抗、毛兆廷：《江山县南区古遗址、墓葬调查试掘》，《浙江省文物考古所学刊》，文物出版社，1981 年。
② 陈元甫：《论浙江地区土墩墓分期》，《纪念浙江省文物考古研究所建所二十周年论文集（1979～1999）》，西泠印社，1999 年。
③ 杨楠：《江南土墩遗存研究》，民族出版社，1998 年。

分期	一	二	三	四
时代	夏至商代早期	商代中晚期	西周早期	西周中期
原始瓷碗				
原始瓷敞口豆			I 慈Ⅱ墩M2：3	II 长D494下：24
原始瓷敛口豆		I 江和（乌）1：1	II 长石D2M1：2　III 长石D1M6：2	IV 淳左M5：3
印纹硬陶瓿			I 江地（平）3：4　II 长石D1M6：1	长D494下：18
印纹硬陶罐	I 江肩（一）2：4	II 长石D5M8：1	III 江地（平）3：8	VI 长D407：6
印纹硬陶坛		I 江和（乌）2：1	II 长石D1M6：4	III 长D408：13
印纹硬陶瓮	I 江肩（三）4：2	II 江地（平）2：1　III 长D427：10	VI 江地（平）7：1	

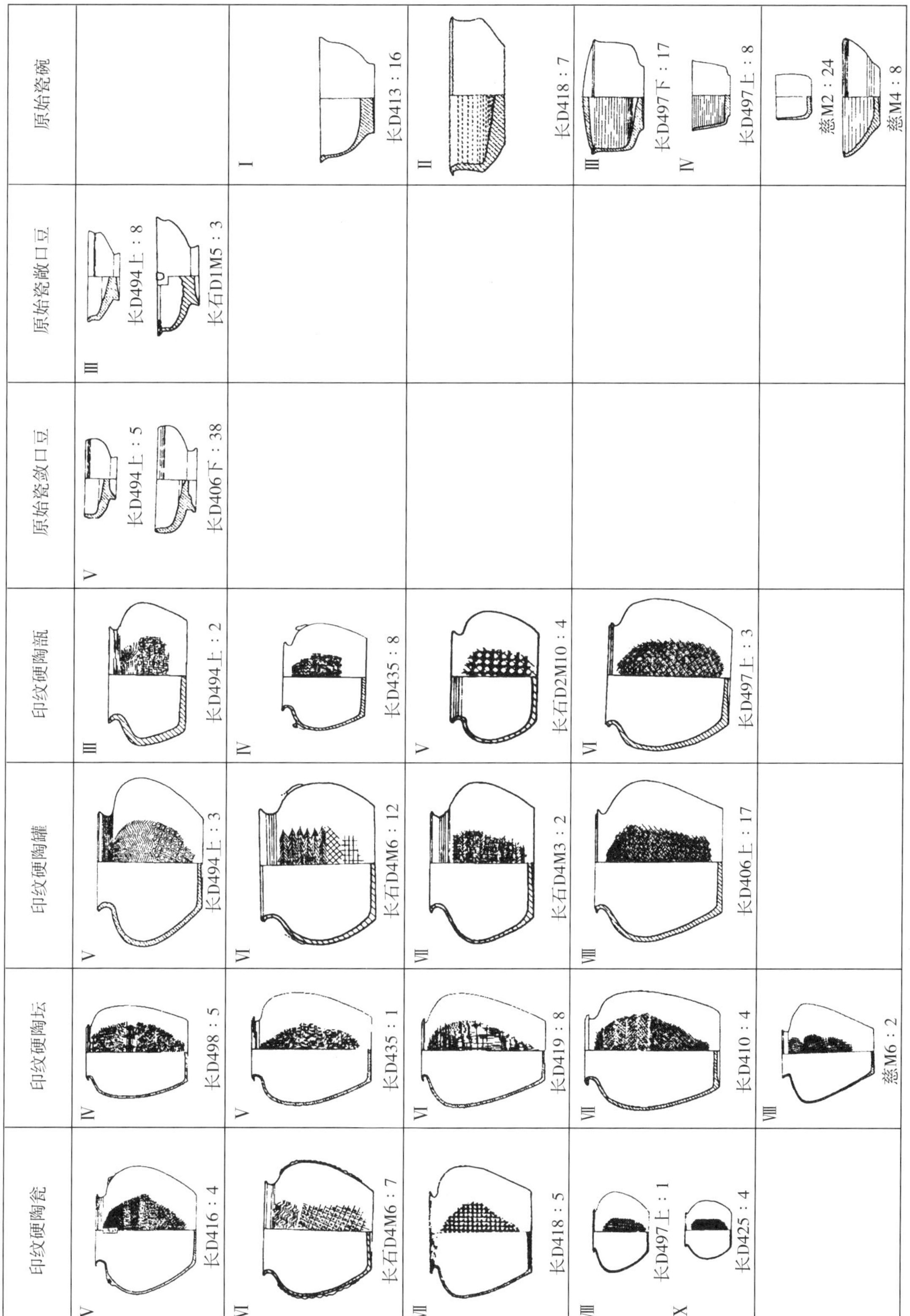

分期	时代	印纹硬陶瓮	印纹硬陶坛	印纹硬陶罐	印纹硬陶瓿	原始瓷敛口豆	原始瓷敞口豆	原始瓷碗
五	西周晚期至春秋初期	Ⅴ 长D416:4	Ⅳ 长D498:5	Ⅴ 长D494上:3	Ⅲ 长D494上:2	Ⅴ 长D494上:5 长D406下:38	Ⅲ 长D494上:8 长石D1M5:3	
六	春秋早期	Ⅵ 长石D4M6:7	Ⅴ 长D435:1	Ⅵ 长石D4M6:12	Ⅳ 长D435:8			
七	春秋中期	Ⅶ 长D418:5	Ⅵ 长D419:8	Ⅶ 长石D4M3:2	Ⅴ 长石D2M10:4			Ⅰ 长D413:16 Ⅱ
八	春秋晚期	Ⅷ 长D497上:1 Ⅸ 长D425:4	Ⅶ 长D410:4	Ⅷ 长D406上:17	Ⅵ 长D497上:3			Ⅲ 长D418:7 长D497下:17 Ⅳ 长D497上:8
九	春秋末至战国初期		Ⅷ 慈M6:2					慈M2:24 慈M4:8

图3-14　浙江土墩墓典型器物分期图

　　"无石室土墩墓"按照墓葬的具体形态可细分为多种类型，包括平地覆土掩埋的无框无床型墓、石床型墓、石框型墓等，有的地区还发现了边框较高的所谓"石椁型"土墩墓。

　　1. 无框无床型

　　无框无床型是土墩墓中最早出现的一种墓葬形态，具体表现为土墩内仅见堆放相对集中的成组随葬器物，不见明确标识墓葬平面范围的墓坑、墓床等迹象（图 3 – 15、3 – 16）。该类型土墩多用腐蚀性很强的酸性黄土封筑，封土多较松软，堆筑也不甚讲究，墩内墓葬一般规模不大，墓底葬具、骨架等有机质物多已不存，主要根据随葬器物所在平面的高低和分组摆放情况，结合器物的组合和时代面貌判断是否为墓葬。浙江省无框无床型土墩墓最早可追溯到夏商之际，以江山肩头弄、地山岗等第一至三单元遗存材料为主，而福建西北部的马岭等浅土坑墓葬资料或早于江山肩头弄[①]。随着土墩墓的发展和延续，分布范围的不断扩大，作为土墩墓中最原始的形态，这一类型的土墩墓在商代晚期、西周早期也陆续出现在浙江、苏南、皖南等整个土墩墓的分布区域，且一直延续至战国早期，贯穿整个土墩墓的发展始终，并未因为其他形式的土墩墓相继出现而渐趋消失。

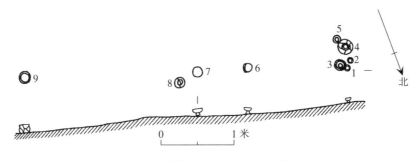

图 3 – 15　德清独仓山 D3M1 平、剖面图

图 3 – 16　瓯海杨府山 M1（南—北）

　　2. 石床型

　　石床型土墩墓最早出现于西周早期，它的出现与垫高墓葬底部平面、以利于更好的防水防潮意图

---

　　① 　福建省博物馆、光泽县文化局、光泽县文化馆：《福建省光泽县古遗址古墓葬的调查和清理》，《考古》1985 年第 12 期。

密不可分。具体表现为墓底有明确界定墓葬平面范围的石结构墓床,随葬器物多见于石床面上,石床平面均呈长方形,大多用一层小石块或卵石紧密平铺,也有用几行横竖排列整齐的大块石构成一定平面范围的墓床(图3-17)。石床型土墩墓见于浙江省杭嘉湖、宁绍、金衢等各个地区,如金衢地区的大型土墩墓衢江庙山尖、衢州西山、东阳草甘山等,杭嘉湖和宁绍地区各发掘点也都有一定数量的石床墓发现,长兴石狮 D4M6 还发现了双石床并列的土墩墓(图3-18)。与无框无床型土墩墓相比较,石床型土墩墓一般规模较大,出土器物较多,有不少系一墩一墓,在一墩多墓的土墩中,石床型墓大多也是土墩最底面的一座,墓主身份可能略高于前者。石床型土墩墓延续时间不长,主要流行于西周时期,与其他类型的土墩墓并行发展,到春秋早、中期,该类型土墩墓逐渐消失。

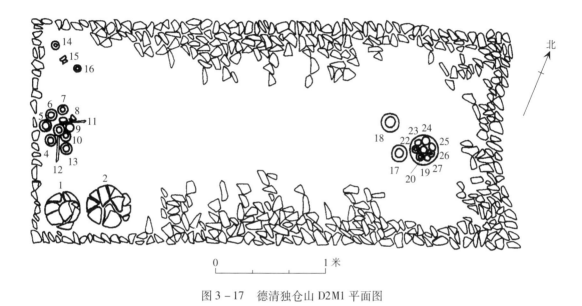

图 3-17 德清独仓山 D2M1 平面图

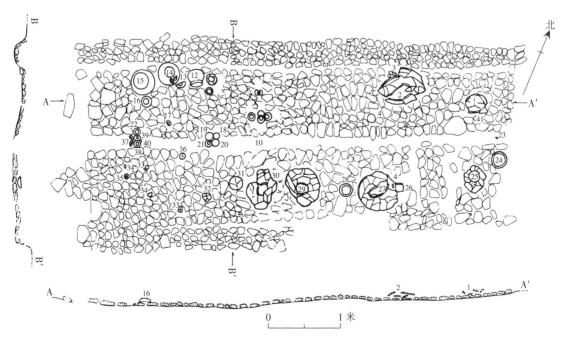

图 3-18 长兴石狮 D4M6 平、剖面图

3. 石框型

石框型土墩墓与石床型墓大体同时出现或略晚，它是在经过平整的平面上选用大小不一的石块放置于墓葬的四周，围成一个平面呈长方形的墓葬边框，由此构成墓葬的平面范围，随葬器物均放置在石框的范围之内（图 3-19）。该类型墓葬目前见于杭嘉湖和宁绍地区多个发掘点，如德清独仓山与南王山、海宁夹山、长兴合溪水库、慈溪彭东与东安、萧山柴岭山等，金衢及温台等地区尚未发现，而"无石室土墩墓"的主要分布区域——江苏南部宁镇地区也极少发现该类墓葬。依目前材料，石框型土墩墓仅流行于西周时期。

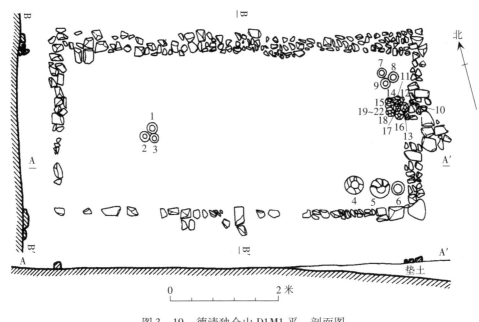

图 3-19　德清独仓山 D1M1 平、剖面图

（二）石室土墩墓

石室土墩墓是土墩墓的重要组成部分，在土墩墓中所占的比例仅次于平地堆土掩埋的无框无床型墓。浙江省境内，石室土墩墓主要分布在杭嘉湖、宁绍地区，金华、舟山地区也有少量发现，这些墓葬大多分布在山脊的分水线上，沿山脊呈线状密集分布，土墩之间的间距多为十余米至数十米，有的甚至几座土墩墩体相连。

石室土墩平面多呈椭圆形，墩内石室建在经平整后的山体表面（慈溪彭东和东安 4 座石室建于浅坑内），平面多为长条形（慈溪彭东、东安和萧山柴岭山还见有刀把形、"凸"字形等）（图 3-20、3-21），包括由块石垒砌的两侧壁及一端后墙石壁，另一端作为下葬时进出的通道，通道内常见用石块垒砌或土石结构的封门，将石室分隔为墓室和甬道两部分，大多数石室的顶部还保存略显扁薄的盖顶石（德清独仓山 6 座石室均未发现盖顶条石）。石室外围用块石和泥土混合堆筑，形成加固石室的泥石护坡。规模较大的土墩，在泥石护坡外还有一周甚至几周用大块石垒砌的长方形石坎，如慈溪彭东M4，石室外有三重长方形石坎，分别用一层至三层以上的石块筑成（图 3-22）。东阳前山 D1M1 大型石室墓，在墓室和甬道之间还见有门槛和门框结构。

通常一座土墩内仅有一座石室，但极少数也有两座、甚至三座石室同处一墩。如湖州堂子山 D202

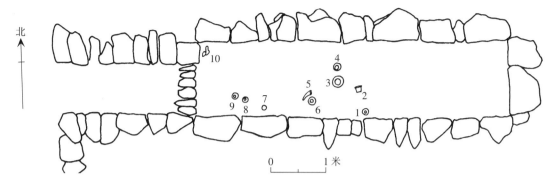

图 3-20　慈溪彭东 M4 平面图

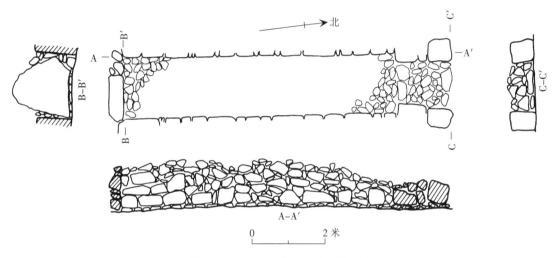

图 3-21　慈溪东安 M9 平、剖面图

发现走向不一的两座石室；长兴窑缸岭发现两座和三座石室同处一墩且连接成一条直线、石室间共用石墙的特殊墓例。少数石室土墩内还发现被叠压的、更早的平地覆土掩埋的土墩墓。

根据已有的资料，浙江地区石室土墩墓最早出现在西周中晚期前后，一直延续至土墩墓渐趋消失的战国早期。

（三）木室土墩墓

木室土墩墓仅见于大型土墩内，浙江境内目前仅发现两座，分别是萧山柴岭山 D30M1（图 3-23）、衢江庙山尖 D1M1。墓室由大型枋木两两斜撑，形成与印山越王陵相似的长条形"人"字顶结构，墓室外围见有树皮或木炭包裹，墓室底部均铺垫大量卵石，柴岭山 D30M1 还铺垫了青膏泥，起到很好的防水防潮作用。这两座墓葬的时代分别为西周早、中期。

东阳前山 D2M1 和慈溪东安慈 II M1 是两个较为特殊的墓例。前者墓坑为熟土堆筑的浅坑，坑底铺垫卵石，墓坑一端正中有块石垒砌并加条石盖顶的石室结构甬道和墓道，属于石室和浅土坑的复合形态（图 3-24）。后者在长方形石床的一端有用块石垒砌的墓道，其垒砌的结构与石室相似，属于石床和石室的复合形态（图 3-25）。

关于土墩墓各种埋葬形式墓葬之间的关系，各自产生和发展的轨迹，有学者已进行了较为详细的分析和论述，其早晚发展的逻辑顺序依次为：平地堆土掩埋的无框无床型→石床型→石框型→石室土墩墓，

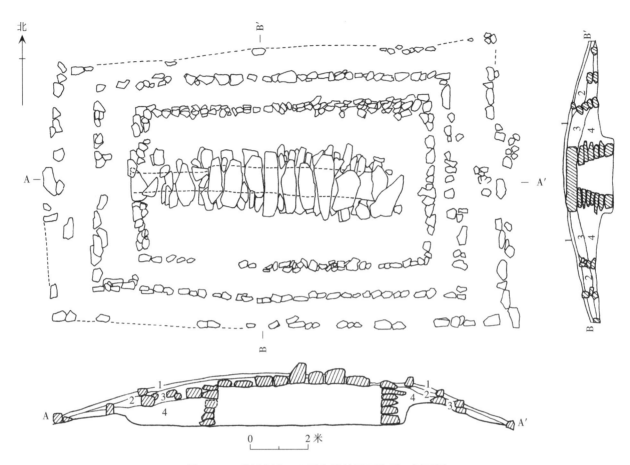

图 3 - 22　慈溪彭东 M4 石室及外围石坎平、剖面图

图 3 - 23　萧山柴岭山 D30M1（西南—东北）

图 3 - 24　东阳前山 D2M1（西—东）

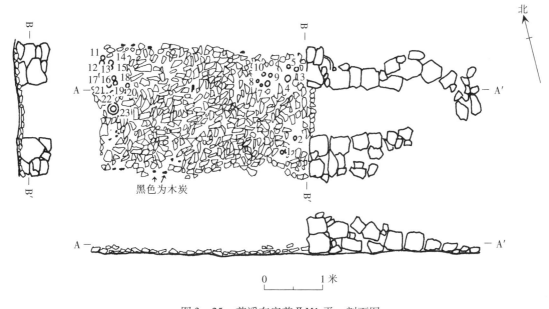

图 3 - 25　慈溪东安慈 Ⅱ M1 平、剖面图

这与目前发现的各种类型墓葬最早出现的时间是相吻合的[①]。无框无床型墓为土墩墓的初始形态，出现在夏商之际或更早，石床墓和石框墓出现在西周早期，而石室墓最早出现在西周中期。当然这只是逻辑的先后顺序，并不意味着绝对的早晚，一种新的墓葬形式产生后，原有的墓葬形式仍然会存在很长一段时间，甚至多种墓葬形式在同一地点乃至同一土墩内共同出现。

[①]　陈元甫：《土墩墓与吴越文化》，《东南文化》1992 年第 12 期。

四　一墩多墓

一墩多墓系指同一座土墩下埋有两座或两座以上的墓葬。从地层关系来看，这些墓葬多为上下叠压或局部打破，墓葬的时代也往往存在一定的差别，有些甚至早晚相差悬殊。浙江省先秦土墩墓的发掘和研究表明，一墩多墓和一墩一墓并存，在杭嘉湖地区和宁绍地区是较为普遍的现象，同一发掘点的墓葬数量均明显多于土墩数量。

长兴石狮 D1、D2 属于非常典型的两个例子。两座规模都不大的土墩，分别发现了 6 座和 11 座墓葬。其中 D1 用多种颜色鲜明的土分层堆筑，野外可以从土质土色上明确区分各墓葬的封土，进而明确墩内各墓的叠压关系，该墩内共发现墓葬 6 座，包括两座上下叠压关系十分明确的石床墓 M2 和 M6，墓葬时代分属于春秋中期和西周早期。D2 土墩内共发现墓葬 11 座，有 9 座见于土墩底部原地表同一平面上，无法明确区分各墓葬之间的叠压、打破关系，但各墓随葬品成组集中摆放，各组器物的时代面貌也存在很大区别，时代最早的墓葬 M1 为西周早期，位于土墩底部正中，而时代最晚的 M11 属春秋中期，位于土墩边缘[①]。

石室土墩内一般仅有一座石室，位于土墩底部近中心部位，但是石室内的埋葬情况却极为复杂，有不少石室内的出土遗物并非单座墓葬的随葬品，它们的时代差别有的也极为悬殊，应是同一石室多次埋葬的结果，也可称之为"一室多墓"。石室土墩墓中的"一墩多墓"具体表现大致有两种：一种情况是同一石室内的随葬品上下分层叠压，两个层面之间有几十厘米厚的泥土间隔，上下层出土器物的时代面貌多明显不同，目前尚未发现三层及三层以上的多层叠压现象；另一种情况是所有器物均位于石室底部同一平面上，但往往成组相对集中放置，各器物组的时代面貌多存在明显的差异，时代较早的一组往往分布在石室的后段，而时代较晚的则多见于石室中、前段，常常发现早组器物被扰乱破碎或个别混杂在晚组器物中的现象，长兴便山石室还发现封门结构混乱或封墙不完整等现象，存在后期拆动、重新封堵的可能性，应是石室多次重复利用的结果。如长兴便山，在 16 座石室内分别发现了两到三座墓葬，其中有上下叠压关系的 4 座，同一平面分组放置的 12 座，墓葬时代相差较为悬殊。D406，石室内器物分层叠压，下层时代为西周晚期，而上层时代为春秋中期（图 3 - 26、3 - 27）。D415，墓底平面器物可分为三组，最早的一组为西周晚至春秋初期，最晚的一组为战国初期[②]。德清独仓山的 6 座石室，有 2 座石室内发现上下叠压的 2 座墓葬，2 座石室底部的器物可早晚分组。D8，石室内下层 M2 时代为西周中期，而上层 M1 为春秋晚期。D9，石室底部 56 件器物可分为 3 组，最早的一组，放置在石室后段，时代约相当于春秋初期，该组器物扰乱最为严重，有多件器物碎为数片、相距 40～50 厘米，晚组器物分布于石室中、前段，时代均相当于春秋晚期[③]。海宁夹山土墩墓中，石室土墩墓的一墩多墓现象同样是常见的。

相比较而言，浙西南及浙南金衢、温州、台州、丽水等地区，先秦土墩均为一墩一墓，一墩多墓的现象基本不见。

---

①　浙江省文物考古研究所：《浙江长兴县石狮土墩墓发掘简报》，《浙江省文物考古研究所学刊》，科学出版社，1993 年。
②　浙江省文物考古研究所：《浙江长兴县便山土墩墓发掘报告》，《浙江省文物考古研究所学刊》，科学出版社，1993 年。
③　浙江省文物考古研究所、德清县博物馆：《独仓山与南王山——土墩墓发掘报告》，科学出版社，2007 年。

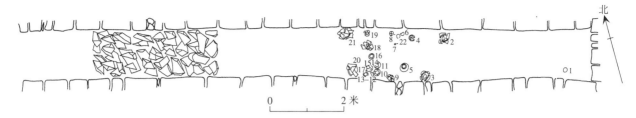

图 3－26　长兴便山 D406①层平面图

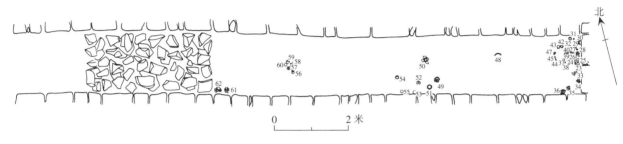

图 3－27　长兴便山 D406②层平面图

事实上，在浙江北部杭嘉湖地区，进入汉代以后，仍可见大量地面明显隆起的土墩，有些土墩内的墓葬甚至可晚至六朝，其营建方式是在地面向上堆筑土墩再向下挖掘竖穴深土坑，墩内同样可见数量较多的墓葬。但与先秦土墩明显不同的是，这类汉代土墩内的墓葬，往往排列整齐有序，且多开口于同一层面，墓葬时代往往差别不大，体现为短时期内经过统一规划的家族墓地形态。而先秦土墩墓中的一墩多墓常见上下分层叠压甚至相互打破，墓葬处在不同的层面，墓葬时代早晚差别很大，有的甚至前后相差三四百年。

五　葬具与人骨

20 世纪 70 年代，江苏省的考古工作者通过对句容浮山果园、溧水乌山、金坛鳌墩等一系列土墩墓的发掘，确认它是一种埋葬形式特殊的古代墓葬。同时对土墩墓的基本内涵进行了总结，包括"平地堆土掩埋封土成墩，未见墓坑和葬具，基本不见人骨架"等[1]，经过江、浙、皖等省多年来的考古发掘研究，这一认识已发生了明显的变化。

从墓葬的埋葬形态来看，浙江省的土墩墓发掘资料表明，平地堆土掩埋的土墩墓始终是土墩墓的主流形态，符合最初的土墩墓定义，无石室土墩中的石床型和石框型墓葬只出现在其中较短的时间段，石室土墩虽然流行了很长一段时间，但其分布区域由于受到建墓材料来源的限制，仅流行在部分地区且与其他形态的土墩墓并行不悖。至于土墩墓中有无墓坑，现在看来在浙江地区的答案是否定的，先秦土墩中土坑墓仅是少数地点的个别墓例，且墓坑多很浅，深度只有 10～20 厘米，浅到野外很难辨识和确认，这明显不同于宁镇地区大量发现于土墩中的竖穴土坑墓。

葬具和人骨的有无始终是土墩墓考古工作中十分关注的问题。由于土墩墓堆封多使用腐蚀性很强

---

① 邹厚本：《江苏南部土墩墓》，《文物资料丛刊（6）》，文物出版社，1982 年。

的酸性黄土，葬具和人骨等有机质物多难以保存。浙江省的土墩墓资料表明，葬具和人骨在土墩墓中应该是存在的，至少在一些较大型的土墩墓中，我们发现了葬具和人骨的迹象。

长兴石狮 D4M6，为春秋早期的双石床并列的合葬墓，每座石床上都有自成组合的一套随葬品。在墓上封土的发掘中，我们发现了两层明显为人工铺设的灰面，土墩中心发现平面为不规则长方形的明显坍塌范围，而这一范围与最终发现的墓底石床范围基本吻合，同时在石床平面上还发现了多件器物破碎后碎片分见于相距较远的不同位置，显然是具有较高空间的木结构葬具朽烂坍塌所致①。

瓯海杨府山西周土墩墓，在出土青铜戈、矛、剑和玉饰品的墓葬中段，发现了较多因有机质腐朽后形成的灰黑土，推测为棺椁位置②。

慈溪东安乡慈ⅡM1 春秋前期石床墓，在石床上发现断续的灰烬薄层，也可能与葬具的朽烂有关③。

东阳前山 D2M1 是一座春秋晚期的大型土墩墓，墓葬为堆土浅坑，墓底铺满卵石，墓上封土清理中发现了类似印山大墓的斜撑木坍塌结构，表明该墓原有"人"字坡顶的木结构墓室④。

衢江庙山尖和萧山柴岭山 D30M1 两座西周时期的大型土墩墓，更是用实物显示了木结构墓室的存在。这两座墓葬均发现了尚未完全朽烂的"人"字顶墓室，墓室外还发现了包裹的树皮或木炭。

土墩墓中多个地点人骨的发现是浙江省先秦土墩墓考古的一大收获。余姚老虎山 D1M11 和 D1M16 分别为一座浅土坑墓和石床墓，墓底均发现了较大范围的杂乱的人骨，应为二次葬。其中 D1M11 发现了头盖骨、颌骨、牙齿及大量杂乱的肢骨，D1M16 发现人骨的范围约长 4、宽 3 米⑤。

金华地区土墩墓中人骨的发现较为普遍。1981 年，在义乌平畴西周墓中就发现了人的牙齿和肢骨⑥。2005 年，东阳巍山、歌山 5 座土墩中全部发现了大量人骨，其中随葬品丰富的两座墓葬均发现三具或三具以上杂乱的人骨架，应为多人二次葬。位于山脊下坡的两座土墩内均发现长方形浅坑，坑底均发现有明显火烧迹象的多具人骨架，可能与祭祀有关⑦。

回顾浙江先秦土墩墓四十余年的考古历程，起步于 20 世纪 60 年代，经历了 20 世纪七八十年代的大规模有计划的区域性发掘和此后若干地点的抢救性发掘阶段，考古研究也从最初的对土墩墓性质的探讨和确认，发展到系统的分期和分区研究。由于土墩墓及石室土墩遗存中存在很多现在看来依然似懂非懂的复杂迹象，一墩多墓中平地覆土掩埋的无框无床型墓葬和非墓葬性质的器物组认定还缺乏明确的标准，按照现有的考古技术和记录手段，从土墩墓中提取的考古信息非常有限，加上与墓葬相应的同时期遗址考古工作严重缺乏，浙江省土墩墓考古研究工作依然任重而道远，同时期的古遗址考古工作亟待加强。

① 浙江省文物考古研究所：《浙江长兴县石狮土墩墓发掘简报》，《浙江省文物考古研究所学刊》，科学出版社，1993 年。
② 浙江省文物考古研究所、温州市文物保护考古所、瓯海区文博馆：《浙江瓯海杨府山西周土墩墓发掘简报》，《文物》2007 年第 11 期。
③ 浙江省文物考古研究所：《慈溪市彭东、东安的土墩墓与土墩石室墓》，《浙江省文物考古研究所学刊》，科学出版社，1993 年。
④ 浙江省文物考古研究所：《浙江越墓》，科学出版社，2009 年。
⑤ 浙江省文物考古研究所：《余姚老虎山一号墩发掘》，《沪杭甬高速公路考古报告》，文物出版社，2002 年。
⑥ 金华地区文管会：《浙江义乌县平畴西周墓——兼论原始青瓷器的制作工艺》，《考古》1985 年第 7 期。
⑦ 浙江省文物考古研究所资料。

就地区之间的比较而言，杭嘉湖地区已发掘的土墩墓数量较多且多集中在湖州地区，而宁绍地区虽然发掘数量略少，但通过区域比较发现，这两个地区的土墩墓无论从墓葬形制、埋葬特点及随葬品组成和器物面貌来看都非常接近，可以作为一个统一的区域，已经积累了丰富的考古资料，具备了开展综合研究的基础。而浙江其他地区，如金衢、温州、台州、丽水等地区，土墩墓资料相对较少，只能期待更多的发现和系统发掘。金衢地区是我省土墩墓考古工作开展最早的地区，也是我省土墩墓最早发生的地区，还是大型土墩墓发现密集区域，如东阳已发掘的土墩墓，随葬品数量都极为丰富，衢州庙山尖还发现了早至西周早中期、出土大量青铜构件、兵器及玉器的大型贵族墓。加强金衢地区的土墩墓考古工作，开展区域专题调查，应该成为浙江省土墩墓考古工作的重要任务，这一区域必将成为浙江土墩墓考古工作的重要增长点。

根据《史记·越世家》及《越绝书》记载："越王勾践，其先禹之苗裔，而夏后帝少康之庶子也，封于会稽，以奉守禹之祀。后二十余世，至于允常。"且不论大禹之有无及会稽是否就一定在浙江，仅从土墩墓的发生、发展乃至消亡的时间来看，其最初发生于夏商之际甚至更早，恰巧与文献记载的无余封越的历史相吻合。土墩墓贯穿了夏、商、周多个历史时期，直至战国早期，土墩墓才在越地退出历史舞台，随之而来的是楚地流行的竖穴土坑墓，这与文献记载的越国历史也正相呼应。也正是在春秋末期至战国早期，越王允常、勾践统治时期，越国达到鼎盛，歼灭强吴，逐鹿中原甚至迁都琅琊，越地墓葬制度由此发生了革命性的变化，这恐怕不是历史的巧合。

根据《国语·越语》记载，春秋战国时期越国的疆域为"南至句无，北至御儿，东至于鄞，西至于姑篾"，大体包含了今天浙江全境。然而从浙江先秦土墩墓的区域比较研究发现，浙江南部及西南部地区的文化面貌与浙北和浙东地区存在明显的差异。如浙江仅有的几座出土礼乐器、兵器的铜器墓均发现于浙南和浙西南，而杭嘉湖和宁绍地区土墩墓中几乎不见青铜器。浙南和浙西南地区几乎均为平地掩埋的土墩墓，东阳、义乌发现少量石室墓，而杭嘉湖和宁绍地区则普遍见有平地掩埋的土墩墓与石室土墩墓混杂共存。浙南和浙西南的土墩墓普遍为一墩一墓，而杭嘉湖和宁绍地区则普遍见有一墩多墓与一墩一墓共存。此外，浙西南和浙南地区普遍发现的着黑陶以及原始瓷折腹尊、外表装饰密集弦纹的豆、碗、盂等，在浙北和浙东地区也较为少见。由此看来，在春秋晚期强盛统一的于越形成之前，浙江境内可能分属于多个不同的越的部族或小国，这方面仍需要更多考古研究进行解读。

（执笔：田正标）

越国考古

相当于中原地区的商时期，浙江北苕溪及东苕溪流域集中出现小古城、下菰城、毘山、邱城等中心聚落遗址，说明东苕溪流域是环太湖地区商时期的中心区域，也说明良渚王国衰落后，经过新石器末期的历史沉淀与发展，此时聚落又开始分化，国家文明可能重新开始出现。

越国何时立国？《今本竹书纪年》周成王二十四年"于越来宾"；《逸周书·王会解》载：成王二十五年，王城既成，大会诸侯及四夷，"于越纳，姑妹珍"。从考古材料来看，西周早期，礼器开始出现，说明此时古越人开始了礼制的探索。《左传·隐公十一年》："礼，经国家，定社稷，序民人，利后嗣。"礼制是维系国家统治的核心制度之一，是维系社会秩序的重要手段。综合文献和考古资料，越国应最晚在西周早期即已立国。之后，经过西周、春秋的发展，春秋末期允常拓土始大，称王，勾践继位，夫差败越，勾践质吴，三年归国，十年生聚，十年教训，覆灭强吴。"周元王使人赐勾践胙……诸侯毕贺，号称霸王。"自勾践称霸至无疆时"楚败越"，越国国力最为强盛，越文化得到空前发展。

越国作为浙江历史上第一个有文献记载的国家，在浙江大历史乃至中国大历史上都占有重要地位，因此，越国考古一直是浙江商周时期考古的重要课题，而墓葬、城址及其他聚落遗址是这一时期的主要遗存，考古工作自然主要围绕三者开展。

一 越国墓葬

墓葬特别是王陵及高等级贵族墓是社会文化的集中反映，因此，越国墓葬的考古主要围绕越国王陵及贵族墓展开。此外，自20世纪50年代漓渚镇越国墓葬的发掘[1]之后，宁绍地区的绍兴市漓渚仪桥岭[2]、上虞百官镇凤凰山[3]、小越镇羊山[4]、驿亭镇周家山[5]、郑岙村童子山、和尚山[6]、上灶乡塔山[7]、皋埠镇凤凰山[8]，余姚市老虎山[9]，慈溪市彭东、东安[10]，杭嘉湖地区的杭州半山石塘[11]，安吉县递铺

① 浙江省文物管理委员会：《绍兴漓渚的汉墓》，《考古学报》1951年第1期。
② 浙江省文物管理委员会：《浙江绍兴漓渚古墓葬发掘简报》，《考古》1958年第12期。
③ 浙江省文物考古研究所、上虞县文物管理所：《浙江上虞凤凰山古墓葬发掘报告》，《浙江省文物考古研究所学刊》，科学出版社，1993年。
④ 浙江省文物考古研究所：《上虞羊山古墓葬发掘》，《沪杭甬高速公路考古报告》，文物出版社，2002年。
⑤ 浙江省文物考古研究所：《上虞周家山古墓葬发掘》，《沪杭甬高速公路考古报告》，文物出版社，2002年。
⑥ 上虞市文物管理所：《上虞白马湖畔石室土墩墓发掘简报》，《东方博物》第二十九辑，浙江大学出版社，2008年。
⑦ 周燕儿、符杏华：《浙江绍兴县出土一批原始青瓷器》，《江西文物》1990年第1期。
⑧ 绍兴县文物管理委员会：《绍兴凤凰山木椁墓》，《考古》1976年第6期。绍兴县文物保护管理所：《浙江绍兴凤凰山战国木椁墓》，《文物》2002年第2期。
⑨ 浙江省文物考古研究所：《余姚老虎山一号墩发掘》，《沪杭甬高速公路考古报告》，文物出版社，2002年。
⑩ 浙江省文物考古研究所：《慈溪市彭东、东安的土墩墓与土墩石室墓》，《浙江省文物考古研究所学刊》，科学出版社，1993年。
⑪ 杭州市文物考古研究所资料。

镇垄坝①、安吉笔架山②，衢州市江山大夫第③等还出土了数量较多、等级相对较低的越国墓葬。

（一）越国王陵考古

越国王陵的考古工作肇始于绍兴印山大墓的发掘。

印山大墓位于绍兴市兰亭镇里木栅村印山山顶。1996～1998年，浙江省文物考古研究所会同绍兴县文物保护管理所对其进行抢救性发掘。印山大墓墓园占地面积8.5万平方米，四周有隍壕围护。封土呈长方形覆斗状，长72、宽36米，中心高近10米。主体墓葬为"甲"字形竖穴岩坑墓，墓坑坑口长46、最宽处19、坑深14米，墓道设在东壁正中，长54米。木椁呈长条形两面斜坡状，木椁外长34.8、宽6.7、高约5.5米，横截面呈"人"字形，规模巨大，分前、中、后三室，均用巨大枋木构筑。枋木加工规整，三面髹漆。木椁外侧依次有树皮、木炭、树皮保护，木椁底部也垫有厚达1.65米的木炭。墓坑填筑青膏泥。大型独木棺置于中室。该墓历史上严重被盗，仅出土随葬品41件（组），基本都出于中室，以玉石器为主，有玉龙首勾形器、玉镞、玉剑、玉镇等，另有少量陶器和青铜器。墓葬年代为春秋末期。印山越王陵是迄今发掘的第一座越国王陵，其特殊的"人"字形木椁、巨大的独木棺构成了越国王陵的鲜明特色，对研究越国的埋葬习俗、王陵的埋葬制度、越国与楚国及中原列国的关系、推动越文化的研究具有非常重要的意义④（图3-28至图3-32）。

据陈梦家考证，自允常称王以来，越王世系为允常、勾践、鹿郢、不寿、朱句、翳、诸咎粤滑、无余之、无颛、无彊等十代⑤。史书关于越王（侯）陵墓，只有夫镡、允常、勾践之墓分别在《越绝书》《吴越春秋》有少量记载⑥，目前只确定了越王允常陵墓所在。据文献，战国时期越国都城有三处，分别位于今浙江绍兴、江苏苏州、山东琅琊。截至目前，琅琊没有发现战国时期越国贵族墓葬，江苏苏州真山贵族墓及无锡鸿山邱承墩越国贵族墓也比印山王陵规模小，勾践至越王无彊共九位越王的陵墓葬在何处？

为了搞清其他王陵的分布区域，2011年，按照国家大遗址考古要求的相关规定，浙江省文物考古研究所制定了《绍兴越国王陵及贵族墓考古工作规划（2011~2015年）》，获国家文物局批准

图3-28　印山越国王陵鸟瞰

---

① 安吉县博物馆　金翔：《浙江安吉县垄坝村发现一座战国墓葬》，《考古》2001年第7期。

② 黄昊德、田正标：《安吉笔架山春秋战国古墓葬》，《浙江考古新纪元》，科学出版社，2009年。浙江省文物考古研究所、安吉县博物馆：《浙江安吉笔架山春秋战国墓葬发掘简报》，《东南文化》2009年第1期。

③ 江山县文管会　毛兆廷：《浙江省江山县发现战国墓》，《文物》1985年第6期。

④ 浙江省文物考古研究所、绍兴县文物保护管理所：《印山越王陵》，文物出版社，2002年。

⑤ 陈梦家：《六国纪年表考证·越世系》，中华书局，2005年。

⑥ "若耶大冢者，勾践所徙葬先君夫镡冢也，去县二十五里。""独山大冢者，勾践自治以为冢，徙琅琊，冢不成。去县九里。""木客大冢者，勾践父允常冢也……去县十五里。"载东汉袁康、吴平辑录，乐祖谋点校：《越绝书》卷八"越绝外传记地传"，上海古籍出版社，1985年。

图 3 - 30　印山越国王陵封土剖面

图 3 - 29　印山越国王陵全景（西—东）

图 3 - 31　印山越国王陵木椁外包裹树皮及木炭情况

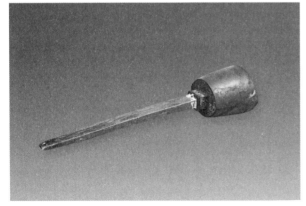

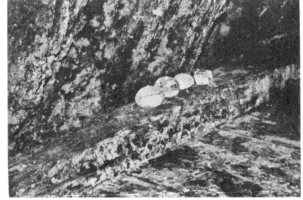

图 3 - 32　印山越国王陵出土器物

1. 青铜铎　2. 玉镇出土情况

立项，被列入"十二五"国家重点文物保护专项经费的资助项目。

　　五年来，以《田野考古工作规程》（2009 年修订版）为工作准则，传统田野调查方法与现代先进科技手段相结合，采取"全方位调查、大面积普探、重点地区详探、关键部位试掘、高精度测绘及考古资料数据化"的工作思路,对绍兴地区的王侯贵族墓进行了系统的考古调查、测绘和勘探。取得重大收获:基本厘清了绍兴高等级墓葬的主要分布区,初步确认了平水盆地为战国时期越国王陵区,基本搞清了平水盆地越国王陵区的布局,基本明确了越国王陵区周边古水系及沟状遗迹的分布状况,结果表明绍兴地区越国王陵及贵族墓葬的选址、营建与水系密切相关,获取了建立地理信息系统的基础数据资料。

　　绍兴越国王陵及贵族墓葬的考古调查勘探成果是越文化考古研究的重要收获。平水盆地越国王陵区的发现,是越国王陵考古研究的重大突破①(图3-33至图3-35)。

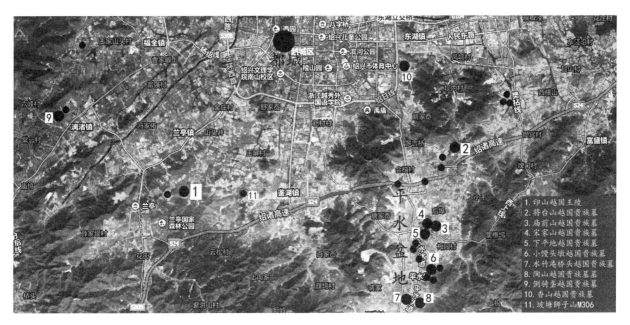

图3-33　绍兴越国王陵及贵族墓葬分布图

　　越国王陵考古研究主要围绕印山大墓的墓主、陵园制度、王陵葬制等展开。

　　《印山越王陵》报告及相关论文综合印山大墓的年代,墓室和独木棺的形制,巨大的规模,豪华的墓室,填筑的严密与考究,隍壕的设置,营建工程的浩大,随葬品的等级,同时结合文献的记载,推定该墓为越王允常之"木客大冢";认为墓葬最早被盗的时间应该在战国末期;使用带宽大长墓道的竖穴深坑,形制独特的"人"字形墓室,巨大的独木棺,填筑大量的木炭和青膏泥,墓地外围的隍壕,是印山越王陵埋葬制度的五个方面。其中除墓上封土和墓室形制及独木棺为越地传统因素外,其余三项为外来文化因素,通过综合比较本地、楚墓、中原王侯墓葬、秦公陵园资料,认为主要是受秦公陵园制度的影响②。随后,陈元甫又撰文对印山越王陵葬制进行了专门研究③。同时,另文从绍兴印

---

①　浙江省文物考古研究所资料。

②　田正标、黎毓馨、彭云、陈元甫:《绍兴印山大墓墓主考证》,《浙江学刊》1999年第4期;《浙江绍兴印山大墓墓主考证》,《东南文化》2000年第3期。浙江省文物考古研究所、绍兴县文物保护管理所:《浙江绍兴印山大墓发掘简报》,《文物》1999年第11期;《印山越王陵》,文物出版社,2002年。

③　陈元甫:《绍兴印山越王陵葬制的初步研究》,《长江流域青铜文化研究》,科学出版社,2002年。

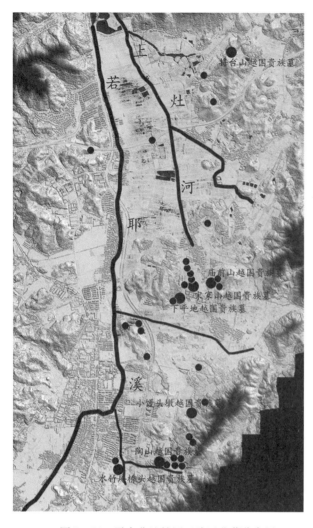

图 3-34　平水盆地越国王陵区墓葬分布图

图 3-35　平水庙前山大型越国贵族墓（西—东）

山越国王陵陵区的选择、陵园的布局和形制、陵园的防御设施和门、陵墓形制、墓上封土、陵园建筑等多个方面分析了印山越国王陵的陵园制度。认为陵区的选择兼顾了"风水"管理、保护和祭祀等方面的方便问题，同时也有整体规划上的考虑；陵园内仅建一座王陵的现象，已基本具备了"独立陵园"的格局，它与秦公陵所实行的陵园制度的主要特征基本一致；陵园隍壕和门的设置受秦公陵墓的影响，但隍壕的重数、大小、门的数量及门的大小与秦公陵园有别；王陵采用单墓道而不用两条或四条墓道，与越自觉偏居东南、地位低下有关，墓道的形制也与中原或秦国王陵墓道显著有别；王陵墓上封土，不全是对传统葬制的简单继承和延续，而是按照王陵的规格来营建；陵园南侧宽阔的平地上有瓦片出土，其年代可能与王陵同时，王陵可能建有享堂类建筑①。

孙华从考古发现和文献记载入手，认为吴越两国出于北上争霸的需要在文化上都努力模仿周文化的历史背景下，越国统治者的仿效对象必然是周王室和与周王室关系最密切的晋、郑、鲁诸国，不应当仿效距离较远且被东方诸国看不起的西方秦国，因此，封土的形状、丘垄外隍壕和神道的形式、墓室外积炭等，都带有浓烈的模仿中原周王陵的色彩；其他诸如地上高大的封土堆、两面坡顶的无墙墓室、带把手的独木棺等因素则是沿袭了越地本地的传统②。

李零通过印山王陵与维京船葬的对比分析，认为两者的墓穴填筑方式、墓室形制非常相似，文献记载越是重要的航海国家，越王重视航海，重视舟师。提出印山大墓是否是船文化的缩影的问题③。

①　陈元甫：《绍兴印山越王陵陵园制度初探》，《东方博物》第十一辑，浙江大学出版社，2004 年。
②　孙华：《绍兴印山大墓的若干问题——读〈印山越王陵〉札记》，《南方文物》2008 年第 2 期。
③　李零：《印山大墓与维京船葬——读〈印山越王陵〉》，《中国历史文物》2007 年第 3 期。

也有学者对印山大墓的墓主是否为允常持不同意见。葛国庆认为印山不是木客山，而且印山大墓之规模、形制与允常时的国力、地位极不相称，它不可能是允常之陵；印山大墓所反映的全方位信息与勾践在位时的时代背景全然吻合，认为印山越国王陵是越王勾践自治冢①。董楚平根据出土器物认为，绍兴印山大墓的年代约在春秋晚期至战国初期。而且，在目前已知的同时代的南方墓葬中，印山大墓的体量最大，气势最为雄伟，结构最为奇特与复杂，与允常时期的越国国力太不相称，它肯定不是春秋时期的允常之墓，而只能是战国时期某位越王之墓，具体王名尚难确定，参考诸位越王的传世铜器情况，以者旨于赐之墓的可能性较大②。

（二）越国贵族墓葬考古

越国贵族墓葬的考古工作肇始于 1981 年绍兴坡塘狮子山 306 号墓的发掘③。此后至 21 世纪前，陆续在海盐黄家山④、余杭崇贤笆斗山⑤、水洪庙、大陆顾家埠⑥、上虞驿亭镇牛头山⑦、杭州半山石塘⑧发掘数座越国贵族墓葬，收获颇丰。

绍兴 306 号墓位于绍兴市坡塘狮子山。此墓为台阶式墓道带壁龛的竖穴土坑墓。墓坑西壁已被破坏，台阶式墓道位于墓室西壁南端，朝西。南壁有壁龛，西部已被破坏，壁龛下方有土台。墓葬出土的青铜器和陶器均出自壁龛和土台（图 3 - 36、3 - 37）。该墓虽被严重扰乱，但还是出土了较多随葬品，有铜器、陶器、玉石器、玛瑙、绿松石、金器共六类。青铜汤鼎、炉和罍均有铭文，其中罍的铭文不可通读，从汤鼎和炉的铭文内容可知，这两件器物均为徐器。简报作者综合墓葬形制、出土随葬品

1　　　　　　　　　　　　　2

图 3 - 36　绍兴坡塘狮子山 M306 器物出土情况

1. 土台青铜器出土情况　2. 壁龛内铜屋及瓿形盉出土情况（局部）

---

①　葛国庆：《印山大墓应是越王勾践自治冢——绍兴印山越王陵陵主新考》，《绍兴文理学院学报（哲学社会科学版）》2001 年第 5 期。

②　董楚平：《关于绍兴印山大墓墓主问题的探讨——兼说绍兴 306 号墓的国属问题》，《杭州师范学院学报（哲学社会科学版）》2002 年第 4 期。

③　浙江省文物管理委员会、浙江省文物考古所、绍兴地区文化局、绍兴市文管会：《绍兴 306 号战国墓发掘简报》，《文物》1984 年第 1 期。

④　浙江省文物考古研究所、海盐县博物馆：《浙江海盐出土原始瓷乐器》，《文物》1985 年第 8 期。

⑤　余杭县文物管理委员会：《浙江省余杭崇贤战国墓》，《东南文化》1989 年第 6 期。

⑥　盛正岗：《余杭出土战国原始瓷及产地问题》，《东方博物》2008 年第 3 期。

⑦　浙江省文物考古研究所：《上虞牛头山古墓葬发掘》，《沪杭甬高速公路考古报告》，文物出版社，2002 年。

⑧　杭州市文物考古研究所资料。

图 3 - 37　绍兴坡塘狮子山 M306 出土器物
1. 螭纹提梁铜盉　2. 铜屋模型　3. 凤鸟纹铜器座　4. 龙形玉佩　5. 龙形玉琥　6. 兽面纹方形玉饰

特征、铜器铭文、吴徐越关系的文献记载，认为该墓为战国初期的越墓[①]。该墓是迄今浙江地区唯一一座出土青铜礼器的越国墓葬，对研究越国青铜铸造技术、吴越楚徐的关系及战国时期越国礼乐器及玉器制度的变革具有极其重要的价值。

　　海盐黄家山战国墓出土原始瓷甬钟、句鑃、錞于、悬铃及泥质陶纽钟、磬等乐器。13 件原始瓷甬钟及 12 件句鑃均大小相次。另出土有原始瓷甗形鼎、附耳鼎、立耳鼎。这是浙江首次成批出土原始瓷或泥质陶仿铜礼乐器。余杭崇贤笆斗山 M3、水洪庙、大陆顾家埠及杭州半山石塘一号战国墓也出土大量的仿铜原始瓷礼乐器（图 3 - 38）。这些发现对研究越国礼乐制度具有重要价值。

　　时间进入 21 世纪，浙江省文物考古研究所会同地方文物部门又相继在长兴鼻子山[②]、东阳前山[③]、安吉龙山 D141[④]、八亩墩[⑤]、绍兴漓渚镇猪肉岙、平水镇大龙山和陆家岙、四丰村蔡家岙祝家山、小家山、绍兴越城区东湖镇香山以及嵊州小黄山[⑥]等地抢救性发掘数座越国贵族墓葬，极大地丰富了越国贵族墓葬资料。

　　长兴鼻子山越国贵族墓位于长兴县雉城镇五丰农民新村，坐落于鼻子山山脊的南端。为一座带墓

① 浙江省文物管理委员会等：《绍兴 306 号战国墓发掘简报》，《文物》1984 年第 1 期。
② 浙江省文物考古研究所、长兴县博物馆：《浙江长兴鼻子山越国贵族墓》，《文物》2007 年第 1 期。
③ 浙江省文物考古研究所、东阳市博物馆：《浙江东阳前山越国贵族墓》，《文物》2008 年第 7 期。
④ 浙江省文物考古研究所、安吉县博物馆：《浙江安吉龙山越国贵族墓》，《南方文物》2008 年第 3 期。
⑤ 浙江省文物考古研究所资料。
⑥ 浙江省文物考古研究所等：《绍兴越墓》，文物出版社，2016 年。

图 3-38　余杭地区战国墓出土仿铜原始瓷礼乐器

1. 兽面鼎（崇贤水洪庙出土）　2. 句鑃（大陆顾家埠出土）　3. 甬钟（大陆顾家埠出土）　4. 悬铃（崇贤笆斗山 M3 出土）

道的长方形岩坑木椁墓（图 3-39）。封土呈长方形覆斗状，墓坑呈东西向长方形，底部有两条纵向的枕木槽。斜坡式墓道位于东壁中部。矩形箱式木椁。椁外填青膏泥。墓葬未被盗掘，出土随葬品 62 件，为陶瓷器、玉石器和料器。墓葬陪葬乐器坑出土的甬钟、磬、镈钟、句鑃、钲和錞于等原始瓷或印纹硬陶仿铜乐器（图 3-40），是本次考古的重要发现，是越国墓葬考古的新突破，对研究越国贵族墓的葬制葬俗具有十分重要的价值，对今后开展越国墓葬的考古发掘具有指导意义。

东阳前山越国贵族墓葬位于东阳六石镇派园村前山。该墓石砌甬道与浅土坑木椁墓室相结合的墓葬形制（图 3-41），是我省土墩墓发掘中的首次发现，年代为春秋晚期，可能代表着土墩石室墓向土坑木椁墓发展演变的一种过渡形态，对研究越国墓葬形制的演变具有重要价值。出土的大量玉石器为研究越国玉石制造工艺及越国玉器的文化特征提供重要资料（图 3-42）。

安吉龙山 D141M1 位于安吉县递铺镇古城村龙山东麓。为一座带墓道的长方形竖穴土坑木椁墓（图 3-43）。封土呈长方形覆斗状。墓坑呈东西向长方形，底部有两条纵向的枕木槽。墓道位于东壁中部，底部平整稍微内斜，墓道两侧有两排柱洞，接近墓坑处内收与木椁相接，柱坑内斜。甬道和木椁均为"人"字形。椁外填青膏泥。墓葬严重被盗，墓内出土随葬品较少，有玉石器、陶瓷器和漆木器。墓外设有陪葬器物坑。出土有日用陶瓷器和兽面鼎、鉴、盘、炉、镇、仿铜陶瓷礼器。陪葬器物坑、

1　　　　　　　　　　　　　　　　　　　2

图 3 – 39　长兴鼻子山 M1
1. 封土　2. 墓坑全景（西—东）

1　　　　　　　　　　　2　　　　　　　　　　　3

图 3 – 40　长兴鼻子山 M1 出土原始瓷乐器
1. 甬钟　2. 镈钟　3. 錞于

图 3 – 41　东阳前山 D2M1（西—东）

"人"字形木椁和甬道对研究越国贵族墓葬的葬制葬俗具有重要价值。两件龙形玉佩（图 3 – 44）的发现是墓葬被盗后遗存的惊喜，对研究墓葬等级及与中原文化的关系颇有价值，大量的角形器的功能也值得我们深入探讨。

漓渚镇小步村猪肉岙越国贵族墓为一座带墓道的长方形竖穴土坑木椁墓，墓葬整体形制呈"甲"字形（图 3 – 45）。墓葬走向与所在山脊的走向垂直相交。墓坑长方形，规模较大，坑底四周有生土二层台。坑底两侧有两条纵向的枕木槽。由于埋藏条件较差，葬具均已朽烂。从葬具朽痕分析，木椁长约 22.7、宽约 3.2 米。平底墓道接于墓室的北壁，实际清理出 3.7 米长的一段，其底部高于墓坑底部约 0.2 米。墓道底部也有两条纵向的沟槽，

1   2   3

图 3-42 东阳前山 D2M1 出土玉石器
1. 玉石器出土情况 2. 玉石器出土情况 3. 绿松石管（M1∶34~39）

图 3-43 安吉龙山 D141M1 全景（东—西）   图 3-44 安吉龙山 D141M1 出土龙形玉佩（M1∶7）

1   2

图 3-45 绍兴漓渚小步村猪肉吞越国贵族墓
1. 发掘中 2. 清理后墓坑全景

沟槽向南部延伸入墓坑约 1 米。沟槽间距 1.2~1.35 米，长 4.5~4.7 米。沟槽南端与木椁的北端相接，推测沟槽位置为木质甬道所在。由于墓葬被严重盗掘，没有出土随葬品，只在墓道及墓坑填土中发现三片细方格纹印纹硬陶片。2002 年调查时，从现代盗洞翻出地表的炭泥中曾采集到一块战国时期原始瓷残片。由此推测其年代为战国时期。

嵊州小黄山越国贵族墓（M13）位于甘霖镇上杜村小黄山。墓葬由壕沟、主体墓葬、器物坑三大部分组成（图 3 - 46）。主体墓葬为长方形竖穴土坑，墓坑东壁中部接有平底墓道，墓葬整体平面形制呈"甲"字形，由封土、墓道、甬道、墓坑四部分组成。封土整体形状呈长方形覆斗状。墓坑四周有二层台，后室位置的二层台表面铺有卵石层，底部铺有卵石基础，中间部位为夯土层。墓坑底部在木椁位置还有柱洞遗迹。葬具已朽，从葬具朽痕及填土的坍塌迹象推测，木椁为横截面呈三角形的两面坡"人"字形木椁，木椁分前、后室，前室与墓道之间有木质甬道相连。墓葬北侧有一处陪葬器物坑，为绍兴地区首次发现。该墓保存完整，墓室出土随葬品 29 件，有原始瓷器、印纹硬陶器、泥质陶器和玉石器等。陪葬器物坑出土器物 99 件，有原始瓷、印纹硬陶和泥质陶三类。从出土器物推测，M13 的年代为战国早期晚段。该墓是浙江地区分布最南的一座越国贵族墓葬，是继印山大墓后第一次在等级相对较低的越国贵族墓葬发现环壕设施。

 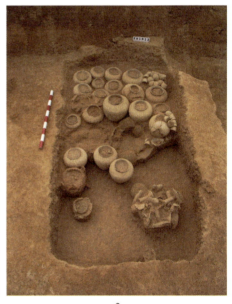

1   2

图 3 - 46　嵊州小黄山越国贵族墓 M13
1. 全景（东—西）　　2. 器物坑（东—西）

东湖香山越国大型贵族墓位于东湖镇香山村香山南麓。发掘表明，该墓为一座平地起建的"甲"字形无圹大墓，由封土、墓道、木椁、棺、土木结构基础平台、排水系统等组成（图 3 - 47）。在紧邻墓葬的北边还发现了精细加工建墓用材的木料加工场。墓葬封土呈长方形覆斗状，部分已被破坏，从保存部分来看，封土长约 90、宽约 50 米。墓道接于木椁东部正中，与木椁相连，墓道平面呈长方形，底部近平，与椁底基本处于同一平面。墓道中西部发现柱洞，分列南、北两侧，有的柱洞还残留明显的向内倾斜的柱痕，推测墓葬有横截面呈三角形的木构甬道。木椁内长 47.6、宽约 3.8 米，只剩底部，从残存部分看，木椁为横截面呈两面坡的"人"字形。根据墓下堆积、墓道堆积及建墓堆积内出土的遗物，并结合碳十四数据推断，该墓的年代为战国中期偏早。

1   2

3

4   5

图 3 - 47　绍兴东湖香山越国贵族墓

1. M1 平面及北侧木材加工场（东—西）　2. 上下层枕木之间的圆形木条（局部）　3. 排水系统局部（南—北）　4. 中层及上层枕木之间及北侧夯土层　5. 上层枕木之间的燕尾形榫卯（侧视）

　　香山 M1 是继印山越国王陵之后发现的又一座木椁横截面呈"人"字形的两面坡状越国大型墓葬。墓葬具有规模巨大的封土及木椁，其规模甚至超过印山王陵，说明该墓的墓主身份非同一般，不排除为越王陵的可能。该墓的发掘为研究越国墓葬等级制度、越国贵族墓葬的埋葬制度及埋葬习俗提供了新资料。木料加工场、木质排水系统、考究的土木结构基础平台及先进的细木作工艺，是越文化考古的首次发现，对于研究越国木作手工业技术、排水防潮措施具有参考价值。该墓复杂的营造方法、木椁底部多层枕木的构造、墓内不积炭及特殊的防水防潮的做法以及墓葬的选址等，为我们提供新的研究课题。

祝家山越国贵族墓位于绍兴县平水镇四丰村蔡家岙祝家山。墓葬开口于表土层下，带平底墓道，墓道朝西，墓葬整体平面呈"甲"字形。为一椁一棺墓。共出土随葬品49件。该墓虽然被盗，但被盗随葬品被及时追回，因此，随葬品组合相对比较完整，为研究越国墓葬的随葬器用制度及等级制度提供了相对完整的资料（图3–48）。

图3–48　绍兴平水祝家山越国贵族墓
1. M1东端器物出土情况（西—东）　2. 原始瓷鼎（M1：12）　3. 原始瓷豆（M1：21）

小家山越国贵族墓（M17）位于绍兴平水镇蔡家岙小家山。该墓整体平面呈"甲"字形，由墓道和墓坑两部分组成，全长13.26米（图3–49）。该墓虽被盗，但还是出土了玉璜、玉扣饰、铜矛、铜镞、原始瓷罍等随葬品（图3–50）。墓葬西北侧发现该墓的陪葬器物坑，为越国中心腹地首次发现，丰富了战国时期的越国墓葬资料。对越国墓葬的分期、墓葬等级、墓葬习俗、随葬器用制度的研究具有重要意义。

安吉龙山107号古墓葬（俗称八亩墩）位于安吉县递铺街道古城村，安吉古城遗址东南侧约850米处，是龙山越国贵族墓群中规模最大、等级最高的一座（图3–51）。中心土墩为长方形覆斗状，长56、宽30、高8米。除中心大墓外，周边有两周30座等距离分布的小型土墩围绕中心主墓，小墩外围有人工挖掘的宽21～23米的隍壕，构成一个要素齐备、相对封闭的高等级贵族墓园。主墓基础为两层长方形覆斗状的夯筑台基，台基内部采用了分块版筑技术，每层台基下部有石坎，坡面有石块护坡。该墓墓园结构独特，规模宏大，结构复杂。年代为春秋晚期。是我省越文化考古的重要契机，对研究百越文化、越国历史具有重要意义，是研究以安吉古城为中心、包含众多文化要素的大遗址考古的典型样本。

1   2

图 3-49　绍兴平水小家山越国贵族墓

1. M17（东—西）　　2. 器物坑局部

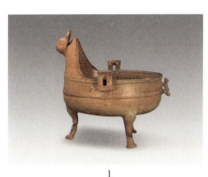

1   2   3

4   5

图 3-50　绍兴平水小家山越国贵族墓出土器物

1. 兽面鼎（M17Q：11）　2. 鼎（M17Q：18）　3. 甗形鼎（M17Q：12）　4. 罐（M17：1）　5. 匜（M17Q：19）

（三）越国墓葬研究成果

随着越国墓葬资料的积累，我们对 21 世纪以来出土的越国墓葬（主要是越国贵族墓葬）资料进行了整理，出版了《浙江越墓》《绍兴越墓》两本越墓报告集，这是继《印山越王陵》出版后，对浙江

1

2

图 3-51　安吉八亩墩
1. 航拍（西—东）　2. 远眺（东南—西北）

地区新近出土的越国墓葬的资料汇总和研究成果。

《浙江越墓》① 是东阳派园前山、长兴鼻子山、安吉龙山 D141M1 等越国贵族墓葬资料的汇编，同时把与越国贵族墓葬在形制及文化上具有传承关系的温岭塘山东瓯国墓葬（M1）也收录其中，全部发表了四座墓葬资料。报告最后对越国贵族墓的分布特点、形制结构、随葬品特点进行总结，对角形器和"镇"的功能进行了探讨。

《绍兴越墓》② 全面回顾并简要介绍了绍兴地区越国墓葬资料，并把近几年发掘的绍兴平水蔡家岙祝家山 M1、东湖镇香山 M1，平水蔡家岙小家山 M11、M17、M20，嵊州市甘霖镇上杜村小黄山 M3、M13 等保存相对完整的越国墓葬资料集辑出版。在对出土随葬品进行类型学研究的基础上，把墓葬分为两期三段，分别相当于战国早期晚段、战国中期早段、战国中期晚段。对绍兴地区战国时期越国贵族墓的选址、墓向、墓外陪葬器物坑、墓葬形制等方面进行了综合研究。并对香山 M1 的墓葬等级、营建过程，越国的细木作工艺、加工痕及加工工具，小黄山 M3 的性质，小黄山 M13 木椁形制、营建过程及其壕沟的功能等进行了分析讨论。

绍兴坡塘 306 号墓是越国贵族墓葬考古的发端。墓内出土了大量的青铜器和玉器，部分青铜器还有铭文，其中不乏伎乐铜屋这样的青铜器精品，引起学界的高度关注，掀起对墓葬国属、青铜器铭文释读、单件器物功用的讨论热潮。

牟永抗在《绍兴 306 号越墓刍议》一文中认为 306 号的墓葬形制是受中原文化因素的影响产生，但壁龛的位置、墓道位于山坡且位于墓边一角又与中原地区有别，这种情况应是 306 号墓的葬制受中原影响而又未完全中原化的反映。通过综合建筑规模、营造特点、屋顶图腾柱及室内奏乐场面的分析，认为铜房屋模型应是越族专门用作祭祀的庙堂建筑的模型。关于墓葬的国属，牟永抗认为铜器的国属

① 浙江省文物考古研究所：《浙江越墓》，科学出版社，2009 年。
② 浙江省文物考古研究所等：《绍兴越墓》，文物出版社，2016 年。

不一定代表墓葬的国属，深腹圈底鼎与绍兴及其附近地区常见的一种原始瓷鼎风格十分相近，瓿盉侧面安把手的做法在浙北、苏南一带有悠久的历史传统，金饼和小金片与楚国郢爰明显有别，而且墓葬出土的印纹软陶也具有明显的越地特色。春秋晚期被吴所灭，徐国的势力从未到过浙江境内，现今的浙江绍兴在春秋晚期是越国的领土。因此，判断绍兴306号墓是越墓。文章最后根据墓葬不出兵器，而出土大量文具，结合铜质房屋性质的判断，认为306号墓墓主是越国相当于卿大夫的巫祝一类人物①。钟遐综合分析绍兴306号墓出土的紫晶、玛瑙和玉石装饰品的产地及文献记载的越徐关系，认为306号墓是越墓的可能性更大②。杨权喜通过对墓葬形制、随葬品器物组合与放置、随葬品特征的全面分析，认为306号墓已具备一系列独特的文化特征，这些特征与吴越地区的文化传统和南方越文化特点最为接近，联系最为紧密，因此该墓应属于越墓③。

此外，关于306号墓的国属，也有不同的意见。林华东结合考古材料及方志相关记载，认为绍兴306号墓应为徐墓④。董楚平认为青铜器炉铭文有"徐王"，青铜鼎有"徐"，出土器物不见兵器多见文具，与越国尚武之风不合，而与徐国崇文的特点相符，墓葬形制也与越国传统有别，与印山大墓迥异，认为306墓应是徐墓⑤。

郎剑锋通过分析306号墓的年代，对比墓葬形制及随葬品的越地传统，重点对出土青铜器进行文化因素分析，认为306号墓为吴国墓葬的可能性最大。通过分析文献记载，对吴国墓葬出现在越国都城附近的历史背景进行了分析，并做出了墓主为吴国"左史"的推测⑥。

曹锦炎、刘广和先后对306号墓出土铜器铭文进行了考释⑦。董楚平对汤鼎铭文考释中的一些问题提出了不同意见⑧。

随着越国贵族墓葬资料的积累，战国墓葬分期、越国贵族墓葬制葬俗研究、随葬品使用制度、器物的功用、越楚文化交流、出土玉器等问题的研究也取得很大收获。

陈元甫对春秋晚期至战国时期越国贵族墓的葬制葬俗进行了初步研究，认为采用长方形覆斗状封土、带墓道、土坑、木椁的使用是春秋战国时期越国贵族墓的重要特点，这与传统的土墩墓有明显不同，是受中原文化因素影响的产物；墓外陪葬器物坑是越国贵族墓葬制葬俗的重要内容，其器物组合与墓葬等级相关；用仿铜陶瓷礼乐器陪葬是越国贵族墓的主要葬俗特征，是越人埋葬习俗的重要内容和特有的文化传统，体现了越人务实求真的民族精神⑨。随后，又撰文对越国贵族墓随葬陶瓷礼乐器而不随葬青铜礼乐器的葬俗进行了探讨，同时认为越国贵族对原始瓷礼乐器的大量需求及战国窑业技

---

① 牟永抗：《绍兴306号越墓刍议》，《文物》1984年第1期。
② 钟遐：《绍兴306号墓小考》，《文物》1984年第1期。
③ 杨权喜：《绍兴306号墓文化性质的分析——兼述楚文化对吴越地区的影响》，《东南文化》1992年第6期。
④ 林华东：《绍兴306号"越墓"辩》，《考古与文物》1985年第4期。
⑤ 董楚平：《关于绍兴印山大墓墓主问题的探讨——兼说绍兴306号墓的国属问题》，《杭州师范学院学报（哲学社会科学版）》2002年第4期。
⑥ 郎剑锋：《绍兴306号墓探研》，《浙江省文物考古研究所学刊》第九辑，科学出版社，2009年。
⑦ 曹锦炎：《绍兴坡塘出土徐器铭文及其相关问题》，《文物》1984年第1期。刘广和：《徐国汤鼎铭文试释》，《考古与文物》1985年第1期。
⑧ 董楚平：《徐器汤鼎铭文考释中的一些问题》，《杭州大学学报》第17卷第1期。
⑨ 陈元甫：《越国贵族墓葬制葬俗初步研究》，《东南文化》2010年第1期。

术的成熟，是战国原始瓷仿铜礼乐器高度发展的重要原因①。

分期研究是文化研究的基础，其重要性不言而喻。田正标全面收集了江浙沪地区出土的战国墓葬资料，通过对战国时期墓葬形制结构演变的分析，典型原始瓷、印纹硬陶器的类型学研究，越地楚文化因素分析，把江浙沪地区战国墓葬分为三期五段，第一、二期分别相当于为战国早、中期，各分前后两段，三期为战国晚期，并对每期、段的文化内涵进行了归纳总结，初步建立起战国墓葬的年代框架②。

越地具有悠久的琢玉、用玉史。夏至春秋早中期，越地只有遂昌好川墓地、温州老鼠山遗址、安吉三官乡周家湾、台州黄岩小人尖土墩墓、温州瓯海杨府山土墩墓以及衢州西山土墩墓等出土少量玉器。春秋晚期至战国早中期，随着越国国力的增强，越地出土玉器也呈增多之势。浙江绍兴坡塘306号墓、印山越王陵、东阳前山、长兴鼻子山、安吉龙山、安吉垄坝、杭州半山石塘战国墓、绍兴凤凰山和江苏无锡鸿山等越国墓葬中出土了大量的玉器。从玉文化内涵来看，春秋末期至战国时期，越地玉文化面貌发生了突变。

田正标全面收集了浙江先秦墓葬出土玉器，对出土玉器的地域及时代特点进行了探讨③。黄昊德收集了春秋战国时期越国墓葬出土的玉器资料，以墓葬年代为基础，对其进行文化因素分析，结合越国历史背景，探讨了春秋战国时期越国用玉制度突变的原因。他认为，越国北上争霸，标榜正统、确立等级、彰显身份，导致越国上层贵族用玉观念的改变，他们吸收了徐楚外来文化因素，融合创新，构建了一套新的、有越国特色的随葬用制度和用玉制度。内因与外因结合，促使了越国用玉制度的突变④。这也是战国时期原始瓷仿铜礼乐器突变的原因所在。

越国大夫范蠡、文种是楚国人，越国还曾是楚国的贡赋之国，两国之间还有联姻，越、楚文化上也应有千丝万缕的关系。从考古材料出发，陈元甫、田正标分别撰文探讨楚文化对越文化的影响⑤。

此外，一些学者还对角形器、半球形器、双头提梁盉等的功用进行了研究⑥。

二　城址

城址是国家社会政治、经济、文化等方面的集中反映，城址考古是还原古代历史的重要途径。文献记载的越国城址主要有岘里、埤中、山阴大城、勾践小城、琅琊、吴、会稽山上城、会稽山北城、苦竹城、固陵城等，但由于考古工作的缺乏，目前，上述文献记载的城址位置还无法确定。

浙江先秦城址的考古工作开展较晚，目前，只对余杭径山小古城、湖州邱城、下菰城、安吉古城、萧山湘湖城山越王城和句章城进行了考古工作。其中，前三座城址为商至西周时期，后三座城址为春

---

① 陈元甫：《越国贵族墓随葬陶瓷礼乐器葬俗探论》，《文物》2011 年第 4 期。
② 田正标：《江、浙、沪地区战国墓分期初探》，《浙江省文物考古研究所学刊》第九辑，科学出版社，2009 年。
③ 田正标：《浙江先秦墓葬出土玉器浅析》，《玉魂国魄——中国古代玉器与传统文化学术讨论会文集（七）》，浙江古籍出版社，2016 年。
④ 黄昊德：《东周时期越国用玉制度突变考》，《玉魂国魄——中国古代玉器与传统文化学术讨论会文集（七）》，浙江古籍出版社，2016 年。
⑤ 陈元甫：《浙江战国墓葬楚文化因素考略》，《楚文化研究论集（第五集）》，黄山出版社，2003 年；《宁绍地区战国墓葬楚文化因素考略》，《宁波文物考古研究文集》，科学出版社，2008 年。田正标：《从绍兴越墓看楚文化的东渐》，《越国文化高峰论坛文集》，浙江人民出版社，2011 年。
⑥ 黄昊德：《角形器功能初探》；郑建明：《战国原始瓷双头提梁盉功能考》，《浙江省文物考古研究所学刊》第九辑，科学出版社，2009 年。陈元甫：《陶瓷角形器和半球形器功能考察》，《陈元甫考古文集》，文物出版社，2016 年。

秋战国时期。

安吉古城遗址位于浙江省湖州市安吉县递铺街道古城村，东南距安吉县城约 12 千米。城址南倚九龙山，北面是一片开阔的山间平原，东、西两侧有西苕溪及其支流沙河自南向北流过（图 3 - 52）。2001、2002 年，浙江省文物考古研究所对安吉古城城址先后进行过两次小规模的试掘和调查，试掘面积 300 多平方米。基本了解了城址的平面范围、保存状况、城内文化堆积及城墙的堆筑形态。出土大量建筑构件及陶瓷器。初步判断城址始建于战国，沿用至汉晋。从调查勘探情况看，城址平面近方形，四周有土筑城墙和护城河围护（图 3 - 53）。城内东西长约 640、南北宽约 550 米，城内面积约 33 万平方米，包括护城河在内总面积 40 余万平方米。城墙为平地堆筑，整体保存较好，除北城墙、东城墙局部缺失外，大部分现地表仍可见，底宽 23 米左右，残高约 3 ~ 6 米。护城河宽 5 ~ 11 米，大多仍清晰可辨①。2011 年，按照大遗址考古工作理念，我们制定了《安吉古城考古工作规划（2011 ~ 2015 年）》，对古城遗址及周边聚落、墓群进行了系统的考古调查、勘探、试掘工作。在此期间，对古城遗址进行了全面勘探，对勘探表明为古城的东、西城门位置进行了发掘。勘探发现城内有 12 条古河道，主要分布于城内中部和北部。其中城内中心偏北部发现有四周河道围护的长方形官署建筑区，包含多个大范围的夯土遗迹。为明确城内古河道的堆积性质及时代，进一步确认遗址主体的时代和性质，2017 年 8 月，浙江省文物考古研究所和吉林大学边疆考古研究中心联合对城址内圈河道的南侧中部缺口处进行发掘，发现灰坑、灰沟、建筑台基、瓦砾堆积等遗迹，出土大量器物。遗存除少量为战国时期外，主要为汉代至六朝时期。

图 3 - 52　安吉古城鸟瞰

① 浙江省文物考古研究所资料。

图 3-53　安吉古城护城河

图 3-54　安吉古城西北角

除古城遗址外，城址东侧还有面积达 30 多万平方米的大型聚落——山墩遗址，城址东北有始建于春秋时期的小型城址——窑山遗址，城址外西北角还有人工夯筑而成的大型夯土基址——大庄遗址等，城址东南、东北、西北方向 4 千米辐射范围内的丘陵岗地上，有与城址关系密切的龙山、笔架山、上马山三个非常集中的古墓葬群，它们共同构成了一处遗存内涵丰富且关系密切的大遗址群落（图 3-54、3-55）。

安吉古城遗址地处太湖南岸，春秋战国时期吴、越、楚交接地带，对研究环太湖区域文化交流及江东地区的文化变迁具有重要意义①。

萧山越王城遗址位于萧山湘湖瓦窑村后城山上。城址平面略呈梯形，东西向。城墙在山脊上有明确的遗迹保存，仍高出地面，形成了三方怀抱、唯于南部开敞的形势。

1991 年，我所对城址进行了首次考古调查与试掘，2010 年对城址进行第二次试掘，并对城墙进行了解剖。试掘表明，城内距离地表深约 1.5 米往下，纯为战国时期地层，厚约 1 米，底部发现铺有规整的块石面。出土大量印纹陶残片及少量原始瓷器，器形有碗、罐、罍等，同时出土了一些绳纹瓦。未见任何晚期遗物。从城墙解剖来看，墙体宽约 5 米，夯筑，夯土纯净，未见包含物，建在经人工略为平整的基岩之上，城墙向两侧垮塌。墙内侧地层含有少量印纹陶片，但未见晚期遗物。城墙根部位见有大量绳纹瓦及少量战国印纹陶片。由城内及城墙解剖出土器物知，越王城城墙与城内遗址年代相当，同为战国时期。而且，城墙或其附近，原先可能设有建筑，越王城城址年代应不晚于战国②。

句章城是文献记载的宁波地区最早的城址。根据后世文献和地方志书记载，句章故城始建于越王

① 浙江省文物考古研究所资料。
② 浙江省文物考古研究所资料。

图 3-55 安吉古城及周边遗存平面分布图

勾践灭吴称霸之际①,秦汉至两晋时期为古句章县治②。2004 年至 2012 年,宁波市文物考古研究所对句章故城一带进行考古调查、勘探与试掘,确认句章故城的具体位置是在余姚江北岸、今宁波市江北区慈城镇王家坝村境内;探明了句章故城的城址范围,城址总面积约 27 万平方米,中心区域位于今之癩头山(古称县后山)一带,面积约 5 万平方米;确认了句章故城的始建时间至迟不晚于战国中晚期;厘清了句章故城的废弃年代是在东晋末叶隆安年间③。

① "句章故城"之名首见于(唐)李贤等注、(刘宋)范晔撰《后汉书·臧洪传》:"句章县故城在今越州鄞县西。《十三州志》云:勾践之地,南至勾无,其后并吴,因大城句余,章伯(通霸)功以示子孙,故曰句章。"按:《十三州志》又名《十三州记》,北魏地理学家阚骃撰,此书约传至北宋以后散佚,清代学者张澍、王谟等有辑本。

② (东汉)班固撰,(唐)颜师古注《汉书》卷二十八上《地理志上》:"会稽郡。县二十六:吴、曲阿……句章……回浦。"(西晋)司马彪撰,(萧梁)刘昭注补《后汉书》志第二十二《郡国四》:"会稽郡。十四城……山阴、鄞、乌伤、诸暨、余暨、太末、上虞、剡、余姚、句章、鄞、章安、永宁、东侯官。"(唐)房玄龄等撰《晋书》卷十五《地理下》:"会稽郡……山阴、上虞、余姚、句章、鄞、鄮、始宁、剡、永兴、诸暨。"

③ 宁波市文物考古研究所资料。

三　一般聚落遗址

截至目前，浙江地区发掘的主要内涵为两周时期的聚落遗址不多，主要有玉环三合潭遗址[①]、绍兴袍谷遗址[②]、绍兴陶里壶瓶山遗址[③]、安吉大树墩遗址[④]和桐乡董家桥遗址[⑤]。

玉环三合潭遗址的主体遗存为春秋战国时期，发现卵石路面和干栏式木构建筑遗迹。出土遗物以印纹硬陶、原始瓷为主，泥质陶、夹砂陶数量很少；还出土有矛、刀、镰、鱼钩等兵器或工具。木构建筑遗迹保存清晰，平面布局完整，反映了挖坑、垫板、立柱的建筑过程，这种技术源于河姆渡文化、马家浜文化、良渚文化；三合潭春秋战国木构建筑的发现，证明了作为南方地区建筑特色的干栏式木构建筑的源远流长。遗址出土的印纹硬原始瓷和青铜器，与瑞安岱石山石棚墓出土遗物接近。三合潭聚落遗址是浙江东南地区春秋战国时期聚落考古研究的珍贵资料。该遗址石器与青铜器大量共存，这种文化特征为研究浙江地区史前文化的开拓、发展，并向青铜文化演变的过程和越文化的地域特征提供了新的视角。

安吉大树墩遗址为一处台形遗址，堆积年代主要为商至春秋时期。它的发现与发掘丰富了我省商周时期聚落遗址的发掘材料，一定程度上弥补了我省商周时期遗址发掘材料的不足，对于全面探索浙江地区商周时期的文化面貌具有重要价值。

绍兴袍谷遗址仅见战国文化层，出土大量板瓦、筒瓦等建筑构件及陶瓷器。陶瓷器中泥质灰陶和泥质灰陶黑衣陶占绝大多数，其次为原始瓷和印纹硬陶，硬陶和夹砂陶较少。出土的"王"字青铜矛和铁镰是其重要发现。泥质陶璧、瓿形鼎、原始甬钟残片的出土，对研究遗址的性质具有重要意义。从出土器物及纹饰判断，该遗址的年代在战国中期偏后。袍谷遗址是绍兴近郊一处战国时期的大型聚落遗址，其发掘成果为研究遗址的文化内涵、楚越关系及文化交流互动提供了重要资料，出土的建筑构件对研究战国时期越国的建筑结构具有重要价值。

绍兴陶里壶瓶山遗址是宁绍地区一处重要的商周时期遗址。延续时间长，可分为六大文化层，分别相当于良渚文化晚期、商代晚期、西周早期、西周晚到春秋初、春秋早中期、春秋晚到战国晚期，初步搭建起商周至战国时期聚落遗址的年代框架。

2003、2011 年，浙江省文物考古研究所、桐乡市文管会对桐乡董家桥遗址进行了两次发掘，发现马桥文化、东周时期遗存。

宁波市文物考古研究所发掘的鱼山遗址、大榭遗址、方墩遗址也有两周时期遗存[⑥]。

（执笔：黄昊德）

---

① 孙国平：《玉环三合潭遗址——春秋战国时期木构建筑遗迹的揭露》，《浙江考古新纪元》，科学出版社，2009 年。

② 陈元甫：《绍兴市袍谷战国遗址》，《中国考古学年鉴 2004》，文物出版社，2005 年；《绍兴袍谷战国聚落遗址的发掘》，《浙江考古新纪元》，科学出版社，2009 年。绍兴县文物保护管理所：《浙江绍兴袍谷遗址发掘简报》，《考古》1989 年第 9 期。

③ 浙江省文物考古研究所、绍兴县文物保护管理所：《绍兴陶里壶瓶山遗址发掘简报》，《浙江省文物考古研究所学刊》，长征出版社，1997 年。

④ 陈元甫：《安吉大树墩商周时期遗址》，《浙江考古新纪元》，科学出版社，2009 年。

⑤ 游晓蕾：《浙江桐乡董家桥遗址》，《马桥文化探微》，上海书画出版社，2018 年。

⑥ 宁波市文物考古研究所资料。

瓷之源考古

学术界对于原始瓷的研究始于 20 世纪 20 年代，以 1929 年河南安阳小屯殷墟发掘出土原始瓷器碎片为标志[1]。九十年来，原始瓷的发现与研究工作取得了长足的进步，获取了一大批重要成果[2]。浙江地区开展原始瓷研究工作较早，始于 20 世纪 50 年代，迄今已有六十余年。浙江地区原始瓷窑址考古与研究工作，大致可以分为三个阶段。

一 第一阶段：原始瓷窑址的考古调查与试掘（20 世纪 50 年代至 20 世纪末）

浙江地区原始瓷研究工作始于 1956 年孙勘和王士伦对萧山进化区窑址的调查，共发现 3 处窑址，即茅湾里、唐子山脚和马面山脚窑址[3]。此次调查工作是运用考古学方法对原始瓷窑址调查的首次尝试，具有开创性意义。

此后，各地文物考古工作者都开始运用考古学方法对地域内的原始瓷窑址进行考古调查，在一段时间内原始瓷窑址调查资料不断丰富起来。1983 年文物普查过程中，绍兴地区发现了春秋战国时期专烧原始青瓷窑址和众多印纹陶窑址，其中吼山窑址为原始青瓷窑址，东堡和渡桥头山窑址为印纹陶窑址[4]。德清地区自 1983 年文物普查工作的推进，在这一地区发现原始青瓷窑址 8 处，可初步分为三类：第一类以火烧山与防风山两处窑址为代表，第二类以白漾坞、泉源坞和叉路岭三处窑址为代表，第三类以南山、亭子桥和冯家山三处窑址为代表。此次调查成果初步构建起德清原始瓷发展的年代框架[5]。湖州地区于 1984 年文物普查过程中发现原始瓷窑址多处，包括黄梅山和岳家坝窑址[6]。杭州地区于 20 世纪 80 年代和 1995 年至 1997 年间进行了两次窑址专题调查，于萧山境内的新江岭、进化、城山、欢潭等地发现印纹硬陶与原始青瓷同窑合烧的窑场 19 处，包括新江岭泥桥头后山、沿池山、祝家村尖湾、泗洲村唐子山、茅湾里裘家山、蜈蚣腿山、狮子山、席家安山、后山、进化下畈底村大坟山、大汤坞梅园、欢潭西山、石浦湖、钟家坞城隍山、纱帽山、邵家塔前山、马面山、牛面山和太公堂[7]。

---

① 李济：《民国十八年秋季发掘殷墟之经过及其重要发现》，《安阳发掘报告》1930 年第 2 册。
② 谢西营：《商周原始瓷器研究综述》，《东方博物》第四十三辑，浙江大学出版社，2012 年。
③ 王士伦：《浙江萧山进化区古代窑址的发现》，《考古通讯》1957 年第 2 期。
④ 沈作霖、高军：《绍兴吼山和东堡两座窑址的调查》，《考古》1987 年第 4 期。符杏华：《浙江绍兴两处东周窑址的调查》，《东南文化》1992 年第 6 期。
⑤ 朱建明：《浙江德清原始青瓷窑址调查》，《考古》1989 年第 9 期。
⑥ 任大根、陈兴吾：《浙江湖州古窑址的调查》，《中国古陶瓷研究》第 3 辑，紫禁城出版社，1990 年。潘林荣：《湖州黄梅山原始瓷窑址调查简报》，《东方博物》第四辑，杭州大学出版社，1999 年。
⑦ 姚桂芳：《杭州地区古窑址调查概况与认识》，《东方博物》第四辑，杭州大学出版社，1999 年。

　　在考古调查过程中，为了解战国时期原始瓷窑窑床结构、几何印纹陶与原始瓷器是否同窑合烧等问题，1978 年绍兴县文物管理委员会对富盛长竹园窑址北面的一处窑床遗迹进行了考古试掘。发掘结果显示，该窑址为印纹硬陶和原始青瓷同窑合烧，并揭露出早期的龙窑遗迹①。之后，陈显求、陈士萍对富盛窑址出土的印纹陶和原始瓷标本的显微结构进行了测试②。

二　第二阶段：原始瓷窑址的抢救性考古发掘（21 世纪初期）

　　在早期窑址调查阶段，文物工作者在萧山进化镇一带发现了大量春秋战国时期的原始瓷窑址，这一地区是浙江境内较为集中的春秋战国时期窑址群所在地，其中前山窑址和安山窑址为该窑址群的重要组成部分。21 世纪初，为配合基本建设，浙江省文物考古研究所与萧山博物馆联合对两处窑址进行了抢救性考古发掘。

　　2001 年，对前山窑址进行发掘，发掘面积 152 平方米。揭露出龙窑 2 条（图 3 - 56），获得了大量原始青瓷和印纹硬陶标本。龙窑由火膛和窑室两部分组成；窑顶已坍塌，但据坍塌块判断，窑顶呈拱形，以黏土糊成，黏土中掺杂有稻草；窑内顶的烧结面上见有枝条绑扎、竹篾编织痕迹；窑壁以黏土制成；窑底铺有沙层，未见任何支垫窑具。原始瓷产品较为丰富，器形有碗、盅、碟、盘和器盖等。印纹硬陶产品较为单一，可辨器形有坛和罐。本次发掘首次完整揭露出春秋时期原始瓷和印纹硬陶合烧的龙窑遗迹，对于探索这一时期窑业生产状况和龙窑技术发展史研究具有重要的学术价值③。

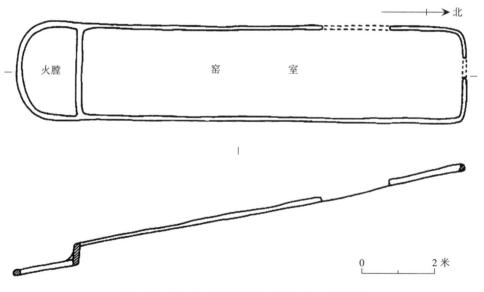

图 3 - 56　萧山前山窑址窑炉（Y2）平、剖面图

　　2005 年 9 月至 12 月初，对安山窑址进行了抢救性考古发掘，发掘面积 400 平方米（图 3 - 57）。揭露出龙窑 3 条，出土大量原始瓷和印纹硬陶标本（图 3 - 58）。窑炉结构和出土器物种类均与前山窑

---

　　① 绍兴县文物管理委员会：《浙江绍兴富盛战国窑址》，《考古》1979 年第 3 期。
　　② 陈显求、陈士萍：《绍兴富盛窑印纹陶和原始瓷标本的显微结构（实验简报）》，《文物集刊（3）》，文物出版社，1981 年。
　　③ 浙江省文物考古研究所、萧山博物馆：《浙江萧山前山窑址发掘简报》，《文物》2005 年第 5 期。

址相同。时代为春秋中晚期至战国中期。从考古发掘情况来看，该处窑址为原始瓷与印纹硬陶合烧的龙窑，很可能已经采用分段烧制方法，即前段以烧制原始瓷为主，后段以烧制印纹硬陶为主。此外，在窑炉（Y1）火膛两侧还发现了护窑建筑遗迹，这在同时期的窑址发掘中属首次发现，对春秋战国时期龙窑建造和烧制状况有重要研究价值[1]。

图 3 - 57　萧山安山窑址发掘现场

图 3 - 58　萧山安山窑址出土器物

三　第三阶段：课题导向下的原始瓷窑址系统考古调查与发掘（2007 年至今）

2007 年 3 月至 5 月，浙江省文物考古研究所、故宫博物院与德清县博物馆联合对火烧山窑址进行了考古发掘[2]，发掘面积近 900 平方米。该窑址为一处西周末期至春秋时期烧造原始青瓷的窑址。发掘揭露出龙窑窑炉、灰坑、柱洞等一大批遗迹及包括鼎、罐、卣、尊、碗、盘等器物在内的大量精美标本（图 3 - 59）；窑址堆积极厚，地层叠压关系明确，基本建立起西周晚期至春秋晚期原始瓷的年代序列；产品极为丰富，出土了一大批包括卣、鼎、簋在内的仿青铜礼器产品，为江南大型土墩墓中出土器物找到了产地。

2007 年 10 月至 2008 年 3 月，浙江省文物考古研究所与德清县博物馆联合对亭子桥窑址进行了

① 浙江文物年鉴编委会：《浙江文物年鉴 2005》，内部资料，2006 年。浙江省文物考古研究所：《萧山安山春秋战国窑址》，《浙江考古新纪元》，科学出版社，2009 年。
② 浙江省文物考古研究所、故宫博物院、德清县博物馆：《德清火烧山——原始瓷窑址发掘报告》，文物出版社，2008 年。

图 3 - 59　德清火烧山窑址
1. Ⅰ区全景　2. Ⅱ区全景　3. 原始瓷鼎出土情况　4. 原始瓷筒形卣

考古发掘①，发掘面积近 600 平方米。时代为战国时期。发掘揭露出 3 处共 7 条龙窑窑炉遗迹，出土大量原始瓷器、窑具及少量印纹硬陶（图 3 - 60）。其中原始瓷器大多为仿青铜器的礼乐器，表明这是一处主要烧造高档仿铜原始瓷器的窑场。本次发掘，首次发现了烧造高档原始瓷仿青铜礼器和乐器的窑场；窑址产品几乎涵盖了江浙地区大型越国贵族墓葬中已出土的各类原始青瓷礼器与乐器器类，表明该窑址是一处专门为越国王室和上层贵族烧造高档生活与丧葬用瓷的窑场，在很大程度上具有了"早期官窑"的性质；出土产品，烧成温度很高，胎质细腻坚致，釉面匀净明亮，釉色泛青、泛绿，胎釉结合良好，不少产品质量甚至达到了成熟青瓷的水平，这对于重新认识战国原始青瓷在成熟青瓷出现过程中的地位与作用具有重要价值。

　　在火烧山、亭子桥窑址发掘成果基础上，2008 年 4 月 28 日至 30 日，浙江省文物考古研究所、故宫博物院、中国古陶瓷学会、德清县人民政府在德清共同主办了"瓷之源——原始瓷与德清窑学术研讨会"。专家学者就瓷之源、亭子桥窑址性质、亭子桥窑址产品质量、原始瓷的概念以及北方原始瓷的产地问题进行了深入的探讨，并达成一致共识：德清县具有悠久的制瓷历史，早在商周时期就是原始

──────────────

① 浙江省文物考古研究所、德清县博物馆：《浙江德清亭子桥战国窑址发掘简报》，《文物》2009 年第 12 期。陈元甫、郑建明、周建忠、费盛成：《德清亭子桥战国窑址发掘的主要收获》，《东方博物》第三十四辑，浙江大学出版社，2010 年。浙江省文物考古研究所、德清县博物馆：《德清亭子桥——战国原始瓷窑址发掘报告》，文物出版社，2011 年。陈元甫：《浙江德清发现战国时期的"越国"官窑》，《中国文物报》2008 年 4 月 16 日。

图 3-60　德清亭子桥窑址
1. 发掘区全景　2. 窑炉（Y2）　3. 瓷片堆积层　4. 原始瓷鼎

瓷器的诞生地及中心产地，至战国时期原始瓷烧造达到了当时最高的工艺水平，在中国陶瓷史上具有重要地位；充分论证了以德清为中心，包括湖州市区南部在内的东苕溪流域在中国瓷器起源研究中的重要地位，誉之为"瓷之源"实至名归[1]。

2008 年 12 月至 2009 年 1 月，浙江省文物考古研究所与德清县博物馆又对邻近的长山战国窑址进行了抢救性考古发掘，揭露面积 400 平方米，清理窑炉 2 处 4 条，出土大量精美标本。

通过几次发掘及第一届"瓷之源"会议，浙江省文物考古研究所充分认识到"瓷之源"相关研究的重要性，经过所领导及学术委员会的讨论，于 2009 年成立了以浙江省文物考古研究所为主，包括相关地县在内的"瓷之源——浙江早期瓷窑址考古调查、发掘与研究"课题组，重点探索中国瓷器的起源问题，包括原始瓷器的起源与成熟瓷器的起源两大问题，其中前期重点开展浙北以德清为中心、包括湖州市区南部在内的东苕溪流域先秦原始瓷窑址的调查与研究[2]。

为配合第三次全国文物普查，2009 年 3 月至 6 月，"瓷之源"课题组对德清龙山地区窑址进行了第一次专题调查。此次调查范围主要是德清龙山片区窑址群的核心地区，西起火烧山、东至冯家山、

---

① 郑建明、陈元甫、周建忠：《"瓷之源——原始瓷与德清窑学术研讨会"纪要》，《文物》2008 年第 8 期。
② 李政：《原始瓷起源探索上的学术突破——专家研讨浙江东苕溪流域商代原始瓷窑址考古成果》，《中国文物报》2011 年 4 月 29 日第 2 版。

北自跳板山、南及鸡笼山，取得重要收获。新发现大量窑址，使德清地区窑址数量达到 70 多处，基本建立起从商代至战国时期较为完整的年代序列；在德清地区首次发现大量商代窑址，突破以往只在湖州黄梅山有商代窑址分布的认识；战国时期原始瓷窑址数量庞大，不同窑址间无论是器形、器类还是装饰风格，均存在一定差异，为战国原始瓷的分类与分期提供了可能。

在本次调查成果的基础上，由浙江省文物局、德清县人民政府主办，浙江省文物考古研究所、浙江省博物馆、德清县文化广电新闻出版局承办的"浙江德清第二届瓷之源学术研讨会"于 2009 年 9 月 28 日至 30 日在德清县召开。同时，由浙江省博物馆、浙江省文物考古研究所、德清县人民政府主办的"瓷之源——德清原始瓷窑址考古成果暨原始瓷精品展"在浙江省博物馆开展，这是首次举行的大规模原始瓷精品展。会议期间，与会专家在分析评价考古调查发展成果的基础上，重点围绕瓷器起源、德清原始瓷窑址及其产品的历史地位、原始瓷与成熟青瓷的关系以及瓷窑址的保护与利用等问题，进行了认真热烈的讨论。与会专家对德清地区 2009 年原始瓷窑址专题调查的成果给予充分肯定和高度评价，认为现有的发掘与调查资料表明，德清地区的原始瓷生产具有以下几方面的显著特点：一是出现时间最早，持续时间最长，烧造历史悠久。从商代开始，历经西周、春秋，至战国时期，不间断生产，而且烧造规模越来越大，是目前已知出现时间最早、持续时间最长的商周原始瓷产地；二是窑址众多，分布密集，生产规模大，目前已发现窑址 70 多处，具有集群性的生产状态；三是产品种类丰富、档次高，除生产一般日用器物外，还大量烧造象征身份与地位、具有特殊意义的仿青铜礼器和乐器等贵族用品，是目前已知的烧造这类高档仿青铜礼仪用品的唯一产地；四是产品质量高，特别是战国时期的产品质量已接近成熟瓷器的水平。

2010 年初，浙江省文物考古研究所对浙江东苕溪中游商代原始瓷窑址群展开调查①，发现商代窑址 30 余处。此为国内首次发现的大规模商代原始瓷窑址群，东苕溪中游也是国内目前已知最早的、仅见的一处商代原始瓷窑址群分布区。

2010 年 3 月至 10 月，浙江省文物考古研究所与湖州市博物馆联合对湖州南郊的南山窑址进行了考古发掘②，发掘面积 800 平方米（图 3 - 61）。发掘揭露窑炉遗迹 3 条、灰坑 8 个、贮泥坑 2 个、水沟 1 条、柱洞若干，出土了大量原始瓷器以及部分可能作为窑具使用的器物（图 3 - 62）。发掘资料表明，南山窑址是一处几乎纯烧原始瓷的窑场，时代上限可到商代早期。窑址堆积丰富，窑炉保存完整，瓷土作胎，人工施釉痕迹明显，制作、装烧工艺较为成熟，是当时已发掘年代最早的原始瓷窑址。

2010 年 11 月至 2011 年 7 月，"瓷之源"课题组对湖州南部，主要是南山窑址所在的青山地区及其与德清龙山地区之间的东苕溪沿岸，进行了先秦时期原始瓷窑址的专题调查。此次收获主要是发现了大量商代原始瓷窑址并确认了青山片区原始瓷窑址群的存在，在原先龙山原始瓷窑址群的基础上，新增加了一个类型，同时在龙山片区窑址群的东部边缘还发现了夏商时期的窑址。

2011 年 4 月 25 日至 27 日，由浙江省文物考古研究所、湖州市文广新局、吴兴区人民政府主办，湖州市博物馆、德清县博物馆承办的"浙江湖州东苕溪流域商代原始瓷窑址考古成果研讨会"在湖州

① 郑建明等：《浙江东苕溪中游商代原始瓷窑址群的调查与发掘》，《中国文物报》2011 年 1 月 14 日第 4 版。
② 浙江省文物考古研究所、湖州市博物馆、德清县博物馆：《浙江东苕溪中游商代原始瓷窑址群》，《考古》2011 年第 7 期；《东苕溪流域夏商时期原始瓷窑址》，文物出版社，2015 年。

图 3 - 61   湖州南山窑址 1 区远景（北—南）

1

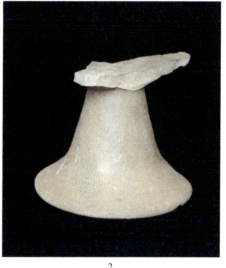

2

图 3 - 62   湖州南山窑址
1. 龙窑窑炉（Y1 ~ Y3）   2. 原始瓷豆

市召开。与会专家听取了东苕溪中游商代原始瓷窑址群考古专题调查及湖州南山商代窑址考古发掘成果的介绍，观摩了窑址调查与发掘出土的大量标本，并考察了南山窑址考古发掘现场，对东苕溪流域商代原始瓷窑址群的发现及南山窑址的发掘成果给予充分肯定。研讨会的召开为原始瓷起源研究指明了新的方向，提出了原始瓷集中的闽浙赣皖苏等地区学术探索应该齐头并进等建议①。

2011 年 10 月，由故宫博物院、浙江省文物考古研究所、德清县人民政府主办，德清县博物馆、

---

① 李政：《原始瓷起源探索上的学术突破——专家研讨浙江东苕溪流域商代原始瓷窑址考古成果》，《中国文物报》2011 年 4 月 29 日第 2 版。

绍兴县博物馆承办的"浙江原始青瓷及德清火烧山等窑址考古成果汇报展"在故宫博物院举行。此次展览汇集了德清地区先秦窑址、土墩墓中出土原始瓷精品及绍兴地区战国原始瓷精品，是浙江地区原始瓷的集中代表。展览期间还举行了一次小型学术研讨会，2011 年初在龙山片区窑址群东部边缘新发现的夏及夏商之际的瓢山等窑址材料引起了与会学者们的高度关注，认为其性状的时代表现较商代早期的南山窑址更为原始，对于探索瓷器起源具有重要意义。

2012 年 3 月至 6 月，"瓷之源"课题组对德清境内龙山片区窑址群外围进行了调查。新发现窑址 20 多处，使整个窑址群的窑址数量达到 132 处。此次调查基本弄清了龙山片区窑址群的分布情况，其西起于武康镇东北的后山窑址，东止于洛舍镇的砂村青龙山一带，基本沿东苕溪呈狭长分布，窑址主要分布在龙山南坡，北坡亦有少量分布，主要集中在龙胜、龙村、砂村三个行政村之内。此次调查还有两个重要发现：一是在武康城西的城山东麓发现了以烧造原始瓷为主的南山类型商代窑址，证明该类型窑址不仅限于湖州的南部地区，在德清地区亦有分布，只是由于该地区的系统调查工作尚未展开，因此具体的数量尚不清楚；二是在尼姑山发现了一种新类型的商代窑址。

2012 年 5 月至 6 月、7 月至 8 月，分别对湖州瓢山窑址和德清尼姑山窑址进行了发掘，揭露出窑炉（图 3 - 63）等遗迹，出土了丰富的产品标本，还在调查成果的基础上全面系统地揭示出窑址内涵[1]。

图 3 - 63　湖州瓢山窑址龙窑窑炉

2013 年 9 月至 11 月、2014 年 3 月至 4 月，对德清乾元镇一带东苕溪沿岸进行调查，新发现窑址 12 处，使整个窑址群的窑址数量达到 144 处。至此，东苕溪流域先秦时期原始瓷窑址分布范围及其面貌基本清晰。其主要分布于东苕溪的下游地区，沿东苕溪西岸主要以两个集群分布，其中德清龙山片区窑址群为主体，湖州青山片区窑址群亦有一定的数量与密度，外围亦有少量零星分布的窑址。整个窑址群具有出现时间早、持续时间长、窑址密集、生产规模大，产品种类丰富、质量高，龙窑成熟，窑具形态各异，装烧工艺成熟，窑区独立等特征。

---

① 浙江省文物考古研究所、湖州市博物馆、德清县博物馆：《东苕溪流域夏商时期原始瓷窑址》，文物出版社，2015 年。

2012 年 6 月 6 日，由浙江省文物局批准，浙江省文物考古研究所与德清县博物馆共建的"浙江原始瓷考古研究中心"与"浙江省文物考古研究所德清工作站"正式在德清县博物馆老馆挂牌。该研究中心不仅是"瓷之源"课题组研究场所和原始瓷窑址标本展示中心，也为国内外学者研究提供了一个开放的平台。此外，2012 年"瓷之源"项目被正式列入国家指南针计划"运用现代科学技术开展原始瓷起源及先秦原始瓷制作技术发展综合研究"项目，该项目由浙江省文物考古研究所主持，中国科学院高能物理研究所、北京大学考古文博学院、复旦大学现代物理研究所、浙江大学文物与博物馆学系、浙江工业大学之江学院、德清县博物馆、湖州市博物馆共同参与，进行瓷器起源的多学科综合研究，研究成果结集《原始瓷起源研究论文集》[①] 已于 2015 年出版。

总之，通过多年考古调查、发掘与研究工作，以德清为中心、包括湖州南部地区在内的东苕溪流域先秦时期原始瓷窑址分布与特征已初步显露。目前我们对东苕溪中下游地区的考古调查工作已经初步完成，确定窑址 144 处，主要可分为两个窑址群：德清龙山窑址群与湖州青山窑址群，前者窑址数量 111 处，后者窑址数量 21 处，另外在两大窑址群外围区域还有窑址 12 处（图 3 -64）。

以德清为中心的东苕溪流域先秦时期原始瓷窑址群具有以下几个方面的特征：首先是出现时间早、持续时间长。本窑区从夏商之际开始出现，历经西周、春秋至战国时期，连绵不绝，基本不曾间断，是目前国内已知出现时间最早、持续时间最长的商周时期窑区。其次是窑址密集、生产规模大。第三是产品种类丰富，除生产日用器物外，还大量烧造象征身份与地位、具有特殊意义的仿青铜礼器和乐器。

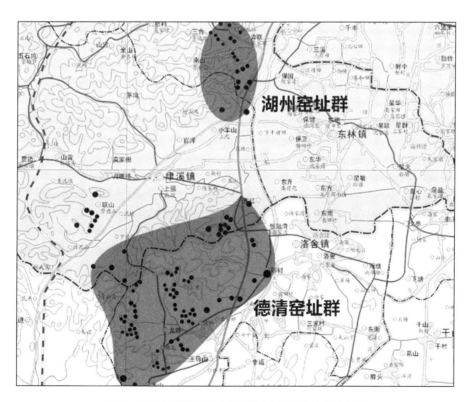

图 3 - 64　东苕溪流域先秦时期原始瓷窑址群分布图

---

① 浙江省文物考古研究所：《原始瓷起源研究论文集》，文物出版社，2015 年。

而这些大型礼乐器的生产，目前仅见于东苕溪流域。第四是产品质量高，许多产品体型硕大、制作规整，胎质坚致细腻，釉色青翠匀润、施釉均匀、玻璃质感强，代表先秦时期窑业的最高发展水平。第五是龙窑窑炉在本地起源与逐渐成熟。第六是窑具形态各异，装烧工艺成熟。第七是独立窑区的出现①。

据目前考古资料，浙江地区原始瓷窑址主要分布在三个地区——湖州南部德清北部窑址群、萧山进化窑址群和绍兴东部上虞西部窑址群②。截至目前，文物考古工作者对于湖州南部德清北部窑址群（也即上述以德清为中心包括湖州南部在内的东苕溪流域窑址群）的考古调查和发掘工作已经较为充分，且取得了很大成果。对于后两个地区原始瓷窑址群，考古工作还相当薄弱，有待于我们今后的系统考古调查与研究。此外，如何将原始瓷窑业考古纳入到商周时期手工业考古的范畴，并从聚落考古的角度探索其产生原因、窑业布局、资源选择、流通渠道、使用阶层等问题，还需要我们的持续追踪。

（执笔：谢西营）

---

① 沈岳明、郑建明、陈元甫：《"瓷之源"课题与瓷器起源研究的重大进展》，《中国文物报》2014 年 8 月 1 日第 7 版。
② 王屹峰：《浙江原始瓷及印纹硬陶窑址群的调查与研究》，《中国古陶瓷研究》第 12 辑，紫禁城出版社，2006 年；《中国南方原始瓷窑业研究》，中国书店，2010 年。

青铜器的发现与研究

浙江出土青铜器始于道光初年，武康县（今德清县）山中出土 13 件句鑃，其中两件为"其次句鑃"[①]。科学发掘出土的青铜器则肇始于 1978 年宁波鄞县东乡横溪钱岙遗址的调查试掘[②]。从出土青铜器资料来看，浙江出土商周时期青铜器可分为商、西周、春秋、战国等四个大的阶段。

商代青铜器主要分布于湖州、温州地区，余杭、台州温岭也有零星出土。出土地点以湖州长兴小浦上草楼[③]、安吉三官乡周家湾[④]、温州瓯海杨府山土墩墓[⑤]等为代表。按用途可分为礼器、乐器、兵器、工具等（图 3 - 65）。礼器主要有鼎、簋、瓿、觚、爵、盘等。乐器均为云纹大铙。兵器有短剑、矛、戈、镞、钺等。工具较少，只有锛一类。

西周青铜器主要分布于台州、湖州地区。出土地点主要有台州黄岩小人尖西周土墩墓[⑥]。青铜器也可分为礼器、乐器、兵器、工具等（图 3 - 66）。礼器主要有鼎、尊、枓、爵等。乐器出土较少，只在宁波鄞县[⑦]、杭州萧山[⑧]各出土一件甬钟。兵器有剑、矛、戈、镞、殳等，除少量出土于墓葬、遗址外，大部分出土于河道疏浚工程，长兴县长兴港疏浚工程中出土尤多[⑨]。工具主要有斧、锛两类。另外，黄岩小人尖土墩墓还出土有青铜牌饰。2018 年在衢州市衢江区云溪乡棠陵邵村庙山尖西周土墩墓又出土一批青铜器，有青铜剑、戈、青铜构件（疑是车马器)[⑩]。

春秋青铜器分布地域较西周时期广泛，在浙江大部分市县均有发现，其中尤以绍兴和长兴出土数量较多。青铜以礼器、乐器、兵器、手工工具、农具等为主，另有少量车马器（图 3 - 67 至图 3 - 69）。礼器主要出土于绍兴坡塘 306 号墓，有圜底鼎、兽面鼎、汤鼎、豆、壶、瓿、罍、鉴、瓿、盉、提梁盉等。乐器有甬钟、句鑃、铎等，其中，除 1969 年江山市须江镇达河上江坝村出土一套 6 件甬钟[⑪]及东阳江沿岸出水青铜句鑃、甬钟各一件外[⑫]，其余乐器均出土于绍兴地区[⑬]。兵器有剑、矛、戈、

① 董楚平：《吴越徐舒金文集释》，浙江古籍出版社，1992 年。
② 宁波市文物考古研究所等：《宁波钱岙商周遗址试掘简报》，《东南文化》2003 年第 3 期。
③ 浙江省文物管理委员会：《浙江长兴县的两件铜器》，《文物》1960 年第 7 期。
④ 浙江省安吉县博物馆：《浙江安吉出土商代铜器》，《文物》1986 年第 2 期。
⑤ 浙江省文物考古研究所等：《浙江瓯海杨府山西周土墩墓发掘简报》，《文物》2007 年第 11 期。
⑥ 浙江省文物考古研究所等：《黄岩小人尖西周时期土墩墓》，《浙江省文物考古研究所学刊（建所十周年纪念 1980—1990）》，科学出版社，1993 年。
⑦ 涂师平、范光花：《宁波鄞州区先秦青铜器述略》，《东方博物》第五十二辑，中国书店，2014 年。
⑧ 张翔：《浙江萧山杜家村出土西周甬钟》，《文物》1985 年第 4 期。
⑨ 夏星南：《浙江长兴县发现吴、越、楚铜剑》，《考古》1989 年第 1 期。毛波：《长兴出土商周青铜矛研究》，《东方博物》第五十二辑，中国书店，2014 年。
⑩ 浙江省文物考古研究所资料。
⑪ 柴福有：《浙江江山出土青铜编钟》，《文物》1996 年第 6 期。
⑫ 浙江东阳市博物馆馆藏资料。
⑬ 绍兴市文物管理委员会：《绍兴发现两件钩鑃》，《考古》1983 年第 4 期。蒋明明：《浙江绍兴市发现一件春秋铭文铜甬钟》，《考古》2006 年第 7 期。浙江省文物考古研究所等：《印山越王陵》，文物出版社，2002 年。

图 3 - 65　浙江出土商代青铜器

1. 龟纹铜簋（长兴小浦上草楼出土）　2. 云纹铜铙（长兴小浦上草楼出土）　3. 铜鼎（安吉三官周家湾出土）　4. 铜簋（温州瓯海杨府山土墩墓出土）　5. 云纹铜铙（瓯海杨府山土墩墓出土）　6. 长兴 1 号铜剑（长兴港出土）　7. 阔叶柱脊铜矛（长兴 1 号矛，长兴港出土）　8. 直内无胡铜戈（长兴 3 号戈，长兴港出土）　9. 铜钺（湖州吴兴区袁家汇出土）

镞，其中以剑为多，长兴、绍兴出土数量最多。其中的"王"字矛是青铜矛中的特色。手工工具有刻刀、削、凿、锛、斧等。农具有锄、耨、镰等。车马器只在绍兴兰亭镇里木栅村西岸头遗址出土一件车构件①。此外还出土有炭炉、炉、阳燧、屋、插座等。

战国青铜器在浙江全省各地区均有出土，但器物类别较春秋时期大为减少，青铜礼乐器基本不见，只在嘉兴市海盐县董家桥遗址出土一件青铜越式鼎②及 2006 年安吉高禹镇五福一座战国末至西汉初的墓葬中出土一件青铜盉③。兵器是青铜器中的主要类别，有剑（图 3 - 70）、矛、戈、镞等，长兴、绍兴仍然是出土青铜兵器数量最多的区域④。手工工具有斧、凿、锛、削、斤、削锯等，农具有镬、铲、

①　彭云：《绍兴西岸头遗址出土一件春秋铜构件》，《文物》1993 年第 8 期。
②　浙江省文物考古研究所资料。
③　浙江省文物考古研究所、安吉县博物馆：《浙江安吉五福楚墓》，《文物》2007 年第 7 期。
④　彭云：《绍兴出土越国青铜剑及其演变》，《东南文化》1992 年第 6 期。夏星南：《浙江长兴县发现吴、越、楚铜剑》，《考古》1989 年第 1 期。

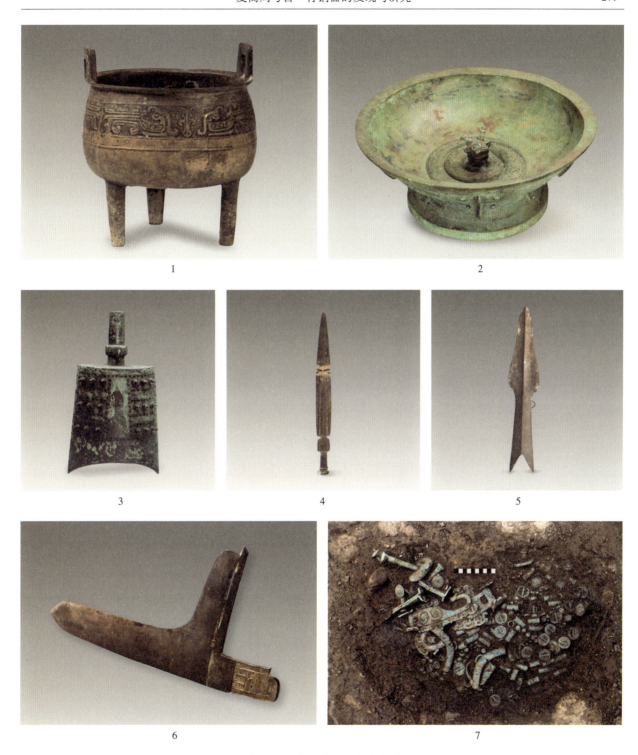

图 3 - 66　浙江出土西周青铜器

1. 铜鼎（长兴县雉城镇下箬寺上莘桥出土）　2. 蟠龙纹铜盘（台州温岭琛山乡楼旗村出土）　3. 铜甬钟（萧山所前镇杜家村出土）　4. 铜短剑（长兴 3 号剑，长兴县雉城出土）　5. 单耳铜矛（长兴 10 号矛，长兴港出土）　6. 铜戈（长兴 9 号戈，长兴港出土）　7. 青铜构件（衢江云溪庙山尖土墩墓出土）

锄、镰、锄、锸、铚、犁铧、耨等。手工工具及农具大量出土，数量仅次于青铜兵器，且种类多样，农具更是涉及精耕细作农业的各种门类，是浙江地区出土战国青铜器的一大特色（图 3 - 71）。另外还出土有鱼钩、鱼叉等渔猎工具。战国晚期，绍兴任家湾战国墓还出土有少量车马器，如车軎、

图 3－67　浙江出土春秋时期青铜器

1. 蟠螭纹铜汤鼎（绍兴坡塘 306 号墓出土）　　2. 铜甗盉（绍兴坡塘 306 号墓出土）　　3. 兽面纹铜尊（绍兴坡塘 306 号墓出土）

4. 铜罍（绍兴 306 号墓出土）　　5. 铜炭炉（诸暨市次坞镇上河村出土）

图 3－68　浙江出土春秋时期青铜器

1. 徐"自"鸟虫书铜甬钟（绍兴越城区塔山出土）　　2. 吴配儿铭铜句鑃（绍兴城关狗头山出土）

1　　　　　　2　　　　　　3　　　　　　4　　　　　　5

图 3 -69　浙江出土春秋时期青铜器

1. "王"字铜矛（长兴14号矛，长兴港出土）　2. 青铜鸠仗1（绍兴市柯桥区漓渚镇中庄村出土）　3. 青铜鸠仗2（绍兴市柯桥区漓渚镇中庄村出土）　4. 铜扁耳剑（长兴5号剑，长兴合溪乡小浦村附近水域出土）　5. 铜平脊剑（长兴9号剑，长兴县洪山港出土）

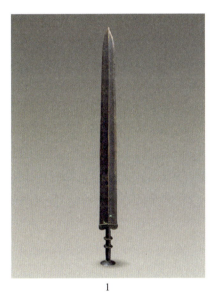 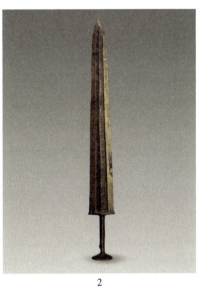 

1　　　　　　　　　　2　　　　　　　　　　3

图 3 -70　浙江出土战国时期青铜剑

1. 绍兴城区念佛桥西施山出土　2. 绍兴市越城区丁斗弄出土　3. 长兴县泗安镇圹湾村老虎坝出土（长兴31号剑）

马衔等（图 3 -72）①。此外，在台州玉环三合潭、宁波象山塔山、余杭良渚姚家墩等遗址也出土有春秋战国时期青铜器。

　　由于浙江出土青铜器相对较少，青铜礼乐器除了瓯海杨府山土墩墓和绍兴坡塘306号墓有少量出土外，其他只有零星出土。因而，青铜器的研究一直不是浙江商周时期考古的重点和热点。虽如此，还是有一些专著和研究值得重视和关注，主要集中在铭文考释和一些专题研究上。

　　鸟虫书是春秋战国时期的一种构形特殊的字体，也是越国有铭青铜器的主要字体，是越文化的一大特色。曹锦炎对其进行了专题收集和研究，《鸟虫书通考》及其增补版是他关于鸟虫书研究的集大

―――――――――――――――

① 蒋明明：《浙江绍兴皋埠任家湾茅家山战国墓清理简报》，《东方博物》第十四辑，浙江大学出版社，2005年。

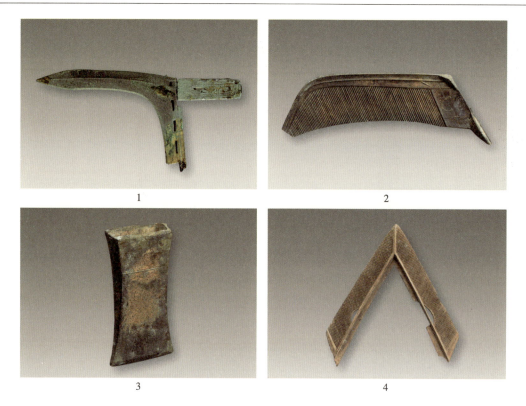

图3-71　浙江出土战国时期青铜器

1. 铜戈（余杭良渚姚家墩遗址出土）　2. 铜镰（绍兴县平水镇上灶乡上灶村万家山出土）

3. 铜斧（绍兴浙江涤纶厂基建工地出土）　4. 铜鐯（绍兴县上蒋乡陈家横村出土）

图3-72　浙江出土战国时期青铜器

1. 铜车軎　2. 铜马衔（均绍兴皋埠镇任家湾村茅家山出土）

成者①。此外，他对一些越地出土或与吴越徐文化有关的青铜器，如越王钟、朱句钟、越王大子矛、不光矛、州句剑、得居戈、"能原"镈、岣嵝碑、宜侯矢簋、吴王寿梦之子剑、配儿句鑃、北山顶春秋墓出土铜器、自铎等器铭文进行了考释，对研究吴、越、徐国文化及三者的关系具有重要价值。他还对浙江出土商周青铜器进行了初步研究。以上成果陆续发表在各类文博刊物，后汇集成《吴越历史与考古论丛》②。

---

① 曹锦炎：《鸟虫书通考》，上海书画出版社，1999年；《鸟虫书通考》（增补版），上海辞书出版社，2014年。

② 曹锦炎：《吴越历史与考古论丛》，文物出版社，2007年。

此外，董楚平所著的《吴越徐舒金文集释》也是研究吴、越、徐、舒青铜器铭文的重要著作①。

在专题研究方面，牟永抗《"断发文身"小议》一文对吴兴（现湖州）出土的青铜杖镦、306 号墓铜插座和铜房屋模型、北山顶墓出土的鸠杖墩底部、绍兴漓渚出土鸠杖端等人像纹饰进行分析，并与良渚文化神人兽面像、凌家滩玉人、商代文物上人像对比分析，认为上述青铜器人像上的纹样认作服饰为好，即使不是服饰，也不一定就是文身②。

兵器和农具作为越国青铜器中出土最多的器类，学界也多有关注。彭云梳理了绍兴出土的青铜剑，在类型学分析的基础上，对青铜剑的形制演变进行了探讨③。毛波全面收集了吴越系青铜剑资料，首先进行了形制分析和年代推定，建立了吴越系青铜剑的年代系列，对各型青铜剑的渊源和传播进行了研究，并对春秋晚期前吴越系铜剑的实用性、凸箍纹饰及形制在判断铜剑年代的意义等相关问题进行探讨④。董忠耿对绍兴出土的越国青铜农具进行了分类，并对其在农业活动中的使用功能进行了研究，认为春秋战国时，越国的农业生产技术已经非常先进⑤。

（执笔：黄昊德）

---

① 董楚平：《吴越徐舒金文集释》，浙江古籍出版社，1992 年。
② 牟永抗：《"断发文身"小议》，《吴越地区青铜器研究论文集》，两木出版社，1997 年；后收入《牟永抗考古学文集》，科学出版社，2009 年。
③ 彭云：《绍兴出土越国青铜剑及其演变》，《东南文化》1992 年第 6 期。
④ 毛波：《吴越系青铜剑研究》，《考古学报》2016 年第 4 期。
⑤ 董忠耿：《试论绍兴出土的越国青铜农具》，《东南文化》1992 年第 6 期。

汉唐墓葬考古

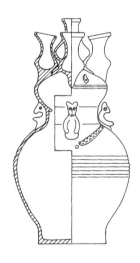

一 工作回顾

浙江地区在经历了先秦时期越国的短暂强盛后，社会发展暂趋于缓慢。入汉以后，在保持本地区文化特色的同时，浙江逐步纳入大一统王朝的发展轨迹中，汉文化的色彩日益浓厚。在由汉至五代1100多年的历史时期内，汉武开边、吴会分治、三国鼎立、永嘉之变等重大历史事件，均成为触发浙江地区不断发展、融入中原的重要契机。直至五代钱氏吴越建国，浙江地方文化、经济的发展达到了汉唐以来的鼎盛时期。北宋太平兴国三年（978年），吴越王钱弘俶纳土归宋，两浙平稳地纳入中央版图，浙江由此成为统一中国范围内最重要的一个经济重镇。在这段漫长的历史时期，社会在变动，人群在不断地流动、融合。通过大量的考古工作，我们可以发现，浙江地区的文化早已摆脱了单一的区域文化样貌，日益丰富多彩。其中，历代的墓葬为我们提供了最为丰富的历史信息。

两汉的墓葬，是新中国成立以来浙江考古最初的工作对象。正是通过汉墓的考古工作，浙江考古人逐渐积累和提高了田野考古技能和实践经验，并将之成功地运用于其他时期的遗址和墓葬的考古工作中，推动了浙江考古的全面发展。三国至南朝的墓葬考古工作，经常是伴随着汉墓考古工作同步推进的，数量也不在汉墓之下。数量可观的纪年墓和纪年器物等，成为我们认识本地区三国至南朝时期世家大族的分布和变迁、经济和技术层面的发展繁荣等问题的重要依托。唐墓的发现较为零星，尚缺乏数量上的积累，认识较不全面。五代墓葬以杭州城为核心，发掘了五代钱氏家族陵墓等，为全面揭示五代吴越国的历史文化内涵提供了重要的研究对象。

在新中国成立初至1979年的三十年时间里，为配合基本建设开展的汉至唐五代的墓葬考古工作，主要有杭州西湖国宾馆（1954）、绍兴漓渚铁矿（1954~1955）、宁波火车站（1955）、黄岩秀岭水库（1956）、新安江水库（1956~1958）等大型建设项目涉及的汉六朝墓葬群，同时在杭州周边还发掘了第二代吴越国王钱元瓘墓（1965）、钱元瓘妃吴汉月墓（1958）、钱元玩墓（1958）等吴越国重要王族成员的墓葬。此后由于政治运动的影响，至1972年重新恢复考古工作后，又集中力量发掘了德清秋山（1973）、上虞蒿坝（1973）、海宁长安（1973）、奉化白杜（1978）、龙游东华山（1979）、杭州三台山五代墓（1979）等，整理和发表了较多的考古发掘简讯和简报。这一阶段的工作，在获取了大量随葬文物的同时，还初步明确了浙江汉六朝墓葬的形制、规模和营建方式，为今后的工作提供了丰富的田野经验。

20世纪80年代起至今，随着大批的考古专业毕业生先后至浙江参加工作，现代的考古地层学和类型学理念逐步深入到田野工作中，浙江的汉唐考古工作得到了新的发展。四十年来，全省各地正式发掘的这一时期墓葬主要有：鄞县高钱（1983）、杭州秦庭山（1983）、杭州老和山（1986）、余杭小横山（2011~2012）、余杭义桥（2007）、临安钱宽及水丘氏墓（1978~1980）、吴越国康陵

（1996~1997）、上虞凤凰山（1984 年）、湖州杨家埠（1987、2006~2014、2016）、湖州方家山
（1998）、余姚老虎山和上虞羊山、牛头山、后头山（杭甬高速段 1992~1993）、龙游东华山（1987~
1992）、龙游仪冢山（1989）、嵊州刹山（1982~1992）、安吉上马山（1989、2007 年至今）、奉化南
岙林场（2005~2006）、长兴夏家庙（2000~2004）、长兴碧岩寺（2016 年至今）、永嘉丁山（2018）
等大型墓地和重要墓葬，此外各地还先后发掘了数量庞大、零星分布的单体墓葬或小规模墓地（图
4-1）。

图 4-1   浙江主要汉六朝墓分布示意图

在发掘过程中，除了继续关注出土遗物，研究人员进而致力于墓葬填土等迹象的辨识、墓室结构
的变化等问题，并深入探讨墓地的整体布局及不同地区的地域特征，使本地区汉唐墓葬的形制结构、
发展脉络等问题逐步明朗化。期间，研究人员陆续整理和发表了大量的发掘简报、报告和研究论文，
使千头万绪的发掘工作逐步走上了清晰的研究轨道。

二   开拓认识

从文化的变化与发展的角度看，这一大的历史时段又可分为两汉、三国两晋南朝、唐五代三个历
史时期。早期的墓葬考古工作，大家关注的重心多在墓葬本体，尤其是墓内出土的器物和相关文字资
料上，以考证墓主身份、墓葬绝对年代、器物分期的年代标准、文字资料的释读几个方面。这些工作
为建立汉唐时期浙江地区的考古学文化谱系，无疑奠定了扎实的基础。但也正因为绝大部分工作聚焦
于证史的层面，仍不免受文字或其他可见的材料制约，并未形成严格的历史时期考古学体系。自 20 世

纪 80 年代以来，随着考古人才队伍的逐步壮大，新的理论和方法不断产生并得到应用，汉至五代时期墓葬考古学的研究取得了长足的发展。

首先，考古人员针对汉代及六朝墓葬的分期研究，逐步建立起了浙江汉墓的年代序列。在 1993 年黎毓馨发表的针对长江下游的汉三国西晋墓葬的分期研究中，浙江地区的汉墓基本可归纳为西汉中期至东汉末期七个时期①。此后，经过多年野外工作的积累和研究认识的不断深化，胡继根重新将浙江汉墓的发展序列归纳为六期。这个分期理论，虽然参照了其他地区部分年代相对明确的墓葬资料，但以墓葬的形制结构、随葬器物组合、埋葬方式等多方面内容所反映的考古学文化性特征为主要依据，避免了以汉代诸帝在位年代为框架的束缚②（图 4 - 2）。

在 21 世纪最初的十多年时间里，发掘人员持续在浙北湖州杨家埠、安吉上马山、长兴夏家庙和碧岩寺等地发掘了数量庞大的汉代墓葬群。在工作过程中，大家逐步意识到，这些大规模散布于低矮丘陵或者平原地带的汉代墓葬与中原习见的封土墓存在着显著的差异。自 2010 年起，对于汉墓的研究便逐渐由单体墓葬分类、器物分型分式转向大范围的墓地及其营造方式的探讨上。2013 年，胡继根首先提出了汉代土墩墓的概念③，认为浙江的土墩式墓葬经历了土台—土墩—土冢的发展序列（图 4 - 3）。随后，黄昊德、刘建安等提出墩式墓地和茔域的概念，认为这是一种以土墩为墓地单元的多墓合葬方式④。李晖达根据土墩的整体营建过程，将汉代土墩分为三个类型，从土墩的类型层面探讨了汉代土墩墓葬的演变序列⑤。同时，浙江研究者们对于汉代土墩类墓葬的思考，也触动了周边各省考古人员对同类遗存的关注和研究。虽然各地研究者在概念的使用问题上还存在一定的分歧，但无论是称为"汉代土墩墓"⑥"汉代墩式封土墓"⑦，抑或是"汉代土墩遗存"⑧，从本质上讲，大家已经有意识地将之视为一个独具特色的考古学遗存的类型进行研究了。

对浙江各地汉墓区域类型的认识与划分，也有了新的进展。浙西龙游仪冢山汉墓等大型墓群，形制结构与浙北土墩式墓葬有着明显的区别。而温岭、平阳、乐清等地汉墓出土的器物，又与浙江其他地区的同时期随葬品风格迥异，具有浓厚的土著特征，被视为汉初东瓯国的典型文化因素。这些工作，都为划分浙江汉墓的区域类型提供了有力的依据（图 4 - 4 至图 4 - 8）。

进入 21 世纪以来，汉墓的考古工作范围逐步由此前以公路、铁路为主体的线状分布，转向了以开发区为主体的点状形式。安吉上马山、高禹，长兴夏家庙、碧岩寺，湖州杨家埠等均是扎根于开发区而开展了长期的工作。这些工作客观上为考古人员深入认识地方区域类型提供了契机，同时也促使墓

① 黎毓馨：《论长江下游地区两汉吴西晋墓葬的分期》，《浙江省文物考古研究所学刊》，长征出版社，1997 年。
② 浙江省文物考古研究所：《浙江汉墓》，文物出版社，2016 年。
③ 胡继根：《浙江"汉代土墩墓"的发掘与认识》，《秦汉土墩墓考古发现与研究——秦汉土墩墓国际学术研讨会论文集》，文物出版社，2013 年。
④ 刘建安：《汉代土墩遗存为家族茔地论——以浙江汉代土墩遗存为例》，《秦汉土墩墓考古发现与研究——秦汉土墩墓国际学术研讨会论文集》，文物出版社，2013 年。
⑤ 李晖达：《试论浙江汉代土墩遗存》，《东南文化》2011 年第 3 期。
⑥ 胡继根：《浙江"汉代土墩墓"的发掘与认识》；龙朝彬：《湖南常德南坪汉代土墩墓》，《秦汉土墩墓考古发现与研究——秦汉土墩墓国际学术研讨会论文集》，文物出版社，2013 年。
⑦ 郑同修：《山东沿海地区汉代墩式封土墓有关问题探讨》，《秦汉土墩墓考古发现与研究——秦汉土墩墓国际学术研讨会论文集》，文物出版社，2013 年。
⑧ 李晖达：《试论浙江汉代土墩遗存》，《东南文化》2011 年第 3 期。

葬考古工作逐步转型为与城址、聚落相结合的大遗址考古工作。安吉古城与龙山墓群的考古发掘，正是浙江先秦至汉代大遗址考古工作的典范。

此外，浙江汉墓中出土的随葬品，以陶瓷器为主，在以往的报告或论文中，按材质分为高温釉陶、硬陶、泥质陶、成熟青瓷等几大类。近年来，有学者又提出将汉代高温釉陶器统一改称为汉代原始瓷。此外，铜镜、铜钱等亦较常见。其中，铜镜的保存状态较好，得到了较充分的关注和研究。铜钱锈蚀、黏结情况较为严重，但有部分学者仍尝试通过对钱文细部形式的辨识，讨论铜钱所在墓葬的编年问题。铜铁制兵器的出土数量颇为可观，以环首铁刀、直柄铁剑、铜削、铜矛、铜弩机等较为常见，惜绝大多数缺乏科学分析与合理保护，相关研究很不充分。漆器也时有发现，可知器形有奁、盘、卮、耳杯等，但因保存条件太差，大多数情况下只见痕迹，缺乏保存与研究的条件。

而迄今为止，浙江发掘的三国至南朝墓葬，数量巨大，分布于全省各地，但大规模的墓葬群发现的还相对较少。余杭小横山东晋南朝墓、龙游寺底袁三国两晋南朝墓、黄岩秀岭水库两晋南朝墓、湖州五子墩等是此期间较为重要的发现。由于墓葬结构本身的特点以及盗掘活动的猖獗，这一时期的墓葬遭受的破坏最为严重，"十墓九空"是这类墓葬的常态。出土资料的严重缺乏，在很大程度上制约了研究者对它们的认识。因此，墓葬分期、器物类型等基础性的研究往往需借助瓷窑址考古和以南京为中心的六朝考古来解决。

黄岩秀岭水库的两晋南朝墓群是浙江地区最早发掘的一批六朝墓葬，其中出土的纪年资料成为初步建立浙江两晋南朝器物编年的依据。与此同时，在杭州、金华、湖州等地发现的同类型墓葬，进一步充实了基础资料的积累，共同开启了浙江六朝墓葬考古的先声。

湖州五子墩晋墓最初发现于1973年，发掘清理了M1，据墓砖印文可知墓主为东晋尚书郎丘混。2006年又发掘了其余四座墓葬。墓葬规模基本相同，墓室均为四隅券进穹隆顶结构，墓顶有莲瓣纹顶心石，构成莲花藻井的屋顶造型①。此后，在五子墩所在的杨家埠墓群范围又发现过类似的丘姓纪年墓砖②。通过这类典型案例，我们可以进一步探讨六朝时期乌程县地区（现湖州市）豪族的族群分布、家族墓葬规模、族群延续的历史等问题，再进而研究江东地方豪族在这个特殊的时期所发挥的历史性作用。

杭州市文物考古研究所于2011年发掘的余杭小横山东晋南朝墓，则是迄今为止浙江地区发现的排列组合最为清晰的一处大型六朝墓地。该墓地共发现东晋南朝墓112座，其中109座位于小横山南坡，从山顶至山脚共分列五排墓葬，每排大致平行排列，由下往上大致呈现出从早到晚的趋势。出土的南朝画像砖内容丰富，既有中国传统的四神及门吏形象，又有千秋万岁、仙人骑龙虎、伎乐飞仙等道教题材，更多的是佛教题材的宝轮、宝珠、莲花化生等内容，体现了南朝时期上层社会精神生活与艺术趣味。通过墓中出土的内容丰富的模印文字砖，我们基本可以了解小横山东晋南朝墓墓砖的种类与施用位置，并勾勒出当时砖室墓葬的营造技术与装饰方法。而墓葬的整体排列格局，则是我们探讨浙地

---

① 现五子墩M4已异地搬迁至浙江省博物馆武林馆区复原展示。
② 2017～2018年杨家埠窑墩头墓群考古发掘中发现。此次工作的资料于2018年在湖州市举办了"湖州铁公水综合物流园考古成果展"，尚未正式发表。

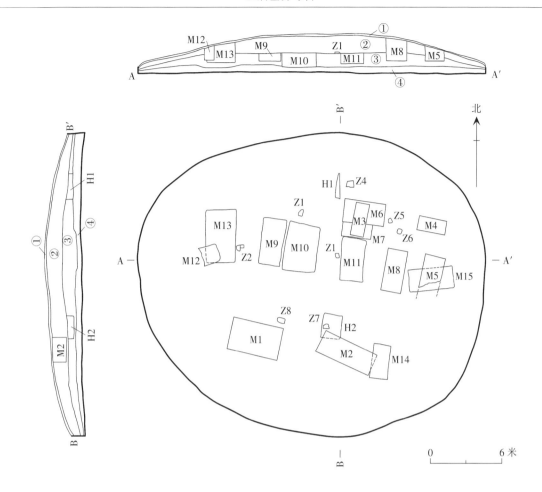

图 4 - 3　汉代土墩结构图（湖州杨家埠 D28）

豪族墓地规划、家族关系等课题的重要依据。

　　近年来，萧山、余杭、富阳、德清、安吉、长兴等地又陆续发掘了许多规模较大的三国至南朝墓葬群，研究人员对于六朝墓葬考古的关注度持续上升，正逐步推动理论研究的进一步发展[①]。

　　虽然六朝时期墓葬内出土器物较少，但经过多年的工作，仍积累了数量可观的器物，其中以青瓷器最为典型（图 4 - 9）。六朝青瓷的研究应该说是一个全国性的课题，而上林湖、曹娥江流域、瓯江流域、金华等地区的青瓷产品流通范围极广，是这一时期对外输出的最重要的产品，浙江范围内出土的纪年瓷器[②]自然成为研究的重点[③]。这部分发掘和研究工作，与瓷窑址考古相呼应，构成了一个相对独立的研究方向。

　　而唐代墓葬的发现较为零散，诸暨东蔡官山脚是此期间发现的较成规模的唐代墓地。发掘者将该墓地分为两区三组，共十五座墓葬，排列整齐有序。根据纪年砖可知，A 区七座墓葬基本均为永徽三年（652 年）或稍晚，B 区八座墓应在贞观十四年（640 年）前后。同时，纪年砖上除了年份外，

　　① 最近的综合性研究有郑睿瑜：《浙江地区六朝墓葬的考古学研究》，西北大学硕士研究生学位论文，2017 年。
　　② 纪年瓷应分为自铭纪年瓷、纪年墓出土瓷器（本身未必有纪年）两大类。自铭纪年瓷代表的是器物本身的生产时间，纪年墓出土的无铭青瓷代表的则是随葬年代，二者在编年上的作用应该是有所区别的。
　　③ 浙江省博物馆：《浙江纪年瓷》，文物出版社，2000 年；《青色流年——全国出土浙江纪年瓷图集》，文物出版社，2017 年。

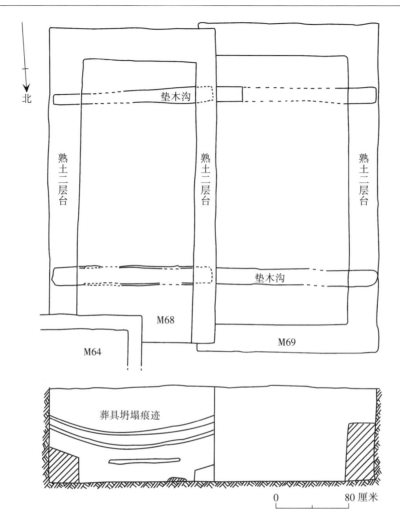

图 4－4　汉墓主要类型：木椁墓 1（杭州老和山 M68、M69）

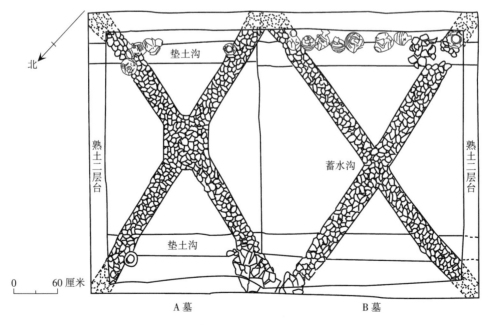

图 4－5　汉墓主要类型：木椁墓 2（龙游仪冢山 M49）

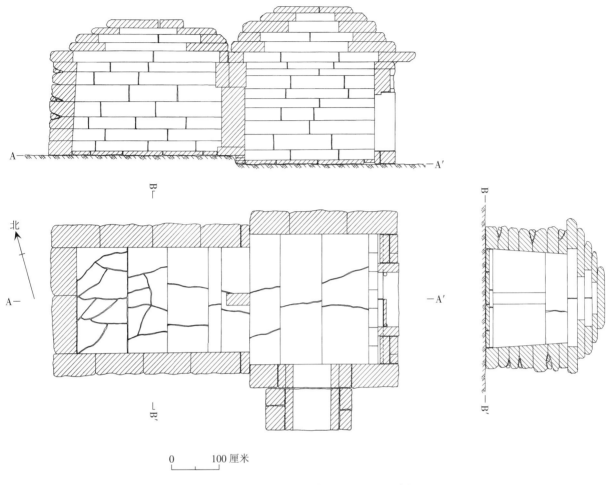

图 4 - 6　汉墓主要类型：画像石墓（长兴西峰坝 M1）

标有墓主身份。由此可知，这批墓葬为一吴姓家族墓地，墓地营建时间相对比较集中，大概是在经过规划后集中安葬，在一定程度上反映了唐初浙江一带的族葬风俗和葬制①。

延及五代钱氏吴越建国，浙江的地方经济和文化重新走向繁荣。吴越国建都杭州，全盛时领有今浙江全境、江苏南部、福建北部及上海的部分地区。通过钱氏三世五王历时70余年的开发，吴越成为五代十国之最为繁荣稳定的一方政权。

针对吴越国开展的考古工作，主要以杭州为中心，大致包含吴越国都城、衣锦城的城市考古和周边的吴越王陵及贵族墓考古两大类。钱氏家族墓跨越了晚唐至五代，从中既可以看到唐代晚期贵族墓葬的形式特征，又可以发现介于帝王陵寝与高等级贵族墓葬之间的独特因素。1980 年发掘的晚唐钱宽及水丘氏墓正是这种过渡性制度的典型代表。

钱宽夫妇墓位于临安明堂山，结构相同，为船形多耳室券顶砖室墓。出土了鎏金银器、秘色瓷器、"官"字款银扣白瓷等（图 4 - 10、4 - 11），尽显王家之气。两墓后室顶部均保存了近乎完整还明确的天文图，图中的星星都用金箔贴饰（图 4 - 12）。迄今为止，类似的星图在钱氏家族陵墓中

_____

① 徐军：《诸暨东蔡官山脚唐墓发掘简报》，《东方博物》第二十八辑，浙江大学出版社，2008 年。

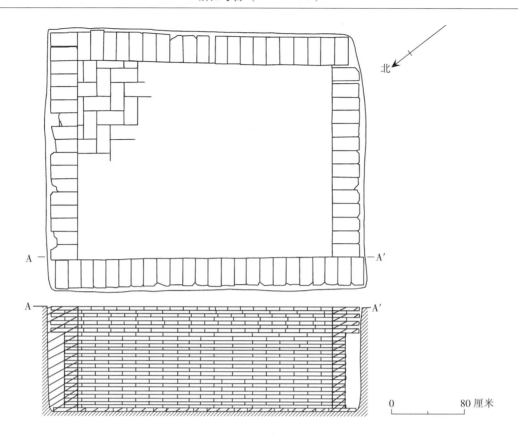

北

0   80 厘米

图 4 - 7   汉墓主要类型：砖椁墓（05·奉化南岙 M108）

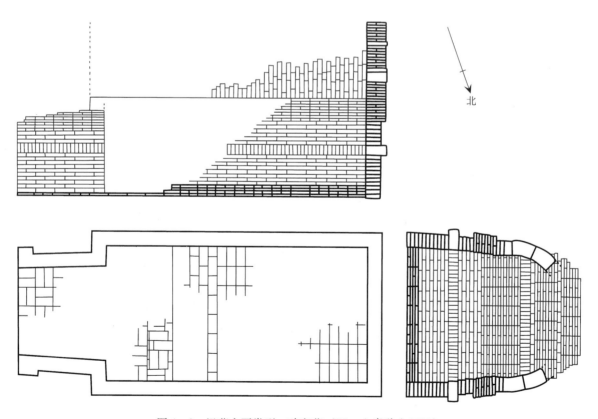

北

图 4 - 8   汉墓主要类型：砖室墓（93·上虞驮山 M30）

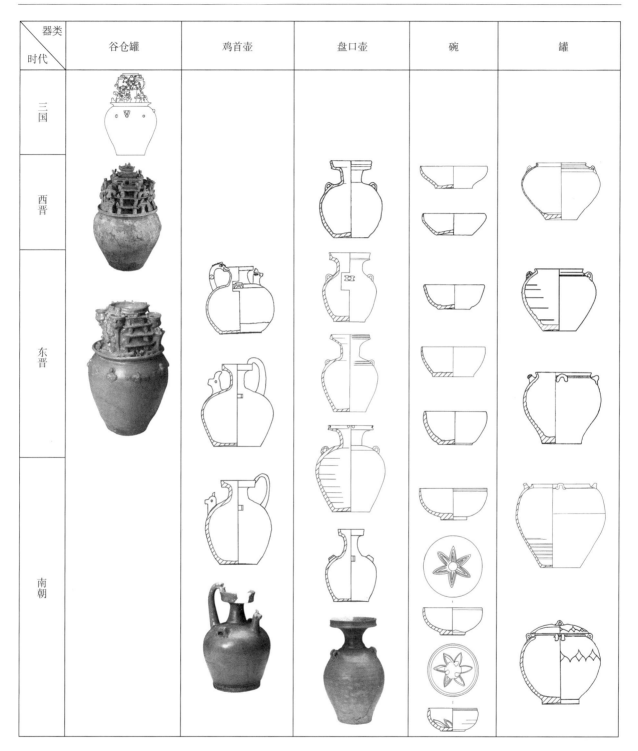

器类 时代	谷仓罐	鸡首壶	盘口壶	碗	罐
三国					
西晋					
东晋					
南朝					

图 4 - 9　六朝墓葬出土主要青瓷器编年

共发现 5 例，其余 3 处为吴越国二世国王钱元瓘及两位王妃马氏（康陵）、吴汉月墓。这五幅天文
图俱为写实性天文图，准确程度高。通过这些精准的天文图，我们可以核对传统星象记录，进而研
究晚唐五代时期的天文学水平。

　　1996～1997 年，杭州市文物考古所联合临安市文物馆，抢救性发掘了位于今临安区玲珑镇祥里镇
松树山坡的一处吴越国墓葬。墓中出土了一方铭文石刻，明确记载了该墓自名"康陵"，墓主是吴越国

图 4 - 10　水丘氏墓出土瓷器

1. 褐彩熏炉（M24：24）　2. 褐彩罂（M24：37）　3. 褐彩油灯（M24：2）　4. 白瓷海棠杯（M24：94）
5. 云龙把杯（M24：16）、杯托（M24：34）

图 4 - 11　水丘氏墓出土银器

1. 鎏金箱錾（M24：50 - 1、2、3）　2. 银豆（M24：82）　3. 鎏金银盖罐（M24：83）

恭穆王后马氏。康陵保存情况较好，墓内结构基本完整，为砖石混筑的前中后三室。石刻与彩绘保存完好，内容包括十二生肖像、四神、星象图以及牡丹纹装饰带等。该墓无论是规模、墓室数量，还是建筑结构与用材、墓室装饰、葬具等，都代表了吴越国墓葬的最高规格，是迄今为止吴越国考古最为

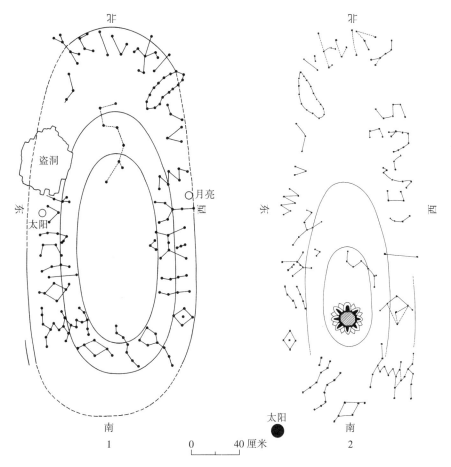

图 4-12　钱宽夫妇墓后室顶部的天文图
1. 钱宽墓天文图　2. 水丘氏墓天文图

重要的发现之一。

2008 年临安青柯五代童莹之及妻骆氏墓的发现①，为我们全面了解吴越国的丧葬制度、器用规格等问题提供了新的契机。两座墓葬形制相同，均为多耳室券顶前后双室墓，规模小于钱氏王族墓葬，但形制相近。根据墓内出土两方墓志可知，墓主童莹之为钱氏部将，夫人骆氏出身当地豪族②。据童氏任职履历来看，应是钱氏节度使期间牙兵将领，属于较亲信的异姓官僚。加上联姻关系，童某已成钱氏外戚，所以这类墓葬的等级在吴越国范围内仍是级别较高的一类。

至此，吴越国贵族墓葬序列中，王、王妃、王子、官僚（包括外戚）四类都已发现，中高级统治阶层墓葬的类型应基本齐备了。

---

① 浙江省文物考古研究所等：《临安青柯五代墓葬发掘报告》，《晚唐钱宽夫妇墓》，文物出版社，2012 年。
② 两墓志志文都不完整，但仍保存了诸多信息。首先两人去世仅差一年，下葬年代约在 926 年前后，当钱镠在位期间。据童府君志文称"我圣上恩加勤奋念及亲姻"，且其小女嫁与"□□□□宅使左右上直都指挥使金紫光禄大夫检校尚书左仆射兼□□□□□□□□帝子金柯糵德温恭常重於妇"，又有"生自帝乡，荣承国戚"之语。骆氏墓志则称骆氏为"前台牧骆圆太傅女弟也"，"次适都虞□□□□□皇子大明宫使金紫光禄大夫"。可见童氏小女儿应是嫁与钱镠的某个儿子，童氏已进入外戚的行列。报告中认为童某仅是"吴越国中下层官员"，不够确切。

三　问题与展望

通过这四十年的考古工作，浙江地区的汉唐考古在量的积累上逐渐取得了质的飞跃。浙江地区的汉墓研究，从早年的默默无闻逐渐成长起来，包括日本、韩国的学者也开始关注浙江地区的汉代土墩，通过它们来研究东亚地区坟丘墓遗存的源流、地区间文化传播与交流模式等重要课题。近年来，随着温岭大溪古城、宁波鄞县故城等汉代城址调查工作的推进，逐步将墓葬与城址考古相结合，势必又将为浙江的汉代考古开创出一番新局面。

目前的三国两晋南朝考古研究，资料积累已经颇为充分，五子墩、小横山等墓地的发掘，更显示了发掘理念与发掘方法的不断进步，获取的信息囊括了随葬品、墓葬、墓地等多方面综合要素，墓地的规划、墓葬的排布、墓室的营造，各种细节都已经逐步清晰起来，我们对于三国至南朝的家族墓有了更深刻的认识。当下的任务，是如何利用它们去深入探讨当时的家族结构、社会经济、区域文化等问题。

唐代考古的工作还需要更多的积累，目前尚缺乏系统讨论的空间。吴越国高层的国王至外戚四类人群的墓葬虽各有发现，但仍略显数量不足，尤其是外戚及普通官员墓葬的确认相对较少，尚无法全面了解吴越国时期的墓葬制度，更难以系统讨论吴越国的社会经济、文化形态。不过，随着以杭州、临安为中心开展的城市考古工作的推进，吴越国考古工作必将开创新的局面。

（执笔：李晖达）

[资料索引]

一　考古简报与报告

汉：

1. 金祖明：《浙江省文管会清理了杭州的十几座汉墓》，《文物参考资料》1955 年第 2 期。

2. 王士伦、朱伯谦：《浙江绍兴漓渚考古简报》，《考古通讯》1955 年第 5 期。

3. 王士伦：《杭州铁佛寺清理了一座东汉墓》，《文物资料丛刊》1955 年第 6 期。

4. 汪大铁：《浙江嘉兴发现东汉墓葬》，《文物资料丛刊》1955 年第 10 期。

5. 赵人俊：《宁波地区发现的古墓葬和古文化遗址》，《文物资料丛刊》1956 年第 4 期。

6. 浙江省文物管理委员会：《绍兴漓渚的汉墓》，《考古学报》1957 年第 1 期。

7. 浙江省文物管理委员会：《浙江绍兴漓渚东汉墓发掘简报》，《考古通讯》1957 年第 2 期。

8. 新安江水库考古工作队：《浙江淳安县赋溪乡文物清理简报》，《文物资料丛刊》1958 年第 10 期。

9. 浙江省文物管理委员会：《杭州古荡汉代朱乐昌墓清理简报》，《考古》1959 年第 3 期。

10. 新安江水库考古工作队：《浙江淳安古墓发掘》，《考古》1959 年第 9 期。

11. 浙江省文物管理委员会：《浙江慈溪发现东汉墓》，《考古》1962 年第 12 期。

12. 浙江省文物管理委员会：《浙江义乌发现西汉墓》，《考古》1965 年第 3 期。

13. 金华地区文管会：《浙江武义东汉墓》，《考古》1981 年第 2 期。

14. 崔成实：《衢州市东华山汉墓发掘简报》，《浙江省文物考古所学刊》，文物出版社，1981 年。

15. 奉化县文管会王利华、宁波市文管会林士民：《奉化白杜汉熹平四年墓清理简报》，《浙江省文物考古所学刊》，文物出版社，1981 年。

16. 金华地区文管会：《浙江省金华马铺岭汉墓》，《考古》1982 年第 3 期。

17. 嘉兴地区文管会、海宁县博物馆：《浙江海宁东汉画像石墓发掘简报》，《文物》1983 年第 5 期。

18. 吴玉贤：《浙江上虞蒿坝东汉永初三年墓》，《文物》1983 年第 6 期。

19. 绍兴市文物管理委员会：《绍兴狮子山东汉墓》，《考古》1984 年第 9 期。

20. 嘉兴市文化局：《浙江嘉兴九里汇东汉墓》，《考古》1987 年第 7 期。

21. 绍兴市文物管理处：《绍兴狮子山西汉墓》，《考古》1988 年第 9 期。

22. 金华地区文管会：《浙江武义芦北砖瓦厂东汉墓》，《文物资料丛刊（10）》，文物出版社，1988 年。

23. 龙游县文物管理委员会：《浙江龙游县东华山 12 号汉墓》，《考古》1990 年第 4 期。

24. 费国平：《浙江余杭姜介山汉墓发掘简报》，《东南文化》1991 年第 5 期。

25. 上虞县文物管理所：《浙江上虞联江鞍山东汉墓》，《东南文化》1992 年第 5 期。

26. 浙江省文物考古研究所、上虞县文物管理所：《浙江上虞凤凰山古墓葬发掘报告》，《浙江省文物考古研究所学刊（建所十周年纪念 1980—1990）》，科学出版社，1993 年。

27. 施祖青：《鄞县宝幢乡沙堰村几座东汉、晋墓》，《东南文物》1993 年第 2 期。

28. 朱土生：《浙江龙游东华山汉墓》，《考古》1993 年第 4 期。

29. 尹志红：《浙江嵊县文管会藏古代铜镜》，《南方文物》1994 年第 3 期。

30. 安吉县博物馆：《浙江安吉天子岗汉晋墓》，《文物》1995 年第 6 期。

31. 李军：《浙江宁波出土铜镜》，《南方文物》1996 年第 3 期。

32. 安吉县博物馆：《浙江安吉县上马山西汉墓的发掘》，《考古》1996 年第 7 期。

33. 夏乃平：《浙江象山县清理一座东汉墓》，《考古》1997 年第 7 期。

34. 浙江省文物考古研究所：《余姚老虎山一号墩发掘》《上虞羊上古墓群发掘》《上虞牛头山古墓葬发掘》《上虞周家山古墓葬发掘》《上虞驮山古墓葬发掘》《上虞驿亭谢家岸后头山古墓葬发掘》，《沪杭甬高速公路考古报告》，文物出版社，2002 年。

35. 浙江省文物考古研究所：《浙江湖州市方家山第三号墩汉墓》，《考古》2002 年第 1 期。

36. 张恒：《浙江嵊州市剡山汉墓》，《东南文化》2004 年第 2 期。

37. 浙江省文物管理委员会：《浙江省德清县凤凰山画像石墓发掘简报》，《浙江省文物考古研究所学刊》第七辑，杭州出版社，2005 年。

38. 浙江省博物馆：《浙江省德清县秋山画像石墓的发掘》，《浙江省文物考古研究所学刊》第七辑，杭州出版社，2005 年。

39. 浙江省博物馆：《浙江省上虞县蒿坝汉墓发掘简报》，《浙江省文物考古所学刊》第七辑，杭州出版社，2005 年。

40. 浙江省文物考古研究所：《浙江省杭州市老和山汉墓发掘报告》，《浙江省文物考古研究所学刊》第七辑，杭州出版社，2005 年。

41. 浙江省文物考古研究所、南京大学历史系考古学专业：《浙江省鄞县高钱古墓发掘报告》，《浙江省文物考古研究所学刊》第七辑，杭州出版社，2005 年。

42. 浙江省文物考古研究所、湖州市博物馆：《浙江省湖州市杨家埠古墓发掘报告》，《浙江省文物考古研究所学刊》第七辑，杭州出版社，2005 年。

43. 浙江省文物考古研究所、海盐县博物馆：《浙江海盐龙潭港遗址汉墓发掘简报》，《东方博物》第十四辑，浙江大学出版社，2005 年。

44. 海宁博物馆：《浙江海宁龙尾山汉墓清理》，《东南文化》2006 年第 5 期。

45. 浙江省文物考古研究所、温岭市文化广电新闻出版局：《浙江温岭塘山发现西汉东瓯国墓葬》，《东南文化》2007 年第 3 期。

46. 浙江省文物考古研究所、安吉县博物馆：《浙江安吉五福楚墓》，《文物》2007 年第 7 期。

47. 浙江省文物考古研究所、温岭市文化广电新闻出版局：《浙江温岭市塘山西汉东瓯贵族墓》，《考古》2007 年第 11 期。

48. 陈元甫：《温岭塘山东瓯国贵族墓》，《浙江考古新纪元》，科学出版社，2009 年。

49. 田正标、刘建安、程亦胜：《安吉五福战国至西汉初木椁墓的发掘》，《浙江考古新纪元》，科学出版社，2009 年。

50. 李晖达、刘建安、胡继根：《湖州杨家埠汉代家族土墩墓群及其他墓葬的发掘》，《浙江考古新纪元》，科学出版社，2009 年。

51. 田正标等：《安吉上马山汉代古墓群的发掘》，《浙江考古新纪元》，科学出版社，2009 年。

52. 杭州市文物考古研究所、余杭区博物馆：《余杭义桥汉六朝墓》，文物出版社，2010 年。

53. 叶艳莉：《温岭元宝山发现西汉东瓯国墓葬》，《东方博物》第三十六辑，浙江大学出版社，2010 年。

54. 邱宏亮：《安吉高禹发现东汉熹平五年纪年墓》，《东方博物》第三十八辑，浙江大学出版社，2011 年。

55. 胡秋凉：《长兴七女墩墓葬群清理简报》，《东方博物》第四十三辑，浙江大学出版社，2012 年。

56. 浙江省文物考古研究所：《浙江汉六朝墓报告集》，科学出版社，2012 年。

57. 田正标、游晓蕾：《安吉古城及上马山汉墓群的调查与发掘》，《秦汉土墩墓考古发现与研究——秦汉土墩墓国际学术研讨会论文集》，文物出版社，2013 年。

58. 崔丽萍：《云和白塔山一号汉墓出土文物》，《东方博物》第四十七辑，浙江大学出版社，2013 年。

59. 梁岩华、徐青等：《温州东瓯国文物调查与认识》，《东瓯文化学术讨论会论文集》，浙江古籍出版社，2013 年。

60. 浙江省文物考古研究所、安吉县博物馆：《浙江安吉县上马山第 49 号墩汉墓》，《考古》2014 年第 1 期。

61. 刘卫鹏、刘芳芳等：《余杭星桥里山汉墓发掘简报》，《东方博物》第五十四辑，中国书店，2015 年。

62. 朱土生、巫荣木：《龙游东华山西汉鲁伯墓》，《东方博物》第五十四辑，中国书店，2015 年。

63. 朱土生：《浙江龙游县方家山东汉新安长墓》，《考古》2016 年第 3 期。

64. 李坤、梁宝华等：《杭州余杭星桥马家山汉、六朝墓发掘简报》，《东方博物》第五十八辑，中国书店，2016 年。

65. 陈云：《湖州仁皇山汉墓发掘简报》，《东方博物》第六十辑，中国书店，2016 年。

66. 杭州市文物考古研究所：《杭州余杭汉六朝墓》，文物出版社，2017 年。

67. 陈元甫、黄朝伟等：《柯桥区兰亭阮港村后山头古墓葬发掘》，《东方博物》第六十二辑，中国书店，2017 年。

68. 刘卫鹏、刘勋涛等：《余杭中泰百亩地村汉墓发掘简报》，《东方博物》第六十三辑，中国书店，2017 年。

69. 杨金东、梁宝华等：《杭州市余杭区七里亭战国汉墓发掘报告》，《东方博物》第六十四辑，中国书店，2017 年。

70. 周建忠等：《浙江德清武康新龙黄泥墩汉墓群发掘简报》，《东方博物》第六十五辑，中国书店，2017 年。

71. 杭州市文物考古研究所：《萧山溪头黄战国汉六朝墓》，文物出版社，2018 年。

三国两晋南朝：

72. 朱伯谦：《浙江富阳发现晋墓》，《考古通讯》1955 年第 5 期。

73. 牟永抗：《浙江金华县竹马馆发现晋墓》，《考古学报》1957 年第 1 期。

74. 浙江省文物管理委员会：《黄岩秀岭水库古墓发掘报告》，《考古学报》1958 年第 1 期。

75. 浙江省文物管理委员会：《浙江安吉三官乡的一座六朝初期墓》，《考古通讯》1958 年第 6 期。

76. 浙江省文物管理委员会：《浙江瑞安桐溪与芦蒲古墓清理》，《考古》1960 年第 10 期。

77. 浙江省文物管理委员会：《杭州金门槛西晋墓》，《考古》1961 年第 4 期。

78. 浙江省文物管理委员会：《杭州晋兴宁二年墓发掘简报》，《考古》1961 年第 7 期。

79. 衢县文化馆：《浙江衢县街路村西晋墓》，《考古》1974 年第 6 期。

80. 林华东、展汝：《宁波慈溪发现西晋纪年墓》，《文物》1980 年第 10 期。

81. 金华地区文管会、武义县文管会：《浙江武义陶器厂三国墓》，《考古》1981 年第 4 期。

82. 瑞安县文物馆：《浙江瑞安隆山晋墓清理简报》，《文物资料丛刊（8）》，文物出版社，1983 年。

83. 新昌县文管会：《浙江新昌县七座两晋墓清理情况》，《文物资料丛刊（8）》，文物出版社，1983 年。

84. 新昌县文管会：《浙江新昌十九号南齐墓》《浙江新昌南朝宋墓》，《文物》1983 年第 10 期。

85. 金华地区文管会：《浙江常山县何家西晋纪年墓》，《考古》1984 年第 2 期。

86. 金华地区文管会：《浙江金华古方六朝墓》，《考古》1984 年第 9 期。

87. 周瑞燕、林士民、王利华：《浙江奉化县南梁墓》，《考古》1984 年第 9 期。

88. 温州文物处：《浙江苍南县藻溪南朝墓》，《考古》1986 年第 7 期。

89. 嵊县文管会：《浙江嵊县六朝墓》，《考古》1988 年第 9 期。

90. 徐定水、金柏东：《浙江平阳发现一座晋墓》，《考古》1988 年第 10 期。

91. 浙江省文物考古研究所：《杭州地区汉六朝墓发掘简报》，《东南文化》1989 年第 2 期。

92. 温州市文物处：《浙江温州市郊发现南朝墓》，《考古》1989 年第 3 期。

93. 嵊县文管会：《浙江嵊县大塘岭东吴墓》，《考古》1991 年第 3 期。

94. 梁志明：《浙江绍兴官山嵝西晋墓》，《文物》1991 年第 6 期。

95. 沈作霖：《浙江绍兴凤凰山西晋永嘉七年墓》，《文物》1991 年第 6 期。

96. 赵宁：《浙江东阳县李宅镇南朝墓》，《考古》1991 年第 8 期。

97. 绍兴县文管所：《浙江绍兴坡塘乡后家岭晋太康七年墓》，《考古》1992 年第 5 期。

98. 慈溪市文管会、宁波市博物馆：《浙江慈溪窑头山东晋纪年墓清理》，《东南文化》1992 年第 3、4 期合刊。

99. 潘表惠：《浙江省新昌出土的历代墓砖》，《东南文化》1992 年第 6 期。

100. 湖州市博物馆：《浙江湖州窑墩头古墓清理简报》，《东南文物》1993 年第 1 期。

101. 新昌县文管会：《浙江新昌东晋墓》，《考古》1993 年第 5 期。

102. 钱华：《浙江江山市乌里山发现晋代文物》，《考古》1999 年第 12 期。

103. 傅亦民：《浙江奉化市晋纪年墓的清理》，《考古》2003 年第 2 期。

104. 潘贤达：《浙江松阳县周垄村发现三国吴墓》，《考古》2003 年第 3 期。

105. 宁波市文物考古研究所、奉化市文物保护管理所：《浙江奉化南岙石菊花地墓群发掘简报》，《南方文物》2011 年第 4 期。

106. 崔太金：《萧山三国永安四年墓》，《东方博物》第四十二辑，浙江大学出版社，2012 年。

107. 杭州市文物考古研究所：《余杭小横山东晋南朝墓》，文物出版社，2013 年。

108. 周圣玉：《永嘉县瓯北镇朱岙老坟山古墓葬发掘》，《东方博物》第五十五辑，中国书店，2015 年。

109. 鲍艺敏、施林等：《淳安淤泥坞墓群清理简报》，《东方博物》第五十六辑，中国书店，2015 年。

110. 杨金东、尚如春等：《杭州余杭七里亭晋墓》，《东方博物》第五十八辑，中国书店，2016 年。

111. 刘卫鹏、骆放放等：《富阳步桥乌龟山六朝墓发掘报告》，《东方博物》第六十辑，中国书店，2016 年。

112. 孙金玲：《嵊州市东晋义熙二年墓发掘简报》，《东方博物》第六十一辑，中国书店，2016 年。

113. 刘卫鹏、赵一杰等：《余杭东西大道 05、06 地块六朝墓清理简报》，《东方博物》第六十四辑，中国书店，2017 年。

114. 童友良：《兰溪朱村胡琴岗南朝墓》，《东方博物》第六十四辑，中国书店，2017 年。

115. 施梦以、杨国梅：《杭州萧山极地海洋公园二期古墓群——汉六朝墓发掘简报》，《东方博物》第六十六辑，中国书店，2018 年。

116. 姚桂芳、杨金东等：《杭州萧山溪头黄东晋南朝、唐宋墓发掘报告》，《东方博物》第六十六辑，中国书店，2018 年。

唐五代：

117. 牟永抗：《浙江余杭闲林唐墓的发掘》，《考古通讯》1958 年第 6 期。

118. 浙江省文物管理委员会、杭州师范学院历史系考古组：《杭州郊区施家山古墓发掘报告》，《杭州师范学院学报》1960 年第 1 期。

119. 浙江省文物管理委员会：《浙江丽水唐代土坑墓》，《考古》1964 年第 5 期。

120. 浙江省文物管理委员会：《杭州、临安五代墓中天文图和秘色瓷》，《考古》1975 年第 3 期。

121. 浙江省文物管理委员会：《浙江临安板桥的五代墓》，《文物》1975 年第 8 期。

122. 明堂山考古队：《临安县唐水邱氏墓发掘报告》，《浙江省文物考古所学刊》，文物出版社，1981 年。

123. 江山县文物管理委员会：《浙江江山隋唐墓清理简报》，《考古学集刊（3）》，中国社会科学出版社，1983 年。

124. 浙江省文物考古所：《杭州三台山五代墓》，《考古》1984 年第 11 期。

125. 衢州市文物馆：《浙江衢州市隋唐墓清理简报》，《考古》1985 年第 5 期。

126. 诸暨县文物管理委员会：《浙江诸暨县唐代土坑墓》，《考古》1988 年第 6 期。

127. 温州市文物处：《浙江乐清县发现五代土坑墓》，《考古》1992 年第 8 期。

128. 浙江省象山县文管会：《浙江象山县南堡寨前清理一座唐墓》，《考古学集刊（11）》，中国社会科学出版社，1998 年。

129. 杭州市文物考古所、临安市文物馆：《浙江临安五代吴越国康陵发掘简报》，《文物》2000 年第 2 期。

130. 徐军：《诸暨东蔡官山脚唐墓发掘简报》，《东方博物》第二十八辑，浙江大学出版社，2008 年。

131. 郑建明：《临安青柯五代吴越国墓葬》，《浙江考古新纪元》，科学出版社，2009 年。

132. 朱晓东：《临安发现吴越国金紫光禄大夫墓》，《杭州文博》2011 年第 1 期。

133. 浙江省文物考古研究所等：《晚唐钱宽夫妇墓》，文物出版社，2012 年。

134. 杭州市文物考古研究所：《五代吴越国康陵》，文物出版社，2014 年。

135. 毕旭明：《兰溪朱村纪年唐墓》，《东方博物》第五十七辑，中国书店，2015 年。

136. 倪亚清、张惠敏：《浙江临安余村五代墓发掘报告》，《东南文化》2016 年第 4 期。

二　研究论著

1. 姚仲源：《浙江汉六朝古墓概述》，浙江省文物考古所《学术交流》专辑 2，1981 年；《中国考古学会第三次年会论文集》，文物出版社，1981 年。

2. 胡继根：《浙江汉墓中"熟土二层台"现象分析》，《东南文化》1989 年第 2 期。

3. 黎毓馨：《论长江下游地区两汉吴西晋墓葬的分期》，《浙江省文物考古研究所学刊》，长征出版社，1997 年。

4. 王士伦、王牧：《浙江出土铜镜》，文物出版社，2006 年。

5. 吴桂兵：《浙东地区汉晋墓葬因素的外向发展——以"罍形罐"为例》，《宁波文物考古研究文集》，科学出版社，2008 年。

6. 胡继根：《试论汉代的高温釉陶》，《浙江省文物考古研究所学刊》第九辑，科学出版社，2009 年。

7. 李晖达：《浙江汉墓出土炊爨明器浅析》，《浙江省文物考古研究所学刊》第九辑，科学出版社，2009 年。

8. 黄雅峰：《海宁汉画像石墓研究》，浙江大学出版社，2009 年。

9. 张恒、陈锡淋：《古刿汉六朝画像砖》，浙江人民出版社，2010 年。

10. 程永军：《安吉出土汉代铜镜研究》，《东方博物》第三十四辑，浙江大学出版社，2010 年。

11. 李晖达：《试论浙江汉代土墩遗存》，《东南文化》2011 年第 3 期。

12. 杨哲峰：《关于江东地区"楚式墓"的发现与研究》，《东方博物》第四十二辑，浙江大学出版社，2012 年。

13. 胡继根：《浙江两汉、六朝土墩墓的成因与特征》，韩国《湖南考古学报》2013 年。

14. 胡继根：《浙江"汉代土墩墓"的发掘与认识》，《秦汉土墩墓考古发现与研究——秦汉土墩墓国际学术研讨会论文集》，文物出版社，2013 年。

15. 刘兴林：《汉代土墩墓分区和传播浅识》，《秦汉土墩墓考古发现与研究——秦汉土墩墓国际学术研讨会论文集》，文物出版社，2013 年。

16. 孟国平：《试谈浙江长兴地区秦汉时期土墩遗存的堆积成因——以长兴夏家庙土墩墓为例》，《秦汉土墩墓考古发现与研究——秦汉土墩墓国际学术研讨会论文集》，文物出版社，2013 年。

17. 李晖达：《论浙江汉代土墩遗存中的"越地"因素》，《秦汉土墩墓考古发现与研究——秦汉土墩墓国际学术研讨会论文集》，文物出版社，2013 年。

18. 程厚敏：《汉代土墩墓的社会经济背景考察——以湖州杨家埠汉代土墩墓葬为例》，《秦汉土墩墓考古发现与研究——秦汉土墩墓国际学术研讨会论文集》，文物出版社，2013 年。

19. 刘建安：《汉代土墩遗存为家族茔地论——以浙江汉代土墩遗存为例》，《秦汉土墩墓考古发现与研究——秦汉土墩墓国际学术研讨会论文集》，文物出版社，2013 年。

20. 衢州博物馆：《衢州汉墓研究》，文物出版社，2015 年。

21. 浙江省文物考古研究所：《浙江汉墓》，文物出版社，2016 年。

22. 刘晓、齐东林：《安吉五福楚墓出土瑟及相关问题》，《东方博物》第五十八辑，中国书店，2016 年。

23. 郑睿瑜：《浙江地区六朝墓葬的考古学研究》，西北大学硕士研究生学位论文，2017 年。

24. 杨勇：《论浙江安吉上马山西汉墓出土的小铜鼓》，《东南文化》2017 年第 1 期。

25. 刘建安：《湖州杨家埠出土汉代画像镜考释》，《东方博物》第六十四辑，中国书店，2017 年。

26. 吴小平：《浙江汉墓出土铜器皿考古研究》，《东方博物》第六十六辑，中国书店，2018 年。

27. 毛慧：《龙游两汉墓葬出土铜镜》，《东方博物》第六十六辑，中国书店，2018 年。

28. 李蜀蕾：《十国墓葬初步研究》，吉林大学硕士研究生学位论文，2004 年。

29. 刘毅：《吴越王家族墓葬出土越窑瓷器研究》，《2007 越窑高峰论坛论文集》，文物出版社，2007 年。

30. 郑以墨：《五代吴越国墓葬制度研究》，《东南文化》2010 年第 4 期。

31. 陈元甫：《五代吴越王室贵族墓葬形制等级制度探析》，《东南文化》2013 年第 4 期。

32. 王征宇：《礼制与葬俗——吴越国墓葬相关问题研究》，浙江大学硕士研究生学位论文，2014 年。

33. 钱汝平：《新见吴越国宗室钱义光墓志考释》，《台州学院学报》2018 年第 4 期。

三　图录

1. 浙江省博物馆：《浙江纪年瓷》，文物出版社，2000 年。

2. 朱晓东：《物华天宝——吴越国出土文物精粹》，文物出版社，2010 年。

3. 黎毓馨：《吴越胜览——唐宋之间的东南乐国》，中国书店，2011 年。

4. 浙江省文物考古研究所：《起于累土——土台·土墩·土冢》，浙江古籍出版社，2012 年。

5. 海盐县博物馆：《盐邑瑰宝——海盐县博物馆馆藏文物精选》，文物出版社，2012 年。

6. 厉祖浩：《越窑瓷墓志》，上海古籍出版社，2013 年。

7. 中国江南水乡文化博物馆：《考古余杭——秦汉时期》，西泠印社出版社，2014 年。

8. 中国江南水乡文化博物馆：《考古余杭——三国两晋南北朝》，西泠印社出版社，2015 年。

9. 中国江南水乡文化博物馆：《考古余杭——隋唐五代宋》，西泠印社出版社，2016 年。

10. 浙江省博物馆：《青色流年——全国出土浙江纪年瓷图集》，文物出版社，2017 年。

宋元明考古

自钱氏吴越国割据两浙近百年，浙江地区政治、经济、文化长足发展；宋室南渡后，定都临安，浙江遂为全国性的政治、经济、文化中心；宋代以还，江南不复为政治中心，但始终是全国性的文化中心，著名史学家刘子健认为"中国近八百年来的历史，是以南宋为领导的模式，江浙一带为重点的模式"①。此种重要地位，是汉唐时期的浙江所无法比拟的。

宋元明时期，作为历史时期最晚段的考古，与早期的区别并不止于此，更大的区别在于文献记载的发达，大凡考古工作涉及的对象，在正史、方志和文人笔记中，或多或少，都有所记载；纵然无直接的记载，对历史文献的充分掌握，构成我们分析考古资料时的历史背景和时空框架，否则，对考古资料的解读就有脱离具体历史脉络的危险。又因为宋代以来社会持续的世俗化和"扁平化"，使物质文化呈现出许多与早期不同的趣味和面向。传统考古学工作方法的重要性——在宋元明时期——往往远不及早期尤其是先秦史时期重要。其实，也无妨这么说，宋元明考古必须采取与早期有所不同的工作方法和问题意识。

宋元明考古的工作对象，主要是墓葬、城市遗址和手工业遗存（包括瓷窑址和造纸、矿冶遗址等）。在浙江，越窑、龙泉窑、南宋官窑形成庞大的青瓷窑业体系，瓷窑址考古俨然已为独立的分支学科；其他门类的工作，比如墓葬，多数是在配合基本建设过程中偶然发现、随工清理；南宋临安城、宁波城固然有主动性发掘项目，但"古今重叠型城市"开展工作不易，揭露的遗迹往往为城市的冰山一角，若无长远的规划和明确的学术目标，考古资料的"碎片化"特征，较之史前、先秦考古尤其明显，除了罗列考古材料，简直提不出重大的学术问题——这是学科最大的焦虑和危机。

有鉴于此，本文在分门别类、综述四十年工作成果的基础上，在墓葬和城市考古部分，采取稍异于前段考古的撰述方法，以问题为导向，使各自独立的材料以"问题意识"串联起来，从而呈现出整体的特征。

一　墓葬

（一）北宋墓葬

四十年来，浙江各地正式发表的北宋墓葬，数量有限，仅有海宁东山②、武义岩坞③、兰溪白塔坞④、浙江大学老和山⑤、龙游寺底袁⑥等墓葬，而大量材料仅有墓志或个别精美器物披露，墓葬信息

①　刘子健：《略论南宋的重要性》，《南宋史研究论集·代序》，台湾新文丰出版公司，1985年。
②　潘六坤：《浙江省海宁县东山宋墓清理简报》，《文物》1983年第8期。
③　李知宴、童炎：《浙江省武义县北宋纪年墓出土陶瓷器》，《文物》1984年第8期。
④　贡昌：《浙江兰溪县北宋石室墓》，《考古》1985年第2期。
⑤　浙江省文物考古研究所：《杭州老和山唐、宋墓》，《浙江省文物考古研究所学刊（建所十周年纪念1980—1990）》，科学出版社，1993年。
⑥　浙江省文物考古研究所、龙游县博物馆：《龙游寺底袁宋代墓地》，《浙江宋墓》，科学出版社，2009年。

残破殊甚。

北宋墓葬，就墓室而言，可分为三类：土坑墓；券顶砖室墓，沿袭唐五代传统而来；砖椁石板顶墓（或石椁石板顶墓），大概在北宋神宗朝前后出现并逐渐流行，成为南宋时期的典型墓室，以深埋、密闭、防腐为主要特征。

早期墓葬的研究，通常围绕两大学术议题展开：一是分期编年，二是等级制度。因公开发表的资料有限，浙江北宋墓葬难以开展细密的分期研究，少数编年工作只见于青瓷、铜镜等器物门类，而青瓷的编年，主要是由瓷窑址考古尤其是越窑寺龙口窑址和龙泉窑研究来完成的。等级制度研究，因为社会日益明显的世俗化趋势，等级制度较少表现在地下墓室和随葬品中，似已不构成北宋墓葬研究的重点。

（二）南宋墓葬

南宋墓葬才是浙江考古的重点和特色。杭州半山韦谦墓①、杭州北大桥南宋墓②、新昌卢□墓③、诸暨董康嗣夫妇墓④、诸暨桃花岭南宋墓⑤、衢州史绳祖墓⑥、德清吴奥墓⑦、磐安安文南宋陈戬墓⑧、兰溪南宋墓⑨、金华郑继道家族墓⑩、东阳金交椅南宋墓⑪、湖州三天门南宋墓⑫等均发表了较完整的墓葬资料。

韦谦墓，系石椁石顶墓室，随葬绍兴十九年（1149 年）文思院铸"建宁军节度使之印"官印和高丽青瓷碗等。韦谦系韦渊次子，高宗生母韦皇后的侄子，作为地位尊崇的外戚，也是南渡以来的"第一代移民"。因为南方的自然条件与中原迥异，丧葬已经入乡随俗，完全采用江南典型的墓室。卢□墓、董康嗣夫妇墓、史绳祖墓、兰溪南宋墓，均随葬文房用具、生前玩好及日用器皿等，随葬品直接反映墓主人生前的身份和生活趣味，显示了南宋墓葬愈发明显的"世俗化"倾向。而有的墓葬，则以精美随葬品而引人关注，比如湖州三天门宋墓和东阳金交椅山南宋墓，均出土了较多的金银器。

龙游余端礼墓⑬、庆元胡纮墓⑭、余姚史嵩之墓⑮、临安洪起畏墓⑯，值得特别强调。余端礼为宁宗朝左丞相，胡纮官至吏部侍郎，系"庆元党禁"之关键人物；史嵩之是理宗朝的权臣；洪起畏在南宋亡国前夕知镇江府，系"丁家洲之战"的当事人，后以遗民身份卒于乡。胡纮夫妇合葬墓出土的龙泉青瓷固然重要，但更因上述人物在历史上的特殊性，颇受史学界关注。而就墓葬制度本身而言，即使官至相位如余端礼、史嵩之者，也只是"仅能容枢"的砖椁石顶墓室，较之一般富裕平民，墓室规格亦无过人之处。由地下墓室等级制度的"模糊"，更可见南宋墓葬世俗化的特征。

① 浙江省文物管理委员会：《浙江省杭州钢铁厂宋墓概况》，《浙江省文物考古研究所学刊》第七辑，杭州出版社，2005 年。
② 王海明：《杭州北大桥宋墓》，《文物》1988 年第 11 期。
③ 潘表惠：《浙江新昌南宋墓发掘简报》，《南方文物》1994 年第 4 期。
④ 方志良：《浙江诸暨南宋董康嗣夫妇墓》，《文物》1988 年第 11 期。
⑤ 宋美英：《诸暨桃花岭南宋纪年墓研究》，《东方博物》2009 年第 4 期。
⑥ 衢州市文管会：《浙江衢州南宋墓出土器物》，《考古》1983 年第 11 期。
⑦ 袁华：《浙江德清出土南宋纪年墓文物》，《南方文物》1992 年第 2 期。
⑧ 赵一新：《浙江磐安县安文宋墓》，《文物》1987 年第 7 期。
⑨ 兰溪市博物馆：《浙江兰溪市南宋墓》，《考古》1991 年第 7 期。
⑩ 赵一新、赵婧等：《金华南宋郑继道家族墓清理简报》，《东方博物》2008 年第 3 期。
⑪ 吕海萍：《东阳金交椅山宋墓出土文物》，《东方博物》2011 年第 3 期。
⑫ 陈兴吾：《浙江湖州三天门宋墓》，《东南文化》2000 年第 9 期。
⑬ 浙江省文物考古研究所 1998 年发掘资料。
⑭ 郑建明、叶海、谢西营：《浙江庆元会溪南宋胡纮夫妇合葬墓发掘简报》，《文物》2015 年第 7 期。
⑮ 罗鹏、王力军：《浙江宁波余姚南宋史嵩之夫妇合葬墓发掘报告》，《南方文物》2017 年第 9 期。
⑯ 杭州市文物考古研究所、临安市文物馆：《临安洪起畏夫妇合葬墓》，文物出版社，2015 年。

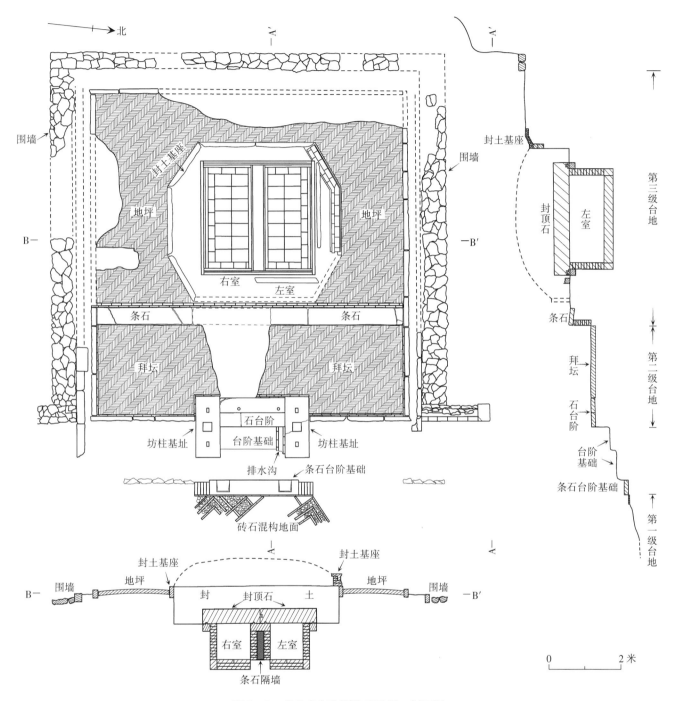

图 5 - 1　武义南宋徐谓礼墓地平、剖面图

　　就单体墓葬而言，论重要性，则首推武义南宋徐谓礼墓（图 5 - 1）。墓内随葬《徐谓礼文书》，包括徐谓礼的告身、敕黄、印纸等官文书共 17 长卷，完整记录了一个南宋普通官员从低层到中级、地方到中央的仕宦履历和人事任命、政务运作流程，堪称四十年来我国最重要的南宋文献发现①。2016 年发掘的黄岩区屿头乡前礁村赵伯澐墓，保存完好，出土衣物 66 件，涵盖衣、裤、袜、鞋、靴、饰品

　　①　包伟民、郑嘉励：《武义南宋徐谓礼文书》，中华书局，2012 年。

等，纹饰包括双蝶串枝、练鹊穿花、云鹤莲花等，织物品种有绢、罗、纱、縠、绫、绵绸、刺绣等。另有两件随身玉璧和水晶璧挂件，玉璧挂件系以南唐开国皇帝李昪的"投龙玉璧"改制而成，尤其特殊①（图5-2）。

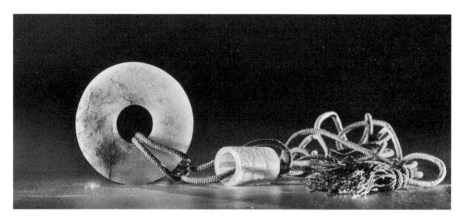

图5-2　南宋赵伯澐墓出土南唐李昪"投龙玉璧"挂件

桐庐象山桥南宋墓、龙游寺底袁宋代墓地、湖州风车口南宋墓地、金华郑刚中墓、云和正屏山南宋墓②、余姚汪大猷墓③、临安洪起畏墓、武义徐谓礼墓，除地下墓室外，地表均有残整不等的墓园遗迹，伴出有数量不等的建筑构件。2009年出版的《浙江宋墓》④最早将宋墓发掘的重点从地下墓室转移至地表，以复原南宋墓园制度和堪舆地形环境为首要目标。

墓室只是完整墓葬的一小部分，墓园才是更大的物理空间。南宋墓园的基本模式，呈"以中轴线分布、多级台地逐级抬升、主要建筑设施位于中轴线上、墓室居于中轴线末端"的平面格局。例如云和县正屏山南宋墓，墓室位于中轴线末端的最高一级台地，其上覆以馒首状封土；墓前设有祠堂，以供奉墓主人神位；墓地周边，可能还有墓道、墓庐、坟庵等设施，构成相对完整的墓园（图5-3）。此类墓园，在南宋后期高度定型，且不分贵贱通行，不同的墓园，只是局部设施有所增损、围墙形式略有差异而已。而平民与品官墓园，其区别不在于台地、封土、祠堂等设施，而在于墓仪石刻、功德坟寺之有无。墓道石像生、神道碑的配伍，具有身份等级标识，高等级品官坟墓建于寺院附近，并由朝廷赐额，作为墓主人的功德坟寺，为其荐福亡魂。石像森严、丰碑巨制、功德坟寺是身份象征，于民间关防甚严。南宋墓葬的等级制度，非在墓室，而更多表现于为人观瞻所系的墓园⑤。

墓地的堪舆卜址，则以"形势派"风水为绝对主流。典型的南宋墓地通常呈现背风、向阳、面水、藏风、纳气等"怀抱之地"的地形特征。

---

①　中国丝绸博物馆：《丝府宋韵：黄岩南宋赵伯澐墓出土服饰展》，内部出版。
②　桐庐象山桥、龙游寺底袁、湖州风车口、金华郑刚中、云和正屏山南宋墓资料，俱见浙江省文物考古研究所：《浙江宋墓》，科学出版社，2009年。
③　罗鹏、黄懿：《浙江余姚大隐汪大猷墓发掘报告》，《南方文物》2011年第12期。
④　浙江省文物考古研究所：《浙江宋墓》，科学出版社，2009年。
⑤　郑嘉励：《浙江南宋墓葬的地表茔园制度述略》，《浙江宋墓》，科学出版社，2009年。

图 5 - 3　云和正屏山南宋墓

2017 年发掘的绍兴市平水镇兰若寺大墓，墓园完整，是目前所见规模最大、规格最高的南宋墓葬之一[1]。封土四角发现明确的"山门阙角"基址和大量仿木构砖雕构件，对恢复南宋墓园制度和建筑式样具有重要的价值——南宋单体墓葬考古研究的终极目标，就是无限接近地还原墓室、随葬品、墓园制度、建筑样式、功德坟寺、坟庵、风水择址等物质形态的组合全貌。

单体墓葬的完整复原，是南宋墓葬考古的一个方面；成族群的家族墓地探索，则是另一个重要问题。

江南多山，地形破碎，而卑湿之地，地下水位高，自古以来选择自然高地埋墓，同时又受"形势派"风水择址观念的制约，难以形成类似北宋富弼、韩琦等中原士大夫家族世代聚葬的家族墓地。鄞县（今宁波鄞州区，下同）史弥远家族是南宋最显赫的家族，史氏家族成员墓葬多数散布于鄞县东钱湖及邻县余姚、慈溪一带，墓前石像生数量众多，制作精工，历来受文物工作者重视，曾经过较全面的调查[2]。因为人们各自追求独立的吉穴——"怀抱"之地，史氏家族墓葬遂呈现分散的特征，例如"史木—史渐—史弥忠—史嵩之、史岩之—史玠卿"一系：史木葬鄞县世忠寺；史渐葬上水村凤凰山南麓，即今东钱湖南宋石刻公园所在；史弥忠墓在五乡宝幢王坟山；史嵩之墓在慈溪石台乡，即今余姚大隐车厩山，距离史渐墓约 30 千米；史岩之葬"绍兴府余姚县龙泉乡"，即今慈溪横河镇梅湖水库；史嵩之长子玠卿葬"慈溪县金川乡东麓之原"[3]。各墓之间，互不相属。

① 黄昊德、罗汝鹏：《浙江绍兴兰若寺墓地考古获得重要发现》，《中国文物报》2018 年 1 月 26 日第 8 版。
② 杨古城、龚国荣：《南宋石雕》，宁波出版社，1999 年。林浩：《东钱湖石作艺术》，宁波出版社，2012 年。
③ 章国庆：《宁波历代碑碣墓志汇编·唐五代宋元卷》收录相关出土墓志，上海古籍出版社，2012 年。

南宋何澹家族，在丽水通济堰一带的家族墓地，同样呈现出松散分布的特征①。将鄞县史氏、龙泉何氏家族墓地与北宋或同期的中原士大夫家族墓地相比，区别甚为明显，完全可以据此判断，江南并无"族葬"的传统。

2014 年开展武义明招山南宋吕祖谦家族墓地调查（图 5 - 4）。该墓地是中原世族——"东莱吕氏"家族南渡后在江南形成的、从南宋初延续至元代、凡五代人（含少数第六代家族成员）聚葬的家族墓地，目前已初步厘清了墓地的分布范围、形成过程、位次安排等基本状况。因为南北方自然条件、人文传统的差异，较之中原士大夫家族墓地，明招山吕氏家族墓地必然出现众多入乡随俗的"在地化"调整，通过墓地规划和形态的具体比较，可见历史发展的幽微之处，从而将中原和江南传统墓地形态、南北丧葬习俗、家族观念的差异和融合，串联在宋室南渡、中原学术南传的历史脉络中去梳理、追踪，标志着南宋墓葬考古从单体墓园复原向家族墓地探索的学术目标的改进②。

图 5 - 4　武义南宋吕祖谦家族墓地分布图

（M1 吕好问墓、M2 吕大器墓、M3 吕弸中墓、M6 吕祖谦墓、M15 吕忱中墓、M17 吕用中墓、M18 吕大伦墓）

---

① 浙江省文物管理委员会：《瓯江水库文物工作报告之二·丽水古墓发掘报告》，《浙江省文物考古研究所学刊》第七辑，杭州出版社，2005 年。吴志标：《南宋参知政事何澹家族圹志考释——兼论从何澹家族墓分布看何澹主修丽水通济堰之功利关系》，《东方博物》2014 年第 4 期。

② 郑嘉励：《明招山出土的南宋吕祖谦家族墓志》，《唐宋历史评论》第 1 辑；《寻墓记》，《考古四记：田野中的历史人生》，四川人民出版社，2017 年。

同时，夫妻合葬、多代人合葬、家族墓地、昭穆墓地等概念的辨析和田野实践，对古墓葬"宋元明转型"方法论和重大问题意识的形成，具有直接的启发意义。

绍兴南宋皇陵是宋元考古的重大学术课题。宋六陵是南渡政权在特殊条件下在江南临时安厝的陵寝"攒宫"，无论堪舆择址，还是墓地形态，均承袭北宋皇陵制度，恪守中原传统，与江南本土墓葬迥然不同，这是我们认识南宋皇陵的前提。南宋亡国后，经过杨琏真迦的盗毁，宋六陵地表遗迹毁圮。明代重建时，不明宋陵制度，未能全数复原"七帝七后"共14座攒宫，甚至将七座帝陵上宫的位次混淆。宋六陵考古的基础工作，就是根据田野调查并结合《宋会要辑稿》《中兴礼书》的记载复原其平面格局、位次安排及其堪舆观念，目前此阶段工作已基本完成，是为开展具体考古工作的理论基础①。

当然，关键发现仍然来自于田野考古第一线，自2012年开启的南宋六陵主动性考古调查项目，在2018年取得突破性进展。发现"一号陵"（推测为"永思陵"）的上宫基址，保存完整而清晰，三开间的献殿，当心间后凸一间为"龟头屋"，龟头屋之下，即为玄宫——石藏子。该发现不仅坐实了南宋周必大《思陵录》对上宫制度的记述，更证明南宋六陵的部分攒宫仍有较好的遗址保存，以田野考古的方式复原南宋陵寝制度是完全可能的②。这对于宋六陵研究的重大意义，无论怎样评估都不过分。

石藏的发掘和结构；下宫遗址的格局；宋六陵诸攒宫平面布局的历时性变迁，宋孝宗永阜陵上宫对"南陵区"昭穆序次的调整，宋宁宗永茂陵改址"北陵区"使陵寝由"五音墓地"向"形法墓地"（形势派墓地）演变的可能性……此类问题，将是今后宋六陵田野考古工作的重点。

（三）元明墓葬

元明墓葬，通常只在配合基本建设的随工清理中有所发现。海宁袁花元至正十年（1350年）贾椿墓③，丽水城西武村的莲花坟（地表墓碑文字曰"元故孝友祝公之墓"）④，杭州鲜于枢墓等⑤，是见诸报道不多的墓例。在浙江墓葬"宋元明转型"的长时段考察过程中，元墓资料的稀少，不能不说是重大缺憾，亟须开展有针对性的考古调查工作。

乐清北白象镇高友玑家族墓⑥，为始于元代、延续至明末的家族墓地（图5－5）。在明嘉靖年间以前，众墓的分布，呈现相对灵活松散的状态。但在嘉靖二十五年（1546年）高友玑去世后，高友玑祖父、父亲及其四个儿子，七穴坟墓，一字排开：正中位次，为高友玑祖父；左一位，为高氏生父；右一位为高氏本人；左二、左三位，为高友玑长子、第三子；右二、右四位，为高友玑次子、第四子。墓前共用一套墓仪设施，各墓位次清晰，形成严格的"尊者居中，左昭右穆，而次后则或东或西，亦左右相对而启穴"的"昭穆墓地"。这对探索江南明代昭穆墓地的形成和流行具有重要的意义。

① 刘未：《宋代皇陵布局和五音姓利说》，《浙江大学艺术与考古研究》（第三辑），浙江大学出版社，2018年。刘毅：《南宋绍兴攒宫位次研究》，《考古与文物》2008年第4期。
② 李晖达、吴丝禾：《绍兴宋六陵一号陵园考古发掘》，内部资料。正式发掘资料正在整理中。
③ 海宁县博物馆：《浙江海宁元代贾椿墓》，《文物》1982年第2期。
④ 浙江省文物管理委员会：《瓯江水库文物工作报告之二·丽水古墓发掘报告》，《浙江省文物考古研究所学刊》第七辑，杭州出版社，2005年。
⑤ 张玉兰：《杭州市发现元代鲜于枢墓》，《文物》1990年第9期。
⑥ 陈元友：《盘谷高氏家族墓地的调查与认识》，《东方博物》2012年第4期。

图 5-5　乐清明代高友玑家族墓

相较于元代，明墓材料要丰富很多。临海王士琦墓①、嘉兴项子京家族墓②、余姚袁炜墓③，均为其中著名的墓例。近年，温州瓯海区焦下陈氏、王氏、周氏家族墓地④，杭州萧山区湘湖陈家埠曹氏家族墓地又相继发现⑤。2013 年，发现温州龙湾区上朱垟明代英桥王氏家族墓地⑥，墓地为英桥王氏大房派九世祖王梗一系的墓地，从第 9 世延续至第 17 世，始于嘉靖年间、终于清中期。多数墓葬伴出圹志，墓葬位次按照"昭穆尊卑"安排，秩序井然，是研究明清昭穆墓地的绝佳素材。

明代永嘉英桥王氏墓地，有三种形态：一是"山地型墓地"，英桥王氏在温州瑶溪半山有多代人的聚葬墓地，因为山地地形破碎，各墓位次，灵活松散⑦；一是"独立型墓地"，多为家族中的进士出身的显宦，如王叔果、王叔杲墓，地形环抱，拥有独立的墓园和墓仪石刻；一是"平地型墓地"，有意识放弃自然高地，在平地上规划的家族墓地，犹如前述温州市龙湾区上朱垟村王梗家族墓地、2016 年发掘的上朱垟村英桥王氏王德一支家族墓地，因为平地适宜规划"昭穆墓地"。

（四）墓志碑刻

《台州墓志集录》⑧《临海墓志集录》⑨《宁波历代碑碣墓志汇编·唐五代宋元卷》⑩《丽水宋元墓

① 裘樟松、王方平：《王士琦世系生平及其墓葬器物》，《东方博物》2004 年第 2 期。
② 陆耀华：《浙江嘉兴明项氏墓》，《文物》1982 年第 8 期。
③ 鲁怒放：《余姚明代袁炜墓出土文物》，《东方博物》2007 年第 4 期。
④ 浙江省文物考古研究所、温州市瓯海区博物馆：《温州市瓯海区焦下明清墓发掘简报》，《浙江省文物考古研究所学刊》第十辑，文物出版社，2015 年。
⑤ 2016 年杭州市文物考古研究所发掘资料。
⑥ 温州市文物保护考古所：《龙湾区上朱垟村王氏家族墓地调查报告》，内部资料。
⑦ 温州市龙湾区文化广电新闻出版局：《厚重龙湾：龙湾区第三次全国文物普查集萃》，西泠印社，2013 年。
⑧ 丁伋：《台州墓志集录》，1986 年内部资料。
⑨ 丁伋：《临海墓志集录》，宗教文化出版社，2002 年。
⑩ 章国庆：《宁波历代碑碣墓志汇编·唐五代宋元卷》，上海古籍出版社，2012 年。

志集录》①《武义宋元墓志集录》②《慈溪碑碣墓志汇编》③《宋代墓志》④《绍兴摩崖碑版集成》⑤《诸暨摩崖碑刻集成》⑥《温州博物馆藏历代墓志辑录》⑦《瓯海金石志》⑧《苍南金石志》⑨《衢州墓志碑刻集录》⑩诸书，对浙江出土宋元明墓志碑刻的整理和刊布，也是该时段考古较有规模的学术成果。

二 城市考古

（一）临安城考古

南宋都城——临安城考古，是浙江宋元考古的重大学术课题。由于南宋临安城与现代杭州城"古今重叠"，工作难度较大。但在配合基建过程中，仍取得令人瞩目的进展。1983 年，五代捍海塘（近年亦有学者认为是两宋海塘）的发掘，查明了海塘的走向及构筑技术，也为南宋皇城方位的界定作了必要准备⑪。

通过调查与钻探，探明皇城的北城墙、东城墙及城内的若干夯土台基，并开展对罗城的全面勘探和钱塘门遗址发掘，目前对南宋临安城皇城、外城墙遗迹的轮廓和保存状况，已有较全面的了解⑫。

城内的道路肌理，最重要的工作是南宋御街的多次发掘，并出版有《南宋御街遗址》报告书。御街贯穿杭州城南北，南起皇城北门，经朝天门（今鼓楼），两侧有太庙、三省六部，是为南段；过朝天门，经德寿宫侧，至观桥，是为中段；在观桥附近，折西而行，抵达终点景灵宫，是为御街北段。考古发掘对御街的砌筑工艺，南段、中段和北段御街的宽度，均有比较可靠的复原数据⑬。

城内主要衙署和建筑，1995 年以来先后发掘了太庙⑭、临安府治⑮、恭圣仁烈杨皇后宅（图 5 -6）⑯、三省六部、德寿宫遗址⑰等，多次入选年度"全国十大考古新发现"。

2016 年，杭州劝业里发现南宋"以木为管"的连接城内水井和西湖水源的引水管道；钱塘江海塘持续多年的调查，对柴塘、土塘、石塘三大类型捍海塘的筑造工艺和演变，获得丰硕成果；凤凰山老虎洞宋元窑址，固然是瓷窑址考古领域的重大成果，也可视为临安城考古的组成部分。

---

① 郑嘉励、梁晓华：《丽水宋元墓志集录》，浙江古籍出版社，2013 年。
② 傅毅强、郑嘉励：《武义宋元墓志集录》，浙江古籍出版社，2018 年。
③ 慈溪市文物管理委员会办公室、宁波市江北区文物管理所：《慈溪碑碣墓志汇编》，浙江古籍出版社，2017 年。
④ 绍兴档案馆、会稽金石博物馆：《宋代墓志》，西泠印社，2018 年。
⑤ 绍兴县文物保护管理所：《绍兴摩崖碑版集成》，中华书局，2009 年。
⑥ 阮建根、郦勇：《诸暨摩崖碑刻集成》，西泠印社，2017 年。
⑦ 吕洌：《温州博物馆藏历代墓志辑录》，《温州历史文献集刊》第一、二辑，南京大学出版社，2012 年。
⑧ 黄周松、林伟昭编：《瓯海金石志》，中国戏剧出版社，2011 年。
⑨ 杨思好：《苍南金石志》，浙江古籍出版社，2011 年。
⑩ 衢州市博物馆：《衢州墓志碑刻集录》，浙江人民美术出版社，2006 年。
⑪ 王海明：《五代钱氏捍海塘发掘简报》，《文物》1985 年第 4 期。
⑫ 郎旭峰：《南宋临安城城垣若干问题研究》，《东方博物》2015 年第 3 期。
⑬ 杭州市文物考古研究所：《南宋御街遗址》，文物出版社，2013 年。
⑭ 杭州市文物考古研究所：《南宋太庙遗址》，文物出版社，2007 年。
⑮ 马东风：《南宋临安府治遗址发掘介绍》，《文物天地》2001 年第 5 期。杭州市文物考古研究所：《南宋临安府治与府学遗址》，文物出版社，2013 年。
⑯ 杭州市文物考古研究所：《南宋恭圣仁烈皇后宅遗址》，文物出版社，2008 年。
⑰ 杭州市文物考古研究所发掘资料。

图 5-6　南宋临安城杨皇后宅遗址

（二）宁波城市考古

宁波城市考古也是长期性的工作。围绕宁波早期城市的研究，宁波市文物考古研究所对句章故城①、奉化鄞县故城②、鄞江古城③进行主动性考古调查，已基本确定句章、鄞县故城的分布范围和兴废年代，并排除了鄞江曾为唐代明州州治的可能性。唐开元年间，新设的明州，州治便在今三江口，所谓明州"始设小溪（今鄞江镇），后徙三江口"的说法，只是后世之讹传。

城墙遗址，主要有东门口码头遗址④、和义路遗址⑤、和义门瓮城遗址⑥、2016 年罗城（望京门段）遗址的发掘⑦。各处所见城墙的始筑年代和出土遗物，均可追溯至中晚唐之际，是为明州治所始终位于三江口之明证。

城内遗迹，自 20 世纪 70 年代末至 80 年代初，宋元市舶司遗址⑧、天后宫遗址⑨的发掘，揭开宁波城市建筑设施考古的序幕；1997 年公园路唐宋子城遗址发掘，揭示了唐宋时期的墙体及城内的部分建筑⑩；1999 年，宁波月湖发掘了宋代都酒务⑪、高丽使馆遗址⑫；2004 年发掘的子城内永丰库遗址（图 5-7），是为元代庆元路衙署内的仓储遗址⑬。

①　宁波市文物考古研究所：《句章古城：考古调查与勘探报告》，科学出版社，2014 年。
②　宁波市文物考古研究所、国家水下文化遗产保护宁波基地：《宁波考古六十年》中"城市考古"（张华琴、许超执笔）相关篇章，故宫出版社，2017 年。
③　许超、张华琴、王结华：《鄞江古城考古的主要收获和初步认识》，《南方文物》2015 年第 4 期。
④　林士民：《浙江宁波东门口罗城遗址发掘收获》，《再现昔日的文明——东方大港宁波考古研究》，上海三联书店，2005 年。
⑤　林士民：《浙江宁波和义路遗址发掘报告》，《东方博物》创刊号。
⑥　王结华、王力军、丁友甫：《新世纪宁波考古新发现》，《宁波文物考古研究文集（二）》，科学出版社，2012 年。
⑦　宁波市文物考古研究所和厦门大学历史系考古专业发掘资料。
⑧　宁波市文物考古研究所：《浙江宁波市舶司遗址发掘简报》，《浙东文化》2000 年第 1 期。
⑨　林士民：《浙江宁波天后宫遗址发掘》，《再现昔日的文明——东方大港宁波考古研究》，上海三联书店，2005 年。
⑩　宁波市文物考古研究所：《浙江宁波市唐宋子城遗址》，《考古》2002 年第 3 期。
⑪　宁波市文物考古研究所：《浙江宁波月湖历史文化景区考古发掘简报》，《浙东文化》2000 年第 2 期。
⑫　林士民：《宋丽江南交往的历史遗迹——明州（宁波）高丽使馆遗址发掘探析》，《再现昔日的文明——东方大港宁波考古研究》，上海三联书店，2005 年。
⑬　宁波市文物考古研究所：《永丰库——元代仓储遗址发掘报告》，科学出版社，2013 年。

图 5 – 7　宁波元代永丰库遗址发掘场景

（三）嘉兴子城遗址

嘉兴子城遗址，为五代至明清时期嘉兴府衙署所在。1949 年后改为"浙江荣军医院"，避开了 20 世纪 90 年代以来的城市化浪潮，成为浙江省唯一保持完整格局的子城遗址。2015 年开始的嘉兴子城调查勘探，厘清了城墙四至，揭露中轴线上甬道、仪门、设厅等主要建筑基址，具备还原整体平面格局、展示宋明之间衙署格局变迁的基本条件①。

城市的历史文化内涵，既来自平面铺开的格局，也来自纵深沿革的变迁。城市考古的主要目标，可以概括为两句话：一是"平面找布局"，嘉兴子城考古的基本目标，是复原城内衙署的平面布局，在此基础上，进而讨论其规划原则；二是"纵向找沿革"，通过全面发掘，复原宋代和明代衙署的两个平面，进而比较宋明之间衙署的具体变迁。与墓葬研究一样，城市考古也应该纳入到"宋元明转型"的长时段考察中，才能够提出更多更重要的学术问题。我们在北城墙位置，开出一条探沟（图 5 – 8），解剖至生土，由地层剖面可见，该处位置最早在战国时期已有聚落，两晋时期出现高规格建筑，可能已是浙北的政治中心；五代时期在此建起城墙，蒙元灭宋后，拆毁城墙，再无恢复；明代在旧城墙基址上，建筑土垣，作为嘉兴府衙署的北界围墙；1949 年后，围墙拆除，护城河填平，一切封存于水泥路面之下。近 2000 多年来嘉兴城市的变迁，直观展示在剖面上，堪称历史文化名城嘉兴的"城市年轮"。

图 5 – 8　嘉兴子城北城墙上的解剖探沟
（从地表至生土深达 5 米左右）

① 浙江省文物考古研究所：《嘉兴子城遗址考古调查报告》，待刊。

嘉兴子城既是唐宋子城制度研究的个案，而因发掘提炼出江南"古今重叠型城市"考古方法的思考，则尤其重要。

（四）湖州唐宋子城及其他

除了前述城市考古工作外，2008 年发掘的湖州唐宋子城东城墙遗址，由晚唐、五代吴越国、南宋三期的墙体组成；门道遗址保存较好，甬道上有三层地面叠压，门道两侧对称设置太湖石质的柱顶石，呈"排叉柱"形式（图 5 – 9），遗址内出土大量三国孙吴、两晋、南朝、唐宋时期的瓦当、瓦兽、瓷片等物[1]。温州子城的谯楼遗址[2]，临海台州城靖越门东侧城墙的解剖[3]，丽水行春门遗址，临安城区吴越国"衣锦军"城，严州府城梅城遗址，均开启了不同程度的考古调查发掘工作，是所在地城市考古系统化的开端。

图 5 – 9　湖州子城东门的排叉柱遗址

三　手工业遗存、佛教、水下考古及其他

手工业遗存的最大门类是瓷窑址考古，这是浙江考古的特色门类，本书已别为一章，此处不赘。

（一）手工业遗存考古

宋元明时期，浙南丽水山区银矿、铜矿开采，尤其是银矿开采是区域性政治、经济史上的大事件，遗址废墟，遍布全境。在 2007 年至 2012 年第三次全国文物普查期间，丽水境内的银矿遗址曾进行过全面调查，云和黄家畲（图 5 – 10）、景宁渤海坑、遂昌局下等地，由矿洞、矿洞附近的摩崖题记、矿石搬运路线、冶炼遗址、管理机构银官局遗址、矿头墓葬、与银矿开采相关的地方志和族谱文献等构成相对完整的矿冶文物史迹网[4]。但是，上述工作多局限于历史人类学性质的田野调查，若要深入发掘矿洞、冶炼遗址的科技史信息，则需要田野考古发掘、冶金科技考古专家的介入。

① 郑嘉励：《湖州唐宋子城东城墙遗址》，《浙江考古新纪元》，科学出版社，2009 年。
② 温州市文物保护考古所发掘资料。
③ 郑嘉励：《台州府城墙（靖越门东侧）解剖报告》，《台州府城墙：明长城的"示范"和"蓝本"》，文物出版社，2011 年。
④ 丽水市文化广电新闻出版局编：《处州银冶》，浙江古籍出版社，2011 年。

2008 年发掘的富阳宋代泗洲造纸遗址，是我国发现的时代最早、保存较为完整的古代造竹纸作坊遗址，其工艺流程完整，是我国造纸手工业考古的重大发现①。

（二）佛教考古

佛教考古工作主要是佛塔地宫及塔身的清理。20 世纪 80 年代以前，先后在金华万佛塔、龙泉三塔（平林寺双塔和金沙塔）、温州白象塔、瑞安慧光塔、丽水碧湖南宋塔、东阳南寺塔、绍兴钱清塔等发现了大批文物。如万佛塔塔基出土的 60 多座

图 5 - 10　云和黄家畲出土明代银官局碑

铜造像；碧湖南宋塔发现的刻本佛经，刊刻时间起自五代、止于南宋；慧光塔出土的经函和舍利函以檀木为胎，外壁用漆堆出佛像、瑞兽、花鸟，并用金粉绘出各种图案，代表了宋代温州漆器较高的工艺水平。

20 世纪 80 年代以来，黄岩灵石寺塔②、湖州飞英塔③、宁波天封塔④、杭州雷峰塔⑤、海宁智标塔⑥、海盐镇海塔⑦、平湖报本塔⑧等的地宫或塔身，均有大量文物出土（图 5 - 11 至图 5 - 13）。如灵石寺塔出土戏剧人物砖雕、线刻纹铜镜和《佛说预修十王生七经》经卷等；飞英塔出土吴汉月施舍刻本《妙法莲花经》及木胎螺钿漆箱；天封塔地宫出土南宋银殿；雷峰塔地宫内藏佛螺髻发的纯银阿育王塔；平湖报本塔黄花梨木圆罐内的郑和募捐的《妙法莲华经》长卷，既是精美的工艺品，也是具有重要历史价值的文物。

2016 年，杭州市文物考古研究所发掘余杭安溪东明寺遗址，揭露法堂、塔院遗迹及 20 余座墓葬和墓塔等⑨；杭州西湖南高峰塔塔基的发掘，为西湖十景"双峰插云"景观重建提供了实物依据⑩。

图 5 - 11　杭州雷峰塔地宫出土阿育王塔

① 杭州市文物考古研究所：《富阳泗洲宋代造纸遗址》，文物出版社，2012 年。
② 王海明：《浙江黄岩灵石寺塔文物清理报告》，《东南文化》1991 年第 5 期。王中河：《浙江黄岩灵石寺塔发现北宋戏剧人物砖雕》，《文物》1989 年第 2 期。
③ 林星儿：《湖州飞英塔发现一批壁藏五代文物》，《文物》1994 年第 2 期。
④ 林士民：《浙江宁波天封塔地宫发掘报告》，《文物》1991 年第 6 期。
⑤ 浙江省文物考古研究所：《雷峰塔遗址》，文物出版社，2005 年。
⑥ 浙江省文物考古研究所、海宁市文化广电新闻出版局：《海宁智标塔》，科学出版社，2005 年。
⑦ 李林：《海盐镇海塔及出土文物》，《东方博物》2009 年第 4 期。
⑧ 杨根文：《浙江平湖报本塔及天宫出土文物》，《东方博物》2005 年第 4 期。
⑨ 杭州市文物考古研究所：《东明寺遗址考古发掘报告》，上海古籍出版社，2018 年。
⑩ 杭州市文物考古研究所：《杭州南高峰塔》，文物出版社，2018 年。

图 5 - 12　海宁智标塔发掘现场　　　　　　　　图 5 - 13　宁波天封塔地宫出土银殿模

此外，西湖南山造像（图 5 - 14）①、飞来峰造像（图 5 - 15)② 以及杭州市元代藏传佛教史迹的整理、研究也有重要成果③。

图 5 - 14　杭州南山慈云岭造像　　　　　　　　图 5 - 15　杭州飞来峰造像

（三）水下考古

水下（沉船）考古是以沉埋在江河湖海等水体之下的文化遗产为调查、探测、发掘和研究对象的工作。宁波作为濒海大港，是浙江水下考古的重镇，承担了多项水下考古工作。自 1979 年以来，发掘沉船有东门口北宋沉船④、涂茨明代沉船⑤、和义路南宋沉船⑥、慈溪潮塘江元代沉船⑦等。

---

① 浙江省文物考古研究所：《西湖石窟》，浙江人民出版社，1986 年。
② 高念华：《飞来峰造像》，文物出版社，2002 年。
③ 宿白：《元代杭州的藏传密教及其有关遗迹》，《中国石窟寺研究》，文物出版社，1996 年。
④ 宁波市文管会：《宁波东门口码头遗址发掘报告》，《浙江省文物考古所学刊》文物出版社，1981 年。
⑤ 宁波市文物考古研究所、象山县文管会：《浙江象山县明代海船的清理》，《考古》1998 年第 1 期。
⑥ 龚昌奇、丁友甫：《浙江宁波和义路出土古船复原研究》，《宁波文物考古研究文集》，科学出版社，2008 年。
⑦ 李政：《慈溪发现元代沉船，填补宁波市古船缺环》，《中国文物报》2014 年 7 月 25 日。

1998 年象山港水下考古调查，系浙江省首个真正意义的水下考古项目。2006 年至 2010 年期间开展的"浙东沿海水下文物普查"项目，在宁波、舟山、台州、温州海域共发现水下文物线索 200 余条。2012、2014 年，宁波市文物考古研究所（国家水下文化遗产保护宁波基地）会同国家文物局水下文化遗产保护中心，对象山石浦海域"小白礁 1 号"清代沉船组织了两次发掘，出水船体构件 236 件，文物 1060 件，标志着浙江水下考古事业的全面成熟①。

图 5-16 青田元代窖藏出土
龙泉窑葫芦形瓶

浙江沿海地区的海外交通史迹和明清海防遗存丰富，迄今未有系统调查、发掘，近年来开展过舟山六横岛"双屿港"调查、苍南明代壮士所城遗址发掘等不多的工作，是将来大有可为的领域。

（四）其他

宋元明时期的瓷器、铜器、金银器、铜钱窖藏，四十年来偶有所见，举其要者：

杭州市朝晖路窖藏②、青田县鹤城镇前路街窖藏③、义乌市工人路窖藏④、泰顺县城窖藏⑤，均为元代窖藏，出土大量龙泉窑、景德镇窑的精品瓷器（图 5-16）。

湖州儒林村元代铜器窖藏，出土一批制作精致的宋元仿古铜器⑥。永嘉县下嵊乡山下村南宋窖藏，在一件磁州窑白地黑花罐内装盛银碗、银钏、簪、钗等金银首饰，数量众多⑦。洞头县北沙乡九厅村窖藏银器，亦出有银铤及首饰多件⑧。

2010 年杭州蒋村古钱币窖藏，出土钱币从秦汉至明初，几乎涵盖了所有常见品种⑨。2018 年余姚县城巍星路窖藏⑩，出土宋元之交的仿古铜器和龙泉窑、高丽青瓷等。

（执笔：郑嘉励）

---

① 宁波市文物考古研究所、国家文物局水下文化遗产保护中心：《浙江象山县"小白礁 1 号"清代沉船遗址 2012 年发掘简报》，《考古》2015 年第 6 期。林国聪、王结华等：《我国水下考古的又一创新之作——浙江宁波象山"小白礁 1 号"2014 年度发掘》，《中国文物报》2014 年 8 月 29 日。
② 杜正贤：《杭州市朝晖路窖藏出土元代瓷器精品赏析》，《文物天地》2018 年第 11 期。
③ 王友忠：《浙江青田县前路街元代窖藏》，《考古》2001 年第 5 期。
④ 吴高彬：《义乌文物精粹》，文物出版社，2003 年。
⑤ 金柏东、夏碎香：《浙江泰顺元代窖藏瓷器》，《文物》1986 年第 1 期。
⑥ 金媛媛：《湖州莫蓉乡儒林村南宋青铜器窖藏》，《东方博物》2014 年第 1 期。
⑦ 金柏东、林鞍钢：《浙江永嘉发现宋代窖藏银器》，《文物》1984 年第 5 期。
⑧ 郑永清：《浙江洞头县发现一批宋代银器》，《考古》1987 年第 11 期。
⑨ 杭州市文物考古研究所：《杭州蒋村古钱币窖藏》，文物出版社，2013 年。
⑩ 罗鹏、李安军等：《宁波余姚巍星路发现宋末元初窖藏》，《中国文物报》2019 年 1 月 11 日。

瓷窑址考古

（唐五代至宋元明）

从地理区块看，基于自然和人文资源等因素上的相似性，浙江地区可分为六区，即宁绍地区、杭嘉湖地区、金衢地区、温州地区、台州地区和丽水地区。早于六朝时期，浙江地区的窑业生产面貌已呈现出此种区域性布局，对此有学者曾进行过详细论述①。此种窑业区域性格局自六朝时期发端，至唐代继续发展，区域性特征更趋明显，一直延续至明清时期。鉴于此，本文在对浙江瓷窑址考古学术史梳理过程中，拟通过分区域的形式来进行。

一　宁绍地区

（一）早期考古调查工作（20 世纪 20 年代～80 年代）

最早通过田野考古调查对越窑进行研究的是陈万里先生。20 世纪 30 年代，他曾多次前往绍兴、慈溪上林湖进行专题调查，采集了大量瓷片标本，撰写出《瓷器与浙江》②《越器图录》③《中国青瓷史略》④ 等著作。日本人小山富士夫也曾于 1937 年调查上林湖窑址，并在其《支那青瓷史稿》中列举了此次调查的若干资料⑤。尽管这些调查工作显得比较初步，但是它揭开了通过田野考古调查方法来研究越窑的序幕，为之后的深入研究奠定了基础。

20 世纪 50 年代以来，文物考古工作者对宁波、绍兴地区的越窑窑址进行了多次调查，如余姚地区的上林湖、上岙湖、白洋湖、东岙游源区⑥、杜湖⑦，上虞窑寺前⑧、龙浦⑨、窑山与黄蛇山⑩，绍兴地区的上灶官山⑪，宁波地区的鄞县郭家峙、沙叶河头、小白市⑫、镇海小洞岙⑬、象山鲁家岙⑭等。通过调查获得了丰富的瓷片标本，对于越窑窑址的分布、窑址范围、烧造年代和产品特征等问题有了比较清楚的认识。

20 世纪 80 年代以来，随着第二次全国文物普查工作的开展，1982 年和 1984 年浙江省文物工作者

① 施文博：《浙江地区六朝时期制瓷手工业遗存初步研究》，北京大学硕士研究生学位论文，2008 年。
② 陈万里：《瓷器与浙江》，中华书局，1946 年。
③ 陈万里：《越器图录》，中华书局，1937 年。
④ 陈万里：《中国青瓷史略》，上海人民出版社，1956 年。
⑤ 小山富士夫：《支那青瓷史稿》，日本中文堂，1943 年。
⑥ 金祖明：《浙江余姚青瓷窑址调查报告》，《考古学报》1959 年第 3 期。
⑦ 林士民、俞敏敏：《上林湖窑场杜湖窑区调查与研究》，《东方博物》1998 年总第 2 期。
⑧ 汪济英：《记五代吴越国的另一官窑——浙江上虞窑寺前窑址》，《文物》1963 年第 1 期。
⑨ 章金焕：《上虞龙浦唐代窑址》，《东南文化》1992 年第 3、4 期合刊。
⑩ 章金焕：《上虞窑山、黄蛇山古窑址》，《江西文物》1990 年第 4 期。
⑪ 绍兴市文物管理委员会：《绍兴上灶官山越窑调查》，《文物》1981 年第 10 期。沈作霖：《绍兴上灶官山越窑》，《东南文化》1989 年第 6 期。
⑫ 浙江省文物管理委员会：《浙江鄞县古瓷窑址调查纪要》，《考古》1964 年第 4 期。李辉柄：《调查浙江鄞县窑址的收获》，《文物》1973 年第 5 期。
⑬ 林士民：《勘察浙江宁波唐代古窑的收获》，《中国古代窑址调查发掘报告集》，文物出版社，1984 年。
⑭ 李知宴：《浙江象山唐代青瓷窑址调查》，《考古》1979 年第 5 期。

对上林湖青瓷窑址群进行过系统调查和复查，并对重点窑址作了测绘记录①。

（二）近期考古调查与发掘工作（20 世纪 90 年代至今）

20 世纪 90 年代以来，为了更科学地把握越窑的发展轨迹，浙江文物考古工作者开始对这一区域内的越窑窑址进行系统考古发掘，以期通过明确的地层关系，揭示越窑产品在胎、釉、纹饰、装烧工艺等方面的时代变化，为器物断代和其他方面的研究提供可靠的地层依据。

图 6 - 1　低岭头窑址出土乳浊釉碟

1. 慈溪上林湖窑区

1990 年，浙江省文物考古研究所组织上林湖窑址考察组，对上林湖青瓷窑址又进行了调查和勘探，共发现窑址 110 余处，并进行了详细的窑址分布及地形图测绘。同年，在对古银锭湖低岭头窑址的试掘工作中，发现了一类与传统越窑青瓷不同、而与北宋晚期汝窑御用瓷相似的产品（图 6 - 1），该类产品被称为“低岭头上层类型官窑型产品”。该发现第一次将越窑的烧造下限推到南宋时期②。

1993 年至 1995 年，浙江省文物考古研究所与慈溪市文物管理委员会对上林湖荷花芯窑址进行了发掘，揭露出窑床两条（Y36、Y37），并出土了大量的瓷器及窑具标本。该窑址时代为 9 世纪初至 10 世纪初，相当于晚唐五代时期③。这次发掘是对越窑窑址的首次正式考古发掘，明确的地层划分为考古学研究提供了基础依据。1994 年，浙江省文物考古研究所与慈溪市文物管理委员会还联合对马溪滩窑址进行了发掘。

1998、1999 年，浙江省文物考古研究所、北京大学考古文博学院与慈溪市文物管理委员会联合对寺龙口窑址进行了两期发掘，清理出龙窑遗迹 1 处、作坊遗迹 2 处、匣钵墙遗迹 4 处，出土各类瓷器、窑具 5 万余件（图 6-2）。该窑址时代为晚唐至南宋早期④。此次发掘，以明确的地层关系将窑业发展划分为晚唐、五代、北宋早期、北宋中期、北宋晚期、南宋早期，为我们把握唐宋越窑产品在胎、釉、装饰风格、装烧工艺等方面的发展规律提供了丰富的资料，并进一步从地层上纠正了“越窑衰亡于北宋”的传统观点，证实了南宋初年该地区烧制过贡瓷，解决了烧造宫廷用瓷的窑炉和“官窑型”瓷器的性质。该项目曾分别获得 1998 年度“全国十大考古新发现”和 1996～1998 年度全国“田野考古奖”二等奖。

1999 年，浙江省文物考古研究所与慈溪市文物管理委员会对白洋湖石马弄窑址进行了发掘，清理龙窑 1 座、作坊遗迹 1 处、釉料缸 1 处，并获得大量瓷器、窑具等标本。该窑址时代为唐代中晚期至北宋初期⑤。

①　林士民：《浙江宁波古代瓷窑遗址概述》，《中国古陶瓷研究》第 2 辑，紫禁城出版社，1988 年；《浙江宁波东钱湖窑场调查与研究》，《中国古陶瓷研究》第 3 辑，紫禁城出版社，1990 年；《青瓷与越窑》，上海古籍出版社，1999 年。

②　沈岳明：《修内司窑的考古学观察——从低岭头谈起》，《中国古陶瓷研究》第 4 辑，紫禁城出版社，1997 年。

③　浙江省文物考古研究所等：《慈溪上林湖荷花芯窑址发掘简报》，《文物》2003 年第 11 期。

④　浙江省文物考古研究所等：《浙江越窑寺龙口窑址发掘简报》，《文物》2001 年第 11 期；《寺龙口越窑址》，文物出版社，2002 年。

⑤　浙江省文物考古研究所等：《浙江慈溪市越窑石马弄窑址的发掘》，《考古》2001 年第 10 期。宁波市文物考古研究所、国家水下文化遗产保护宁波基地：《发现：宁波地域重要考古成果图集（2001～2015）》，宁波出版社，2016 年。

图 6 - 2　寺龙口窑址

1. 龙窑窑炉　2. 废品堆积层　3. 南宋地层出土乳浊釉瓶

　　2014 年，为配合考古遗址公园建设与世界文化遗产申报，浙江省文物考古研究所与慈溪市文物管理委员会办公室联合制定《上林湖越窑遗址 2014～2018 年考古工作计划》，并于 2014 年 6 月获国家文物局批准。

　　2014 年 9 月至 2015 年 10 月、2017 年 3 月至 6 月，浙江省文物考古研究所与慈溪市文物管理委员会办公室联合对荷花芯窑址进行了两次主动性考古发掘工作，发掘总面积 1443 平方米。两次发掘揭露出丰富的制瓷作坊遗迹（图 6 - 3），包括活动面 1 处、房址 9 处、储泥池 1 处、辘轳坑 1 处、釉料缸 2 个、

图 6 - 3　荷花芯窑址

1. 发掘区全景（2014～2015 年）　2. 储泥池遗迹　3. 辘轳坑遗迹　4. 釉料缸遗迹

挡墙9道、台阶路2处等；揭露出较为丰富的地层堆积，时代属于晚唐和北宋中期；出土了大量瓷器产品，器类丰富，其中不乏质量高超的秘色瓷器。该窑址揭露出来的遗迹，涵盖备料、成型、上釉、烧成等制瓷工艺的多个环节，为复原唐宋时期越窑窑场布局提供了详尽的资料①。该项目获评为2015年度"浙江考古重要发现"。

2015年10月至2017年12月，浙江省文物考古研究所、国家文物局水下文化遗产保护中心、宁波市文物考古研究所与慈溪市文物管理委员会办公室联合对后司岙进行了主动性水陆考古发掘。其中陆地发掘总面积2350平方米（图6-4、6-5）。本次发掘共揭露出龙窑窑炉2条、房址2处（图6-6）、储泥池2处、釉料缸4个、挡墙8道、排水沟5条等丰富遗迹，探明了古水坝、古水道等重要的水下遗迹（图6-7）；出土了大量青瓷产品（图6-8），器类丰富，质量高超，其中尤以秘色瓷品质最高（图6-9）。

图6-4　后司岙窑址发掘现场

考古发掘结果表明，该窑场从初唐开始烧造，至北宋中期停烧，延续时间较长，窑场布局和分区明确，为探索唐宋时期越窑窑场布局提供了翔实资料；同时该窑址地层中出土若干纪年匣钵，如"大中三年四月十一日""大中十二年""咸通""中和"等，为探索越窑青瓷尤其是秘色瓷的发展历程、工艺技术演变等问题提供了直接的证据。该项目先后获评为2016年度"浙江考古重要发现"和"全国十大考古新发现"。

2. 鄞州东钱湖窑区

2007年，宁波市文物考古研究所对位于东钱湖南端的郭童岙窑址进行了考古发掘，清理出五代至

---

① 沈岳明、郑建明、谢西营：《2014浙江慈溪上林湖荷花芯窑址考古发掘主要收获》，《陶瓷考古通讯》2015年第1期；《2015年慈溪上林湖荷花芯越窑遗址考古发掘概况》，《陶瓷考古通讯》2015年第2期；《浙江上林湖荷花芯窑址发掘作坊区》，《中国文物报》2015年12月4日第8版。宁波市文物考古研究所、国家水下文化遗产保护宁波基地：《发现：宁波地域重要考古成果图集（2001~2015）》，宁波出版社，2016年。

图 6-5　后司岙窑址窑场布局
（2015~2016 年）

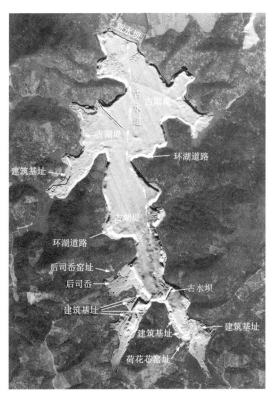

图 6-7　上林湖三维数字模型及
部分水下遗存分布示意图

图 6-6　后司岙窑址房址遗迹

图 6-8　后司岙窑址瓷质匣钵层

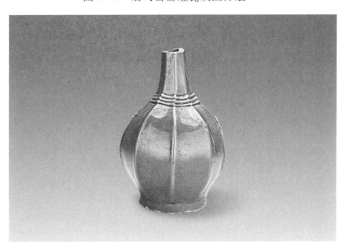

图 6-9　后司岙窑址出土秘色瓷八棱净瓶

图6-10　郭童岙窑址窑炉遗迹

北宋中晚期窑址11座，其中龙窑7座（图6-10）、馒头窑4座，出土各类器物标本2万余件①。此次发掘为东钱湖越窑窑址的首次考古发掘，为唐宋时期越窑三大产区之间的对比研究提供了资料。

2016年2月至11月，宁波市文物考古研究所对上水岙窑址实施了抢救性考古发掘，共揭露龙窑窑炉遗迹2条，出土大批精美的越窑青瓷和窑具等遗物。遗存时代为北宋中期，少量遗存年代可能早到10世纪晚期。上水岙窑址的发现，拓展了我们对东钱湖窑址群面貌的认识，出土的大量精美器物，大量铭文字款尤其是"大""内""官样"等款识的发现，突破了以往的认识②。该项目获评为2016年度"浙江考古重要发现"。

3. 其他地区

1998年，宁波市文物考古研究所与宁海县文物管理委员会办公室对宁海县岔路宋代窑址进行了发掘，揭露出残窑底基1处、石墙2段，出土大量瓷器及窑具。该窑址时代为北宋中晚期③。该窑址远离唐宋越窑三大中心产区，出土的绝大多数产品在慈溪上林湖和鄞州东钱湖地区的北宋窑址中都能找到同类产品，因而理应属于越窑体系。但是出土品中也存在着一类独具特色的产品，为其他窑址所罕见，这一发现提示我们今后要深入对越窑地方类型的认识。

2006年和2009年，浙江省文物考古研究所、宁波市文物考古研究所分别联合奉化市文物保护管理所对于家山窑址进行了两次发掘，清理出北宋中晚期龙窑7座，出土了大批瓷器标本和各类窑具。该窑址产品、造型、釉色、烧造方法均与同时期东钱湖窑场产品相近④。

2012年至2013年，浙江省文物考古研究所与上虞博物馆联合对上虞窑寺前和凌湖窑址群进行了主动性考古调查，其中涉及众多唐宋时期越窑窑址⑤。

① 王结华、褚晓波：《宁波地域考古的回顾与展望》，《宁波文物考古研究文集》，科学出版社，2008年。李永宁：《东钱湖郭童岙窑址发掘的主要收获》，《宁波文物考古研究文集》，科学出版社，2008年。宁波市文物考古研究所：《郭童岙——越窑遗址发掘报告》，科学出版社，2013年。宁波市文物考古研究所、国家水下文化遗产保护宁波基地：《发现：宁波地域重要考古成果图集（2001～2015）》，宁波出版社，2016年；《宁波考古六十年》，故宫出版社，2017年。
② 罗鹏：《宁波东钱湖上水岙窑址发掘取得重要成果——为越窑青瓷生产中心之一的东钱湖窑场提供珍贵研究资料》，《中国文物报》2017年6月30日第8版；《浙江宁波东钱湖上水岙窑址考古发掘概况》，《陶瓷考古通讯》2016年第1期。
③ 宁波市文物考古研究所、宁海县文管会办公室：《浙江宁海县岔路宋代窑址》，《考古》2003年第9期。
④ 宁波市文物考古研究所等：《于家山——越窑遗址发掘报告》，科学出版社，待版。中国考古学会编：《奉化市于家山窑址》，《中国考古学年鉴2007》，文物出版社，2007年。宁波市文物考古研究所、国家水下文化遗产保护宁波基地：《发现：宁波地域重要考古成果图集（2001～2015）》，宁波出版社，2016年。
⑤ 郑建明：《浙江上虞2012～2013年窑址调查收获》，《陶瓷考古通讯》2014年第1期。

二　杭嘉湖地区

（一）德清地区

对于德清地区的窑址调查，最早可追溯到 20 世纪 30 年代，始于日本人小山富士夫对德清老县城城关镇（现为乾元镇）几处窑址的实地踏查[①]。

20 世纪 50 年代，因工程建设等原因，汪扬、冯信敖、王士伦等先后对德清老县城的窑址进行了调查，并首次提出"德清窑"概念[②]。

20 世纪 80 年代，随着第二次全国文物普查工作的开展，德清县博物馆对德清县境内的窑址进行了系统调查，共发现隋唐时期的窑址 14 处，分别为洛舍乡何家坝村墅元头、张家湾村下东山、砂村东山、塘头、章家桥村龙头山、乾山、宅前窑址和龙山乡洋口村东山、窑田里、施宅村窑墩山、王母山、东坡牧场周围的南山窑址。通过对上述窑址产品对比与分期，大致可以确定德清窑的烧造年代下限约为中唐时期[③]。

2000 年 4 月至 7 月，为配合杭宁高速公路建设，浙江省文物考古研究所与德清县博物馆联合对德清宅前窑址进行了发掘，这也是对德清窑窑址的第一次正式考古发掘。此次发掘共揭露唐代龙窑 5 条，堆积厚达 4 米以上，共分 6 个层位，产品有碗、盘、缸、钵、壶、碟、砚、灯等。早期以黑釉为主，一部分为青釉；晚期除继续烧造黑釉、青釉外，还出现了青釉褐彩产品。宽短的窑炉是这一时期德清窑的重要特征，其中 Y2 宽度已达 4.75 米，属全国罕见。根据此次发掘的标本可以断定，宅前窑址的时代为唐代中晚期[④]。

2001 年 8 月，浙江省第三次文物普查工作期间，在第二次全国文物普查的基础上，新发现隋唐窑址 1 处[⑤]。

2009 年 7 月中旬至 9 月上旬，为配合杭宁高铁建设，浙江省文物考古研究所与德清县博物馆对乾山窑址进行了抢救性发掘。共清理窑炉遗迹 4 处，其中 1 号龙窑保存相对完整，长 40 米，宽度达 4.7 米，是浙江已经发掘的历代古窑炉遗迹中最宽的一处。遗物堆积丰富，产品主要有日用品的青瓷碗、盘、灯、罐、注壶、枕等。根据器形特征，断定其年代为唐代中期前后[⑥]。

2014 年 4 月至 5 月，浙江省文物考古研究所与德清县博物馆联合对窑墩窑址进行了抢救性考古发掘。发掘面积近 200 平方米，发现窑床痕迹 3 条，清理了其中 2 条，出土大量瓷片和窑具标本。产品种类丰富，主要有碗、盘、罐、盆、盏、小水盂、钵、灯盏、灯座等。釉色以青釉为主，酱黑釉为辅。年代为唐代[⑦]。

---

① 小山富士夫：《支那青瓷史稿》，日本中文堂，1943 年。

② 汪扬：《德清窑调查散记》，《文物参考资料》1957 年第 10 期。浙江省文物管理委员会：《德清窑瓷器》，《文物》1959 年第 12 期。

③ 朱建明：《隋唐德清瓷窑址初探》，《中国古陶瓷研究》第 3 辑，紫禁城出版社，1990 年。

④ 浙江省文物考古研究所：《德清宅前窑址发掘》，《浙江文物年鉴 2000》。

⑤ 袁华：《德清古代窑业的考古发现与研究综述》，《东方博物》第三十四辑，浙江大学出版社，2010 年。

⑥ 朱建明：《探索中国瓷之源——德清窑》，西泠印社出版社，2009 年。

⑦ 周建忠：《浙江德清发掘唐代窑墩窑址》，《陶瓷考古通讯》2014 年第 2 期。郑建明：《浙江德清窑历年考古工作与德清窑的基本特征》，《陶瓷考古通讯》2014 年第 1 期。

2014年4月至5月，浙江省文物考古研究所与德清县博物馆联合对德清县开发区的大圣堂窑址进行了发掘。本次发掘共清理唐代窑炉一处2座（图6-11），出土大量瓷器标本（图6-12）。窑炉为长条形龙窑，窑床短小。产品以青釉为主，黑釉为辅；器类较为单一，以碗占绝大多数，其次是少量的碟、盆、盘、盘口壶、多足砚、高柄豆、鸡首壶等，产品保留了东晋南朝时期的遗风①。

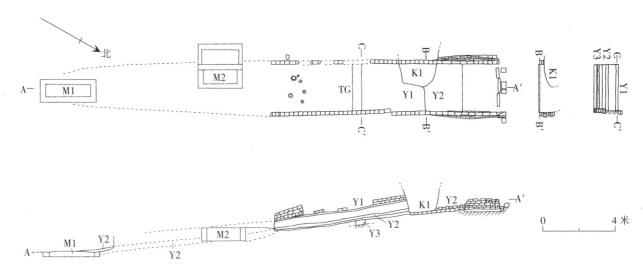

图6-11　大圣堂窑址平、剖面图

图6-12　大圣堂窑址出土器物

（二）杭州城区

最早通过实地踏查对杭州城区窑址进行研究，可追溯至20世纪20年代。日本人米内山庸夫在杭州凤凰山的报国寺、地藏殿等地采集到大量的瓷片标本及匣钵、支钉、支座、垫托等窑具，并据此认为修内司官窑就在凤凰山一带②，但没有引起足够重视。

1930年至1932年，中央研究院周仁三次赴杭进行实地调查与试掘，并撰写《发掘杭州南宋官窑报告书》，并据调查成果认为"乌龟山官窑为内窑似无可疑"③。这是关于南宋官窑的第一篇报告。

1937年，朱鸿达在调查采集的基础上，编写《修内司官窑图解》，并认为乌龟山窑就是文献记载的南宋官窑④。

①　浙江省文物考古研究所、德清县博物馆：《浙江省德清县大圣堂青瓷窑址发掘简报》，《东南文化》2016年第1期。
②　米内山庸夫：《南宋官窑古窑址的发现》，《世界陶瓷全集》第十卷（宋辽篇），附录第319页，河山书房，1995年。
③　周仁：《发掘杭州南宋官窑报告书》，《国立中央研究院总报告》第四册，1932年。
④　朱鸿达：《修内司官窑图解》，杭州宾鸿堂，1937年。

20 世纪 50 年代初期，陈万里明确提出，"郊坛下官窑旧址在杭州南郊乌龟山下，其产品以薄胎厚釉、黑胎或灰褐胎为特征"[1]，从而否定了乌龟山窑址就是修内司官窑的观点。

1956 年春，浙江省文物管理委员会对乌龟山窑址进行了首次局部考古发掘，清理了一座龙窑以及部分瓷片堆积。在堆积中发现了高低两档产品。高档产品制作精良，胎质细腻，胎体极薄，釉层丰厚，器形丰富，除了碗、盘、杯等日用器外，还有各类瓶、炉、奁、洗、鸟食罐等观赏陈设器。低档产品胎质粗厚，釉层薄而呈黄褐色，产品单一，仅见碗，内壁有粗放的刻划花草纹，采用叠烧法烧制而成。两类产品未见地层叠压关系，但可以明确低档产品多见于窑室后段。乌龟山窑址的发掘对进一步辨认杭州地区出土瓷片的窑口提供了线索，也为研究宋代官窑烧造技艺提供了可靠依据[2]。

1984 年，为防止乌龟山窑址遭到进一步破坏，中国社会科学院考古研究所、浙江省文物考古研究所、杭州市园林文物局组成南宋临安城考古队，决定对乌龟山窑址进行全面、系统的考古发掘。之后，根据普查资料，在进行全面调查和钻探的过程中，发现了第二座龙窑，并在山岙平地试掘中发现探沟 T1 第 3 层有南宋时期的建筑遗迹，为全面进行考古发掘提供了依据。

1985 年 10 月初，南宋临安城考古队开始正式对乌龟山窑址进行发掘，工作至 1986 年 1 月底结束。1988 年冬，为配合南宋官窑博物馆的建设工程，又对作坊遗迹进行了补充发掘。考古发掘共布设探沟、探方 22 个，发掘面积近 1400 平方米。揭露出龙窑窑炉遗迹 1 座、作坊遗迹 1 处，其中作坊遗迹包括房基 3 座、练泥池 1 个、辘轳坑 2 个，釉料缸 2 个、堆料坑 1 处、素烧炉 1 座，另有遗迹素烧坯堆、排水沟、道路等。出土瓷片三万余片，窑具数千件[3]。

1996 年 11 月至 12 月，杭州市文物考古研究所对老虎洞窑址进行了考古调查与试掘。共布设探沟 7 条，试掘面积约 100 平方米。考古发掘揭露出大量遗迹，包括龙窑 2 座、墙基、素烧坯堆积等，证实了该遗址确为一处古代窑址。出土了一些具有宋元风格的瓷片和窑具标本，主要器形有碗、盘、炉、瓶等，窑具主要为各类匣钵和支钉等，在部分支钉上发现有八思巴文。该窑址地理位置十分特殊，在南宋时期恰好为修内司营驻地，与文献中记载的南宋修内司官窑相吻合[4]。

1998 年 5 月至 12 月，杭州市文物考古研究所对老虎洞窑址北区进行第一次大规模的考古发掘，取得重大收获。此次发掘布设探方 31 个，发掘面积约 800 平方米。揭露出北宋、南宋和元代三个时期的地层堆积，清理出龙窑 1 座、小型素烧炉 3 座、作坊遗迹 1 处。特别是在窑址东部发现 1 处瓷片堆积坑（编号为 H3），出土了大量瓷片标本，器形有碗、盘、杯、罐、碟、壶、洗、觚、琮式瓶、香炉、熏炉、器座、筷架、花盆、灯盏等（图 6－13）。以厚胎厚釉和厚胎薄釉为主，薄胎厚釉者少，胎色呈现为香灰、深灰、紫色、黑色等；釉色以粉青、米黄色为主，另有翠绿、灰青、黄褐色等。根据考古发掘及史料考证，初步认定"老虎洞南宋层窑址为叶寘《坦斋笔衡》所记的'内窑'，也即通常所认为的修内司官窑"[5]。

1999 年 10 月至 2001 年 3 月，杭州市文物考古研究所又对老虎洞窑址南区进行了第二次大规模考

①　陈万里：《中国青瓷史略》，《陈万里陶瓷考古论文集》，第 134 页，紫禁城出版社，1997 年。
②　浙江省博物馆：《三十年来浙江文物考古工作》，《文物考古工作三十年（1949—1979）》，第 233 页，文物出版社，1981 年。
③　中国社会科学院考古研究所、浙江省文物考古研究所、杭州市园林文物局：《南宋官窑》，中国大百科全书出版社，1996 年。
④　邓禾颖、唐俊杰：《南宋官窑》，杭州出版社，2008 年。
⑤　杭州市文物保护管理所、杭州市文物考古研究所：《杭州老虎洞窑址考古获重要成果》，《中国文物报》1999 年 1 月 6 日第 1 版。

图 6 – 13　老虎洞窑址出土瓷器

古发掘，共布设探方 57 个，发掘面积近 1500 平方米。本次发掘，除保留发掘区西部部分探方外，对整个窑址进行了全面的揭露。揭露出大量遗迹，包括南宋时期的采矿坑、澄泥池、房基、道路、瓷片堆积坑和元代房基、素烧炉等。其中南宋时期瓷片堆积（坑）达 21 处，出土了数以万计的南宋瓷片及窑具标本。出土瓷片标本造型规整、胎薄釉厚，特别是在发掘区西南部的瓷片堆积（坑）中，出土了大量制作精巧、釉层丰厚的粉青釉瓷片标本①。鉴于老虎洞窑址的重要价值，该窑址发掘工作入选 2001 年度"全国十大考古新发现"。

（三）临安地区

1982 年 5 月，为配合第二次全国文物普查工作，杭州市文物考古研究所与临安市文物馆于临安凌口乡松毛坞一带发现有青白瓷与黑釉瓷同窑合烧的宋元时期窑址。随着考古调查的推进，又于於潜镇的松毛坞、磨石岭、敖干水库、窑厂边、大坞坪等地以及绍鲁乡、西天目乡等地发现多处窑址，窑址年代均属宋元时期②。

2013 年 3 月至 4 月，杭州市文物考古研究所与临安市文物馆联合对天目溪流域瓷窑址进行主动性考古调查，在以往工作的基础上，对天目溪上游的东关溪和丰陵溪沿线 33 处瓷窑址进行了复查和系统调查，并在东关溪上游发现了公东坞、柯家坞、高园头等新窑址。调查显示，天目窑产品有青釉、黑釉和酱褐釉三种，以青瓷为大宗。器形有碗、盘、壶、罐、钵、盆、瓶、炉、碟、盒、灯、托、洗等品种，窑具主要有"M"形匣钵、支圈、支钉、垫饼、条状垫圈、筒形垫圈、鼓形垫饼、支柱等。烧造年代为南宋和元初③。

2014 年 4 月 18 日至 20 日，杭州市文物考古研究所与临安市文物馆在对临安地区窑址考古调查过程中，于南苕溪下游沿岸的太湖源镇浪口村新发现一处窑址（倒畈窑址）。该窑址产品为青瓷，器类有碗、盏、瓶、罐等。窑具以支柱为主，可分为圆柱形和钵形两类。据窑址出土瓷片和窑具特征，推断该窑址的烧制时代应该是五代至北宋时期。该窑址产品不论胎釉特征，还是装烧工艺和装饰技法，

---

① 杭州市文物考古研究所：《杭州老虎洞南宋官窑址》，《文物》2002 年第 10 期。
② 姚桂芳：《论天目窑》，《中国古陶瓷研究》第 4 辑，紫禁城出版社，1997 年。
③ 郎旭峰：《浙江临安天目窑窑址调查》，《陶瓷考古通讯》2013 年第 2 期。郎旭峰、王征宇、朱晓东、倪亚清、沈国良、陶初阳：《杭州市临安天目窑址 2013 年度考古调查简报》，《东方博物》第五十三辑，浙江大学出版社，2014 年。朱晓东、郎旭峰：《天目窑窑址的调查与发现》，《天目国际学术研讨会论文集》，中国文史出版社，2015 年。

均与当地天目窑瓷器存在很大差异①。

（四）萧山地区

2006年8月，萧山博物馆在所前镇东山夏村青牛湾一带发现一处窑址。瓷片可辨器形有青瓷碗、韩瓶等，另有少量支烧窑具及素烧瓷器残片。据此可大致推断该处为宋代民窑②。

（五）余杭地区

2018年4月到8月，浙江省文物考古研究所对余杭瓶窑窑山遗址进行了抢救性考古发掘，发掘面积1000平方米（图6-14）。揭露出龙窑窑炉3条、砖砌挡墙1道，为复原窑场布局提供了较为丰富的资料；清理出厚达2米的窑业废品堆积，出土了包括瓷片和窑具在内的大量遗物。瓷器产品类型丰富，以韩瓶（图6-15）为主，形制多样，另有罐、四系罐、多系执壶、执壶、虎子、漏斗、碗、盏、盘、擂钵、灯等。胎质粗糙，多施半釉，釉色以青褐色为主。窑具有垫柱、垫具和轴顶碗等。装烧方式为裸烧、叠烧，少量器物套烧。该窑址的年代为南宋早期。此外，浙江省文物考古研究所还对整个窑山片区进行了主动性考古调查，共发现窑址（点）12处，且各处窑址产品差异较大，分工较为明确（图6-16）。

图6-14　窑山窑址发掘现场

---

① 孙媛：《杭州临安苕溪流域窑址考古调查简报》，《杭州文博》2016年第2期。
② 崔太金：《萧山发现宋代窑址》，《浙江文物》2006年第5期。

图 6 – 15　窑山窑址出土韩瓶　　　　　　　　图 6 – 16　窑山 5 号地点采集器物

三　金衢地区

一直以来，学术界习惯于将金衢地区的窑业类型统称为婺州窑。但实际上这一区域内的窑业遗存类型相当庞杂，除了传统青瓷之外，还有乳浊釉、彩绘、青花、青白釉、黑釉瓷等多种类型。

（一）青瓷窑址

学术界对这一地区青瓷窑址的考古调查工作始于 1936 年，以陈万里对金华古方一带窑址进行调查为标志，通过调查认为婺州窑是"釉亦青色，并有种种接近天目的变色"①。

1963 年 2 月，张翔对金华古方和厚大庄等地窑址进行了调查，共确认了包括窑岗山、外山、大垅、瓦叶山一号、瓦叶山二号、窑瓶湾、叶马山、窑岗头、瓦塘山、古塘、厚大庄共 11 处窑址。调查资料显示，上述窑址产品均以碗、杯类器物为主，均为实用器。根据器物制作工艺，可分为精粗两类。年代为北宋时期②。

1963 年 5 月，朱伯谦对东阳象塘村南侧和东侧的 9 处窑址进行了复查，发现了龙窑窑炉遗迹 3 座，并在骆夏山东南部发现了瓷土矿。采集标本可辨器形以碗、瓶为主，另有盘、盆、壶、盅及器盖等，胎釉质量较差，部分标本上可见莲瓣、荷花等纹样。窑具有匣钵、垫座、垫圈等。综合来看，该窑址始于唐代中晚期，延续到北宋③。

1980 年 5 月至 7 月，金华地区与东阳县文管会对歌山村窑址进行了考古调查和发掘。考古发掘揭露出龙窑窑炉 1 处，且存在叠压关系，从唐代早期延续至北宋时期；清理出早唐、中晚唐、北宋三个时期的地层堆积，出土大量瓷片及窑具标本；揭露出瓷土洞坑遗迹 1 处。其中唐代地层中出土一件带

①　陈万里：《追记吴兴金华永嘉三处所发现的古代窑基》，《瓷器与浙江》，中华书局，1946 年。
②　张翔：《浙江金华青瓷窑址调查》，《考古》1965 年第 5 期。
③　朱伯谦：《浙江东阳象塘窑址调查记》，《考古》1964 年第 4 期。

有"己未遂晨载陵乡"铭文的瓷砚，宋代窑床底部出土一件带有"天圣六年造自使也"铭文的碾轮①。

1983 年，季志耀和沈华龙在对衢县大川乡、湖南乡和白坞口进行文物普查的过程中发现多处窑址。其中青瓷窑址有大珠村广坞、庭屋村管家塘、湖南村里坞、大麦地坞、包鲁山和泥塘窑址 6 处窑址，时代为元代②。

1983 年，金华地区文管会对武义县泉溪乡水碓周村窑址进行了复查。该窑址存在两处窑业堆积，遗存丰富，产品和时代基本相同。产品有盘、碗、杯、执壶、盒、钵等，窑具有"M"形匣钵、钵形匣钵和垫具。产品胎釉质量较为高超，纹样以划花、印花和刻花为主。时代为五代北宋时期③。

1987 年，金华地区文管会与兰溪县文管会对嵩山窑址进行了调查。该窑址堆积丰富，瓷片可辨器形以碗为主，另有夹层碗、杯、盏托、执壶、瓶、罐、水盂、扣盒等，窑具有匣钵、支烧具和垫圈等。瓷器纹样丰富，以刻划花为主。此外还发现有残存的窑炉和作坊遗迹。年代为北宋时期④。

2000 年 4 月至 6 月、2001 年 11 月至 2002 年 1 月，浙江省文物考古研究所与武义县博物馆联合对陈大塘坑窑址群进行了两次抢救性考古发掘，发掘面积 1050 平方米。共发掘和试掘 4 处窑址，分别为蜈蚣形山窑址、乌石岗脚窑址、缸窑口窑址和叶李坑窑址⑤。其中蜈蚣形山窑址发掘面积 530 平方米，揭露出龙窑窑炉 1 处（图 6－17）、馒头窑 1 处（图 6－18）；清理出较为丰富的地层堆积，出土大量瓷片和窑具标本。瓷器产品器形丰富，有碗、盏、盘、灯盏、盆、杯、盅、执壶、盏托、盒、盖、熏炉、

图 6－17　蜈蚣形山窑址
龙窑全景

图 6－18　蜈蚣形山窑址馒头窑及其附属遗迹

① 贡昌：《记浙江东阳歌山唐宋窑址的发掘》，《婺州古瓷》，紫禁城出版社，1998 年。
② 季志耀、沈华龙：《浙江衢县元代窑址调查》，《考古》1989 年第 11 期。
③ 贡昌：《浙江武义水碓周五代北宋窑的调查》，《婺州古瓷》，紫禁城出版社，1998 年；《浙江武义县水碓周五代北宋窑址调查》，《考古》1987 年第 5 期。
④ 贡昌：《记浙江兰溪高山北宋瓷窑》，《婺州古瓷》，紫禁城出版社，1998 年。周菊青、吴建新：《兰溪嵩山窑器物》，《东方博物》第五十三辑，浙江大学出版社，2014 年。
⑤ 浙江省文物考古研究所：《武义陈大塘坑婺州窑址》，文物出版社，2014 年。

砚、带板等；装饰手法丰富，多细线划花，也有少数模印、刻划、压印、镂空等；装饰题材以花卉、荷叶居多，另有鹦鹉纹、凤凰纹、莲瓣纹、波浪纹等。窑具以"M"形匣钵为主，支垫具以环状垫圈为多。时代为五代晚期至北宋中晚期①。乌石岗脚窑址发掘揭露出具有叠压打破关系的阶梯式分室龙窑1座（图6-19），出土瓷器多数为日常生活用具。产品制作较为粗糙，釉色以青釉产品为主，其次为酱釉瓷，乳光釉瓷、灰白浊釉瓷相对较少。窑址年代可能为元代早期。叶李坑窑址器形、胎釉、釉色品种以及装烧方式都与乌石岗脚窑址相同，仅出土器类比乌石岗脚窑址少。窑址年代约在南宋晚期至元代早期。缸窑口窑址出土遗物以青瓷为大宗，另有少量窑变或局部窑变的青釉瓷器。窑址年代为北宋中晚期到南宋早期。

图6-19　乌石岗脚窑址阶梯式分室龙窑

2008年4月上旬至6月中旬，浙江省文物考古研究所、东阳市文物办与东阳博物馆联合对伏虎山窑址进行抢救性发掘，揭露龙窑1座，出土大量瓷片和窑具标本。瓷器产品种类丰富，有碗、碟、壶、杯、盘、盏托、熏炉等，质量较为高超。时代为北宋中期②。

2008年3月至6月，浙江省文物考古研究所对东阳葛府茶园窑址进行了考古发掘。发掘面积1500平方米，揭露龙窑1条，并出土大量瓷器和窑具标本。瓷器产品种类丰富，有碗、盘、盏、钵、执壶、灯、熏炉、腰鼓等。装饰技法以细线划花、刻划花和镂空工艺为主，题材有鹦鹉纹、对蝶纹、龟荷纹、莲瓣纹、蕉叶纹和各式花卉等。窑具主要有匣钵、垫具、支具等。年代为北宋中期③。

2015年11月至2016年10月，浙江省文物考古研究所与浦江县文物保护管理所联合对前王山窑址进行了抢救性考古发掘。共布设探方17个，发掘面积930平方米，揭露出龙窑窑炉1条（图6-20）、房址1处、匣钵挡墙9道和灰坑2个，并出土大量瓷器和窑具标本。通过整理，发现前王山窑址的产品

①　浙江省文物考古研究所：《武义陈大塘坑婺州窑址》，文物出版社，2014年；《武义县蜈蚣形山五代北宋瓷窑遗址发掘》，《浙江文物年鉴2000》。
②　卢淑珍：《伏虎山窑发掘获重大成果》，《东阳年鉴（2005～2008）》，方志出版社，2009年。
③　郑嘉励：《东阳市葛府茶园北宋青瓷窑址》，《中国考古学年鉴2009》，文物出版社，2010年。

分为精粗两类：精制产品有碗、盘、盒、钵、执壶、盏、碾臼、碾轮、炉、盏托、水盂、孔明碗、枕、盆、多管灯、瓶、器盖、罐等，粗制产品种类有碗、盘、炉、瓶等。年代为北宋中期①。

2018 年 11 月到 2019 年 5 月，浙江省文物考古研究所与武义县文保所联合对武义溪里窑址进行了抢救性考古发掘，并对周边的抱弄口、柏树堂以及蜈蚣形窑址进行了调查②。发掘面积 500 平方米，揭露出龙窑 1 座及多道匣钵挡墙、窑业生产工作面等遗迹。出土产品类型较为单一，以碗类为主，另有少量盘、碟、高足杯、钵、三足炉、擂钵等（图 6-21）。器物装饰以素面为主，偶见花卉纹和文字。窑具主要为"M"形匣钵。该窑址属于龙泉窑系，时代为元代中晚期。

（二）乳浊釉瓷窑址

图 6-20　浦江前王山窑址龙窑全景

对于该类型窑址的考古工作仅限于 20 世纪 80 年代的调查。当时金华地区文管会在窑址调查过程中，首先发现金华铁店窑有乳浊釉瓷器产品，之后又于武义泉溪乡水碓周③、赵宅、浦江县礼张、衢县大川乡西塘村等窑址发现该类产品。

1983 年，季志耀与沈华龙在衢县大川乡调查时发现庭屋村管家塘窑址除了烧制黑釉、青釉等产品，还生产乳浊釉瓷器④。

1983 年，为全面了解乳浊釉瓷的窑口及产品面貌，金华地区文管会又对铁店窑进行了重点复查，发现铁店村共有窑址 9 处，其中青瓷窑址 6 处、乳浊釉瓷窑址 3 处。这三处窑址均以烧制乳浊釉瓷为主，兼烧少量黑瓷和褐色瓷。产品种类较多，有花

图 6-21　武义溪里窑址出土器物

① 谢西营等：《浙江浦江前王山窑址发掘获重要收获》，《中国文物报》2016 年 12 月 2 日第 8 版；《浦江县前王山窑址考古发掘及周边地区窑址调查主要收获与认识》，《陶瓷考古通讯》2016 年第 2 期。浙江省文物考古研究所、浦江县文物保护管理所：《浙江浦江县前王山窑址考古发掘简报》，《华夏考古》2018 年第 4 期。

② 浙江省文物考古研究所发掘资料。

③ 贡昌：《浙江武义水碓周五代北宋窑的调查》，《婺州古瓷》，紫禁城出版社，1998 年；《浙江武义县水碓周五代北宋窑址调查》，《考古》1987 年第 5 期。

④ 季志耀、沈华龙：《浙江衢县元代窑址调查》，《考古》1989 年第 11 期。

盆、三足鼓钉洗、鬲式炉、盂、灯台、灯盏、敞口鼓钉罐、长腹罐、带流瓶、贯耳瓶、壶、高足杯、束口碗、盘、器盖等。装饰以素面为主，少量器物有纹样装饰。窑址年代为元代。

图 6 - 22　龙游方坦窑址采集乳浊釉瓷罐

1984 年，贡昌对衢州地区古窑址进行重点复查，于龙游和衢州两地分别发现了唐代乳浊釉瓷窑址一处，即龙游方坦窑址和衢州市上叶窑址。调查资料显示，两处窑址均以生产乳浊釉瓷器为主（图 6 - 22），同时兼烧少量褐釉瓷器。产品以碗为主，盏、罐次之，窑具有垫柱、垫珠等。装饰方面，流行堆贴和褐斑装饰①。

2000 年至 2002 年，浙江省文物考古研究所对武义陈大塘坑窑址群进行考古发掘时，在缸窑口、乌石岗脚和叶李坑窑址中也发现少量"乳光釉"产品②。

（三）彩绘瓷窑址

1984 年秋，金华地区与衢州市文管会对衢州全旺乡境内的窑址进行了多次调查，于尚轮岗村冬瓜潭窑址发现有彩绘瓷产品。该窑址彩绘瓷数量不多，但极具特色：釉下彩绘以缠枝纹、菊花、牡丹、鱼等为题材，粗犷简练；釉上彩绘则以刻划花卉纹为主，并在刻划纹饰上绘以釉上彩。时代为北宋晚期到南宋③。

1988 年春，浙江省文物考古研究所对衢州常山港、乌溪江和衢江诸水系的瓷业遗存做了重点复查，并在全旺、岩头两乡发现了包括两弓塘、冬瓜潭、紫胡垅、太后堂等在内的十几处彩绘瓷窑址，其中两弓塘窑址群分布最为密集。

1988 年 9 月至 12 月，浙江省文物考古研究所与衢县文物管理委员会对两弓塘 1 号窑址进行了发掘。清理龙窑 1 座，堆积厚度约 1 米，可分为三个文化层。出土器物有单色釉瓷和彩绘瓷两大类（图 6 - 23），其中前者见于所有的文化层中，主要器形有执壶、瓶、碗、盆、罐等，包括青、褐、黑等各种釉色瓷器和类似紫砂器的汗釉瓷；后者仅见于第一、二两层，主要器形有盆、罐、瓶、钵、壶、盘、器盖、腰鼓等，包括施化妆土的青釉彩绘瓷和不施化妆土的银灰色釉彩绘瓷。彩绘瓷所使用的绘画手法有笔绘、平涂剔划花、划花填彩、平涂、勾绘、划花勾绘等，题材有牡丹、忍冬、鱼纹、荷花和文字等，且全部采用釉上彩一次烧成。根据对出土遗物的整理和分析，两弓塘 1 号窑址的年代应为元代④。

（四）青花瓷窑址

1982 年，开化县文物普查小组在苏庄乡调查时，首次在龙坦村对面的茶山上发现多处瓷片堆积。1985 年 10 月开化县文管会对该窑址进行了复查。通过复查，发现龙坦窑址器物种类多，有碗、盘、炉、盏、把杯、钵、瓶等。釉色品种丰富，以青花最多，纹饰多为花草树木、海水波浪、变体梵文、

---

① 贡昌：《唐代乳浊釉瓷窑——龙游、衢州两处古窑址的调查》，《婺州古瓷》，紫禁城出版社，1998 年；《浙江龙游、衢县两处唐代古窑址调查》，《考古》1989 年第 7 期。朱土生：《浙江龙游方坦唐乳浊釉瓷窑址调查》，《考古》1995 年第 5 期。

② 浙江省文物考古研究所：《武义陈大塘坑婺州窑址》，文物出版社，2014 年。

③ 贡昌：《浙江衢县尚轮岗彩绘瓷窑》，《婺州古瓷》，紫禁城出版社，1998 年。

④ 浙江省文物考古研究所、衢县文物管理委员会：《衢县两弓塘绘彩瓷窑》，《浙江省文物考古研究所学刊（建所十周年纪念 1980—1990）》，科学出版社，1993 年。

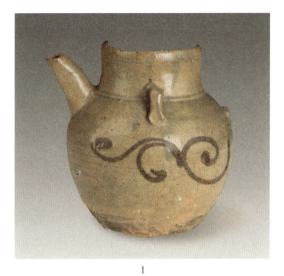 

图 6 - 23　两弓塘窑址出土瓷器
1. 彩绘瓷双系执壶　2. 彩绘瓷盆

蕉叶和团花等。窑具有匣钵和垫饼两类。当地文物工作者将其时代认定为元末至清代①。

　　1983 年，季志耀和沈华龙在衢县大川乡调查古窑址时，发现两处青花瓷窑址，即明代塘坞村碗窑窑址和清代前林村窑山窑址②。

　　1992 年 8 月至 9 月，浙江省文物考古研究所和江山市博物馆对碗窑桐籽山窑址进行了抢救性考古发掘。考古揭露了上下叠压的作坊遗迹（图 6 - 24），清理出房基、卵石路面和院墙基、淘洗池和贮泥池、陶车坑和料缸等。该窑址产品以青花瓷为主（图 6 - 25），器形以盅、碗数量最多，另有盘、碟、

图 6 - 24　碗窑桐籽山瓷窑址下层工场遗迹

---

① 陆苏君：《浙江开化龙坦窑址调查》，《考古》1995 年第 8 期。
② 季志耀、沈华龙：《浙江衢县元代窑址调查》，《考古》1989 年第 11 期。

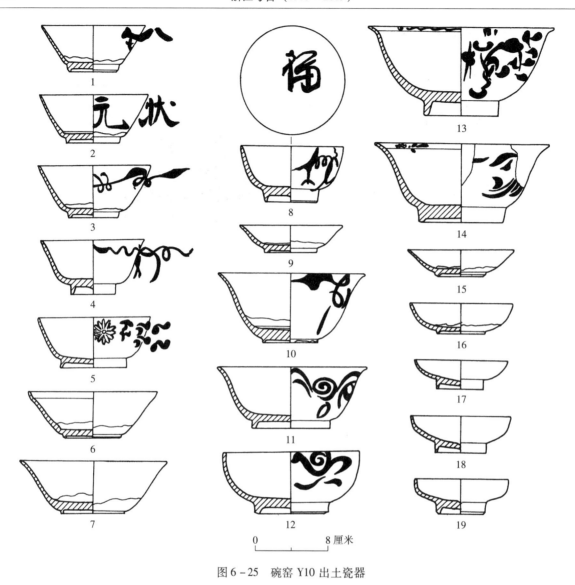

图 6 - 25　碗窑 Y10 出土瓷器

炉、壶、罐、器盖等。胎色灰白，釉色青灰或青白，青花色调略暗、偏紫，画法潦草，题材以花卉为主，另有"福""状元"等文字。均采用明火叠烧，窑具仅见圆柱形黏土支座。根据整理和对比分析，桐籽山窑址可分为早、晚两期，年代分别推断为明末清初和清代早中期①。

2017 年 8 月至 12 月，浙江省文物考古研究所与开化县文物管理所对龙坦窑址进行了考古发掘。共布设探方 7 个，发掘面积 350 平方米（图 6 - 26），发现龙窑窑炉 1 座、储泥池 1 处、淘洗池 1 处、匣钵挡墙 2 道。其产品种类丰富，以釉色区分可分为青花瓷、白釉瓷、青釉瓷、紫金釉瓷四类，以青花瓷占绝大比例，产品有碗、盘（图 6 - 27，1）、盏、器盖、高足杯、执壶、砚、炉、瓶、笔架、罐、钵等。该窑场产品字款丰富，有 90 余类之多。根据窑址地层中出土的"正德庚午年造"字款（图 6 - 27，2）和产品面貌，推测龙坦窑址的时代为明代中期，是目前已探明的年代最早的青花瓷窑址。此外，考古人员还对其周边进行了调查，发现该区域内存在 5 处窑址点，分别为龙坦、太官岭、韩家坊、

————————
① 浙江省文物考古研究所、江山市博物馆：《江山碗窑窑址发掘报告》，《浙江省文物考古研究所学刊》第三辑，长征出版社，1997 年。

图 6－26　开化龙坦窑址发掘区全景

窑墩和碗垃山窑址①。

（五）青白瓷窑址

贡昌在早期文物普查过程中，发现两处青白瓷窑址，即金华华南乡沐尘塘和江山石达河乡前坞窑址。沐尘塘窑址除青白瓷之外还兼烧青瓷，窑址范围内发现龙窑 1 座，青白瓷产品器形有碗、盘、盒等，均为素面，年代应为北宋。前坞窑址专烧青白瓷产品，窑址范围内发现窑炉 1 座，废品堆积内以窑具为主，瓷片较少，产品器类有碗、粉盒、器盖、八卦炉、执壶、瓶、小罐等，其中碗类均素面无纹，瓶、壶、盒等产品多模印纹饰，纹饰有凤尾草纹、八封坟、缠枝纹、花草纹、圆圈纹、云纹等，年代为南宋。

1983 年，季志耀和沈华龙在衢县大川乡调查古窑址时，发现明代塘坞村碗窑窑址除青花瓷产品外，还烧造青白瓷器②。

---

① 谢西营、沈岳明、陆苏军：《浙江开化龙坦明代青花瓷窑址考古发掘取得重要收获》，《中国文物报》2018 年 6 月 20 日第 8 版。
② 季志耀、沈华龙：《浙江衢县元代窑址调查》，《考古》1989 年第 11 期。

1　　　　　　　　　　　　　　　　　　　2

图 6 - 27　开化龙坦窑址出土瓷器
1. 青花瓷盘　2. "正德庚午年造" 白釉花盆

图 6 - 28　碗窑龙头山窑址分室龙窑遗迹

1992 年 7 月至 9 月，浙江省文物考古研究所与江山市博物馆对碗窑窑区内的坝头、龙头山窑址进行了抢救性考古发掘。其中龙头山窑址发掘面积 1200 平方米，清理出上下叠压的龙窑遗迹 3 条，其中最上一条为分室龙窑（图 6 - 28）。废品堆积区位于窑体南坡。瓷器产品种类较多，以釉色区分可分为青白釉、青灰釉、黑釉和酱釉瓷四类。青白釉产品的主要器形为盒，另有壶、壶盖、炉、灯等，盛行印花。盒类产品采用塔式组合窑具托烧。年代为元代中晚期。坝头窑址仅作局部清理，产品类型与龙头山窑址相似，时代为北宋末到南宋晚期①。

（六）其他窑业类型

1982 年，开化县文管会对下界首窑址进行了调查并做试掘。产品主要为韩瓶，另有少量碗，窑具有喇叭形支座和垫饼。时代应为南宋时期②。

1984 年，浙江省文物考古研究所和江山县文物管理委员会在对江山窑址进行专题调查的过程中，对前窑山窑址做了小规模试掘。发现龙窑 1 座。瓷器产品有黑釉类瓷器，器形包括碗、盏、罐、盘等，窑具有匣钵、支座、垫饼、喇叭形支垫等③。

四　温州地区

这一地区唐宋时期的窑业类型大致可以分为三类，即青瓷、青白瓷和褐色彩绘瓷。其中青瓷窑址在唐五代时期属瓯窑系，在元明时期属龙泉窑系。

---

① 浙江省文物考古研究所、江山市博物馆：《江山碗窑窑址发掘报告》，《浙江省文物考古研究所学刊》第三辑，长征出版社，1997 年。

② 开化县地方志编纂委员会：《开化县志》，方志出版社，1988 年。

③ 柴福友：《衢州市古窑址出土陶瓷器情况简介》，《衢州古陶瓷探秘》，浙江人民美术出版社，2012 年。

（一）青瓷窑址

早在 1937 年，陈万里就曾到达永嘉三角门外的将军桥一带，对瓯窑遗址进行考察①。

1956 年至 1961 年，浙江省文物管理委员会曾在温州地区做过三次调查，发现大坦村、大坦坟山、瓦窑山、西山、上寺前、下寺前、石头面山等 19 处唐至五代时期的窑址，老坟山等 3 处宋代窑址，以及平山寺、上坟山、桥脚、大山和罗溪乡的南岙 5 处元明时期的窑址②。

1981 年，温州市文物管理处对永嘉桥头眠牛山和钟山窑址进行了调查。调查显示，窑址产品均为青瓷。器形有碗、盘、罐、炉、盂、盏、洗、水注、器盖及高足杯等。装饰技法有印花、刻花、划花三种。印花题材有牡丹、葵花、菊花、草花、荷花、水藻、双鱼等，刻花主要为缠枝草花或写意束花，划花主要为平行弦纹和直线纹。此外还见有褐色点彩装饰。匣钵装烧。窑址年代均为元代，属龙泉窑系③。

1984 年，温州市文物管理处对文成县珊溪镇顶竹垟窑址进行了考古调查。发现龙窑 1 座。产品为青瓷。器形有碗、壶、盏、洗、碟、樽、缸及研碗等。纹饰有弦纹、双鱼纹和莲瓣纹等。时代为南宋，属龙泉窑系④。

1985 年 3 月至 5 月、10 月至 12 月、1986 年 3 月至 6 月，浙江省文物考古研究所与温州市文物管理处对温州地区古代瓷窑遗址做了三次专题考古调查，共发现不同历史时期各类型窑址 100 余处⑤。

1986 年，浙江省文物考古研究所与温州市文物管理处对西山窑址进行了调查和抢救性考古发掘。经调查，西山窑址群范围包括护国岭脚、乌岩庙、小山儿和正和堂等多处窑址。釉色淡青。主要器形有碗、盘、盏、钵、罐、壶、器盖等。装饰纹样有莲瓣纹、牡丹、蕉叶、朵云纹等。窑具有匣钵、垫饼、垫圈、支烧具等。年代为晚唐至北宋时期⑥。

2005 年 12 月至 2006 年 1 月，浙江省文物考古研究所、温州市文物保护考古所与永嘉县文化馆联合对龙下窑址进行了抢救性发掘。发掘面积 100 平方米，清理龙窑 1 座（图 6-29），出土大量青瓷器残片。器物种类丰富，器形有壶、碗、盏、罐、盘、盆、粉盒、碟、碾轮、水盂、钵、灯盏等。器物装饰较少，偶见刻划荷叶纹，少量器物有褐斑装饰。年代为唐代晚期⑦。

2006 年 4 月至 6 月，浙江省文物考古研究所、温州市文

图 6-29　龙下窑址窑炉遗迹

① 陈万里：《追记吴兴金华永嘉三处所发现的古代窑基》，《瓷器与浙江》，中华书局，1946 年。
② 浙江省文物管理委员会：《温州地区古窑址调查纪略》，《文物》1965 年第 11 期。
③ 金柏东：《浙江永嘉桥头元代外销瓷窑址调查》，《东南文化》1991 年 Z1 期。
④ 金柏东等：《温州名胜古迹》，作家出版社，1998 年。
⑤ 浙江省文物考古研究所、温州市文物管理处：《温州地区瓷窑址的考古调查》，《东方博物》第四辑，浙江大学出版社，1999 年。任世龙：《温州地区瓷窑址的考古调查》，《瓷路人生——浙江瓷窑址考古的实践与认识》，文物出版社，2017 年。
⑥ 瓯海区文化广电新闻出版局、瓯海区文博馆：《遗珍：瓯海区第三次全国文物普查成果选粹》，西泠印社出版社，2011 年。
⑦ 浙江省文物考古研究所、温州市文物保护考古所、永嘉县文化馆：《浙江永嘉龙下唐代青瓷窑址发掘简报》，《文物》2012 年第 11 期。

物保护考古所与永嘉县文化馆联合对启灶窑址进行了考古发掘。清理出龙窑1座，出土大量青釉瓷器。器形有盆、盘、碟、钵、灯盏、盂、壶、瓶、罐等品种。装饰纹样有刻划莲瓣纹和鱼纹，另有褐色点彩装饰。年代为唐代晚期[①]。

2014年10月至2015年5月，浙江省文物考古研究所与永嘉县文物馆联合对乌牛溪下游流域古窑址进行了专题调查，发现窑址9处，并对龟山窑址进行了局部发掘。龟山窑址发掘揭露出龙窑3条，并出土大量青瓷产品。器类丰富，有碗、盘、罐、壶、执壶、钵、洗、盏、盏托、炉、粉盒、器盖、擂钵、甑具、茶碾和碾轮等。窑具有匣钵、垫圈、支具等。纹饰多样，多为刻划花，种类有荷花、蕉叶、垂云等。窑址年代为晚唐至五代时期[②]。

2017年5月至12月，浙江省文物考古研究所、温州市文物保护考古所与永嘉县文化馆联合对坦头窑址进行了发掘。发掘面积950平方米（图6-30），揭露出较为丰富的遗迹，包括龙窑、贮泥池、辘轳坑、釉料缸、窑炉、房子、石砌地面等，出土了大量青瓷残片及各类窑具。产品以碗类为主，另有执壶（图6-31）、罐、瓶、钵、盆、盒、碟、灯盏、盏、碾轮等。装饰纹样较少，少量器物有刻划荷花荷叶纹和褐彩装饰。还出土铭文字款，如"□中十一年"和"罗七官作碗"等。年代为晚唐时期[③]。

 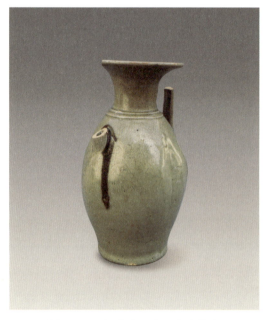

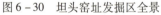

图6-30　坦头窑址发掘区全景　　　　　图6-31　坦头窑址出土青瓷执壶

（二）青白瓷窑址

1961年，浙江省文物管理委员会对温州地区古窑址进行专题调查时，于泰顺县玉塔发现了两处青白瓷窑址，分别为四季青山窑址和园子岭窑址。从现场调查来看，应存在早晚两期产品。年代均为北

---

① 孟国平、刘惠民、周圣玉：《温州永嘉发掘启灶窑址》，《浙江文物》2006年第5期。
② 郑嘉励、周圣玉、楼泽鸣：《浙江永嘉乌牛溪流域古窑址的调查与发掘》，《陶瓷考古通讯》2015年第1期。周开阳、林时友：《浙江乐清龟山五代十国窑址出土器物文化综述》，《北方文学（下）》2016年第2期。
③ 郑建明、周圣玉、许洁琼、张馨月：《东瓯缥碧》，《中国文物报》2018年1月26日第4版。

宋时期①。

1978 年，浙江省博物馆、温州市文物管理处和泰顺县文物馆联合对泰顺玉塔窑址群中的两处青白瓷窑址进行了考古发掘。清理出龙窑 1 条，出土大量青白瓷残片。器形有碗、盘、碟、盏、罐、壶、瓶、灯盏、水盂等。纹饰少见，仅于碗盘类器物上发现有刻划卷草、梳篦和莲瓣纹。窑具有覆烧具、垫圈、垫饼等。芒口覆烧。年代应为北宋中晚期至南宋早期②。

1985 年 10 月，浙江省文物考古研究所与温州市文物处联合对苍南县大、小星垟窑址和乐清县瑶岙窑址进行了考古调查。这三处窑址中均有青白瓷类产品，另有青釉和黑釉瓷烧造。以明火叠烧为主，少量采用匣钵。年代应为北宋中晚期至南宋时期③。

（三）褐色彩绘瓷窑址

1961 年，浙江省文物管理委员会在对温州地区古窑址进行调查时就于乐清岙后村发现了一处褐色彩绘瓷窑址。彩绘瓷器物只发现壶、瓶两种，器形较大，在器物肩腹间饰褐色彩绘图案和文字如"东岩"等。年代为宋代④。

20 世纪 80 年代初，温州市文物管理处对温州地区的潘岭山、岙后、下山坟、含金山和杨府山 5 处彩绘瓷窑址进行了重点调查。这几处窑址发现有绘褐彩、褚红、黑褐彩的瓷器产品。褐彩一般饰于瓶、壶及罐类器物肩腹部和洗、碗类器物内底以及盖面等，题材有云霞、花草、兰花、荷花等。少数瓶类器物上有"作五泉""蕊"等字样。明火叠烧。窑址年代应为两宋时期，其中下山坟窑址或可延续至元代⑤。

2005 年 11 月初，温州市文物保护考古所与乐清市文物馆联合对大坟庵窑址进行了调查和抢救性发掘。采集了部分瓷片标本。大坟庵窑址出土瓷器以褐釉瓷为主，其次为青瓷，部分器表绘饰褐彩。器类主要有壶、罐、碗、钵、小盏、器盖、灯具等。窑具仅有垫具，不见匣钵。青釉褐彩瓷图案较为简易草率，多为卷云纹或卷草纹。年代为南宋时期⑥。

五　台州地区

这一地区唐宋时期的窑业遗存主要分布于临海、温岭和黄岩地区，其中临海地区以五孔岙、王安山、西洋里、许市窑址为代表，温岭地区以下圆山窑址为代表，黄岩地区以沙埠窑址群为代表。截至目前，对于这一区域内唐宋时期窑址的考古工作仅限于考古调查，以黄岩沙埠窑址群调查工作最为完备，但各区域迄今均尚未有系统考古发掘工作。

这一区域内的窑址调查工作始于 1956 年。1956 年浙江省文物管理委员会对黄岩秀岭水库六朝墓葬进行考古发掘时，当地群众反映沙埠乡珊溪村一带存在青瓷窑址。墓葬发掘工作结束后，冯信敖、金

---

① 浙江省文物管理委员会：《温州地区古窑址调查纪略》，《文物》1965 年第 11 期。
② 玉塔窑址群共计有青瓷窑址 3 处，青白瓷窑址 7 处。浙江省文物考古所、温州地市文管会：《浙江泰顺玉塔古窑址的调查与发掘》，《考古学集刊（1）》，中国社会科学出版社，1981 年。金柏东等：《温州名胜古迹》，作家出版社，1998 年。温州市志编纂委员会：《温州市志》（下册），中华书局，1998 年。
③ 王同军：《浙江温州青瓷窑址调查》，《考古》1993 年第 9 期。
④ 浙江省文物管理委员会：《温州地区古窑址调查纪略》，《文物》1965 年第 11 期。
⑤ 温州市文物管理处：《温州市宋代褐彩青瓷窑址调查》，《考古》1988 年第 3 期。
⑥ 温州市文物保护考古所、乐清市文物馆：《乐清大坟庵窑址的调查与认识》，《东方博物》第三十三辑，浙江大学出版社，2009 年。

祖明对这一区域内窑址进行实地调查，共发现窑址 8 处，分别为竹家岭、牌坊山、瓦屑堆、金家岙、下山头、双板桥、俞成庙和麻车窑址，根据器物特征将其归属为越窑系统，时代暂定为五代或宋代①。1958 年，牟永抗又于麻车村磁山上发现一处窑址。20 世纪 80 年代，浙江省文物考古研究所牟永抗、王明达等先后对沙埠窑址进行实地考察。1989 年，浙江省文物考古研究所任世龙带队赴黄岩对沙埠窑址群进行专题调查。金祖明结合早期窑址调查资料对台州地区的窑业遗存的位置、产品构成、产品外运等方面问题进行了专题梳理②。2018 年 9 月至 10 月，为全面了解沙埠青瓷窑址的分布、产品构成、窑业技术与时代等信息，并为制定《黄岩沙埠青瓷窑址 2019 年考古发掘与保护方案》，浙江省文物考古研究所与黄岩区博物馆联合对沙埠窑址群进行了主动性考古调查工作（图 6－32）。

图 6－32　沙埠青瓷窑址群分布示意图

相关调查报告③。除上述沙埠窑址群外，文物考古工作者还对温岭地区窑址进行过专题调查，并发表了相关资料④。

此外，当地文物工作者也曾对黄岩地区窑址进行过考古调查，并发表

六　丽水地区

（一）早期考古调查与发掘工作（20 世纪 20～80 年代）

1. 陈万里先生的早期调查（20 世纪 20～30 年代）

近代以来，对龙泉窑真正科学的考古调查工作是从陈万里开始的。从 1928 年开始，陈万里曾八下

①　金祖明：《浙江黄岩古代青瓷窑址调查记》，《考古通讯》1958 年第 8 期。
②　金祖明：《台州窑新论》，《东南文化》1990 年第 6 期。
③　宋梁：《黄岩宋代青瓷窑址调查》，《东方博物》2012 年第 1 期。
④　金祖明：《浙江温岭青瓷窑址调查》，《考古》1991 年第 7 期。

龙泉，对龙泉窑进行实地考察，对窑基地址及蕴藏显露之材料搜寻而采集，再加以整理研究，并设想其工作顺序为调查（窑基之地点）、搜集（散布地面上及发掘后至整件、碎片，并其他附属器物）、收买（必要时收买已出土之器物）、发掘（窑基及必要时古墓）、摄影、记录（日记）、报告①。

2. 浙江省文物管理委员会的调查和发掘工作（1956～1961年）

1956年至1961年，为恢复古代龙泉青瓷制瓷工艺，并在此基础上恢复龙泉青瓷的生产，浙江省文物管理委员会对龙泉窑窑址进行了比较详细的专题调查②。

1957年，浙江省文物管理委员会对大窑到高际头路段以及大窑、金村、溪口和庆元的古窑址进行了一次系统调查。通过这次调查，得出如下认识：大窑和溪口是两个产品风格有异的瓷业中心；庆元的枫堂和竹口窑址年代较晚，品位也较次；根据造型和釉色，判定庆元的黄坛（坦）窑烧造的年代为唐代，从而证明，宋以前龙泉一带就已经开始烧造瓷器③。

1959年，浙江省文物管理委员会对丽水吕步坑和保定第4号窑址进行清理发掘。吕步坑窑址发掘面积为146平方米，共发现早、晚两座窑床。其下层出土器物造型与六朝墓葬出土物风格相同，推断其烧造年代可能早到六朝晚期；上层出土器物与唐五代时期越窑有许多相似之处。保定第4号窑址发掘面积358平方米，发现3条窑床，并且发现了素烧器物。保定窑的时代从元延续到明代④。

1959年至1960年，浙江省文物管理委员会对大窑窑址进行发掘。发掘面积共627平方米，发掘窑炉7座、探方（沟）11条，获得了大量的瓷器、窑具标本，年代从北宋一直持续到明初，对了解龙泉窑从北宋到明初各个阶段瓷器的特点、制作工艺及其发展过程提供了重要的资料。此外，工房、住宅、砖池、石杵、轱辘零件等遗迹和遗物的发现，对研究古代制瓷业的生产能力和建筑结构，提供了重要的实物例证⑤。

1960年4月13日至5月17日，浙江省文物管理委员会对金村窑址进行发掘。为配合龙泉林业资源开发，修建小梅至瑞垟公路之需，朱伯谦、牟永抗、柯志平等对金村大窑犇A3-26号（原省编16号）窑址进行了考古发掘。之后，又对金村地区窑址做了全面调查。在这次试掘中除发现几座窑炉遗迹外，还发现了"三叠层"，并且可以与大窑乙区地层堆积相对应，为了解龙泉窑各窑之间的关系提供了依据⑥。

1960年3月，为编著《龙泉青瓷史》，在大窑、金村发掘的同时，对溪口窑址进行了调查，并做了小规模的试掘。本次调查发现了瓦窑垟、瓦窑东、骷髅湾、李家山、社址湾、吴下、桐子坪、麻氏潭、文下、分田湾和泉坑上泉户共11处窑址。比较重要的发现是，在瓦窑垟窑址试掘过程中发现南宋时期器物有两种不同风格：一是黑胎青瓷，二是白胎青瓷。这为研究龙泉窑两种风格的瓷器提供了线索⑦。

1958年、1959年和1961年，对龙泉东区窑址进行了三次调查。1958年对龙泉东区以及云和县紧

① 陈万里：《龙泉青瓷之初步调查》《第二次调查龙泉青瓷所得之观感》《龙泉西南北三乡之古代窑基》《龙泉大窑之新发现》《一年半中三次龙泉之行》《龙泉访古记》，《陈万里陶瓷考古文集》，紫禁城出版社，1997年。

② 朱伯谦、王士伦：《浙江省龙泉青瓷窑址调查发掘的主要收获》，《文物》1963年第1期。

③ 牟永抗：《龙泉窑调查发掘的若干往事——〈龙泉青瓷研究〉读后》，《东方博物》第三辑，杭州大学出版社，1999年。浙江省文物管理委员会：《龙泉调查散记》，《浙江省文物考古研究所学刊》第七辑，杭州出版社，2005年。

④ 牟永抗：《龙泉窑调查发掘的若干往事——〈龙泉青瓷研究〉读后》，《东方博物》第三辑，杭州大学出版社，1999年。浙江省文物管理委员会：《丽水青瓷调查发掘记》，《浙江省文物考古研究所学刊》第七辑，杭州出版社，2005年。浙江省文物考古研究所、丽水市文化局：《浙江省丽水县吕步坑窑址发掘简报》，《浙江省文物研究所学刊》第七辑，杭州出版社，2005年。

⑤ 朱伯谦：《龙泉大窑古瓷窑遗址发掘报告》《龙泉青瓷研究》，文物出版社，1989年。

⑥ 张翔：《龙泉金村古瓷窑址调查发掘报告》，《龙泉青瓷研究》，文物出版社，1989年。

⑦ 金祖明：《龙泉溪口青瓷窑址调查纪略》，《考古》1962年第10期。

水滩坝址以上即将淹没地区实地调查，共发现古代瓷窑址 73 处，时代基本属于明代。通过此次考古调查发现，明代龙泉瓷器在制作质量上有所下降，但在生产规模上却比以前大有发展。1959 年、1961 年为配合瓯江水电站建设工程，又对东区进行了全面系统调查，发现窑址 80 余处，时代主要是元明时期。三次调查引起了人们对龙泉东区的关注，为了解龙泉东区窑址的规模、分布以及器物造型和装饰提供了重要的资料，表明龙泉东区在龙泉青瓷生产上占有重要的地位，尤其是元明时期[①]。

　　1956~1961 年的调查和发掘是对龙泉窑窑址进行的第一次正式考古工作。发现了大量的遗迹（窑床、砖池、工房等）和遗物（瓷片、窑具等），为研究不同时期龙泉窑的窑炉结构、烧制工艺、瓷器产品特征、装饰技法以及各个时期龙泉窑的生产状况等提供了重要的实物资料。此次调查和发掘，主要是以恢复龙泉窑的生产为目的，试图通过考古的手段找到古代遗物和遗迹，以便了解古代龙泉窑的产品特征和烧制方法；这种为生产服务的目的与科学考古学的研究方向存在着一定的偏差，因此在实际调查和发掘中也就不能做到完全符合科学研究的要求。由于受当时社会动荡的影响，许多调查和发掘报告没有及时整理或发布出来，这在一定程度上阻碍了龙泉窑研究的发展。

　　3. 紧水滩工程考古队的调查和发掘（1979~1983 年）

　　1979 年，为配合紧水滩水库的建设，由中国社会科学院考古研究所、中国历史博物馆、故宫博物院、上海博物馆和浙江省博物馆（1979 年成立浙江省文物考古所）五个单位组成浙江省紧水滩工程考古队，对龙泉窑址进行了一次大规模的调查和发掘。这次发掘采用各个单位单独发掘、自行整理和发表材料的原则。

　　中国社会科学院考古研究所对龙泉东部安福村至安福口一段进行了考古调查和发掘，共调查了 60 多处古窑址，发掘了金坝坨、金岙湾、石大门山和大栗山四处民间窑场。每个窑场都由窑室和作坊两部分组成。其中宋、元、明窑床共 15 条，窑头、窑室、窑门以及窑尾保存较好，作坊内有淘制瓷泥用的池子和拉坯用的辘轳基坑，为研究龙泉窑的窑炉形制、制作工序和工艺提供了宝贵的实物资料[②]。

　　中国历史博物馆对上严儿村窑址进行了考古发掘，共清理 5 座窑址，发现有练泥池、淘泥池和石臼等作坊遗迹，出土研磨碗、轴顶碗、荡箍等生产工具，火照、匣钵、支钉和垫饼等窑具以及大量的瓷器标本。时代大致可以分为两期：南宋晚期至元代初期，元代中晚期。这些资料的发现，对研究龙泉青瓷在南宋晚期到元代的生产工艺、产品特征具有重要的价值[③]。

　　故宫博物院对龙泉大白岸山头窑村的一处窑址进行了发掘。窑床废弃后自然倒塌，发现有窑头、窑床、窑顶、窑尾、窑门和投柴孔，保存较好。从出土器物的釉色、造型和装饰风格看，其年代应为南宋时期（原报告认为大约为北宋中晚期）[④]。

　　上海博物馆对安仁口窑址群进行了复查，复查了 17 处古窑址，并对择岭脚、入窑湾和碗圈山三个重点窑址进行了发掘。发掘面积共 316 平方米，清理 6 座窑床（其中宋代窑床 1 座、元代窑床 5 座），

　　① 牟永抗：《龙泉窑调查发掘的若干往事——〈龙泉青瓷研究〉读后》，《东方博物》第三辑，杭州大学出版社，1999 年。浙江省文物管理委员会：《龙泉调查散记》《浙江省龙泉东区青瓷窑址调查报告》，《浙江省文物考古研究所学刊》第七辑，杭州出版社，2005 年。

　　② 中国社会科学院考古研究所浙江工作队：《浙江龙泉县安福龙泉窑址发掘简报》，《考古》1981 年第 6 期。

　　③ 中国历史博物馆考古部：《浙江省龙泉青瓷上严儿村发掘报告》，《中国历史博物馆馆刊》1986 年总第 8 期。

　　④ 李知宴：《浙江龙泉青瓷山头窑发掘的主要收获》，《文物》1981 年第 10 期。

采集和出土了大量的瓷器标本和窑具。为研究元代龙泉窑的生产状况、工艺水平、器物造型、装饰技法与纹样、窑床结构等提供了珍贵的实物资料。此外，元代窑址出土瓷器与韩国新安沉船出土部分瓷器大体相同，为研究元代龙泉窑的外销情况提供了线索①。

浙江省文物考古研究所发掘了山头窑、大白岸和源口三大窑址群内的包括上段山、对门山、金钟湾、碗垃山、金窑岗、杉木林、铁炉基等多处窑址，揭露出较为丰富的窑炉和作坊遗迹如储泥池、练泥池、淘洗池、干燥池、辘轳坑、饮水池、房基等，对全面了解龙泉地区制瓷手工业的生产工序和制作方式具有重要意义。出土的大量瓷片标本，时代跨度较大，从两宋之际一直持续到明代，为龙泉窑分期提供了大量的资料②。

为配合基本建设而开展的大规模的考古调查和发掘，获得了大量宝贵的实物资料，极大地促进了龙泉窑研究工作的深入发展。这次考古调查和发掘工作比上次有了较大的进步，更加科学地揭露窑址整体情况，尤其是对工场遗迹的清理和发掘，为探讨古代制瓷手工业的生产方式提供了重要依据。基于此，1981 年底在杭州召开的"中国考古学会第三次年会"上，"青瓷和青瓷窑址"被列入两大主题之一，苏秉琦先生认为这次龙泉窑的发掘标志着我国考古学中一个新的分支学科——"陶瓷窑考古"的崛兴③。

4. 第二次全国文物普查期间的窑址调查（1981~1985 年）

1981 年至 1985 年，在第二次全国文物普查期间，文物考古工作者对丽水地区窑址进行了全面调查并取得了丰硕成果。共发现古窑址 452 处，其中龙泉市 342 处、云和县 18 处、庆元县 39 处、丽水市 24 处、缙云县 18 处、遂昌县 2 处、松阳县 4 处、青田县 3 处、景宁县 2 处④。

龙泉市博物馆在对龙泉西北部住龙镇调查时，于龙星村发现一处龙泉窑窑址，定名为潘床口窑址，范围约 600 平方米。时代为明代⑤。龙泉市博物馆在对查田镇石隆村进行调查时，发现龙泉窑窑址 9 处，时代跨度较大，从北宋末期到明代⑥。

浙江省文物考古研究所与缙云县文物管理委员会联合对大溪滩窑址群进行了为期两个月的地面专题调查，在大溪滩行政村西南面小山坡上约 1 平方千米的范围内发现窑床 17 条。从采集的标本看，时代为南宋至元。以烧制青瓷为主，也有少量黑釉瓷⑦。任世龙在对金村窑址调查时发现了"五叠层"⑧。

（二）近期考古调查与发掘工作（2004~2018 年）

1. 龙泉东区

2004 年 3 月至 5 月，浙江省文物考古研究所等单位对云和县赤石乡麻垟村横山周窑址进行了抢救性考古发掘，揭露窑炉 3 座、作坊遗迹 1 处、辘轳坑基座 2 处，出土大量青釉瓷器与窑具。时代为元

---

① 上海博物馆考古部：《浙江龙泉安仁口古瓷窑址发掘报告》，《上海博物馆集刊》第三期，上海古籍出版社，1986 年。

② 紧水滩工程考古队浙江组：《山头窑与大白岸——龙泉东区窑址发掘报告之一》，《浙江省文物考古所学刊》，文物出版社，1981 年。浙江省文物考古研究所：《龙泉东区窑址发掘报告》，文物出版社，2005 年。

③ 任世龙：《龙泉窑址考古纪行》，《东方博物》第二辑，杭州大学出版社，1998 年。浙江省文物考古研究所：《龙泉东区窑址发掘报告》，文物出版社，2005 年。

④ 王国平：《丽水地区龙泉窑遗址概述》，《东方博物》第三辑，杭州大学出版社，1999 年。

⑤ 尹福生：《龙泉明代潘床口窑址的调查》，《东方博物》第二十六辑，浙江大学出版社，2008 年。

⑥ 尹福生：《龙泉窑石隆窑址调查》，《杭州文博》2008 年第 1 期。

⑦ 黄彩红、陈福亮：《缙云大溪滩窑址群地面调查简报》，《东方博物》第三十三辑，浙江大学出版社，2009 年。

⑧ 任世龙：《龙泉青瓷的类型与分期试论》，《中国考古学会第三次年会论文集》，文物出版社，1984 年。

代中期至明代中期①。

2013 年至 2014 年，为全面了解紧水滩水库建成之后的窑址淹没情况，浙江省文物考古研究所与龙泉青瓷博物馆联合对东区窑址进行了复查，调查窑址点 80 处。其中在龙渊街道张村苦种湾山的东南坡发现一处烧造黑胎青瓷的窑址（编号为 AY6）。

2014 年 11 月，浙江省文物考古研究所启动了对 20 世纪 80 年代紧水滩水库建设考古发掘资料的系统整理工作。

2. 龙泉南区

（1）大窑片区

2006 年 9 月至 2007 年 1 月，浙江省文物考古研究所联合龙泉青瓷博物馆、北京大学考古文博学院对大窑枫洞岩窑址进行了考古发掘②。对生产作坊遗迹的大规模揭露，是本次发掘的重要成果（图 6 - 33）。整个陶瓷工艺流程中的各个环节，诸如烧成窑炉、堆料场地、成型车间、居住存货等遗迹，均有大规模的揭露。发掘共揭露房子 6 处，包括至少有 7 次叠压打破关系的龙窑 1 处（图 6 - 34），辘轳坑 2 处，素烧炉 1 处，储泥池 3 处，井 1 处，以及与房子配套的卵石铺的路面 11 处（图 6 - 35）、排水沟 14 条、石墙和匣钵墙体 23 处。本次发掘的枫洞岩窑址，其烧成年代主要为元、明时期。出土了数以吨计的瓷器（图 6 - 36，1），器类丰富，纹饰多样，为龙泉窑的分期研究提供了丰富的实物资料，特别是其中"永乐九年"（图 6 - 36，2）"永乐辛卯""乙卯中"及八思巴文等纪年文字和具有非常明确使用年代的标本的发现，对龙泉窑的断代研究具有重要的意义。

图 6 - 33　大窑枫洞岩窑址发掘区全景

---

① 浙江省文物考古研究所、云和县文物管理委员会：《云和县横山周窑址发掘简报》，《东方博物》第三十三辑，浙江大学出版社，2009 年。
② 沈岳明：《中国青瓷史上的最后一个亮点——大窑枫洞岩明代龙泉窑址考古新发现》，《紫禁城》2007 年第 5 期。浙江省文物考古研究所、北京大学考古文博学院、龙泉青瓷博物馆：《龙泉大窑枫洞岩窑址出土瓷器》，文物出版社，2009 年；《龙泉大窑枫洞岩窑址》，文物出版社，2015 年。

图 6 - 34　大窑枫洞岩窑址　　　　　　　　图 6 - 35　大窑枫洞岩窑址房址
龙窑窑炉遗迹

1　　　　　　　　　　2　　　　　　　　　　3

图 6 - 36　大窑枫洞岩窑址出土器物

1. 洪武时期刻花大墩碗　2. "永乐九年"纪年印模　3. 洪武时期"官"字款火照

一批制作工整、纹样精细、釉色滋润、器形庞大的瓷器，其精美程度是以往龙泉窑瓷器中少见的，特别是一些器形明显不是一般日用器的祭祀用器，在存世的类似实物中，主要见于两岸故宫和土耳其的托普卡比宫等具有高等级规格处，说明其性质不是民用产品，而是官用瓷器。在一些器物上刻有五爪龙、"官"字款（图 6 - 36，3）等，明确了其性质，也对文献中关于处州烧造宫廷用瓷的记载做了很好的诠释。

2012 年 6 月至 2013 年 8 月，浙江省文物考古研究所与龙泉青瓷博物馆联合对大窑片区内的各处窑址进行较为详细的专题调查，对窑址点进行坐标定位，并系统采集标本。通过对标本的整理研究，龙泉窑大窑片区窑业生产时代始于北宋末期，终于明代。选取部分窑址点——瓦窑坑（Y38）、亭后（Y34）、黄连坑（Y49）、山头埩（Y50 - 1）、楔后岗（Y61）、大门岗（Y62）进行了试掘，获得较为丰富的地层堆积，特别是瓦窑坑第 6 层出土"绍兴十三年"器物群（图 6 - 37），为了解龙泉窑南宋早期的生产面

图 6 - 37　瓦窑坑出土"绍兴十三年"纪年器

貌提供了宝贵资料。通过系统调查与局部试掘，对于大窑片区黑胎青瓷的生产面貌有了一定程度的了解。

图 6 - 38　溪口瓦窑垟窑址窑炉遗迹

（2）溪口片区

2010 年 11 月至 2011 年 9 月，浙江省文物考古研究所与龙泉青瓷博物馆联合对溪口窑址进行了专题调查。共调查窑址 12 处，其中大磨洞边、枫树湾口两处窑址已基本被毁，瓦窑垟、傀儡湾、夫人殿湾实际都有两处窑址。金罐地点有少量遗存但未找到窑业堆积和窑炉，推测可能是居住遗址。以上遗存中，仅于瓦窑垟的两处窑址和瓦窑垟对面的大磨洞边发现有黑胎青瓷残片。其余各处窑址除谷下坑一处窑址有南宋早期白胎青瓷出土外，都是元代遗存。元代遗存主要出土梅花盏、菊花盏、葫芦壶、带座"吉"字瓶、凸线印花双耳罐、鸟食罐等，各窑址器形基本相同。调查试掘表明，溪口一带的窑址多数为元代窑址，南宋时期窑址仅有 4 处，其中有 3 处窑址有白胎青瓷和黑胎青瓷出土。元代遗存中没有黑胎类型[1]。

2010 年 11 月至 2011 年 9 月，浙江省文物考古研究所、北京大学考古文博学院与龙泉青瓷博物馆联合对龙泉窑瓦窑垟遗址进行了考古发掘（图 6 - 38）。发掘面积近 800 平方米，揭露出窑炉遗迹 2 处、房址 1 处。其中一处窑炉存在 4 条窑炉的叠压打破关系，时代最早的窑炉内出土 2 件黑胎青瓷，较晚的两条窑炉为元代；另外一处窑炉仅发现南宋时期青瓷，出土少量黑胎青瓷残片。发现有支钉窑具。从出土的龙泉窑青瓷残片初步判断为南宋至元代产品，其中南宋时期的青瓷包含有厚胎薄釉白胎类型、薄胎厚釉白胎类型和薄胎厚釉黑胎类型，而元代青瓷为厚胎厚釉白胎类型[2]。

（3）金村片区

2013 年 9 月至 2014 年 4 月，浙江省文物考古研究所与龙泉青瓷博物馆联合对金村窑址（包括庆元上垟一带）进行了专题考古调查与勘探。调查窑址点 34 处，通过标本采集、整理并结合典型地层的试掘，可以确认龙泉窑金村片区的窑业生产时间始于北宋中晚期，终于元明时期。通过对后岙、大窑犇两处窑址的试掘，获得了较为理想的地层堆积，出土了大量的瓷片和窑具标本，初步建立起龙泉窑金村片区两宋时期的年代序列，大致可以分为六期，深化了以往的认识[3]。

2016 年 11 月至 2017 年 1 月，为配合"海上丝绸之路"申遗及考古遗址公园建设，浙江省文物考古研究所联合龙泉市文保所对金村码头遗址、高际头窑址、大窑碗厂窑址等地点进行了小规模主动性

① 徐军：《龙泉窑近年来考古调查和发掘成果简报》，《陶瓷考古通讯》2013 年第 2 期。
② 徐军：《龙泉窑近年来考古调查和发掘成果简报》，《陶瓷考古通讯》2013 年第 2 期。
③ 郑建明、谢西营：《浙江龙泉窑金村片区考古调查主要收获》，《陶瓷考古通讯》2014 年第 1 期。

考古发掘工作，发掘面积 400 平方米。揭露出规模较大的、布局较为清晰的由卵石及块石砌造的码头遗迹（图 6-39），呈上下五级结构，由南向北依次增高，取得重要收获①。

图 6-39　金村码头遗迹

（4）石隆片区

2014 年 5 月至 2014 年 8 月，浙江省文物考古研究所与龙泉青瓷博物馆联合对石隆片区窑址进行了专题调查与勘探。调查窑址点 13 处。通过调查与勘探，大致可以判定，石隆片区窑业生产时代始于北宋末期，一直延续到元明时期。试掘 Y10，清理出龙窑遗迹 2 处、作坊遗迹 2 处，并出土大量瓷片和窑具标本。调查试掘发现，石隆片区除生产传统龙泉窑产品外，还存在两种不同类型的黑胎青瓷的生产，并有类似传世哥窑器物存在。

（5）小梅镇瓦窑路窑址

2011 年 10 月，浙江省文物考古研究所对小梅镇小学后瓦窑路窑址进行了抢救性考古发掘（图 6-40），出土大量黑胎青瓷。瓷胎很薄，釉质严重玻化，釉层开片密集可谓"百圾碎"，釉色主

图 6-40　小梅镇瓦窑路窑址龙窑窑炉遗迹

要有灰青色、灰黄色。仅发现两件乳浊釉粉青釉瓷器，分别为罐盖和鸟食罐。主要器形有八角杯、八

---

① 谢西营、杨瑞生、周光贵：《浙江龙泉金村发现古代码头遗址》，《中国文物报》2017 年 8 月 25 日第 8 版；《浙江龙泉金村码头遗址》，《大众考古》2017 年第 9 期。

角盘、菱口盘、悬胆瓶、纸槌瓶、鬲式炉、鼓钉炉、碗、盏、杯、洗、碟、瓠、盒、唾盂、盖罐、鸟食罐等，器形小巧，制作工整。多数为圈足器，都在足端刮釉，无釉处烧成呈铁色。大圈足器使用瓷质垫饼，小圈足器使用泥质垫饼，匣钵有平底匣钵和凹底匣钵。

（6）竹口溪流域

2011 年 9 月至 12 月，浙江省文物考古研究所与庆元县文物管理委员会办公室联合对庆元县竹口镇潘里垄窑址进行了抢救性考古发掘。潘里垄窑址是浙江境内以烧黑釉瓷茶盏为主的窑址，本次发掘清理出龙窑遗迹 1 处，另出土大量窑具（"M"形匣钵、漏斗形匣钵、圆形垫饼、手捏垫柱、柱形垫圈等）及瓷片（黑釉瓷盏为主，另有少量擂钵、执壶、罐、青瓷器等）等。时代为南宋①。另外，据发掘人员介绍，潘里垄窑址还出土了极少量的龙泉窑风格的青釉莲瓣纹瓷碗。

2011 年 9 月至 2012 年 5 月、2014 年，浙江省文物考古研究所与庆元县文物管理委员会办公室联合对竹口溪流域窑址进行了专题调查。调查窑址点 12 处。该区域窑业面貌较为复杂，产品类型可分为青瓷、黑釉瓷和青花瓷三大类。窑业生产时代上起晚唐，下迄清代②。

2014 年 10 月 16 日至 11 月 17 日，为配合龙庆高速公路连接线项目建设，浙江省文物考古研究所与庆元文物管理委员会办公室联合对黄坛窑址进行了抢救性考古发掘（图 6-41）。清理出唐代残窑炉 1 座、灰坑 1 处，出土大量瓷片和窑具标本。时代为唐代晚期。黄坛窑址的考古发掘为该窑址与周边地区窑址对比研究提供了宝贵资料③。

图 6-41　黄坛窑址发掘区全景

---

① 刘建安：《2011 年浙江丽水庆元县潘里垄宋代窑址考古发掘》，《陶瓷考古通讯》2013 年第 1 期；《庆元县潘里垄宋代窑址出土茶器考论》，《东方博物》第四十八辑，浙江大学出版社，2013 年。

② 郑建明、吴文林、陈化诚：《浙江庆元地区古代制瓷业与庆元瓷文化——2013~2014 年调查收获》，《陶瓷考古通讯》2014 年第 2 期。

③ 沈岳明、谢西营、郑建明：《2014 浙江庆元唐代黄坛窑址考古发掘概况》，《陶瓷考古通讯》2015 年第 1 期。浙江省文物考古研究所、庆元县文物管理委员会办公室：《浙江省庆元县唐代黄坛窑址发掘简报》，《东方博物》第六十辑，中国书店，2016 年。

3. 其他地区

2018 年 12 月，为划定窑址保护范围，应遂昌县文管办邀请，浙江省文物考古研究所对遂昌县湖山窑址群进行了专题调查。共调查窑址点 4 处，窑业面貌属龙泉窑系，时代跨度较大，从南宋晚期一直延续至明初。

2019 年 3 月，应丽水市莲都区文保所邀请，浙江省文物考古研究所对莲都区保定窑址群进行了专题调查。共调查窑址点 12 处，时代主要是元明时期。

七　回顾与展望

截至目前，通过三次不可移动文物普查工作和对重点地区瓷窑址遗存的专题调查，我们对浙江地区唐宋以来瓷窑址的分布情况已经有了较为充分的认识。

由于考古工作的不平衡性，我们对于宁绍地区越窑、丽水地区龙泉窑窑业遗存已经进行了较为充分的、系统的考古发掘工作，对于这一区域内的窑业面貌、分期、时代特征、窑业技术等问题已经有了较为明确的认识。但是对金衢地区、杭嘉湖地区、温州地区、台州地区的考古工作较为零散且不成系统，尤其是台州地区尚未进行过考古发掘工作，对于这些地区的窑业面貌等方面的认识还相当薄弱，有待于我们今后的持续性与系统性考古工作。

综观浙江地区制瓷业，各地区窑业生产以青瓷为主要品种，从窑业技术来看，唐至北宋时期大都可归入越窑窑业技术系统，南宋至明代大都可归入龙泉窑窑业技术系统。在青瓷产品之外，各地区还结合当地资源与社会需求生产诸如黑釉、褐釉、褐色点彩、乳浊釉、青花瓷、青白瓷等产品。在以往的研究中，多数学者习惯于按照窑址所处地域对窑址进行性质划分，将浙江地区制瓷业简单地划分到越窑、婺州窑、瓯窑、德清窑、龙泉窑等具体窑口。然而，瓷窑址作为一类考古遗址，对其命名及性质判定应按照考古学文化的原则，而不能仅限于其地域，对其定性应该结合考古学文化的命名原则来进行，时间、空间及文化内涵都是对其进行考量的重要指标，文化因素分析方法应在其中发挥重要作用。

（执笔：谢西营、张馨月）

科技考古

  科技考古是考古学在现代科学技术发展背景下的产物，通过利用现代科技知识和分析手段，获取更多的考古遗址和遗存信息，结合考古学方法，探索人类社会组织、意识形态、技术经济、生态环境等发展的历史，是以地层学、类型学、年代学为支柱的传统考古学内涵的丰富和视野的拓展。浙江省文物考古工作者很早就意识到陶、石、木、骨等器具以外的动植物遗存的重要性。在 1958 年湖州钱山漾遗址和杭州水田畈遗址的考古发掘中，工作人员有目的地收集了多种植物种子，送浙江农学院农学系鉴定，发现了稻米、花生、蚕豆、菱、芝麻、桃、南酸枣、葫芦等植物种子；把钱山漾遗址出土的纤维类织物送浙江省纺织科学研究所鉴定，发现除麻织物外，还有丝线、绢片等蚕丝纺织遗存①。1959年在嘉兴马家浜遗址的发掘中收集了动物骨骼遗存，并做了初步鉴定②。尽管这些遗址出土的动植物遗存鉴定工作在后来再鉴定和再研究中也发现一些错误，但他们开创了浙江科技考古之先河，并对浙江考古发掘研究产生了很大的影响，田野考古中收集和研究动植物遗存成为浙江考古工作的一个特色。

  鉴于现代考古学的发展、自然科学在考古学中应用的重要性和文物科技保护的迫切性，浙江省文物考古研究所积极与国际考古学发展趋势接轨，在浙江省文化厅和省文物局的大力支持下，引进海外留学归国人员，于 2002 年 10 月率先在国内成立科技考古室，启动以动植物考古为中心的科技考古工作。研究室成立以后，在科技部、国家自然科学基金委员会、国家文物局、浙江省财政厅、浙江省文化厅和省文物局等部门的科研基金资助下，开展了植物遗存调查和研究，先后承担了"浙江省新石器时代木制器物材质特点的研究""早期栽培稻的系统特性研究""浙江史前稻作农耕遗迹的考古研究""田螺山遗址自然遗存的综合研究""浙江中部新石器时代早期遗址出土的稻谷遗存及其环境背景研究""长江下游稻作农业起源研究""动植物考古检测平台建设""良渚遗址群石器岩性鉴定和来源研究""良渚古城城墙铺垫石研究"等课题的研究工作。科技考古工作的开展，丰富了考古发掘工作的内涵，提高和加深了对考古遗存的认识，在稻作农业起源、史前稻作农业体系和发展、长江下游人地关系等研究领域取得一系列突破性的研究成果，为科学认识长江下游地区的文明发展进程提供丰富的实证材料。相关的研究成果发表在《Science》《PNAS》《Journal of Archaeological Science》《科学通报》和《考古》等国内外著名学术刊物上，引起了国内外学术界的关注，将浙江省科技考古工作提升到了一个新高度。为做强科技考古，进一步提升科技考古的水平，浙江省文物考古研究所抓住良渚古城申报世界文化遗产的机遇，与余杭区政府合作，于 2018 年 10 月在余杭区瓶窑镇建立了良渚遗址考古与保护中心，机构内设立了动物、植物、地质、遥感、有机质文物保护等实验室，招聘具有专业知识的

---

  ① 浙江省文物管理委员会：《浙江省吴兴钱山漾遗址第一、二次发掘报告》《杭州水田畈遗址发掘报告》，《考古学报》1960 年第2 期。

  ② 浙江省文物管理委员会：《浙江嘉兴马家浜新石器时代遗址的发掘》，《考古》1962 年第 7 期。

硕士研究生，以良渚文化遗址为重点，面向全省，开展科技考古和文物保护工作。目前，浙江省文物考古研究所科技考古室实验室（图7-1）已经拥有电子显微镜、生物显微镜、实体显微镜、偏光显微镜、激光共聚焦显微镜、X荧光分析仪、红外光谱分析仪、图像解析系统、真空冷冻干燥机等高端仪器设备，可以满足动植物遗存调查和研究、陶石器制作工艺和产地研究、卫星遥感和航片解析和地理信息系统分析、建筑材料工艺分析、有机质文物保护等工作的需要。

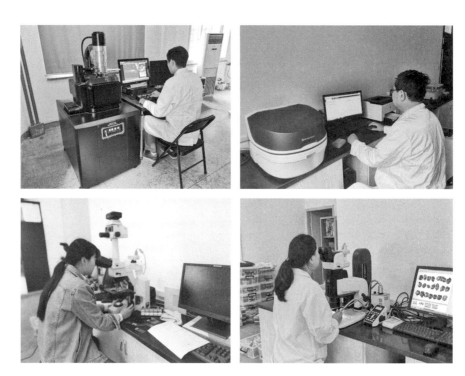

图7-1   浙江省文物考古研究所科技考古室实验室

为了追踪国际现代考古学研究前沿，弥补浙江省科技考古的短板，浙江省文物考古研究所积极开展国际、国内合作研究，先后与美国、英国、加拿大、澳大利亚、日本、韩国等国家的高等院校、科研机构开展了河姆渡遗址水田遗迹探查、新石器时代植物遗存研究、稻作农业起源研究、上山文化研究、良渚文明综合研究、稻作文明研究、家畜（禽）起源和驯化研究、史前环境研究、纺织工具研究、浙江越窑青瓷和龙泉青瓷成分分析等课题的合作研究工作；与中国科学院、中国社会科学院考古研究所、北京大学、浙江大学、复旦大学、南京大学、中国科技与技术大学、华东师范大学等国内科研机构、高等院校开展了农业起源和人地关系、田螺山遗址自然遗存综合研究、动植物碳氮稳定同位素分析、古代水利工程和水文分析、玉石器的石材来源等课题研究。国际国内的合作研究进一步提升了浙江省科技考古水平，扩大了浙江考古在国内外的影响力，促进了浙江省科技考古事业发展。

回顾浙江省文物考古研究所科技考古工作发展的四十年历程，可以分为重视科技考古寻求技术合作、主动介入寻求突破口和扩大国际国内合作提升水平等发展阶段。经过四十年的努力和积累，浙江省科技考古工作已经取得了丰硕成果，进入了全国前列，并在国际上产生了一定影响。

动物考古

浙江地区较为系统的动物考古工作是以 1973 年余姚河姆渡遗址发掘为开端的。遗址发掘过程中出土了大量的动物骨骼遗存，引起了考古发掘人员的重视。收集的动物遗存交由同属浙江博物馆的自然组（浙江自然博物馆前身）和中科院古脊椎动物与古人类研究所的专业人员鉴定和研究，鉴定出 61 种动物，并根据出土动物遗存的形态和生态习性，对家畜饲养和狩猎、捕捞、古环境、古气候等问题进行了研究，认为河姆渡文化时期先民既驯养猪、狗等动物，也狩猎或捕捞丘陵、湖沼、滨海河口等地方的野生动物；当时遗址周围的地形应是平原湖沼地带，接近海滩；气候温热湿润，雨量充沛，气温应比现在稍高，大致接近于现在我国华南的广东、广西南部和云南等地区的气候。综合 1973～1974 年和 1977～1978 年河姆渡遗址两次考古发掘出土动物遗存的鉴定和研究成果，于 1989 年出版了《浙江余姚河姆渡新石器时代遗址动物群》[1]，这是新中国成立以后我国新石器时代动物考古最全面、系统的研究专著，成为从事动物考古工作者的必读之书。

1979 年浙江省文物考古所成立后，考古工作者在田野考古发掘工作中重视收集遗址中的动物遗存，由于当时没有动物考古专业人员，仍然依托浙江自然博物馆和上海自然博物馆等单位的专业技术力量进行鉴定和研究。如 1980 年，浙江自然博物馆研究人员通过桐乡罗家角遗址中出土的动物遗存，鉴定出狗、猪、野猪、水牛、貉、亚洲象、梅花鹿、麋鹿、獐、鲸鱼共 10 种哺乳类动物，乌龟、中华鳖、鼋、扬子鳄共 4 种爬行类动物，鲤、鳢、青鱼、鲫共 4 种鱼类，以及鸟类大雁和软体类蚌壳，并根据遗址的动物种群的生态习性和年龄构成，对遗址周围自然环境、先民的居住生活方式以及古气候等方面进行了探讨，首次提出遗址中一些动物种群的绝迹，除了气候冷暖变化外，人类活动领域的扩大，改变了生态环境，也是一些动物绝迹不可忽视的原因[2]。

进入 21 世纪，浙江省考古工作有了重大进展，相继发现和发掘了一些重要的大型遗址，如萧山跨湖桥和余姚田螺山、井头山、良渚古城等遗址，出土了数量较多的动物遗存（图 7－2）。随着科技考古力量的崛起和壮大，鉴定和研究工作主要由国内高校和考古专业研究机构合作承担，如中国社会科学院考古研究所完成萧山跨湖桥遗址出土的动物遗存的鉴定，北京大学考古文博学院承担了田螺山遗址出土动物遗存的鉴定与研究。

鉴于浙江省考古遗址大部分处于平原低湿地带，地下水位高，埋藏在地下厌氧环境的有机质遗存得到了较好的保存，出土动物遗存的数量越来越多，动物遗存的鉴定和研究在我省考古工作中的重要性和紧迫性凸显，2016 年，浙江省文物考古研究所招聘了动物考古方向的研究生，以良渚古城遗址考

① 魏丰、吴维棠、张明华、韩德芬：《浙江余姚河姆渡新石器时代遗址动物群》，海洋出版社，1989 年。
② 张明华：《罗家角遗址的动物群》，《浙江省文物考古所学刊》，文物出版社，1981 年。

图7-2　余姚田螺山遗址出土动物遗骸

古为重点，依托良渚遗址考古与保护中心的动物考古实验室，开展动物考古工作。由于专业人员和田野考古工作的紧密结合，获取和鉴定出的良渚文化时期的动物种群数量增加，种属鉴定精度明显提高，并开展更为全面的系统研究，弥补了长期以来良渚文化遗址动物考古的力度不够等问题（表一）。

家畜（禽）的饲养和驯化以及驯养动物在先民生计的地位研究是浙江动物考古的重要内容之一，是动物遗骸种群鉴定基础工作的深化，在认识先民生业形态和社会文明发展进程等方面是不可或缺的。20世纪，我省动物考古一直沿用传统方法，从解剖学与形态学方面根据现生家养动物骨骼与野生种的形态差异、测量数据、牙齿萌出和磨耗状况以及下颌联合部长度等指标来判断动物的生长阶段、死亡年龄以及出土动物是驯养还是野生等一系列问题。如河姆渡[1]、罗家角[2]、跨湖桥[3]、田螺山[4]等遗址出土的猪骨骼中，以少年

和成年个体占优势，由此推测距今8000年前以来，长江下游地区先民一直有驯养家猪的传统。同样，出土水牛遗骸也主要通过头骨及角心的形态特征和死亡年龄来判断是野生还是家养。如罗家角遗址出土的水牛骨骼不同于现代普通水牛，归入圣水牛的相似种，其中少年和青年个体约占64%，成年个体约占36%，推测可能是家养水牛[5]。最近对跨湖桥、河姆渡、罗家角遗址出土的水牛骨骼和屠宰模式进行再研究，认为距今7000年前的种群不同于现代家养水牛，属于野生圣水牛，与上述观点不同[6]。关于水牛的驯养问题，目前还存在很多争论，问题的解决有待于研究方法的新突破。伴随动物考古工作的展开和数据积累，已经大体能够勾勒出浙江省史前家畜饲养业发展的历史。从跨湖桥遗址出土动物遗存的统计数据看，距今8200～7300年的早中期地层中出土的狗、家猪等家养动物约占哺乳类动物总数的29%，野生动物占71%；距今7200～7000年的晚期地层中，家养动物约占23%，野生动物约占77%；说明距今7000年以前浙江先民食用的肉类资源始终是野生动物占优势[7]。2010年发掘的美人地遗址和2015年发掘的钟家港遗址出土的动物遗存中，猪骨比例分别为77%和80%，压倒多数，表

[1]　浙江省文物考古研究所：《河姆渡——新石器时代遗址考古发掘报告》，文物出版社，2003年。
[2]　张明华：《罗家角遗址的动物群》，《浙江省文物考古所学刊》，文物出版社，1981年。
[3]　浙江省文物考古研究所：《跨湖桥》，文物出版社，2004年。
[4]　张颖：《田螺山遗址2004年出土哺乳动物遗存的初步分析》，《田螺山遗址自然遗存综合研究》，文物出版社，2011年。
[5]　张明华：《罗家角遗址的动物群》，《浙江省文物考古所学刊》，文物出版社，1981年。
[6]　刘莉、陈星灿、蒋乐平：《跨湖桥遗址的水牛遗存分析》，《跨湖桥》，文物出版社，2004年。
[7]　浙江省文物考古研究所：《跨湖桥》，文物出版社，2004年。

明良渚文化时期家畜饲养业较以前有了很大发展①。

现代科学技术进步带来了考古学的发展，判断家养动物的标准更加多样化，不仅仅依靠形态学，还要参照数量比例构成、性别年龄鉴定、病理学观察、稳定同位素和 DNA 检测等新的方法和技术手段。为了厘清浙江史前动物家养和驯化问题，浙江省文物考古研究所采取与国内高校和科研机构合作方式，开展动物遗骸的稳定碳氮同位素分析和 DNA 分析等工作，对田螺山和良渚文化遗址出土的牛、猪等哺乳类动物和人的骨骼取样分析，取得了一些成果和认识，加深了对遗址出土动物遗骸的文化属性认识。例如美人地遗址和下家山遗址出土的猪骨和狗骨与人骨的碳氮同位素值很接近，说明它们是与当时人类消费同样食物的家猪和家狗②。最近在良渚古城内钟家港遗址出土人骨的碳氮稳定同位素分析中发现了以食用粟、黍等 C4 植物为主的少量个体，提出了良渚时期社会文化交流的新思考。最近几年与中国科学院古脊椎动物与古人类研究所开展了良渚古城遗址人类 DNA 的合作研究，检测分析也取得很重要的进展，目前已将合作研究的范围拓展到整个浙江新石器时代。除哺乳类，浙江的动物考古也开始思考禽类、鱼类等动物的养殖起源问题。

据不完全统计，浙江省考古遗址中发现动物遗存并进行种属鉴定的遗址有近 30 处，做过比较系统动物考古学的遗址有建德齐平洞、萧山跨湖桥、桐乡罗家角、余姚河姆渡、余姚田螺山、海盐仙坛庙、余杭下家山、余杭美人地、余杭钟家港、平湖庄桥坟、余杭吉如、湖州凡石桥等 12 处遗址。经过四十年的发展，浙江动物考古已经进入一个新时期，呈现出新时代的特点：取样系统化，从早年的手选，逐步变成手选与淘洗相结合，保证动物遗存最大限度地被收集起来，如余姚田螺山遗址、良渚古城遗址，在发掘中专门制作淘洗装置对文化层土样进行了全面的水洗，不仅获取了细小的文化遗存，也收获了大量的动植物遗存；研究领域更广，不仅开展动物种属鉴定、先民生计模式、动物家养等研究，也开展骨、角、牙制品的用材特点和加工工艺研究；研究方法综合化，采用解剖学、形态学、数量统计、性别和年龄鉴定、微痕观察、病理学、稳定同位素、古 DNA 等多学科研究手段，深化了浙江省的动物考古工作；调查和研究涵盖浙江考古的全时段，不再局限于新石器时代的遗址，旧石器时代和历史时期考古遗址也纳入到动物考古视野，如最近的建德齐平洞旧石器时代遗址和湖州凡石桥宋代遗址的动物考古也取得了不少收获；动物考古专业化，建成动物考古实验室开展动物考古同时，加强动物标本库和数据库建设；国际交流日益频繁，先后与日本、美国、英国、西班牙等国学者开展合作研究。

---

① 松井章、菊地大树、松崎哲也、江田真毅、丸山真史、刘斌等：《良渚遗址群美人地遗址出土的动物群》；宋姝：《良渚文化遗址出土动物遗存的阶段性总结》，《良渚古城综合研究报告》，文物出版社，2019 年。
② 松井章、菊地大樹：《中国新石器時代における家畜．家禽の起源と東アジアの拡散の動物考古学的研究》，日本文部省科学研究補助金研究成果報告書，2016 年。

表一　浙江省新石器时代出土的主要动物种类

动物种类	文化类型	跨湖桥	河姆渡	马家浜	崧泽	良渚
哺乳类	红面猴		▲			
	猕猴		▲			▲
	野猪	▲	▲	▲		▲
	家猪	▲	▲	▲	▲	▲
	水牛	▲	▲	▲	▲	▲
	青羊		▲			
	苏门羚	▲	▲			
	梅花鹿	▲	▲	▲		▲
	水鹿		▲			▲
	麋鹿		▲	▲	▲	▲
	赤鹿		▲			
	大角鹿		▲			
	麂					▲
	黄麂		▲			
	小型鹿科	▲	▲			
	獐		▲	▲	▲	▲
	犀牛	▲	▲			
	亚洲象		▲	▲		
	狗	▲	▲	▲	▲	▲
	豺		▲			
	虎	▲	▲			▲
	豹		▲			
	黑熊		▲			
	貉	▲	▲	▲	▲	
	青鼬	▲	▲			
	黄鼬		▲			
	猪獾		▲			
	獾	▲	▲			
	水獭		▲			▲
	江獭		▲			
	大灵猫		▲			
	小灵猫		▲			
	豹猫	▲	▲			
	花面狸		▲			
	食蟹獴		▲			
	黑鼠		▲			
	鼠	▲	▲		▲	▲
	豪猪		▲		▲	
	穿山甲		▲			
	鲸鱼		▲	▲		
	海豚	▲				

表一　浙江省新石器时代出土的主要动物种类

动物种类 / 文化类型		跨湖桥	河姆渡	马家浜	崧泽	良渚
鸟类	雉		▲			▲
	鹈鹕		▲			
	鸬鹚		▲			
	鹭科		▲			
	鹤科		▲			
	灰鹤	▲				
	丹顶鹤	▲				
	天鹅	▲				
	野鸭		▲			▲
	鸭科	▲	▲			
	雁科	▲	▲	▲		▲
	秧鸡		▲			
	鸦科		▲			
	鹰科	▲	▲			▲
	雕科	▲				
	鸻科	▲				
	海鸥		▲			
	潜鸟		▲			
	鹳科		▲			
	鸊鹈		▲			
爬行类	扬子鳄	▲	▲	▲		
	中华鳄相似种		▲			
	乌龟	▲	▲	▲	▲	
	中华草龟					▲
	黄缘闭壳龟		▲			
	海龟科		▲			
	陆龟科		▲			
	中华鳖		▲	▲		▲
	鼋			▲		
	黄斑巨鳖					▲
鱼类	鲟		▲			
	鲤	▲	▲	▲	▲	▲
	鲫		▲	▲	▲	
	鳙		▲			
	鲇		▲			
	草鱼					▲
	青鱼			▲		
	鲶鱼		▲		▲	▲
	黄颡鱼		▲		▲	▲
	乌鳢	▲	▲	▲	▲	▲
	灰裸顶鲷		▲			
	鲻鱼		▲			▲
	鲨鱼		▲			▲

续表一

动物种类	文化类型	跨湖桥	河姆渡	马家浜	崧泽	良渚
软体类	无齿蚌		▲	▲		▲
	田螺					▲
	方形环棱螺		▲			▲
	似梨形环棱螺					▲
	牡蛎					▲
	帆蚌					▲
	尖脊蚌					▲
	扭蚌					▲
	鱼尾楔蚌					▲
	矛蚌					▲
	背瘤丽蚌					▲
	河蚬					▲
	文蛤					▲
	青蛤					▲
	圆顶珠蚌					▲
节肢动物	蟹	▲	▲			

资料来源：浙江省文物考古研究所：《跨湖桥》，文物出版社，2004 年；《河姆渡——新石器时代遗址考古发掘报告》，文物出版社，
　　2003 年；《南河浜——崧泽文化遗址发掘报告》，文物出版社，2005 年；《卞家山》，文物出版社，2014 年；《良渚古城综合
　　研究报告》，文物出版社，2019 年。北京大学中国考古学研究中心、浙江省文物考古研究所：《田螺山遗址自然遗存综合研
　　究》，文物出版社，2011 年。张明华：《罗家角遗址的动物群》，《浙江省文物考古所学刊》，文物出版社，1981 年。浙江省
　　文物管理委员会：《浙江嘉兴马家浜新石器时代遗址的发掘》，《考古》1962 年第 7 期。松井章、菊地大樹：《中国新石器时
　　代における家畜．家禽の起源と東アジアの拡散の動物考古学的研究》，日本文部省科学研究補助金研究成果報告書，2016
　　年。余杭新桥、余杭钟家港、余杭吉如、海盐仙坛庙、平湖庄桥坟等遗址动物遗存报告，尚未发表。

植物考古

河姆渡遗址发掘也是浙江省系统植物考古工作的开端。考古发掘人员在遗址发掘过程中采集了肉眼可分辨的植物种子、树叶等遗存送中国科学院植物研究所、浙江农业大学农学院等专业机构鉴定，鉴定出赤皮稠、栎、苦槠、天仙果、细叶香桂、山鸡椒、江浙钓樟、溲疏、葫芦、橡子、南酸枣、稻米等 10 余种植物遗存[1]。特别是遗址第四层出土的稻谷和稻米遗存，送浙江农业大学农学院游修龄教授鉴定和研究后，认为属于栽培稻籼亚种的中晚稻型的水稻（*Oryza sativa* L. subs *hsien* Ting），早于印度，是世界上最早的栽培稻，长江流域是世界稻作的起源地，与黄河流域同为中国古代文化的摇篮[2]。该研究成果获 1980 年浙江省科学大会二等奖。1979～1980 年在桐乡罗家角遗址第三、四层中发现了稻米、葫芦、芦苇等植物遗存，其中炭化稻谷（米）有数百粒，由云南省农业科学院周季维研究员从炭化稻米形状角度进行了鉴定，拟属籼稻数量较多，占可鉴定数量的 65%～75%，拟属粳稻数量较少，约占 25%～35%。综合炭化稻米、孢粉分析、陶片中稻谷掺合料等分析数据，考古研究人员认为稻谷生产已经是当时农业生产的主要部门[3]。

植物的茎、叶、花、果实等器官容易腐烂不易保存，而植物种子大多数颗粒较小，在发掘过程中不容易被发掘人员发现，因此，相对于动物考古而言，浙江植物考古工作发展较为迟缓。在河姆渡、罗家角两个遗址发掘以后的很长一段时间里，考古发掘人员主要通过肉眼辨识方法提取植物遗存，然后送交专业机构鉴定和研究，总的来说发现和鉴定植物遗存的种类和数量不是很多。在研究方面，除了水稻遗存，其他遗存仅停留在植物种属鉴定，在生业形态研究和认识上还十分有限。21 世纪初，浙江省文物考古研究所设立科技考古室，建立实验室，购置设备，采用浮选法和植硅体分析法开展系统植物考古工作，先后对萧山跨湖桥、余杭卞家山、余姚田螺山、平湖庄桥坟、诸暨尖山湾、桐乡姚家山、海盐仙坛庙、湖州毘山、湖州庙头角、浦江上山、嵊州小黄山、余杭茅山、余杭玉架山、永康湖西、长兴江家山、海宁小兜里、海宁瑞士桥、嘉兴马家浜、安吉安乐、义乌桥头、余杭张家墩、龙游荷花山、金华山下周、余杭良渚遗址群的莫角山、卞家山、美人地、钟家港、德清中初鸣、江山山崖尾、缙云陇东、温州屿儿山、绍兴香山大墓、桐乡三元里等数十个遗址进行了植物遗存调查，获取了大量的植物遗存（图 7－3）。由于专业人员参与到田野考古发掘中，植物考古的内容更加丰富，视野更加宽广，不仅植物种子，树木遗存等也纳入调查研究内容，在先民的食物结构、生业形态、作物栽培起源、生态环境、人的行为、文化交流等多方面获取了许多信息。

---

① 浙江省文物考古研究所：《河姆渡——新石器时代遗址考古发掘报告》，文物出版社，2003 年。

② 游修龄：《对河姆渡遗址第四文化层出土稻谷和骨耜的几点看法》，《文物》1976 年第 8 期；《从河姆渡遗址出土稻谷试论我国栽培稻的起源、分化与传播》，《作物学报》1979 年第 5 卷第 3 期。

③ 罗家角考古队：《桐乡罗家角遗址发掘报告》，《浙江省文物考古所学刊》，文物出版社，1981 年。

图 7 - 3　田螺山和卞家山遗址出土植物种子

　　2002 年萧山跨湖桥遗址第三次发掘是浙江省文物考古研究所第一次主动开展植物考古工作。通过土样浮选出稻（谷）米、桃核、梅核、杏核、橡子（麻栎、栓皮栎、白栎）、南酸枣、菱角（乌菱和四角菱）、芡实、豆科、葫芦科、山茶科、蓼科等多种植物种子和果实，提供了先民生业形态和环境等方面信息[①]。遗址中发现的稻谷、稻米、稻谷壳等稻谷遗存的研究显示，稻谷形态特征明显不同于现代野生稻，是人类驯化后的栽培稻；遗址土壤中的大量水稻植硅体形状表现为厚大类型，接近来自于现代栽培粳稻的硅酸体。研究结果揭示了长江下游地区在距今 8000 年以前已经开始利用或驯化水稻了，是水稻粳亚种最早的起源地，把该地区的稻作栽培历史上溯近千年[②]。另外，遗址中出土的大量树木遗存也引起了植物考古专业人员的重视，并从组织结构等方面进行初步鉴定，发现了松、柏、杉、樟、栎、青冈、核桃、榉、糙叶树、朴、榆、桃等种属，这是浙江考古首次对树木遗存进行组织鉴定，也是全国最早开展的树木遗存考古学研究案例之一[③]。在 2004 年中日合作对跨湖桥遗址出土木器进行材质鉴定的工作过程中，发现一件桑树边材制作的表面涂有漆涂层的木弓，这是目前发现的世界上最早的漆器之一，比河姆渡遗址的漆木碗年代整整早了 1000 多年[④]。植物考古工作的开展丰富了跨湖桥文化的内涵。

　　2004 年开始发掘的田螺山遗址出土了丰富的植物遗存，引起国内外考古学界的关注。浙江省文物考古研究所先后与北京大学、英国伦敦大学学院、日本金泽大学等合作，开展了大规模的田螺山遗址植物遗存调查，围绕植物种子、树木遗存（建筑构件、木器等）等进行了综合研究，解决了河姆渡文

①　浙江省文物考古研究所：《跨湖桥》，文物出版社，2004 年。
②　郑云飞、蒋乐平、郑建明：《浙江跨湖桥遗址的古稻遗存研究》，《中国水稻科学》2006 年第 2 期。
③　浙江省文物考古研究所：《跨湖桥》，文物出版社，2004 年。
④　蒋乐平：《跨湖桥文化研究》，科学出版社，2008 年。

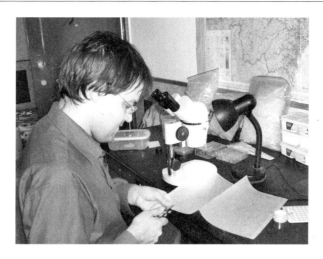

图 7 - 4 英国伦敦大学学院 Dorian Q Fuller 教授在田螺山工地

化研究中有争议的一些问题，增加了对河姆渡文化时期社会、经济、技术等方面的认识（图 7 - 4）。发掘工作开始后，植物考古业务人员就进入发掘现场，开展植物种子浮选、树木遗存鉴定等植物遗存调查研究工作，在 2006~2007 年的两次发掘中扩大调查规模，对遗址进行了系统采样，采用浮选和手工拣选等方法，获取了大量的植物果实和种子遗存，鉴定出 50 个种属，既有陆地植物，又有水生、湿地植物，极大丰富了河姆渡文化时期的植物种类①。植物遗存调查和研究结果揭示了田螺山遗址的先民在食用稻米的同时，也食用坚果、菱角和芡实，表明他们既栽培水稻，也利用野生资源，是采集者，也是栽培者。从植物遗存统计数据的年代变化看，采集野生植物和捕猎动物与稻米生产存在着相关性，采集和捕捞动物的数量随稻米产量增减而波动，反映了稻米生产在河姆渡文化时期的重要性②。在田螺山遗址的植物考古中，树木遗存种属鉴定和研究也取得了丰富成果，迄今已经对遗址出土 1600 余件木构件、近 500 件木器进行了材质鉴定，发现了 40 余种属树木遗存。从树木遗存的种属构成看，落叶阔叶树最多，占 60% 以上，常绿阔叶树次之，占 30% 左右，常绿针叶树很少，在 10% 以下，反映出田螺山遗址周围的古森林植被为落叶和常绿阔叶混交林。与居住址的建筑木材比较，田螺山遗址制作木器的木材种类数量明显要少，且表现出根据工具功能需求采用不同木材的强烈选择性，例如蝶形器、木桨、木铲采用桑木，取其质轻，有韧性；锛、斧柄采用青冈木、柜木等，取其强度大，有弹性；雕刻镂空木器采用樟木，取其易雕琢；织机部件采用柏木，取其不易扭曲变形。研究结果揭示距今 7000 年前先民在木材利用方面的聪明才智③。在 2004 年中日合作开展的树木遗存研究中，在田螺山遗址出土的树木遗存中发现山茶科山茶属的植物，根据出土情况认为可能是人工栽培的茶树，引起国内外的

---

① 傅稻镰（Dorian Q Fuller）、秦岭、赵志军、郑云飞等：《田螺山遗址的植物考古分析》，《田螺山遗址自然遗存综合研究》，文物出版社，2011 年。

② 郑云飞、陈旭高、孙国平：《田螺山遗址出土植物种子反映的食物生产活动》，《田螺山遗址自然遗存综合研究》，文物出版社，2011 年。

③ 铃木三男、郑云飞、能城修一等：《浙江省田螺山遗址出土木材的树种鉴定》，《田螺山遗址自然遗存综合研究》，文物出版社，2011 年。

关注①。2011 年浙江省文物考古研究所与余姚市茶文化研究会、中国农科院茶叶研究所、日本金泽大学等单位合作，进行了山茶属植物的再研究，再次在遗址中发现人工栽培的山茶属树茬，通过组织构造观察鉴定、茶树特征性化合物——茶氨酸含量等综合鉴定结果，认定这些树茬属于山茶科山茶属茶种的植物遗存，这是目前知道的世界上最早人工栽培的茶树②。

近年来，良渚文化植物遗存调查和研究工作取得长足的进步，提供了构建良渚文化生业形态的考古实证材料。在良渚遗址群中有卞家山、美人地、钟家港等遗址进行系统的植物遗存调查，获取 33 科 60 余种植物种子。调查和研究显示，良渚文化的稻作农业体系已经相当成熟，稻米生产规模大，产量高，稻米颗粒饱满，是先民食物的主要来源；葫芦、甜瓜、桃、梅、杏、柿、李、菱角、芡实等瓜果种类繁多，表现出种植业的多样性；采集野葡萄、南酸枣以及蔷薇科植物的果实，作为食物的补充；至迟在良渚晚期已经基本形成了南方稻作农耕文化种植结构的传统特色。2011 年在良渚遗址群莫角山土台边坡以东清理了一个大型灰坑（H11），坑内第一层和第三层灰黑色填土中浮选出大量炭化稻谷遗存，并可见少量的穗柄、草绳和木炭

图 7 – 5　莫角山东坡出土植物遗存

（图 7 – 5），并混杂一些红烧土。钻探结果显示其分布范围约有 900 平方米。定量统计分析结果显示每升土壤中炭化稻谷密度多达 3778 粒，由此计算出总埋藏稻谷数量约 8.16 亿粒，按千粒重 15 克计算，估算埋藏炭化稻谷重量约 12240 千克③。2017 年在莫角山附近的池中寺遗址又发现了更大的粮食储存设施遗迹，估算稻谷埋藏量达 20 万千克④。莫角山等遗址粮仓遗迹的发现，不仅反映了良渚文化时期农业生产能力的提高，粮食产量的增加，为良渚文化时期深刻的社会分工打下了坚实的物质基础，同时也映射出良渚政治权力中心对周围地区的统治力。

水稻以外新石器时代农作物的发现是浙江省文物考古研究所近几年植物考古工作的新突破。2018 年在对湖州钱山漾、江山山崖尾、缙云陇东、温州岠儿山等遗址的植物遗存调查中，发现了粟、黍等旱地作物，这是我省首次明确发现史前旱地作物，为研究新石器时代晚期南北之间文化交流、浙江史前文化地域性以及文化发展传承等方面提供了植物考古资料⑤。

① 铃木三男、郑云飞、能城修一等：《浙江省田螺山出土木材的树种鉴定》，《田螺山遗址自然遗存综合研究》，文物出版社，2011 年。
② 程启坤：《对田螺山遗址中发现六千年前人为种植的茶树根的认识》，《中国茶叶》2016 年第 2 期。
③ 郑云飞：《良渚文化时期的社会生业形态与稻作农业》，《南方文物》2018 年第 1 期。
④ 浙江省文物考古研究所：《良渚古城综合研究报告》，文物出版社，2019 年。
⑤ 浙江省文物考古研究所调查资料。

　　植物考古调查工作为深入研究人与植物关系奠定了基础。浙江省文物考古研究所利用现代科技知识和手段在史前栽培植物鉴定和栽培化过程等研究方面取得了突破，获得一些有影响的成果。桃、梅、杏、李、葫芦、甜瓜是浙江新石器时代遗址中常见的植物种子，从距今 8000 年前的跨湖桥文化遗址到距今 3700 年前的马桥文化遗址中均有发现，过去对它们的文化属性没有深入研究，一般认为是先民从自然界采集的野生食用瓜果。科技考古人员根据种子与果实大小的相关关系，从遗址出土的植物种子大小、形态、果皮厚薄、表皮组织细胞形态等角度，研究植物遗存生物性状的历史演变，探讨禾谷类以外作物的栽培起源和驯化历程。研究揭示了地处长江下游的浙江地区是甜瓜①、葫芦②、桃子③等瓜类的最早栽培起源地之一，经历了管理、栽培、技术水平提高的栽培化历程，在果实形状上表现出果形由小增大、食味上由淡变甜。到了新石器时代晚期，由于栽培技术的进步，瓜果类作物的产量和质量都有了明显的提高。瓜果类作物的起源和栽培化过程的研究也为植物进化研究领域提供了考古实证材料和思路，如从甜瓜种子遗存表皮细胞看，早期接近现代菜瓜，先民通过对食味的选择，培育出甜瓜种；从桃核遗存表面的雕文看，栽培桃树的祖先是毛桃，而不是过去一直认为的山桃，提出了桃树栽培起源的新观点。近几年来田螺山遗址的菱角遗存形态研究也有了新进展，出土的菱角不同于野生菱角，表现出明显的人工管理或干扰环境中生长的栽培性状，并且随时代变化人工干预强度增加，栽培性状表现愈加明显④。

　　植物遗存深入研究的成果，打破了长期以来植物考古只关注禾谷类栽培植物、主观地把其他植物遗存归于采集自然界植物的局面，开辟了植物考古新的研究领域，丰富了人们对史前社会经济的认识。

---

① 郑云飞、陈旭高：《甜瓜起源的考古学研究》，《浙江省文物考古研究所学刊》第八辑，科学出版社，2006 年。

② Fuller, Q. D., Hosoya, L. A, Zheng, Y. F., Qing, L. Contribution to the Prehistory of Domesticated Bottle Gourds in Asia: Rind Measurements from Jomon Japan and Neolithic Zhejiang, China. *Economic Botany*, 2010, 64: 260 – 265.

③ Zheng, Y. F., Crowford, G. A., Chen X. G. Archaeological evidence for peach (*Prunus persica*) cultivation and domestication in China. *Plos One*, 2014, 9 (9): e106595.

④ Guo, Y., Wu, R. B., Sun, G. P., Zheng, Y. F. et al. Neolithic cultivation of water chestnuts (*Trapa L.*) at Tianluoshan (7000 – 6300 cal BP), Zhejiang Province, China. *Scientific Reports*, 7: 16206.

稻作农业起源研究和农耕遗址发掘

　　1973 年河姆渡遗址发掘出土的大量稻谷遗存证明中国是稻作的起源地，与黄河流域一样同为中华文明的发祥地，但在发掘后的很长一段时间，国内外学术界还是存在着各种各样的疑问或质疑，希望能够在稻作起源方面提供更多的考古学证据。浙江省文物考古研究所充分发挥植物考古工作开展早、所藏植物遗存丰富、具有专业人员等优势，把稻作起源研究作为单位研究工作的重点。2007 年研究人员以稻谷小穗轴基盘形态观察为切入点，对距今 8000~7000 年的稻谷落粒性进行了研究，结果显示在出土遗存中既有落粒性强的野生稻类型，也有落粒性明显减弱的栽培类型，它们的比例伴随时代此消彼长，反映出早期栽培稻的原始性和驯化历程的渐进型；根据不同时期两种小穗轴的比例关系，从进化速率角度推测浙江地区的稻作起源可能在距今 10000 年以前①。2009 年中英两国合作开展田螺山稻谷遗存研究，再次确认地处长江下游的浙江地区在距今 7000 年以前已经开始栽培，是稻作起源地。研究成果发表在美国《Science》杂志上，引起了国内外学术界的高度关注②。2006 年浙江浦江发现了新石器时代早期的上山遗址，在出土的陶器陶土中发现大量的稻谷壳掺合料，科技考古人员通过剥离后发现了野生型和栽培型的两种小穗轴，把浙江地区的水稻栽培历史追溯到距今 10000 年前③。植硅体形态分析结果同样支持上山文化栽培水稻的认识④。上山文化的遗址多位于浙江中部的丘陵地带，地势高燥，土壤干湿交替频繁，淋溶作用强烈，大部分遗址动植物等有机质遗存保存状况不佳，限制了上山文化稻作起源研究的深入。2008 年湖西遗址的试掘带来研究的转机，在 ST3 地点发现厌氧环境的地层，在一些灰坑和地层中，不仅检出大量的水稻植硅体，而且浮选出炭化米和数量较多的小穗轴，通过对小穗轴形态和组织的观察和研究，再次证实上山文化的水稻属于栽培稻，而不是野生稻⑤。最近在仙居下汤遗址的植物遗存调查中，从灰坑中首次发现数量较多的上山文化时期的炭化米（谷），夯实了上山文化稻作栽培起源的证据。

　　稻作农耕遗迹是稻作起源研究的重要内容。稻田是稻作生产主要对象，是水稻栽培最有力的证据，包含丰富的信息，能全面反映稻作生产的状况。1995 年经国家文物局批准，浙江省文物考古研究所、

---

① Zheng, Y. F., Sun G. P., Chen, X. G. Characteristics of the short rachillae of rice from archaeological sites dating to 7000 years ago. *Chinese Science Bulletin*, 2007, 52 (12)：1654–1660.

② Fuller, D. Q., Qin, L., Zheng, Y. F., et al. The Domestication Process and Domestication Rate in Rice：Spikelet Bases from the Lower Yangtze. *Science*, 2009, 323：1607–1610.

③ 郑云飞、蒋乐平：《上山遗址出土的古稻遗存及其意义》，《考古》2007 年第 9 期。

④ 郇秀佳、李泉、马志坤、蒋乐平：《浙江浦江上山遗址水稻扇形植硅体所反映的水稻驯化过程》，《第四纪研究》2014 年第 1 期。Wu, Y., Jiang L. P., Zheng, Y. F., et al. Morphological trend analysis of rice phytolith during the early Neolithic in the Lower Yangtze. *Journal of Archaeological Science*, 49 (2014)：326e331.

⑤ Zheng, Y. F., Crawford, G. A., Jiang, L. P., Chen X. G. Rice Domestication Revealed by Reduced Shattering of Archaeological rice from the Lower Yangtze valley. *Scientific Reports*, 6 (2016)：28136.

浙江农业大学与日本宫崎大学藤原弘志研究团队开展河姆渡遗址稻作农耕的调查和研究。通过钻孔取样和植硅体分析，在遗址周围距地表 4 米以下位置发现水稻植硅体含量丰富的地层，遗憾的是当时受发掘技术限制，没有进行试掘和发掘，未能进一步获取河姆渡文化时期稻作栽培模式的详细数据。2004 年田螺山遗址的发掘，再次提供了河姆渡文化稻作农耕遗迹调查和研究机会。在浙江省财政厅的资助下，2005 年开始在田螺山居住遗址的周围开展大规模的农耕遗址调查（图 7 – 6）。通过大范围、高密度的钻孔取样和植硅体分析，在居住遗址周

图 7 – 6 考古人员在田螺山遗址调查稻作农耕遗迹

围发现了早、晚两期稻田的地层和分布范围，其中早期稻田 6.5 公顷，晚期稻田 7.4 公顷。2006 ~ 2007 年经过发掘，局部揭露了早、晚两期古稻田的耕作面，发现了先民在稻田中农作留下来的遗迹和遗物，如具有湿地特色的树枝条铺设农道和点种棒、小木刀等。田螺山遗址稻作农耕遗迹是目前已知世界上最古老的稻田（图 7 –7）。稻田土壤的种子、孢粉、植硅体、炭屑等分析数据揭示了河姆渡文化时期先民用火、木制和骨制农具开垦长满芦苇等植物的沼泽湿地来种植水稻；采用点播或散播方法直播种子，没有中耕除草和灌溉，是一种低水平的刀耕火种原始水稻生产方式。根据稻田土壤的水稻植硅体密度，估测早期稻田平均亩产量约为 55 千克，晚期稻田平均亩产量约为 63 千克[①]。这种低水平稻作生产状况诠释了采集和狩猎是当时食物生产中不可或缺的重要组成部分。

图 7 –7 余姚田螺山遗址河姆渡文化时期的古稻田

2008 年，结合余杭茅山遗址发掘工作，开展良渚文化时期的农耕遗迹调查工作。通过对遗址居住生活区和墓地南侧的南北宽约 230、东西长约 700 米的区域进行钻孔取样和植硅体分析，结合地层土质、土色的观察，以及土壤中陶片、红烧土、植物种子等遗存的分析，从稻田土壤性质、生态特点、

① Zheng, Y. F., Sun, G. P., Qin, L. et al. Rice fields and modes of rice cultivation between 5000 and 2500 BC in east China. *Journal of Archaeological Science*, 2009, 36: 2609 - 2616.

人类干预痕迹等进行综合判断，发现了东西长约700、南北宽45~110米的呈狭长条状的新石器时代晚期稻田分布区，面积约83亩（图7-8）。在前期调查的基础上，采用大规模揭露和探沟发掘相结合的方法对稻田区进行了发掘，考古发掘证实的稻田范围与前期稻田探查结果基本一致，发现了广富林文化时期和良渚文化晚期、中期等稻田农耕地层，以及与稻田相关的遗迹和少量的生产工具。良渚文化晚期稻田发现有河道、河堤兼道路、灌溉水渠以及田埂（小路）等与稻田管理操作和灌溉有关的遗迹，田块面积通常在1000平方米左右，最大的面积近2000平方米。对古稻田以及出土的农具、土壤中包含的植物遗存研究表明，火耕水耨是新石器时代晚期稻作农业的主要耕作技术，先民摘穗收获水稻。从稻田中的杂草种类和数量看，良渚文化时期的稻作生产技术较河姆渡文化时期有了明显提高。根据土壤中硅酸体密度，估测茅山遗址良渚文化晚期到广富林文时期稻田的平均亩产量约为141千克①。茅山稻田耕作遗迹的发现和发掘，填补了良渚文化时期考古的空白，提供了从物质生产基础理解新石器时代晚期文明社会形成的重要考古证据。

图7-8　余杭茅山遗址良渚文化晚期稻田局部

2011年在马家浜遗址发掘期间，考古人员对遗址发掘区周围南北宽约300、东西长约320米的区域进行了100多个钻孔调查和植硅体分析，根据土质、土色、文化遗物和植硅体密度、种子遗存等综合判断，在居住遗址区东南发现了侧月牙状的稻田分布区，面积约1.5万平方米（22亩），并通过试掘证实了古稻田地层的存在。

经过最近二十余年的艰难探索和实践，浙江省文物考古研究所已经在稻作起源和稻作农耕遗迹探查和发掘领域取得了丰硕的成果，走在了全国的前列。最近，为了夯实浙江稻作起源地的证据，浙江省文物考古研究所还开展上山文化时期古稻田的探查，努力攀登研究稻作农业起源的高峰。

---

① 郑云飞、陈旭高、丁品：《浙江余杭茅山遗址古稻田耕作遗迹研究》，《第四纪研究》2014年第1期。

环境考古

　　人类从自然环境中获取衣食住行的原材料的同时，也在不断改变自然，而自然环境的改变直接影响人类的生存、生产和生活方式，可以说人类历史是人与自然互动的过程，人地关系是人类社会发展的出发点。浙江省文物考古研究所在考古发掘过程中十分重视人地关系研究，不仅从地层沉积物和遗迹等方面进行思考，也依托本所、高校和科研机构等技术力量开展环境考古工作。1973 年河姆渡遗址发掘过程中，采集第三、四文化层土样送中国科学院植物研究所进行了孢粉分析，在第三、四文化层中发现了 30 余种蕨类、木本、草本和水生植物孢粉，揭示了河姆渡遗址周围的植被群落中种群构成以及气候特征，认为河姆渡文化正处于冰期后最适宜期，气候温暖湿润，森林茂密，在遗址周围山地生长着茂密的亚热带常绿落叶阔叶林，林下植被蕨类植物繁盛，周围沼泽低湿地水草丛生，有利于水稻生产发展。从土壤中还发现目前只分布于中国广东、台湾和马来亚群岛、泰国、印度、缅甸等地的柳叶和狭叶海金砂，推测当时的气候要比现在更为温暖湿润[①]。此后，浙江环境考古主要从以下几个方面开展工作：1）通过孢粉分析复原遗址周围的古环境和古气候；2）通过硅藻分析解释地层沉积物的形成环境；3）通过稳定同位素分析解释古气候及其演变；4）环境变化对人类活动的影响。浙江省业已发掘遗址中，除了河姆渡遗址，还对桐乡罗家角、永康湖西、萧山跨湖桥、余姚田螺山、宁波鱼山、嘉兴南河浜、诸暨楼家桥、余杭良渚、余杭茅山、余杭卞家山、湖州毘山等进行了孢粉分析，提供了古植被和古气候方面信息。

　　海平面波动对沿海地区先民的影响和良渚文化衰落的原因分析是浙江环境考古的重点研究领域。2002 年跨湖桥遗址发掘中在文化层之上叠压着 3~4 米的自然粉沙沉积层，显示出自然环境变化对人类活动的地层沉积构造，引起考古人员的浓厚兴趣。科技考古人员从遗址采集土样进行了硅藻分析，发现这些地层中硅藻组成明显不同于文化层，潮间带硅藻种群在地层中占绝对优势，认为海水侵入是地层沉积的主要原因[②]。这是硅藻分析在解释地层沉积过程在浙江考古工作中的首次应用。2006 年田螺山遗址农耕遗迹的调查和发掘中，发现在古水稻田耕作层之间存在明显的自然水相沉积层。硅藻分析发现这些地层中有以圆筛藻、柱状小环藻为代表的近海、沿岸、潮间带的硅藻种属，比例占 80% 以上，与以短缝藻、羽纹藻、异极藻、桥弯藻为代表的淡水域硅藻占 80% 以上的农耕地层形成鲜明对比，表明进入全新世中期海退以后，还存在数次海平面波动引起的海侵，并影响到先民的生产和生活（图 7-9、7-10）[③]。全新世中期海平面波动对先民活动的影响不是个案，在 2015 年宁波鱼山遗址发掘中，

---

① 浙江省文物考古研究所：《河姆渡——新石器时代遗址考古发掘报告》，文物出版社，2003 年。

② 浙江省文物考古研究所：《跨湖桥》，文物出版社，2004 年。

③ Zheng, Y. F., Sun, G. P. & Chen, X. G. Response of rice cultivation to fluctuating sea level during the Mid-Holocene, *Chinese Science Bulletin*, 2012, 57（4）：390-378. 王淑云、莫多闻、孙国平等：《浙江余姚田螺山遗址古人类活动的环境背景分析——植硅体、硅藻等化石证据》，《第四纪研究》2010 年第 2 期。

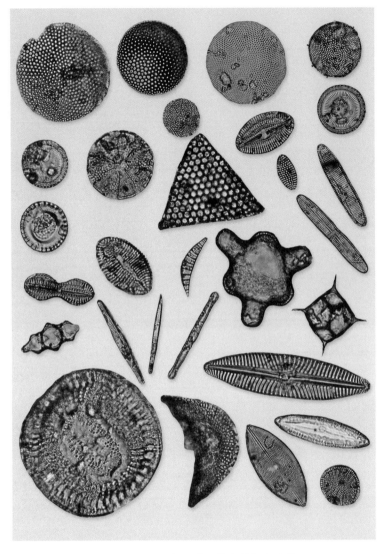

图 7 - 9　田螺山遗址检出的海水硅藻

发现了同样的地层沉积情况，硅藻、孢粉等分析结果再次证实全新世中期海侵对河姆渡文化发展的影响①。这些研究成果很好地解释了河姆渡文化中晚期采集和狩猎比重比早期上升的考古现象。2010 年浙江省文物考古研究所与美国布兰恩大学合作，利用田螺山遗址的地层土样，用碳氢同位素分析对河姆渡时期的气候进行了研究，结果显示，由于海水退去，气候变得相对干燥，扩大了适合水稻种植的区域，稻作农业得到了发展。2010 年与浙江大学合作开展田螺山遗址土壤有机质的地球化学特征研究，推测周围水体逐渐加深可能是古水稻田废弃的直接原因，并可能导致整个遗址衰落，与硅藻分析等研究结果基本一致②。

良渚文明古国存续 1000 多年，在距今 4300 年前，失去了踪影，人们通常称之为良渚文化的衰落或消亡。关于良渚文化衰亡原因，学术界进行了许多的思考和研究，认为发生环境事件可能是一个最主要的原因。为了揭开这个重大的考古之谜，浙江考古工作者长期以来在田野考古发掘中，带着课题意识开展工作，对揭露遗址地层叠压情况进行仔细的观察和思考，并采集土样，与一些高校和科研院所合作，开展多学科和多领域的合作研究。根据在 2007 年发现的良渚古城墙外侧开挖的良渚北剖面、良渚西剖面沉积样品的粒度分析、孢粉分析数据，以及综合区域内多个剖面地层对比，恢复了该地区全新世环境的演变过程，揭示了全新世良渚遗址群内环境演变，认为良渚遗址群区域内地貌特征及水文环境的变化是影响良渚文化兴衰演化的重要原因之一③。对良渚遗址剖面沉积物的炭屑和孢粉分析结果表明，该地区湖泊沼泽地周围为亚热带常绿和落叶阔叶混交林，在良渚文化的早中期稻作农业蓬勃发展，良渚文化晚期人类活动减弱，良渚文化的衰亡不是突发事件，

① He, K. Y., Lu, H. Y., Zheng, Y. F. et al. Middle-Holocene sea-level fluctuations interrupted the developing Hemudu culture in the lower Yangtze River, China. *Quaternary Science Reviews*, 2018, 188: 90e103.
② 温证聪、孙国平、谢柳娟等：《河姆渡文化田螺山遗址古土壤有机质的地球化学特征及其意义》，《地球化学》2014 年第 2 期。
③ 史辰羲、莫多闻、李春海、刘斌等：《浙江良渚遗址群环境演变与人类活动的关系》，《地学前缘》2011 年第 3 期。

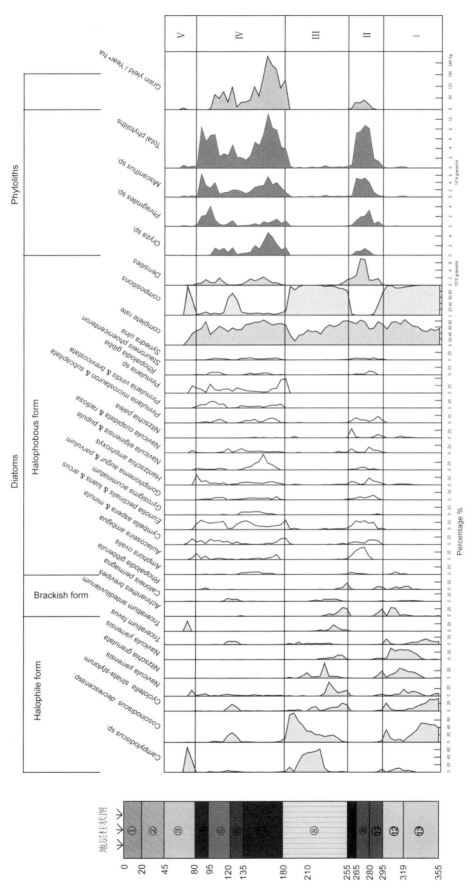

图7-10　田螺山遗址T705探方地层硅藻和植硅体分析结果

经历了一个漫长的过程①。从该地区孢粉分析结果看，良渚文化晚期的水文气候条件与现代厄尔尼诺
—南方振荡的区域表达极为相似，表现为强度和频率逐渐增加，气候恶化与中国东部新石器时代文明
崩溃存在着因果关系②。根据微量元素和 Sr – Nd 同位素分析，良渚古城地区水文环境变化的主要原因
是海平面上升引起的海侵或洪灾③。经过十几年的探索，尽管揭示了水文环境变化是引起良渚文化衰
落的主要原因，但在导致水文环境变化的因素研究方面，还需要走很长的路。

---

① Wang, X. C., Mo, D. W., Li, C. H., Yu, S. Y., Xue, B., Liu, B., et al. Environmental changes and human activities at a fortified
　　site of the Liangzhu culture in eastern China: Evidence from pollen and charcoal records. *Quaternary International* , 2017, (438):
　　189 – 197.

② Li, C. H., Li, Y. X., Zheng, Y. F., et al. A high – resolution pollen record from East China reveals large climate variability near the
　　Northgrippian – Meghalayan boundary (around 4200 years ago) exerted societal influence. *Palaeogeography , Palaeoclimatology , Palaeo-*
　　ecology , 2018, (512): 156 – 165.

③ 姬翔:《杭州良渚遗址沉积物地球化学特征、物源及其对良渚古文明消亡研究的意义》，南京大学硕士研究生学位论文，2013 年。

遥感考古与地理信息系统应用

　　浙江省遥感考古研究开始于 20 世纪 90 年代中期。1995 年浙江教育学院遥感技术团队首次在长兴地区开展遥感考古工作。1997 年以后，在浙江省科学技术委员会及浙江省文物局的资助下，该团队与浙江省文物考古研究所合作，对浙江北部的安吉县、德清县、吴兴县和余杭等地进行遥感考古研究，研究成果"浙北（湖州地区）土墩墓遥感考古研究"获得 2000 年浙江省科技进步奖三等奖。进入 21 世纪，浙江教育学院遥感技术团队继续与我所合作，开展了"浙北遥感考古研究""良渚、河姆渡若干遗址地下遥感考古研究"等项目，尝试使用探地雷达等手段对印山越王陵、彭公水坝、余杭文家山等遗址进行发掘前的探查。2006 年良渚古城发现后，浙江大学地球科学系研究人员采用地球物理方法，如探地雷达、高密度电法、磁法、放射性勘探等，对良渚古城城墙和古水系进行了探查，并将探测结果与钻探结果比较，为更好地开展地球物理考古勘探积累了实践经验。另外，一些高校研究人员在浙江省进行了航空和卫星遥感考古工作，如华东师范大学等研究人员对良渚古城及水利系统结构及环境地学意义进行了遥感分析①。

　　2010 年后，我所考古人员开始主动介入遥感考古研究，在影像解译、考古验证和遗迹发现定性等方面具备更多优势，短期内即取得明显成效。2011 年根据前期对良渚水坝分布特征的认识，利用解密的美国 CORONA 间谍卫星影像重点关注处于两山之间的长条状区域，在余杭瓶窑鲤鱼山地点发现有水坝状堆积体（图 7 - 11），通过现场勘探迅速确认其为人工堆筑的水坝，并在其左右两侧发现狮子山和官山等水坝遗迹。其后，通过遥感影像判读，还在西侧发现了梧桐弄坝体，从而确认了低坝系统。低坝系统东侧通过栲栳山等自然山体和塘山长堤相连，西侧通过一系列低丘和北侧高坝系统接续，由此揭示出了良渚古城外围水利系统的整体结构，证实其是与良渚古城统一规划建造的有机组成部分②。2018 年开始，利用 CORONA 影像的立体像进行配准和三维重建，并置入移动终端进行定位，大大提高了遗迹的辨识度和位置精度。我所还积极与国内外相关高校合作开展遥感考古，取长补短，把工作推向深入，如与日本学者合作利用 CORONA 影像对良渚古城西水门位置及良渚水利系统塘山长堤的结构功能进行分析，取得了较好的结果③。除了良渚古城水利系统，地面遥感技术在浙江省良渚遗址、临安城遗址、吴越捍海塘遗址等也进行过应用试验，取得了比较理想的成果与认识。

---

① 张立、刘树人：《浙江余杭市瓶窑、良渚地区遗址的遥感地学分析》，《考古》2002 年第 2 期。张立、吴健平：《浙江余杭瓶窑、良渚古城结构的遥感考古》，《文物》2007 年第 2 期。张立、陈中原、刘演、吴健平：《长江三角洲良渚古城、大型水利工程的兴起和环境地学的意义》，《中国科学：地球科学》2014 年第 2 期。

② 王宁远、刘斌：《良渚古城外围水利系统的考古调查》，《考古》2015 年第 1 期。

③ Watanabe, N., Nakamura, S., Liu B., Wang, N. Y. Utilization of Structure from Motion for processing CORONA satellite images：Application to mapping and interpretation of archaeological features in Liangzhu Culture, China. *Archaeological Research in Asia*, 11 (2017)：38 - 50.

图 7 - 11　CORONA 影像中的鲤鱼山坝体

　　地理信息系统技术（GIS）在我省大遗址考古中的应用始于 2009 年。我所研究人员利用 1∶500 的数字地形图制作数字高程模型（DEM）的方法，发现了良渚古城东南部外侧存在一个框形结构体，后经考古发掘证实为良渚古城的外郭城（图 7 - 12），从而证实良渚古城从内到外具有宫城、内城、外郭的三重结构。2017 年与河海大学合作，对水利系统进行 GIS 分析，计算出水利系统的库区总面积为 13.29 平方千米，总库容为 4635 万立方米。同时通过 GIS 分析发现高坝东、西两区可能利用山体旁侧的自然隘口用作溢洪道，此两处隘口为基岩质地，皆低于坝体高度 1 米许。与中国社会科学院考古研究所合作，利用空间分析技术进行了良渚古城水利系统的水文分析研究。GIS 技术在我省绍兴越王陵、湖州毘山、余杭小古城、慈溪上林湖等其他大遗址考古中，也获得了初步应用。

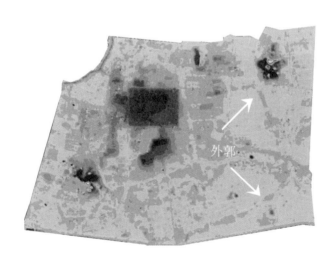

图 7 - 12　数字高程模型（DEM）显示的良渚古城外郭结构

　　遥感考古和地理信息系统技术在考古中应用具有大范围、快速、经济的特点，在良渚等大遗址考古中已经取得了明显的成效，已成为浙江省文物考古研究所考古调查中的前置流程。整体而言，遥感和地理信息技术的应用广度和深度仍有很大的提升空间。

地质考古

浙江省的地质考古学最早或可追溯到 20 世纪 30 年代。曾进行过地质学方面学习和工作的施昕更先生对发掘出土的良渚石器进行了岩性鉴定和梳理，他认为尽管浙江也有相似岩性的石料，但大多不是本地的，有可能来自省外地区；良渚文化时期的石器已经不仅仅是实用器了，还产生了明器化的现象；当时已经形成了选料讲究、制作精细的专门石器加工技术①。

1979 年浙江省文物考古所成立以来，采取与外单位的专家、学者合作形式对出土石器进行一些岩性鉴定、成分检测等跨学科合作研究。1997 年，浙江省文物考古研究所与中国地质科学院地质研究所合作，对反山、瑶山、河姆渡、吴家埠、百亩山等遗址出土玉器进行鉴定，发现反山、瑶山、吴家埠、百亩山遗址出土玉器绝大多数都是透闪石类，还有少量蛇纹石质玉；河姆渡遗址出土玉器则非透闪石类，而是高岭石/迪开石、叶蜡石、绢云母等材质②。嘉兴南河浜遗址发掘后，考古发掘人员主动寻求与高校、科研院所合作，与浙江大学地球科学学院合作开展了石器鉴定，与中国科学院地质研究所开展玉器鉴定，获得了先民在制作玉石器方面的新认识。比如，岩相和矿物分析表明石材来源有火成岩、沉积岩和变质岩三大类，不同种类的石器在用材上具有一定的选择性；红外吸收光谱分析和扫描电镜观察显示玉器以透闪石软玉为主，含少量的石英岩质玉、叶蜡石、叶蛇纹石玉等，其质量明显优于一般良渚文化的玉璧及玉琮，其主体为镁质大理岩类型软玉，浙江境内及江苏与安徽的相邻地区地质构造中均存在这样的接触带③。继嘉兴南河浜遗址之后，浙江省文物考古研究所还与浙江大学地球科学学院合作，通过肉眼和岩相分析相结合，对桐乡新地里④、余杭文家山⑤、余杭卞家山⑥、湖州钱山漾⑦、海宁小兜里⑧等遗址出土的玉器和石器进行全面观察和鉴定，对玉、石器的材质及其用材特点进行探讨，在鉴定和研究工作中还采用红外吸收光谱、X 射线粉晶衍射等多种现代技术进行分析并相互印证。鉴定和研究工作解决了出土玉石器一些疑难问题的同时，也提出了一些新问题。例如，"南瓜黄"类玉器多见于良渚文化贵族墓葬中，由于埋藏过程中受沁，主体颜色发白，但仍保留有较多南瓜黄色，一般认为其材质为透闪石玉，但鉴定结果显示此类玉器中有蛇纹石玉、蛇纹石滑石玉、滑石玉等三大类。由于蛇纹石、滑石在岩体中经常共生，同一墓葬出土玉器可能取自相同的玉料。迄今浙江省文物考古研究所已经对数千件玉石器进行了科学鉴定。

① 施昕更：《良渚——杭县第二区黑陶文化遗址初步报告》，浙江省西湖博物馆，1938 年。
② 闻广、荆志淳：《中国古玉地质考古学研究》，《地学研究》，1997 年。
③ 浙江省文物考古研究所：《南河浜——崧泽文化遗址发掘报告》，文物出版社，2005 年。
④ 浙江省文物考古研究所、桐乡市文物管理委员会：《新地里》，文物出版社，2006 年。
⑤ 浙江省文物考古研究所：《文家山》，文物出版社，2011 年。
⑥ 浙江省文物考古研究所：《卞家山》，文物出版社，2014 年。
⑦ 浙江省文物考古研究所、湖州市博物馆：《钱山漾——第三、四次发掘报告》，文物出版社，2014 年。
⑧ 浙江省文物考古研究所、海宁市博物馆：《小兜里》，文物出版社，2015 年。

　　浙江省文物考古研究所十分重视对玉石器原料来源问题的研究。由于受制于业务人员和实验室设备，很长一段时间主要通过与高校、科研院所合作的形式开展。2011 年与中国科学院上海光学精密机械研究所等单位合作，利用质子激发 X 射线荧光技术（PIXE）、X 射线衍射（XRD）、激光拉曼光谱法等对反山、瑶山、汇观山、塘山等良渚文化遗址出土的玉石器进行检测分析，发现出土玉器均以透闪石为主，比例在 80% 以上。通过分析微量元素，发现良渚遗址群中透闪石质玉料不含 Cr、Ni 及 Co 或含量很低，与江苏溧阳小梅岭玉石不同，认为这些玉器的玉石有其他来源①。2011 年与美国毕士普博物馆焦天龙合作，利用 XRF、ICP－MS 等技术检测了田螺山遗址出土石器的常量元素、微量元素和 Sr－Nd同位素，并进行溯源研究。通过与周围地质考古调查的取样比较，发现田螺山遗址中至少有 30% 石料来自 50 千米以外的地方②。2015 年与北京大学合作，利用显微红外光谱和能量色散 X 荧光光谱（ED－XRF）等分析技术，对小兜里出土玉器、石器进行质地和主微量元素成分分析，结果同样发现玉器以透闪石类玉为主。检测数据处理分析显示，崧泽到良渚阶段玉器产地上存在延续性，在良渚中期前后玉器生产流通发生一些变化，从玉器侧面揭示了本地区社会复杂化的进程应以崧泽晚期为变化节点③。由于高校、科研机构多学科参与，浙江省地质考古最近取得比较大的进步，许多考古发掘报告编纂中安排了玉石器鉴定、分析检测以及研究的章节。

　　良渚古城的地质考古是 21 世纪浙江省科技考古的亮点之一。2006 年良渚古城墙发现以后，马上开展了对城墙铺垫石来源的研究（图 7－13、7－14）。2011 年在浙江省文物局文物科技保护基金的资助下，聘请浙江大学和浙江省地质调查研究院的地质专家为技术顾问，开展了良渚古城城墙铺垫石的专项课题研究，基本搞清了它们的来源问题，最终成果汇集成《良渚古城城墙铺垫石研究报告》于 2018 年出版。

图 7－13　地质考古野外调查

---

①　干福熹、曹锦炎等：《浙江省余杭良渚遗址群出土玉器的无损分析研究》，《中国科学：技术科学》2011 年第 1 期。

②　Jiao，T. L．，Guo，Z. F．，Sun，G. P．，et al. Sourcing theinteraction networks in Neolithic coastal China：a geochemical study of Ti anluoshan stone adzes. *Journal of Archaeological Science*，2011，1360－1370.

③　浙江省文物考古研究所、海宁市博物馆：《小兜里》，文物出版社，2015 年。

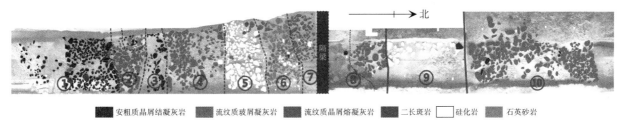

安粗质晶屑结凝灰岩　　流纹质玻屑凝灰岩　　流纹质晶屑熔凝灰岩　　二长斑岩　□硅化岩　　石英砂岩

图 7 - 14　良渚古城南城墙铺垫石分垄情况

这一课题不仅对良渚古城四面城墙的铺垫石进行了岩性鉴定和来源追踪，并与实验考古相结合，测算了当时的运输路径和工程量等问题[①]。课题实施过程中考古工作者与自然科学工作者密切配合，考古人员提出问题，科技人员解决问题，改变以往地质考古中只做检测分析，成果多为资料性，与考古学提出问题脱节，研究深度不够等问题，为今后科技考古合作研究提供了范例。在良渚古城城墙铺垫石成功合作研究基础上，浙江省文物考古研究所、良渚博物院、浙江大学、浙江省地质调查研究院 2016年合作开展了"良渚遗址群石器岩性鉴定和来源"课题的研究工作，并已取得一些阶段性成果。

经过四十年的发展，地质考古在我省科技考古中已经展现出重要性。相信今后通过对早期资料性成果的整理和解读，扩大研究的空间和时间视野，将在复原浙江地区的文化继承与发展、地域间的文化交流、环境变迁、社会形态等方面提供越来越多有价值的信息。

① 王宁远、董传万、徐红根等：《良渚古城城墙铺垫石研究报告》，浙江古籍出版社，2018 年。

文物科技保护

浙江省文物考古研究所十分重视文物的科技保护工作。20 世纪 80 年代以前，浙江省文物保护研究所的前身浙江省博物馆考古组对河姆渡遗址出土的漆木器、建筑构件、稻谷等遗存进行了保护处理，取得了较好的效果，为全面展示 7000 年前精湛的建筑技术、精美的漆木工艺、发达的稻作文化等提供了技术支撑。1979 年浙江省文物考古所成立后，专门设立文物保护修复室，配备专职业务人员开展陶器、瓷器、壁画、石刻砖瓦、骨角牙器等文物的保护修复工作，并选派业务人员参加由国家文物局主办的可移动文物保护与修复培训班，提高业务水平。文物保护修复室设立后，修复了河姆渡、罗家角、反山、瑶山、庙前、鲻山、慈湖、名山后、好川等遗址出土的各类陶器 5000 余件，龙泉、寺龙口等窑址出土的青瓷器 3000 余件，并开展了石刻修复和减缓风化侵蚀、防止壁画褪色和老化剥落等方面的工作，先后对金华太平天国侍王府壁画、高丽寺石像、灵隐摩崖石刻等进行了保护和修复，通过与杭州化工研究所合作开展海盐古炮台、余杭汇观山祭坛、余杭瑶山祭坛等土遗址保护，取得了一定成效。

21 世纪以后，浙江省境内发现许多重要的遗址，出土了一大批以独木舟、漆木器、骨器、木构建筑、丝织品、编织物等为代表的珍贵有机质文物。如何对这些遗址和遗存进行有效的保护，及时向社会展示中国古代社会文明成果的工作显得非常迫切。浙江省文物考古研究所在完成考古发掘工作的同时，非常重视出土文物科技保护与修复工作，先后组织或参与了萧山跨湖桥遗址独木舟及其相关遗存保护、余杭茅山遗址独木舟及其农耕遗迹的现场保护等工作，还组织高校和科研机构对田螺山遗址建筑遗迹现场保护技术的前期试验工作；与具有可移动文物保护修复资质单位合作，对余杭下家山、灯笼山、田螺山等遗址出土的部分木器进行了保护和修复；利用实验室现有设备对出土的小型木器、植物果实和种子进行脱水加固处理。另外，业务人员还利用出国访问机会，参观考察国外的文物科技保护实验设施，通过座谈、现场观摩等形式学习和了解现代文物科技保护的先进理念和技术方法。通过组织、参与、学习、合作和实践，业务人员在文物科技保护，特别是有机质文物保护方面已经积累了一定的工作经验。鉴于我省的大部分遗址位于地下水位高的平原低湿地带，有机质文物保存状况较好，出土数量较多，2012 年在国家文物局科技保护基金的资助下，启动了"潮湿环境下考古现场有机质文物的应急保护研究"课题的研究工作。2015 年在浙江省文化厅、文物局等支持下，购置显微镜、大型恒温水浴槽、盐分自动分析仪、真空冷冻干燥、超低温冰箱、分析天平等实验设备（图 7 - 15），启动了科技保护工作，筹建文物科技保护实验室，开展以有机质文物为重点的文物科技保护工作。为了尽快提高文物保护的水平，缓解我省文物科技保护特别是有机质文物保护的繁重且迫切的工作任务，2016 年起浙江省文物考古研究所与日本奈良文化研究中心合作开展以海藻糖为脱水加固剂的良渚文化遗址出土木材遗存的保护工作，经过脱水保护处理后，几十件漆木器保持了器物的原形及木质原有的

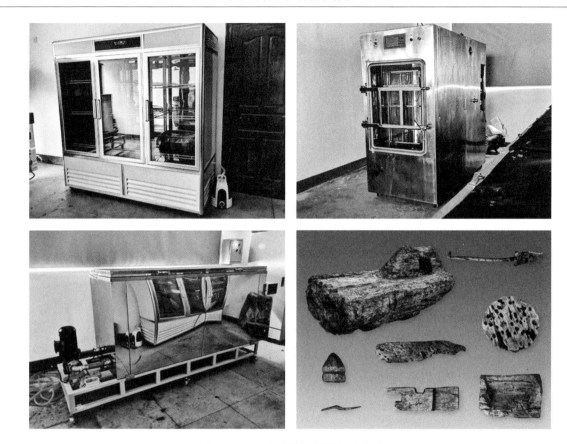

图 7 - 15 文物科技保护设备及成果

色泽、质感，达到了脱水加固的良好效果。经过几年的合作，不仅保护了良渚文化遗址中出土的漆木器，而且在共同工作中培养和锻炼了一些科技保护的业务人员。

（执笔：郑云飞、王宁远、姬翔、宋姝）

后 记

　　1936 年浙江省立西湖博物馆施昕更先生在良渚的试掘，1938 年《良渚》报告的出版，是浙江考古的发轫。1949 年新中国成立，浙江考古工作主要由设在南京博物院的华东文物工作队负责。1950 年 3 月，浙江省文物管理委员会成立。1954 年华东大区撤销后，浙江省文物考古工作就开始由浙江省文物管理委员会直接负责。1962 年 9 月，浙江省文物管理委员会和浙江省博物馆合署办公，原文管会全部业务工作归属浙江省博物馆历史部，工作受到很大影响，直至 1973 年河姆渡遗址的发现和发掘才得以重新复苏。"文化大革命"结束后，文物事业也重新焕发出生机与活力。1979 年 3 月，浙江省文物管理委员会恢复，同年 5 月，以浙江省博物馆历史部为基本力量成立浙江省文物考古所，1986 年更名为浙江省文物考古研究所。1994 年 1 月，浙江省文物考古研究所从杭州市环城西路搬迁到假山路假山新村 26 号办公。2019 年 10 月，浙江省文物考古研究所将搬迁到教工路 71 号原浙江自然博物馆旧址。

　　浙江省文物考古研究所，负责浙江全省范围内文物资源的考古调查、勘探、发掘、保护、研究、咨询评估、规划监测及相关业务培训等工作。在考古调查发掘和保护研究领域取得了重要收获，为构建浙江大历史做出了重要贡献。至今，有 13 项考古发现被评为"全国十大考古新发现"，有 8 个项目获国家文物局"田野考古奖"，河姆渡、良渚、龙泉窑等 3 个项目的考古调查和发掘获"中国 20 世纪 100 项考古发现"，"良渚古城考古新发现"还被评选为 2013 年首届"世界考古·上海论坛"的"世界重大田野考古大发现"。本所主持的良渚遗址、大窑龙泉窑址、上林湖越窑址被国家文物局公布为国家考古遗址公园。截至 2019 年 5 月，本所共出版考古报告、图录、专著、学术文集等图书 92 种，其中多部图书获国家级和省级图书奖。

　　2019 年，是浙江省文物考古研究所建所四十周年，也是新中国成立之后浙江考古七十年，本所在事业、人才培养、硬件、科研、社会影响力等各方面取得了长足进展，为了总结成绩，展望未来，我们编撰此书，以旧石器时代考古、新石器时代考古、夏商周考古、汉唐墓葬考古、宋元明考古、瓷窑址考古、科技考古七大专题，全面系统地反映浙江省文物考古研究所建所四十年以来的考古工作和学术成果。由于时间紧任务重，各专题的体例略有不同。浙江文物考古事业，还离不开杭州市文物考古研究所、宁波市文物考古研究所以及其他地县文物部门的工作，在本书各专题中有所侧重，敬请谅解。

编　者

2019 年 5 月 10 日